UTB 2904

Eine Arbeitsgemeinschaft der Verlage

Böhlau Verlag · Köln · Weimar · Wien
Verlag Barbara Budrich · Opladen · Farmington Hills
facultas.wuv · Wien
Wilhelm Fink · München
A. Francke Verlag · Tübingen und Basel
Haupt Verlag · Bern · Stuttgart · Wien
Julius Klinkhardt Verlagsbuchhandlung · Bad Heilbrunn
Lucius & Lucius Verlagsgesellschaft · Stuttgart
Mohr Siebeck · Tübingen
Orell Füssli Verlag · Zürich
Ernst Reinhardt Verlag · München · Basel
Ferdinand Schöningh · Paderborn · München · Wien · Zürich
Eugen Ulmer Verlag · Stuttgart
UVK Verlagsgesellschaft · Konstanz
Vandenhoeck & Ruprecht · Göttingen
vdf Hochschulverlag AG an der ETH Zürich

Thomas Raiser

Grundlagen der Rechtssoziologie

5., durchgesehene und erweiterte Auflage von
‚Das Lebende Recht'

Mohr Siebeck

Thomas Raiser, geboren 1935; Studium der Rechtswissenschaft in Tübingen, Bonn, Berlin und München; Promotion Tübingen 1962; Habilitation Hamburg 1969; o. Professor für Bürgerliches Recht, Handels- und Wirtschaftsrecht, Rechtsvergleichung und Rechtssoziologie in Gießen, seit 1992 an der Humboldt-Universität von Berlin; 2002 Emeritierung; 1975–1992 Richter am OLG Frankfurt/Main.

1. Auflage 1972
2. Auflage 1995
3. Auflage 1999
4., neugefasste Auflage (2007)
5., durchgesehene und erweiterte Auflage (2009)

ISBN 978-3-8252-2904-7 (UTB)
ISBN 978-3-16-150092-3 (Mohr Siebeck)

Die Deutsche Bibliothek verzeichnet diese Publikation in der Deutschen Nationalbibliographie; detaillierte bibliographische Daten sind im Internet über *http://dnb.d-nb.de* abrufbar.

© 2009 Mohr Siebeck Tübingen.

Das Werk einschließlich aller seiner Teile ist urheberrechtlich geschützt. Jede Verwertung außerhalb der engen Grenzen des Urheberrechtsgesetzes ist ohne Zustimmung des Verlags unzulässig und strafbar. Das gilt insbesondere für Vervielfältigung, Übersetzungen, Mikroverfilmungen und die Einspeicherung und Verarbeitung in elektronischen Systemen.

Das Buch wurde von Gulde-Druck in Tübingen gesetzt, auf alterungsbeständiges Werkdruckpapier gedruckt und von der Buchbinderei Held in Rottenburg gebunden.

Vorwort zur 5. Auflage

Für die schon nach zweieinhalb Jahren notwendig gewordene Neuauflage habe ich den Text erneut vollständig durchgesehen und, wo es angezeigt war, verbessert und aktualisiert. Vor allem ist aber einen neuer Abschnitt „Vertrag und Vertragsrecht" hinzugekommen. Schon lange war ich davon überzeugt, dass in einem Werk über die Grundlagen der Rechtssoziologie dieses Thema nicht fehlen darf. Jedoch erwies es sich angesichts der Komplexität des Gegenstands als schwierig, dafür einen passenden Zuschnitt zu finden. Die nun gefundene Lösung deckt nicht alle relevanten Punkte ab und wird daher nicht jedermann befriedigen. Ich hoffe aber, dass es wenigstens gelungen ist, einige für die Rechtssoziologie bedeutsame und an anderer Stelle weniger beleuchtete Aspekte herauszuarbeiten.

Berlin, im Juli 2009 *Thomas Raiser*

Aus dem Vorwort zur 2. Auflage (1995)

Acht Jahre nach der ersten Publikation erscheint meine Bestandsaufnahme der Rechtssoziologie unter neuem Titel und in veränderter äußerer Gestalt. Der Wechsel dokumentiert mehr als dass das Werk überarbeitet und erweitert wurde und dass es etwas anderes sein will als ein reines Lehrbuch. Entschiedener als bisher geht es mir darum, die Doppelrolle der Rechtssoziologie als Teilgebiet der Soziologie *und* als Zweig der Rechtswissenschaft herauszustellen. *Eugen Ehrlich* hat das lebende Recht vom geschriebenen Recht unterschieden. Es unterscheidet sich aber auch von den bloßen Daten sozialwissenschaftlicher Beobachtung und von den Modellen der Gesellschaftstheorie. Bei der Erforschung des lebenden Rechts gilt es, soziologische und juristische Denkweisen aufeinander zu beziehen, die Erfahrungen beider Disziplinen zu vergleichen, ihre Methoden zu verbinden. Gefordert ist eine Betrachtungsweise, die bei jedem Thema den Soziologen juristisches und den Juristen soziologisches Wissen nahebringt.

Aus diesen Gründen ist das Buch *interdisziplinär* angelegt. Zugleich ist es *transnational*, indem es den internationalen Stand der Rechtssoziologie verarbeitet und die deutsche Rechtskultur im Vergleich mit der anderer Länder kennzeichnet. Beides kann ein einzelner Autor allerdings nur selektiv leisten. Die Auswahl folgte dem Ziel, ein *Gesamtbild der Disziplin* zu entwerfen, das natürlich nur mein eigenes ist ...

Aus dem Vorwort zur 2. Auflage (1995)

In der Vorauflage hatte ich mir *Eugen Ehrlichs* Forderung zu eigen gemacht, den Sinn des Buches in einem einzigen Satz zusammenzufassen. Dieser Saz kann ohne Zögern wiederholt werden: Ziel des Werks ist eine Rechtssoziologie des liberalen und sozialen Rechtsstaats. Ein zweites Ziel ist aber, wie angedeutet, hinzugekommen: Rechtssoziologie kann nicht mehr rein positivistisch und in Abschottung von der Rechts- und Sozialphilosophie und von der dogmatischen Jurisprudenz betrieben werden.

Berlin, im Juli 1995 *Thomas Raiser*

Inhaltsübersicht

1. Teil: Der wissenschaftliche Ort der Rechtssoziologie 1
1. Abschnitt: Rechtssoziologie als Teilgebiet der Soziologie 2
2. Abschnitt: Rechtssoziologie als Zweig der Rechtswissenschaft .. 10
3. Abschnitt: Geschichte und gegenwärtiger Stand der Rechtssoziologie 26

2. Teil: Theoretiker der Rechtssoziologie 47
4. Abschnitt: Karl Marx und Friedrich Engels 48
5. Abschnitt: Emile Durkheim 59
6. Abschnitt: Eugen Ehrlich 71
7. Abschnitt: Max Weber 86
8. Abschnitt: Theodor Geiger 107
9. Abschnitt: Niklas Luhmann 119
10. Abschnitt: Helmut Schelsky 148

3. Teil: Recht und Gesellschaft (Allgemeine Rechtssoziologie) 159
11. Abschnitt: Der soziologische Rechtsbegriff 160
12. Abschnitt: Allgemeine Rechtsprinzipien 196
13. Abschnitt: Sanktionen 221
14. Abschnitt: Geltung und Wirksamkeit des Rechts 237
15. Abschnitt: Vertrag und Vertragsrecht 262
16. Abschnitt: Macht, Herrschaft und Recht 279
17. Abschnitt: Konflikt und Konfliktregelung 290
18. Abschnitt: Die Erforschung der Rechtskultur 327
19. Abschnitt: Die Menschen und das Recht 336
20. Abschnitt: Das Sozialprofil der Juristen 351
21. Abschnitt: Evolution des Rechts 360

Inhaltsverzeichnis

Abkürzungsverzeichnis XIX
Abgekürzt zitiertes Schrifttum XX

1. Teil: Der wissenschaftliche Ort der Rechtssoziologie 1

1. Abschnitt: Rechtssoziologie als Teilgebiet der Soziologie 2
   I. Die Soziologie als Lehre von der menschlichen
      Gesellschaft 2
      1. Herkunft und Eigenart der Soziologie 2
      2. Soziologische Theorie 4
   II. Recht als Gegenstand der Soziologie 5
      1. Das Recht als Phänomen der gesellschaftlichen
         Wirklichkeit 5
      2. Theoretische und kritische Rechtssoziologie 9

2. Abschnitt: Rechtssoziologie als Zweig der Rechtswissenschaft . . 10
   I. Rechtssoziologie als rechtswissenschaftliche Disziplin . . . 10
      1. Rechtssoziologie als Grundlagenwissenschaft 10
      2. Rechtssoziologie und Rechtsgeschichte 12
      3. Rechtssoziologie und Rechtsphilosophie 12
      4. Rechtssoziologie und Rechtsvergleichung 13
      5. Rechtssoziologie und Rechtsdogmatik 14
   II. Die Rechtstatsachenforschung 15
      1. Entstehung und Programm 15
      2. Gegenwärtiger Stand 17
   III. Anwendung der empirischen Rechtssoziologie in
        der Gesetzgebung 18
   IV. Anwendung der empirischen Rechtssoziologie in
       der Judikatur 19
      1. Verfassungsgerichtsbarkeit 20
      2. Wettbewerbsrecht und allgemeines Zivilrecht 20
      3. Zivilrechtliche Generalklauseln 21
   V. Rezeption rechtssoziologischer Begriffe und Theorien . . . 23
      1. Indirekte Wege der Rezeption 23
      2. Beispiele 24

3. Abschnitt: Geschichte und gegenwärtiger Stand der Rechtssoziologie 26
   I. Vorboten im 19. Jahrhundert 26
      1. Vorläufer 26
      2. Historische Schule der Rechtswissenschaft 26
      3. Staats- und Kriminalwissenschaften 30
   II. Erste Blüte der Rechtssoziologie (1900–1933) 31
      1. Deutschland 31
      2. Frankreich 33
      3. Vereinigte Staaten von Amerika 36
      4. Osteuropa 40
   III. Entwicklung seit dem 2. Weltkrieg 41
      1. Globalisierung 42
      2. Verfeinerung der Forschungsmethoden und Interdisziplinarität 42
      3. Theorien 43
      4. Entwicklung in Deutschland 45

2. Teil: Theoretiker der Rechtssoziologie 47

4. Abschnitt: Karl Marx und Friedrich Engels 48
   I. Biographie 48
   II. Die Rechtstheorie von Marx und Engels 49
      1. Der historische und dialektische Materialismus 50
      2. Der Klassengegensatz zwischen Bourgeoisie und Proletariat 53
      3. Der Übergang zur kommunistischen Gesellschaft 54
      4. Politisches Handeln 55
   III. Zur rechtssoziologischen Würdigung des Marxismus 56
      1. Die Abhängigkeit des Rechts von den ökonomischen Verhältnissen 56
      2. Das Recht als Herrschaftsinstrument der herrschenden Klasse 57
      3. Die Lehre von der klassenlosen Gesellschaft 57

5. Abschnitt: Emile Durkheim 59
   I. Biographie 59
   II. Die Soziologie von Emile Durkheim 60
      1. Begriff und Erforschung der sozialen Tatsachen 60
      2. Die Teilung der sozialen Arbeit 62
      3. Krankhafte Erscheinungen der Arbeitsteilung 63

4. Der Stellenwert des Rechts		64
5. Durkheims Vertragslehre		65
6. Der Selbstmord		66
III. Nachwirken und Würdigung		66
1. Durkheim als Begründer der modernen Soziologie		66
2. Der methodische Ansatz		67
3. Die Gesellschaftstheorie		68
4. Die Funktion des Rechts		68
5. Solidarität und Gerechtigkeit in der arbeitsteiligen Gesellschaft		69
6. Abschnitt: Eugen Ehrlich		**71**
I. Biographie		71
II. Ehrlichs Rechtssoziologie		72
1. Gesetzliches und gesellschaftliches Recht		72
2. Rechtssoziologie als Rechtswissenschaft		73
3. Der Begriff des lebenden Rechts		74
4. Die drei Arten des Rechts		74
5. Die Funktion der Juristen		80
III. Ehrlichs juristische Methodenlehre		81
IV. Nachwirken und Würdigung		82
1. Ehrlich als der Begründer der Rechtssoziologie		82
2. Die drei Arten des Rechts und das lebende Recht		84
3. Ehrlichs juristische Methodenlehre		85
7. Abschnitt: Max Weber		**86**
I. Biographie		86
II. Max Webers Rechtssoziologie		88
1. Webers soziologischer Rechtsbegriff		88
2. Die Typen der Herrschaft		90
3. Die Methode der verstehenden Soziologie		93
4. Der Prozess der Rationalisierung des Rechts		96
5. Die Entstehung neuen Rechts		99
6. Die Vertragsfreiheit		100
III. Nachwirken und Würdigung		102
1. Webers soziologische Methode		102
2. Das Recht als Zwangsordnung		103
3. Die Rationalität des Rechts		104
4. Zur Herrschaftssoziologie		105

8. Abschnitt: Theodor Geiger ... 107
   I. Biographie ... 107
   II. Die Rechtssoziologie Theodor Geigers ... 108
      1. Geigers Methode ... 108
      2. Theoretischer und praktischer Wertnihilismus ... 108
      3. Begriff und Entstehung sozialer Ordnungen ... 109
      4. Wirklichkeit und Verbindlichkeit der Normen ... 110
      5. Recht als Sonderform sozialer Normen ... 112
      6. Die Herkunft der Rechtsnormen ... 113
      7. Die Verbindlichkeit der Rechtsnormen ... 114
   III. Zur Würdigung der Rechtssoziologie Theodor Geigers ... 115
      1. Geigers begrifflich-theoretische Analysen ... 115
      2. Der Wertnihilismus ... 116
      3. Gewachsenes und gesetztes Recht ... 117

9. Abschnitt: Niklas Luhmann ... 119
   I. Biographie ... 119
   II. Luhmanns Rechtssoziologie ... 120
      1. Die Theorie sozialer Systeme ... 120
      2. Luhmanns soziologischer Rechtsbegriff ... 124
      3. Die Positivität des Rechts ... 127
      4. Legitimation durch Verfahren ... 132
      5. Grundrechte als Institution ... 134
      6. Recht als autopoietisches System ... 136
   III. Zur kritischen Würdigung ... 139
      1. Luhmanns soziologische und rechtssoziologische Grundlagen ... 139
      2. Universalistische Gesellschaftslehre ... 140
      3. Luhmanns Rechtsbegriff ... 141
      4. Die Positivität des Rechts ... 143
      5. Gesellschaftssystem, Rechtssystem und andere soziale Subsysteme ... 145

10. Abschnitt: Helmut Schelsky ... 148
   I. Biographie ... 148
   II. Der rechtssoziologische Ansatz Schelskys ... 149
      1. Universalistische und individualistische Gesellschaftstheorien ... 149
      2. Der anthropologische und der personfunktionale Ansatz ... 151
      3. Institutionen und Recht ... 152

4. Allgemeine Leitideen des Rechts 154
5. Der Kampf ums Recht 155
III. Zur kritischen Würdigung 156
   1. Schelsky als Kritiker der deutschen Soziologie der 1960er Jahre 156
   2. Beziehungen zur Rechtswissenschaft 157

3. Teil: Recht und Gesellschaft (Allgemeine Rechtssoziologie) 159

11. Abschnitt: Der soziologische Rechtsbegriff 160
   I. Die normative Struktur der Gesellschaft 160
      1. Normen als gesellschaftliche Verhaltensmuster 160
      2. Zweierbeziehungen 161
      3. Abweichendes Verhalten 162
      4. Spezielle, universelle und partikulare Normen 163
      5. Soziale Gruppen und Organisationen 165
      6. Die normative Ordnung der Gesellschaft 167
   II. Soziale Normen 168
      1. Verhaltensgleichförmigkeit, Verhaltensforderung, Verhaltensbewertung 168
      2. Der Begriff der Norm 171
      3. Übergänge zwischen sozialen Gewohnheiten und Normen 172
      4. Latente Normen 173
      5. Funktionsunterschiede 174
   III. Das Recht als Erscheinungsform sozialer Normen 175
      1. Soziale Normen und Rechtsnormen 175
      2. Methodische Voraussetzungen der Unterscheidung . . . 177
      3. Recht als institutionell garantierte Zwangsnorm 179
      4. Zwang und Anerkennung als komplementäre Elemente des Rechts 180
      5. Stufen der Rechtsbildung 182
      6. Andere Differenzierungen 183
   IV. Funktionen des Rechts 184
      1. Soziale Integration 185
      2. Verhaltenssteuerung 185
      3. Konfliktbereinigung 186
      4. Legitimation sozialer Herrschaft 186
      5. Sicherung der Freiheit 187
      6. Gestaltung der Lebensbedingungen 187
      7. Bildung 188

V. Recht und Moral 188
   1. Der Begriff der Moral 189
   2. Gegensätze zwischen konventionellen, rechtlichen, sittlichen und religiösen Normen 190
   3. Gemeinsame Inhalte konventioneller, rechtlicher, sittlicher und religiöser Normen 194

12. Abschnitt: Allgemeine Rechtsprinzipien 196

I. Rechtsphilosophische und rechtssoziologische Fragestellung 196
II. Autonomie der Person 199
III. Gegenseitigkeit 200
   1. Das Prinzip der Gegenseitigkeit 201
   2. Gegenwärtige Bedeutung 202
IV. Verteilungsgerechtigkeit 203
   1. Die gerechte Verteilung materieller und ideeller Güter . . 204
   2. Verteilungsgerechtigkeit als philosophisches Thema . . . 205
   3. Klassische Rechtssoziologie 207
   4. Neuere Einsichten der Politologie und Sozialpsychologie 208
   5. Aufgaben der Rechtssoziologie 212
V. Verfahrensgerechtigkeit 214
   1. Die Bedeutung fairer Verfahren 215
   2. Rechtssoziologische und sozialpsychologische Verfahrensforschung 216
   3. Verfahrensgerechtigkeit als Bestandteil von Demokratie und Rechtsstaat 219

13. Abschnitt: Sanktionen 221

I. Strafen und Belohnungen 221
   1. Negative Sanktionen 221
   2. Positive Sanktionen 222
   3. Der Begriff der Sanktion 223
   4. Sanktionssubjekte 224
II. Wirksamkeit von Sanktionen 226
   1. Sanktionen als normwidrige Handlungen 226
   2. Entsprechung von Normbruch und Sanktion 227
   3. Das Sanktionspotential 228
   4. Die richtige Relation zwischen Aufwand und Ertrag . . . 229
   5. Selektivität der Verfolgung 230
III. Sanktionsnormierung 231

1. Die Monopolisierung der Sanktionsgewalt 231
2. Sanktionsnormen 232
3. Die konditionale Programmierung von Rechtsnormen . 232
4. Unspezifische Sanktionen 234
5. Sanktionsverzicht 235

14. Abschnitt: Geltung und Wirksamkeit des Rechts 237
    I. Die soziologische Normgeltung 237
       1. Juristischer und soziologischer Geltungsbegriff 237
       2. Verhaltensgeltung und Sanktionsgeltung 239
       3. Die Effektivitätsquote 240
       4. Die Geltungschance 240
       5. Anwendungsbereich und Grenzen des empirischen
          Geltungsbegriffs 241
   II. Symbolische Geltung von Normen 243
  III. Wirksamkeit und Wirkung rechtlicher Programme 245
       1. Normbefehl und mittelbare Normzwecke 246
       2. Implementations- und Evaluationsforschung 247
       3. Vorprogrammierte Unwirksamkeit 251
       4. Unerwünschte Wirkungen und Nebenfolgen 253
   IV. Faktoren der Wirksamkeit 254
       1. Wirksamkeitsfaktoren aus der Sphäre der Norm und des
          Normgebers 255
       2. Wirksamkeitsfaktoren im Bereich der Vollzugs- und
          Sanktionsinstanzen 257
       3. Übereinstimmung mit den allgemeinen Wertvorstellun-
          gen der Bevölkerung als Wirksamkeitsvoraussetzung .. 258
       4. Übereinstimmung mit den Wertvorstellungen der Bezugs-
          gruppe des Normempfängers als Wirksamkeitsvoraus-
          setzung 259
       5. In der Person des Normadressaten verwurzelte Wirksam-
          keitsfaktoren 261

15. Abschnitt: Vertrag und Vertragsrecht 262
    I. Der Vertrag als Grundfigur des gesellschaftlichen Lebens .. 262
       1. Vertragsfunktionen 262
       2. Sozialwissenschaftlicher und juristischer Vertrags-
          begriff 264
   II. Vertragstypen 266
       1. Juristische Vertragstypologien 266
       2. Statusverträge und Zweckverträge 267

      3. Transaktions- und Beziehungsverträge 268
      4. Vertragstypologie nach dem Maß des dem Vertragspartner entgegenzubringenden Vertrauens 270
  III. Entwicklungen des Vertragsrechts im 20. Jahrhundert . . . 271
      1. Einschränkungen der Vertragsfreiheit 272
      2. Vertragsverflechtungen 274
      3. Transnationale Verträge 277

16. Abschnitt: Macht, Herrschaft und Recht 279

  I. Macht und Herrschaft 279
      1. Grundlagen 279
      2. Der Begriff der Macht 280
      3. Sozial vermittelte Macht 282
      4. Herrschaft als anerkannte Macht 283
  II. Das Recht als Regelung von Macht und Herrschaft 285
      1. Das Verhältnis von Macht und Recht 285
      2. Die Legitimität des Rechts 287
      3. Herrschaftsstrukturen als Aufgabe rechtlicher Regelung 288

17. Abschnitt: Konflikt und Konfliktregelung 290

  I. Theorien sozialer Konflikte 290
      1. Die soziologische und rechtssoziologische Konflikttheorie 290
      2. Konfliktbezogene Gesellschafts- und Rechtstheorien . . 291
      3. Konstruktive und destruktive Konflikte 292
  II. „Private" Konflikte 294
      1. Mikrosoziologische Konflikte 294
      2. Entstehungsursachen 296
      3. Konfliktarten 296
  III. Konfliktregelung durch die Beteiligten 299
      1. Ausweichen 299
      2. Nachgeben 300
      3. Kompensation 301
      4. Verhandlungen und Kompromiss 301
      5. Kampf 302
      6. Beziehungen zu Dritten 302
  IV. Konfliktregelung mit Hilfe Dritter 303
      1. Beratung 304
      2. Vermittlung 304
      3. Schlichtung 306

V. Das Gesetz als abstrakte Konfliktregelung 308
   1. Gesetz und Richterspruch als sich ergänzende Streitentscheidungsformen 308
   2. Die Lehre von der Gewaltenteilung 309
   3. Rechtssoziologische Würdigung 310
VI. Theorie des Gerichtsverfahrens 312
   1. Theorien der richterlichen Rechtsfindung 312
   2. Gerichtsverfahren als Metakonflikt und autonomes Handlungssystem 314
   3. Schattenseiten des Gerichtsverfahrens 316
VII. Neutralität der Rechtspflege 317
VIII. Zugang zu Rechtsanwälten und zu Gerichten 319
   1. Bedingungen der Mobilisierung von Recht 319
   2. Personbedingte Defizite der Rechtsverfolgung 321
   3. Anwalts- und Gerichtskosten 321
IX. Parteikonstellationen 322
   1. Die Verteilung der Klagelast 322
   2. Asymmetrische Parteienstruktur 323
   3. Parteien hinter den Parteien 324
   4. Prozessanfälligkeit anonymer Sozialbeziehungen 325

18. Abschnitt: Die Erforschung der Rechtskultur 327
  I. Der Begriff der Rechtskultur 327
   1. Abstrakte und konkrete Rechtssoziologie 327
   2. Rechtskultur als Inbegriff aller Erscheinungsformen des Rechts 328
   3. Rechtsfamilien 329
  II. Rechtlicher Pluralismus und Universalismus 332
   1. Pluralismus der Rechtskulturen 332
   2. Rechtlicher Universalismus 334

19. Abschnitt: Die Menschen und das Recht 336
  I. Rechtsgefühl und Rechtsbewusstsein 336
  II. Rechtskenntnisse der Bevölkerung 340
   1. Quellen der Rechtskenntnis 340
   2. Kenntnisniveau 341
   3. Wünschbarkeit von Rechtskenntnissen 343
  III. Anerkennung und Legitimität des positiven Rechts 344
   1. Voraussetzungen der Akzeptanz 344
   2. Vertrauen in das Rechtssystem 347
  IV. Rechtsgehorsam 348

      1. Gründe für Rechtsgehorsam 348
      2. Selbstaussagen zur Gesetzestreue 349

20. Abschnitt: Das Sozialprofil der Juristen 351
    I. Die gesellschaftliche Stellung der Juristen 351
      1. Die juristischen Berufe 351
      2. Die Entwicklung der juristischen Berufe im Zeitablauf . 352
      3. Internationaler Vergleich 354
    II. Rechtsanwälte: Organ der Rechtspflege oder Dienstleistungsunternehmer 357

21. Abschnitt: Evolution des Rechts 360
    I. Evolutionäre Rechtstheorien 360
    II. Verrechtlichung der Gesellschaft 361
      1. Das Problem 361
      2. Die quantitative Entwicklung von Gesetzgebung und Rechtsprechung in Deutschland 362
      3. Qualitative Veränderungen der Rechtskultur 366
      4. Entrechtlichung 367
    III. Positivität des modernen Rechts 368
      1. Theorien der Positivität des Rechts 369
      2. Positives Recht und materiale Gerechtigkeit 371
    IV. Rationalität des modernen Rechts 372
      1. Formen der Rationalität 372
      2. Rationalität der gegenwärtigen Rechtskultur 373
      3. Gefahren des Rückfalls in Irrationalität 375

Personenregister 379
Sachregister 382

Abkürzungsverzeichnis

AaO	am angegebenen Ort
AcP	Archiv für die civilistische Praxis
AG	Amtsgericht
AG	auch: Die Aktiengesellschaft (Zeitschrift)
AGBG	Gesetz zur Regelung des Rechts der Allgemeinen Geschäftsbedingungen
AktG	Aktiengesetz
Am. Soc. Rev.	American Sociological Review
AnwBl	Anwaltsblatt
ArbG	Arbeitsgericht
ARSP	Archiv für Rechts- und Sozialphilosophie
BayObLG	Bayerisches Oberstes Landgericht
BetrVG	Betriebsverfassungsgesetz
BGB	Bürgerliches Gesetzbuch
BGBl	Bundesgesetzblatt
BGH	Bundesgerichtshof
BGHZ	Entscheidungen des Bundesgerichtshofs in Zivilsachen
BRAO	Bundesrechtsanwaltsordnung
BRAGO	Bundesgebührenordnung für Rechtsanwälte
BSHG	Bundessozialhilfegesetz
BT-Drucks	Drucksachen des Deutschen Bundestages
BVerfG	Bundesverfassungsgericht
BVerfGE	Entscheidungen des Bundesverfassungsgerichts
BVerwG	Bundesverwaltungsgericht
BVerwGE	Entscheidungen des Bundesverwaltungsgerichts
Cal. L.R.	California Law Review
Col. L.R.	Columbia Law Review
DDR	Deutsche Demokratische Republik
DRiG	Deutsches Richtergesetz
DRiZ	Deutsche Richterzeitung
DtZ	Deutsch-Deutsche Rechtszeitschrift
FamG	Familiengericht
FamRZ	Zeitschrift für das gesamte Familienrecht
FAZ	Frankfurter Allgemeine Zeitung
FGG	Gesetz über die Angelegenheiten der freiwilligen Gerichtsbarkeit
GmbH	Gesellschaft mit beschränkter Haftung
GWB	Gesetz gegen Wettbewerbsbeschränkungen
Harv. L.R.	Harvard Law Review
HGB	Handelsgesetzbuch
Hrsg.	Herausgeber
Ill. L.R.	Illinois Law Review
Jahrb.	Jahrbuch

JuS	Juristische Schulung
JW	Juristische Wochenschrift
JZ	Juristenzeitung
KOL	Knowledge and Opinion about Law
KritJ	Kritische Justiz (Zeitschrift)
KSchG	Kündigungsschutzgesetz
KZfSS	Kölner Zeitschrift für Soziologie und Sozialpsychologie
LG	Landgericht
MEW	Marx-Engels Werke
MEAS	Marx-Engels, Ausgewählte Schriften
NJW	Neue Juristische Wochenschrift
OHG	Offene Handelsgesellschaft
OLG	Oberlandesgericht
ÖTV	Gewerkschaft Öffentliche Dienste, Transport und Verkehr
RabelsZ	Rabels Zeitschrift für ausländisches und internationales Privatrecht
Rechtstheorie	Rechtstheorie (Zeitschrift)
SJZ	Süddeutsche Juristenzeitung (ab 1950: Juristenzeitung)
StGB	Strafgesetzbuch
StPO	Strafprozeßordnung
UCLA L.R.	University of California Los Angeles Law Review
UWG	Gesetz gegen den unlauteren Wettbewerb
WV	Weimarer Reichsverfassung
Yale L.J.	Yale Law Journal
ZEuP	Zeitschrift für Europäisches Privatrecht
ZfRSoz	Zeitschrift für Rechtssoziologie
ZfS	Zeitschrift für Soziologie
ZRP	Zeitschrift für Rechtspolitik
ZPO	Zivilprozeßordnung

Abgekürzt zitiertes Schrifttum:

Cotterrell, Roger,	The Sociology of Law, 2. Ed. 1992;
Durkheim, Emile,	Über soziale Arbeitsteilung (De la division du travail social 1893), neue deutsche Übersetzung, 1992;
Ehrlich, Eugen,	Grundlegung der Soziologie des Rechts, 1913, 4. Aufl. 1989;
–	Recht und Leben, 1967;
–	Gesetz und lebendes Recht, 1986;
Friedman, Lawrence M.,	Das Recht im Blickfeld der Sozialwissenschaften (The Legal System. A Social Science Perspective, 1975), deutsch 1981;
Geiger, Theodor,	Vorstudien zu einer Soziologie des Rechts, 1947, 4. Aufl. 1987;
Habermas; Jürgen,	Theorie des Kommunikativen Handelns, 2 Bände 1981;
–	Faktizität und Geltung, 1992;

Luhmann, Niklas,	Legitimation durch Verfahren, 1969; 2. Aufl. 1989;
–	Rechtssoziologie, 1972, 4. Aufl. 1987 (zitiert 1972);
–	Rechtssystem und Rechtsdogmatik, 1974;
–	Ausdifferenzierung des Rechts. Beiträge zur Rechtssoziologie und Rechtstheorie, 1981;
–	Soziale Systeme, 1984;
–	Die soziologische Beobachtung des Rechts, 1986;
–	Das Recht der Gesellschaft, 1993;
Podgórecki, Adam,	Law and Society, 1974;
Radbruch, Gustav,	Rechtsphilosophie, 4. Aufl. 1950;
Rehbinder, Manfred,	Rechtssoziologie, 6. Aufl. 2007;
Röhl, Klaus,	Rechtssoziologie, 1987;
Rottleuthner, Hubert,	Einführung in die Rechtssoziologie, 1987;
Ryffel, Hans,	Rechtssoziologie, 1974;
Schelsky, Helmut,	Die Soziologen und das Recht, 1980;
Weber, Max,	Wirtschaft und Gesellschaft, 1921, 5. Aufl. 1972.

1. Teil

Der wissenschaftliche Ort der Rechtssoziologie

1. Abschnitt

Rechtssoziologie als Teilgebiet der Soziologie

I. Die Soziologie als Lehre von der menschlichen Gesellschaft

1. *Herkunft und Eigenart der Soziologie*

Die Rechtssoziologie ist, wie aus dem sprachlichen Sinn der Begriffsverbindung hervorgeht, der Teil der *Soziologie*, welcher sich mit dem *Rechtswesen* beschäftigt. Mit dieser rein äußerlichen Erklärung ist allerdings noch nicht viel gewonnen. Um den Gegenstand der Disziplin genauer zu bestimmen, ist es erforderlich, Klarheit über die Bedeutung der beiden zueinander in Beziehung gesetzten Begriffe Soziologie und Recht zu schaffen und dann in einem zweiten gedanklichen Schritt zu fragen, welcher Art die Beziehung zwischen beiden sein kann. Das ist keine ohne weiteres lösbare Aufgabe, denn weder für das Recht noch für die Soziologie gibt es einfache und allgemein anerkannte Abgrenzungen, die wir nur zu übernehmen bräuchten. Ein Versuch, den Begriff der Rechtssoziologie abstrakt zu bestimmen, würde daher nicht weiterführen. Letztlich kann nur die Fülle rechtssoziologischer Arbeiten eine lebendige Anschauung von ihren Themen, Theorien, Forschungsmethoden und wissenschaftlichen Ergebnissen vermitteln. Zunächst muss es demgegenüber genügen, einen Einstieg zu finden. Das gelingt am besten, wenn wir den wissenschaftsgeschichtlichen Zusammenhang ins Auge fassen, aus dem Soziologie und Rechtssoziologie hervorgegangen sind.

Die Soziologie ist, wie jedermann weiß, die Lehre von der *societas*, das heißt von der *menschlichen Gesellschaft* und vom *menschlichen Verhalten*, soweit es sich auf andere Menschen in der sozialen Umwelt bezieht. Dazu gehören „die allgemeinen Ordnungen des Gesellschaftslebens, ihre Bewegungs- und Entwicklungsgesetze, ihre Beziehungen zur natürlichen Umwelt, zur Kultur im allgemeinen und zu den Einzelgebieten des Lebens und schließlich zur sozial-kulturellen Person des Menschen"[1]. Mit Hilfe dieser Beschreibung gelingt die Abgrenzung der Soziologie von den Naturwissenschaften, die sich mit der unbelebten und belebten Natur befassen, und von den Humanwissenschaften wie zum Beispiel der Medizin und der Psychologie, deren Forschungsgebiet der einzelne Mensch ist. Im Schnittpunkt zwischen letzterer und der Soziologie steht die Sozialpsychologie.

---

[1] *König* im Fischer-Lexikon Soziologie 8.

1. Abschnitt: Rechtssoziologie als Teilgebiet der Soziologie

Dagegen kann die Unterscheidung der Soziologie als einer Gesellschaftswissenschaft von den sogenannten Geisteswissenschaften, also zum Beispiel der theologischen Sozialethik, der Sozialphilosophie, der Geschichts- und nicht zuletzt auch der Rechtswissenschaft nicht nach dem Gegenstand ihrer Forschungen vollzogen werden, denn auch diese beschäftigen sich mit der menschlichen Gesellschaft. Der Unterschied liegt vielmehr in der Art der Fragestellung und der Methode. Die Soziologie ist als selbständige Wissenschaft im 19. Jahrhundert entstanden und verdankt ihren Ursprung der Absicht, die Methoden naturwissenschaftlicher Forschung auf die wissenschaftliche Untersuchung der Gesellschaft zu übertragen. *Auguste Comte* (1798–1857), der den Begriff geprägt hat, verfolgte die Idee, eine „physique sociale" zu begründen, und noch *Emile Durkheim* bezeichnet seine „Leçons de Sociologie" im Untertitel als „physique des moeurs et du droit". Darin verbarg sich ein dreifaches Programm: Einmal sollten die *Methoden empirischer und experimenteller Beobachtung*, aus welchen die Naturwissenschaften ihre Erkenntnis ziehen, an die Stelle spekulativer sozial-philosophischer Lehren treten, deren Richtigkeit sich nicht beweisen lässt. Zum zweiten wollte man auf diesem Weg *soziale Regelmäßigkeiten* nach Analogie der Naturgesetze aufdecken. Damit verband sich drittens die Hoffnung, das soziale Geschehen auch für die Zukunft *vorhersagen* und *steuern* zu können.

Als politische Wurzel für die Entstehung der Soziologie ist die Entwicklung der gesellschaftlichen Verhältnisse selbst im 19. Jahrhundert zu nennen. Das aufstrebende Bürgertum war daran interessiert, die Voraussetzungen einer Änderung der sozialen Ordnung zu erforschen, um seine Stellung gegenüber den noch herrschenden feudalistischen Strukturen zu verstärken. Noch sehr viel drastischer nötigten das Wachstum der Bevölkerung, die beginnende Industrialisierung und das damit heraufgezogene Elend großer Bevölkerungsteile dazu, die Umstände zu erforschen, welche für die Misere verantwortlich waren, und nach Möglichkeiten ihrer Verbesserung zu suchen. Während sich die Geschichtswissenschaft für diese Zwecke nicht eignete, weil sie ihren Blick rückwärts wendet, bot sich der methodische Ansatz der neuen Wissenschaft dafür geradezu an. Auf diese Weise verband die Soziologie mit ihrer Forschungsmethode von vornherein einen kritischen und sozialreformerischen Zug, der bei *Comte* und *Durkheim* einen wesentlichen Teil der Werke beherrscht und am deutlichsten bei *Marx* und *Engels* hervortritt. Auch heute lassen sich kritische Komponenten in der Soziologie leicht nachweisen. Die charakteristische Verknüpfung empirischer und kritischer Elemente ist nicht nur die Folge ihrer Entstehungsgeschichte, sondern liegt im Wesen dieser Wissenschaft. Denn indem sie Diskrepanzen zwischen den Wertvorstellungen und Bedürfnissen der Menschen und den realen gesellschaftlichen Verhältnissen herausarbeitet oder bestehende Herrschaftsstrukturen bewusst macht und analysiert, mündet die wissenschaftliche Erkenntnis fast zwangsläufig in die Kritik an den aufgedeckten Unzuträglichkeiten. Dies ist der Grund, weshalb totalitäre Herrschaftssysteme regelmäßig eine soziologische Wissenschaft entweder gar nicht dulden oder doch nur dann, wenn sie sich in ihren Dienst stellt.

2. Soziologische Theorie

Die soziologische Forschung bedarf ungeachtet ihrer empirischen Orientierung eines Arsenals von Begriffen und theoretischen Leitvorstellungen von der menschlichen Gesellschaft, man kann sagen, eines gedanklichen Koordinatensystems, mit dessen Hilfe sie ihre Fragen präzisiert, Hypothesen formuliert sowie die gewonnenen Daten ordnet und interpretiert. Der Entwurf eines solchen gedanklichen Gerüsts ist Gegenstand der theoretischen Soziologie. Diese beschäftigt sich mit der Definition und dem Erkenntniswert von Begriffen wie zum Beispiel *soziales Handeln, soziale Rolle, System, Organisation, Institution, Kleingruppe, Masse, Norm, Sanktion, Macht, Herrschaft, Konflikt*. Ferner versucht sie, die beobachteten Phänomene zu klassifizieren oder nach Typen zu ordnen. Schließlich schreitet sie zu immer allgemeineren und abstrakteren Gesellschaftstheorien fort, wobei sich u.a. handlungs- und verhaltenstheoretische, normtheoretische, klassen- und schichtentheoretische, institutionentheoretische, systemtheoretische und konflikttheoretische Modelle unterscheiden lassen[2]. Im Gegensatz zur spekulativen Philosophie hält sie dabei aber an dem Postulat fest, ihre Begriffe und Theorien empirisch abzusichern, das heißt, deren Konkordanz mit der sozialen Realität anhand empirischer Daten dauernd zu kontrollieren und in der Verallgemeinerung und Abstraktion nicht weiter zu schreiten, als es das empirische Material erlaubt. Sofern dieses zum methodisch einwandfreien Beleg nicht ausreicht, spricht sie von *Hypothesen*, die des Beweises erst noch bedürfen.

Eine weitere Aufgabe der theoretischen Soziologie liegt darin, die erkenntnistheoretischen Voraussetzungen soziologischen Forschens selbstkritisch zu reflektieren. Es hat sich gezeigt, dass trotz aller empirischen Kontrolle die Forschungsergebnisse leicht von den Gesichtspunkten beeinflusst werden, welche der mit dem Problem beschäftigte Soziologe bei seiner Arbeit verfolgt hat. Derartige subjektive Elemente dringen schon deshalb ein, weil ein Wissenschaftler bei der Auswahl der Themen, denen er nachgeht, und bei der Interpretation von empirisch gewonnenem Material von gewissen „*erkenntnisleitenden Interessen*"[3] ausgeht. Ferner weisen auch wissenschaftliche Begrif-

---

[2] Vgl. *Röhl*, Rechtssoziologie,133.
[3] Vgl. *Habermas*, Erkenntnis und Interesse, 1969; zur Orientierung ferner *Theodor W. Adorno, Karl R. Popper, Jürgen Habermas, Hans Albert* u.a., Der Positivismusstreit in der deutschen Soziologie, 1970.

fe, die der Umgangssprache entstammen, leicht eine bestimmte, die Objektivität der Erkenntnis beeinflussende Vorprägung auf. Das Problem stellt sich für alle Sozialwissenschaften in gleicher Weise, nicht zuletzt auch im Hinblick auf Rechtsbegriffe. Es ist die Aufgabe des *wissenschaftlichen Diskurses* und der *Ideologiekritik*, auf solchen Wegen unkontrolliert eindringende Wertvorstellungen und Vorurteile auszumerzen oder doch wenigstens transparent zu machen und unangemessene Verallgemeinerungen aufzulösen.

In der Wissenschaftstheorie wird die Frage diskutiert, ob *wert- bzw. ideologiefreie Erkenntnis* in den Sozialwissenschaften nach der Struktur des menschlichen Denkens überhaupt möglich sei[4]. Während die Neopositivisten behaupten, es gebe, wenn schon nicht wertfreie Aussagen an sich, so doch wertungsfreie Begründungszusammenhänge, leugnen viele andere die Möglichkeit interessenfreier Erkenntnis. Hier kann auf diesen erkenntnistheoretischen Streit nur hingewiesen werden, denn seine Darstellung würde den Rahmen der Rechtssoziologie sprengen. Immerhin wird uns die Problematik im Folgenden bei der Würdigung soziologischer Theorien ebenso wie bei der Interpretation empirischer Forschungsergebnisse immer wieder begegnen. Es ist nötig, sie als kritisches Regulativ bei allen rechtssoziologischen Untersuchungen im Auge zu behalten.

II. Recht als Gegenstand der Soziologie

1. Das Recht als Phänomen der gesellschaftlichen Wirklichkeit

Wenn die Soziologie das Recht zum Gegenstand ihres wissenschaftlichen Interesses macht, so setzt sie voraus, dass *Recht ein Phänomen der gesellschaftlichen Wirklichkeit* ist, das empirischer Forschung nach dem Vorbild der Naturwissenschaften zugänglich ist und gewisse Regelmäßigkeiten aufweist, die sich der Erkenntnis auf diesem Weg erschließen. Der Ansatz erweitert die Perspektive der herkömmlichen Jurisprudenz in mehrfacher Weise:

a) Die exegetische Rechtswissenschaft versteht unter Recht den Inbegriff der in Gesetzen, Gerichtsurteilen, Verwaltungsentscheidungen und anderen Rechtsakten niedergelegten Rechtssätze, das heißt die Summe der *Rechtstexte*, deren wissenschaftliche Betrachtung nicht anders als bei religiösen oder literarischen Texten das Ziel verfolgt, ihren *Sinn* mit den Mitteln der Logik und der verstehenden und zielgerichteten (teleologischen) Interpretation zu klären. Wie die Texte zustande gekommen sind und welche sozialen Kräfte und Interessen sich dabei durchgesetzt haben, interessiert sie dagegen nicht, und ebenso wenig fragt sie nach ihrer Akzeptanz oder Durchsetzung in der Rechtswirklichkeit und ihren Auswirkungen auf das Verhalten der Menschen und das soziale Gefüge. Demgegenüber begreift die Rechtssoziologie

---

[4] Vgl. dazu schon *Max Weber*, unten Abschnitt 7 II 3.

das Recht als einen Komplex von Verhaltensmustern, an denen sich die Menschen tatsächlich orientieren, nach welchen ihr Zusammenleben abläuft, die bestehenden Macht- und Herrschaftsverhältnisse sich stabilisieren oder verändern, nach denen soziale Konflikte beigelegt werden und die als Mittel der politischen Steuerung der Gesellschaft dienen. Forschungsobjekte der Rechtssoziologie sind also nicht allein die Rechtssätze, sondern das *„lebende Recht"*, das *„law in action"*[5], das heißt die rechtlichen Verhaltensmuster als Ausdruck und Produkt des sozialen Lebens mit seinen natürlichen Bedürfnissen und Existenzbedingungen, ihre Funktionsweise und ihre Rückwirkungen auf das soziale Leben. Auf eine Formel gebracht kann man sagen, die Rechtssoziologie sucht die *Interdependenz* und den *funktionellen Zusammenhang* zwischen dem Recht und den nicht-rechtlichen gesellschaftlichen Fakten zu ergründen[6].

b) Methodisch erweitert die Rechtssoziologie die Forschungsinstrumente der Rechtswissenschaft, indem sie den Methoden der Interpretation von Texten die Verfahren der empirischen Sozialforschung hinzufügt[7]. Sie bedient sich der kritisch reflektierten Befragung bestimmter Personenkreise oder der Bevölkerung, das heißt der mündlichen, schriftlichen oder telefonischen *Interviews*, der *offenen* oder *verdeckten Beobachtung*, der *Auswertung amtlicher Statistiken*, der *Analyse von Dokumenten* aller Art und des sozialwissenschaftlichen *Experiments*. Regelmäßig kombiniert sie mehrere dieser Verfahren. Die Auswertung des dabei gewonnenen Materials erfolgt *quantitativ* mit Hilfe statistischer Methoden oder *qualitativ* im Sinn sorgfältiger und dichter Beschreibung bestimmter Situationen und der in diesen beobachteten Handlungsverläufe, Sinndeutungen, Ziel- und Wertvorstellungen. Dabei macht sie sich die reichhaltigen Erfahrungen der allgemeinen Soziologie mit allen diesen Methoden zunutze und kann so zu beweisbaren und verlässlichen Feststellungen gelangen, die gegebenenfalls auch ein beträchtliches Maß allgemeiner Gültigkeit erreichen. All dies schließt den Rückgriff auf die in der Rechtswissenschaft gebräuchlichen Mittel der Textdeutung ein, die auch für die Soziologie relevant werden insofern, als auch Texte als Tatsachen erfasst werden können.

---

[5] Vgl. zu *Ehrlich* Abschnitt 6 II 3.

[6] *Hirsch*, Das Recht im sozialen Ordnungsgefüge, 25 ff.; *Ryffel*, Rechts- und Staatsphilosophie, 62 ff.; *Rehbinder*, Rechtssoziologie, 1 f.; *Luhmann*, Rechtssoziologie, 9.

[7] Auf eine ins Einzelne gehende Darstellung der empirisch-sozialwissenschaftlichen Methoden wird hier verzichtet. Vgl. zur Einführung die Darstellung von *Röhl*, 1987, 105 ff. sowie die Beispiele bei *Rottleuthner*, Einführung; ferner: *Blankenburg* (Hrsg.), Empirische Rechtssoziologie, 1975. Im Übrigen muss auf die umfangreiche in- und ausländische Literatur zu den empirischen Methoden in der allgemeinen Soziologie verwiesen werden. Als Beispiel für eine breit angelegte empirische Untersuchung sei hier genannt: *Jagodzinski/Raiser/Riehl*, Rechtsschutzversicherung und Rechtsverfolgung, 1994.

c) Ein wichtiger Vorteil der soziologischen Betrachtung des Rechts liegt in dem Umstand, dass sie vom *normativen Geltungsanspruch der Rechtsvorschriften* und von ihrem *Bezug auf die Rechtsanwendung absehen* kann. Im Zentrum der dogmatischen Jurisprudenz steht die Unterscheidung zwischen rechtmäßigem und unrechtmäßigem Handeln. Sie orientiert sich an den Aufgaben der Juristen, die darüber entscheiden müssen und dabei von den Vorgaben des geltenden Rechts ausgehen können, aber daran auch gebunden sind. Die Rechtssoziologie kennt derartige Grenzen nicht. Sie kann das Rechtsleben beobachten und analysieren, ohne zu handeln oder über Recht und Unrecht entscheiden zu müssen. Stattdessen bemüht sie sich darum, Rechtsbegriffe und rechtliche Einrichtungen, einzelne Gesetzesprojekte, Verwaltungsverfahren oder Streitfälle, aber auch Rechtsideen und rechtsdogmatische Theorien in ihrem sozialen Kontext zu *verstehen*[8]. Das geltende Recht ist für sie nicht verbindliches Richtmaß, sondern Tatsache, die als Produkt bestimmter gesellschaftlicher Prozesse erklärt werden kann. Ihr Ziel ist die wissenschaftliche Erkenntnis. Auf diese Weise erschließt sie sich zahlreiche neue Fragestellungen und Einsichten, die ihre Fruchtbarkeit beweisen.

Der Unterschied zwischen juristischer und soziologischer Betrachtungsweise wird von zahlreichen Rechtssoziologen nachhaltig betont. So ist für *Ehrlich* die Rechtssoziologie die eigentliche Wissenschaft vom Recht, die „nicht praktischen Zwecken dienen will, sondern der reinen Erkenntnis", während er die dogmatische Rechtswissenschaft eher abschätzig als handwerkliche Kunst und Technik beschreibt, das Recht den „besonderen Bedürfnissen des Rechtslebens dienstbar zu machen"[9]. Theoretiker wie *Max Weber* und *Theodor Geiger* zeigen keinerlei Interesse an Fragen der Rechtsdogmatik und juristischen Methodenlehre oder an der Entscheidung bestimmter Streitigkeiten. Soweit sie zu rechtspolitischen Fragen Stellung nehmen, geschieht dies getrennt von der soziologischen Analyse[10]. In neuerer Zeit betonen etwa *Niklas Luhmann*, *Adam Podgórecki* oder *Lawrence Friedman*[11] die Distanz zwischen Rechtsdogmatik und Rechtssoziologie und analysieren rechtliche Phänomene ausschließlich aus soziologischer Sicht. Namentlich *Luhmann* bezieht entschieden Stellung gegen alle Ansprüche und Erwartungen, die sich auf Beiträge der Rechtssoziologie zur praktischen Rechtspflege beziehen. Er meint, es sei „schlechterdings nicht zu sehen, wie sich Rechtsfragen im entscheidungsnotwendigen Detail auf soziologische Theorien oder auf Metho-

---

[8] Vgl. *Cotterrell*, Why must Legal Ideas be Interpreted Sociologically, Journal of Law and Society, 1998, 171.
[9] *Ehrlich*, Grundlegung, 1; vgl. dazu auch Abschnitt 6 II 2.
[10] Vgl. zu *Weber* Abschnitt 7 III 1; zu *Geiger* Abschnitt 8 III.
[11] *Luhmann*, Rechtssystem und Rechtsdogmatik, 9; *ders.*, Das Recht der Gesellschaft, 274 u.a., *Podgórecki*, Law and Society, 32; *Friedman*, Das Recht im Blickfeld der Sozialwissenschaften, 21.

den der empirischen Sozialforschung beziehen ließen", und sieht im Streben nach soziologischer Jurisprudenz „die Gefahr einer Annäherung und Verständigung auf dem für beide Seiten niedrigsten Niveau"[12].

Auf der anderen Seite entzieht sich die Rechtssoziologie bei einem so verengten Ansatz den praktischen Aufgaben der Sozialgestaltung und der Verwirklichung des Rechts. Sie zieht sich sozusagen in den Elfenbeinturm der reinen Erkenntnis zurück. Dem steht entgegen, dass die Soziologie ihre Entstehung im 19. Jahrhundert nicht zuletzt dem Wunsch verdankt, Mittel und Wege zur Überwindung sozialer Missstände zu finden[13]. Auch heute liegt eine durchaus wichtige Aufgabe der Soziologie darin, krankhafte Zustände der Gesellschaft zu erkennen und zu einer Änderung beizutragen. Empirische rechtssoziologische Untersuchungen beziehen sich oft auf konkrete gesellschaftspolitische Probleme. In dem Maße, in dem die Rechtssoziologie als Zweig der Rechtswissenschaft auftritt, muss sie sich daher auch den Zielen der Verbesserung des Rechts und der Sozialsteuerung durch Recht öffnen. Sie braucht dazu ihren empirischen Zugang zum Recht keineswegs aufzugeben[14].

d) Inhalt der soziologischen Erkenntnis sind demgemäß das *Verständnis des sozialen Sinns* rechtlicher Tatbestände sowie deren *kausale* oder *funktionale Erklärung*. Sie stellt zum Beispiel fest, warum es zu einem bestimmten rechtsrelevanten Verhalten gekommen ist, ob und inwiefern ein Ereignis A auf ein anderes Ereignis B eingewirkt hat und ob diese Wirkung eine immer wiederkehrende, determinierende, „gesetzmäßige" ist. In vielen Fällen kann es nur um eine Feststellung statistischer Korrelation gehen, das heißt um die Feststellung, in welchem Ausmaß die variierende Häufigkeit von B mit der variierenden Häufigkeit von A übereinstimmt. Methodisches Mittel der Darstellung derartiger Zusammenhänge ist nicht zuletzt die Figur des *Typus*, wobei sich die von *Max Weber*[15] eingeführte Version des *Idealtypus* als besonders fruchtbar erweist. Von *funktionaler Erklärung* kann man mit *Luhmann*[16] sprechen, wenn man mehrere reale und/oder hypothetische Kausalverläufe miteinander vergleicht und sie im Hinblick auf das Ergebnis als äquivalent oder nicht äquivalent identifiziert, also zum Beispiel feststellt, dass die Steuerung bestimmter gesellschaftlicher Prozesse durch Recht oder durch Geld funktional äquivalent sein können. Analysen dieser Art können zu sehr weittragenden Einsichten führen.

---

[12] *Luhmann* aaO, 9.
[13] Siehe oben I 1; ferner zu *Marx* und *Engels* Abschnitt 4, zu *Durkheim* Abschnitt 5.
[14] *Raiser*; Aufgaben der Rechtssoziologie als Zweig der Rechtswissenschaft, ZfRSoz 1994 1.
[15] Siehe Abschnitt 7 II 4, III 1.
[16] *Luhmann*, Soziale Systeme, 84; *ders.*, Das Recht der Gesellschaft, 140.

2. Theoretische und kritische Rechtssoziologie

Nicht anders als die allgemeine Soziologie kann sich auch die Rechtssoziologie nicht mit der Sammlung von Daten begnügen, sondern bedarf eines Gerüsts von Begriffen und Theorien. Sie kann dabei zunächst auf die in der allgemeinen Soziologie anerkannten Begriffe und theoretischen Ansätze zurückgreifen, denn als überall in der Gesellschaft gegenwärtiges Phänomen spielt das Recht auch in dieser eine zentrale Rolle. Die theoretische Rechtssoziologie ist weitgehend identisch mit allgemeiner soziologischer Theorie. Darüber hinaus bezieht sie auch juristische Begriffe wie die des subjektiven Rechts, der juristischen Person, der Körperschaft und Anstalt usw. ein und berührt sich insofern mit der Rechtsdogmatik und Rechtstheorie. Eine *kritische Dimension* erlangt die *Rechtssoziologie* schließlich deshalb, weil sie die ökonomischen, politischen und ideologischen Voraussetzungen des geltenden Rechts und der Rechtsdogmatik als Wissenschaft analysiert und der Frage nachgeht, wieweit sie von subjektiven Vorurteilen, zeitbedingten Wertungen, Machtinteressen, Klasseninteressen usw. beeinflusst werden und diese ihrerseits stützen.

2. Abschnitt

Rechtssoziologie als Zweig der Rechtswissenschaft

I. Rechtssoziologie als rechtswissenschaftliche Disziplin

1. *Rechtssoziologie als Grundlagenwissenschaft*

Als wissenschaftliche Disziplin, die sich mit dem Recht beschäftigt, ist die Rechtssoziologie nicht nur ein Teilgebiet der Soziologie, sondern auch ein Zweig der Rechtswissenschaft. Sieht man die Aufgabe aller Bereiche der Rechtswissenschaft darin, zum Verständnis des Rechts und zur Verwirklichung einer gerechten Gesellschaftsordnung beizutragen, so fragt sich, welchen spezifischen Beitrag die Rechtssoziologie zu diesem Ziel zu leisten vermag. Die Frage verlangt eine differenzierte Antwort. Solange sich das Erkenntnisinteresse in erster Linie darauf richtet, die Bedeutung von sozialen und rechtlichen Normen für das Zusammenleben der Menschen zu ermitteln, Theorien zur normativen Struktur der Gesellschaft oder zur Interdependenz von Recht und Gesellschaft aufzustellen oder generelle Entwicklungstendenzen im historisch-evolutionären Prozess der Rechtsentwicklung herauszuarbeiten, ist von den gewonnenen Erkenntnissen keine unmittelbare Nutzanwendung zu erwarten. Derartige Grundlagenforschung richtet sich vielmehr auf die Erkenntnis wissenschaftlicher Wahrheit, die ihren Wert in sich selbst trägt. Ihre Auswirkungen zeigen sich jedoch mittelbar, wenn die Menschen auf Grund einer klareren Sicht der gesellschaftlichen Abläufe beginnen, anders zu handeln und zu entscheiden als bisher. Dagegen wäre es ein Missverständnis, von den rechtssoziologischen Beobachtungen, Grundbegriffen oder theoretischen Lehren direkte Handlungsanweisungen für die praktische Rechtspflege zu erwarten.

Gegenstand und Ziele rechtssoziologischer Forschung gehen jedoch darüber hinaus. Denn wie das Recht eine *Doppelnatur* als *Sinnträger* und *Handlungsanweisung* aufweist[1], dient auch die Rechtssoziologie nicht nur der Erkenntnis, sondern auch der Verwirklichung des Rechts[2]. So gesehen sind die Rechtssoziologie und die praktische Rechtswissenschaft aufeinander angewiesen und beide gleichermaßen unverzichtbare, sich gegenseitig ergänzende

---

[1] Vgl. *Habermas*, Faktizität und Geltung, 146.
[2] *Raiser*, Aufgaben der Rechtssoziologie als Zweig der Rechtswissenschaft, ZfRSoz 1994, 1, 4.

2. Abschnitt: Rechtssoziologie als Zweig der Rechtswissenschaft

Bestandteile einer umfassend verstandenen Jurisprudenz. *Hermann Kantorowicz* hatte Recht, wenn er im Anschluss an *Kant* schon 1911 formulierte: „Dogmatik ohne Soziologie ist leer, Soziologie ohne Dogmatik blind"[3]. Wie schon dargelegt[4], zeigte sich in der Soziologie von Anfang an auch der starke Antrieb, nicht lediglich eine abstrakte Gesellschaftstheorie zu entwerfen, sondern zur Verbesserung der Gesellschaft mit den Mitteln des Rechts beizutragen.

Allerdings finden sich nicht nur in der theoretischen Rechtssoziologie, sondern auch in der juristischen Methodenlehre deutliche Vorbehalte gegen diese Sicht. Die Meinung ist weit verbreitet, dass sich das Recht nach seiner eigenen inneren Gesetzmäßigkeit entfalten und wissenschaftlich erforscht werden müsse[5]. In solchen Abschottungstendenzen treten die Nachwirkungen des in der neukantischen Philosophie zu Beginn des 20. Jahrhunderts auf die Spitze getriebenen Gegensatzes zwischen Sein und Sollen, empirisch-deskriptiv verfahrender Sozialwissenschaft und normativ-hermeneutischer Rechtswissenschaft zutage, der aus heutiger Sicht die Gegenüberstellung der Disziplinen schon deshalb nicht mehr trägt, weil weder die Rechtswissenschaft ohne deskriptive Aussagen noch die Soziologie ohne normative Elemente auskommen. Daneben sind die Kommunikationsbarrieren auch Ausdruck fachspezifischer Bedingungen, die einer kritischen Reflexion bedürfen, denn Juristen wie Soziologen finden infolge ihrer begrenzten Ausbildung und Arbeitskraft Schwierigkeiten, in die Begrifflichkeit, Gedankenwelt und Methoden der jeweils anderen Disziplin einzudringen.

Ungeachtet derartiger Hemmnisse machte sich jedoch der Einfluss soziologischen Denkens auch in der juristischen Methodenlehre schon früh bemerkbar. In Gestalt der Interessenjurisprudenz und der teleologischen Gesetzesauslegung wird er heute allseits anerkannt. Im Strafrecht ist vor allem an die Begründung der kriminologischen Schule durch *Franz von Liszt*[6] zu erinnern, im öffentlichen Recht an die soziologischen Staatslehren und an die Verwaltungslehre[7]. Auch bei *Eugen Ehrlich* steht neben der starken Betonung der Rechtssoziologie als der eigentlichen Wissenschaft des Rechts sein

---

[3] *Kantorowicz*, Rechtswissenschaft und Soziologie, 1911, Neudruck 1962, 139.
[4] Abschnitt 1 II 1 c.
[5] Vgl. statt aller *Bydlinski*, Juristische Methodenlehre und Rechtsbegriff, 1982, 84ff.; *Larenz*, Methodenlehre der Rechtswissenschaft, 6. Aufl. 1991, 474ff.; *Fikentscher*, Methoden des Rechts Bd 3, 1976, 387ff.; *Henke*, Jurisprudenz und Soziologie, JZ 1974, 729ff.; *Pawlowski*, Methodenlehre für Juristen, 1981, 111ff.
[6] *Franz von Liszt*, Der Zweckgedanke im Strafrecht, 1882; *ders.*, Über den Einfluss der soziologischen und anthropologischen Forschungen auf die Grundbegriffe des Strafrechts, 1893, beide wieder abgedruckt in: *ders.*, Strafrechtliche Vorträge und Aufsätze, 1905, Bd. 1, 126, Bd. 2, 75.
[7] Vgl. *Georg Jellinek*, Allgemeine Staatslehre, 3. Aufl. 1900, Nachdruck 1959, Zweites Buch: Allgemeine Soziallehre des Staates; *Hermann Heller*, Staatslehre 1934, 6. Aufl. 1993, zweiter Abschnitt: Die gesellschaftliche Wirklichkeit.

Engagement als Jurist und geistiges Haupt der Freirechtsbewegung, die unmittelbar praktische Wirkungen entfalten wollte[8].

2. Rechtssoziologie und Rechtsgeschichte

Mit der Rechtsgeschichte teilt die Rechtssoziologie den Gegenstand ihrer Forschung, der „das gesamte Leben der vergesellschafteten Menschheit in größter Allgemeinheit"[9] unter dem Gesichtspunkt des Rechts umspannt. Bedeutende Rechtssoziologen wie namentlich *Durkheim, Ehrlich* und *Weber* haben das Material ihrer Erkenntnis im Wesentlichen aus der Rechtsgeschichte, und zwar sowohl der Dogmen- wie auch der Sozialgeschichte des Rechts geschöpft.

Der Unterschied liegt in der Methode und im Ziel der Erkenntnis. Die Rechtsgeschichte verfolgt den Prozess der Rechtsentwicklung als einen prinzipiell einmaligen, nicht umkehrbaren und nicht verallgemeinerungsfähigen Vorgang; sie betrifft die „kausale Zurechnung wichtiger, das heißt schicksalhafter Einzelzusammenhänge"[10]. Ihr Ziel ist, deren individuellen Sinn zu erfassen, wobei sie sich der Mittel verstehender Interpretationen bedient. Zugleich unterliegt sie der Gefahr spekulativer, jedenfalls aber zeitbedingter Deutungen, wenngleich sie sich in der Gegenwart besonders auch um den quantitativ-empirischen Beleg ihrer Aussagen bemüht. Demgegenüber sucht die Rechtssoziologie eine generalisierende Erkenntnis. Sie geht typischen Wiederholungen und Regelhaftigkeiten menschlich-sozialen Verhaltens nach und sucht zu ergründen, was immer geschieht, wenn die Menschen auf irgendeine bestimmte Weise sozial miteinander verbunden sind[11]. Auf diesem Weg gelangt sie, notwendig auf einer höheren Ebene der Abstraktion als die Geschichtswissenschaft, zu allgemeinen oder doch typischen Aussagen über menschliche und gesellschaftliche Verhaltensweisen. In der modernen Geschichtswissenschaft, namentlich soweit sie sich mit dem Zeitgeschehen beschäftigt, aber auch in der Soziologie, gehen allerdings historische und soziologische Betrachtungsweisen ineinander über.

3. Rechtssoziologie und Rechtsphilosophie

Als Rechtsphilosophie kann man in einem allgemeinen Sinn jedes Nachdenken über das Wesen der rechtlich geordneten menschlichen Gesellschaft und über die Voraussetzungen ihrer Erkenntnis bezeichnen. Man verwendet dann

---

[8] Vgl. Abschnitt 6 V 3.
[9] *Kracauer*, Soziologie als Wissenschaft, 1922, in Schriften Bd. 1, 1971, 15; vgl. zum Ganzen auch *Killias/Rehbinder* (Hrsg.), Rechtsgeschichte und Rechtssoziologie, 1985.
[10] *Weber*, Wirtschaft und Gesellschaft, 14.
[11] *Kracauer* aaO, 19.

einen Begriff, welcher die Rechtssoziologie einschließt. Wird die Rechtsphilosophie dagegen der Rechtssoziologie gegenübergestellt, so bezeichnet der Begriff die Lehre von den *metaphysischen,* das heißt den jenseits der empirisch erfahrbaren Realität liegenden Elementen des Rechts. Die wirklichkeitswissenschaftliche Betrachtung gelangt an ihre Grenze, sobald die Frage aufgeworfen wird, ob die vorgefundene Ordnung inhaltlich auch richtig ist im Sinn von gerecht, human, gut, billig und ob sie als solche festzuhalten ist oder der Veränderung bedarf. Auch rechtsdogmatische Überlegungen stoßen auf diesen Punkt, wenn sie, aus welchem Anlass auch immer, die Gesetze auf ihren Gerechtigkeitsgehalt befragen, wie es zum Beispiel Art. 20 Abs. 3 GG verlangt, der Exekutive und Judikative an Gesetz *und Recht* bindet. Das Problem führt letztlich zur Frage nach dem Wesen des Rechts und zur Idee der Gerechtigkeit. Sie ist der Gegenstand der Rechtsphilosophie. Man kann die Rechtsphilosophie deshalb auch als die „Lehre vom richtigen Recht"[12] oder vom „Recht im Recht"[13] bezeichnen.

4. Rechtssoziologie und Rechtsvergleichung

Mit der Rechtsvergleichung teilt die Rechtssoziologie ihre internationale Dimension. Doch reichen die Gemeinsamkeiten beider Disziplinen tiefer. Zwar blieben die Berührungspunkte spärlich, solange sich die Rechtsvergleichung darauf beschränkte, unter Anwendung der dogmatischen Methoden lediglich Rechtsnormen zu vergleichen. Heute sieht sie demgegenüber ihre Aufgabe darin, die Unterschiede der rechtlichen Institutionen auch zu erklären und die jeweils beste Lösung eines Sachkomplexes herauszufinden. Sie rechnet auch damit, dass angesichts verschiedener kultureller Traditionen und rechtstatsächlicher Voraussetzungen in verschiedenen Ländern unterschiedliche Regelungen wünschenswert sein können. Dazu muss sie die sozialen Hintergründe der Rechtsvorschriften in ihre Untersuchungen einbeziehen und stößt somit von selbst auf die Fragestellungen, Methoden und Ergebnisse der Rechtssoziologie.

Auf der anderen Seite dient der Rechtssoziologie seit jeher das Recht aller Völker und Länder als Anschauungsmaterial und Gegenstand ihrer Forschungen. Sie greift dabei auch auf die Methoden und Ergebnisse der Rechtsvergleichung zurück[14].

---

[12] *Radbruch,* Rechtsphilosophie, 97.
[13] *Henkel,* Einführung in die Rechtsphilosophie 5.
[14] Vgl. *Drobnig/Rehbinder* (Hrsg.), Rechtssoziologie und Rechtsvergleichung, 1977; *Rheinstein, Max,* Einführung in die Rechtsvergleichung, 2. Aufl. 1987, 28f., 143ff.; *Varga* (Hrsg.), Comparative Legal Cultures, 1992. Vgl. auch Abschnitt 17 I 3.

5. Rechtssoziologie und Rechtsdogmatik

Gegenstand der dogmatischen Rechtswissenschaft ist die *Auslegung, Klassifikation* und *Systematisierung* des in einem Gemeinwesen zu einem bestimmten Zeitpunkt normativ geltenden, das heißt in den kontinentaleuropäischen Staaten primär des gesetzlichen Rechts. Sie zielt darauf ab, konkrete Rechtsentscheidungen eines Richters oder Verwaltungsbeamten vorzubereiten, indem sie aus dem abstrakt formulierten Gesetz mittels methodisch kontrollierter Denkoperationen Entscheidungsregeln für den Einzelfall ableitet. Für die Legislative spielt sie insofern eine Rolle, als die Auslegung der Verfassung die rechtlichen Grenzen bestimmt, welchen die politische Gestaltungsbefugnis der gesetzgebenden Körperschaften unterliegt. Die damit gestellte Aufgabe setzt voraus, dass der Sinngehalt der Gesetzesgebote mit den Mitteln der Logik und der methodischen Exegese genauer ermittelt und präzisiert wird und dass die Gesetze auf die in ihnen zum Ausdruck gelangten Wertungen und politischen Entscheidungen befragt werden. Ferner ist es nötig, die Rechtsvorschriften in einen systematischen Zusammenhang zu bringen, der es erlaubt, Widersprüche zu vermeiden oder auszumerzen, und somit die Gleichmäßigkeit der Rechtsanwendung gewährleistet. Dagegen nimmt die dogmatische Rechtswissenschaft die Verbindlichkeit geltender Rechtsvorschriften grundsätzlich hin und wird eben dadurch zur Dogmatik. Das schließt eine Kritik, die eine formelle Änderung anstrebt, nicht aus. Die Fragen der Rechtssoziologie nach den Hintergründen für die Entstehung der Vorschriften, nach ihrer Akzeptanz und nach ihren Auswirkungen klammert sie jedoch normalerweise aus.

Indessen wäre es zu eng, die Tätigkeit der Juristen auf die Grenzen eines so eng gefassten Begriffs von Rechtsdogmatik zu beschränken[15]. Im Gegenteil hat die Rechtswissenschaft dessen Schranken stets im gewissen Umfang überschritten. Das zeigt sich schon daran, dass sie sich bei der Auslegung eines Gesetzes nicht an den Wortlaut klammert, sondern die Entstehungshintergründe und die vom Gesetzgeber verfolgten Absichten mit berücksichtigt. Auch die voraussichtlichen Folgen einer rechtlichen Entscheidung werden bedacht. Unter Umständen wird eine Norm, die allerorten befolgt wird, als Rechtsnorm anerkannt, obgleich sie nicht als Gesetz verabschiedet wurde (*Gewohnheitsrecht*). Auf der anderen Seite kann eine gesetzliche Vorschrift, die de facto obsolet geworden ist, auch ihre rechtliche Verbindlichkeit verlieren (*derogierendes Gewohnheitsrecht*). Auch regeln die Gesetze das Rechtsleben nur lückenhaft, so dass im Zug der Rechtsanwendung durch Gerichte,

---

[15] *Raiser*, Über die Beziehungen zwischen Rechtssoziologie und Rechtsdogmatik, in: *Hoffmann-Riem/Mollnau/Rottleuthner*, Rechtssoziologie in der DDR und in der BRD, 1990, 234; *Schulz-Schaeffer, Ingo*, Rechtsdogmatik als Gegenstand der Rechtssoziologie, ZfRSoz 2004, 141.

Verwaltungsbehörden und auch durch Rechtsanwälte und Privatpersonen neues Recht produziert wird, das die Eigenart der gesellschaftlichen Prozesse, die es regeln soll, in sich aufnimmt (die „*normative Kraft des Faktischen*").

Nicht zuletzt verweist das Gesetz selbst in vielen Fällen auf tatsächlich geltende soziale Normen, wenn es zum Beispiel die Juristen anweist, sich an *Treu und Glauben,* an den *Verkehrssitten, Handelsbräuchen,* der *verkehrsüblichen Sorgfalt* usw. zu orientieren. Solche Generalklauseln bilden wichtige Kontaktstellen zwischen Rechtsdogmatik und Rechtssoziologie[16]. Demgemäß hat auch die juristische Methodenlehre längst soziologische Gedankengänge aufgegriffen und assimiliert, was formelhaft in den Bezeichnungen „Interessenjurisprudenz" und „soziologische Jurisprudenz" Ausdruck findet[17]. In der US-amerikanischen Rechtsentwicklung haben die Schulen der „*Sociological Jurisprudence*" und des „*Legal Realism*" das Ziel verfolgt, den Bezug des Rechts auf die soziale Realität herauszustellen[18]. Auf der anderen Seite kann sich die empirische Rechtssoziologie auch konkreter Entscheidungsprobleme der Gesetzgebung und Judikatur annehmen und deren rechtstatsächliche Voraussetzungen aufklären. Hat sie dies geleistet, so liegt es nahe, aus den Ergebnissen auch Vorschläge für die anstehende Entscheidung abzuleiten[19]. Derartige Untersuchungen sind Aufgabe der Rechtstatsachenforschung, die ein integraler Bestandteil der empirischen Rechtssoziologie ist.

II. Die Rechtstatsachenforschung

1. *Entstehung und Programm*

In einem allgemeinen Sinn meint Rechtstatsachenforschung nichts anderes als empirische Rechtssoziologie. Demgegenüber wird der Begriff aber häufig enger gefasst und nur auf von Juristen angeregte empirische Untersuchungen auf dem Gebiet des Zivilrechts beschränkt, während dieselben Fragen im Bereich des Strafrechts der *Kriminologie,* im Bereich der öffentlichen Verwaltung der *Verwaltungslehre* zugewiesen werden. Diese Terminologie schadet nichts, wenn man sich bewusst bleibt, dass sie nicht methodisch bedingt ist, sondern lediglich ein Spiegelbild der juristischen Fächergliederung.

Entstanden ist die Rechtstatsachenforschung unter dem Einfluss des neuen soziologischen Denkens und als Reaktion auf die Wirklichkeitsferne der be-

---

[16] Siehe unten IV 3.
[17] Aus der unübersehbaren Literatur vgl. nur *Esser,* Möglichkeiten und Grenzen des dogmatischen Denkens im modernen Zivilrecht, AcP 172 (1972) 97.
[18] Vgl. statt aller *Pound, Roscoe,* The Need for a Sociological Jurisprudence, 19 Green Bag (1907), 607; *Llewellyn, Karl,* Jurisprudence, Realism in Theory and Practice, 1962.
[19] Vgl. als Beispiel *Jagodzinski/Raiser/Riehl,* Rechtsschutzversicherungen und Rechtsverfolgung, 1994, 143ff.

griffsjuristisch geschulten Juristen alsbald nach dem Inkrafttreten des Bürgerlichen Gesetzbuchs im Jahr 1900. Schon 1906 wandte sich *Martin Wolff*, der Autor des berühmten Lehrbuchs des Sachenrechts, als junger Professor an die juristische Öffentlichkeit, um mittels einer Umfrage über „Das Bürgerliche Gesetzbuch und die deutschen Lebensgewohnheiten" die tatsächliche Bedeutung festzustellen, „welche den einzelnen Rechtsinstituten des BGB im Leben des deutschen Volkes zukommt", und ein „klares Bild der Sitten des deutschen Rechtslebens" zu gewinnen[20]. Er legte zu diesem Zweck einer viel gelesenen juristischen Zeitschrift einen Fragebogen bei und bat die Leser, ihn ausgefüllt zurückzusenden. Zwei Jahre später erschien die Auswertung im Archiv für bürgerliches Recht[21]. Um die gleiche Zeit begann *Eugen Ehrlich* mit der Sammlung landwirtschaftlicher Pachtverträge und gründete sein „Seminar für lebendes Recht"[22]. 1914 veröffentlichte *Arthur Nußbaum*, damals Privatdozent für Handels- und Wirtschaftsrecht in Berlin, seine große Programmschrift „Die Rechtstatsachenforschung", die der ganzen Forschungsrichtung den Namen gab[23]. *Nußbaum* forderte eine Erweiterung der Privatrechtswissenschaft durch die „systematische wissenschaftliche Verarbeitung und zusammenhängende Kenntnis" der „induktiv zu erforschenden Tatsachen", „deren Kenntnis für ein volles Verständnis und eine sachgemäße Anwendung der Normen erforderlich" ist[24]. Später sprach er von den „sozialen, politischen und anderen tatsächlichen Bedingungen, aufgrund derer einzelne rechtliche Regeln entstehen", und von der „Prüfung der sozialen, politischen und sonstigen Wirkungen" der Rechtsnormen[25]. Es ist sachgerecht, von diesem weit gefaßten Begriff der Rechtstatsachenforschung auch heute auszugehen.

Den Nutzen solcher Forschungen sah *Nußbaum* zunächst für die Wissenschaft. Die Kenntnis der tatsächlichen Bedeutung der Rechtsinstitute sollte die Gelehrten davon abhalten, ihren Fleiß und Scharfsinn auf Gegenstände – wie zum Beispiel die Inhabergrundschuld und die Rentenschuld (§§ 1195, 1199ff. BGB) – zu vergeuden, die im Leben überhaupt nicht vorkommen, und die wissenschaftlichen Energien stattdessen fruchtbarer einzusetzen. Aber auch den Rechtsunterricht wollte *Nußbaum* im Licht der Rechtstatsachenforschung umgestalten, indem er Gesetzesparagraphen, die praktisch tot geblieben sind, übergeht, bei den praktisch wichtigen aber nicht nur die dogmatischen, sondern auch wirtschaftliche, technische, psychologische und

---

[20] Juristische Wochenschrift 1906, 15.
[21] *Sengall*, Archiv für bürgerliches Recht 32 (1908), 410ff.
[22] Vgl. *Ehrlich*, Die Erforschung des lebenden Rechts, 1911; *ders.*, Ein Institut für lebendes Recht, 1911; *ders.*, Das lebende Recht der Völker der Bukowina, 1912, sämtlich wieder abgedruckt in *Ehrlich*, Recht und Leben.
[23] Wieder abgedruckt in *Nußbaum*, Die Rechtstatsachenforschung, 1968, 18ff.
[24] *Nußbaum* aaO, 19, 21.
[25] AaO 57, 67.

sonstige Fragen behandelt und die Anschaulichkeit des behandelten Stoffes auf diese Weise erhöht[26]. Er stellte selbst einen langen Katalog der für die Rechtstatsachenforschung in Betracht kommenden Gegenstände auf und legte eine Anzahl eigener Untersuchungen vor. Methodisch verblieb er allerdings streng im Umfeld der Rechtswissenschaft. Vor allem betonte er nachdrücklich, dass die Auswahl der Themen lediglich nach den Bedürfnissen der Rechtslehre selbst und nach spezifisch juristischen Gesichtspunkten zu erfolgen habe[27]. Er verstand die Rechtstatsachenforschung demnach als eine Art Hilfsdisziplin der Rechtswissenschaft, der es nicht zukommt, eigene Themen und Fragestellungen zu formulieren. Doch braucht an dieser Beschränkung heute nicht festgehalten zu werden.

2. Gegenwärtiger Stand

Die Notwendigkeit der Rechtstatsachenforschung ist heute unbestritten[28]. Ein guter Beleg dafür ist die Einrichtung eines Referats „Rechtstatsachenforschung" im Bundesministerium der Justiz[29]. Sie hat sich vor allem im Wirtschafts- und Arbeitsrecht durchgesetzt, die nicht auf einen Jahrhunderte alten Schatz von Erfahrungen zurückblicken können wie die Kernbereiche des bürgerlichen Rechts, sondern neue Sachverhalte zu bewältigen haben. Aus demselben Grund bewährt sie sich im Anwendungsbereich des BGB vor allem in den wirtschafts- und sozialpolitisch sensiblen Bereichen. In der Strafrechtspflege hat die Kriminologie entsprechende Aufgaben übernommen, im Bereich des öffentlichen Rechts die Verwaltungslehre. Es gibt auch zahlreiche wissenschaftliche Abhandlungen und Monographien, welche die Fruchtbarkeit der Verbindung rechtstatsächlicher und rechtsdogmatischer Forschungen eindrucksvoll belegen. Gleichwohl kann der erreichte Stand der Rechtstatsachenforschung aus mehreren Gründen noch nicht befriedigen. Die Zahl der Wissenschaftler und der Forschungseinrichtungen, die dazu bereit und in der Lage sind, blieb bis heute zu gering. Nur wenige juristische Fakultäten haben dafür die personellen und institutionellen Voraussetzungen geschaffen. Da sozialwissenschaftlich-empirische Forschungen kostspielig sind, machen sich auch die finanziellen Grenzen bemerkbar. Größere Untersuchun-

---

[26] AaO 24, 30ff.
[27] AaO 9, 21, 40, 90ff.
[28] *Rehbinder*, Die Rechtstatsachenforschung im Schnittpunkt zwischen Rechtssoziologie und soziologischer Jurisprudenz, in: *Lautmann/Maihofer/Schelsky*, Die Funktion des Rechts in der modernen Gesellschaft, 1970, 333ff.; *Raiser*, Rechtstatsachenforschung und Rechtsfortbildung in: *Plett/Ziegert* (Hrsg.), Empirische Rechtsforschung zwischen Wissenschaft und Politik, 1984, 27ff.; *Röhl*, Die Bedeutung der Rechtssoziologie für das Zivilrecht, in: *Dreier* (Hrsg.), Rechtssoziologie am Ende des 20. Jahrhunderts, 2000, 39, *Hoffmann-Riem*, Sozialwissenschaftlich belebte Rechtsanwendung, FS Raiser, 2005, 515.
[29] Vgl. *Strempel*, Rechtstatsachenforschung und Rechtspolitik, ZRP 1984, 195.

gen können regelmäßig nur mit öffentlichen Mitteln durchgeführt werden, die ein mühsames Auftrags- und Bewilligungsverfahren mit ungewissem Ausgang voraussetzen.

Nicht weniger hinderlich sind aber auch methodische Probleme. Soweit Juristen mit der Aufgabe befasst werden, verfügen sie vielfach nicht über das erforderliche sozialwissenschaftliche Rüstzeug. Soziologen müssen sich demgegenüber regelmäßig in die spezifischen juristischen Differenzierungen und Relevanzkriterien einarbeiten. Sie ordnen die soziologische Perspektive auch nicht ohne weiteres der juristischen Fragestellung unter, wie es von *Nußbaum* als sozusagen selbstverständlich vorausgesetzt wurde[30]. Immerhin besteht auch kein Anlass zur Resignation. Derartige Schwierigkeiten können am ehesten durch interdisziplinäre Kooperation in Forschungsteams bewältigt werden.

III. Anwendung der empirischen Rechtssoziologie in der Gesetzgebung

Die größte praktische Bedeutung erlangt die empirische Rechtssoziologie in Gestalt der zivilrechtlichen Rechtstatsachenforschung, der Kriminologie und der Verwaltungslehre im Zusammenhang mit der Legislative[31]. Will der Gesetzgeber ein sachlich fundiertes und den in der Gesellschaft herrschenden Rechtsvorstellungen entgegenkommendes Gesetz schaffen, so bedarf er umfassender Informationen über die Fakten und Meinungen, von denen er ausgeht und auf die er einzuwirken beabsichtigt. Er verschafft sich diese mit Hilfe der in der Ministerialbürokratie angesammelten Fachkenntnisse, durch Auskünfte und Anhörung der Beteiligten und Betroffenen, namentlich der Interessenverbände, sowie von Sachverständigen, ferner über die politischen Kanäle des Einflusses auf die Parteien und die Abgeordneten. Dieses System ist aber auf vielfältige Weise Einseitigkeiten der Tatsachendarstellung und -bewertung ausgesetzt, weil die Auskunftsträger in der Mehrzahl nur eine beschränkte eigene Kenntnis besitzen und weil sie vor allem nicht unparteiisch sind.

Demgegenüber erwarten die Gesetzgebungsorgane von der wissenschaftlichen Rechtstatsachenforschung eine distanziert rationale, kritisch geprüfte und nicht durch Gruppeninteressen gefärbte, sondern auf die Bedürfnisse der Gesamtheit ausgerichtete Expertise. Wie jede wissenschaftliche Beratung der

---

[30] *Gessner*, Rechtssoziologie und Rechtspraxis. Zur Rezeption empirischer Rechtsforschung, sowie *Raiser*, Rechtstatsachenforschung und Rechtsfortbildung, beide in *Plett/Ziegert*, aaO 69ff. und 27ff.

[31] Vgl. *Raiser*, aaO; *ders.*, Richterrecht heute, ZRP 1985, 111ff.; *Helmrich*, Die Innenseite der Rechtspolitik, ZRP 1987, 204; *Röhl*, Die Bedeutung der Rechtssoziologie für das Zivilrecht, in: *Dreier* (Hrsg.), Rechtssoziologie am Ende des 20. Jahrhunderts, 2000, 39.

Legislative erfüllt die empirische Rechtsforschung angesichts der Mängel der anderen Informationsquellen insoweit eine systembedingte und deshalb geradezu funktionsnotwendige Aufgabe. In ihrem Tätigkeitsfeld ist sie dazu auch deshalb besonders geeignet, weil sie statistisch aufbereitete, generalisierte Aussagen über die Rechtswirklichkeit macht, wie sie der Gesetzgeber als Material und Vorbild für die gleichfalls auf generelle Regelungen abzielenden Gesetze benötigt[32].

Der Beitrag der rechtssoziologischen Empirie zur Gesetzgebung erschöpft sich aber nicht in der Vorbereitung von Gesetzen. Hinzu kommt vielmehr auch die *nachträgliche Kontrolle*, wie ein Gesetz in die Realität umgesetzt wurde, ob es seine Ziele erreicht und welche erwünschten oder unerwünschten Nebenwirkungen es hervorgebracht hat. Die *Rechtswirkungs-, Implementations-* und *Evaluationsforschung* als der Zweig der Rechtssoziologie, der sich mit derartigen Fragen beschäftigt, hat in neuerer Zeit besonderen Auftrieb erfahren[33]. Allerdings zeigen die Gesetzgebungsorgane selbst an derartigen Untersuchungen bislang zu wenig Interesse.

IV. Anwendung der empirischen Rechtssoziologie in der Judikatur

In der Judikatur hat sich die Anwendung der empirischen Rechtssoziologie weit weniger durchsetzen können als in der Gesetzgebung, obwohl die Frage nach ihrem Nutzen bereits viel früher aufgeworfen wurde[34]. Das liegt in der Sache begründet, denn die quantitativen Methoden der Soziologie zielen auf

---

[32] In der Bundesrepublik haben die an der Gesetzgebung beteiligten Instanzen häufig Aufträge zu rechtssoziologisch-empirischen Untersuchungen im Zusammenhang mit in Vorbereitung befindlichen oder geplanten Gesetzen vergeben. Federführend ist das Bundesministerium der Justiz, doch hat sich vor allem auch das Bundesministerium für Arbeit und Sozialordnung daran beteiligt. Ein herausragendes Beispiel ist die Untersuchung der 1967 von der Bundesregierung eingesetzten Kommission zur Auswertung der Erfahrungen, die mit der Mitbestimmung der Arbeitnehmer in der Montanindustrie gemacht wurden, und deren Ergebnis „als Grundlage weiterer Überlegungen auf diesem Gebiet" dienen sollte und dann den Inhalt des Mitbestimmungsgesetzes von 1976 auch wesentlich vorprägte (vgl. den Bericht der Kommission BT-Drucks. VI/334). Eine neuere umfassende empirische Untersuchung zu den Wirkungen der Aufsichtsratsmitbestimmung wurde von einer diesmal nicht vom Gesetzgeber, sondern von der industrienahen *Bertelsmann Stiftung* und der gewerkschaftsnahen *Hans Böckler* Stiftung gemeinsam initiierten und finanzierten Kommission in den Jahren 1995–1997 durchgeführt, vgl. deren Bericht „Mitbestimmung und neue Unternehmenskulturen", 1998. Als weiteres Beispiel sei die Untersuchung von *Rottleuthner*, Das Rechtsberatungsgesetz – rechtstatsächlich betrachtet, Gutachten H für den 65. Deutschen Juristentag, 2004 genannt.
[33] Vgl. Abschnitt 14 III.
[34] *Raiser*, Was nutzt die Soziologie dem Recht, JZ 1970, 665; *ders*., Soziologie im Gerichtssaal, DRiZ 1978, 161; *Naucke*, Über die juristische Relevanz der Sozialwissenschaften, 1972; *Opp*, Soziologie im Recht, 1973; *Röhl*, Das Dilemma der Rechtstatsachenforschung, 1974; *Heldrich*, Die Bedeutung der Rechtssoziologie für das Zivilrecht, AcP 186 (1986), 74, 79 ff.

allgemeine, statistisch begründete Ergebnisse ab, während Gerichtsurteile in der Regel Einzelfälle betreffen. Wo sich die Soziologie auf die methodisch kontrollierte Beobachtung von individuellen Beziehungen oder Vorgängen bezieht, ist ihr Vorgehen nicht signifikant besser als die Verfahren der gerichtlichen Beweisaufnahme. Immerhin finden sich auch hier wichtige Anwendungsfälle, wofür die folgenden Beispiele zeugen.

1. Verfassungsgerichtsbarkeit

Das *Bundesverfassungsgericht* hört soziologische Sachverständige oder greift auf sozialwissenschaftliche Forschungsergebnisse zurück, wenn es sich anbietet. So enthält zum Beispiel das berühmte *Apothekenurteil*[35] nicht nur eine grundlegend neue Interpretation des Grundrechts der Berufsfreiheit gemäß Art. 12 Abs. 1 GG, sondern auch umfangreiche empirische Ausführungen über die Verteilung von Apotheken und die Versorgung der Bevölkerung mit Arzneimitteln. Im *Lebach-Prozess*[36] hörte das Gericht einen Soziologen als Sachverständigen zu der Frage, welche Wirkungen die Ausstrahlung eines Dokumentationsfilms im Fernsehen auf das allgemeine Publikum und auf die Resozialisierungschancen eines darin gezeigten Straftäters ausübt[37]. Im *Mitbestimmungsprozess*[38] stellte es die Forderung auf, dass der Gesetzgeber vor der Verabschiedung eines „sozialgestaltenden" Gesetzes dessen voraussichtliche Wirkungen mit den Mitteln der sozialwissenschaftlichen Prognoseforschung ermitteln und seinen Entscheidungen zugrundelegen müsse.

2. Wettbewerbsrecht und allgemeines Zivilrecht

Die Ziviljustiz zieht rechtstatsächliche Erhebungen vor allem in *Wettbewerbsprozessen* heran. Ob eine Werbung im Sinn des Gesetzes gegen den unlauteren Wettbewerb irreführend ist oder ob eine Marke oder eine Geschäftsbezeichnung bekannt sind (§§ 14f. MarkenG), lässt sich am ehesten aufgrund demoskopischer Befragungen der beteiligten Verkehrskreise ermitteln. In solchen Fällen verlangt daher die Rechtsprechung des Bundesgerichtshofs, derartige Gutachten einzuholen, wenn die Entscheidung des Streits davon abhängt[39].

---

[35] BVerfGE 7, 377.
[36] BVerfGE 35, 202.
[37] Das Verfahren und besonders die Auswertung sozialwissenschaftlichen Wissens sind dokumentiert in: *Hoffmann-Riem/Kohl/Kübler/Lüscher*, Medienauswirkung und Medienverantwortung, 1975.
[38] BVerfGE 50, 290ff.
[39] Vgl. die Nachweise bei *Baumbach/Lauterbach/Albers/Hartmann*, Zivilprozessordnung, Übersicht 1 B vor § 402; ferner *Noelle-Neumann/Schramm*, Umfrageforschung in der Rechtspraxis, 1962; *Noelle-Neumann*, Demoskopie und Rechtspraxis, in: *Lüderssen* ua (Hrsg.), Generalklauseln als Gegenstand der Sozialwissenschaften, 1978, 37ff.; *Knaak*,

In anderen Bereichen des *Zivilrechts* haben sich ähnliche Praktiken bisher nicht eingespielt, obwohl das geltende Recht überall dort dazu veranlassen könnte, wo es auf allgemeine, den konkreten Streitfall transzendierende Sachverhalte verweist[40]. Ob sich zum Beispiel ein Irrtum auf eine verkehrswesentliche Eigenschaft der Person oder Sache im Sinn des § 119 Abs 2 BGB bezog, wie hoch die ortsübliche Vergleichsmiete ist (§ 558 BGB), ob eine Immission ortsüblich ist (§ 906 BGB), all dies sind Fragen, die am besten mit Hilfe sozialwissenschaftlicher Erforschung beantwortet werden können[41]. Wenn sich die Gerichte in solchen Fällen gleichwohl scheuen, soziologische Gutachten dazu zu verlangen, so liegt dies vor allem an den hohen Kosten. Hinreichend detailliertes und auf die entscheidungserhebliche Rechtsfrage zugeschnittenes sozialwissenschaftliches Material ist in der Regel nicht vorhanden, so dass eine Untersuchung eigens für den konkreten Fall durchgeführt werden müsste. Dessen Streitwert lohnt den Aufwand indessen in der Regel nicht. Aus diesen Gründen muss sich die Gerichtspraxis in solchen Fällen regelmäßig mit anderen, allerdings weniger verlässlichen Erkenntnishilfen begnügen, zum Beispiel mit Auskünften von Behörden.

3. Zivilrechtliche Generalklauseln

Ein offenes Einfallstor für außerrechtliche Beurteilungsmaßstäbe bilden weiter die zivilrechtlichen Generalklauseln, welche auf *Verkehrssitten* und *Handelsbräuche* verweisen (§§ 151, 157, 242 BGB, 346 HGB). Auf sie hat sich daher auch das Interesse der Rechtssoziologie schon früh konzentriert[42]. Es kann heute als anerkannt gelten, dass das Gesetz durch die Verwendung dieser Begriffe die Richter verpflichten wollte, ihren Entscheidungen die sozialen Normen zugrunde zu legen, die in den betreffenden Bevölkerungsgruppen, an einem bestimmten Ort oder in dem Wirtschaftszweig gelten, aus dem der Rechtsstreit stammt. Diese sind prinzipiell mit Hilfe demoskopischer Umfragen festzustellen. Wenn sich die Gerichte gleichwohl auch in diesem

---

Demoskopische Umfragen in der Praxis des Wettbewerbs- und Warenzeichenrechts, 1986; *Böhm*, Demoskopische Gutachten als Beweismittel in Wettbewerbsprozessen, 1985.
[40] *Jost*, Soziologische Feststellungen in der Rechtsprechung des BGH in Zivilsachen, 1981.
[41] Weitere Beispiele bei *Heldrich*, AcP 186 (1986), 77ff. und *Schweizer*, Repräsentative Rechtstatsachenermittlung durch Befragen, in *Chiotellis/Fikentscher* (Hrsg.), Rechtstatsachenforschung, 1985, 89ff.
[42] *Teubner*, Standards und Direktiven in Generalklauseln, 1971; *Röhl*, Das Dilemma der Rechtstatsachenforschung, 1974, 155ff.; *Hopt*, Was ist von den Sozialwissenschaften für die Rechtsanwendung zu erwarten, JZ 1975, 343ff.; *Raiser*, Soziologie im Gerichtssaal, DRiZ 1978, 161f.; *Lüderssen*, Juristische Allgemeinbegriffe und Demoskopie; *Teubner*, Generalklauseln als sozionormative Modelle, beide in: *Lüderssen* ua (Hrsg.), Generalklauseln als Gegenstand der Sozialwissenschaften, 1978.

Bereich gewöhnlich auf andere Erkenntnisquellen stützen[43], so bleiben sie hinter den verfügbaren Aufklärungsmitteln zurück. Jedenfalls wo nicht wiederum die Kosten im Wege stehen, sollte daher in solchen Fällen die demoskopische Meinungsumfrage ohne Zögern eingesetzt werden. Das schließt nicht aus, dass das Gericht einer empirisch festgestellten Verkehrssitte oder einem Handelsbrauch die Anerkennung versagt, wenn sie sich rechtlich als Missbrauch darstellen.

Differenzierter liegen die Dinge bei der Generalklausel der *guten Sitten* (§§ 138, 817, 826 BGB), weil sich hier mehrere Schichten überlagern[44]. In ihrem herkömmlichen Kernbereich verweist auch diese Klausel auf die Standes- und Geschäftsmoral der gewerblichen Wirtschaft oder der freien Berufe. Dies kommt in der üblichen Formulierung der Rechtsprechung zum Ausdruck, wonach auf das Anstandsgefühl aller billig und gerecht Denkenden abzustellen ist[45]. Auch zum Beispiel die Frage, ob ein Testament zugunsten der außerehelichen Geliebten eines verheirateten Erblassers als sittenwidrig anzusehen ist, kann richtigerweise nur nach den im Volk herrschenden Moralvorstellungen beantwortet werden[46]. Insoweit ist also der Einsatz demoskopischer Befragungen angezeigt. Jedoch haben sich die Gerichte unter Berufung auf die Generalklauseln stets auch das Recht einer eigenen Kontrolle vorbehalten, ob die festgestellten Sitten mit rechtlichen Maßstäben vereinbar sind oder ob es sich um Unsitten handelt, die nicht akzeptiert werden können[47]. Aus dieser Sicht bilden §§ 138, 817 und 826 BGB daher die Rechtsgrundlage einer spezifisch rechtlichen Moral, die von den Gerichten ausgebildet und gegenüber abweichenden Verhaltensmaßstäben in den betroffenen Geschäftskreisen durchgesetzt wird. Der Sache nach handelt es sich um die Ermächtigung zur richterlichen Rechtsfortbildung.

In wieder anderem Zusammenhang dienen die Generalklauseln schließlich als Instrument, übergeordnete, in der Rechtsordnung verankerte Wertmaßstäbe zu konkretisieren. Darum geht es namentlich, wenn die Ausnutzung eines Monopols oder wirtschaftlicher Macht als sittenwidrig verurteilt wird, oder wenn § 138 BGB als Vorschrift fungiert, die Drittwirkung der Grundrechte im Privatrechtsverkehr rechtlich zu begründen[48]. Im Ergebnis

---

[43] Handelsbräuche werden überwiegend durch Auskünfte der Industrie- und Handelskammern festgestellt, die ihrerseits eine Umfrage bei den Mitgliedern der Kammern veranstalten.

[44] *Teubner*, Standards und Direktiven in Generalklauseln, 1971; *Heldrich*, AcP 186 (1986), 77, 93 ff.

[45] *Teubner* aaO, 65 ff.

[46] Vgl. den Wandel der Rechtsprechung in BGHZ 20, 71; 53, 369 und BGH NJW 1993, 999; BVerfG NJW 1990, 1593.

[47] Vgl. *Teubner* aaO, 99 ff.

[48] *Heldrich* aaO, 96.

bietet die Generalklausel der guten Sitten daher nur bedingt Anlass zum Einsatz empirischer Rechtstatsachenforschung.

V. Rezeption rechtssoziologischer Begriffe und Theorien

1. Indirekte Wege der Rezeption

Während rechtstatsächliche Untersuchungen auf eine spezifische juristische Fragestellung zugeschnitten werden können, verdichten sich in den Begriffen und Theorien der Rechtssoziologie komplexe Aussagen und Erfahrungen über die soziale Wirklichkeit, deren Wahrheitsgehalt und wissenschaftliche Fruchtbarkeit sich in erster Linie im Kontext soziologischer Forschungen selbst erweist. Insofern gilt nichts anderes als für die Fachausdrücke und gedanklichen Erklärungsmuster der juristischen Dogmatik. Jede Wissenschaft rekonstruiert ihren Gegenstand, in unserem Fall die gesellschaftliche Realität, mit ihren Begriffen und Theorien, die sich deshalb nicht ohne weiteres in die Sprache einer anderen übernehmen lassen.

Dies schließt aber einen indirekten Einfluss nicht aus, indem die rechtssoziologischen Theorien in geduldigem Diskurs mit rechtsdogmatischen Lehren konfrontiert und verglichen werden. Auf diesem Weg kann es der Rechtssoziologie gelingen, die Denkgewohnheiten der Juristen kritisch zu durchleuchten, ihre Aufmerksamkeit auf Zusammenhänge zu richten, die bislang nicht genügend beachtet wurden, und ihnen neue Argumentationsmuster zur Verfügung zu stellen[49]. Die Aneignung rechtssoziologischen Gedankenguts in der Jurisprudenz vollzieht sich in einem längeren, schwer fassbaren Kommunikationsprozess, an dem sich viele beteiligen und in dessen Verlauf die soziologischen Aussagen auf rechtliche Fragestellungen bezogen werden, zugleich aber auch die juristischen Dogmen verändern. Auf ähnliche Weise finden spezifisch juristische Begriffe und Lehren Eingang in die theoretische Soziologie[50]. Dies ist der Sinn interdisziplinärer Kooperation auf der Ebene der Theorie, die zwischen Rechtssoziologie und Rechtsdogmatik noch in den Kinderschuhen steckt. Ihre Notwendigkeit sollte nicht bezweifelt werden, schon weil der Gegenstand beider Disziplinen derselbe ist, weshalb der Spiegel der jeweils anderen vor Einseitigkeiten bewahrt, die sich sonst infolge der fachspezifischen Betriebsblindheit einstellen können. Die kritische Komponente der Rechtssoziologie muss sich gerade auf diesem Feld bewähren.

---

[49] Vgl. *Teubner*, Folgenkontrolle und responsive Dogmatik, Rechtstheorie 6/1975, 179ff.; ferner *Heldrich* aaO, 95.

[50] Die Auseinandersetzung mit juristischen Begriffen und ihre soziologische Deutung ist besonders eindrucksvoll im Werk von *Niklas Luhmann*; vgl. als Beispiel dessen Deutung des subjektiven Rechts in: *Luhmann*, Rechtssoziologie, 252f.; 1; *ders.*, Das Recht der Gesellschaft, 291f., 483ff.

2. Beispiele

Auf welche Weise sich eine solche wechselseitige Anregung und Anreicherung zwischen den Disziplinen vollzieht, kann hier nur angedeutet werden[51]. Wir greifen als Beispiele die Lehren vom Vertrag[52] und vom wirtschaftlichen Unternehmen heraus.

a) In der zivilrechtlichen Dogmatik wird der *Vertrag* als zweiseitiges Rechtsgeschäft verstanden, dessen Verbindlichkeit infolge der Übereinstimmung von zwei komplementären Willenserklärungen zustande kommt[53]. Die Sichtweise ist eine individualistische und voluntaristische: die Geltung der vertraglichen Verpflichtung beruht auf dem Willen und der damit verknüpften Selbstbindung der Vertragspartner. Die Lehre ist jedoch von Anfang an auf Schwierigkeiten gestoßen, soweit der Sinn einer Willenserklärung, wie er sich aus dem sprachlichen und sozialen Zusammenhang des Vertragsschlusses ergibt, und der wirkliche Wille nicht übereinstimmen. Sie kann auch den Satz „pacta sunt servanda", das heißt den nicht vom Willen der Parteien, sondern von der Rechtsordnung garantierten Zwang, einmal geschlossene Verträge auch zu erfüllen, nur unzureichend erklären. Ferner tut sie sich schwer, rechtliche Schranken der Vertragsfreiheit ins Auge zu fassen, die ihre beliebige Instrumentierbarkeit für private Zwecke begrenzen. Nicht zuletzt kann sie die Anwendung des Vertragsrechts auf Fälle des vorvertraglichen Verhaltens, bloßer Auskünfte oder der berufsspezifischen Betätigung nicht begründen, bei denen eine Willenserklärung fehlt[54].

Demgegenüber hebt die Soziologie die soziale Funktion des Vertrags als eines Mittels hervor, die gesellschaftliche Arbeitsteilung, den Güteraustausch und die optimale Allokation der gesellschaftlichen und ökonomischen Ressourcen zu bewerkstelligen[55]. In dieser Sicht treten die individuellen Willenserklärungen in ihrer maßgeblichen Bedeutung zurück. Die Figur des Vertrags bleibt in das Ganze des rechtlich geordneten sozialen Prozesses eingebettet. Inhalt und Ausmaß der Vertragsfreiheit sind nicht von der Autonomie der individuellen Rechtspersönlichkeit her zu bestimmen, sondern aus ihrer gesellschaftlichen Funktion[56]. Die vertragliche Bindung kann nicht mehr allein aus der Willenserklärung abgeleitet werden, sondern folgt auch aus der Selbst-

---

[51] Vgl. zur weiteren Orientierung die Abhandlungen in dem Sammelwerk von *Daintith/Teubner* (Hrsg.), Contract and Organisation. Legal Analysis in the Light of Economic and Social Theory, 1986.
[52] S. auch unten Abschnitt 15.
[53] Vgl. statt aller *Flume*, Rechtsgeschäfte und Privatautonomie, in: Hundert Jahre Deutsches Rechtsleben, Festschrift zum 100jährigen Bestehen des Deutschen Juristentages, 1960, Bd. 1, 135.
[54] Vgl. dazu besonders *Köndgen*, Selbstbindung ohne Vertrag, 1981.
[55] Vgl. schon *Durkheim* (s. Abschnitt 5 II 2) und *Max Weber* (s. Abschnitt 7 II 6).
[56] *Ludwig Raiser*, Vertragsfunktion und Vertragsfreiheit, in: Hundert Jahre Deutsches Rechtsleben, Festschrift Deutscher Juristentag Bd. 1, 1960, 101 ff.

darstellung einer Person gegenüber dem Partner, aus der Übernahme gesellschaftlicher Rollen und aus dem Prinzip der Gegenseitigkeit menschlicher Beziehungen[57].

b) Das *wirtschaftliche Unternehmen* versteht die herkömmliche Rechtslehre als Tätigkeitsfeld und Vermögensobjekt der als Rechtsträger fungierenden Kaufleute und Handelsgesellschaften[58]. Diese sind in solcher Sicht seine (wirtschaftlichen) Eigentümer, die Träger seines Namens (der Firma), seine natürlichen Leiter und die Partner der zugunsten des Unternehmens abgeschlossenen Verträge, namentlich auch mit den Arbeitnehmern. Demgegenüber versteht die Soziologie – wie weitgehend auch die Ökonomie – das Unternehmen als soziales Handlungssystem und als Organisation, in der eine Vielzahl von Menschen – Anteilseigner, Arbeitnehmer, Unternehmensleiter – arbeitsteilig zu dem gemeinsamen Zweck zusammenwirken, Güter oder Dienstleistungen zu produzieren und daraus Gewinn zu ziehen. Inzwischen kann sich auch die Rechtswissenschaft dieser Sicht bei wichtigen Fragen nicht mehr entziehen[59]. Das wichtigste praktische Beispiel ist die Anerkennung der Figur des Unternehmensinteresses als Maßstab für das Handeln der Gesellschafter und Unternehmensleiter in der Rechtsprechung des Bundesverfassungsgerichts und des Bundesgerichtshofs.[60]

---

[57] *Köndgen* aaO 165 ff, 192 ff, 233 ff.
[58] Zum folgenden namentlich *Thomas Raiser*, Das Unternehmen als Organisation, 1969, 13 ff; *ders.* Unternehmensrecht und Wirtschaftsrecht. Über die Schwierigkeiten juristischer Begriffs- und Systembildung, FS Schwark, 2009, 59, vgl. auch die Rede vom Unternehmensträger im Umwandlungsgesetz.
[59] *K. Schmidt*, Handelsrecht § 3; Gesellschaftsrecht, § 1 II 4.
[60] Vgl. statt aller *Raiser/Veil*, Recht der Kapitalgesellschaften, §§ 14 I 5, 15 VII, 7. Zur soziologischen Grundlage des Begriffs der juristischen Person ferner *Th. Raiser*, AcP 199 (1999), 108, 132.

3. Abschnitt

Geschichte und gegenwärtiger Stand der Rechtssoziologie

I. Vorboten im 19. Jahrhundert

1. Vorläufer

Die Entstehung der Rechtssoziologie als abgrenzbarer wissenschaftlicher Disziplin ist mit den Namen von *Emile Durkheim, Eugen Ehrlich* und *Max Weber*[1] verbunden und geht daher nur auf den Beginn des 20. Jahrhunderts zurück. Selbstverständlich finden sich aber soziologische Betrachtungsweisen schon früher. Das Nachdenken über die gesellschaftlichen Wurzeln des Rechts und seine Funktionen für die Gesellschaft lassen sich bis zum Beginn der abendländischen Philosophie zurückverfolgen. So würde es nicht schwerfallen, rechtssoziologische Elemente zum Beispiel in der Staatsphilosophie von *Platon* und *Aristoteles*, in den Theorien des Gesellschaftsvertrags von *Hobbes, Locke, Rousseau* und *Kant* oder in den Naturrechtslehren von *Pufendorf* oder *Thomasius* nachzuweisen[2]. Besonders ausgeprägt ist der soziologische Aspekt im Relativismus und Determinismus *Montesquieus*, der die wechselseitige Abhängigkeit von Recht und Sozialleben stark betont[3]. Was noch fehlt, ist methodische sozialwissenschaftlich-empirische Forschung.

2. Historische Schule der Rechtswissenschaft

a) Im 19. Jahrhundert wirkte vor allem die historische Schule als Wegbereiterin der Rechtssoziologie. Nach *Friedrich Carl von Savigny*[4] (1779–1861) ist ursprünglich alles positive Recht Volksrecht. Es ist der „*in allen Einzelnen ge-*

---

[1] Siehe Abschnitte 5–7.
[2] Zu *Platon, Aristoteles, Hobbes, Rousseau, Pufendorf* und *Kant* vgl. Welzel, Naturrecht und materiale Gerechtigkeit, 4. Aufl. 1962, zu *Pufendorf* und *Thomasius* Erik Wolf, Große Rechtsdenker der deutschen Geistesgeschichte, 4. Aufl. 1963.
[3] *Röhl*, Rechtssoziologie, 5 f.
[4] *v. Savigny*, System des heutigen Römischen Rechts Bd. 1, 1840, §§ 7–15, und schon vorher *ders.*, Vom Beruf unserer Zeit für Gesetzgebung und Rechtswissenschaft, 1814, Neuauflage 1973, 98 ff., 118 ff.

meinschaftlich lebende und wirkende Volksgeist"[5], der es erzeugt und fortentwickelt. Das Recht entsteht und verändert sich ursprünglich unsichtbar und unbewusst wie die Sprache und die Sitten des geselligen Lebens. Erst auf einer späteren Stufe der gesellschaftlichen Differenzierung tritt die staatliche Gesetzgebung diesem Prozess „ergänzend und unterstützend zur Seite"[6], indem sie dem Volksrecht ein äußerlich erkennbares Dasein gibt und so seine Durchsetzung erleichtert, Unklarheiten beseitigt und eine schnellere Anpassung an veränderte Umstände ermöglicht. In einem noch fortgeschrittenen Stadium tritt eine innere Differenzierung der Gesellschaft nach Berufsständen auf; es entsteht der Juristenstand und mit ihm die Rechtswissenschaft, die fortan „als Organe des Volkes" eigene rechtsbildende Kräfte entfalten[7]. Diese Vorstellungen haben *Eugen Ehrlichs* Unterscheidung zwischen gesellschaftlichem Recht, Juristenrecht und staatlichem Recht maßgeblich beeinflusst[8].

b) Unmittelbarer noch als *Savigny* zählt *Rudolf von Jhering* (1818–1892) zu den Stammvätern der Rechtssoziologie. Kennzeichen seines geistigen Werdegangs ist seine Abkehr vom Idealismus *Kants* und *Hegels* ebenso wie von der Volksgeistlehre der historischen Schule und von der Begriffs- und Konstruktionsjurisprudenz, in welche diese eingemündet war[9]. An deren Stelle bekennt er sich nun zu einem *Realismus*, welcher das Recht als Produkt der gesellschaftlichen Wirklichkeit versteht. *Savignys* Lehre vom unbewussten Werden des Rechts setzt er die des „*bewussten Machens*" entgegen, wonach das Recht „*das Werk menschlicher Absicht und Berechnung*" ist „*in bezug auf die praktische Verwirklichung der Lebensbedingungen der menschlichen Gemeinschaft*"[10] Aufgabe der Rechtsgeschichte ist danach nunmehr die Darlegung der historischen Tatsachen,

„welche es bewirkt haben, dass das Recht auf dieser bestimmten Stufe seiner Entwicklung diese bestimmte Gestalt an sich trägt: der inneren Impulse, d.i. des Volkscharakters, der Sinnes- und Denkweise des Volks und seiner Kulturstufe zu dieser gegebenen Zeit; – der äußeren Impulse, d.i. seiner wirtschaftlichen, sozialen, politischen Zustände, und ganz besonders auch seiner Berührung mit anderen Völkern"[11].

Zugleich sieht *Jhering* „das Leben und die Wahrheit des Rechts" darin, dass es sich verwirklicht:

„Was nicht in Wirklichkeit übergeht, was bloß in den Gesetzen, auf dem Papiere steht, ist ein bloßes Scheinrecht, leere Worte, und umgekehrt, was sich verwirklicht als

---

[5] System des heutigen Römischen Rechts § 7.
[6] System des heutigen Römischen Rechts § 15.
[7] AaO § 14.
[8] Siehe Abschnitt 6 II 4.
[9] Vgl. *Wieacker*, Privatrechtsgeschichte der Neuzeit, 2. Aufl. 1967, 449ff.
[10] *Jhering*, Über Aufgabe und Methode der Rechtsgeschichtsschreibung, 1894, zitiert nach *Jhering*, Der Kampf ums Recht, Ausgewählte Schriften, 1965, 428.
[11] AaO 429.

Recht, ist Recht, auch wenn es in den Gesetzen nicht zu finden, und das Volk und die Wissenschaft sich dessen noch nicht bewußt geworden"[12].

Verwurzelung in der Gesellschaft und Zweckhaftigkeit des Rechts[13] sind also die zentralen Gedanken in *Jherings* Spätwerk, das somit direkt das Tor zur Rechtssoziologie öffnet[14]. Die soziologische Betrachtungsweise kommt auch in seiner neuen Definition des subjektiven Rechts zum Ausdruck, dessen Sinn er darin sieht, dass *die Berechtigten unter dem Schutz des Rechts ihre individuellen Bedürfnisse, Neigungen, Wertvorstellungen und Interessen verfolgen dürfen*[15]. In äußerster Zuspitzung erscheint *Jherings* Realismus in seinem berühmten Vortrag „Der Kampf ums Recht"[16], der die These verficht, dass Recht nicht aus in der Gesellschaft still wirkenden Kräften erwächst, sondern stets das Ergebnis von Macht- und Interessenkämpfen in der Gesellschaft ist, und daraus die sittliche Pflicht jedes einzelnen gegen sich selbst ableitet, um das Recht zu kämpfen. Mit diesen Lehren steht *Jhering* am Anfang aller handlungs- und konflikttheoretischen Ansätze in der Rechtssoziologie.

c) Demgegenüber gehört *Otto von Gierke* (1841–1921) zu den Vorboten der System- und Organisationstheorie. *Jherings* Realismus und Empirismus ist ihm selbstverständlich geworden. So formuliert er bereits die später von der Rechtssoziologie aufgegriffenen Fragen, ob nur der Staat oder auch die in der Gesellschaft wirkenden *Verbände* oder selbst die *unorganisierte Gemeinschaft Schöpfer des Rechts* sind, ferner, ob der Vorgang der Rechtserzeugung *Vernunftaussage* oder *Willensaktion* ist und welche *Funktion* dem Recht im Leben der Gemeinschaft zukommt[17]. *Gierke* sieht, dass Staat und Verbände nicht nur Recht setzen, sondern selbst rechtlich konstituiert sind[18]. Sein theoretisches Interesse richtet sich auf das „*Wesen der menschlichen Verbände*" einschließlich des Staates, die er als *soziale Organismen* beschreibt, welche „*gleich dem Individuum eine geistig-leibliche Lebenseinheit bilden*" und als solche „*lebendige Wesen*"[19] sind. Ungeachtet dieser aus der Biologie übernommenen, letztlich jedoch wenig hilfreichen Begriffswahl, die ihm den Vorwurf einer romantischen Sozialmetaphysik eingetragen hat[20], erkennt *Gierke* durchaus kritisch die begrenzte Aussagekraft seiner Analogie zwischen Indi-

---

[12] Geist des Römischen Rechts Bd. 2, 2. Teil, 4. Aufl. 1883 § 38.
[13] Vgl. das Motto von *Jherings* letztem großen Werk „Der Zweck im Recht": „Der Zweck ist der Schöpfer des Rechts".
[14] *Schelsky*, Das Jhering-Modell des sozialen Wandels durch Recht, in: Jahrbuch für Rechtssoziologie und Rechtstheorie Bd. 3, 1972, 47ff.; *Helfer*, Rudolf v. Jhering als Rechtssoziologe, KZfSS 1968, 553ff.
[15] Geist des Römischen Rechts 3. Teil, 4. Aufl. 1888 § 60.
[16] Der Kampf ums Recht, 1872, 20. Aufl. 1921.
[17] *Gierke*, Das Wesen menschlicher Verbände, 1902, Neuausgabe 1954, 2.
[18] AaO 7, 15, 26ff.
[19] AaO 15, 12.
[20] Vgl. *Wieacker*, Privatrechtsgeschichte der Neuzeit 2. Aufl. 456.

3. Abschnitt: Geschichte und gegenwärtiger Stand der Rechtssoziologie   29

viduen und Verbänden[21]. Was er mit ihr ausdrücken will, ist die die Mitglieder übersteigende Einheit, Individualität, Integrität und soziale Handlungsfähigkeit der Verbände. Diese Einsicht gehört zu den Grunderkenntnissen der (Rechts)Soziologie.

d) Genannt werden als Vorläufer der Rechtssoziologie muss weiter der englische Rechtshistoriker *Sir Henry Sumner Maine* (1822–1888), dessen Buch „*Ancient Law*" (1861) zu dem Ergebnis gelangte, dass sich die Rechtsstruktur aller Gesellschaften im Lauf der Geschichte „*from status to contract*" entwickelt. *Maine* schreibt:

„Die Bewegung der progressiven Gesellschaften ist in einer Hinsicht gleichförmig gewesen. In ihrem ganzen Verlaufe wird sie bezeichnet durch die stufenweise Auflösung des Familienzusammenhanges und das Wachstum individueller Obligation an seiner Stelle. Das Individuum wird fortwährend eingesetzt für die Familie, als die Einheit, welche das bürgerliche Recht zugrunde legt. Dieser Fortschritt hat sich vollzogen in verschiedenen Verhältnissen der Geschwindigkeit. Es ist aber nicht schwer zu sehen, welches das Band ist zwischen Menschen und Menschen, das allmählich jene Formen der Reziprozität von Gerechtsamen und Verpflichtungen ersetzt, die ihren Ursprung in der Familie haben: kein anderes als Kontrakt. Wenn wir ausgehen von einem sozialen Zustande, in welchem alle Beziehungen der Personen in den Beziehungen der Familie vereinigt sind, so scheinen wir uns stetig auf eine Phase der sozialen Ordnung hinbewegt zu haben, worin alle diese Beziehungen aus der freien Übereinstimmung von Individuen entspringen. Wenn wir also das Wort Status auf die Bezeichnung ihrer persönlichen Verhältnisse einschränken so können wir sagen, dass die Bewegung der fortschreitenden Gesellschaften bisher gewesen ist: eine Bewegung *von Status zu Contract*"[22].

Maine illustriert seinen Gedanken an der Abschaffung der Sklaverei und an der rechtlichen Emanzipation von Frauen und Kindern gegenüber der ehemännlichen und väterlichen Gewalt. Zweifellos hat er damit einen Vorgang erfasst, welcher den Übergang von der ständischen Gesellschaft zur bürgerlich-liberalen Wirtschaftsgesellschaft im 19. Jahrhundert kennzeichnet. Seine Gedanken wurden in Deutschland zuerst von *Ferdinand Tönnies*[23] und sodann von *Max Weber*[24] aufgegriffen. In der Gegenwart wurden sie von

---
[21] AaO 16ff.
[22] Übersetzung von *F. Tönnies*, Gemeinschaft und Gesellschaft, 1887, Neuausgabe 1963, 184f.
[23] *Tönnies* hat in seinem berühmt gewordenen Buch „Gemeinschaft und Gesellschaft (Fußn. 22) die *Gemeinschaft* als ältere Sozialstruktur beschrieben, die durch Grundbesitz, Herrschaftsbeziehungen, Tauschwirtschaft, ständische Ordnung und Familien- und Gruppengebundenheit der Individuen gekennzeichnet ist, und dieser die moderne Gesellschaft gegenübergestellt, die auf beweglichem Vermögen, Rechtsgleichheit, Markt-, Geld- und Kreditwirtschaft, Emanzipation der Person von Gruppenbindungen und Privatautonomie aufbaut.
[24] *Weber*, Wirtschaft und Gesellschaft, 401ff., vgl. unten Abschnitt 7 II 6.

Manfred Rehbinder[25] weitergeführt, der im 20. Jahrhundert eine Fortentwicklung von der Vertragsgesellschaft zu einer Sozialstruktur beobachtet, die durch soziale Rollen geprägt ist.

3. Staats- und Kriminalwissenschaften

Im Bereich der Staatslehre und des Staatsrechts sind in erster Linie *Lorenz von Stein* (1815–1890) und *Georg Jellinek* (1851–1911) als Vorboten der Rechtssoziologie zu nennen, in den Kriminalwissenschaften *Franz von Liszt* (1851–1919).

a) *Lorenz von Stein* unterscheidet mit zuvor nicht gekannter Entschiedenheit zwischen Staat und Gesellschaft und beschreibt beide als zwei verschiedene Gestaltungen und Lebenselemente aller menschlichen Gemeinschaft, die in beständigem Kampf miteinander liegen[26]. Dieser lebendige Gegensatz zwischen Staatsidee und gesellschaftlicher Ordnung ist das bewegende Element in der Geschichte. Den Staat versteht *v. Stein* als die organische Einheit aller seiner Mitglieder, die als „*selbständige Form des Lebens*" eine eigene Persönlichkeit und einen selbständigen Willen hat und durch Willensbildung und Tat ihre Bestimmung erfüllt[27]. In der Gesellschaft vollzieht sich dagegen der nicht organisierte Kampf der Einzelnen um die Gestaltung ihrer ökonomischen und außerökonomischen Lebensbedingungen. Sie ist gekennzeichnet durch Arbeit zwecks Befriedigung der Bedürfnisse, Streben nach Genuss, Privateigentum als dem Recht auf Unverletzlichkeit der durch Arbeit erworbenen Güter und nicht zuletzt durch die infolge dieses Kampfes entstehenden sozialen Ungleichheiten[28]. Das Prinzip des Staates ist die Sorge für alle, das Prinzip der Gesellschaft die Verfolgung privater Interessen[29]. Daraus folgt auch die Trennung zwischen den Wissenschaften des Staats und der Gesellschaft.

b) *Georg Jellinek* gliedert seine Allgemeine Staatslehre in eine *Soziallehre des Staates* und eine *Staatsrechtslehre*[30]. Die erste betrachtet den Staat als „gesellschaftliches Gebilde". Sie wendet sozialwissenschaftliche Methoden an und ist der Staatsrechtslehre vorgelagert. Ihr Ziel ist es, auf induktivem Weg durch Beschreibung, erklärende Analyse und Vergleich *empirische*

---

[25] *Rehbinder*, Wandlungen der Rechtsstruktur im Sozialstaat, in: Hirsch/Rehbinder (Hrsg.), Studien und Materialien zur Rechtssoziologie, 1967, 197 ff.
[26] *v. Stein*, Geschichte der sozialen Bewegung in Frankreich von 1789 bis auf unsere Tage, Bd. 1: Der Begriff der Gesellschaft und die Gesetze, 1850, Neuausgabe 1972, 31 f. Vgl. dazu und zum folgenden *A. Fürst*, Die soziologische Dimension in der Gesellschaftslehre L. v. Steins. Diss. Heidelberg, 1957; *E. Grünfeld*, L. v. Stein und die Gesellschaftslehre, 1910.
[27] AaO 15 ff., 34 ff.
[28] AaO 13 ff., 24 ff., 40 ff.
[29] AaO 36, 43.
[30] *Jellinek*, Allgemeine Staatslehre, 1900, zitiert nach der 2. Auflage 1905, 3 ff., 123 ff.

Typen herauszuarbeiten, wobei *Jellinek* das Material noch überwiegend aus der Geschichte entnimmt, die Sozialwissenschaften aber immerhin gleichberechtigt neben den historischen Wissenschaften anführt[31]. Die Staatsrechtslehre versteht schon *Jellinek* demgegenüber als Normwissenschaft, die von Aussagen über das Sein des Staats als sozialer Erscheinung scharf zu trennen ist[32]

c) In den Kriminalwissenschaften gehört der Begründer der modernen Kriminologie in Deutschland *Franz von Liszts* (1851–1919) zu den maßgeblichen Vätern der Rechtssoziologie[33]. *v. Liszts* Denken war vom naturwissenschaftlichen Positivismus seiner Zeit und von *Jherings* Zweckrationalismus beeinflusst. So suchte er *kausale Erklärungen* für das Entstehen von Verbrechen. Dabei sah er persönliche Merkmale des Täters (verbrecherische Anlage) und soziale Elemente (belastende Lebensbedingungen) als gleich unentbehrlich an, behauptete allerdings ein Überwiegen der sozialen Faktoren. Bei der Untersuchung der Ursachen und Wirkungen von Strafen verfolgt er ein entschiedenes Zweckdenken: Der Strafvollzug dient nicht der rückblickenden Vergeltung begangenen Unrechts, sondern der Besserung des Täters, der Abschreckung vor künftigen Straftaten und der Sicherung der Gesellschaft. Zur Aufstellung gewisser Tätertypen bediente sich *v. Liszt* auch schon kriminalstatistischer Verfahren.

II. Erste Blüte der Rechtssoziologie (1900–1933)

1. *Deutschland*

a) Die Begründung der Rechtssoziologie in Deutschland ist das Verdienst von *Eugen Ehrlich*[34]. Neben ihm hat vor allem *Hermann Kantorowicz* (1877–1940), bis zu seiner Emigration 1933 Professor in Freiburg und in Kiel, maßgeblich zu ihrer Entfaltung beigetragen. In seiner Schrift „Rechtswissenschaft und Soziologie"[35] arbeitete *Kantorowicz* die Aufgaben der rechtssoziologischen Empirie heraus und begründete deren Unentbehrlichkeit für die Rechtswissenschaft. Im Anschluss an *Jhering* verlangte er insbesondere, die mit jedem Gesetz verfolgten Zwecke zu erforschen und den Wirkungen gesetzlicher Vorschriften im sozialen Leben nachzugehen. Bleibenden Einfluss gewann vor allem seine schon 1906 unter dem Pseudonym

---

[31] AaO 11, 34ff., 40.
[32] AaO 49.
[33] *v. Liszt*, Der Zweckgedanke im Strafrecht, 1882, in: Strafrechtliche Vorträge und Aufsätze Bd.1, 1905, 126; *ders.*, Über den Einfluß der soziologischen und anthropologischen Forschungen auf die Grundbegriffe des Strafrechts, 1893, ebenda Bd.2, 75ff.
[34] Siehe Abschnitt 6.
[35] Referat auf dem ersten deutschen Soziologentag 1911, wieder abgedruckt in: *Kantorowicz*, Rechtswissenschaft und Soziologie, 1962, 117ff.

Gnaeus Flavius veröffentlichte Schrift „*Der Kampf um die Rechtswissenschaft*", in der er die Lückenhaftigkeit aller Gesetze, namentlich aber der großen Kodifikationen, behauptete und richterliche Entscheidungen nicht als Akte der Erkenntnis, sondern der Willensentscheidung beschrieb. Anstelle des richterlichen Staatsbeamten forderte er den schöpferischen „königlichen" Richter"[36]. Die Schrift wirkte als Generalangriff auf den nach dem Inkrafttreten des BGB in seiner Hochblüte stehenden Gesetzespositivismus und hat deshalb sofort größtes Aufsehen und massive Widerstände hervorgerufen. In ihrer dauerhaften Wirkung hat sie die juristische Methodenlehre nachhaltig verändert[37].

b) Neben *Ehrlich* und *Kantorowicz* ist der Karlsruher Rechtsanwalt *Ernst Fuchs* (1859–1929) Vorkämpfer der Freirechtslehre gewesen. Auch er wies unermüdlich auf die Unmöglichkeit hin, Rechtsstreitigkeiten allein durch logische Deduktion aus den Gesetzen lösen zu wollen. Stattdessen verlangte er eine neue „Gerechtigkeitswissenschaft", die soziologische und psychologische Erwägungen offen in den Prozess der Rechtsfindung einbezieht[38].

c) Zu nennen als einer der Gründer der deutschen Rechtssoziologie ist weiter *Hugo Sinzheimer* (1875–1945), bis 1933 Rechtsanwalt und Professor in Frankfurt. *Sinzheimer* verknüpfte auf exemplarische Weise die Beobachtung der Rechtswirklichkeit mit rechtsgestaltender dogmatischer und legislatorischer Tätigkeit[39]. Er erkannte die Neuartigkeit der durch die Organisation der Industriearbeit aufgeworfenen Rechtsfragen und suchte sie als Schüler *Gierkes* auf der Grundlage des Genossenschaftsgedankens und sozialistischer Ideen zu lösen. Bahnbrechend wirkte seine Konzeption des mit normativer Wirkung ausgestatteten Kollektivvertrags, die ihn zum „Vater des deutschen Arbeitsrechts"[40] machte. Seine Verbindung von soziologischer, dogmatischer und rechtspolitischer Sehweise hat auch einen Kreis von Schülern

---

[36] Wieder abgedruckt in: Rechtswissenschaft und Soziologie 13ff.

[37] Zur Würdigung von *Kantorowicz'*, soziologischer Bedeutung vgl. *Muscheler*, Relativismus und Freirecht, 1984; *ders.*, *H. U. Kantorowicz*, Eine Biographie, 1984; *Frommel*, in: Kritische Justiz (Hrsg.), Streitbare Juristen, 1988, 243ff.; *Raiser*, H.U. Kantorowicz, in: *Lutter/Stiefel/Hoeflich* (Hrsg., Der Einfluss deutscher Emigranten auf die Rechtsentwicklung in USA und in Deutschland, 1993, 365ff.

[38] Hauptwerke: Schreibjustiz und Richterkönigtum, 1907; Recht und Wahrheit in unserer heutigen Justiz, 1908; Die Gemeinschädlichkeit der konstruktiven Jurisprudenz, 1909; Was will die Freirechtslehre, 1929. Die Werke sind neu herausgegeben in *Fuchs, Ernst*, Gerechtigkeitswissenschaft, 1965 mit Einleitung von *A. Kaufmann* und in: *Foulkes, Albert S.* (Hrsg.), *Fuchs*, Gesammelte Schriften über Freiheit und Rechtsreform, Bd. 1 1970, Bd. 2 1973.

[39] *Sinzheimers* rechtssoziologische Werke sind zugänglich in: *Sinzheimer*, Arbeitsrecht und Rechtssoziologie, Gesammelte Aufsätze und Reden, 2 Bde, 1976 (Hrsg. *O. Kahn-Freund* und *Th. Ramm*). Zur Würdigung vgl. die Einleitung von *O. Kahn-Freund*; *Fraenkel*, JZ 1958, 457; *Simitis/Loderer/Gerfin* (Hrsg.), Hugo Sinzheimer, Gedächtnisveranstaltung zum 100. Geburtstag, 1975.

[40] *Fraenkel*, JZ 1958, 457ff.

geprägt, unter denen namentlich *Franz L. Neumann* (1900–1954)[41], *Ernst Fraenkel* (1898–1975)[42] und *Otto Kahn-Freund* (1900–1979)[43] sich die empirische Orientierung der Rechtswissenschaft zu eigen machten und Einfluss gewannen.

d) *Rechtstatsächliche Untersuchungen* unter Anwendung von Methoden der empirischen Sozialforschung wurden von Anfang an gefordert, konnten aber, nicht zuletzt wegen der hohen Kosten, sich bis 1933 nur wenig entfalten. Immerhin war ihre Notwendigkeit seit *Nußbaums* großer Programmschrift von 1919[44] durchaus ins Bewusstsein der Juristen getreten. Als Beispiele für erfolgreiche Arbeiten aus den zwanziger Jahren können wirtschaftsrechtliche Untersuchungen von *Passow*[45], *Friedländer*[46] und *Haussmann*[47] gelten.

2. Frankreich

a) In Frankreich hat neben *Emile Durkheim*[48] sein Altersgenosse *Léon Duguit* (1859–1928), Professor für Staatsrecht in Bordeaux, die Rechtssoziologie mitbegründet[49]. Wie *Comte* und *Durkheim* wollte auch *Duguit* alle me-

---

[41] Neumann ist mit seinen Büchern: „*Behemoth, Struktur und Praxis des Nationalsozialismus, Demokratischer und autoritärer Staat*", 1957, deutsch 1967, und: „*Die Herrschaft des Gesetzes. Eine Untersuchung zum Verhältnis von politischer Theorie und Rechtssystem in der Konkurrenzgesellschaft*", deutsch 1980, zum bedeutenden politischen Theoretiker geworden; zur Würdigung statt aller *Söllner, Alfons*, Neumann zur Einführung, 1982; *Perels, Joachim* (Hrsg.), Recht, Demokratie und Kapitalismus. Aktualität und Probleme der Theorie Franz L. Neumanns, 1985; *Rückert, Joachim*, Franz Leopold Neumann, in: Lutter/Stiefel/Hoeflich, Der Einfluss deutscher Emigranten (Fußn. 37) 43ff.

[42] Für die Rechtssoziologie wichtig ist in erster Linie *Fraenkels* Abhandlung „*Zur Soziologie der Klassenjustiz*", 1927, Neudruck 1968; In der Emigration veröffentlichte er 1941 ein Buch „The Dual State" (deutsch: *Der Doppelstaat*, 1974), in dem er den Nationalsozialismus bis 1938 analysierte. Nach seiner Rückkehr nach Deutschland 1951 bekleidete er eine Professur für politische Wissenschaften in Berlin und veröffentlichte politikwissenschaftliche Schriften. Zur Würdigung vgl. *v. Brünneck* in: Streitbare Juristen (Fußn. 37), 415ff.

[43] Kahn-Freund war zunächst Richter, musste 1933 nach England emigrieren und wurde dort zum internationalen Gelehrten des Arbeitsrechts. Für die Rechtssoziologie wegweisend waren seine beiden frühen Schriften: „*Das soziale Ideal des Reichsarbeitsgerichts*", 1932 und „*Der Funktionswandel des Arbeitsrechts*", Archiv für Sozialwissenschaft und Sozialpolitik 1932, 146ff.

[44] *Nußbaum*, Die Rechtstatsachenforschung, 1914, vgl. Abschnitt 2 II 1.

[45] *Passow, Richard*, Die Aktiengesellschaft, 1922.

[46] *Friedländer, Heinrich*, Konzernrecht, 1927.

[47] *Haussmann, Fritz*, Vom Aktienwesen und vom Aktienrecht, 1928.

[48] Siehe Abschnitt 5.

[49] Hauptwerke: L'Etat, Le Droit Objectif et La Loi Positive, 1901; Souveraineté et Liberté, 1922; Traité de Droit Constitutionel, 1921ff. Zur Würdigung vgl. *Gurvitch, Georges*, Grundzüge der Soziologie des Rechts, deutsch 1960, 94ff.; *Arnaud, André-Jean*, Critique de la Raison Juridique, 1981, 115; *Friedmann, Wolfgang*, Legal Theory, 229ff.; *Luhmann*,

taphysischen Elemente aus der Wissenschaft ausscheiden und sie allein auf die Beobachtung der „sozialen Tatsachen" gründen. In der Gesellschaft bilden sich soziale Normen heraus, welche die „soziale Solidarität" gegen die Willkür der Einzelnen schützen. Dabei unterscheidet *Duguit* zwischen ökonomischen und moralischen Normen. Rechtlichen Charakter erlangen die Normen, wenn sie vom Gruppenbewusstsein getragen werden und der Normbrecher daher kollektiven Sanktionen unterworfen wird. Die Summe derartiger aus dem Gruppenleben hervorgegangener Regeln bildet das *„droit objectif"*, das dem staatlichen Recht (*loi positive*) vorgelagert und übergeordnet ist. Die Parallelität dieser Gedanken zur Rechtssoziologie *Durkheims*, welche von den gleichen Grundbegriffen (soziale Tatsachen, soziale Solidarität) ausgeht, aber auch *Ehrlichs*, fällt sofort in die Augen.

b) Stärker der geistesgeschichtlichen Tradition verhaftet bleibt demgegenüber *Maurice Hauriou* (1856–1929), der bedeutende wissenschaftliche Antipode von *Durkheim* und *Duguit*. *Haurious* Hauptleistung ist eine *Theorie der Institutionen*, in der er ideale und reale Elemente zusammenführt[50]. Eine Institution ist nach seiner Definition die *Leitidee* (*idée directrice*) *eines Werks oder Unternehmens, die in einem sozialen Milieu Verwirklichung und Rechtsbeständigkeit findet*. Die Idee wird in die gesellschaftliche Realität umgesetzt, indem sie in einer sozialen Gruppe Macht gewinnt und durch deren Organe durchgesetzt wird, zugleich aber auch Gemeinsamkeitsbekundungen der Gruppe auslöst[51]. *Hauriou* unterscheidet zwischen *Personeninstitutionen*, womit Verbände und juristische Personen gemeint sind, und *Sachinstitutionen*, namentlich die Rechtsinstitute des geltenden Rechts, zum Beispiel die Institute der Meinungsfreiheit und des Privateigentums[52]. Seine Lehre hat das Staatsrecht auch in Deutschland nachhaltig beeinflusst[53].

c) Im französischen Zivilrecht haben *Raymond Saleilles* (1855–1912) und *Francois Gény* (1861–1959) die allein am Gesetzestext ausgerichtete exegetische Schule überwunden und demgegenüber die historischen und soziologi-

---

Niklas, Zur Funktion der „subjektiven Rechte" in: Jahrbuch für Rechtstheorie und Rechtssoziologie Bd. 1, 1970, 321 ff.; *Grimm, Dieter*, Zur Rechts- und Staatslehre Leon Duguits, 1973; *Fikentscher, Wolfgang*, Methoden des Rechts Bd. 1, 1975, 496 ff.

[50] *Hauriou, Maurice*, La theorie de l'institution et de la fondation, Essai de vitalisme social, 1925; deutsch: Die Theorie der Institution 1965. Zur Würdigung vgl. *Schnur*, Einleitung zur deutschen Ausgabe, 11 ff. mit zahlreichen Nachweisen 115 ff.; ferner die Abhandlungen in *Schnur* (Hrsg.), Institution und Recht, 1968; *Gurvitch, Georges*, Grundzüge der Soziologie des Rechts, deutsch 1960, 108 ff.; *Fikentscher* aaO, 504 ff.

[51] Deutsche Ausgabe von „Theorie der Institution" 34.

[52] AaO 34 ff.

[53] Vgl. statt aller *Carl Schmitt*, Über die drei Arten des rechtswissenschaftlichen Denkens, 1934; *Peter Häberle*, Die Wesensgehaltsgarantie des Art 19 Abs. 2 Grundgesetz, 3. Aufl. 1983; ferner auch *Luhmann*, Grundrechte als Institution, 1967 und *Schelsky*, Über die Stabilität von Institutionen, besonders Verfassungen. Auf *Hauriou* fußt auch das bedeutende Werk von *Santi Romano*, Die Rechtsordnung 1918, deutsch 1975.

schen Dimensionen des Rechts betont. Für sie steht das Gewohnheitsrecht gleichberechtigt neben dem Gesetzesrecht. Für die Gesetzesauslegung entwickeln sie eine neue Methode, welche auch den sozialen Wandel seit der Verkündung der napoleonischen Kodifikationen (*Code Civil* 1809, *Code de Commerce* 1807) berücksichtigt[54].

d) Die Rechtssoziologie im engeren Sinn hat vor allem die Schule *Durkheims* weiterentwickelt. Mehrere von *Durkheims* Schülern wandten sich der Rechtsethnologie zu, um die Entstehung und den Wandel des Rechts in archaischen Gesellschaften zu erforschen[55]. Demgegenüber entfaltet *Georges Gurvitch* (1899–1964) ein differenziertes Gerüst begrifflicher Kategorien, die als theoretischer Rahmen für die Rechtssoziologie gedacht sind[56]. Namentlich stellt er drei Formen der Gesellung, nämlich Masse (*masse*), Gemeinschaft (*communauté*) und Verbindung (*communion*) sowie vier Arten des Rechts: *organisiertes, flexibles, spontanes* und *intuitives* Recht einander gegenüber[57]. Ein Hauptanliegen ist ihm, die Distanz zwischen Soziologie und Jurisprudenz zu überwinden[58]. *Henri Lévy-Bruhl* (1889–1969) gelangte, ausgehend vom römischen Recht, zu einer juristischen Methode, die dogmatische, historische, rechtsvergleichende und rechtssoziologische Elemente vereinigte[59]. Er wird als der Vater einer in den juristischen Fakultäten anerkannten Rechtssoziologie angesehen[60]. Die Verbindung zwischen Zivilrecht und Rechtssoziologie wurde auch von *Jean Carbonnier* gepflegt, der neben einem großen Lehrbuch des Zivilrechts (Droit Civil, 1955, 15. Aufl. 1984) auch eine lehrbuchartige Darstellung der Rechtssoziologie geschrieben und die Nachkriegsentwicklung der empirischen Rechtssoziologie in Frankreich maßgeblich gefördert hat[61].

---

[54] Eine zusammenfassende Darstellung der Methodenlehre von *Saleilles* und *Gény* findet sich bei *Fikentscher* (Fußn. 49), 453 ff.

[55] *Levy-Bruhl, Lucien*, La morale et la science des moeurs, 1903; ders., Les fonctions mentales dans les sociétés inférieurs, 1910; ders., La mentalité primitive, 1922; *Marcel Mauss*, Essai sur le don. Forme et raison de l'échange dans les sociétés archaiques, 1923 deutsch: Die Gabe, 1968.

[56] *Gurvitch, Georges*, Eléments de sociologie juridique, 1940, deutsch: Grundzüge der Soziologie des Rechts, 1962.

[57] AaO, deutsche Ausgabe, 18, 132 ff.

[58] AaO 23 ff.

[59] *Lévy-Bruhl, Henri*, La sociologie du droit, 1961; ders., Aspects sociologiques du droit, 1955. Zahlreiche kleinere rechtssoziologische Abhandlungen sind in deutscher Übersetzung erschienen in *Lévy-Bruhl*, Soziologische Aspekte des Rechts, 1970.

[60] Vgl. *Arnaud, Jean-André*, Critique de la raison juridique, Bd. 1, 1981, 144 ff., 150 ff.

[61] *Carbonnier*, Sociologie juridique, 1972; deutsch: Rechtssoziologie, 1974. Vgl. ders., Die großen Hypothesen der theoretischen Rechtssoziologie, deutsch in: *Hirsch/Rehbinder*, Studien und Materialien zur Rechtssoziologie, 1967, 135 ff. Zur Würdigung vgl. *Noreau/Arnaud*, The Sociology of Law in France. Trends and Paradigms, 25 Journal of Law and Society, 1998, 257.

3. Vereinigte Staaten von Amerika

a) In der Rechtslehre der USA war es Justice *Oliver Wendell Holmes*[62] (1841–1935) der, eine Generation nach *Jhering* in Deutschland, die begrifflich-analytische Methode[63] überwand und an deren Stelle einen empirisch ausgerichteten Realismus setzte. Der Leitgedanke seines 1881 erschienenen Buches „*The Common Law*", das als die wichtigste Schrift der US-amerikanischen Rechtsliteratur in der 2. Hälfte des 19. Jahrhunderts bezeichnet wird, lautet: Das Leben des Rechts ist nicht Logik, sondern Erfahrung:

„The life of the law has not been logic: it has been experience. The felt necessities of the time, the prevalent moral and political theories, intuitions of public policy, avowed or unconscious, even the prejudices which judges share with their fellow-men, have had a good deal more to do than the syllogism in determining the rules by which men should be governed. The law embodies the story of a nation's development through many centuries, and it cannot be dealt with as if it contained only the axioms and corollaries of a book of mathematics"[64].

Das geltende Recht ist also eine Mischung aus uralten historischen Traditionen und ständiger Anpassung an neue Bedürfnisse und Wertvorstellungen. Diese Lehre ist bei *Holmes* gepaart mit einer extremen Skepsis gegenüber allen metaphysisch begründeten Wertvorstellungen. An deren Stelle vertritt er einen Sozialdarwinismus, der sich auf das Recht des Stärkeren und, in der Demokratie, der Mehrheit bezieht. Jedes Lebensverhältnis und jeder Streitfall muss die ihm angemessene Regelung aus sich selbst hervorbringen, wobei von den Beteiligten nichts anderes erwartet werden darf als die rücksichtslose Verfolgung ihrer individuellen Interessen:

„If you want to know the law and nothing else, you must look at it as a bad man, who cares only for the material consequences which such knowledge enables him to predict, not as a good one, who finds his reasons for conduct, whether inside the law or outside of it, in the vaguer sanctions of conscience. ... What constitutes the law? You will find some text writers telling you that it is something different from what is decided by the courts of Massachusetts or England, that it is a system of reason, that it is a deduction from principles of ethics or admitted axioms or what not, which may or may not coincide with the decisions. But if we take the view of our friend the bad man we shall find that he does not two straws for the axioms or deductions, but that he does want to know what the Massachusetts or English courts are likely to do in fact. I

---

[62] Als deutsches Schrifttum zu *Holmes* ist zu nennen: *Reich, Norbert*, Sociological Jurisprudence and Legal Realism im Rechtsdenken Amerikas, 1967; *Fikentscher, Wolfgang*, Methoden des Rechts Bd. 2, 1975, 151 ff.

[63] Deren Begründer ist der englische Rechtstheoretiker *John Austin* (1790–1859) mit seinem Werk „The Province of Jurisprudence", 1832, der nach *Fikentscher* (Fn. 62), 45 in England eine ähnliche Rolle spielt wie *Puchta* in Deutschland.

[64] Anfang von „The Common Law".

am much of his mind. The prophecies of what the court will do in fact, and nothing more pretentious, are what I mean by the law".[65]

b) In den Sozialwissenschaften ist *William Graham Sumner* (1840–1910) der wichtigste Vorläufer der Rechtssoziologie in den USA. Wie seine jüngeren Zeitgenossen *Durkheim, Ehrlich* und *Weber* verarbeitet auch er das historische und ethnologische Wissen seiner Zeit, das sich infolge des Aufblühens der Geschichtswissenschaften und der Völkerkunde im 19. Jahrhundert außerordentlich vermehrt hatte, mit dem Ziel, allgemeine soziale Regeln und Entwicklungsgesetze zu finden. In seinem 1906 erschienenen Buch „*Folkways*" vergleicht er die sozialen Normen, die sich in den Völkern der Erde seit dem Altertum ausgebildet haben. Sein Gegenstand ist die gesamte Breite des sozialen Lebens und schließt daher zum Beispiel Sprachregeln, soziale Arbeitsteilung, Erwerb und Verteilung materieller Güter, Regelungen des Sexualverhaltens und der Geschlechterbeziehungen, Ehe, Familie, Verwandtschaft, Schwangerschaftsunterbrechung, Kindstötung und Tötung von Alten, Menschenopfer, Blutrache, religiöse Gebräuche und alle Arten von Anstandsregeln einschließlich Bade-, Kleidungs- und Esssitten ein. Theoretisch geht *Sumner* davon aus, dass alle sozialen Normen, die er unter dem von ihm gebildeten Kunstwort „*folkways*" zusammenfasst[66], aus der Erfahrung erwachsen. Die Menschen suchen nach Wegen, die Nöte des Lebens zu bewältigen, und lernen durch Versuch und Irrtum. Die Lösungen, welche das größte Glücksgefühl oder den geringsten Schmerz auslösen, werden zur Gewohnheit. Andere übernehmen sie, sie erlangen generelle Verbindlichkeit, werden als wahr und richtig verstanden und mit sozialem Zwang ausgestattet. In diesem Entwicklungszustand bezeichnet sie *Sumner* dann als „*mores*"[67].

Folkways und mores wachsen unbewusst aus dem sozialen Zusammenleben hervor. Sie können durch zweckhafte Anstrengungen nur beschränkt modifiziert werden. Im Lauf der Zeit können sie aber ihre Kraft verlieren, zugrunde gehen oder umgeformt werden. Solange sie stark sind, kontrollieren sie alle individuellen und sozialen Aktivitäten. Auch Gesetze gehen aus moralischen Normen hervor. Gesetztes Recht ist aber eine späte zivilisatorische Erscheinung, die ein rationales und instrumentelles Verständnis sozialer Normen voraussetzt. Ursprünglich ist alles Recht Gewohnheitsrecht oder „*common law*". Allerdings arbeitet *Sumner* die Unterscheidung zwischen sozialen,

---

[65] *Holmes*, The Path of the Law, 10 Harvard Law Review, 1896/97, 459–461.
[66] *Sumner* definiert folkways als „habits of the individual and customs of the society which arise from efforts to satify needs", vgl. Preface zu „Folkways".
[67] Mores sind „The ways of doing things which are current in a society to satisfy human needs and desires, together with the faiths, notions, codes and standards of well living which inhere in those ways, having a genetic connection with them", (Chapter l, Section 66 of „Folkways").

rechtlichen und moralischen Normen noch nicht aus[68], weshalb er nur zu den Vorläufern der Rechtssoziologie gezählt werden kann.

c) *Holmes'* Realismus hat die soziologische Denkweise in der angloamerikanischen Jurisprudenz heimisch gemacht, aber keine systematische Rechtssoziologie entwickelt. Jurist und Rechtsphilosoph ist auch *Roscoe Pound* (1870–1964)[69], dessen Forderung einer „*Sociological Jurisprudence*" darauf abzielt, die im Recht wirksamen individuellen, öffentlichen und gesellschaftlichen Interessen herauszuarbeiten und in der Abwägung zwischen ihnen zu konkreten Entscheidungen zu gelangen[70]. Gestützt auf eine umfassende Ermittlung der Rechtstatsachen soll die richtige Entscheidung aus den „*social effects*" der Rechtsvorschriften abgeleitet werden. *Pound* hat das Werk *Jherings*, die deutsche Interessenjurisprudenz, aber auch die Rechtssoziologie *Ehrlichs* und die Freirechtslehre in den USA bekanntgemacht und ihren Einfluss dort begründet. *Holmes'* Machtphilosophie setzt er ein Rechtsverständnis entgegen, in dessen Mittelpunkt der Begriff der sozialen Kontrolle („*social control*") steht. Recht ist für *Pound* neben Religion und Moral eine Erscheinungsform sozialer Kontrolle, deren Aufgabe es ist, widerstreitende Bedürfnisse und Interessen zu harmonisieren. Es setzt sich aus drei Elementen zusammen: einen Bestand von autoritativen Vorschriften, Standards und Rechtsprinzipien. Es wird von der Macht der politisch organisierten Gesellschaft getragen und im richterlichen und administrativen Prozess angewandt[71]. Die Geltung des Rechts beruht aber nicht allein auf der Sanktionsmacht gegenüber dem „bad man", sondern auch auf der Zustimmung vernünftiger Bürger und auf dem Bezug zur Idee der Gerechtigkeit[72]. Deren Inhalt beschreibt *Pound* als „*cooperation rather than competitive self-assertion toward civilization*"[73]. Machttheorie, Konsenstheorie und Gerechtigkeitstheorie stehen für ihn zwar antinomisch gegeneinander, fließen aber im Prozess des rechtstreuen Verhaltens ineinander, solange es dem Recht nur gelingt, die zivilisierte Ordnung aufrechtzuerhalten und voranzubringen[74].

---

[68] AaO Section 62f.

[69] Zu *Pound* vgl. namentlich *Reich* (Fn. 62), 55, *Fikentscher* (Fn. 62), 225 ff.; *Patterson, Edwin W.*, Art. Roscoe Pound in: International Encyclopedia of the Social Sciences, 1968, Bd. 2, 395; *Coing*, Neue Strömungen in der nordamerikanischen Rechtsphilosophie 38 ARSP (1949/50), 536 ff.

[70] *Pound*, The Need for a Sociological Jurisprudence, 19 Green Bag, 1907, 607; *ders.*, The Scope and Purpose of Sociological Jurisprudence, 24 Harv. L.R. (1911), 591 ff.; 25 Harv. L.R. (1911/12), 140 ff., 489 ff.; *ders.*, A Survey of Social Interest, 57 Harv. L.R. (1943), 1 ff.; *ders.*, Social Control through Law, 1942, Neudruck 1968.

[71] Social Control through Law 40 ff.

[72] AaO 51 ff.

[73] AaO 127.

[74] AaO 53 f.

3. Abschnitt: Geschichte und gegenwärtiger Stand der Rechtssoziologie

d) Die „*Sociological Jurisprudence*" gewann durch Richterpersönlichkeiten wie *Holmes, Louis Brandeis*[75] und *Benjamin Cardozo*[76] Einfluss auf die amerikanische Judikatur, namentlich des obersten Gerichtshofs, konnte die begrifflich-analytische Methode der Rechtfindung aber nicht überwinden. Eine Generation später radikalisierte die Schule des „*Legal Realism*" deren Forderungen[77]. 1930 vertrat *Jerome Frank*[78] in seinem Buch „*Law and the Modern Mind*" die extreme These, dass richterliche Entscheidungen nicht so sehr von abstrakten Rechtsregeln oder von Präjudizien bestimmt werden als von den Charakterzügen, Stimmungen, Neigungen und Gewohnheiten des jeweils urteilenden Richters. *Karl N. Llewellyn*, der intellektuelle Führer der Gruppe und neben *Holmes* eine der geistvollsten Gestalten der amerikanischen Jurisprudenz[79], betonte die entscheidende Bedeutung des Verhaltens nicht nur der Richter, sondern aller Beteiligten einschließlich der rechtsrelevant handelnden Bürger am Rechtsbildungsprozess[80]. Sein wichtigster Beitrag zur Rechtssoziologie ist eine Lehre von den *Law-Jobs*, den *Funktionen* des Rechts[81]. Die Realisten[82] verstanden das Recht nicht als autonomes

---

[75] *Louis D. Brandeis* (1856–1941) war zuerst Anwalt und wurde 1916 an den US-Supreme Court berufen. Berühmt wurde sein Auftreten vor dem Supreme Court im Fall *Muller vs. Oregon*, 1907, in dem er einen Schriftsatz von zwei Seiten mit Rechtsausführungen einreichte, aber über 150 Seiten empirisches Material beifügte. Vgl. *Reich* (Fn. 62), 69 ff.; *Fikentscher* (Fn. 62), 253 ff.

[76] *Benjamin N. Cardozo* (1870–1938) war von 1913–1932 hoher Richter in New York und von 1932 bis zu seinem Tod Richter am US-Supreme Court. Seine wissenschaftlichen Hauptwerke sind „*The Nature of the Judicial Process*" (1921), „*The Growth of the Law*" (1924) und „*The Paradoxes of Legal Science*" (1928). Zu Einzelheiten vgl. *Reich* aaO, 73 ff.; *Fikentscher* aaO 240 ff.

[77] S. zum Folgenden statt aller *Reich* aaO, 82 ff.; *Fikentscher* aaO 273 ff.; *Casper*, Juristischer Realismus und politische Theorie im amerikanischen Rechtsdenken, 1967; *Röhl*, 1987, 50 ff.

[78] *Jerome Frank*, Law and the Modern Mind. 1930, Neudruck 1963; *ders*, „What Courts do in Fact", 26 Illinois L.R. 645, 732 (1932); *ders.*, „Courts on Trial", 1949. Zu ihm *Reich* aaO, 86 f.; *Fikentscher* aaO, 290.

[79] *Twining, William*, Karl Llewellyn and the Realist Movement, 1973; *Reich* aaO 82 ff., *Fikentscher* aaO, 283 ff., *Löffelholz*, Die Rechtsphilosophie des Pragmatismus, 1961; *Rehbinder*, Rechtssoziologie, 1. Aufl. 1977, 71 ff., ferner die Aufsätze von *Fikentscher, Twining, Friedman* ua in dem Sammelwerk *Drobnig/Rehbinder* (Hrsg.), Rechtsrealismus, multikulturelles Gesellschafts- und Handelsrecht. Karl N. Llewellyn und seine Bedeutung heute, 1994; *Rea-Frauchinger*, Der amerikanische Rechtsrealismus: Karl N. Llewellyn, Jerome Frank, Underhill Moore, 2006.

[80] Die Hauptwerke von *Llewellyn* zum „Legal Realism" sind, „A Realistic Jurisprudence – The Next Step" 30 Col. L.R. 431 (1930); *ders.*, The Brumble Bush – On our Law and its Study, 1930, 2. Aufl. 1951; *ders.*, „Some Realism about Realism – Responding to Dean Pound", 44 Harv. L.R. 1222 (1931); *ders.*, The Normative, the Legal and the Law-Jobs, The Problem of Juristic Method, 49 Yale L.J. 1355, 1940, *ders.*, „Jurisprudence – Realism in Theory and Practice", 1962. Zur Auseinandersetzung mit *Llewellyns* Programm vgl. *Pound*, „The Call for a Realistic Jurisprudence", Harv. L.R. 44, 697 (1931).

[81] Siehe unten Abschnitt 11 IV.

[82] Zu den Realisten zählen ferner *Thurman, Arnold*, (The Symbols of Government,

System von Regeln, sondern als Produkt sozialer Kräfte und als Mittel der Sozialgestaltung. Sie leiteten daraus die Forderungen nach einer empirischen Rechtswissenschaft ab, deren Ziel es sein sollte, die von den Gerichten tatsächlich angewandten Entscheidungsgesichtspunkte herauszuarbeiten. Folgerichtig begannen sie, Tatsachenmaterial zu sammeln, statistisch auszuwerten und in einer neuen Art von case-book für den Rechtsunterricht nutzbar zu machen.

4. *Osteuropa*

Begründer der Rechtssoziologie in Osteuropa ist der in St. Petersburg und Warschau wirkende, überaus fruchtbare Universalgelehrte *Leon Petrażycki* (1867–1931)[83]. Wie seine Altersgenossen *Durkheim*, *Ehrlich* und *Weber* sucht er einen Ansatz bei sozialen Tatsachen, findet diesen aber im individualpsychologischen Bereich[84]. Jeder Mensch erlebt neben Impulsen von Hunger, Durst, Furcht, Neugier usw. auch „Gefühle von Pflicht". Diese sind rechtlicher Natur, wenn sie von der Vorstellung begleitet werden, dass ein anderer ein Recht auf das pflichtgemäße Verhalten hat, während Pflichtgefühle ohne korrespondierendes Recht dem Bereich der Moral zugehören. Ansprüche, die ein Pflichtgefühl auslösen, gehen nicht in erster Linie von gesetzlichen Vorschriften aus, sondern zum Beispiel von Eltern, Führungspersonen in informellen sozialen Gruppen, Bandenchefs uä. Auch demgemäße Verhaltensweisen sind nach *Petrażycki* daher Recht. Im sozialen Zusammenleben erfahren rechtlichen Bestimmungen regelmäßig eine gewisse Generalisierung und äußere Sanktionierung. Soweit eine Rechtspflicht gleichwohl als ein autonomer Impuls erlebt wird, der seine Verbindlichkeit in sich selbst trägt, spricht *Petrażycki* von *intuitivem Recht*, dem *positives Recht* als fremdbestimmt gegenübersteht. Positives Recht ist weiter *offiziell*, wenn es von staatlichen Instanzen garantiert und durchgesetzt wird, *inoffiziell*, wenn staatliche Garantien fehlen. Auch intuitives Recht kann offiziell sein, zum Beispiel wenn sich ein Gericht im Fall einer Gesetzeslücke auf sein Rechtsgefühl stützt. Moralische und rechtliche Normen, intuitives und positives, offizielles und inoffizielles Recht haben verschiedene Eigenschaften, beeinflussen sich

---

1935); *Beutel, Frederic K.*, (Some Implications of Experimental Jurisprudence, 48 Harv. L.R. 169, 1934); *Moore Underhill, Oliphant, Hermann ‚Radin Max, Yntema Hessel E.* ua.

[83] Zu *Petrażycki* vgl namentlich *Baum*, Leon Petrażycki und seine Schüler, 1967; *Bechtler*, Der soziologische Rechtsbegriff, 1977, 78ff.; *Jan Gorecki* (Hrsg.), Sociology and Jurisprudence of Leon Petrazycki, Urbana 1975.

[84] Die einzige deutschsprachige Quelle der Rechtssoziologie *Petrazyckis* ist die Schrift ‚Über die Motive des Handelns und über das Wesen der Moral und des Rechts', Berlin 1907. Als weitere wichtige Quelle ist daher die gekürzte englische Übersetzung von *Bobb*, Law and Morality, mit Einleitung von *Timasheff*, 1955 heranzuziehen.

aber gegenseitig. Ihre Wechselbeziehungen sind der Motor des sozialen Wandels.

Petrażyckis psychologisch fundierte Rechtslehre ist ein durchaus origineller Beitrag zur theoretischen Fundierung der Rechtssoziologie, der allerdings infolge deren gesellschaftswissenschaftlicher Orientierung bisher nur wenig aufgegriffen wurde. Ihre Fruchtbarkeit erscheint deshalb noch keineswegs ausgeleuchtet. Sie wird sich vielleicht in der erst neuerdings in Gang kommenden psychologischen Rechtsforschung erweisen. Soziologisch führt sein Ansatz zu einer außerordentlichen Erweiterung des Rechtsbegriffs, denn er bezieht in diesen zahlreiche Verhaltensformen ein, die heute üblicherweise den Konventionen oder auch der Moral zugeordnet werden. Doch wird auf diese Weise die gemeinsame Wurzel aller sozialen Normen und die Fragwürdigkeit aller Differenzierungen zwischen ihnen sichtbar[85]. Seine Kategorie des intuitiven Rechts liegt auf derselben Ebene wie *Ehrlichs* Begriff des lebenden Rechts und vermeidet wie dieser die Schwierigkeiten, die mit einem am staatlichen Rechtszwang ausgerichteten soziologischen Rechtsbegriff verknüpft sind[86]. Nachhaltigen Einfluss hat *Petrażycki* vor allem auf die nachfolgende Generation osteuropäischer Rechtssoziologen ausgeübt, die dann, wie namentlich *Max Laserson*[87], *Pitirim Sorokin* (1889–1968)[88] und *Nicholas Timasheff* (1886–1970)[89] überwiegend aus der Sowjetunion auswandern mussten und in den USA neue Wirksamkeit entfalten konnten. Der Begriff des intuitiven Rechts wird in der neueren Rechtssoziologie von *Adam Podgórecki*[90] aufgegriffen.

III. Entwicklung seit dem 2. Weltkrieg

Seit dem Ende des zweiten Weltkriegs ist die Rechtssoziologie in eine neue Phase ihrer Entfaltung eingetreten, die sich nunmehr nicht mehr mit den Leistungen einzelner herausragender Forscherpersönlichkeiten identifizieren lässt. Sie ist gekennzeichnet durch die weltweite Ausdehnung der Disziplin, eine Verfeinerung der empirischen Forschungsmethoden und eine außerordentliche Vielfalt der Themen und Gegenstände, die in wachsendem Maße auch eine interdisziplinäre und transnationale Kooperation verlangen. Dabei

---

[85] Vgl. Abschnitt 11 II, III
[86] Vgl. Abschnitt 11 III 1 ff.
[87] *Laserson*, The Work of Leon *Petrażycki*, Columbia Law Review 51 (1951), 59 ff.
[88] *Sorokin*, Organisierte Gruppe (Institution) und Rechtsnormen, in: Hirsch/Rehbinder (Hrsg.), Studien und Materialien zur Rechtssoziologie, 2. Aufl. 1970, 87.
[89] *Timashef*, Einleitung zur amerikanischen Ausgabe der Rechtslehre von *Petrażycki* (Fn. 84). *Timasheff* hat auch eine eigene umfangreiche Rechtssoziologie geschrieben (An Introduction to the Sociology of Law, 1939).
[90] *Podgórecki*, Intuitive versus Folk Law, ZfRSoz 1982, 74 ff.; *ders.*, A Sociological Theory of Law, 1991, 11, 65 ff. Vgl. dazu Abschnitt 11 III 6.

bildet sich ein neuer Schwerpunkt in den Sozialwissenschaften heraus, während sich die Jurisprudenz, insbesondere die rechtswissenschaftlichen Fakultäten in Forschung und Lehre, auf die Rechtsdogmatik konzentrieren und dazu neigen, die Rechtssoziologie zu marginalisieren.

1. Globalisierung

Eine durch den 2. Weltkrieg im Wesentlichen ungestörte Kontinuität der Sozialwissenschaften war nur in den USA möglich. Daher erlebten diese alsbald nach Kriegsende einen Aufschwung, der auch die Rechtssoziologie entscheidend voranbrachte. Dabei kam ihr die eher empirisch und praktisch ausgerichtete Denkweise der Amerikaner zustatten. Sehr wichtige Anstöße gingen von zwei Ereignissen aus: Zum einen von dem 1954 verkündeten und im Kern soziologisch begründeten Urteil des amerikanischen Supreme Court in Sachen *Brown v. Board of Education of Topeka*[91], in dem das Gericht die Rassentrennung in öffentlichen Schulen für verfassungswidrig erklärte, zum anderen von der großen empirischen Untersuchung der amerikanischen Jury von *Kalven* und *Zeisel*[92], die einen öffentlichen Skandal verursachte. Noch heute wird die Richtung rechtssoziologischer Forschungen auch international zum großen Teil von amerikanischen Fragestellungen und Projekten bestimmt.

Parallel dazu konnte sich die Rechtssoziologie aber in zahlreichen anderen Ländern Anerkennung verschaffen, wobei häufig politische Bedürfnisse den Ausschlag gaben, während die Juristen und die akademische Jurisprudenz geringere Aufgeschlossenheit zeigten. 1962 wurde das Research Committee on Sociology of Law der Internationalen Soziologischen Vereinigung gegründet. 1989 konnte ein internationales Institut für Rechtssoziologie in Oñati/Spanien eröffnet werden, das zu einem Zentrum der Forschung und der Fortbildung geworden ist. Die Ausdehnung des Fachs wird auch durch das Sammelwerk „Developing Sociology of Law. A Worldwide Documentary Inquiry"[93] belegt, das nicht weniger als 36 Länderberichte enthält.

2. *Verfeinerung der Forschungsmethoden und Interdisziplinarität*

Anlass für das Entstehen der Soziologie im 19. Jahrhundert war, wie in Abschnitt 1 ausgeführt, der Wunsch, sich von den spekulativen Elementen der herkömmlichen Sozialphilosophie zu befreien und stattdessen eine empirisch

---

[91] 347 U.S. 483 (1954); dazu *Heldrich*, Höchstrichterliche Rechtsprechung als Triebfeder des sozialen Wandels, in: Jahrbuch für Rechtssoziologie Bd. 3, 1972, 305 ff.
[92] *Kalven, Harry/Zeisel, Hans*, The American Jury, 1966.
[93] Herausgegeben im Auftrag des Research Committee on Sociology of Law von *Vincenzo Ferrari*, Mailand 1990.

3. Abschnitt: Geschichte und gegenwärtiger Stand der Rechtssoziologie

fundierte Gesellschaftswissenschaft nach dem Vorbild der Physik zu begründen. Seitdem hat sich dieser Ansatz verbreitet und ausdifferenziert. Er tritt heute in einer Vielzahl von Disziplinen in Erscheinung, von denen hier neben der Soziologie Politikwissenschaft, Verwaltungslehre, Ökonomie, Anthropologie, Ethnologie, Sozialpsychologie und Pädagogik genannt werden können. Im Kreis dieser Disziplinen kann die Rechtssoziologie als eigenes Fach verstanden werden, das sich speziell mit der Rechtspflege beschäftigt und dann einen nur begrenzten Themenkreis umfasst. Doch konnte sich eine solche Beschränkung zu Recht nicht durchsetzen, weil die rechtssoziologische Betrachtungsweise die normative Ordnung der menschlichen Gesellschaft in allen ihren Erscheinungsformen im Auge behalten muss. In dem Maße, in dem das Recht alle Lebensbereiche durchdringt, sind daher die Themen und Forschungsgebiete der Rechtssoziologie mit denen anderer sozialwissenschaftlicher Fächer identisch oder überschneiden sich mit ihnen. Die Rechtssoziologie hat sich zu einer allgemeinen Wissenschaft von den Beziehungen zwischen Individuum, Gesellschaft und Recht entwickelt, die vor keinen akademischen Schranken Halt macht, sondern im Gegenteil dazu drängt, sie zu überwinden[94].

3. Theorien

Im Vergleich mit dem Ausmaß empirischer Forschungen ist die Bedeutung der theoretischen Rechtssoziologie eher zurückgetreten. Einen maßgeblichen Einfluss üben weiterhin die großen Klassiker aus, allen voran *Max Weber*

---

[94] Das kommt am deutlichsten in der Vielzahl von Themen zum Ausdruck, die in rechtssoziologischen Zeitschriften behandelt werden. Beredter Ausdruck der interdisziplinären Öffnung ist auch die Tatsache, dass Titel und Inhalt der führenden ausländischen Zeitschriften längst diese breitere Perspektive dokumentieren, so die amerikanischen Zeitschriften *Law & Society Review* und *Law & Social Inquiry*, das englische *Journal of Law and Society* und die französische Zeitschrift *Droit et Société*. Ein weiterer Beleg ist die Vielzahl der Gegenstände, die auf rechtssoziologischen Tagungen behandelt werden. An der internationalen Konferenz „Law and Society in the 21st Century. Transformations, Resistances, Futures", die 2007 in Berlin stattfand, nahmen fast 2500 Personen aus 70 Ländern teil. Eine Tagung der deutschsprachigen Rechtssoziologen zum Thema „Wie wirkt Recht?" 2008 in Luzern zog ca. 170 Teilnehmer an, die in über 50 Arbeitsgruppen zusammenkamen. Eine Vorstellung von der Vielzahl einschlägiger Themen vermittelt das Programm einer Tagung des internationalen *Research Committee on Sociology of Law* im Jahr 1995. Dort wurden die folgenden 19 Arbeitsgruppen organisiert: Theories of Law; Terminological Issues of Sociology of Law; Law Consciousness; Social Systems and Legal Systems; Anthropological Approaches to Law; Law and Politics; Transformation of Legal Systems of Former Socialist Countries; Comparative Sociology of Law; Legal Professions; Litigation; Crime Control; Law and Communication; Human Rights; Law and the Family; Gender and Equality; Law and the Business World; Contractual Relations; Legal Culture of International Trade; Industrialization; Law and Technological Innovations; Law of Land and Water. Vgl. ferner das Sammelwerk *Cotterrell* (Ed.), Law and Society, 1994.

und *Emile Durkheim*, in geringerem Grad auch *Eugen Ehrlich*.[95] Daneben hat sich seit den 1930er Jahren nur die Systemtheorie als „große" soziologische Gesellschaftslehre entfalten können, verbunden in erster Linie mit den Namen von *Talcott Parsons* (1902 – 1979)[96] und *Niklas Luhmann*[97]. *Gunther Teubner* ist eine systemtheoretisch fundierte Theorie der Selbststeuerung der Gesellschaft durch *reflexives Recht* zu verdanken[98]. *Helmut Schelskys* institutionelle Rechtstheorie versteht sich in erster Linie als Gegenakzent zur Systemtheorie *Luhmanns*[99]. Weiter muss *Jürgen Habermas'* „Theorie des kommunikativen Handelns" und ihre Anwendung in seinem Werk „Faktizität und Geltung" an dieser Stelle genannt werden. Sie ist ein Beispiel für die Verschränkung von Soziologie, Sozialphilosophie und Jurisprudenz in der jüngsten Entwicklung.[100] Von anderen Grundpositionen geht eine Anzahl von Theoretikern aus, von denen in Deutschland in erster Linie *Ralf Dahrendorf*[101], *Heinrich Popitz*[102], *Hans Haferkamp*[103], *Karl-Dieter Opp*[104] und *Ernst-Dieter Lampe*[105] hervorgehoben werden können. In Frankreich sind in der sozialwissenschaftlichen Theorie vor allem *Michel Foucault* (1926–1984)[106], *Pierre Bourdieu* (1930–2002)[107] und *Jacques Derrida* (1942–2004)[108] hervorgetreten.

---

[95] Dagegen sind *Theodor Geiger* und *Helmut Schelsky* außerhalb Deutschlands und der skandinavischen Länder weniger bekannt geworden.

[96] Hauptwerke: The Structure of Social Action, 1937, deutsch: Die Struktur sozialer Handlungen 1968; The Social System, 1951; *Parsons/Shils*, Toward a General Theory of Action, 1962; zur Bedeutung *Parsons'* für die Rechtssoziologie siehe *Damm, Reinhard*, Systemtheorie und Recht, 1976.

[97] Zur Systemtheorie siehe ferner: *Merton, Robert K.*, Social Theory and Social Structure, 1968; *Münch, Richard*, Theorie sozialer Systeme, 1976; *Teubner, Gunther*, Recht als autopoietisches System, 1989.

[98] *Teubner*, Reflexives Recht. Entwicklungsmodelle des Rechts in vergleichender Perspektive, ARSP 1982, 13ff.; *Teubner/Willke*, „Kontext und Autonomie". Gesellschaftliche Selbststeuerung durch reflexives Recht, ZfRSoz 1984, 4ff.

[99] Siehe Abschnitt 10 III.

[100] *Habermas*, Theorie des kommunikativen Handelns, 1981, *ders*., Faktizität und Geltung, 1992.

[101] *Dahrendorf*, Homo sociologicus. Ein Versuch zur Geschichte, Bedeutung und Kritik der Kategorie der sozialen Rolle, 1958, 16. Aufl. 2006; *ders*., Soziale Klassen und Klassenkonflikt in der industriellen Gesellschaft, 1957; *ders*., Gesellschaft und Freiheit. Zur soziologischen Analyse der Gegenwart, 1963.

[102] *Popitz*, Prozesse der Machtbildung, 1968; *ders*., Die normative Konstruktion von Gesellschaft, 1980; *ders*., Phänomene der Macht, 1986.

[103] *Haferkamp*, Soziologie der Herrschaft, 1983.

[104] *Opp*, Die Entstehung sozialer Normen 1983.

[105] *Lampe*, Genetische Rechtstheorie: Recht, Evolution und Geschichte, 1987; *ders*., Grenzen des Rechtspositivismus. Eine rechtsanthropologische Untersuchung, 1988.

[106] Hauptwerke: Folie et déraison, 1961, deutsch: Wahnsinn und Gesellschaft; L'histoire de la sexualité, 3 Bde (La volonté de savoir, 1976, deutsch: Der Wille zum Wissen; L'usage des plaisirs, 1984, deutsch: Der Gebrauch der Lüste; Le souci de soi, 1984, deutsch: Die Sorge um sich.

3. Abschnitt: Geschichte und gegenwärtiger Stand der Rechtssoziologie

In der aktuellen Forschung steht eine Vielzahl von „Erklärungsansätzen"[109] nebeneinander: Verhaltens-, Handlungs- und Kommunikationstheorien, Normtheorien, Rollen-, Gruppen- und Organisationstheorien, Klassen- und Schichttheorien, Institutionen-, System- und Konflikttheorien. Sie treten alle auch in den folgenden Darstellungen in Erscheinung. Doch folgen wir keiner von ihnen, sondern gehen von einem bescheideneren Ansatz aus. Die empirische Rechtssoziologie wendet sich konkreten Einzelfragen zu und stellt dazu möglichst realistische Hypothesen auf, deren Richtigkeit sie dann testet. Dieses Verfahren verlangt Modelle, die der Anschauung und Erfahrung entnommen werden und zwar plausibel sein müssen, im Übrigen aber ad hoc formuliert werden können. Deren theoretische Qualität bleibt zweitrangig, wenn sie nur zu erhellenden Einsichten oder praktisch bedeutsamen Ergebnissen führen. So wird denn auch in der Wissenschaftslehre empfohlen, sich mit *Theorien geringer* oder *mittlerer Reichweite* zu begnügen[110].

4. Entwicklung in Deutschland

In Deutschland kam die Entwicklung der Rechtssoziologie nach der erzwungenen Unterbrechung durch den Nationalsozialismus[111] erst in den 1960er Jahren wieder in Gang. Den Anstoß gab der Soziologe *Ralf Dahrendorf* in seiner Schrift „Deutsche Richter. Ein Beitrag zur Soziologie der Oberschicht" von 1960[112], die eine Reihe berufssoziologischer Untersuchungen der deutschen Juristen auslöste[113]. *Ernst E. Hirsch* baute seit 1964 an der Freien Universität Berlin ein Institut für Rechtssoziologie auf, aus dem die bedeutende Schriftenreihe „Schriften zur Rechtssoziologie und Rechtstatsachenforschung" hervorging. Der Umbruch Ende der 1960er Jahre führte dann zu einer breiteren Anerkennung der Rechtssoziologie, belastete sie aber auch mit

---

[107] *Bourdieu*, La Distinction. Critique sociale du jugement, 1979, deutsch: Die feinen Unterschiede. Kritik der gesellschaftlichen Urteilskraft, 1987; Le sens pratique, 1980, deutsch: Sozialer Sinn, 1987.
[108] *Derrida*, Force de loi. Le fondement mystique de l'autorité, 1990, deutsch: Gesetzeskraft. Der mystische Grund der Autorität, 1991. Vgl. dazu die Abhandlungen von *Teubner, Clam, Menke, Ladeur* u.a. in ZfRSoz 2008, Heft 1.
[109] So die Formulierung von *Röhl*, Rechtssoziologie, 127 und fortlaufend.
[110] Die Forderung nach Theorien mittlerer Reichweite geht auf *Robert K. Merton* zurück; vgl. *Merton*, On Sociological Theories of the Middle Range, in: *ders.*, Social Theory and Social Structure, 3. Aufl. 1968, 39ff.
[111] Die meisten Vertreter rechtssoziologischen Denkens, überwiegend Juden, wurden nach 1933 zur Emigration gezwungen, so namentlich *Nußbaum, Kantorowicz, Sinzheimer, Fraenkel, Neumann, Kahn-Freund, Ernst E. Hirsch* u.a. Die rechtssoziologische Forschung und Lehre kamen völlig zum Erliegen.
[112] Abgedruckt in: *Dahrendorf*, Gesellschaft und Freiheit, 1961, 176ff.; vgl. auch *ders.*, Gesellschaft und Demokratie in Deutschland, 1965, 260ff.
[113] Siehe Abschnitt 19.

dem Trauma marxistischer Gesellschaftstheorien und erzwungener Veränderungen der Gesellschaft. Instiutionell konnte sie sich vor diesem Hintergrund nur bescheiden entwickeln, zumal personelle Engpässe an den juristischen Fakultäten einen großzügigen Ausbau verhinderten und die Fachsoziologie längere Zeit eher rechtsfremd blieb. Immerhin wurden in den 1970er Jahren zwei rechtssoziologische Fachvereinigungen gegründet, die stärker juristisch orientierte „*Vereinigung für Rechtssoziologie*", und die „*Sektion Rechtssoziologie in der Deutschen Gesellschaft für Soziologie*". Dass deren Verschmelzung bis heute nicht gelingt ist ein Hinweis auf die noch immer fortbestehende Distanz zwischen Gesellschaftswissenschaftlern und Juristen. Immerhin erscheint seit 1980 die inzwischen von beiden getragene „*Zeitschrift für Rechtssoziologie*".

Wie weit sich *empirische Forschung* entfalten kann, hängt nicht nur von den Interessen einzelner Wissenschaftler ab, sondern auch von der Forschungspolitik der Institutionen, welche die finanziellen Mittel der Wissenschaftsförderung verwalten. Die Vielzahl der Themen empirischer Forschungen in Deutschland kann hier nicht aufgezählt werden. Die Schwerpunkte lagen bis in die 1970er Jahre bei der Berufssoziologie der Juristen, die später in einer Anzahl von Untersuchungen zur Rechtsanwaltschaft fortgesetzt wurden[114] In den 1980er Jahren traten die Erforschung zivil- und arbeitsrechtlicher Streitigkeiten und ihrer Regelung sowie des zivil- und arbeitsgerichtlichen Verfahrens in den Vordergrund, ferner, im Bereich des materiellen Rechts, der Verbraucherschutz[115], familienrechtliche Konstellationen[116] sowie die Geschlechterforschung. Andere Untersuchungen beschäftigten sich mit der Erfüllung von Gesetzen und Gerichtsentscheidungen und mit Defiziten bei der Erfüllung[117].

---

[114] Siehe Abschnitt 19 II.

[115] *Bruhn*, Konsumentenzufriedenheit und Beschwerden, 1982; *Holzscheck/Hörmann/ Daviter*, Die Praxis des Konsumentenkredits in der Bundesrepublik Deutschland, 1982; *Hörmann*, Verbraucher und Schulden, 1987; *Reifner/Volkmer*, Neue Formen der Verbraucherrechtsberatung, 1988.

[116] *Lucke*, Die angemessene Erwerbstätigkeit im neuen Scheidungsrecht, 1982; *Caesar-Wolf/Eidmann*, Gleichberechtigungsmodelle im neuen Scheidungsfolgenrecht und deren Umsetzung in die familiengerichtliche Praxis, ZfRSoz 1985, 163ff.; *Willensbacher/Voegeli/ Müller-Alten*, Auswirkungen des Ehegattenunterhalts in der Bundesrepublik Deutschland, ZfRSoz 1987, 98ff.; *Zenz* u.a. Vormundschaft und Pflegschaft für Volljährige, 1987.

[117] Siehe Abschnitt 14 III.

2. Teil

Theoretiker der Rechtssoziologie

4. Abschnitt

Karl Marx und Friedrich Engels

Schrifttum (Auswahl): *Cerroni, Umberto*, Marx und das moderne Recht, 1974; *Dahrendorf, Ralf*, Marx in Perspektive, Die Idee des Gerechten im Denken von Karl Marx, 1952; *Gephart, Werner*, Gesellschaftstheorie und Recht, 1993, 275 ff.; *Klenner, Hermann*, Was bleibt von der marxistischen Rechtsphilosophie? ARSP Beiheft 50, 1992, 11; *Kühne, Dieter*, Der marxistisch-sozialistische Rechtsbegriff, 1985; *Lottig, Hans*, Marx und das Recht, 1961; *Maihofer, Andrea*, Das Recht bei Marx, 1992; *Maihofer, Werner*, Demokratie im Sozialismus. Recht und Staat im Denken des jungen Marx, 1968; *Negt, Oskar*, Thesen zur marxistischen Rechtstheorie, KJ 1973, 1; *Paul, Wolf*, Marxistische Rechtstheorie als Kritik des Rechts, 1974; *Perels, Joachim*, Zur politischen Verfassung des Sozialismus, KJ 1971, 166; *Petev, Valentin*, Kritische Punkte der marxistischen Rechtskonzeption, ARSP 1982, Supplementa Vol 1 part 2, 441 ff.; *Ramm, Thilo*, Die künftige Gesellschaftsordnung nach der Theorie von Marx und Engels, in: *Fetscher* (Hrsg.), Marxismusstudien Bd. 2, 1957, 77; *Reich, Norbert* (Hrsg.), Marxistische und sozialistische Rechtstheorie, 1972 (Quellensammlung); *ders*, Marxistische Rechtstheorie, 1973; *Rosenbaum, Wolf*, Zum Rechtsbegriff bei Stucka und Pašukanis, KJ 1971, 148; *Rottleuthner, Hubert* (Hrsg.), Probleme der marxistischen Rechtstheorie, 1975; *Schefold, Christoph*, Die Rechtsphilosophie des jungen Marx, 1970; *Stucka, Peter*, Die revolutionäre Rolle von Recht und Staat, dt. Ausgabe mit Einleitung von Norbert Reich, 1969; *Szabo, Imre*, Karl Marx und das Recht, 1981.

I. Biographie

Karl Marx wurde 1818 als Sohn eines Rechtsanwalts in Trier geboren, studierte Rechtswissenschaft und Philosophie in Bonn und Berlin und wurde 1842 Hauptschriftleiter der Rheinischen Zeitung in Köln, in der er seine ersten sozialkritischen Artikel veröffentlichte. 1843 ging er nach dem Verbot der Zeitung im reaktionären Deutschland nach Paris, 1845 nach der Ausweisung aus Frankreich nach Brüssel, 1848 wieder nach Köln, 1850 schließlich nach London, wo er bis zu seinem Tod 1883 lebte und seine großen wissenschaftlichen Werke schrieb.

Friedrich Engels ist 1820 als Fabrikantensohn in Wuppertal geboren, durchlief eine kaufmännische Ausbildung und lernte 1843/44 anlässlich seiner Tätigkeit im väterlichen Geschäft in Manchester die Lage der Arbeiter in England kennen. 1844 schloss er in Paris Freundschaft mit *Marx*, die lebenslang anhielt. Von 1850 bis 1869 war er wieder in Manchester, seit 1870 Sekretär im Generalrat der Internationalen Arbeiterassociation in London; seitdem widmete er sich ausschließlich organisatorischer, publizistischer und wissenschaftlicher Tätigkeit, durch welche er den historischen Materialismus popularisierte und daher stark zu seiner Ausbreitung beitrug. *Engels* starb 1895 in London.

Hauptwerke:[1] – *Marx* und *Engels,* Die deutsche Ideologie (Auseinandersetzung mit der Philosophie von *Ludwig Feuerbach, Bruno Bauer* und *Max Stirner,* die die Grundgedanken des Marxismus zum ersten Mal entwickelt, 1845/46);
– *Marx* und *Engels,* Manifest der kommunistischen Partei, 1848;
– *Karl Marx,* Zur Kritik der politischen Ökonomie, 1859;
– *Karl Marx,* Das Kapital, Bd I: 1867, Bd II posthum 1885, Bd III: 1894;
– *Karl Marx,* Kritik des Gothaer Programms, 1875;
– *Friedrich Engels,* Die Entwicklung des Sozialismus von der Utopie zur Wissenschaft, 1877;
– *Friedrich Engels,* Der Ursprung der Familie, des Privateigentums und des Staats, 1884.

II. Die Rechtstheorie von Marx und Engels

Marx' historische Bedeutung kann hier nicht dargestellt werden. Ihm einen Platz in der Rechtssoziologie zuzubilligen, versteht sich nicht von selbst, denn sein Werk enthält weder der Bezeichnung noch dem Inhalt nach eine ausgeführte Rechtssoziologie, vielmehr handeln nur spärliche Aussagen vom Recht[2]. Gleichwohl impliziert sein historischer und dialektischer Materialismus eine soziologische Betrachtungsweise des Rechts, die ihn zu einem der Stammväter der Rechtssoziologie macht. Zugleich verdeutlicht *Marx'* Werk den Übergang von der wissenschaftlichen soziologischen Analyse zur Sozialkritik und zur Politik auf eine exemplarische Weise. Die folgende Darstellung

---

[1] Wichtige Werke, hauptsächlich aus der frühen Zeit, haben *Marx* und *Engels* gemeinsam verfasst. Dabei hat *Engels* allerdings stets selbst betont, dass *Marx* der führende Kopf von beiden gewesen ist, von dem die entscheidenden Gedanken stammen. *Marx'* und *Engels'* Werke wurden veröffentlicht in der Werkausgabe des Instituts für Marxismus-Leninismus beim Zentralkomitee der SED, Diez-Verlag-Berlin (zitiert MEW). Im Folgenden wird im Wesentlichen zitiert nach der im gleichen Verlag erschienenen Auswahl *Karl Marx* und *Friedrich Engels,* Ausgewählte Schriften (MEAS). Es steht weiter zur Verfügung die vierbändige, von *Iring Fetscher* herausgegebene Marx-Engels-Studienausgabe, Fischer-Bücherei Bde. 6059–6062.

[2] Vgl. die übersichtlichen Darstellungen von *Perels,* KJ 1971, 166 und *Paul,* Rechtstheorie 1971, 175; ferner die sehr eindringende Studie von *A. Maihofer,* Das Recht bei Marx, 1992.

konzentriert sich auf drei Punkte seiner Lehre, die das Gerüst einer daraus zu entwickelnden Rechtssoziologie bilden und daher hier allein von Interesse sind: 1) die Theorie des historischen und dialektischen Materialismus, 2) *Marx'* Begriff des Rechts als Herrschaftsinstrument der herrschenden Klasse und 3) seine Lehre von der proletarischen Revolution und der künftigen klassenlosen Gesellschaft.

1. Der historische und dialektische Materialismus

Marx selbst hat die Grundformel seines historischen und dialektischen Materialismus am übersichtlichsten und bündigsten im Vorwort zur *Kritik der politischen Ökonomie* dargestellt[3]:

„Das allgemeine Resultat, das sich mir ergab und, einmal gewonnen, meinen Studien zum Leitfaden diente, kann kurz so formuliert werden: In der gesellschaftlichen Produktion ihres Lebens gehen die Menschen bestimmte, notwendige, von ihrem Willen unabhängige Verhältnisse ein, Produktionsverhältnisse, die einer bestimmten Entwicklungsstufe ihrer materiellen Produktivkräfte entsprechen. Die Gesamtheit dieser Produktionsverhältnisse bildet die ökonomische Struktur der Gesellschaft, die reale Basis, worauf sich ein juristischer und politischer Überbau erhebt und welcher bestimmte gesellschaftliche Bewusstseinsformen entsprechen. Die Produktionsweise des materiellen Lebens bedingt den sozialen, politischen und geistigen Lebensprozess überhaupt. Es ist nicht das Bewusstsein der Menschen, das ihr Sein, sondern umgekehrt, ihr gesellschaftliches Sein, das ihr Bewusstsein bestimmt. Auf einer gewissen Stufe ihrer Entwicklung geraten die materiellen Produktivkräfte der Gesellschaft in Widerspruch mit den vorhandenen Produktionsverhältnissen oder, was nur ein juristischer Ausdruck dafür ist, mit den Eigentumsverhältnissen, innerhalb deren sie sich bisher bewegt hatten. Aus Entwicklungsformen der Produktivkräfte schlagen diese Verhältnisse in Fesseln derselben um. Es tritt dann eine Epoche sozialer Revolution ein. Mit der Veränderung der ökonomischen Grundlage wälzt sich der ganze ungeheure Überbau langsamer oder rascher um. In der Betrachtung solcher Umwälzungen muss man stets unterscheiden zwischen den materiellen, naturwissenschaftlich treu zu konstatierenden Umwälzungen in den ökonomischen Produktionsbedingungen und den juristischen, politischen, religiösen, künstlerischen oder philosophischen, kurz, ideologischen Formen, worin sich die Menschen dieses Konflikts bewusst werden und ihn ausfechten. Sowenig man das, was ein Individuum ist, nach dem beurteilt, was es sich selbst dünkt, ebenso wenig kann man eine solche Umwälzungsepoche aus ihrem Bewusstsein beurteilen, sondern muss vielmehr dies Bewusstsein aus den Widersprüchen des materiellen Lebens, aus dem vorhandenen Konflikt zwischen gesellschaftlichen Produktivkräften und Produktionsverhältnissen erklären. Eine Gesellschaftsformation geht nie unter, bevor alle Produktivkräfte entwickelt sind, für die sie weit genug ist, und neue höhere Produktionsverhältnisse treten nie an die Stelle, bevor die materiellen Existenzbedingungen derselben im Schoß der alten Gesellschaft selbst ausgebrütet worden sind. Daher stellt sich die Menschheit immer nur Aufgaben, die sie lösen kann, denn genauer betrachtet wird sich stets finden, dass die Aufgabe selbst nur

---

[3] MEW 13, 8f.

entspringt, wo die materiellen Bedingungen ihrer Lösung schon vorhanden oder wenigstens im Prozess ihres Werdens begriffen sind. In großen Umrissen können asiatische, antike, feudale und modern bürgerliche Produktionsweisen als progressive Epochen der ökonomischen Gesellschaftsformation bezeichnet werden. Die bürgerlichen Produktionsverhältnisse sind die letzte antagonistische Form des gesellschaftlichen Produktionsprozesses, antagonistisch nicht im Sinn von individuellem Antagonismus, sondern eines aus den gesellschaftlichen Lebensbedingungen der Individuen hervorwachsenden Antagonismus, aber die im Schoß der bürgerlichen Gesellschaft sich entwickelnden Produktivkräfte schaffen zugleich die materiellen Bedingungen zur Lösung dieses Antagonismus. Mit dieser Gesellschaftsformation schließt daher die Vorgeschichte der menschlichen Gesellschaft ab".

Denselben Sachverhalt hat *Engels* später in folgenden populären Worten wiederholt[4]:

„Wie *Darwin* das Gesetz der Entwicklung der organischen Natur, so entdeckte *Marx* das Entwicklungsgesetz der menschlichen Geschichte: die bisher unter ideologischen Überwucherungen verdeckte einfache Tatsache, dass die Menschen vor allen Dingen zuerst essen, trinken, wohnen und sich kleiden müssen, ehe sie Politik, Wissenschaft, Kunst, Religion usw. treiben können; dass also die Produktion der unmittelbaren materiellen Lebensmittel und damit die jedesmalige ökonomische Entwicklungsstufe eines Volkes oder eines Zeitabschnitts die Grundlage bildet, aus der sich die Staatseinrichtungen, die Rechtsanschauungen, die Kunst und selbst die religiösen Vorstellungen der betreffenden Menschen entwickelt haben und aus der sie daher auch erklärt werden müssen – nicht, wie bisher geschehen, umgekehrt".

Die Tendenz und die Implikationen dieser Ausführungen sind klar und allbekannt:

Die Menschen müssen, um im rein physischen Sinn leben zu können, die dazu notwendigen Mittel und Werkzeuge selbst hervorbringen. Da der einzelne hierzu allein nicht imstande ist, müssen sie zu diesem Zweck soziale Beziehungen eingehen, die *Marx* als *Produktionsverhältnisse* bezeichnet. Die Gesamtheit aller dieser auf die Produktion ökonomischer Güter ausgerichteten Sozialbeziehungen bildet die *Basis*, das heißt die Grundwirklichkeit der Gesellschaft und der sozialen Existenz der Menschen in ihr. Sie bestimmt nicht nur die äußeren Lebensumstände der Menschen, sondern auch ihr Bewusstsein, das heißt alle politischen, juristischen, religiösen, philosophischen, künstlerischen Ausdrucksformen, in denen sie ihr Dasein beschreiben und zu bewältigen suchen.

Diese gehören zum *Überbau*, das heißt, sie haben keine eigenständige soziale Existenz, sondern spiegeln nur die ökonomischen Verhältnisse wider. Wandeln sich die Produktionsverhältnisse, so ändern sie sich zwangsläufig mit. Daher unterlag nach *Marx* die bisherige Geschichtsdeutung, namentlich auch die *Hegelsche* Philosophie, einer gefährlichen, die Wirklichkeit verhül-

---

[4] Das Begräbnis von Karl Marx, MEW 19, 335f.

lenden Illusion, wenn sie in den Bewusstseinsformen die bewegende Kraft in der Geschichte sah. Vielmehr lassen sich Politik, Recht, Religion, Philosophie, Kunst auch wissenschaftlich nur dann zutreffend erklären, wenn man sie als Ausfluss der Produktionsverhältnisse erfasst.

Auch das Recht stellt demnach nur einen Reflex der ökonomischen Struktur der Gesellschaft dar, insbesondere sind die Eigentumsverhältnisse nichts anderes als der Ausdruck der ihnen zugrundeliegenden, ökonomisch bedingten Herrschaftsbeziehungen. Recht und Staat dienen dazu, diese Herrschaftsbeziehungen zu erhalten, indem sie im Volk das *„falsche Bewusstsein"* ihrer Notwendigkeit oder Gottgegebenheit wecken. Gleichwohl werden sie sich, allen Widerständen zum Trotz, im Zug des Wandels der Produktionsfaktoren und Produktionsverhältnisse unvermeidlich ändern. Doch ist dieser Vorgang nicht als einfaches, monokausal determiniertes Ursache-Folge-Verhältnis zu verstehen, sondern als ein dialektischer Prozess, in dem auch das Recht eine gewisse Wirkung entfaltet. Deshalb konnte der späte *Engels* nach *Marx'* Tod dem Einwand, *Marx* leugne der Erfahrung zuwider jede Rückwirkung des Überbaus auf die Basis, mit dem Hinweis begegnen, er habe nur aus polemischen Gründen den Vorrang der ökonomischen Verhältnisse überbetont[5]:

„Nach materialistischer Geschichtsauffassung ist das in *letzter Instanz* bestimmende Moment in der Geschichte die Produktion und die Reproduktion des wirklichen Lebens. Mehr hat weder Marx noch ich je behauptet. Wenn nun jemand das dahin verdreht, das ökonomische Moment sei das *einzig* bestimmende, so verwandelt er jenen Satz in eine nichtssagende, abstrakte, absurde Phrase. Die ökonomische Lage ist die Basis, aber die verschiedenen Momente des Überbaus – politische Formen des Klassenkampfs und seine Resultate – Verfassungen, nach gewonnener Schlacht durch die siegende Klasse festgestellt usw. – Rechtsformen und nun gar die Reflexe aller dieser wirklichen Kämpfe im Gehirn der Beteiligten, politische, juristische, philosophische Theorien, religiöse Anschauungen und deren Weiterentwicklung zu Dogmensystemen üben auch ihre Einwirkung auf den Verlauf der geschichtlichen Kämpfe aus und bestimmen in vielen Fällen vorwiegend deren *Form*. Es ist eine Wechselwirkung aller dieser Momente, worin schließlich durch alle die unendliche Menge von Zufälligkeiten (dh von Dingen und Ereignissen, deren innerer Zusammenhang untereinander so entfernt oder so unnachweisbar ist, dass wir ihn als nicht vorhanden betrachten, vernachlässigen können) als Notwendiges die ökonomische Bewegung sich durchsetzt. Sonst wäre die Anwendung der Theorie auf eine beliebige Geschichtsperiode ja leichter als die Lösung einer einfachen Gleichung ersten Grades. ... Dass von den Jüngeren zuweilen mehr Gewicht auf die ökonomische Seite gelegt wird, als ihr zukommt, haben *Marx* und ich teilweise selbst verschulden müssen. Wir hatten den Gegnern gegenüber das von diesen geleugnete Hauptprinzip zu betonen, und da war nicht immer Zeit, Ort und Gelegenheit, die übrigen an der Wechselwirkung beteiligten Momente zu ihrem Recht kommen zu lassen".

---

[5] Brief an Bloch vom 21/22. 9. 1890, MEW Bd. 37, 463, 465.

Allerdings wirken diese Sätze wie eine spätere Abschwächung der ursprünglichen Lehre und Reaktion auf die Kritik an ihr, denn *Marx'* Verständnis des ökonomischen Prozesses als einer unabänderlichen historischen Gesetzmäßigkeit, die sich gegenüber allen anderen Kräften durchsetzt, lässt eine solche Relativierung kaum zu. Immerhin hat auch die spätere marxistisch-leninistische Philosophie und Rechtstheorie das strenge Basis-Überbau-Schema zugunsten einer flexibleren Lehre der gegenseitigen Wechselwirkung, allerdings unter dem Primat der ökonomischen Verhältnisse, modifiziert. So versteht zum Beispiel *Stučka* das Recht ungeachtet seines Klassencharakters zugleich als ein Mittel zur Durchsetzung der proletarischen Revolution und somit als einen Faktor, der „in allen Übergangsphasen als Motor der Geschichte" eine große Rolle spielt[6].

2. Der Klassengegensatz zwischen Bourgeoisie und Proletariat

Angesichts seines theoretischen Ausgangspunkts war es konsequent, dass *Marx* die politische Ökonomie, das heißt die historische und funktionelle Analyse der ökonomischen Prozesse zum Gegenstand seines wissenschaftlichen Hauptwerkes machte. Er glaubte nachweisen zu können, dass

„alle bisherige Geschichte sich in Klassengegensätzen und Klassenkämpfen bewegt, dass es immer herrschende und beherrschende, ausbeutende und ausgebeutete Klassen gegeben hat und die große Mehrzahl der Menschen stets zu harter Arbeit und wenig Genuss verurteilt war"[7].

Eine Erklärung für diesen Sachverhalt sieht er in dem niedrigen Niveau wirtschaftlicher Produktion auf allen früheren Entwicklungsstufen der Menschheit. Aus diesem Grund war die große Masse stets dazu verdammt, einen kärglichen Lebensunterhalt zu erarbeiten, während sich nur eine kleine bevorrechtigte Minderheit dem „geschichtlichen Fortschritt" widmen konnte. Auch der Kapitalismus als die Ordnung der Produktionsverhältnisse seiner Zeit beruht nach *Marx* auf dem Gegensatz zweier Klassen, der *Bourgeoisie*, die sich im Besitz der Produktionsmittel und damit der Herrschaftsgewalt befindet, und des *Proletariats*, das von der Bourgeoisie kraft ihrer Übermacht ausgebeutet wird. Das bürgerliche Recht (im Doppelsinn des Wortes zu verstehen), das den Warenaustausch über den Markt ordnet, ist Ausdruck dieser Klassentrennung. Denn infolge des Marktmechanismus muss der Käufer einen Preis für die erworbenen Waren zahlen, welcher die zu ihrer Herstellung erforderlichen Arbeitskosten übersteigt. Diesen Mehrerlös erhält der Kapita-

---

[6] *Stučka* 1969, 131.
[7] *Engels* über *Karl Marx*, MEW Bd. 19, 103f.; vgl. auch Manifest der Kommunistischen Partei, Beginn des 1. Hauptteils, MEW Bd 4., 462ff.

list[8]. Nur um den Kapitalisten die „*Aneignung des Mehrwerts*" zu sichern, ist Recht überhaupt nötig, während ein Verteilungssystem, in dem jedes Gut nach dem Maß menschlicher Arbeitskraft vergütet wird, die zu seiner Produktion erforderlich war, seiner nicht bedarf.

Daraus folgt, dass das *Recht* nicht nur inhaltlich den *Klassencharakter* des kapitalistischen Wirtschaftssystems befestigt, sondern auch die Rechtsform der gesellschaftlichen Ordnung als solche eine Konsequenz der Klassenspaltung ist. *Korsch* drückt diesen Gedanken wie folgt aus[9]:

„Wie diese (d.h. die Warenform), gehört das Recht in seiner voll entwickelten Gestalt allein der geschichtlichen Epoche der kapitalistischen Warenproduktion an, hat sich mit ihr historisch aus unscheinbaren, erst durch die spätere Entwicklung als solche erkennbar gewordenen Anfangsformen entwickelt, im heutigen bürgerlichen „Rechtsstaat" von seiner ursprünglichen Sphäre, der Regelung des Austausches gleichwertiger Waren, teils wirklich, teils potentiell über sämtliche innerhalb der modernen kapitalistischen Gesellschaft und ihres Staates bestehenden gesellschaftlichen Beziehungen ausgebreitet und wird mit der kapitalistischen Warenproduktion, ihrem bürgerlichen Staat, ihren Klassen und Klassengegensätzen in der kommunistischen Gesellschaft der Zukunft nicht nur seinem Inhalt nach völlig umgestaltet werden, sondern am Ende auch als Form ganz absterben".

3. Der Übergang zur kommunistischen Gesellschaft

Die „kolossal gesteigerten Produktionskräfte der Gegenwart"[10] machen die Klassenspaltung im Gegensatz zu den früheren Geschichtsepochen nun allerdings überflüssig und zu einem Hindernis für den wirtschaftlichen und gesellschaftlichen Fortschritt. Der Kapitalismus gerät nach *Marx* und *Engels* infolge der ständig wachsenden *Akkumulation des Kapitals* in einen Widerspruch zu sich selbst, an dem er schließlich zugrunde gehen wird, um einer neuen, klassenlosen Gesellschaft Platz zu machen. Dieser Prozess wird zu entscheidenden Umwälzungen führen, die in der *sozialen Revolution* und in der „*Diktatur des Proletariats*" ihren Ausdruck finden[11]. Das Privateigentum an den Produktionsmitteln wird dann abgeschafft und in *gesellschaftliches Eigentum* übergeführt. Dagegen wird das bürgerliche Recht im Übrigen noch einige Zeit weiter gelten, weil das Recht „nie höher sein" kann, als die ökonomische Gestaltung und die dadurch bedingte Kulturentwicklung der Gesellschaft[12]. Im Endzustand der klassenlosen Gesellschaft wird dann aber ein die bestehende Herrschaftsordnung stützendes Recht des gesellschaftlichen

---
[8] Das Kapital Bd. I, MEW Bd. 23, 99ff., 531ff.
[9] *Korsch*, Einleitung zu *Pašukanis*, Allgemeine Rechtslehre und Marxismus, 2. Aufl. 1969, VI.
[10] *Engels*, MEW 19, 104.
[11] Der Ausdruck stammt aus der Kritik des Gothaer Programms, MEW 19, 28.
[12] Kritik des Gothaer Programms, MEW 19, 21.

Eigentums überflüssig sein und jeder „*nach seinen Fähigkeiten*" arbeiten und „*nach seinen Bedürfnissen*" leben können[13].

„In einer höheren Phase der kommunistischen Gesellschaft, nachdem die knechtende Unterordnung der Individuen unter die Teilung der Arbeit, damit auch der Gegensatz geistiger und körperlicher Arbeit verschwunden ist; nachdem die Arbeit nicht nur Mittel zum Leben, sondern selbst das erste Lebensbedürfnis geworden; nachdem mit der allseitigen Entwicklung der Individuen auch die Produktionskräfte gewachsen sind und alle Springquellen des genossenschaftlichen Reichtums voller fließen – erst dann kann der enge bürgerliche Rechtshorizont ganz überschritten werden und die Gesellschaft auf ihre Fahnen schreiben: Jeder nach seinen Fähigkeiten, jedem nach seinen Bedürfnissen!"

Der Staat stirbt dann ab:

„Der erste Akt, worin der Staat wirklich als Repräsentant der ganzen Gesellschaft auftritt – die Besitzergreifung der Produktionsmittel im Namen der Gesellschaft –, ist zugleich sein letzter selbständiger Akt als Staat. Das Eingreifen einer Staatsgewalt in gesellschaftliche Verhältnisse wird auf einem Gebiete nach dem anderen überflüssig und schläft dann von selbst ein. An die Stelle der Regierung über Personen tritt die Verwaltung von Sachen und die Leitung von Produktionsverhältnissen. Der Staat wird nicht abgeschafft, er *stirbt ab*"[14]

Erst dann werden die Menschen zur wahren Freiheit gelangen, das heißt, sie werden sich der durch die kapitalistische Produktionsweise aufgenötigten Selbstentfremdung entledigen können und die Chance der vollen Entfaltung ihrer individuellen Persönlichkeit finden[15].

4. Politisches Handeln

Es liegt in der Eigenart von *Marx'* und *Engels'* Denken, dass sie aus ihrem aus der kritischen Gesellschaftsanalyse abgeleiteten Glauben an den Lauf der Weltgeschichte einen Appell zum politischen Handeln ableiten. Das ist der Sinn der schon 1845 vom 27jährigen *Marx* formulierten These[16]:

„Die Philosophen haben die Welt nur verschieden interpretiert, es kommt aber darauf an, sie zu verändern".

---

[13] MEW 19, 21.
[14] *Engels* in: Die Entwicklung des Sozialismus von der Utopie zur Wissenschaft, MEW 19, 224. W. *Maihofer* bestreitet neuerdings mit einleuchtenden Gründen, dass die Theorie vom Absterben des Staats auf Marx selbst zurückgehe. Vgl. W. *Maihofer*, Demokratie im Sozialismus 18ff. Dazu auch *Müller* AöR 1970, 513ff.; *Ramm*, Marxismusstudien Bd. II, 77ff.
[15] Vgl. Manifest der Kommunistischen Partei, MEW 4, 482; Kritik des Gothaer Programms, MEW 19, 21ff.
[16] Thesen über Feuerbach, MEW 3, 7.

Angesichts der Umstände konnte sich dieser Appell nur im Aufruf zum Kampf gegen den Kapitalismus als Wirtschaftsform und gegen die bestehende staatliche und politische Ordnung äußern, welche die Unterdrückung und Ausbeutung der Arbeiterschaft ermöglichte. Das ist Inhalt und Ziel des berühmten *Kommunistischen Manifests* von 1848 sowie vieler späterer Veröffentlichungen. Die Einzelheiten der auf dieses Ziel gerichteten politischen Wirksamkeit von *Marx* und *Engels* sind hier nicht darzustellen.

III. Zur rechtssoziologischen Würdigung des Marxismus

1. Die Abhängigkeit des Rechts von den ökonomischen Verhältnissen

Die ungeheuren Folgen von *Marx*' Gesellschaftslehre für die Wissenschaft wie für die geschichtliche Entwicklung liegen offen zutage. Es ist hier nicht der Ort, sich prinzipiell mit ihnen auseinanderzusetzen[17]. Auch im Hinblick auf das Recht und die Rechtswissenschaft hat *Marx* einen wichtigen und vor ihm nicht genügend beachteten Zusammenhang gesehen, wenn er die Abhängigkeit des Rechts von den ökonomischen Realitäten hervorhebt. Er hat damit bei Gesellschaftswissenschaftlern und Juristen einen Prozess der Bewusstseinsbildung in Gang gesetzt, der auch nach dem Zusammenbruch der sozialistischen Staaten nicht erledigt ist. In der Rechtssoziologie lässt sich namentlich das Lebenswerk von *Max Weber* als eine kritische Auseinandersetzung mit *Marx* begreifen. Auch die Ausbildung des Arbeits- und Wirtschaftsrechts seit dem ersten Weltkrieg zeigt *Marx*' Spuren.

Auf der anderen Seite sind aber kritische Einwände zu erheben, wenn der marxistische Materialismus verabsolutiert wird, die ökonomischen Verhältnisse also zum allein bewegenden Prinzip der Geschichte erhoben werden, das alle übrigen Erscheinungen des menschlichen und sozialen Lebens und der Kultur bestimmt. *Marx* und *Engels* selbst haben eine derartige Einseitigkeit nicht gewollt oder jedenfalls nicht durchgehalten, und auch die marxistisch-leninistischen Rechtstheorie hat in der Folgezeit die *Wechselwirkung* zwischen Basis und Überbau stärker betont. Allerdings hat sie sich nie zur Preisgabe der Priorität des Ökonomischen entschließen können. Darin ist ihr die Sozial- und Rechtswissenschaft außerhalb des Marxismus nirgends gefolgt. Auch in der Rechtssoziologie hat keiner der späteren Wegbereiter *Marx*' Lehre übernommen. Die methodischen Ausgangspositionen von *Durkheim, Ehrlich, Weber* u.a. sind vielmehr anders geartet. Heute dürfte sie

---

[17] Vgl. dazu z.B. die auch nach dem Zusammenbruch der sozialistischen Staaten lesenswerte, sorgfältig differenzierte und Licht und Schatten gegeneinander abwägende Würdigung von *Golo Mann* im 3. Kapitel seiner deutschen Geschichte des 19. und 20. Jahrhunderts.

in ihrer reinen Gestalt generell erledigt sein und nur noch historisches Interesse beanspruchen.

2. Das Recht als Herrschaftsinstrument der herrschenden Klasse

Eine vergleichbar differenzierte Kritik verlangen *Marx'* Klassentheorie und sein Begriff des Rechts als Herrschaftsinstrument der herrschenden Klasse. Es wird heute anerkannt, dass die Lehre von der Spaltung der Gesellschaft in die zwei Klassen der Bourgeoisie und des Proletariats zu seiner Lebenszeit eine gewisse Berechtigung hatte. Für die Analyse der pluralistischen Gesellschaftsstrukturen der Gegenwart ist sie in ihrer simplen Zweigliedrigkeit indessen unbrauchbar geworden[18]. Ebenso ist es zwar eine nicht mehr bezweifelte Einsicht, dass die in einem Gemeinwesen geltende Rechtsordnung die Herrschaftsstrukturen widerspiegelt, festigt und legitimiert, die sich in ihm ausgebildet haben[19]. Aber das Recht erschöpft sich nicht darin, der Macht zu dienen, sondern wird seit alters zugleich auch als Instrument zur Beschränkung der Macht, zum Schutz der individuellen Freiheit oder zur Verbesserung der Lage der sozial Schwachen verstanden und eingesetzt. Die europäische Rechtsgeschichte zeigt genügend Beispiele für diese gegenläufige Tendenz des Rechts, unter denen hier nur etwa an die Ausbildung der Menschenrechte im 17. und 18. Jahrhundert oder an die Arbeiterschutzgesetzgebung erinnert werden soll. Demgegenüber hatte *Marx'* Konsequenz, das Recht als Mittel zur proletarischen Revolution und zur diktatorischen Sicherung der kommunistischen Herrschaft einzusetzen, verheerende Folgen. Ein Rechtsbegriff, der die freiheitssichernde Seite ausblendet, verkürzt die Realität des Rechts um eine entscheidende Dimension. Daher hat die nicht marxistische Rechtssoziologie auch *Marx'* Rechtsbegriff in seiner konkreten Bestimmung niemals aufgegriffen[20].

3. Die Lehre von der klassenlosen Gesellschaft

Mit diesen Feststellungen wird *Marx'* Verdienst nicht geschmälert, den Kapitalismus und die bürgerliche Gesellschaft seiner Zeit radikal kritisiert und ihre Ungerechtigkeiten angeprangert zu haben. Wenn er dem dann aber eine Lehre von der klassenlosen kommunistischen Gesellschaft entgegenstellt, in der die mit Hilfe staatlichen Zwangs durchgesetzte Arbeitsteilung aufhört, das Eigentum an den Produktionsmitteln vergesellschaftet ist und die Maxime gilt „Jeder nach seinen Fähigkeiten, jedem nach seinen Bedürfnissen!", so

---

[18] *Kühne*, Der marxistisch-sozialistische Rechtsbegriff, 90ff.
[19] Siehe Abschnitt 15 II.
[20] Zur Bedeutung von Menschenrechten bei *Marx* selbst vgl. *A. Maihofer*, Das Recht bei Marx, 90ff.

wird heute kaum noch jemand seine Ansicht teilen, mit dieser Formel eine historische Gesetzmäßigkeit gefunden zu haben. Die Wandlungsfähigkeit des Kapitalismus hat *Marx* entschieden unterschätzt. Auch hat er die konkrete Gestalt der von ihm vorgestellten künftigen Gesellschaft auffallend weniger reflektiert und ausgearbeitet, weshalb seine Lehre dem späteren Missbrauch durch totalitäre Ideologien und durch Gewaltherrscher kaum Widerstand entgegensetzte. Gleichwohl enthält sie die *Idee einer gerechten Gesellschaftsordnung* und den Appell zu ihrer Verwirklichung, welche das Rechtsdenken und den rechtlichen Gestaltungswillen auf radikale Weise herausfordern. Darin liegt *Marx'* bleibendes Verdienst. Die Auseinandersetzung mit diesem Anspruch zwingt dazu, den Finger auf die sozialen Ungerechtigkeiten zu richten, welche auch die neokapitalistische Wirtschaftsordnung noch ermöglicht oder perpetuiert. Auf der anderen Seite hat die geschichtliche Erfahrung die Hoffnung inzwischen widerlegt, dass ein Staat, der das Eigentum an Grund und Boden und an den Produktionsmitteln in seinen Händen vereinigt, die größtmögliche Freiheit des Individuums gewährleisten und jedem die Chance vollkommener Selbstverwirklichung bieten könnte. In den kommunistisch regierten Ländern war die Verstaatlichung der Produktionsmittel ganz im Gegenteil eine der Grundlagen totalitärer Herrschaft. Letztlich hat *Marx* die Menschen unzulässig idealisiert, wenn er annimmt, sie könnten in einem gleichsam paradiesischen Endstadium ohne staatliche Ordnung, ohne Privateigentum und ohne jeden Rechtszwang miteinander leben. Entfällt aber dieser Legitimationskern seiner Rechtslehre, bietet sie keine bessere Alternative zum liberalen und sozialen Rechtsstaat.

5. Abschnitt

Emile Durkheim

Schrifttum: *Cotterrell, Roger*, Emile Durkheim. Law in a Moral Domain, 1999; *Fenton, S.*, Durkheim and Modern Sociology, 1984; *König, René*, Einleitung zur deutschen Ausgabe von: Die Regeln der soziologischen Methode, 5. Aufl. 2002; *Luhmann, Niklas*, Einleitung zur 1. deutschen Ausgabe von: Über die Teilung der sozialen Arbeit, 1977; *Münch, Richard*, Theorie des Handelns. Zur Rekonstruktion der Beiträge von Talcott Parsons, Emile Durkheim und Max Weber, 1988; *Müller, Hans-Peter/ Schmid, Michael*, Arbeitsteilung, Solidarität und Moral, Nachwort zu: Über soziale Arbeitsteilung, 4. Aufl. 2004; *Müller, Hans-Peter*, Emile Durkheim, in: *Kaesler* (Hrsg.), Klassiker der Soziologie Bd. 1, 1999, 150ff.; *Tyrell, Hartmann*, Emile Durkheim – Das Dilemma der organischen Solidarität, in: *Luhmann* (Hrsg.), Soziale Differenzierung, 1986, 181.

1. Biographie

Emile Durkheim ist 1858 in Epinal (Vogesen) geboren. In seine Studienzeit fällt ein Aufenthalt in Deutschland (1885/86). 1887 wurde er Professor für Pädagogik, 1894 für Soziologie in Bordeaux. 1902 erhielt er einen Lehrstuhl für Erziehungswissenschaften an der Sorbonne in Paris, wo er bis zu seinem Tod 1917 lehrte und die große, bis heute lebendige Schule der französischen Soziologie begründete. Sein wissenschaftliches Werk umfasst Arbeiten zur Methodenlehre, allgemeinen Soziologie, Rechtssoziologie und Religionssoziologie.

Hauptwerke: – De la division du travail social, 1893; deutsch: Über soziale Arbeitsteilung, 1992, 4. Aufl. 2004;
– Les régles de la méthode sociologique, 1895; deutsch: Die Regeln der soziologischen Methode, 1961, 5. Aufl. 2002;
– Le suicide. Etude de sociologie, 1897, deutsch: Der Selbstmord, 1973, 9. Aufl. 2003;
– Les formes élémentaires de la vie religieuse, 1912; deutsch: Die elementaren Formen des religiösen Lebens, 1981, 4. Aufl. 2005;
– Leçons de sociologie. Physique des mœurs et du droit, 1950, deutsch: Physik der Sitten und des Rechts, Vorlesungen zur Soziologie der Moral, 1991.

II. Die Soziologie von Emile Durkheim

1. Begriff und Erforschung der sozialen Tatsachen

Emile Durkheim gehört nach *Karl Marx, Auguste Comte, Herbert Spencer, John Stuart Mill* und mit *Eugen Ehrlich, Ferdinand Tönnies, Georg Simmel* und *Max Weber* zur zweiten Generation von Gelehrten, die sich nach der Säkularisierung, dem Aufblühen der Naturwissenschaften und dem wirtschaftlichen Aufschwung infolge der Liberalisierung und des technischen Fortschritts im 19. Jahrhundert mit neuem Interesse der Soziologie als der Wissenschaft von der menschlichen Gesellschaft zuwandten. Er sah sich vor die Aufgabe gestellt, Gegenstand, Aufgabe und Methode der Soziologie im Unterschied zur spekulativen Sozialphilosophie und zur Individualpsychologie schärfer herauszuarbeiten als bisher. Dies ist das Ziel seines Buches „Die Regeln der soziologischen Methode".

Erkenntnisobjekt der Soziologie sind nach *Durkheim* die *sozialen Tatsachen* (*faits sociaux*, in der dt. Übersetzung auch als „soziologische Tatbestände" bezeichnet). Als Beispiel nennt er Bräuche, Sitten und Recht, Glaubenssätze der Religionsgemeinschaften, Münzsysteme, Wertpapiere, Standesregeln der Berufsgruppen, Sprichwörter, Regeln des ästhetischen Geschmacks, die politische Struktur der Gesellschaft, die öffentliche Meinung, aber auch kurzfristige Strömungen und Ausbrüche des Enthusiasmus, der Entrüstung oder des Mitleids in einer Versammlung. In abstrakter Definition handelt es sich um Arten des Handelns, Denkens und Fühlens, die in einer Gesellschaft allgemein auftreten und durch zwei Merkmale gekennzeichnet sind, nämlich:
a) dass sie außerhalb des Individuums stehen, das heißt ihre Wurzeln und ihren Sitz *in der Gesellschaft*, im *kollektiven Bewusstsein* haben, und dass sie
b) auf den einzelnen einen *zwingenden Einfluss (contrainte)* ausüben, wobei nicht physischer Zwang gemeint ist, sondern der Druck des sozialen Milieus, das „Prestige" gewisser sozialer Wertvorstellungen, denen sich der einzelne nicht entziehen kann[1]. Viele soziale Tatsachen werden über Generationen hinweg unverändert weitergegeben, von Kind an gelernt und eingeübt, so dass der soziale Zwang nicht mehr bewusst wird.

Ein solcher Begriff der sozialen Tatsache setzt eine entsprechende Theorie der Gesellschaft voraus. *Durkheim* wird nicht müde zu betonen, dass die Gesellschaft – eines Staates als ganzen oder von Teilgruppen in ihm – mehr und qualitativ etwas anderes ist als die Summe ihrer Mitglieder. Die Zustände des Kollektivbewusstseins sind anderer Natur als die des Individuums; sie folgen eigenen Gesetzen. Dabei geht *Durkheim* durchaus so weit, der Gesellschaft kollektive Vorstellungen, Emotionen und Triebe zuzuschreiben, die sich zwar in ihren Mitgliedern äußern, aber ihren Sitz und ihre Ursachen in den Ver-

---

[1] Die Regeln der soziologischen Methode 105 ff.

hältnissen haben, in denen sich das Kollektiv als solches befindet. Auf der anderen Seite wehrt er sich aber auch gegen Hypostasierung (Verdinglichung) des kollektiven Bewusstseins gegenüber dem Individuum und spricht davon, dass individuelles und kollektives Bewusstsein sich vermischen und gegenseitig durchdringen.

Aufgabe der Soziologie ist es nun, die sozialen Tatbestände *wie Dinge (comme choses)* zu erforschen. Sie gleichen den materiellen Dingen insofern, als sie der Beobachtung zugänglich sind. Es geht also darum, sie zu beschreiben, betrachten, definieren, Typen festzustellen, letztlich sie zu erklären, was bedeutet, ihre kausalen Verknüpfungen und ihre soziale Funktion festzustellen. Dagegen lehnt *Durkheim* jede teleologische, ziel- oder nutzenbezogene Erklärung ab. Er arbeitet die Einzelheiten seiner kausalen Erkenntnismethode sorgfältig aus, wobei er sie von Vorurteilen und Alltagserfahrungen abhebt, zugleich aber auch der herkömmlichen geisteswissenschaftlichen Denkweise gegenüberstellt, welche sich das soziale Leben als die logische Entwicklung von Ideen vorstellt[2].

Schließlich fragt *Durkheim*, wie es möglich ist, normale von *kranken (pathologischen) sozialen Tatsachen* zu unterscheiden. Diese Frage hat für ihn zentrales Gewicht, weil er die Aufgabe der Wissenschaft nicht auf die reine Erkenntnis beschränkt sieht – dann wäre sie für ihn ohne Existenzberechtigung –, sie vielmehr auch Mittel und Wege aufzuzeigen hat, praktisch zu wirken, das Gute zu erkennen und gesellschaftliche Missstände zu beseitigen[3]. Normal sind für ihn die Tatbestände, die in Gesellschaften eines bestimmten Typs gewöhnlich auftreten und in den Bedingungen des kollektiven Lebens begründet sind. Von daher gelangt er zu der keineswegs als paradox zu verstehenden soziologischen Aussage, dass *Verbrechen (crime,* kann auch verallgemeinert werden: *rechtswidriges Verhalten, abweichendes Verhalten)* in jeder Gesellschaft normal sind. Sie treten überall auf. Eine Gesellschaft ohne Verbrechen ist unmöglich, weil in ihr der soziale Zwang so stark sein müsste, alle den kollektiven Bewusstseinsinhalten widerstreitenden individuellen Regungen zu unterdrücken, was nie vollständig gelingt. Die Ächtung eines Verhaltens als Verbrechen ist sogar ein Mittel, die gemeinsamen, in einer Gesellschaft geltenden Wertvorstellungen zu artikulieren und zu stabilisieren, weshalb sich das Verbrechen aus sozialwissenschaftlicher Sicht sogar als eine nützliche Erscheinung erweist. Krank ist eine Gesellschaft nur, wenn die Verbrechen in überhöhter Zahl auftreten und überhandnehmen, so dass der innere Zusammenhalt der Gesellschaft verlorengeht.

---

[2] AaO 87, 128ff.
[3] AaO 141ff.

2. Die Teilung der sozialen Arbeit

In seinem Buch über die Teilung der sozialen Arbeit geht *Durkheim* den Funktionszusammenhängen der menschlichen Gesellschaft und den Beziehungen zwischen Individuum und Gesellschaft nach. Er fragt, wie es möglich sei, dass der einzelne, der in der modernen Entwicklung immer freier und unabhängiger wird, sich doch zugleich immer stärker in die Gesellschaft eingebunden sieht. Anders ausgedrückt geht es darum, wie die Gesellschaft trotz der Arbeitsteilung, das heißt der fortschreitenden inneren Differenzierung in allen Lebensbereichen, nicht auseinanderfällt, sondern ihren Zusammenhalt, ihre „*solidarité*" bewahrt. Auch dies ist für ihn keineswegs eine lediglich wissenschaftliche Frage, sondern ein moralisches und politisches Problem, denn die Beurteilung wichtiger gesellschaftlicher Erscheinungen und Entwicklungen hängt davon ab. Ein Beispiel, welches *Durkheim* besonders beschäftigt, ist die Zunahme der beruflichen Spezialisierung, die schon zu seiner Lebenszeit sehr verschieden bewertet wurde.

*Durkheim*s Kernthese lautet, die *fortschreitende Arbeitsteilung* ist ein *historisches Gesetz*. Strukturell ist sie eine Bedingung der Existenz moderner Gesellschaften, die Voraussetzung für ihre Solidarität[4]. Es gibt zwei Arten des Zusammenhalts menschlicher Gesellschaften:

a) Die *mechanische Solidarität* oder Solidarität der Ähnlichkeiten. Sie findet sich in einfach strukturierten Lebensverhältnissen und beruht auf der Übereinstimmung der kollektiven Überzeugungen und Verhaltensmuster, welche die Mitglieder miteinander verbinden und die gegen abweichende Vorstellungen rigide durchgesetzt werden, so dass ein weithin gleichförmiges, wenig individuelles Verhalten erzwungen wird; und

b) die *organische Solidarität*, die der Arbeitsteilung entspricht. In einer durch organische Solidarität zusammengehaltenen Gesellschaft treten die kollektiven Mechanismen zurück. Die Mitglieder erfüllen wie die Organe eines biologischen Organismus verschiedene Funktionen und genießen daher eine erhebliche Freiheit zur Entwicklung ihrer Individualität. Das gilt zunächst in der Wirtschaft, doch fasst *Durkheim* den Begriff weiter und kann zum Beispiel auch von der sexuellen Arbeitsteilung zwischen Mann und Frau sprechen. Zugleich macht die Spezialisierung die Individuen aber voneinander abhängig und zwingt sie, sich nach einer Vielzahl von allgemeinen Regeln zu richten, nach denen der Güteraustausch und die Kommunikation stattfinden können. Diese wechselseitige Abhängigkeit ist der Grund für den Zusammenhalt. Die Gesellschaft garantiert die Solidarität nicht mehr durch unmittelbaren Zwang gegenüber den Individuen, sondern indem sie die Spielregeln

---

[4] Arbeitsteilung, 111 ff.

für die Arbeitsteilung aufstellt und Organe beruft, die ihre Einhaltung sichern.

In jeder Gesellschaft sind beide Arten der Solidarität zu finden. Jedoch tritt im Lauf der Geschichte die mechanische Solidarität zugunsten der organischen zurück. Ursache dafür sind das Bevölkerungswachstum und die zunehmende Dichte der Gesellschaft infolge des Wachstums der Städte und der Kommunikations- und Verkehrsmittel sowie des technischen Fortschritts. Namentlich für die liberale Wirtschaftsgesellschaft des späten 19. Jahrhunderts ist die organische Solidarität kennzeichnend.

3. Krankhafte Erscheinungen der Arbeitsteilung

Diese Entwicklung ist normal, aber auch positiv zu beurteilen, weil sie die individuelle Freiheit vergrößert. Doch sind auch krankhafte Erscheinungen aufgetreten. *Durkheim* unterscheidet drei Fälle:

a) Die *anomische Arbeitsteilung*. Der Begriff der Anomie ist ein Zentralbegriff von *Durkheim*s Soziologie, der vor allem auch in seinem Werk über den Selbstmord wiederkehrt. Er bezeichnet eine Gesellschaft, in der die Solidarität verlorengegangen ist, die deshalb auseinanderfällt und in Unordnung versinkt. Ansätze dazu sieht *Durkheim* in der Entwicklung des Kapitalismus und der Wissenschaft. Als Ursache nennt er den Egoismus der einzelnen, welche die anderen und das Ganze aus dem Auge verlieren und nur noch den eigenen Nutzen verfolgen. Aber auch der normale soziale Wandel trägt den Keim zur Anomie in sich, wenn es nicht rechtzeitig gelingt, neue Regeln des Zusammenlebens auszubilden. Die Gesellschaft hat dem entgegenzuwirken, indem sie für hinreichend häufige und dauerhafte Kommunikation und Kooperation der Individuen und damit für dauerhafte soziale Bindungen sorgt. Mit dieser Aussage wendet sich *Durkheim* vor allem auch gegen die einseitig individualistischen und utilitaristischen Gesellschaftstheorien seiner Zeit.

b) Die *erzwungene Arbeitsteilung*. Bei ihr kann sich ein Teil der Mitglieder einer Gesellschaft nicht frei entscheiden, welche Aufgaben er erfüllen, zum Beispiel, auf welchen Beruf er sich spezialisieren will, weil die äußeren Bedingungen des Zugangs nicht gleich sind. Gemeint sind strukturelle, durch Tradition und Recht verfestigte Unterschiede zwischen arm und reich, Kasten- und Klassenherrschaft usw. Zwänge dieser Art lassen sich nur durch eine Liberalisierung der sozialen Ordnungen beseitigen, die allerdings auch einen verstärkten Konkurrenzkampf auslöst. *Durkheim* schreibt, in allen Gesellschaften gebe es Ungleichheit, aber sie werde aufs Ganze gesehen geringer. Doch entstehe Gleichheit nicht von selbst, sondern sei eine Aufgabe, die höhere Gesellschaften bewusst zu lösen haben.

c) Die *anormale Form der Arbeitsteilung*. Sie entsteht infolge Überforderung der einzelnen, Überorganisation oder zu weit getriebener Spezialisierung und gibt sich unter anderem durch Leerlauf und Kompetenzwirrwarr zu erkennen. Abhilfe verspricht hier eine funktions- und menschengerechte Ordnung.

4. Der Stellenwert des Rechts

Für die Rechtssoziologie von besonderem Gewicht ist der Stellenwert des Rechts in *Durkheim*s Lehre. Die in der Gesellschaft wirkende Solidarität ist ein innerer Vorgang, der sich unmittelbarer Beobachtung entzieht. Sie lässt sich aber mit Hilfe äußerer Tatsachen erforschen, in denen sie zum Ausdruck gelangt. Das wichtigste sichtbare Kennzeichen der gesellschaftlichen Solidarität ist nun das Recht. Denn:

> „Das soziale Leben [drängt] überall, wo es dauerhaft existiert, dazu, eine bestimmte Form anzunehmen und sich zu organisieren, und das Recht ist nichts anderes als eben diese Organisation insoweit, als sie beständiger und präziser ist. Das allgemeine Leben der Gesellschaft kann sich über keinen Punkt hinaus ausbreiten, ohne dass sich das Rechtsleben zu gleicher Zeit und in demselben Verhältnis erweitert. Wir können also sicher sein, im Recht alle wesentlichen Varianten der sozialen Solidarität widergespiegelt zu finden"[5].

Eine ähnliche Rolle spielen auch die Sitten. Doch haben sich deren Regeln nur in geringerem Maße präzisiert und gefestigt als die des Rechts, weshalb sie für die Forschung von nachrangiger Bedeutung sind.

Die beiden Arten der Solidarität sind demgemäß an zwei Arten von Recht zu erkennen, welche *Durkheim* als repressives und restitutives Recht bezeichnet. Das *repressive Recht* fügt dem Rechtsbrecher einen Schmerz und eine Sühne zu, es nimmt ihm sein Leben, seine Ehre, seine Freiheit oder sein Vermögen. Es findet sich im Strafrecht. Soziologisch ist es Ausdruck der mechanischen Solidarität. Demgegenüber zielt das *restitutive Recht* darauf ab, Störungen zu beseitigen, die in den sozialen Beziehungen aufgetreten sind. Es ist der organischen Solidarität zugeordnet. Seine Erscheinungsformen sind das Zivil- und Handelsrecht, das Prozessrecht sowie das Verfassungs- und Verwaltungsrecht.

Infolge der Parallelität von Recht und Gesellschaft benutzt *Durkheim* das Recht demgemäß als Mittel seiner soziologischen Untersuchungen. Die Darstellung der mechanischen Solidarität geschieht mit Hilfe einer Analyse des *Strafrechts*, des Begriffs des Verbrechens und der Wirkungsweise von Strafsanktionen. Der soziale Charakter der Strafe hat für ihn seine Wurzel im kollektiven Bewusstsein. Das Strafrecht symbolisiert die gemeinsamen Überzeugungen der Gruppenmitglieder und die soziale Gleichförmigkeit. Es steht in archaischen Gesellschaften im Vordergrund.

---

[5] AaO 112.

Der durch das restitutive Recht gekennzeichnete Integrationsprozess in der Gesellschaft ist viel komplizierter, weil er das autonome Handeln der Individuen, das heißt deren Freiheit, mit dem Zusammenhalt der Gesellschaft koordiniert. Wie dieser Prozess abläuft, arbeitet *Durkheim* in ausführlichen Analysen des *Familien-, Vertrags-, Verwaltungs- und Verfassungsrechts* heraus. Er zeigt, dass die individuelle Persönlichkeit überall nur auf den ersten Blick eine ungebundene Freiheit genießt. In Wahrheit ist das Recht als überindividuelle Ordnungsmacht auch hier stets gegenwärtig, denn es legt die Voraussetzungen und Formen fest, unter denen die einzelnen miteinander in Beziehung treten können, garantiert die Erfüllung der eingegangenen Verpflichtungen und bildet die Instanzen aus, welche durch autoritative Entscheidungen Streit schlichten. Das restitutive Recht umfasst demgemäß ein System von Vorschriften, welche an die Eigeninitiative, den Wettbewerb und die Kooperation der Gruppenmitglieder appellieren, wie sie in hochdifferenzierten Gesellschaften erforderlich sind.

5. Durkheims Vertragslehre

Als Beispiel hierfür analysiert *Durkheim* in einem berühmten Abschnitt vor allem die Wirkungsweise des Vertrags als des Inbegriffs der Freiheit zu individueller Lebensgestaltung und der liberalen Verkehrs- und Wirtschaftsgesellschaft. Im Gegensatz zu den geistigen Vätern des Liberalismus betont er aber dessen Einbettung in das Funktionsganze der Gesellschaft: „*Nicht alles ist vertraglich beim Vertrag*"[6]. Die Wirksamkeit des Vertrags als Mittel der wechselseitigen Kommunikation, des Güteraustauschs und der gesellschaftlichen Integration wird nämlich nicht durch den Willen und durch das Interesse der Vertragspartner gesichert. Diese sind nur teilweise erkennbar und können sich jederzeit ändern. Gerade als Instrument des individuellen Wirtschaftsverkehrs kann der Vertrag vielmehr nur wirken, weil die Gesellschaft dafür klare Formen bereithält, die sich in einem Jahrhunderte dauernden Entwicklungsprozess herausgebildet haben und auf der geschichtlichen Erfahrung einer gerechten Verteilung von Rechten und Pflichten zwischen den Beteiligten beruhen. Das Vertragsrecht ist daher die Grundnorm des Vertrags, nicht nur eine nützliche Ergänzung der individuellen Willenserklärungen. Ein einzelner Vertrag gilt nicht aus sich selbst. Er setzt die rechtliche Reglementierung vielmehr voraus und hat viel weniger die Funktion, Rechte und Pflichten zu begründen, als allgemeine, vorher festgesetzte Regeln aufzubereiten und zu nutzen.

---

[6] AaO 256ff., 267.

6. Der Selbstmord

Die grundlegende Bedeutung von *Durkheims* Buch über den Selbstmord liegt zunächst in der ersten konsequenten Anwendung der von ihm entwickelten empirischen und kausalwissenschaftlichen Methode auf ein allgemeines soziales Phänomen, und in dem Nachweis, dass diese Methode zu aussagekräftigen Ergebnissen fähig ist. Inhaltlich erklärt das Werk den Selbstmord, im Gegensatz zur herkömmlichen Ansicht, als ein *gesellschaftliches Phänomen*. Nach *Durkheim* lassen sich Ursachen, Häufigkeit und Erscheinungsformen des Selbstmords auf soziale Tatsachen zurückführen. Sein zu *Durkheims* Lebenszeit beobachtetes vermehrtes Auftreten ist ein Krisen- und Krankheitssymptom der Gesellschaft.

Durkheim unterscheidet drei Typen des Selbstmords:

a) Der *egoistische Selbstmord*. Er wird von solchen Personen verübt, die nur an sich denken, in die Gesellschaft nicht mehr ausreichend eingebunden sind und denen gegenüber die Gesellschaft bzw. die Gruppe, in der sie leben, nicht mehr genügend Kraft entfaltet, das Leben erhaltenswert erscheinen zu lassen.

b) Der *altruistische Selbstmord*, der aus Heroismus oder aus religiösen Gründen zugunsten anderer begangen wird, wie namentlich im Fall der Selbstaufopferung von Soldaten oder Terroristen.

c) Der *anomische Selbstmord*. Er ist Ausdruck einer in Unordnung geratenen Gesellschaft oder sozialen Umwelt des Selbstmörders, zum Beispiel in Wirtschaftskrisen, nach Ehescheidungen, nach einem Konkurs usw. Als der für die liberale Wirtschaftsgesellschaft charakteristische Fall beschäftigt er *Durkheim* am stärksten. Er gibt ihm Gelegenheit zur Vertiefung seines Begriffs der Anomie und seiner kritischen Beurteilung der Gesellschaft, in der er lebte.

III. Nachwirken und Würdigung

1. *Durkheim als Begründer der modernen Soziologie*

Durkheim ist durch die Ausbildung und konsequente Anwendung der empirisch-kausalwissenschaftlichen Methode zum *Begründer der modernen Soziologie* als eigenständiger wissenschaftlicher Disziplin neben Psychologie auf der einen und Sozialphilosophie auf der anderen Seite geworden. Seine wissenschaftliche Wirkung in Frankreich und in den angelsächsischen Ländern, dort vor allem auf *Talcott Parsons*[7] und dessen Schüler, ist ganz außerordentlich und nur mit der von *Max Weber* zu vergleichen. Nachdem er auch

---

[7] Vgl. *Parsons* Grundwerk „The Structure of Social Action", das sich ausführlich mit *Durkheim* beschäftigt.

selbst schon Kontakt zu vielen Juristen gepflegt hatte, ist auch die französische Jurisprudenz bis heute stark von ihm beeinflusst[8]. In Deutschland blieb sein Einfluss dagegen zunächst eher beschränkt, nimmt aber ständig zu. Die deutsche Rechtswissenschaft hat ihn noch so gut wie gar nicht zur Kenntnis genommen.

2. Der methodische Ansatz

*Durkheim*s Gedanke, dass soziale Tatsachen wie Dinge erforscht werden können, hat sich als überaus fruchtbar erwiesen. Wenn sein methodischer Ansatz inzwischen auch in vielen Einzelheiten relativiert oder verfeinert wurde, so ist ihm die Soziologie doch im Ganzen treu geblieben. Sein von äußeren, beobachtbaren und statistisch messbaren Fakten ausgehendes, beschreibendes und vergleichendes Verfahren wurde beibehalten, sein Anspruch auf Objektivität der Aussage überall da verteidigt, wo ernsthafte Wissenschaft betrieben wurde[9]. Auch seine Einsicht, dass soziale Tatsachen eine überindividuelle, in der Gesellschaft verwurzelte und für den einzelnen zwanghafte Natur haben, gehört zum festen Bestand soziologischer Lehren. Für die Rechtssoziologie ist hervorzuheben, dass sein Begriff der sozialen Tatsache weiter ist als der Begriff der Rechtstatsache[10], der sich nicht auf das Recht selbst bezieht, sondern auf die Gegenstände und äußeren Bedingungen spezieller rechtlicher Regelungen. Gegenstand der Soziologie sind demgegenüber nach *Durkheim* auch die moralischen und rechtlichen Regeln selbst, also auch Gesetze und Gerichtsurteile, die normative Struktur der Gesellschaft als solche. Die Unterscheidung zwischen Sollen und Sein und das Verständnis von sittlichem Gehorsam und Rechtsvorschriften als Sollenssätzen interessiert ihn nicht.

Die auf der Hand liegenden Einwände gegen seine Forderung, die sozialen Tatsachen wie Dinge zu behandeln, dürfen nicht überspannt werden. *Durkheim*s Ansatz ist in erster Linie methodisch zu verstehen. Er soll den Anschluss an die Objektivität der naturwissenschaftlichen Forschung im Gegensatz zur ungeprüften, vorurteilbehafteten Alltagstheorie und zu spekulativer oder metaphysischer Gesellschaftstheorie herstellen, verkennt jedoch die Unterschiede zwischen Natur und menschlicher Gesellschaft nicht[11]. Immerhin ist zuzugeben, dass in einem so begründeten *soziologischen Positivismus* die

---

[8] Vgl. *Arnaud*, Critique de la raison juridique, Bd. 1, 1981, 113 ff.
[9] Daran ändert auch die im sogenannten Werturteilsstreit ausgetragene kritische Frage nichts, ob objektive, wertfreie Erkenntnis in den Sozialwissenschaften erkenntnistheoretisch überhaupt möglich ist; vgl. dazu die Darstellung bei *Max Weber* Abschnitt 7.
[10] Siehe dazu Abschnitt 2 II.
[11] *König*, Einleitung zur deutschen Ausgabe von „Die Regeln der soziologischen Methode" 46 ff.

hermeneutisch-geisteswissenschaftliche Dimension des sozialen Lebens keine Rolle spielt, ebenso wie *Durkheim* trotz seiner intensiven Beschäftigung mit allen Bereichen des Rechts von der dogmatischen Rechtswissenschaft kaum Notiz nimmt.

3. Die Gesellschaftstheorie

*Durkheim*s Gesellschaftstheorie bemüht sich – namentlich im Hinblick auf die fortschreitende Emanzipation des Individuums von der Gemeinschaft und auf den Gegensatz zwischen individualistisch-utilitaristischen und kollektivistisch-sozialistischen Gesellschaftslehren zu seiner Lebenszeit – nachdrücklich um eine Lehre, die den beiden Polen, Individuum und Gesellschaft, gerecht wird. Der Nachweis der Integrationsmechanismen, welche die Gesellschaft trotz Arbeitsteilung und sozialer Differenzierung zusammenhalten, gehört zu seinen bleibenden Leistungen, nicht zuletzt, weil er einen in der Philosophie und in der Rechtstheorie seiner Zeit wie auch heute verbreiteten übersteigerten Individualismus zurechtrückt. Gegenüber allen Lehren, welche zum Beispiel die juristische Person nur als Fiktion begreifen können, verkörpert er eine realistischere Gegenposition.

Allerdings tendiert *Durkheim* dazu, den kollektiven Elementen in der Gesellschaft, von denen der einzelne abhängig ist und in die er sich zu fügen hat, das Übergewicht einzuräumen. Sein Begriff des Kollektivbewusstseins, das eigenen, überindividuellen Gesetzen folgt, ist problematisch und musste in der modernen Soziologie differenzierten Erklärungsmustern Platz machen[12]. Von den Verfechtern einer personbezogenen Rechtssoziologie müsste sich *Durkheim* den Vorwurf gefallen lassen, eine universalistische Gesellschaftslehre zu vertreten. Auch fehlt in seiner Konzeption eine angemessene Analyse von Macht- und Herrschaftsbeziehungen in der Gesellschaft. Die Rolle des Staates als des Trägers politischer Gewalt tritt bei ihm ähnlich wie bei *Eugen Ehrlich*[13] auf eigentümliche Weise in den Schatten[14].

4. Die Funktion des Rechts

Als wichtiger Beitrag zur Rechtssoziologie ist vor allem *Durkheim*s These der *Parallelität* von gesellschaftlicher *Solidarität*, *Moral* und *Recht* hervorzuheben. Auch seine Unterscheidung zwischen repressivem und restitutivem Recht und seine Klärung ihrer unterschiedlichen Wirkungsweisen sind heute

---

[12] *König* aaO; *Luhmann*, Einleitung zur 1. deutschen Ausgabe von „Über soziale Arbeitsteilung" 36 ff.
[13] Siehe Abschnitt 6.
[14] *Cotterrell*, Sociology of Law, 76 ff., ferner die differenzierende Würdigung von *Müller/Schmid*, Nachwort 507 ff.

noch fruchtbar, wenngleich mehr als analytische Kategorien denn als Stufen der historischen Entwicklung. Seine zahlreichen Einzelaussagen zum Straf-, Familien-, Verfahrens-, Verfassungs- und Verwaltungsrecht, die teils die Ansichten der Zeit widerspiegeln, teils grundlegende rechtssoziologische Zusammenhänge aufdecken, müssen hier auf sich beruhen. *Durkheims* in diesem Zusammenhang heute noch wichtigste, auch von ihm selbst wohl als zentral angesehene, Aussage ist die Feststellung der nicht rechtsgeschäftlichen Grundlagen des Vertrags. Die Einsicht, dass nicht in erster Linie die Willenserklärungen der Parteien oder ihre wechselseitigen Interessen, sondern die im objektiven Recht verankerten gesellschaftlichen Institutionen Quelle der Bindungswirkung des Vertrages sind, ist dem gegenwärtigen Rechtsdenken zwar nicht mehr fremd, hat sich gegenüber dem Dogma der Willensfreiheit und des Konsenses als Grund der wechselseitigen Bindung aber noch keineswegs durchgesetzt und bleibt daher weiterhin zu bedenken[15]. In der Soziologie sind demgegenüber in der Analyse der Bindung durch soziale Selbstdarstellung und durch das Reziprozitätsprinzip Erklärungsmuster in den Vordergrund getreten, welche auch hier *Durkheims* Ansatz weiterführen und verfeinern[16].

5. *Solidarität und Gerechtigkeit in der arbeitsteiligen Gesellschaft*

Durkheims zentrale Frage, wie es unter den Bedingungen der sozialen Differenzierung und des damit einhergehenden Individualismus gelingen kann, die Gesellschaft zusammenzuhalten, ist heute nicht weniger aktuell als zu seiner Zeit. Auch seine Antwort, wonach der Grund der Solidarität in der durch die Arbeitsteilung erzeugten wechselseitigen Abhängigkeit zu suchen ist, welche die sozialen Bande verstärkt, bleibt eindrucksvoll. Aber auch sie hat sich doch als zu einfach erwiesen. *Durkheim* hat wohl die Hoffnung gehabt, dass sich die organische Solidarität von selbst einstellen wird, das heißt, dass die Menschen die dazu erforderlichen Institutionen und kollektiven Wertvorstellungen ausbilden, wenn man ihnen nur die Freiheit dazu lässt. Insofern vertraut er auf die Selbststeuerung der Gesellschaft[17]. Gerade dieses kann nach heutiger Erfahrung aber nicht als gesichert gelten. Immerhin sah schon *Durkheim* die Gefahr einer gegenteiligen, pathologischen Entwicklung, die er als anomische Gesellschaft beschreibt. Wie die Anomie vermieden werden kann, bedarf dann aber weiterer auch theoretischer Überlegungen. Man wird wohl

---

[15] Vgl. statt aller *Flume*, Rechtsgeschäft und Privatautonomie, in: Hundert Jahre deutsches Rechtsleben Bd. 1, 1960, 135; *L. Raiser*, Vertragsfunktion und Vertragsfreiheit, ebenda 101; *Röhl*, Die außervertraglichen Voraussetzungen des Vertrages, FS Schelsky, 1978, 435ff.; *Köndgen*, Selbstbindung ohne Vertrag, 1981.
[16] *Köndgen* aaO 156ff., 192ff., 233ff.; *Müller/Schmid* aaO 494ff.; *Luhmann* aaO.
[17] *Müller/Schmid* aaO 502f.

sagen müssen, dass der Zusammenhalt der Gesellschaft durch das Zusammenwirken einer Vielzahl von Faktoren bewirkt wird, zu denen neben der wechselseitigen Abhängigkeit der Menschen voneinander auch das Bewusstsein gemeinsamer Sprache, Rasse, Geschichte, Religion, Kultur, die Integration durch eine zentralisierte Staatsorganisation, welche die Formen des sozialen Verkehrs und des Gütertausches sichert, und die Erfahrung gehören, dass ein friedliches Zusammenleben vorteilhaft ist und ein würdiges individuelles Dasein ermöglicht.

Diese Schwachstelle von *Durkheim*s Theorie strahlt auch auf seinen Begriff von sozialer Gerechtigkeit aus[18]. Eine gesunde Gesellschaft, in der sich das Ausmaß der sozialen Arbeitsteilung und die solidaritätsstiftenden Wertvorstellungen und Institutionen die Waage halten, ist für ihn eben deshalb auch gerecht. Der Zustand anomischer, erzwungener oder sonst anormaler Arbeitsteilung ist demgegenüber ungerecht. In einem solchen Denkzusammenhang wird die Gerechtigkeit mit Harmonie der Gesellschaft gleichgesetzt und erscheint als empirisch beobachtbares Faktum, das keiner weiteren Begründung bedarf. Die praktische Aufgabe der Wissenschaft und Politik beschränkt sich dann darauf, eine dem Entwicklungsstand der sozialen Differenzierung gemäße Ordnung herzustellen. Diese Vorstellungen sind dem Fortschrittsoptimismus des 19. Jahrhunderts verhaftet. Aus heutiger Sicht sind auch sie zu undifferenziert und greifen zu kurz. Das hindert allerdings nicht, das starke Bemühen *Durkheim*s anzuerkennen, Soziologie nicht um der reinen Erkenntnis willen, sondern mit praktischen Zielen zu betreiben.

---

[18] *Müller*, Durkheims Vision einer „gerechten" Gesellschaft, ZfRSoz 1992, 16 ff.

6. Abschnitt

Eugen Ehrlich

Schrifttum: *Cotterrell, Roger,* The Sociology of Law, 2. Aufl 1992; *Rehbinder, Manfred,* Die Begründung der Rechtssoziologie durch *Eugen Ehrlich,* 2. Aufl 1986; *ders.,* Einleitung zu: *Ehrlich,* Recht und Leben, Gesammelte Schriften zur Rechtstatsachenforschung und zur Freirechtslehre, 1967; *ders.,* Neues über Leben und Werk von *Eugen Ehrlich,* FS Schelsky 1978, 403; *Ziegert, Klaus,* The Sociology behind *Eugen Ehrlich's* Sociology of Law, International Journal of the Sociology of Law, Vol. 7 (1979), 225; *Vogl, Stefan,* Soziale Gesetzgebungspolitik, freie Rechtsfindung und soziologische Rechtswissenschaft bei Eugen Ehrlich, 2003.

I. Biographie

Eugen Ehrlich wurde 1862 in Czernowitz in der Bukowina geboren, einem Gebiet, das damals den Randbezirk der österreichischen Monarchie bildete, 1919 zu Rumänien kam und heute zur Ukraine gehört. 1896 wurde er in Czernowitz Professor für römisches Recht und lehrte dort bis zu seinem Tod 1922. 1910 gründete er ein Seminar für lebendes Recht, dessen Arbeit aber infolge des Mangels finanzieller Mittel ohne größere Ergebnisse blieb. 1912 erstattete er für den 31. Deutschen Juristentag ein Gutachten über die Frage: „Was kann geschehen, um bei der Ausbildung (vor und nach Abschluss des Universitätsstudiums) das Verständnis des Juristen für psychologische, wirtschaftliche und soziologische Fragen in erhöhtem Maße zu fördern?". Nach dem 1. Weltkrieg nahm er als Vertreter Österreichs an internationalen Konferenzen teil. Als seine Heimat dann zu Rumänien kam, wurde er längere Zeit Anfeindungen ausgesetzt und genötigt, Vorlesungen in rumänischer Sprache zu halten. Seine überaus fruchtbare wissenschaftliche Tätigkeit bezog sich auf Fragen des römischen und des geltenden Privatrechts, vor allem aber auf die Grundlagen der Rechtswissenschaft. Das Bewusstsein, mit der Rechtssoziologie wissenschaftliches Neuland zu betreten, kommt in dem Selbstzeugnis zum Ausdruck: „Ich arbeitete fast überall auf jungfräulichem Boden, musste mir oft genug selbst mit der Axt den Weg durch die Dickichte bahnen; … um nur eine Übersicht über den Stoff zu gewinnen, musste ich fast alle europäischen Sprachen erlernen und weite Reisen unternehmen"[1]. In der aka-

---

[1] *Ehrlich,* Gesetz und lebendes Recht, 192.

demischen Jurisprudenz seiner Zeit war er namentlich als geistiges Haupt der sogenannten Freirechtsschule bekannt. Doch erst mit dem Durchbruch der Interessenjurisprudenz gewann seine Kritik an der Rechtswissenschaft praktischen Einfluss. Seine Rechtssoziologie hat die Entwicklung der Disziplin vor allem auch in den USA nachhaltig beeinflusst[2].

Hauptwerke: – Über Lücken im Rechte, 1888;
– Die stillschweigende Willenserklärung, 1893;
– Freie Rechtsfindung und freie Rechtswissenschaft, 1903;
– Grundlegung der Soziologie des Rechts, 1913; 4. Aufl 1989;
– Die richterliche Rechtsfindung aufgrund des Rechtssatzes, 1917 (enthält vier Stücke aus dem nicht vollendeten Werk: „Theorie der richterlichen Rechtsfindung");
– Die juristische Logik, 1918; 3. Aufl 1966;
– Recht und Leben. Gesammelte Schriften zur Rechtstatsachenforschung und zur Freirechtslehre, 1967 (enthält die wichtigsten sonstigen Abhandlungen, darunter „Über Lücken im Rechte", „Freie Rechtsfindung und freie Rechtswissenschaft", „Die Erforschung des lebenden Rechts" und „Die richterliche Rechtsfindung aufgrund des Rechtssatzes");
– Gesetz und lebendes Recht. Vermischte kleinere Schriften, 1986 (enthält zahlreiche weitere Aufsätze)[3].

II. Ehrlichs Rechtssoziologie

1. Gesetzliches und gesellschaftliches Recht

Ehrlich ging schon in seinen ersten Schriften der Beobachtung nach, dass das Gesetzesrecht und die Regeln, nach welchen die Menschen tatsächlich leben, vielfach nicht übereinstimmen. Die Gesetze erfassen die gesellschaftliche Wirklichkeit nur unvollkommen und lückenhaft. An wichtigen Stellen, zum Beispiel im dispositiven Recht oder in § 242 BGB und § 346 HGB, verweisen sie selbst offen auf außergesetzliche Normen. Aber auch eindeutige Gesetzesbefehle können toter Buchstabe bleiben, wenn andere Verhaltensregeln in der Bevölkerung verwurzelt sind und diese deshalb die Anordnungen des Gesetzgebers nicht akzeptiert. Selbst die Gerichte passen sich in solchen Fällen leicht unter heimlicher, nicht eingestandener Abweichung vom Gesetz den

---

[2] Vgl. *Ehrlich* aaO, 195 ff.; ferner *Pound*, An Appreciation of Eugen *Ehrlich*, Harvard Law Review Vol 36-2 (1922), 129; *Nelken*, Pound and Ehrlich on the Living Law, Rechtstheorie Beiheft 9 (1986), 175; *Moll*, Ehrlich, Fundamental Principles on the Sociology of Law, 1936 (Übersetzung der Grundlegung); *Cotterrell*, The Sociology of Law, 25 ff.; *Ziegert* aaO (Schrifttumsverz.), 233 ff.

[3] 1991 wurde ein nachgelassenes Manuskript von *Ehrlich*, „Die Gesellschaft, der Staat und ihre Ordnung" gefunden, das in ZfRSoz 1992, 3 ff. abgedruckt ist.

tatsächlich geltenden Normen an. In der Vergangenheit bestand der weitaus größte Teil des Rechts aus solchen ungeschriebenen gesellschaftlichen Normen. Trotz der offenkundigen Zunahme staatlicher Rechtsetzung gilt nach *Ehrlich* aber auch für seine Gegenwart nichts anderes. Die Familienordnung, der durch Verträge geregelte Privatrechtsverkehr, die Verkehrssitten und Handelsbräuche, der Erbgang, die innere Ordnung privater und öffentlicher Verbände und Organisationen, selbst die Verwaltungspraxis folgen sehr häufig nicht den gesetzlichen Vorschriften. In einem Randgebiet wie der Bukowina, das von Menschen unterschiedlicher Volkszugehörigkeit mit verschiedenen rechtlichen Traditionen und Gebräuchen besiedelt war und für welches der Gesetzgeber und die staatliche Zentralgewalt in Wien weit entfernt lagen, musste diese Diskrepanz zwischen Volksrecht und staatlichem Recht besonders ins Auge springen.

2. Rechtssoziologie als Rechtswissenschaft

Aus dieser Beobachtung folgt *Ehrlichs* Kritik an der positivistischen Jurisprudenz seiner Zeit, die ausschließlich auf das staatliche Recht blickte. Eine Rechtswissenschaft, die ihre Aufgabe nur darin sieht, das Gesetzesrecht in ein begrifflich und logisch folgerichtiges gedankliches System zu bringen, erfasst nach ihm Wesen und Wirklichkeit des Rechts nicht angemessen. Sie ist genau genommen überhaupt keine Wissenschaft, sondern eine Art Technik und handwerklicher Kunstlehre für die Juristen, welche das Recht anzuwenden haben, und als solche „eigentlich nur eine besonders eindringliche Form der Publikation der Gesetze"[4]. In dieser Funktion ist sie durchaus nicht gering zu achten; vielmehr zielt *Ehrlichs* ganze wissenschaftliche Arbeit auf eine Verbesserung der Rechtspraxis. Die jeder Rechtsanwendungslehre vorgelagerte wissenschaftliche Aufgabe der Jurisprudenz geht aber dahin, das Recht als gesellschaftliche Erscheinung und seinen Entstehungs- und Entwicklungsprozess zu erforschen. Diese Aufgabe kann nur die *Rechtssoziologie* erfüllen, die damit zum *Kern der Rechtswissenschaft* wird. In diesem Sinn schreibt *Ehrlich*:

„Unter Jurisprudenz wurde bisher stets sowohl die theoretische als auch die praktische Lehre vom Rechte verstanden, und diese eingebürgerte Ausdrucksweise wird man wohl beibehalten, aber es wird auch notwendig sein, der eigentlichen Theorie des Rechts, der Rechtswissenschaft, die praktische Jurisprudenz und, wo kein Mißverständnis zu befürchten ist, die Jurisprudenz schlechthin, entgegenzusetzen. Da das Recht eine gesellschaftliche Erscheinung ist, so gehört jede Art der Jurisprudenz den Gesellschaftswissenschaften an, aber die eigentliche Rechtswissenschaft ist ein Teil

---

[4] Grundlegung der Soziologie des Rechts, 28.

der theoretischen Gesellschaftswissenschaft, der Soziologie. Die Soziologie des Rechts ist die wissenschaftliche Lehre vom Rechte"[5].

3. Der Begriff des lebenden Rechts

Ehrlich geht es also darum, das in der Gesellschaft tatsächlich praktizierte Recht zu erforschen. Er selbst verwendet dafür den – später als Kennzeichen für seine Lehre üblich gewordenen – Begriff des *lebenden Rechts*[6] im Gegensatz zum Rechtssatz. In ähnlicher Gegenüberstellung findet sich im angloamerikanischen Sprachgebrauch bis heute der Gegensatz zwischen „law in the books" und „law in action". Als erster Jurist fordert *Ehrlich* dafür eine induktive Methode und bedient sich dazu der Mittel empirischer Sozialforschung, verwendet Fragebögen, sammelt Vertragsformulare und veranstaltet Interviews. Da ihm die Hilfsmittel zu derartigen Forschungen in größerem Stil fehlten, ist er im übrigen auf historisches Material angewiesen, das er, ähnlich wie *Durkheim* und *Weber*, in großem Umfang und mit außerordentlicher Kenntnis verarbeitet.

4. Die drei Arten des Rechts

Für *Ehrlichs* Forschungsprogramm reichte der gebräuchliche juristische Rechtsbegriff nicht aus, der sich auf das Gesetzesrecht bezieht. Er unterscheidet drei Arten von Recht, das *gesellschaftliche Recht*, das *Juristenrecht* und das *staatliche Recht*.

a) *Gesellschaftliches Recht* sind die in den menschlichen Verbänden geltenden Regeln, deren „innere Ordnung"[7]. Nach *Ehrlich* setzt sich die ganze menschliche Gesellschaft aus zahllosen Verbänden zusammen, deren Organisation auf Normen, das heißt auf für die einzelnen Mitglieder verbindlichen Handlungsanweisungen beruht. Auch der größte Teil des Rechts dient diesem Zweck, ist also *Organisationsrecht*[8]. Dabei fasst *Ehrlich* den Begriff des Verbandes so weit, dass darunter alle abgrenzbaren Lebensverhältnisse, zum Beispiel auch Familien und Hausgemeinschaften, die Wirtschaft eines Volks und die Weltwirtschaft, subsumiert werden können. Selbst gewöhnliche Austausch- und Kreditverträge – versteht er als Organisationsrecht, weil sie den Wirtschaftsverkehr regulieren und sich ihr Sinn nicht darin erschöpft, individuelle Rechtsbeziehungen zu begründen, sie vielmehr die Güterverteilung in dem die Vertragspartner umfassenden, übergeordneten Wirtschaftsverband

---

[5] AaO 33.
[6] AaO 409ff.; ferner Recht und Leben, 11ff., 28ff., 43ff.
[7] Zum folgenden vgl Grundlegung der Soziologie des Rechts, 34–62.
[8] AaO 45ff., 61.

ordnen[9]. Mit Recht hat man daher gesagt, im Grunde gehe es dabei um die Organisation des täglichen Lebens und die Zuordnung von Positionen in dem Netz sozialer Beziehungen, welches die Menschen errichten, indem sie miteinander verkehren[10].

Die innere Ordnung der menschlichen Verbände, das heißt also des sozialen Lebens, ist nach *Ehrlich* nicht nur die ursprüngliche, sondern auch bis in die Gegenwart die grundlegende Form des Rechts, seine primäre Erscheinungsweise. Es ist wichtig, sich die volle Tragweite dieses Ansatzes vor Augen zu führen: man versteht ihn nur richtig, wenn man erkennt, dass damit die konfliktbezogene und streitschlichtende Funktion des Rechts, welche für die Juristen üblicherweise im Vordergrund steht, in eine sekundäre Rolle verwiesen wird. Die sozialen Verbände schaffen die in ihnen geltenden Normen überwiegend selbst und passen sie ihrem Aufbau und ihrer Tätigkeit an. Jeder Wandel von Gesellschaft und Wirtschaft zieht daher eine entsprechende Änderung der Organisationsnormen nach sich. Nicht nur in historischer Zeit sind die Organisationsnormen ferner vielfach gar nicht schriftlich festgelegt, sondern wirken im Bewusstsein der Verbandsmitglieder kraft Tradition und dauernder Übung. Daher ist es auch regelmäßig nicht die staatliche Macht mit ihren Zwangsmitteln, welche die Menschen veranlasst, die gesellschaftlichen Normen zu befolgen. Strafverfolgung und Zwangsvollstreckung als staatliche Sanktionen spielen vielmehr, aufs Ganze gesehen, nur eine geringe Rolle. Gewöhnlich müssen sie nur gegen einzelne Rechtsbrecher angewandt werden, die sich in ihrer Lebensführung bereits außerhalb des Verbandes gestellt haben. Auf der anderen Seite wäre es aber auch falsch anzunehmen, die Menschen fügten sich nur aus eigenem innerem Antrieb den Normen. Rechtsvorschriften werden vielmehr regelmäßig durch außerrechtliche Normen der Sittlichkeit, Religion, Sitte, der Ehre und des Anstandes, ja sogar des guten Tons und der Mode gestützt, die ihre Befolgung sichern[11].

Letztlich entsteht in den Verbänden und im Zusammenleben der Verbandsmitglieder ein *gesellschaftlicher* und *wirtschaftlicher Zwang*, der stärker wirkt als alle staatlichen Sanktionen[12]. Der Mensch handelt dem Recht gemäß, weil ihn „gesellschaftliche Zusammenhänge dazu nötigen"[13]. *Ehrlich* belegt dies durch Beispiele: Arbeiter, Angestellte, Beamte, Soldaten erfüllen ihre vertraglichen und beruflichen Pflichten nicht, weil sie die Zwangsvollstreckung fürchten, sondern weil sie ihre Stellungen nicht verlieren und vielleicht in bessere aufrücken wollen. Auch für Ärzte, Anwälte, Kaufleute usw. spielt die staatliche Sanktion bei der Erfüllung ihrer Pflichten praktisch keine

---

[9] AaO 51ff.; vgl. dazu kritisch *Cotterrell*, Sociology of Law, 30.
[10] Vgl *Ziegert*, International Journal of the Sociology of Law, 241.
[11] AaO 58f.
[12] AaO 63ff.; Gesetz und lebendes Recht 186.
[13] AaO 65.

Rolle. Im Wirtschaftsleben beruht die Wirksamkeit von Kartellvereinbarungen regelmäßig nicht auf ihrer Rechtsverbindlichkeit, auf die (schon damals) nicht selten bewusst verzichtet wurde, sondern auf wirtschaftlichen oder gesellschaftlichen Druckmitteln (sog. gentlemen agreements). Dieser „gesellschaftliche Normzwang" wird im Normalfall von Kind an eingeübt und geht daher in das Gefühls- und Triebleben über, so dass er später gar nicht mehr bewusst zu werden braucht.

Nicht alle in einem Verband geltenden Normen tragen Rechtscharakter. Schon der allgemeine Sprachgebrauch unterscheidet vielmehr zwischen Regeln des Rechts, der Sittlichkeit, der Religion, der Sitte usw. Doch erfüllen auch nichtrechtliche Normen dieselbe Funktion wie die Rechtsnormen, nämlich das soziale Leben zu organisieren. Daher besteht zwischen ihnen kein prinzipieller Unterschied; im Gegenteil sind sie aufs engste miteinander verwandt, bauen aufeinander auf und stehen in Wechselwirkung zueinander. Auf der anderen Seite kann *Ehrlich* einen spezifischen Unterschied zwischen rechtlichen und außerrechtlichen gesellschaftlichen Normen doch nicht leugnen. Da für ihn nach dem Gesagten das staatliche Sanktions- und Gewaltmonopol als Abgrenzungskriterium nicht in Betracht kommt, sieht er die maßgebliche Differenz in der Reaktion der Gruppenmitglieder auf den Normbruch. So schreibt er:

„So schwierig es aber auch ist, wissenschaftlich die Grenze zwischen der Rechtsnorm und anderen Arten der Norm zu ziehen, praktisch besteht diese Schwierigkeit nur selten. Im allgemeinen wird es jeder ohne Zögern sofort von einer Norm zu sagen imstande sein, ob sie eine Rechtsnorm ist oder dem Gebiete der Religion, der Sitte, der Sittlichkeit, des Anstandes, des Taktes, der Mode oder des guten Tones angehört. Diese Tatsache muss den Ausgangspunkt der Betrachtung bilden. Die Frage nach dem Gegensatz der Rechtsnormen und der außerrechtlichen Norm ist nicht eine Frage der Gesellschaftswissenschaft, sondern der gesellschaftlichen Psychologie. Die verschiedenen Arten von Normen lösen verschiedene Gefühlstöne aus, und wir antworten auf Übertretung verschiedener Normen nach ihrer Art mit verschiedenen Empfindungen. Man vergleiche das Gefühl der Empörung, das einem Rechtsbruch folgt, mit der Entrüstung gegenüber einer Verletzung des Sittengebotes, mit dem Ärgernis aus Anlaß einer Unanständigkeit, mit der Mißbilligung der Taktlosigkeit, mit der Lächerlichkeit beim Verfehlen des guten Tones, und schließlich mit der kritischen Ablehnung, die die Modehelden denen angedeihen lassen, die sich nicht auf ihrer Höhe befinden. Der Rechtsnorm ist eigentümlich das Gefühl, für das schon die gemeinrechtlichen Juristen den so bezeichnenden Namen *opinio necessitatis* gefunden haben. Danach muss man die Rechtsnorm erkennen"[14].

Kennzeichen des Rechts ist nach *Ehrlich* also das allgemeine Bewusstsein, dass eine Norm für das friedliche Zusammenleben der Menschen und den funktionsgerechten Ablauf der gesellschaftlichen Prozesse *notwendig*, von

---

[14] AaO 146.

6. Abschnitt: Eugen Ehrlich

"großer Wichtigkeit, von grundlegender Bedeutung" sei[15]. Diese im Gegensatz zu den sog. Zwangstheorien[16] als *Anerkennungstheorie* bezeichnete Lehre *Ehrlichs* gehört zu seinen bekanntesten und wichtigsten wissenschaftlichen Erkenntnissen[17].

Nicht anders als alle soziale Normen haben auch die Rechtsnormen ihren *Ursprung in der Gesellschaft* selbst und nicht in rechtsetzenden Akten des Gesetzgebers oder Richters. Sie wachsen aus den *rechtserzeugenden Tatsachen*[18] hervor, das heißt aus vorgegebenen, man könnte sagen: in der Natur des Menschen angelegten Tatbeständen des sozialen Lebens. Als elementare Rechtstatsachen dieser Art nennt *Ehrlich* die *Gleichartigkeit sozialen Verhaltens* und die *gesellschaftliche Übung*, ferner *Herrschaftsbeziehungen, Besitzverhältnisse* und *Willenserklärungen*. Sämtliche Rechtsverhältnisse aller Völker, so schreibt er, in ihrer ganzen unübersehbaren Mannigfaltigkeit, bauen sich aus einer oder mehreren dieser vier Tatsachen auf und lassen sich restlos in eine oder mehrere von ihnen auflösen[19]. *Ehrlich* geht also von einem Menschenbild aus, in dem Verhaltensroutinen, Über- und Unterordnung, Zugriff auf materielle Güter und Willensfreiheit zu den anthropologischen Konstanten gehören, welche die Rechtsbildung bestimmen. Sie sind als solche noch nicht Recht, erlangen normativen Charakter aber in dem Augenblick, in dem sie "in die gesellschaftliche oder wirtschaftliche Verfassung eines Verbandes eingegliedert" werden und der Verband "Anspruch [erhebt], dass der durch diese Tatsachen geschaffene Zustand geachtet werde."[20] Auf die theoretischen Fragen, welche sozialen Normen im einzelnen derart grundsätzliches Gewicht erlangen, dass sie zu Rechtsnormen erstarken und aufgrund welcher gesellschaftlichen Vorgänge dies geschieht, kann *Ehrlich*, so wenig wie später *Theodor Geiger*[21], eine allgemeingültige Antwort geben, weil dies von Verband zu Verband verschieden ist und sich im Verlauf der Geschichte ändert.

Ursprünglich erscheint also auch Recht lediglich in Gestalt der inneren Ordnung der Verbände. Dagegen ist seine sprachliche – mündliche oder schriftliche – Ausformulierung in *Rechtssätzen*, die Allgemeingültigkeit beanspruchen, eine historisch sehr viel spätere Erscheinung, und in jeder Gesellschaft gibt es weit mehr Rechtsnormen als Rechtssätze, weil nie alle geltenden Normen generalisiert und sprachlich fixiert sind[22].

---

[15] AaO 149.
[16] Vgl. die Lehren von *Max Weber* (Abschnitt 7) und *Theodor Geiger* (Abschnitt 8).
[17] Siehe Abschnitt 11 III.
[18] Grundlegung, 81 ff.; Gesetz und lebendes Recht, 182.
[19] Gesetz und lebendes Recht, 182.
[20] Gesetz und lebendes Recht, 182.
[21] Siehe Abschnitt 8 II 6.
[22] Grundlegung, 42 ff.; Gesetz und lebendes Recht, 183.

b) Von den Organisationsnormen sind die *Entscheidungsnormen* zu trennen[23]. *Ehrlich* versteht darunter die Rechtssätze, nach denen die Gerichte Streitigkeiten schlichten. In jeder Gesellschaft treten Konflikte auf, die ihre Ursache hauptsächlich darin finden, dass das Organisationsrecht nicht ausreicht, Interessengegensätze zwischen den Verbandsmitgliedern zu klären oder neue Situationen zu bewältigen. Zwischen mehreren Verbänden kann es auch zum Konflikt kommen, weil ein gemeinsames Organisationsrecht fehlt. Aus denselben Gründen bildet jede Gesellschaft Gerichte aus, und zwar nicht primär als Aufgabe des Staates, sondern der Gesellschaft[24]. Im soziologischen Sinn sind demgemäß auch die noch in der Gegenwart neben den staatlichen Gerichten vorzufindenden Ehrengerichte, Disziplinargerichte, Schiedsgerichte, Vereinsgerichte usw. als Gerichte anzusehen. Sie alle haben ihren Spruch, da sie nicht nach Willkür oder Gutdünken urteilen dürfen, aus allgemeinen, mit höherer Kraft ausgestatteten Grundsätzen abzuleiten. Entscheidungsnormen sind also Regeln des Handelns wie alle gesellschaftlichen Normen, die sich aber an die Gerichte und nicht an alle Menschen richten[25].

Auch jede Entscheidungsnorm beruht letztlich auf der inneren Ordnung der Gesellschaft und auf den in ihr geltenden Übungen, Herrschaftsstrukturen, Besitzverhältnissen und Verträgen[26]. Gleichwohl sind sie anderer Natur als die Organisationsnormen, denn diese errichten nur eine Friedensordnung und sind nicht für den Rechtsstreit bestimmt[27]. Um als Entscheidungsnorm brauchbar zu sein, müssen die vorhandenen, aber vielfach ungenauen und gerade im Hinblick auf den Konfliktfall unvollständigen Organisationsnormen präzisiert und ergänzt werden. Wichtige Rechtsfragen wie etwa die Sachmängelhaftung und der Schadens- bzw Bereicherungsausgleich treten erst auf, nachdem es zum Konflikt gekommen ist. Deren Lösung ist die Aufgabe der Juristen, allen voran der Richter, weshalb die Entscheidungsnormen *Juristenrecht* sind. Die Juristen sorgen auch für die notwendige Vereinheitlichung, Verallgemeinerung und Kontinuität. *Ehrlich* spricht in diesem Zusammenhang geradezu von einem „Gesetz der Stetigkeit der Entscheidungsnormen"[28] und entwickelt damit bereits einen Gedankengang, den *Luhmann* später zur Grundlage seiner Definition des Normbegriffs gemacht hat[29]: Entscheidungsnormen erfahren durch die Rechtspraxis eine zeitliche und personelle, aber auch sachliche Generalisierung in dem Sinn, dass sie über längere

---

[23] Vgl. zum Folgenden Grundlegung, 97ff.
[24] AaO 111.
[25] AaO 112.
[26] AaO 112f.
[27] AaO 115.
[28] AaO 120ff.
[29] Siehe Abschnitt 8 II 2.

Zeit hinweg, für eine Vielzahl von Personen und auf eine Vielzahl ähnlicher Fälle gleichmäßig angewandt werden.

Erst diese Stetigkeit führt schließlich dazu, dass eine Entscheidungsnorm als Rechtssatz fixiert und schriftlich niedergelegt werden kann. Wichtige Teile des modernen, durch abstrakte Normen gekennzeichneten Gesetzesrechts sind so entstanden. Die Ausbildung der Rechtssätze ist daher das Ergebnis eines sozialen Prozesses, zu dem die Gesellschaft den Stoff und die Juristen die Form liefern[30].

c) In der dritten Gruppe, dem *staatlichen Recht* fasst *Ehrlich* alle Rechtsvorschriften zusammen, die „nur durch den Staat entstanden" sind und „ohne Staat nicht bestehen" können[31]. Der Begriff ist nicht identisch mit dem des Gesetzesrechts, denn viele Gesetze enthalten nach ihrem Inhalt vom Gesetzgeber nur rezipiertes Volks- oder Juristenrecht. Staatliches Recht in diesem engen Sinn sind vor allem die *Organisationsvorschriften* des Militärs, die Polizei- und die Steuergesetze. Hinzu kommt eine weitere Kategorie, die *Ehrlich* als *Eingriffsnormen*[32] bezeichnet und die in der modernen Terminologie mit dem Recht der gestaltenden Leistungsverwaltung gleichzusetzen wäre. Es geht um den Einsatz des Rechts als Mittel zur Sozialgestaltung und zur gezielten Änderung der Sozialstruktur.

Ehrlich erkennt die außerordentliche Zunahme des staatlichen Rechts in neuerer Zeit. Gleichwohl meint er, aufs Ganze gesehen bilde es nur den kleineren und weniger wichtigen Teil des in der Gesellschaft geltenden Rechts. Auch nimmt er an, seine Bedeutung werde wieder abnehmen, sobald der seine Zeit kennzeichnende Gegensatz zwischen Gesellschaft und Staat überwunden und eine neue, homogenere gesellschaftliche Ordnung entstanden sein wird, die das staatliche Recht weithin überflüssig macht[33]. Vor allem aber schätzt er die Macht des Staates gering ein, die von ihm gesetzten Regeln durchzusetzen. Ausführlich stellt er die Funktionen und die Leistungen des Staates hinsichtlich der Rechtsentwicklung dar, um dann zu resumieren:

„Man wird daher nach alledem den Anteil des Staates an der Rechtsbildung ziemlich bescheiden nennen müssen... Die grundlegenden gesellschaftlichen Einrichtungen, die verschiedenen Rechtsverbände, zumal die Ehe, die Familie, die Sippe, die Gemeinde, die Gilde, die Herrschafts- und Besitzverhältnisse, das Erbe und die Rechtsgeschäfte entstanden ganz oder zum großen Teile unabhängig vom Staate. Der Schwerpunkt der Rechtsentwicklung lag seit jeher nicht in der Staatstätigkeit, sondern in der Gesellschaft selbst und ist auch in der Gegenwart dort zu suchen. Das gilt nicht bloß von den Rechtseinrichtungen, sondern auch von den Entscheidungsnormen. Die große Masse der Entscheidungsnormen wurde immer nur entweder durch die Wissenschaft und die

---

[30] AaO 152–187, insbesondere 186.
[31] AaO 124.
[32] AaO 134, 311ff.
[33] Vgl. aaO 74, 330 ua.

Rechtspflege aus den gesellschaftlichen Einrichtungen abgezogen oder von ihnen frei gefunden; und auch die staatliche Gesetzgebung vermag sie meistens nur in Anlehnung an die gesellschaftlichen Einrichtungen und in Nachahmung wissenschaftlicher und richterlicher Methoden zu finden"[34].

Ehrlich geht so weit, den Staat als *Organ* darzustellen, dessen sich die Gesellschaft bedient, um dem von ihr ausgehenden Recht kräftigen Rückhalt zu geben[35].

5. Die Funktion der Juristen

Der Geringschätzung des Staates stellt *Ehrlich* nun eine herausragende Funktion der Juristen, namentlich der Richter und der Rechtswissenschaft, aber auch der Anwälte und Kautelarjuristen, gegenüber[36]. Sie sind die Mittler zwischen den drei genannten Arten des Rechts, die sie eng miteinander verflechten und dabei auch umformen. In vielen Fällen übernehmen sie die gesellschaftlichen Normen nur, um sie ohne jede gedanklichen Zutaten zu verallgemeinern und in Rechtssätzen auszuformen. Gleichwohl ist dieser sozusagen rechtstechnische Vorgang aber keineswegs gering zu achten, denn auf ihm beruht die Rationalität des Rechts, ohne welche sich die moderne Zivilisation nicht halten könnte. Ein Richter kann aber auch staatliches Recht in dem soeben dargelegten Sinn des Begriffs setzen, zum Beispiel, wenn er Rechtssätze formuliert, die staatliche Zwecke als Mittel zur Veränderung der Sozialstruktur verfolgen.

In vielen Fällen zeichnen jedoch weder gesellschaftliche Normen noch staatliches Recht eine Entscheidung vor. Dann hat der Richter „als *Organ gesellschaftlicher Gerechtigkeit*" selbständig das Recht zu setzen[37]. Dieser für das Zivilrecht nach *Ehrlich* charakteristische Fall beschäftigt ihn am meisten, und er macht aus seiner Vorliebe für den unabhängigen „königlichen Richter", wie er ihn im römischen und im angloamerikanischen im Gegensatz zum gesetzesgläubigen kontinentalen Recht vorfindet, keinen Hehl[38]. Er meint, der Maßstab der Gerechtigkeit, an dem sich der Richter orientiert, sei letztlich eine Sache des Gefühls und lasse sich „ebenso wenig wissenschaftlich beweisen wie die Schönheit eines gotischen Domes oder einer Beethovenschen Symphonie dem bewiesen werden können, der sie nicht empfindet"[39]. Daher kommt es entscheidend auf die Person des Richters an:

---

[34] AaO 330.
[35] AaO 137f.
[36] Vgl. zum Folgenden aaO 169ff.
[37] AaO 174.
[38] AaO 212ff., 233ff.
[39] AaO 177.

„Die Gerechtigkeit beruht zwar auf gesellschaftlichen Strömungen, aber sie bedarf, um wirksam zu werden, der persönlichen Tat eines einzelnen. Sie ist darin am ehesten der Kunst vergleichbar. Auch der Künstler schöpft sein Kunstwerk, wie wir heute wissen, nicht aus seinem Inneren, er vermag nur das zu formen, was ihm von der Gesellschaft geboten wird; aber ebenso wie das Kunstwerk, obwohl ein Ergebnis gesellschaftlicher Kräfte, doch erst vom Künstler mit einem Körper bekleidet werden muss, so braucht auch die Gerechtigkeit einen Propheten, der sie verkündet; und wieder gleich dem Kunstwerk, das, aus gesellschaftlichem Stoffe geformt, vom Künstler den Stempel seiner ganzen Persönlichkeit erhält, verdankt die Gerechtigkeit der Gesellschaft nur ihren rohen Inhalt, ihre individuelle Gestalt dagegen dem Gerechtigkeitskünstler, der sie gebildet hat. Wir besitzen weder eine einzige Gerechtigkeit, noch eine einzige Schönheit, aber in jedem Gerechtigkeitswerk ist die Gerechtigkeit, ebenso wie aus jedem wirklichen Kunstwerk die Schönheit zur Menschheit spricht. Die Gerechtigkeit, so wie sie in Gesetzen, Richtersprüchen, literarischen Werken individuell gestaltet wird, ist in ihren höchsten Äußerungen das Ergebnis genialer Synthese der Gegensätze, wie alles Großartige, das je geschaffen worden ist".[40]

Trotz einer solchen Apotheose der Juristen bleibt *Ehrlich* aber dabei, dass letztlich die in der Gesellschaft wirkenden Kräfte die maßgeblichen Faktoren der Rechtsbildung sind. Das ist der Sinn der berühmten Vorrede zu seiner Rechtssoziologie:

„Es wird oft behauptet, ein Buch müsse so sein, dass man seinen Sinn in einem einzigen Satz zusammenfassen könne. Wenn die vorliegende Schrift einer solchen Probe unterworfen werden sollte, so würde der Satz etwa lauten: Der Schwerpunkt der Rechtsentwicklung liegt auch in unserer Zeit, wie zu allen Zeiten, weder in der Gesetzgebung noch in der Jurisprudenz oder in der Rechtsprechung, sondern in der Gesellschaft selbst. Vielleicht ist in diesem Satz der Sinn jeder Grundlegung einer Soziologie des Rechts enthalten".[41]

III. Ehrlichs juristische Methodenlehre

Mit *Ehrlichs* rechtssoziologischen Erkenntnissen hängt seine Kritik an den zu seiner Zeit herrschenden Rechtsanwendungsmethoden zusammen, die hier allerdings nur andeutungsweise referiert werden kann[42]. *Ehrlich* war der Begründer und einer der geistigen Führer der sogenannten *Freirechtsschule*, deren Bezeichnung auf seine Schrift „Freie Rechtsfindung und freie Rechtswissenschaft" zurückgeht. Seine Kritik richtete sich gegen das Dogma von der Lückenlosigkeit des Rechtssystems und gegen die daraus folgende Behauptung, es halte für jeden Streitfall eine Lösung bereit, so dass sich die Tätigkeit des Richters auf die einfache logische Subsumtion des streitigen Sachverhalts unter die einschlägige Rechtsnorm beschränke.

---

[40] AaO 182.
[41] Vorrede zur Grundlegung der Soziologie des Rechts.
[42] Vgl. dazu *Larenz*, Methodenlehre der Rechtswissenschaft, 6. Aufl 1991, 63 ff.

Die Position, von der aus er das Dogma der Lückenlosigkeit widerlegt, ist nach dem Vorhergehenden klar: Jeder Gesetzesvorschrift liegt die Entscheidung eines speziellen Falls zugrunde, und daher ist, selbst wenn sie als abstrakte und generelle Regelung formuliert ist, ihre Anwendbarkeit auf einen anderen Fall stets von neuem selbständig zu prüfen. Demnach ist der Richter nicht nur „la bouche, qui prononce la parole de la loi", sondern eigenverantwortliches Organ der Rechtsfortbildung. Daraus folgt aber nicht, wie der Freirechtsschule zu Unrecht unterstellt wurde, dass sie eine arbiträre Rechtsprechung ohne Bindung an das Gesetz verlangt hätte. *Ehrlich* fordert vielmehr mit allem Nachdruck die Gesetzestreue der Richter, soweit sich aus dem Gesetz auf dem Wege methodengerechter Auslegung Maximen für die Entscheidung eines Falles ableiten lassen. Erst wenn die Auslegung versagt und sich das Gesetz tatsächlich als lückenhaft erweist, soll der Richter frei sein, nach seinem eigenen Judiz zu entscheiden, anstatt an der Fiktion festzuhalten, er wende nur das Gesetz an, die nur zu methodischer Unehrlichkeit nötigt. Doch ist die so geforderte freie Rechtsfindung keineswegs voraussetzungslos, sondern an die Stelle der Bindung an Paragraphen tritt die Bindung an die in der Rechtsüberlieferung wirksam gewordenen Gerechtigkeitsvorstellungen. So beschwört *Ehrlich* zwar die überragende, schöpferische Richterpersönlichkeit, wie sie die Römer kannten und die Engländer und Amerikaner kennen, schreibt aber im gleichen Atemzug auch den Satz: „Die freie Rechtsfindung ist konservativ wie jede Freiheit, denn Freiheit bedeutet eigene Verantwortung, Gebundenheit wälzt die Verantwortung auf andere ab"[43].

IV. Nachwirken und Würdigung

1. Ehrlich als der Begründer der Rechtssoziologie

Ehrlich ist der Begründer der Rechtssoziologie, ähnlich wie zwanzig Jahre vor ihm *Durkheim* – den er übrigens nicht kannte – die methodisch ausgearbeitete Soziologie begründet hat[44]. Wenngleich er nicht ohne Vorgänger war und namentlich an die Volksgeistlehre *Savignys*[45] und der historichen Schule anknüpfen konnte, hat er doch als erster entschieden und mit methodischer Konsequenz das Recht als gesellschaftliche Realität begriffen, die mit den Mitteln der empirischen Soziologie zu erforschen ist. Dabei fällt besonders ins Gewicht, dass er Jurist war und Zeit seines Lebens geblieben ist – seine Werke zur juristischen Methodenlehre übertreffen an Umfang seine Rechtssoziologie und stehen ihr mit gleichem wissenschaftlichem Rang gegenüber

---

[43] Freie Rechtsfindung und freie Rechtswissenschaft, in: Recht und Leben 193.
[44] Vgl. zum folgenden besonders *Rehbinder* Die Begründung der Rechtssoziologie, 101 ff.
[45] Siehe Abschnitt 3, I 2.

–, denn seine profunde Kenntnis der Rechtsgeschichte und des geltenden Privatrechts gestatteten ihm, überall Verbindungslinien zwischen Rechtssoziologie und dogmatischer Jurisprudenz zu ziehen. Wenn er dann gleichwohl allein die Rechtssoziologie als die einzige wahre Wissenschaft vom Recht versteht und die Rechtsdogmatik in den Bereich der Handwerkskunst verweist, vertritt er einen *sozialwissenschaftlichen Positivismus*, der die Rechtssoziologie auch sonst weithin kennzeichnet, der Eigenart der Geisteswissenschaften, zu denen die dogmatische Jurisprudenz zählt, aber nicht gerecht wird. Der heute gebräuchliche Begriff der Sozialwissenschaft umfasst beide Dimensionen.

Inhaltlich spricht *Ehrlich* bereits fast alle großen Themen der Rechtssoziologie an. Wenngleich sich die Begriffe, die soziologische Theorie, die empirischen Forschungsmethoden seit dem Erscheinen seines Werkes verfeinert haben und daher auch die wissenschaftlichen Ergebnisse differenzierter wurden, haben die meisten seiner theoretischen Aussagen Gültigkeit behalten. Dies gilt zunächst für seine Erkenntnisse, dass alle sozialen Normen und mithin auch das Recht aus den vier vorgegebenen Rechtstatsachen gesellschaftliche Übung, Herrschafts- und Besitzbeziehungen sowie Willensäußerungen hervorgehen, dass ihre Wurzel in der inneren Ordnung der menschlichen Verbände liegt und dass der Übergang von der Tatsache zur Norm erfolgt, indem der Verband Anspruch auf Beachtung der durch die Tatsachen geschaffenen Zustands erhebt. Auch dass der Rechtssatz als in Worten gefasste und auf generelle Geltung ausgelegte Norm eine historisch verhältnismäßig späte Erscheinung darstellt, gehört heute zum Allgemeingut. *Ehrlichs* Einteilung des Rechts in Organisationsnormen (gesellschaftliches Recht), Entscheidungsnormen (Juristenrecht) und Eingriffsnormen (staatliches Recht) hat sich als überaus fruchtbar erwiesen und ihre Bedeutung als theoretische Konzeption für die soziologische Analyse des Rechts bis heute behalten. Nach wie vor grundlegend sind weiter seine Aussagen über die primäre Funktion des Rechts als Friedensordnung und über die begrenzte Wirksamkeit von Sanktionen.

Die Natur des Rechts als eine Art sozialer Normen neben Sittlichkeit, Sitte und Brauch, gutem Ton, Höflichkeitsregeln und Mode hat *Ehrlich* bereits zutreffend erkannt. Auch trifft seine Beobachtung zu, dass die Furcht vor staatlichen Sanktionen häufig nicht das Motiv für den Rechtsgehorsam ist, sondern die freiwillige Anerkennung einer Norm oder der gesellschaftliche oder wirtschaftliche Druck. In der Realität wirken alle drei Faktoren zusammen und ergänzen sich gegenseitig mit unterschiedlichem Gewicht. Nichtrechtliche und rechtliche Regeln erscheinen im täglichen Leben den meisten Menschen ungeschieden oder gehen ineinander über.

Soweit gleichwohl eine begriffliche Abgrenzung des Rechts von den anderen sozialen Normen für notwendig gehalten wird, bleibt *Ehrlichs* Abstellen auf Gefühlstöne und auf die opinio necessitatis allerdings wenig greifbar. Auch entfernen sich beide Merkmale weit von dem üblichen Verständnis des Rechtsbegriffs. Aus diesen Gründen konnte sich seine Lehre in diesem Punkt zu Recht nicht durchsetzen[46].

2. Die drei Arten des Rechts und das lebende Recht

Weniger korrektur- als ergänzungsbedürftig ist *Ehrlichs* Lehre vom lebenden Recht. Die Gliederung der Gesellschaft in eine Vielzahl von Verbänden kann zwar als Vorstufe der Systemtheorie begriffen werden, bleibt bei ihm aber ohne Konturen. An ihre Stelle ist in der heutigen Soziologie eine differenziertere Sicht getreten, in der Begriffe wie Gruppe, Verband, Organisation, Institution, Klasse, Schicht usw. nebeneinander gebraucht werden. Vorherrschend ist das Bild einer pluralistischen und eher amorphen Gesellschaft, in der sich vielerlei soziale Kreise überschneiden. Auch erwähnt *Ehrlich* zwar Herrschafts- und Besitzverhältnisse als Rechtstatsachen, berücksichtigt sie aber außer in den Beziehungen des Bürgers zum Staat bei der Analyse des lebenden Rechts nur wenig[47]. Dieses zu einfache Gesellschaftsbild stellt jedoch *Ehrlichs* Grundaussage nicht in Frage, wonach sich Recht zunächst als ungeschriebene Lebensordnung der Menschen unabhängig von den Juristen und vom Staat ausbildet und auch heute noch in Gegensatz dazu treten kann.

Wenn *Ehrlich* dem staatlichen Recht neben dem gesellschaftlichen Recht und dem Juristenrecht nur einen untergeordneten Platz einräumt, ihm eine geringe Wirksamkeit zubilligt und die Überzeugung äußert, es habe seinen Höhepunkt bereits überschritten und werde noch weiter zurücktreten, so hat die Erfahrung des 20. Jahrhunderts etwas anderes gelehrt. Zwar ist die für das 19. Jahrhundert charakteristische Trennung von Gesellschaft und Staat einer wechselseitigen Durchdringung gewichen. Doch lässt sich diese Realität mit dem Gedanken, der Staat sei nichts anderes als ein Organ der Gesellschaft zur Ausübung begrenzter Funktionen, nicht mehr zutreffend beschreiben. Stattdessen hat sein Gewicht als steuernde Instanz stetig zugenommen. Vor allem benutzt er ein von ihm originär geschaffenes Recht als eines der wichtigsten Mittel zur Sozialgestaltung. *Ehrlichs* Geringschätzung des Staats als rechtsbildende Macht erweist ihn daher als einen Nachfahren des Liberalismus und der historischen Rechtsschule im 19. Jahrhundert.

Auf der anderen Seite entsteht im Bereich transnationaler Verträge, multinationaler Organisationen und Unternehmen sowie der internationalen Schiedsgerichtsbarkeit im Zug der Globalisierung der Wirtschaftsbeziehun-

---

[46] Vgl. Abschnitt 11 III.
[47] Vgl. zu dieser Kritik *Cotterrell*, Sociology of Law, 31 ff.

gen heute wieder vermehrt nichtstaatliches Recht[48]. Aus theoretischer Perspektive erscheint es daher richtig, anstelle einer Rangfolge der drei Rechtsarten deren prinzipielle Gleichrangigkeit anzunehmen und davon auszugehen, dass ihr relatives Gewicht sich im Lauf der Geschichte verschiebt.

3. Ehrlichs juristische Methodenlehre

Ehrlichs durchaus scharfe und gelegentlich polemisch überspitzte Kritik an der juristischen Methodenlehre seiner Zeit ist in der Schuljurisprudenz zunächst überwiegend auf Ablehnung und Gegenpolemik gestoßen[49]. Unter der Hand haben die soziologische Betrachtungsweise und die Freirechtslehre jedoch je länger desto stärkeren Einfluss ausgeübt. Die heute überwiegend anerkannte und praktizierte Interessenjurisprudenz sowie die neueren methodischen Lehren namentlich von *Esser* und *Fikentscher*[50] stehen in der Tradition seiner Gedanken. Vor allem aber hat die Entwicklung der Judikatur das Dogma der Lückenlosigkeit der Gesetze längst widerlegt, und ist die richterliche Rechtsfortbildung an der Tagesordnung. Deren Praxis zeigt heute deutlicher als zuvor die Züge der von *Ehrlich* beschriebenen Freirechtslehre[51].

---

[48] Vgl. *Stein, Ursula*, lex mercatoria. Realität und Theorie, 1995; *Teubner* (Hrsg.), Global Law without a State, 1996.

[49] Als Beispiel sei die berühmte Kontroverse zwischen *Ehrlich* und *Kelsen* erwähnt. Vgl. *Kelsen*, Archiv für Rechts- und Sozialpolitik 1915, 839; *Ehrlich* ebenda 1916, 844; Replik von *Kelsen* ebenda 850, Duplik von *Ehrlich* ebenda 1916/17, 609; Schlusswort von *Kelsen* 611. Dazu *Rottleuthner*, Einführung, 31.

[50] *Esser*, Grundsatz und Norm in der richterlichen Fortbildung des Privatrechts, 5. Aufl. 1990; *Fikentscher*, Methoden des Rechts Bd. 4, 1977, 129 ff.; 269 ff.

[51] *Raiser*, Richterrecht heute, ZRP 1985, 111.

7. Abschnitt

Max Weber

Schrifttum: *Bendix, Reinhard*, Max Weber. An Intellectual Portrait, 1960; *Breuer, Stefan*, Max Webers Herrschaftssoziologie, 1991; *Breuer, Stefan/Treiber, Hubert* (Hrsg.), Zur Rechtssoziologie Max Webers. Interpretation, Kritik, Weiterentwicklung, 1984; *Eder, Klaus*, Zur Rationalisierungsproblematik des modernen Rechts, in: *Spondel/Seyfarth* (Hrsg.), Max Weber und die Rationalisierung sozialen Handelns, 1981, 157; *Freund, Julien*, Die Rationalisierung des Rechts nach Max Weber, in: *Rehbinder/Tieck* (s. unten), 9; *Gephart, Werner*, Gesellschaftstheorie und Recht, 1993, 419ff.; *Habermas, Jürgen*, Theorie des kommunikativen Handelns, 1981, Bd.1, 225ff., Bd.2, 447ff.; *ders.*, Faktizität und Geltung, 1992, 90ff., 541ff.; *Kronman, Anthony*, Max Weber, 1983; *Loos, Fritz*, Zur Wert- und Rechtslehre Max Webers, 1970; *ders.*, Max Webers Wissenschafslehre und die Rechtswissenschaft, in: *Rehbinder/Tieck* (s. unten) 169; *Ludwig, Markus*, Sein und Sollen. Eine Untersuchung zur Abgrenzung der Rechtsnormen von den sozialen Normen bei Max Weber und Eugen Ehrlich, 1999; *Lübbe, Weyma*, Legitimität kraft Legalität. Sinnverstehen und Institutionenanalyse bei Max Weber und seinen Kritikern, 1991; *Müller, Hans Peter*, Max Weber, 2007; *Peters, Bernhard*, Rationalität, Recht und Gesellschaft, 1991; *Quensel, Bernhard K.*, Logik und Methode in der Rechtssoziologie Max Webers, ZfRSoz 1997, 133; *Radkau, Joachim*, Max Weber. Die Leidenschaft des Denkens, 2005; *Raiser, Thomas*, Max Weber und die Rationalität des Rechts, Juristenzeitung 2008, 853; *ders.*, Handelsgesellschaften und politische Verbände in der Rechtssoziologie Max Webers, FS K. Schmidt, 2009, 1307; *Rehbinder, Manfred*, Max Webers Rechtssoziologie, Eine Bestandsaufnahme, in: R. *König/J. Winckelmann* (Hrsg.), Max Weber zum Gedächtnis, 1963, 470; *Rehbinder, M./Tieck, K.-P.* (Hrsg.), Max Weber als Rechtssoziologe, 1987; *Rheinstein, Max*, Max Weber on Law and Society, Einführung zur amerikanischen Ausgabe der Rechtssoziologie, 1954; *Schluchter, Wolfgang*, Die Entstehung des modernen Rationalismus, 1998; *Trubek, David*, Max Weber über das Recht und die Entstehung des Kapitalismus, in: *Breuer/Treiber* aaO, 152; *Uecker, Stefan*, Die Rationalisierung des Rechts. Max Webers Rechtssoziologie, 2005; *Weiß, Johannes*, Max Webers Grundlegung der Soziologie, 2. Aufl. 1992; *Winckelmann, Johannes*, Einleitung zur Luchterhand-Ausgabe der Rechtssoziologie, 1967, 15ff.

I. Biographie

Max Weber wurde 1864 in Erfurt geboren, studierte Rechtswissenschaft und habilitierte sich 1892 in Berlin für römisches Recht und Handelsrecht. 1894 wurde er Professor für Nationalökonomie in Freiburg, seit 1897 lehrte er in Heidelberg, von 1918 bis zu seinem Tod 1920 in München. 1919 wurde er als Berater zu den Verhandlungen in Versailles zugezogen und arbeitete dort an der Antwort auf die Kriegsschuldnote mit. Auch auf die Weimarer Verfassung hat er Einfluss gehabt, namentlich stammte der Gedanke von ihm, den Reichspräsidenten durch das Volk wählen zu lassen. Aktiv hat er in die Politik nicht eingegriffen, ein Versuch, sich in den Reichstag wählen zulassen, schlug fehl. Er war ein Mann von ungewöhnlicher Ausstrahlungskraft[1], was noch heute besonders bei der Lektüre seiner beiden berühmt gewordenen Vorträge „Wissenschaft als Beruf" und „Politik als Beruf" deutlich wird.

Das Werk *Max Webers* umfasst nach den frühen Arbeiten rechtshistorischen und nationalökonomischen Inhalts vor allem zahlreiche Abhandlungen zur Theorie der Sozialwissenschaften und zur Religions- und Wirtschaftssoziologie, sowie eine Fülle von politischen Reden und Aufsätzen, die sich mit zeitgeschichtlichen Fragen beschäftigen. Er verarbeitet in seinen Schriften einen immensen Schatz kulturhistorischen Wissens, der zum Beispiel über die Religionsgeschichte des Hinduismus, Konfuzianismus oder Islam mit gleicher Souveränität verfügt wie über die Geschichte des Judentums und des Christentums. Für die heutige Soziologie ist *Weber* auf der ganzen Erde eine Zentralgestalt, deren Gedanken, theoretische Konzeptionen und Forschungsergebnisse überall präsent sind, zitiert und erörtert werden.

Hauptwerke:[2]
– Die protestantische Ethik und der Geist des Kapitalismus (1904/5).
– Die Wirtschaftsethik der Weltreligionen (1915 – 1919).
– Die „Objektivität" sozialwissenschaftlicher und sozialpolitischer Erkenntnis (1904).
– Der Sinn der „Wertfreiheit" der soziologischen und ökonomischen Wissenschaften (1917/18).
– Wirtschaft und Gesellschaft (1921), 5. Aufl 1972[3].
– Wissenschaft als Beruf (1919).
– Politik als Beruf (1919).

---

[1] Vgl. die zahlreichen Erinnerungen und Nekrologe in dem Sammelband *König/Winckelmann* (Hrsg.), Max Weber zum Gedächtnis, 1963.
[2] *Max Webers* Werke werden seit dem 2. Weltkrieg in einer vielbändigen Gesamtausgabe im Verlag Mohr Siebeck, Tübingen, neu herausgegeben..
[3] Dieses Werk ist *Webers* zweibändiges, unvollendetes und erst posthum veröffentlichtes Hauptwerk, das im ersten Teil eine soziologische Kategorienlehre aufstellt und im zweiten Teil dem Zusammenhang zwischen gesellschaftlichen und wirtschaftlichen Ordnungen umfassend nachgeht. Es enthält die Grundzüge einer Wirtschaftssoziologie, Religionssoziologie, politischen Soziologie und Staatssoziologie. Auch seine Rechtssoziologie ist ein Teil dieses Werkes. Sie wird hier nach der 5. Auflage dieses Werkes zitiert.

II. Max Webers Rechtssoziologie

Webers Rechtssoziologie, wohl zwischen 1911 und 1913 geschrieben, aber erst 1921 posthum veröffentlicht, bildet formell ein selbständiges Kapitel von „Wirtschaft und Gesellschaft". Inhaltlich umfasst dieser Abschnitt aber nicht die ganze Rechtssoziologie. Vielmehr finden sich die wichtigen begrifflichen Voraussetzungen seiner Darstellung im Zusammenhang der soziologischen Kategorienlehre und im Kapitel über die allgemeinen Beziehungen zwischen der Wirtschaft und den gesellschaftlichen Ordnungen[4]. Die sachlich eng mit der Rechtssoziologie verknüpfte Typologie der Herrschaftsformen ist im 3. Kapitel des 1. Teils von „Wirtschaft und Gesellschaft" und nochmals ausführlicher im 9. Kapitel des 2. Teils dargestellt. Die grundsätzlichen Ausführungen zum Verhältnis zwischen Recht und Wirtschaft sind Gegenstand des 1. Kapitels des 2. Teils. Aufs Ganze gesehen hat man nicht zu Unrecht gesagt, die Rechtssoziologie – und nicht etwa die Darstellung der ökonomischen und politischen Probleme oder die Religionssoziologie – sei der Kern der substantiellen Soziologie *Webers*[5].

Eine einigermaßen vollständige Darstellung der Fülle von *Webers* Einsichten und Gedanken ist hier nicht möglich. Vielmehr kann es sich nur darum handeln, die für den Zugang zu seinem Werk und für die gegenwärtige rechtssoziologische Forschung wichtigsten Punkte herauszuarbeiten. Die gründliche rechtswissenschaftliche Durchdringung seiner Rechtssoziologie ist ohnehin erst spät in Gang gekommen und noch nicht beendet.[6] Einen zutreffenden Eindruck von der überragenden Bedeutung des Werkes kann der Leser nur durch die – nicht einfache – Lektüre der Originaltexte gewinnen.

1. Webers soziologischer Rechtsbegriff

Weber versteht die Soziologie als die Lehre vom *sinnhaften sozialen Handeln* und von den daraus entstehenden *sozialen Beziehungen*. Soziales Handeln kann nach ihm sein:
1) *zweckrational*, das heißt ausgerichtet auf die Verwirklichung eigener Zwecke; oder
2) *wertrational*, nämlich bestimmt durch „bewussten Glauben an den – ethischen, ästhetischen, religiösen oder wie immer sonst zu deutenden – unbedingten Eigenwert eines bestimmten Sichverhaltens rein als solchen und unabhängig vom Erfolg"; ferner
3) *affektuell*, bestimmt durch Gefühle und Affekte; schließlich

---

[4] WuG 1. Teil, 1. Kap. und 2. Teil, 1. Kap.
[5] *Talcott Parsons* in: *Stammer* (Hrsg.), Max Weber und die Soziologie heute, 1965, 54.
[6] Vgl. *Raiser*, JZ 2008, 853 sowie FS K. Schmidt 1307.

4) *traditional*, geleitet von eingelebter Gewohnheit[7].
Weiter geht *Weber* davon aus, dass soziales Verhalten zunächst rein faktische, auf tatsächlicher Übung beruhende Gewohnheiten und Regelmäßigkeiten aufweist, die er als *Brauch* oder, wenn sie lang eingelebt sind, als *Sitte* bezeichnet[8]. Diese Begriffe haben für ihn noch keinerlei normativen Sinn. *Normativ* bestimmt sind soziale Handlungen demgegenüber dann, wenn sie durch eine als legitim, das heißt als verbindlich angesehene *Ordnung* vorgegeben sind. Regelmäßig befolgt der Handelnde diese Ordnung, weil er an ihre *Legitimität* glaubt und sich ihr deshalb freiwillig anpasst. Der Legitimitätsglaube kann, in ähnlicher, aber nicht voll übereinstimmender Gliederung, aus vier verschiedenen Wurzeln entspringen. Er kann:
1) *traditional* bestimmt sein, wenn der Handelnde an die Heiligkeit der Tradition und die Verbindlichkeit des immer Gewesenen glaubt,
2) *affektuellen* Charakter tragen im Sinn eines Glaubens an ein Orakel oder eine religiöse Offenbarung,
3) *wertrational* orientiert sein, das heißt, sich auf als absolut angesehene ethische, ästhetische oder religiöse Werte beziehen,
4) im *Glauben an die Legalität* einer Ordnung liegen, die sich entweder auf die Anordnung einer als legitim angesehenen Herrschaft oder auf Vereinbarungen zwischen den Interessenten beruft[9]. Dieser Fall bildet die Parallele zum zweck-rationalen Handeln.
Hierbei handelt es sich um *Idealtypen*, die sich in der beobachteten Realität selten isoliert feststellen lassen, sondern kombiniert auftreten[10].

Eine auf solche Weise rein innerlich garantierte Geltung einer sozialen Ordnung reicht jedoch nicht aus, sondern verlangt eine Ergänzung durch äußere Faktoren, welche die Handelnden dazu nötigen, sie einzuhalten. *Weber* unterscheidet insoweit zwei Fälle:

„Eine Ordnung soll heißen:
a) *Konvention*, wenn ihre Geltung äußerlich garantiert ist durch die Chance, bei Abweichung innerhalb eines angebbaren Menschenkreises auf eine (relativ) allgemeine und praktisch fühlbare *Missbilligung* zu stoßen;
b) *Recht*, wenn sie äußerlich garantiert ist durch die Chance (physischen oder psychischen) *Zwanges* durch ein auf Erzwingung der Innehaltung oder Ahndung der Verletzung gerichtetes Handeln eines *eigens* darauf eingestellten *Stabes* von Menschen"[11].

Der soziologische Rechtsbegriff ist für *Weber* demnach durch zwei Merkmale gekennzeichnet: a) durch die Existenz eines *Rechtsstabs* - modern würden

---
[7] WuG 12.
[8] WuG 14f., 187ff.
[9] WuG 19.
[10] WuG 16ff. Zum Begriff des Idealtypus siehe unten II 3 b) und III 1.
[11] WuG 17.

wir wohl sagen: eines Sanktionsapparats –, das heißt einer in der Gesamtgesellschaft auf die Rechtspflege spezialisierten organisierten Personengruppe, welche b) die *Durchsetzung der Ordnung* erzwingt und Verstöße dagegen verfolgt. Der Begriff bezieht sich vorzugsweise auf staatliches Recht, umfasst aber auch das Recht von Verbänden mit eigenen Sanktionsinstanzen, wie zum Beispiel der großen Kirchen oder der Parteien, Gewerkschaften, Vereine mit eigener Vereinsgerichtsbarkeit usw. Dagegen schließt er die lediglich durch sozialen Druck oder durch die öffentliche Meinung garantierten Verhaltensregeln aus, und vollends genügen nicht die lediglich durch ein besonders heftiges Gefühl der Empörung und Missbilligung gesicherten Normen im Sinne von *Eugen Ehrlich*[12]. Im Gegensatz zu *Ehrlichs* Anerkennungstheorie ist *Weber* damit der Stammvater der sogenannten *Zwangstheorien* des Rechts, die heute in der Rechtssoziologie vorherrschen und über deren Relevanz und Tragweite an anderer Stelle Rechenschaft abzulegen ist[13].

2. Die Typen der Herrschaft

Bereits an dem bisher Gesagten ist die unmittelbare Verknüpfung der Rechtssoziologie mit der Herrschaftssoziologie bei *Max Weber* abzulesen. Einerseits ist Recht die durch einen mit Herrschaftsgewalt ausgestatteten Rechtsstab garantierte soziale Ordnung. Zum anderen begründet, jedenfalls bei legaler Herrschaft, das Recht selbst die Legitimität dieser Ordnung. Aus diesen Gründen muss jede Darstellung von *Webers* Rechtssoziologie auch seine Herrschaftssoziologie einbeziehen[14].

Weber unterscheidet zunächst begrifflich zwischen *Macht* und *Herrschaft* bzw. *Autorität*. Macht ist der Oberbegriff und bezeichnet jede Chance, den eigenen Willen gegenüber einem anderen unter Umständen auch mit Gewalt durchzusetzen. Demgegenüber liegt ein Herrschaftsverhältnis vor, wenn der Befehlsempfänger dem Befehl gehorcht, das heißt ihn – aus welchen Motiven auch immer – freiwillig befolgt[15]. Eine Herrschaftsordnung beruht darauf, dass die Menschen die in einer Gesellschaft vorhandenen Herrschaftsverhältnisse im Großen und Ganzen billigen und sich nach ihnen richten.

Herrschaftsverhältnisse gehören, auch wenn es herrschaftsfreie Beziehungen gibt, zu den wichtigsten Elementen der sozialen Ordnung. Namentlich wird jeder soziale Verband, der eine eigene Verwaltungsorganisation ausbildet, zum Herrschaftsverband. Nun zeigt die Beobachtung, dass sich keine Herrschaft damit begnügt, von der unkontrollierten Anerkennung der Befehlsempfänger abhängig zu bleiben, sondern einen *Legitimitätsanspruch* er-

---

[12] Siehe Abschnitt 6 II 4.
[13] Siehe Abschnitt 11 III.
[14] Dazu *Trubek* (Schriftumsverz.), 169 ff.
[15] WuG 28, 122 ff., 541 ff.

hebt, das heißt Rechtfertigungsgründe angibt und mit ihnen den Glauben zu erwecken versucht, dass ihre Befehle legitim und daher verbindlich seien. Dem Legitimitätsanspruch steht der *Legitimitätsglaube* der Beherrschten gegenüber, womit die Bestimmungsgründe gemeint sind, aus denen diese den Herrschenden Gehorsam leisten.

Je nach der Art der beanspruchten Legitimität verändet die Herrschaft ihren Charakter, weshalb es möglich ist, die Herrschaftsformen danach zu unterscheiden. Der Begriff der Legitimität, der die Rechtfertigung einer bestimmten Ordnung und den Glauben an ihre Verbindlichkeit umgreift, bildet bei *Weber* den Angelpunkt seiner Herrschaftssoziologie. Sie stützt sich auf eine dreigliedrige Typologie. Dabei ist zu beachten, dass es sich wiederum um Idealtypen handelt, das heißt um Denkfiguren, die aus der Verabsolutierung gewisser kennzeichnender empirisch feststellbarer Merkmale gewonnen werden, aber als solche in der Wirklichkeit gewöhnlich nicht in reiner Form vorkommen.

a) *Legale Herrschaft* wird nach *Weber* legitimiert durch eine *abstrakt geltende Rechtsordnung*, die auf Setzung beruht. Ihr Kennzeichen ist, dass sie nicht nur die Untergebenen, sondern auch den Herrscher selbst bindet[16]. Es herrscht nicht der Vorgesetzte, sondern das Recht. Die Ordnung kann prinzipiell beliebigen Inhalt haben Sie wird von (verwaltenden und richterlichen) *Behörden* verwirklicht, die mit bestimmten, näher umschriebenen und begrenzten Kompetenzen ausgestattet sind. Die Behörden sind unter sich hierarchisch geordnet. In ihnen sind *Beamte* beschäftigt, die fachlich geschult sind, wegen ihres Sachverstandes angestellt werden und für ihre Tätigkeit Rechenschaft ablegen müssen. Sie sind nicht Eigentümer der für die Verwaltung notwendigen sachlichen Mittel und arbeiten nicht für Gewinn, sondern bekommen ein festes Gehalt. Vollends wird das Amt nicht als Vermögenswert verstanden und kommerzialisiert. Entscheidungen werden ohne Ansehen der Person gefällt, und für alle Gewaltunterworfenen herrscht *formale Rechtsgleichheit*. Das Rechtswesen basiert auf allgemein gefassten und streng begrifflich und systematisch geordneten Gesetzen, die vom Richter wie von einem Automaten angewandt werden.

Den reinsten Typus legaler Herrschaft stellt die *bürokratische Herrschaft* dar. In dieser werden Entscheidungen nicht nach dem Kollegialprinzip in Gremien und Gruppen getroffen, vielmehr bedient sich der Herrscher eines aus Einzelbeamten aufgebauten streng hierarchisch und monokratisch geordneten Verwaltungsstabes[17]. *Weber* hält die monokratisch-bürokratische Verwaltung für die hinsichtlich Präzision, Stetigkeit, Verlässlichkeit und Effektivität leistungsfähigste Herrschaftsordnung. Im modernen Gemeinwesen

---

[16] WuG 125 ff., 551 ff.
[17] WuG 125 ff., 551 ff.

stand sie zu seiner Zeit im Vordergrund und gewann ständig weiter an Boden. Nicht nur die Staatsverwaltung, sondern auch private Wirtschaftsunternehmen, Kliniken, karitative Einrichtungen, Parteien waren dem Typus nach bürokratisch geordnet und sind es vielfach bis heute.

b) *Traditionale Herrschaft* beruht demgegenüber auf dem *Glauben an die Heiligkeit der von jeher geltenden Ordnung*[18]. In ihr bestimmt die Tradition, wer Herrscher wird, welche Machtbefugnisse er hat und welchen Schranken diese Machtbefugnisse unterliegen. In manchen Fällen ist dem Herrscher erlaubt, nach freier Willkür oder persönlichem Belieben zu verfahren, ohne an formelle Regeln gebunden zu sein. Der Gehorsam der Untertanen bezieht sich auf seine Person, nicht auf eine ihm zugeschriebene Rechtsstellung. In kleineren Gemeinwesen kann er ohne Verwaltungsstab regieren. Wird eine Verwaltung aufgebaut, rekrutiert sie sich typischerweise nicht aus Beamten, sondern aus Familien- und Sippenangehörigen, Freunden, Klienten oder Günstlingen des Herrschers, und ist völlig auf seine Person zugeschnitten. Auch arbeitet sie nicht nach bürokratischen Prinzipien, namentlich fehlen festes Gehalt, Fachschulung, exakte Abgrenzung der Kompetenzen, eine hierarchisch streng geordnete Verwaltungsstruktur. Das Amt wird zum persönlichen Privileg und zur Pfründe, aus welcher der Besitzer zugleich seinen Lebensunterhalt zieht. Änderungen der geltenden Ordnung vollziehen sich langsam und schwer. Sie erfolgen nicht durch förmliche Rechtssetzung und -änderung, sondern im Wege tatsächlich praktizierter Neuerungen, die jeweils vom überkommenen Recht her legitimiert werden müssen. Die Rechtsprechung trägt den Charakter einer *Kadijustiz*, die sich nur an für den Einzelfall herangezogenen Werturteilen orientiert, einer wesentlich empirisch vorgehenden *Präjudizienjudikatur* oder geheimer *Kabinettsjustiz*. Beispiele für typisch traditionale Herrschaftsformen bilden neben den meisten antiken Staaten auch die Monarchien des Mittelalters und in der Gegenwart viele Entwicklungsländer.

c) Die *charismatische Herrschaft* unterscheidet sich von den beiden anderen Herrschaftsformen dadurch, dass sie auf dem primär *irrationalen Glauben* an die *außergewöhnliche Fähigkeit und Kraft eines Propheten oder Volksführers* beruht und von dessen Bewährung abhängt[19]. Sie ist stark autoritär und schafft einen Verwaltungsstab, der sich aus ihrerseits charismatisch auserwählten Jüngern und Gefolgsleuten rekrutiert, die als persönliche Sendboten des Herrschers auftreten. Das Recht wird nicht in abstrakten Regeln gesetzt, sondern offenbart sich in *Gottesurteilen, Orakeln* und *Willenskundgebungen* des Herrschers. Charismatische Herrschaft ist die große revolutionäre Macht in der Geschichte, namentlich in traditional gebundenen Epo-

---

[18] WuG 130ff., 580ff.
[19] WuG 140ff., 654ff.

chen. *Weber* nennt als Beispiele *Jesus, Perikles* und *Napoleon*, aber auch den Demagogen *Kleon von Athen*, womit er vor allem betonen will, dass er den Begriff wertneutral fasst. Später hat man die Frage aufgeworfen, ob *Hitler* dem Typ nach ein charismatischer Führer war, was man im Sinne *Webers* wohl bejahen muss. Ihrer Natur nach ist die charismatische Herrschaft instabil und ephemer. Nach dem Tode des Führers setzt daher regelmäßig ein Prozess der „*Veralltäglichung des Charisma*" ein, in dessen Verlauf die Fortgeltung der charismatischen Legitimation der Nachfolger mit Hilfe traditionaler oder legaler Mechanismen garantiert werden soll, bis die Entwicklung schließlich in echt traditionale oder legale Herrschaftsformen einmündet[20].

3. Die Methode der verstehenden Soziologie

a) Als Soziologe beschäftigt sich *Weber*, nicht anders als *Durkheim* und *Ehrlich*, mit der Realität von rechtlichen Phänomenen und verzichtet bewusst darauf, sich zu den Fragen zu äußern, die Gegenstand der dogmatischen Rechtswissenschaft sind. Methodisch steigert er den Gegensatz zwischen gesellschaftswissenschaftlich-empirischer und juristisch-dogmatischer Betrachtungsweise bis zum äußersten Extrem. Im Einklang mit der neukantianischen Schule der Philosophie seiner Zeit sieht er zwischen „Sein" und „Sollen" einen kategorialen logischen und erkenntnistheoretischen Unterschied, der gedanklich nicht überbrückt werden kann, sondern zu unverbunden nebeneinander stehenden Denkoperationen nötigt. Er schreibt:

„Wenn von „Recht", „Rechtsordnung", „Rechtssatz" die Rede ist, so muss besonders streng auf die Unterscheidung juristischer und soziologischer Betrachtungsweise geachtet werden. Die erstere fragt: was als Recht ideell gilt. Das will sagen: welche Bedeutung, und dies wiederum heißt: welcher *normative Sinn* einem als Rechtsnorm auftretenden sprachlichen Gebilde logisch *richtigerweise* zukommen *sollte*. Die letztere dagegen fragt: was innerhalb einer Gemeinschaft *faktisch* um deswillen *geschieht*, weil die *Chance* besteht, dass am Gemeinschaftshandeln beteiligte Menschen, darunter insbesondere solche, in deren Händen ein sozial relevantes Maß von faktischem Einfluss auf dieses Gemeinschaftshandeln liegt, bestimmte Ordnungen als geltend *subjektiv* ansehen und praktisch behandeln, also ihr eigenes Handeln an ihnen orientieren. ... Es liegt auf der Hand, dass beide Betrachtungsweisen sich gänzlich heterogene Probleme stellen und ihre „Objekte" unmittelbar gar nicht in Berührung miteinander geraten können, dass die ideelle „Rechtsordnung" der Rechtstheorie direkt mit dem Kosmos des faktischen wirtschaftlichen Handelns nichts zu schaffen hat, da beide in verschiedenen Ebenen liegen: die eine in der des ideellen Geltensollens, die andere in der des realen Geschehens. Wenn nun trotzdem Wirtschafts- und Rechtsordnung in höchst intimen Beziehungen zueinander stehen, so ist eben diese letztere dabei nicht in juristischem, sondern in soziologischem Sinn verstanden: als *empirische* Geltung. Der Sinn des Wortes „Rechtsordnung" ändert sich dann völlig. Sie bedeutet dann

---
[20] WuG 142 ff., 661 ff.

nicht einen Kosmos logisch als „richtig" erschließbarer Normen, sondern einen Komplex von faktischen Bestimmungsgründen realen menschlichen Handelns[21].

b) Während *Weber* auf diese Weise die Brücken von der Soziologie zur Rechtswissenschaft abbricht, verwendet er auf der anderen Seite soziologisch einen außerordentlich breiten, geisteswissenschaftlich geprägten methodischen Ansatz. Er will den Sinn sozialen Handelns „deutend verstehen" und es „dadurch in seinem Ablauf und in seinen Wirkungen ursächlich erklären"[22]. Das gedankliche Hilfsmittel dazu ist ihm vorzugsweise die Figur des Typus, die er in dem Begriff des *Idealtypus* besonders zuspitzt, der „in sich die konsequente Einheit möglichst vollständiger Sinnadäquanz" zu dem beobachteten Handeln zeigt, aber eben deshalb in seiner „absolut idealen reinen Form" in der Realität gewöhnlich nicht auftritt[23]. Es handelt sich also um gedankliche Abstraktionen im Hinblick auf den inhärenten Sinn sozialer Phänomene. Dagegen verzichtet *Weber* auf die Vorstellung von nach Analogie der Naturgesetze konzipierten sozialen Gesetzen. Die in der Soziologie als Gesetze formulierten Aussagen sind für ihn nicht mehr als „durch Beobachtung erhärtete typische *Chancen* eines bei Vorliegen gewisser Tatbestände zu *gewärtigenden* Ablaufes von sozialem Handeln, welche aus typischen Motiven und typisch gemeintem Sinn der Handelnden *verständlich* sind"[24].

Diese auf das Typische und Sinnhafte sozialer Vorgänge abzielende Methode gestattet es *Weber*, eine außerordentlich breite Palette von Beobachtungen aufzugreifen und ihre geistigen Hintergründe jeweils in die wissenschaftliche Deutung einzubeziehen. In der Rechtssoziologie untersucht er deshalb nicht nur äußerlich fassbare Sachverhalte, zum Beispiel die verschiedenen juristischen Berufsgruppen oder die Stellung des Richters, sondern deutet auch religiöse und philosophische Rechtsideen sowie rechtswissenschaftliche Figuren und Systemkomponenten soziologisch, wie etwa die Unterscheidungen zwischen subjektivem und objektivem Recht, öffentlichem und privatem Recht oder Rechtsschöpfung und Rechtsfindung[25]. Letztlich entzieht sich kein rechtlicher Begriff seinem soziologischen Zugriff, und sei er noch so dogmatisch oder rechtstechnisch gefasst.

Zum zweiten vermeidet *Weber* monokausale Erklärungen nach Art des Marxismus, der alles Recht auf die ökonomischen Verhältnisse zurückführt[26]. Er sieht die Fülle der geistigen, ethischen und religiösen, gesellschaftlichen, ökonomischen, politischen und historischen Faktoren, welche auf das

---

[21] WuG 181.
[22] WuG 1.
[23] WuG 10 und ausführlich in: Die Objektivität sozialwissenschaftlicher Erkenntnis. Gesammelte Aufsätze zur Wissenschaftslehre, 6. Aufl 1985, 146ff., 190ff.
[24] WuG 9.
[25] WuG 387ff.
[26] Siehe Abschnitt 4 II.

soziale Leben einwirken, und beschreibt sie in ihrer Wechselwirkung und gegenseitigen Durchdringung. Auch das Recht spiegelt alle diese Elemente wider und ist in ihrem Licht zu verstehen. Zugleich entfaltet sich das Recht jedoch gemäß seiner logischen und rechtstechnischen Eigenart und nach den Denkgewohnheiten der Juristen. Insoweit ist es nicht durch Einflüsse von außen determiniert und erklärbar[27]. Als selbständiger Faktor wirkt es vielmehr seinerseits auf die gesellschaftlichen Prozesse ein. An zahlreichen Stellen seiner Rechtssoziologie konstatiert *Weber*, dass sich bestimmte Erscheinungsformen des Rechts oder Rechtslebens in ihrer konkreten Gestalt gerade nicht aus religiösen, ökonomischen oder politischen, sondern nur aus den spezifisch rechtlichen Zusammenhängen erklären lassen[28].

c) Für die *Wechselwirkung zwischen Recht* und *Wirtschaft*, der das besondere Interesse von *Webers* großem Werk „Wirtschaft und Gesellschaft" gilt, hat er diese Erkenntnis auch theoretisch ausgearbeitet. Seine Aussagen dazu lassen sich aber generalisieren und auf andere Bereiche, etwa die Beziehungen zwischen Recht und Religion oder Recht und Politik, übertragen. Zugleich kommt ihnen im Hinblick auf die in ihnen enthaltene Kritik am Marxismus und auf die Deutung des Kapitalismus und der Marktwirtschaft exemplarischer Rang zu. Deshalb sollen die wichtigsten Abschnitte daraus im Wortlaut hier angefügt werden.

„1. Das Recht (immer im soziologischen Sinn) garantiert keineswegs nur ökonomische sondern die allerverschiedensten Interessen, von den normalerweise elementarsten: Schutz rein persönlicher Sicherheit bis zu rein ideellen Gütern wie der eigenen „Ehre" und derjenigen göttlicher Mächte. Es garantiert vor allem auch politische, kirchliche, familiäre oder andere Autoritätsstellungen, und überhaupt soziale Vorzugslagen aller Art, welche zwar in den mannigfachsten Beziehungen ökonomisch bedingt und relevant sein mögen, aber selbst nichts ökonomisches und auch nichts notwendig oder vorwiegend aus ökonomischen Gründen Begehrtes sind.
2. Eine „Rechtsordnung" kann unter Umständen unverändert bestehen bleiben, obwohl die Wirtschaftsbeziehungen sich radikal ändern. ...
3. Die rechtliche Ordnung eines Tatbestandes kann vom Standpunkt der juristischen Denkkategorien aus betrachtet fundamental verschieden sein, ohne dass die Wirtschaftsbeziehungen dadurch in irgend erheblichem Maß berührt werden, wenn nämlich nur in den ökonomisch der Regel nach relevanten Punkten der praktische Effekt für die Interessenten der gleiche ist. ...
4. Natürlich steht die Rechtsgarantie in weitestem Umfang direkt im Dienst ökonomischer Interessen. Und soweit dies scheinbar oder wirklich nicht direkt der Fall ist, gehören ökonomische Interessen zu den allermächtigsten Beeinflussungsfaktoren der Rechtsbildung, da jede eine Rechtsordnung garantierende Gewalt irgendwie vom Einverständnishandeln der zugehörigen sozialen Gruppen in ihrer Existenz getragen wird

---

[27] WuG 441 ff.
[28] Besonders eindrucksvoll ist zum Beispiel die Feststellung, dass die kapitalistische Wirtschaftsweise die spezifische Entwicklung des kontinentaleuropäischen Rechts seit dem Mittelalter nicht besonders beeinflusst hat, WuG 509–511.

und die soziale Gruppenbildung in hohem Maße durch Konstellationen materieller Interessen mitbedingt ist.

5. Das Maß von Erfolgen, welches durch die hinter der Rechtsordnung stehende Eventualität des Zwanges erzielt werden kann, speziell auf dem Gebiet des wirtschaftlichen Handelns, ist außer durch andere Umstände auch durch dessen Eigenart begrenzt. Die Schranken des faktischen Erfolgs des Rechtszwangs auf dem Gebiet der Wirtschaft ergeben sich vielmehr teils aus den Schranken des ökonomischen Könnens der Betroffenen: nicht nur der Gütervorrat selbst ist jeweils beschränkt, sondern auch seine jeweils möglichen Verwendungsarten sind begrenzt durch die eingeübten Arten der Verwendung und des Verkehrs der Wirtschaften untereinander, welche sich heteronomen Ordnungen, wenn überhaupt, dann nur nach schwierigen Neuorientierungen aller ökonomischen Dispositionen und meist mit Verlusten, jedenfalls also unter Reibungen fügen können. ... Zum anderen Teil liegen sie auf dem Gebiet des relativen Stärkeverhältnisses zwischen den privaten ökonomischen und den an der Befolgung der Rechtsvorschriften engagierten Interessen. Die Neigung, ökonomische Chancen preiszugeben, nur um legal zu handeln, ist naturgemäß gering, wo nicht eine sehr lebendige Konvention die Umgehung des formalen Rechtes stark missbilligt, und das wird, wenn die von einer gesetzlichen Neuerung benachteiligten Interessen sehr verbreitet sind, nicht leicht der Fall sein. Umgehungen eines Gesetzes sind gerade auf ökonomischem Gebiet oft leicht verhehlbar. ...

6. Die „*staatliche*" Garantie der Rechte ist rein theoretisch betrachtet für keine grundlegende ökonomische Erscheinung unentbehrlich. . . Aber allerdings ist speziell eine Wirtschaftsordnung moderner Art ohne eine Rechtsordnung von sehr besonderen Eigenschaften, wie sie praktisch nur als „staatliche" Ordnung möglich ist, zweifellos nicht durchführbar. ... Die universelle Herrschaft der *Markt*vergesellschaftung verlangt einerseits ein nach rationalen Regeln *kalkulierbares* Funktionieren des Rechts. Und andererseits begünstigt die Marktverbreiterung, die wir als charakteristische Tendenz jener kennenlernen werden, kraft der ihr immanenten Konsequenzen die Monopolisierung und Reglementierung aller „legitimen" Zwangsgewalt durch *eine* universalistische Zwangsanstalt, vermöge der Zersetzung aller partikulären, meist auf ökonomischen Monopolen ruhenden ständischen und anderen Zwangsgebilde"[29]

4. Der Prozess der Rationalisierung des Rechts[30]

Das als Rechtssoziologie bezeichnete Kapitel in *Webers* „Wirtschaft und Gesellschaft" beschäftigt sich mit einer Fülle der aus der rechtswissenschaftlichen Grundlagenforschung bekannten Themen und ihrer soziologischen Deutung, so zum Beispiel mit den Gliederungen zwischen öffentlichem Recht und Privatrecht, Strafrecht und Zivilrecht, Regierung und Verwaltung, Gewaltenbegrenzung und Gewaltenteilung, mit den Entstehungsbedingungen des objektiven Rechts, den Formen und der Entstehung subjektiver Rechte, der Vertrags- und Vereinigungsfreiheit, den verschiedenen juristischen Tätigkeiten und den Typen der juristischen Methode und des Rechtsunterrichts.

---
[29] WuG 196ff.
[30] Vgl. zum Folgenden *Raiser* JZ 2008, 853ff.

7. Abschnitt: Max Weber

Den roten Faden bildet eine allgemeine, historisch und soziologisch orientierte Darstellung der Gestaltungsformen des materiellen Rechts und des Prozessrechts, des Rechtsstabs und des rechtswissenschaftlichen Denkens, in die *Weber* auch Indien und China, den Islam, Persien und das jüdische Recht einbezieht und die er für das deutsche und angelsächsische Recht bis in seine Gegenwart hinein fortführt. Sie fußt auf dem Leitgedanken, dass das Recht im Lauf der Geschichte einen *Rationalisierungsprozess* durchläuft, welcher sich, wenn auch in unterschiedlichen Phasen und Zeiträumen, in allen Kulturen nachweisen lässt.

Was *Weber* unter Rationalisierung versteht, hat er zuletzt in seinem großen Vortrag „Wissenschaft als Beruf" formuliert:

„Die zunehmende Intellektualisierung und Rationalisierung bedeutet also *nicht* eine zunehmende allgemeine Kenntnis der Lebensbedingungen, unten denen man steht. Sondern sie bedeutet etwas anderes: dass man, wenn man *nur wollte*, es jederzeit erfahren *könnte*, dass es also keine prinzipiell geheimnisvollen unberechenbaren Mächte gebe, die da hineinspielen, dass man vielmehr alle Dinge – im Prinzip – durch *Berechnen beherrschen* könnte. Das aber bedeutet: die Entzauberung der Welt."[31]

Das Recht ist nach *Weber* insoweit rational, als es abstrakte Regeln ausbildet und die Rechtsanwendung darauf ausrichtet. Im Einzelnen vollzieht sich die Rationalisierung in drei Schritten: a) durch *Generalisieren*, das heißt durch „Reduktion der für die Entscheidung des Einzelfalls maßgebenden Gründe auf ein oder mehrere Prinzipien"; b) durch *juristische Konstruktion von Rechtsverhältnissen und Rechtsinstituten*, nämlich durch Feststellung, „was an einem in typischer Weise verlaufenden Gemeinschafts- oder Einverständnishandeln rechtlich relevant sei und in welcher in sich logisch widerspruchslosen Weise diese relevanten Bestandteile als rechtlich geordnet, also als ein „Rechtsverhältnis" zu denken seien"; und schließlich c) durch *Systematisierung*, das heißt „Inbeziehungssetzung aller durch Analyse gewonnenen Rechtssätze derart, dass sie untereinander ein logisch klares, in sich logisch widerspruchsloses und, vor allem, prinzipiell lückenloses System von Regeln bilden, welches also beansprucht: dass alle denkbaren Tatbestände unter eine seiner Normen müssen logisch subsumiert werden können."[32] Irrational ist das Recht, wenn abstrakte Regeln fehlen.

Weber unterscheidet weiterhin hinsichtlich ihres Rationalitätsgrades vier typische Erscheinungsformen[33]. Das Recht ist *formell irrational*, wenn sich Gesetzgeber und Richter irrationaler Erkenntnismittel bedienen, zum Beispiel Orakel anrufen, *materiell irrational*, wenn die Entscheidungen inhaltlich nicht auf generelle Normen zurückgeführt werden, sondern auf Wertungen ethischer, gefühlsmäßiger oder politischer Art beruhen, die nur auf den

---
[31] Gesammelte Aufsätze zur Wissenschaftslehre, 6. Aufl, 594.
[32] Alle Zitate WuG 395f.
[33] WuG 396.

Einzelfall bezogen sind. *Formell rational* ist das Recht, sofern es ausschließlich an generell gefasste Tatbestandsmerkmale anknüpft, und zwar entweder, in älteren Gesellschaften, an äußere Merkmale wie die Verwendung bestimmter Wortformeln, die Abgabe einer Unterschrift usw. oder, im modernen Recht, an abstrakte, logischer Sinndeutung zugängliche Rechtsbegriffe. *Materiell rationale* Rechtsanwendung orientiert sich demgegenüber an generalisierten inhaltlichen Handlungsmaximen. Sie bedeutet, dass „Normen anderer qualitativer Dignität als logische Generalisierungen von abstrakten Sinndeutungen auf die Entscheidung von Rechtsproblemen Einfluss haben sollen: ethische Imperative oder utilitaristische oder andere Zweckmäßigkeitsregeln oder politische Maximen, welche sowohl den Formalismus des äußeren Merkmals wie denjenigen der logischen Abstraktion durchbrechen."[34] Die Unterscheidung zwischen formeller und materieller Rationalität tritt in der Rechtssoziologie an die Stelle der sonst von *Weber* gebrauchten zwischen Zweck- und Wertrationalität.

Auf der Grundlage eines solchen analytischen Instrumentariums beschreibt *Weber* nun den Gang der Rechtsgeschichte als die *Entwicklung zur formalen Rationalität*[35]. Diese findet er in den kontinentaleuropäischen Kodifikationen und in der Begriffsjurisprudenz des 19. Jahrhunderts am reinsten verwirklicht. Sie ist die den modernen technischen und ökonomischen Bedingungen gemäße Form des Rechts, weil sie die Rechtspflege berechenbar macht. Ihre Träger sind wissenschaftlich geschulte Fachjuristen, die erst auf einer späten Stufe der Rechtsentwicklung in Erscheinung treten:

> „Die allgemeine Entwicklung des Rechts und des Rechtsgangs führt, in theoretische „Entwicklungsstufen" gegliedert, von der charismatischen Rechtsoffenbarung durch „Rechts*propheten*" zur empirischen Rechtsschöpfung und Rechtsfindung durch Rechts*honoratioren* (Kautelar- und Präjudizienrechtsschöpfung), weiter zur Rechtsoktroyierung durch weltliches imperium und theokratische Gewalten und endlich zur systematischen Rechtssatzung und zur fachmäßigen, auf Grund literarischer und formal logischer Schulung sich vollziehenden „Rechtspflege" durch Rechts *gebildete* (Fachjuristen). Die formalen Qualitäten des Rechts entwickeln sich dabei aus einer Kombination von magisch bedingtem Formalismus und offenbarungsmäßig bedingter Irrationalität im primitiven Rechtsgang, eventuell über den Umweg theokratisch oder patrimonial bedingter materialer und unformaler Zweckrationalität, zu zunehmender fachmäßig juristischer, also logischer Rationalität und Systematik und damit – zunächst rein äußerlich betrachtet – zu einer zunehmend logischen Sublimierung und deduktiven Strenge des Rechts und einer zunehmend rationalen Technik des Rechtsgangs"[36].

---

[34] WuG 397; vgl. zur Interpretation *Schluchter* (Schrifttumsverz.), 130 ff.; *Quensel* ZfRSoz 1997, 146 ff.; *Raiser* JZ 2008, 853 ff.

[35] Diese die ganze Weltgeschichte des Rechts einbeziehende Darstellung nimmt den Hauptteil der „Rechtssoziologie" in Anspruch (§§ 4–8, WuG 456–513).

[36] WuG 504

Auf der anderen Seite betont *Weber* selbst, dass wichtige Erscheinungen der Rechtsentwicklung nicht in dieses Schema passen, sondern eher *irrationalen* oder doch jedenfalls *materiell rationalen* Charakter tragen. Er verweist dazu auf die im BGB verankerten Begriffe von Treu und Glauben und der guten Sitten als Einfallstor gesinnungsethischer Rationalisierung der Rechtspraxis, welche, wie er meint, den Bedürfnissen des modernen Wirtschaftsverkehrs gleichfalls entgegenkommt[37]. Weiter geht er auf die Forderungen der Arbeiterschaft nach mehr sozialer Gerechtigkeit ein und sieht auch darin das formale Recht grundsätzlich in Frage gestellt[38]. Gleiches gilt für neue „Rechtsideologien", welche „ein soziales Recht auf der Grundlage pathetischer sittlicher Postulate („Gerechtigkeit", „Menschenwürde") verlangen"[39]. Auch in den Forderungen der Freirechtsschule nach dem schöpferischen Richter sieht er eine Tendenz zur irrationalen Rechtsfindung, ebenso in der Tätigkeit von Laienrichtern als Geschworenen in der Strafrechtspflege[40]. So schreibt er abschließend, die Entwicklung der formellen Qualitäten des Rechts zeige „eigentümlich gegensätzliche Züge". Doch sei es als Konsequenz der technischen und ökonomischen Entwicklung ein „unvermeidliches Schicksal", dass seine Fachmäßigkeit als eines „jeder inhaltlichen Heiligkeit entbehrenden" und „jederzeit zweckrational umzuschaffenden" technischen Apparats, also seine Positivität, sowie folglich seine Unverständlichkeit für Laien, und in diesem Sinn seine Rationalität stetig anschwellen[41].

5. Die Entstehung neuen Rechts

Weber hat, anders als *Ehrlich*, keine begrifflich ausgearbeitete Rechtsquellenlehre hinterlassen. Die Frage nach der Entstehungsweise neuer Rechtsregeln steht jedoch auch bei ihm im Zentrum der Rechtssoziologie[42]. Zunächst stellte er fest, dass die rechtsdogmatische Unterscheidung zwischen Gesetzes- und Gewohnheitsrecht für die soziologische Untersuchung unbrauchbar ist. Das Gesetz ist keine ursprüngliche Form der Rechtsbildung, sondern eine späte historische Errungenschaft. Am Anfang stehen vielmehr habituell eingeübte Verhaltensregeln, sodann Vereinbarungen von Privatpersonen, in denen diese von einer bisher befolgten Übung abweichen, weil diese, zum Beispiel infolge veränderter äußerer Bedingungen, ihren Interessen nicht mehr gerecht wird. Die primäre Rechtsquelle sind also *Verträge*. Unter komplizierter gewordenen ökonomischen und sozialen Verhältnissen wirken später spe-

---

[37] WuG 5O5f.
[38] WuG 507.
[39] Ebenda.
[40] WuG 507ff.
[41] WuG 512f.
[42] Zum folgenden vgl. WuG 441ff.

zialisierte Rechtskundige, das heißt *Juristen*, an deren Ausarbeitung mit. Die Erfindungen der Katelarjurisprudenz werden dadurch zur zweiten Rechtsquelle. Als dritte, eigenständige Rechtsquelle kommen die *Gerichtsurteile* hinzu, welche mit Rechtszwang ausgestattet sind und dadurch die Einhaltung der andernfalls unstabilen und ungesicherten Verträge garantieren. Neues Recht entsteht demgegenüber vor allem auch aufgrund charismatischer Offenbarung durch *Orakel* und *Propheten* als vierter Rechtsquelle. Die gezielte *Setzung* neuen Rechts erscheint schließlich fünftens zuerst in Gestalt von *Vereinbarungen zwischen Stammes- und Sippenhäuptlingen*. Sie durchläuft eine lange Geschichte, bevor sie die Gestalt der modernen *Gesetzgebung* findet.

Diese fünffache Aufgliederung der Rechtsquellen ist keineswegs nur historisch zu verstehen, sondern lässt sich auch für die soziologische Analyse des Rechtsbildungsprozesses in der Gegenwart verwenden. Ihre Verwandtschaft mit den Erkenntnissen von *Ehrlich*, aber auch von *Durkheim* fällt sofort auf, wenngleich *Weber* noch stärker differenziert als diese. Im Gegensatz zur rigiden juristischen Rechtsquellenlehre, die im Gesetz die einzige echte und wesentliche Rechtsquelle erblickt, zeichnet er ein sehr viel komplexeres Bild der Rechtsentstehung. So relativiert *Weber* vor allem auch die gewohnte juristische Sicht des Verhältnisses von Rechtsschöpfung und Rechtsanwendung, Gesetzgeber und Richter[43]. Auf allen Stufen irrationaler Rechtspflege, aber auch überall dort, wo, wie im angloamerikanischen Recht, ein Fallrecht praktiziert wird, fallen Rechtssetzung und Rechtsanwendung zusammen und lassen sich deshalb auch theoretisch nicht unterscheiden. Einen Sinn gibt die Differenzierung nur als Ausdruck der Gewaltenteilung, was dann aber nicht mehr besagt, als dass alle Tätigkeiten des Gesetzgebers als Rechtssetzung, alle richterlichen Funktionen als Rechtsanwendung zu bezeichnen sind.

6. Die Vertragsfreiheit

Die Lehre vom Vertrag als primärer Rechtsquelle und von seiner Einbettung in das objektive, durch staatlichen Zwang garantierte Recht veranlasst *Weber*, den Entwicklungsstufen und der wirtschaftlichen und sozialen Funktion der *Vertragsfreiheit* und ihrer Grenzen nachzugehen[44]. Ungewöhnlich ausführlich arbeitet er heraus, wie das Ausmaß der Vertragsfreiheit und die allmähliche Herauskristallisierung der Institute des Schuldrechts (Tausch, Kauf, Prozessvertrag, Unterscheidung dinglicher und obligatorischer Verträge, Stellvertretung, Zession, Vertrag zugunsten Dritter) eine unmittelbare Folge sozialer und vor allem wirtschaftlicher Bedürfnisse ist, die sich schon

---

[43] WuG 394f.
[44] WuG 398ff.

im Lauf der Geschichte des römischen Rechts durchgesetzt haben. Auf ähnliche Weise verfolgt er die Beschränkungen der Vertragsfreiheit durch Formvorschriften, gesetzliche Verbote, die guten Sitten, vor allem aber aufgrund durchsetzungskräftiger politischer und ökonomischer Interessen. Die Darstellung mündet in eine, allerdings noch rudimentäre, Erörterung der veränderten Funktion des Vertrags im sozialistischen Recht und der Gefahren für die Vertragsfreiheit, die in der kapitalistischen Marktwirtschaft von marktmächtigen Unternehmen ausgehen[45].

Theoretisch untermauert ist *Webers* Darstellung durch die von dem englischen Rechtshistoriker *Henry Sumner Maine* übernommene Unterscheidung zwischen *status* und *contract*[46]. Auch auf früheren Kulturstufen haben Verträge bereits eine wichtige Rolle gespielt, aber nicht als auf den Gütertausch gerichtete *Zweckkontrakte*, sondern als *Statuskontrakte*, welche die Aufnahme einer Person in einen sozialen Verband aus Anlass der Eheschließung, Adoption, Versippung, Hausgenossenschaft, Lehnsherrschaft usw. oder die Entlassung aus dem Verband zum Gegenstand hatten[47]. Sie betrafen ihrem Sinn nach die ganze Person, die durch den Vertragsschluss ein „neues, in bestimmter Art sinnhaft qualifiziertes Gesamtverhalten" in Aussicht stellt und dadurch ihren Status ändert, das heißt, „etwas qualitativ Anderes wird"[48]. Dagegen gewinnen die Austausch- bzw. Zweckverträge erst von dem Augenblick an Bedeutung, in dem sich die archaische Hauswirtschaft in eine Markt-, namentlich Geldwirtschaft verwandelt. So kann *Weber* geradezu sagen, der Aufstieg des privatrechtlichen Kontrakts sei „*die juristische Seite der Marktwirtschaft*"[49]. Auf der anderen Seite betont *Weber* in diesem Zusammenhang neben den wirtschaftlichen auch die ethischen und politischen Bestimmungsgründe der Rechtsentwicklung. Die Rechtsformen sind nicht einfach Ausfluss und Funktion der ökonomischen Bedürfnisse, sondern ein durchaus eigenständiges Produkt der Rechtsordnung und des Rechtsdenkens[50].

---

[45] WuG 439f.
[46] *Maine*, Ancient Law, 1861. Der deutsche Text der einschlägigen Stelle in der Übersetzung von F. Tönnies ist oben in Abschnitt 3, I 2 d zitiert; Vgl dazu auch Abschnitt 15 II 2.
[47] WuG 401.
[48] WuG 401.
[49] Ebenda.
[50] WuG 412.

III. Nachwirken und Würdigung

1. Webers soziologische Methode

Max Webers säkulare Bedeutung für die Soziologie und für die Wissenschaftstheorie der Sozialwissenschaften kann hier nicht ausgeführt werden[51]. Stattdessen müssen wir uns auf einige Kernpunkte beschränken. Seine mit der Figur des Idealtyps arbeitende *„verstehende"* Soziologie erlaubt es, die geistigen Bestimmungsgründe sozialer Handlungen in die wissenschaftliche Betrachtung einzubeziehen und eine sonst in der Soziologie nicht erreichbare Weite des Blicks zu eröffnen. Dabei gelingt *Weber* auch die Balance zwischen empirischer Beobachtung und der Orientierung an Sinndeutungen[52] sowie zwischen personen- und gemeinschaftsbezogener Betrachtungsweise[53]. In ihrer offenen Perspektive, die einseitige und monokausale Erklärungen vermeidet und die Vielfalt der im gesellschaftlichen und wirtschaftlichen Leben wirkenden geistigen und sozialen Kräfte ohne vorgeprägte Rangfolge verknüpft, formuliert seine Methode zugleich die entscheidende Gegenposition zu *Marx* und dem Marxismus.

Die Rechtssoziologie *Webers* hat, verglichen mit seinem sonstigen Werk, ein erstaunlich geringes Echo gefunden, ja man wird sagen müssen, sie wird von den Soziologen und von den Juristen erst neuerdings wirklich aufgenommen[54]. Was die Soziologen angeht, kann man darin die Zeichen einer bemerkenswerten Rechtsfremdheit erkennen, die erst langsam abgebaut wird. Für die mangelnde Rezeption von seiten der Rechtswissenschaft hat *Weber* einen Grund selbst gesetzt durch seine übersteigerte Trennung von Sein und Sollen, empirischer und normativer Betrachtungsweise und durch seinen darauf beruhenden strikten Verzicht darauf, sich zu aktuellen Rechtsfragen zu äußern. Dass *Weber* solche Stellungnahmen nicht prinzipiell, sondern nur im Zusammenhang wissenschaftlicher Arbeit ablehnt, beweisen seine politischen Schriften, in denen er sich zu konkreten Problemen der Rechtsgestaltung im engeren Sinn allerdings nur selten äußert.

---

[51] Einen guten Eindruck vermitteln die beiden anlässlich seines 100. Geburtstags veröffentlichten Sammelwerke: Max Weber zum Gedächtnis; 1963 und Max Weber, Gedächtnisschrift der Ludwig Maximilians-Universität München, 1966, sowie die unter dem Titel „Max Weber und die Soziologie heute" veröffentlichten Verhandlungen des 15. Deutschen Soziologentages 1964 mit Referaten von *Topitsch*, *Parsons Aron* und *Marcuse*. Siehe ferner schon: *Karl Jaspers*, Max Weber, Politiker, Forscher, Philosoph, 1921; ferner *Bendix* 1960; *Kronman* 1983; *Hennis* 1987; *J. Weiss* 1992; *Radkau* 2005; *Müller* 2007.
[52] *Breuer/Treiber* 1984, 1 ff.
[53] *Cotterrell*, Sociology of Law, 148.
[54] *Loos* 1970; *Eder* 1981; *Rehbinder/Tieck* 1987 mit Abhandlungen von *Freund*, *Rossi*, *Febbrajo*, *Tieck*, *Bobbio*, *Rehbinder*, *Schiera* und *Laos*; *Breuer/Treiber* 1984 mit Abhandlungen von *Treiber*, *Breuer*, *Trubek*, *Caesar-Wolf* und *Roos*; *Uecker* 2005; *Quensel* 1997; *Ludwig* 1999; *Müller* 2007.

Der von ihm ausgelöste wissenschaftstheoretische *Werturteilsstreit* darüber, ob es in den Sozialwissenschaften prinzipiell möglich sei, wertfreie Erkenntnisse zu finden, wird noch heute geführt, ohne dass sich eine endgültige Klärung abzeichnete[55]. Für die Rechtswissenschaft steht indessen fest, dass sie von den normativen Vorgaben der Gesetze und den inhaltlichen Leitvorstellungen, die dem geltenden Recht zugrunde liegen, nicht abstrahieren kann, ohne ihre Aufgabe zu verfehlen, das Postulat der Wertfreiheit sich also in diesem Bereich auf die Forderung reduziert, die gegebenen Prämissen transparent zu machen und nicht unvermerkt subjektive, aus der Sphäre des Interpreten oder bestimmter Interessenten stammende Wertungen in die Auslegung einfließen zu lassen[56].

2. Das Recht als Zwangsordnung

Max Webers soziologischer Rechtsbegriff, der den durch eine besondere Sanktionsinstanz garantierten Zwang zum wesentlichen Merkmal erhebt, hat sich in der modernen Rechtssoziologie als überwiegend zweckmäßig erwiesen, namentlich als praktikabler als die Anerkennungstheorie *Ehrlichs*[57]. Umso wichtiger ist es, seine Grenzen herauszuarbeiten[58]. Er klammert den unbestreitbaren Sachverhalt aus, dass der erwartete oder ausgeübte Zwang seitens des Rechtsstabs keinesfalls immer das wahre Motiv für die Befolgung der Rechtsregeln bildet und dass der Sanktionsmechanismus in Wahrheit viel differenzierter verläuft. Auf diese Weise bringt er die von *Weber* selbst durchaus gesehene und betonte[59] Verflechtung zwischen Nützlichkeitserwägungen, freiwilligem Rechtsgehorsam und staatlichem Rechtszwang nur unzulänglich zum Ausdruck. Die Wechselwirkung und die fließende Grenze zwischen vor- und außerstaatlichen Verhaltensnormen und Sanktionsformen und dem positiven staatlichen Recht nimmt er nicht in sich auf, ebensowenig die inneren Ordnungsgarantien der tatsächlich geltenden Rechtsordnung. Auch berücksichtigt er die im modernen Gemeinwesen bestehende innere Differenzierung, Aufgabenverteilung und Inhomogenität des Zwangsapparates selbst nicht. Gegenüber großen Teilen des Verfassungsrechts und des staatlichen Organisationsrechts, die keinen Sanktionen unterliegen, vor allem aber gegenüber dem Völkerrecht und dem transnationalen Wirtschafts-

---

[55] Vgl. *Adorno* ua, Der Positivismusstreit in der deutschen Soziologie, 1969; *Albert/Topisch* (Hrsg.), Werturteilsstreit, 2. Aufl. 1979; *Schelsky*, Die Arbeit tun die anderen, dort insbesondere IV. Teil: Anti-Soziologie, 1977; *Tenbruch*, Die unbewältigten Sozialwissenschaften oder Die Abschaffung des Menschen, 1984.
[56] So schon *Weber* selbst, zum Beispiel in Wissenschaft als Beruf, in: Gesammelte Aufsätze zur Wissenschaftslehre 584; vgl. *Loos* 1970, 36 ff., 106 ff.
[57] Siehe zum Folgenden Abschnitt 11 III.
[58] *Rheinstein* 1954, 63 ff.; *Ryffel* Rechtssoziologie, 1974, 68 ff.; *Trubek* 1984, 159.
[59] *Uecker* 2005, 21 ff.

recht, reicht er nicht aus. Endlich verzichtet, womit der wichtigste Punkt angeschnitten sein dürfte, *Webers* empirischer Rechtsbegriff auf jede Bezugnahme auf eine inhaltliche Bestimmung und kann daher beliebigen Regelungen dienstbar gemacht werden. Als solcher leistet er, wie alle rein positivistischen Rechtsbegriffe, einer, wie sich nach *Webers* Tod gezeigt hat, gefährlichen Tendenz Vorschub, Anordnungen staatlicher Machthaber ohne Rücksicht auf die Menschenwürde und den Freiheitsschutz der Person Rechtsqualität beizumessen.

3. Die Rationalität des Rechts

Webers Lehre von der zunehmenden Rationalität der gesellschaftlichen Ordnungen und insbesondere des Rechts und vom Vordringen des formalen Rechts im Lauf der Geschichte relativiert *Weber* in zahlreichen Einzelanalysen selbst. Auch sein Begriff der charismatischen Herrschaft deutet eher auf irrationale Elemente. Bekannt ist vor allem seine Schwierigkeit, die Entwicklung des angloamerikanischen case law in sein Schema einzuordnen[60]. In der heutigen Soziologie wird die Rationalitätsthese in ihrer begrenzten Richtigkeit und methodischen Brauchbarkeit anerkannt, aber zugleich, nicht zuletzt infolge der Entdeckung der Tiefenpsychologie und der Erfahrungen des 20. Jahrhunderts, kritisch beurteilt[61].

Dabei bietet eine oft gesehene Unschärfe der Begriffe beträchtliche Schwierigkeiten für ihr genaues Verständnis.[62] Im Hinblick auf das Recht bleibt letztlich unklar, ob *Weber* mit seiner Präferenz für die formelle Rationalität die formal-logische Methode der Begriffsjurisprudenz, die wissenschaftliche Generalisierung und Systematisierung der Rechtsvorschriften oder die Unabhängigkeit der Rechtsfortbildung von äußeren ökonomischen, religiösen und politischen Einflüssen und ihre Beschränkung auf immanent juristische Denkmodelle gemeint hat[63]. Jedenfalls hat sich sein komplexer Begriff der Rationalität zwar als problematisch, zugleich aber auch als äußerst fruchtbar erwiesen. In jüngster Zeit wird der formellen und der materiellen eine *prozedurale Rationalität* als dritte Kategorie hinzugefügt[64]. Die Frage, ob bzw. in-

---

[60] WuG 450, 509ff.; und dazu *Trubek* 1984, 187ff.
[61] Vgl. die Referate und Diskussionsbeiträge in *Stammer* (Hrsg.) 1965; ferner *Trubek* 1984, 163ff.; *Schluchter* 1979, 130ff.; *Roos* 1984, 233ff.; *Treiber* 1984, 33ff.; *Habermas* 1981, Bd. 1, 225ff.; *Stangl* ZfRSoz 1992, 44ff.; Kritisch zum Rationalitätsbegriff Webers *Eder* 1981, 247ff.; *Raiser* JZ 2008, 853.
[62] Vgl. die sehr viel ausführlichere Analyse des Rationalitätsbegriffs von *Habermas*, Theorie des kommunikativen Handelns Bd. 1, 1981 sowie *Peters*, Rationalität, Recht und Gesellschaft, 1991, ferner *Raiser* JZ 2008, 853.
[63] Vgl. die divergierenden Interpretationen von *Schluchter, Roos, Treiber, Trubek* (vorige Fußnote); ferner *Rehbinder* 1963, 481f.; *Rheinstein* 1954, 55ff.
[64] Vgl. Abschnitt 12 V.

wiefern man behaupten kann, die gesellschaftlichen Ordnungen und namentlich das Recht entwickeln sich hin zu fortschreitender Rationalität, gehört weiterhin zu den zentralen Themen der Soziologie und Sozialphilosophie.[65]

In der Beurteilung der pandektistischen Begriffsjurisprudenz blieb *Weber* offenkundig zeitgebunden, was immerhin erstaunt, wenn man sieht, wie er die Zeichen einer neuen, wertbezogenen juristischen Denkweise immerhin erkennt und andeutet[66]. Zwar darf man angesichts der Gefahren, welche einer hemmungslos in den Dienst bestimmter Zwecke oder Wertvorstellungen und Ideologien gestellten Rechtskultur drohen, eine dem Tagesgeschehen entrückte Begriffsjurisprudenz nicht nur negativ beurteilen[67]. Aber auf der anderen Seite steht heute fest, dass die Begriffsjurisprudenz für sich allein die einer Zeit gestellten Rechtsprobleme nicht bewältigen kann. Deshalb hat sie einer auch im Grundgesetz verankerten wertbezogenen Jurisprudenz Platz gemacht. In der gegenwärtigen rechtssoziologischen Grundlagendiskussion ist die Auseinandersetzung um die Antithese zwischen formeller und materieller Rationalität des Rechts weiterhin im Gang[68].

4. Zur Herrschaftssoziologie

Webers Typologie der Herrschaft, namentlich seine Beschreibung charismatischer Herrschaft, hat die Menschen von all seinen Gedanken wohl am stärksten fasziniert. Man hat gefragt, ob, bzw. in welcher Weise sie Auswirkungen auf das politische Denken und Handeln der Folgezeit gehabt hat. Als wissenschaftliches Klassifikationsschema wurde sie, wenngleich nicht kritiklos, zum festen Besitz der Sozialwissenschaften. Dabei ist die eigentümliche Differenzierung des Legitimationsbegriffs deutlich geworden, welcher einerseits von dem Glauben der Befehlsempfänger an die Rechtfertigung des Befehls, also einer Art Anerkennung ausgeht, andererseits von der Struktur und Rechtfertigung der Herrschaftsausübung[69]. Weiter hat sich gezeigt, dass *Webers* Konzeption kaum eine Handhabe bietet, demokratische Elemente im Aufbau von sozialen Verbänden, wie zum Beispiel Wahlen oder Kooperationsprozesse zwischen gleichgeordneten Verbandsmitgliedern oder die Mitbestimmungsproblematik, aufzunehmen. Sachlich haben sich Soziologie und politische Wissenschaften hauptsächlich der legal-bürokratischen Herrschaft als der für die Gegenwart kennzeichnenden Herrschaftsform zugewandt, wodurch *Weber* zum Stammvater der heute vielfach differenzierten und verfeinerten Organisations- und Bürokratietheorie wurde. Für die Juris-

---

[65] Siehe Abschnitt 20 IV.
[66] *Rehbinder* 1963, 481f.; *Rheinstein* 1954, 55ff.
[67] Dazu *Wieacker*, Privatrechtsgeschichte der Neuzeit, 2. Aufl 1967, 439ff.
[68] Siehe Abschnitt 20 IV 1; ferner *Roos* 1984, 223ff.
[69] Vgl. statt aller *Hirsch*, Macht und Recht, JZ 1961, 1ff.; *Breuer* 1991.

ten ist die Kenntnis bürokratischer Ordnungsstrukturen unerlässlich, wenn sie vor der Aufgabe stehen, die moderne Staats- und Industrieorganisation angemessen zu regeln. Aber sie werden jedoch, so wenig wie die Soziologen, bei dem von *Weber* erreichten Erkenntnisstand stehenbleiben können.

8. Abschnitt

Theodor Geiger

Schrifttum: Albert, Hans, Theodor Geigers „Wertnihilismus", KZfSS 1955, 92; *Bachmann, Siegfried* (Hrsg.), Theodor Geiger. Soziologe in einer Zeit „zwischen Pathos und Nüchternheit", 1995 (mit Beiträgen von *Blankenburg, Helmrich, Jakob, Opalek, Rehbinder, Robles ua)*; *Mühlmann, E. Wilhelm*, Rezension der „Vorstudien" ARSP XLIII, 1957, 132 ff.; *Raiser, Thomas*, Wirksamkeit und Wirkung von Zivilrechtsnormen, in: *Raiser/Voigt* (Hrsg.), Durchsetzung und Wirkung von Rechtsentscheidungen, 1990, 47; *Rehfeldt, Bernhard*, Wertnihilismus? KZfSS 1954, 274; *Rohrer, Ekkehard*, La sociologie juridique de Theodor Geiger, These pour le Doctorat, Paris 1971; *Ryffel, Hans*, Rechtssoziologie, 1974, 99 ff.; *Trappe, Paul*, Die Rechtssoziologie Theodor Geigers, Diss. Mainz 1959.

I. Biographie

Theodor Geiger, 1891 in München geboren, war von Hause aus Jurist, wandte sich aber schon unmittelbar nach dem ersten Weltkrieg als Journalist und Volkshochschuldozent empirisch-soziologischen Forschungen zu und wurde 1928 ordentlicher Professor für Soziologie an der TH Braunschweig. 1933 nach Dänemark emigriert, lehrte er von 1938 bis zu seinem Tod 1952 an der Universität Aarhus. Sein umfangreiches, zum Teil dänisch geschriebenes Werk erstreckt sich auf weite Gebiete der theoretischen Soziologie und empirischen Sozialforschung. Seine 1947 erschienenen „Vorstudien zu einer Soziologie des Rechts", die den Hauptteil seiner Rechtssoziologie enthalten, sind das wichtigste Werk seiner späten Forschungsperiode.

Hauptwerke: – Vorstudien zu einer Soziologie des Rechts, 1947, 4. Aufl. 1987;
- Demokratie ohne Dogma. Die Gesellschaft zwischen Pathos und Nüchternheit, 1960, 4. Aufl. 1991;
- Arbeiten zur Soziologie. Methode – Moderne Großgesellschaft – Rechtssoziologie – Ideologiekritik, 1962 (enthält wichtige Abhandlungen, zum Beispiel: Das Verfahren der empirischen Soziologie; Theorie der sozialen Schichtung; Zur Theorie des Klassenbegriffs und der proletarischen Klasse, Kritische Bemerkungen zum Begriff der Ideologie);
- Über Moral und Recht. Streitgespräch mit Uppsala, 1946, deutsche Übersetzung 1979.

II. Die Rechtssoziologie Theodor Geigers

1. Geigers Methode

Theodor Geigers „Vorstudien zu einer Soziologie des Rechts" sind als groß angelegter Versuch zu verstehen, unter Verzicht auf jeden metaphysischen oder ideologischen Gehalt „einen klar bestimmten und eindeutigen Begriff des Rechts als sozialer Erscheinung" herauszuarbeiten[1]. Er beschreibt dazu den Weg einer „*differenzierenden Begriffsanalyse*", die das Verhältnis zwischen dem Recht und verwandten Erscheinungen, namentlich Brauch, Sitte, Konvention und Moral, klären, Vieldeutigkeit und Grenzübergänge ausmerzen *und „hypothetisch ein widerspruchsfreies System ‚reiner' begrifflicher Typen"* aufstellen soll, die sich als wissenschaftliche Koordinaten zur Orientierung in der bunten Fülle konkreter Erscheinungen eignen[2]. Daneben tritt als zweites methodisches Verfahren die „*genetische Untersuchung*", welche den historischen Entwicklungsprozess des Rechts analysiert, allerdings nicht, um ihn in seiner Einmaligkeit nachzuzeichnen, sondern um in „*verstehender, explikativer Konstruktion*"[3] seine Struktur zu erfassen. Um die Genauigkeit seiner Begriffsbildung zu sichern und sich vor Begriffsverschiebungen im Lauf der Darstellung zu schützen, verwendet *Geiger* nach dem Vorbild der mathematischen Logik eine Anzahl von Buchstabensymbolen und -formeln, welche das ganze Werk durchziehen und sich bei der Lektüre als durchaus hilfreich erweisen. Auch für den in der Formelsprache ungeübten Juristen sind sie nach kurzer Zeit mühelos lesbar.

2. Theoretischer und praktischer Wertnihilismus

Als Soziologen geht es auch *Geiger* darum, das Recht als Faktizität, als *Wirklichkeitszusammenhang* darzustellen und somit eine rein erfahrungswissenschaftlich begründete Rechtslehre zu entwerfen, die jede spekulative Beimengung vermeidet. Die damit bezogene Position führt ihn dazu, gegen Rechtsphilosophie und -dogmatik noch weit radikaler Front zu machen als *Ehrlich* und *Weber* Die klassische Rechtsphilosophie, die „aus einem vermeintlichen ‚Wesen des Rechts' normative Folgerungen ziehen zu können glaubte", lehnt er von vornherein ab[4]. Werte wie gut und schlecht, gerecht und ungerecht sind für ihn „völlig imaginäre Begriffe", die jeder empirischen Fassung ihres vermeintlichen Inhalts unzugänglich und deshalb wenigstens für ein rationales Weltbild „nicht-existent" sind[5]. Es handelt sich um wissenschaftlich

---

[1] *Geiger.* Vorstudien, 5.
[2] AaO 6.
[3] AaO 54.
[4] AaO 6.
[5] AaO 257.

unzulässige Objektivationen positiver oder negativer Gefühle, das heißt um „Illusionen", mit denen sich die Erfahrungswissenschaft nur in der Weise befassen kann, dass sie sie als „psychologische Merkwürdigkeiten" verzeichnet und analysiert[6].

Der in diesen Sätzen formulierte „*theoretische Wertnihilismus*" ist ein charakteristisches Merkmal von *Geigers* Rechtssoziologie, das er von der sogenannten *Uppsala-Schule* der skandinavischen Philosophie übernahm[7]. Er versucht, ihn in einem *praktischen Wertnihilismus* konsequent fortzusetzen, der darauf verzichtet, Werturteile abzugeben, das heißt Aussagen zu machen, die nur „Gefühlsregungen scheintheoretisch überbauen"[8]. Nicht weniger scharf wendet sich *Geiger* gegen die dogmatische Jurisprudenz. Er wirft ihr vor, dem positiven Recht Wirklichkeitscharakter, „eine Art objektiver Geltung" zuzuschreiben[9]. Für ihn ist sie dagegen nur Phantasiegebilde, metaphysische und naturrechtliche Spekulation, Normenfetischismus, Ideologie, die es in der theoretischen Rechtssoziologie auszumerzen gilt[10]. Schließlich klammert *Geiger* auch den Begriff des *Rechtsbewusstseins* als Faktor im rechtlichen Geschehen und Gegenstand wissenschaftlicher Forschung aus. Er verzichtet damit auf jede psychologische Begründung des Rechts, und zwar deshalb, weil sie sich auf innere Vorgänge beziehe, die nach seiner Ansicht empirischer Forschung nicht zugänglich sind[11]. Aus alledem folgt, dass die Geltung von Recht und Gesetz für *Geiger* in keinem Fall mehr auf einen Bezug zu Gerechtigkeit oder anderen Werten zurückgeführt werden kann, sondern nur noch auf den gesellschaftlichen oder staatlichen Sanktionen beruht.

3. Begriff und Entstehung sozialer Ordnungen

Geigers Gedankengang beginnt mit der auf den Sprachgebrauch und auf „geläufige Alltagsvorstellungen" gestützten These, wonach das Recht ein *innerhalb einer Gruppe bestehendes Ordnungsgefüge* darstellt, das den Ordnungen von Gewohnheit, Brauch, Sitte, Satzung, Konvention, Moral artgleich ist, sich jedoch durch besondere Eigenschaften von ihnen unterscheidet[12]. Um den Begriff des Rechts zu bestimmen, gilt es daher, zunächst das Phänomen der sozialen Ordnung generell zu analysieren, um dann im zweiten

---

[6] AaO 256, 257, 272.
[7] Deren wichtigste Vertreter sind *Axel Hägerström* (1868–1939), dessen bedeutendste Arbeiten in dem Sammelband „Inquieries into the Nature of Law and Morals", 1953, zusammengefasst sind, sowie *Vilhelm Lundstedt* (gest. 1955) mit seiner Schrift „Die Unwissenschaftlichkeit der Rechtswissenschaft", 1932 und 1936.
[8] AaO 284.
[9] AaO 6.
[10] AaO 19, 166, 220.
[11] AaO 340ff.
[12] AaO 5.

Schritt die differentia specifica des Rechts als Ordnungstypus herauszuarbeiten. Daraus ergibt sich der Aufbau seines Werks, das sich im ersten Teil mit dem Begriff und der Entstehung sozialer Ordnungen allgemein und im zweiten Teil mit der Eigenart des Rechts, den Rechtsquellen und den Ursachen der Verbindlichkeit von Rechtsnormen beschäftigt.

Die Entstehung sozialer Ordnungen beruht nach *Geiger* auf der in der Natur des Menschen verwurzelten Neigung, sich für wiederkehrende Situationen ein bestimmtes, gleich bleibendes Verhalten zur Gewohnheit zu machen. Derselbe physische Mechanismus führt in der Gruppe dazu, dass die anderen Gruppenmitglieder die Wiederholung dieses Verhaltens erwarten und es auch selbst übernehmen.

So entsteht ein kollektiver *Brauch*, eine soziale *Gewohnheit*, die als solche aber die Möglichkeit abweichenden Verhaltens noch in sich bergen. Auf der nächsten Stufe der Entwicklung löst ein von der Gewohnheit abweichendes Verhalten bei den Gruppenmitgliedern Befremden und Ablehnung aus, und sie ergreifen Maßnahmen, die eine Rückkehr zur Gewohnheit bewirken sollen. In diesem Stadium schlägt die zunächst rein faktisch vorhandene Regelhaftigkeit in eine geforderte Regelmäßigkeit um. Es ist die Geburtsstunde der *sozialen* (noch nicht ohne weiteres rechtlichen) *Norm*. Manifest wird der Vorgang, wenn die Reaktion zum ersten Mal eintritt. Es kann aber sein, dass die Norm latent schon lange zuvor bestand, wenn im Fall ihrer Übertretung die Reaktion auch schon früher erfolgt wäre.

Die normative Koordination der Verhaltensweisen bildet eine notwendige Voraussetzung für die Lebensfähigkeit der Menschen, denn diese sind biologisch und physisch aufeinander angewiesen. Sie müssen, um zusammenleben zu können, sich auf das in bestimmten Situationen wiederkehrende Verhalten der Gruppenmitglieder einrichten können. Daher entsteht in jedem sozialen Verband eine normative Ordnung. Geselliges Leben und Ordnung „bedingen gegenseitig einander und sind notwendigerweise simultan". Sie beruhen letztlich, mit dem von *Geiger* gewählten Ausdruck, auf der *„sozialen Interdependenz"*[13].

4. Wirklichkeit und Verbindlichkeit der Normen

Die für die Rechtssoziologie maßgebliche Frage lautet nun, worin Wesen und Wirklichkeit der Normen bestehen. *Geiger* antwortet: In ihrer *Verbindlichkeit* und *Wirkungschance*[14]. Normen dienen dazu, die von ihr betroffenen Gruppenmitglieder zu einem bestimmten Verhalten zu veranlassen. Ihre Realität liegt daher nicht in dem normgemäßen Verhalten selbst, sondern darin,

---

[13] AaO 8ff., 10.
[14] AaO 23ff. Vgl. dazu auch Abschnitt 14.

dass sie als Ursache eines realen Verhaltens wirken. Diese Ursache-Wirkung-Relation wird entweder vermittelt durch die Bereitschaft der Normadressaten, normgemäß zu handeln, oder dadurch, dass die übrigen Gruppenmitglieder, die *Gruppenöffentlichkeit*, ein normgemäßes Verhalten der Adressaten erzwingen. Daraus folgt, dass sich die Wirklichkeit der Norm disjunktiv bestimmen lässt. Sie besteht „entweder in Realisierung des Normkerns oder in abweichendem Gebaren mit sozialer Reaktion als Folge"[15]. Ihre Verbindlichkeit liegt gerade darin, dass sich der Normadressat vor diese Alternative gestellt sieht.

Geiger drückt diesen Sachverhalt in folgender Formel aus:

$$v = s \longrightarrow \begin{bmatrix} \longrightarrow g\, \dfrac{AA}{BB} \\ \longrightarrow \bar{g}\, \dfrac{A_c}{B_l} \longrightarrow r\, \dfrac{\Omega}{A_c} \end{bmatrix} \text{ oder } s \longrightarrow \begin{bmatrix} \longrightarrow g \\ \longrightarrow \bar{g} \longrightarrow r \end{bmatrix}$$

Dabei bedeutet v = Verbindlichkeit, $s \to g\, \frac{AA}{BB}$, dass in einer bestimmten Situation s das Verhalten g der Normadressaten AA gegenüber dem von der Norm Begünstigten BB erfolgt, $s \to \bar{g}\, \frac{A_c}{B_l}$, dass eine bestimmte Person A_C das Verhalten g gerade nicht befolgt, $\to r\, \frac{\Omega}{A_c}$, dass dieser Vorstoß zu einer Reaktion (r) der Gruppenöffentlichkeit (Ω) gegen A_C führt[16].

In aller Regel steht nicht von vornherein fest, dass auf den Verstoß gegen das Verhaltensmodell $s \to g$ in jedem Fall eine Reaktion der Gruppenöffentlichkeit eintritt. Sie entfällt zum Beispiel, wenn das Vergehen unentdeckt bleibt, wenn der Verletzte sich nicht wehrt, wenn sich der Delinquent der Sanktion zu entziehen weiß oder wenn die Gruppenöffentlichkeit nachlässig handelt. In all diesen Fällen wird die Norm im soziologischen Sinn nicht wirksam und damit nicht verbindlich.

Da sich grundsätzlich die Zahl der Fälle, in welchen die Norm befolgt oder von der Gruppenöffentlichkeit durchgesetzt wird, mit der Zahl vergleichen lässt, in denen keines von beidem geschieht, lässt sich die Verbindlichkeit der Norm als relative Zahlengröße bestimmen, die messbar ist und in Form einer Bruchzahl ausgedrückt werden kann. Eine Feststellung, die Verbindlichkeit einer Norm belaufe sich auf 60%, bedeutet dann, dass in 60% aller Fälle die Norm entweder freiwillig eingehalten oder der Normverstoß verfolgt wurde, während in den restlichen 40% der Delinquent ohne Sanktion davonkam.

Im Folgenden fragt *Geiger*, ob sich Kriterien dafür angeben lassen, welche Verhaltensmodelle zu verbindlichen Normen erstarken oder unter welchen

---

[15] AaO 70.
[16] AaO 23–32.

Bedingungen dies geschieht[17]. Dabei setzt er sich mit allen Lehren auseinander, die den Selektionsmechanismus auf Zweckmäßigkeitsgründe, auf das Schutzbedürfnis des einzelnen oder auf die Existenzbedingungen des Verbands zurückführen, weist aber alle Erklärungsversuche im Ergebnis als durch empirische Forschungen widerlegt zurück. Die Frage entzieht sich nach seiner Ansicht wissenschaftlicher Klärung:

„Was aber die unter dieser Rubrik erörterten Fragen angeht, so können wir nur sagen: Menschen entwickeln gewisse Handlungsweisen zur Gewohnheit. In menschlichen Gruppen verfestigen sich gewisse Gebarensweisen zum Brauch. In menschlichen Gesellschaften sind gewisse, habituell entstandene Gebarensmodelle mit v-Stigma versehen, d.h. zur Norm erhoben. *Warum* das im einzelnen Fall gerade diese und nicht ganz andere Gebarensweisen sind? –: Ignoramus."[18]

5. Recht als Sonderform sozialer Normen

Bis zu diesem Stand des Gedankengangs beziehen sich *Geigers* Analysen auf alle sozialen Ordnungen ohne Unterschied zwischen Moral, Sitte und Recht. Diese sind unter sich artverwandt. Das Recht bildet nur eine *Sonderform geselliger Ordnung*. Sein kennzeichnendes Merkmal liegt nach *Geiger* darin, dass es nur in Großgesellschaften auftritt, in denen sich eine zentrale Macht, regelmäßig die Herrschaftsorganisation des Staates, herausbildet, deren Organe anstelle der diffusen Gruppenöffentlichkeit die Feststellung von Normverstößen und deren Sanktion übernehmen. Von einem bestimmten Entwicklungsstand an werden beide Funktionen bei eigens dafür zuständigen Instanzen, Gesetzgebung und Judikatur, monopolisiert. Das zieht weitere Konsequenzen nach sich: die soziale Ordnung wird institutionalisiert, namentlich bildet sich ein förmliches Gerichts- und Vollstreckungsverfahren heraus, und der Katalog der zulässigen Sanktionen wird fixiert und abschließend geregelt. Da diese Merkmale unvollständig verwirklicht sein können, gibt es niedrigere und höhere Grade von Recht.

Geigers Definition des soziologischen Rechtsbegriffs lautet: Recht ist

„die soziale Lebensordnung eines zentral organisierten gesellschaftlichen Großintegrats, sofern diese Ordnung sich auf einen von besonderen Organen monopolistisch gehandhabten Sanktionsapparat stützt"[19].

Dabei betont er, dass diese Definition keinen absoluten Erkenntniswert besitzt, sondern Ergebnis wissenschaftlicher Zweckmäßigkeitsüberlegungen ist, die zwar der Logik genügen müssen, im Übrigen aber beliebig bleiben und ihren Nutzen erst in der praktischen Handhabung erweisen können.

---

[17] AaO 66ff.
[18] AaO 82. v-Stigma meint Verbindlichkeits-Stigma.
[19] AaO 297; vgl. auch 87–128; und namentlich die Zusammenfassung 128.

6. Die Herkunft der Rechtsnormen

Welche Normen von den staatlichen Instanzen aufgegriffen werden und somit Rechtscharakter erlangen, lässt sich nach Geiger so wenig allgemein klären wie der Entstehungsgrund sozialer Bräuche und Regeln. Dagegen können wir ihre inhaltliche Herkunft weiterverfolgen. Als *„Inhaltsquelle der Rechtsnorm"*[20] kommen Gewohnheit, Gerichtspraxis, Gesetzgebung und Rechtswissenschaft in Betracht, und zwar im historischen Entwicklungsprozess in der genannten Reihenfolge. Heute stehen diese vier Faktoren nicht säuberlich getrennt nebeneinander, sondern in dauernder gegenseitiger Kommunikation und Wechselwirkung. Namentlich beschränkt sich die Funktion der Gesetzgebung, aber auch der Judikatur und der Wissenschaft vielfach darauf, bereits habituell eingespielte Gewohnheiten bewusst zu machen und in das Rechtsgefüge aufzunehmen. Demgemäß lassen sich *„subsistente"*, das heißt nicht sprachlich formulierte, Normen von *„Wortnormen"* unterscheiden.

Eine gewohnheitlich befolgte Regel kann durch *„judikatorische Option"*[21], das heißt durch Anerkennung von seiten der Richter, zur Rechtsregel werden, wobei allerdings die einmalige Anwendung nicht genügt – sie lässt unter Umständen aber manifest werden, dass die Norm latent bereits galt. Vielmehr kommt es auf die generelle Bereitschaft der richterlichen Instanzen an, sie anzuwenden. Der zweite Weg, auf dem soziale Normen zu Rechtsnormen werden, ist die *„legislatorische Option"*, der dritte Weg die Verweisung des Gesetzgebers auf vorrechtliche Gebräuche, zum Beispiel Verkehrssitten und Handelsbräuche, das heißt die *„legislatorische Autorisation"*. Nur Vorschriften, die sich auf die staatliche Macht selbst beziehen, sind von vornherein, weil definitionsgemäß, Rechtsnormen. Im Übrigen kommen originäre Rechtsschöpfungen der gesetzgebenden und richterlichen Instanzen zwar vor, bilden aber die Ausnahme.

Gewohnheitsregeln verändern durch die richterliche oder legislatorische Option, also dadurch, dass sie zu Rechtsnormen werden, ihren Charakter. Die Sitte ist ihrer Struktur nach retrospektiv, man richtet sich nach ihr, weil sie gestern und immer schon galt. Sie bleibt überwiegend unbewusst und passt sich in einem unmerklich gleitenden Prozess der sozialen Entwicklung laufend an. Gesetze stellen dagegen Verhaltensregeln für die Zukunft auf, weshalb sie in Worte gefasst und auf hypothetisch gedachte, von der erlebten Realität abstrahierte Tatbestände bezogen werden. Einmal verbal fixiert, bleiben sie in ihrem Kern starr und können nur unter erschwerten Bedingungen geändert werden. Daher geraten sie leicht in Diskrepanz zu den sich wandelnden Lebensumständen. Richterliche Entscheidungen stehen zwischen

---

[20] AaO 132ff.
[21] Hierzu und zum folgenden aaO 143, 149ff.

habituellem und gesetztem Recht. Da sie nur für den Einzelfall gelten, bleiben sie veränderlich und anpassungsfähig. Doch setzt die Anpassung neue Entscheidungsakte voraus, kann sich also nicht unmerklich vollziehen. Trotz dieses Unterschieds stimmen gesetzgebende und richterliche Tätigkeiten darin überein, dass beide Recht setzen, weshalb alle Lehren falsch sind, welche den Richter auf eine rein vollziehende, unselbständige Gesetzesanwendung beschränken. Die Verschiedenheit von Gesetzgebung und Judikatur äußert sich nur in der Qualität der gestifteten Normen, die *Geiger* in der Formel zusammenfasst: „Die Gesetzesnorm ist strikte Maßregel, die Richternorm Muster für künftige Entscheidungen"[22].

7. Die Verbindlichkeit der Rechtsnormen

Die Verbindlichkeit der Rechtsnormen ist nach denselben Formeln zu bestimmen wie die Verbindlichkeit sozialer Normen, wobei allerdings nunmehr die Sanktionstätigkeit und -bereitschaft der richterlichen Instanzen, die das Reaktionsmonopol in ihren Händen halten, hervorragende Bedeutung gewinnt. Indessen unterliegen diese ihrerseits der Kontrolle durch die Gruppenöffentlichkeit, und ihre Tätigkeit wird durch „*sekundäre Normen*" geregelt und gesichert, die *Geiger* als „*Reaktionsnormen*" oder „*Sanktionsnormen*" bezeichnet. So kann er sagen, die Verbindlichkeit der Rechtsnormen beruhe nicht anders als die der sozialen Normen letztlich auf der sozialen Interdependenz. Der Verwirklichungsmechanismus der Verbindlichkeit ist also das gesamte Rechtssystem selbst, das sich „kraft seiner Struktur in der Schwebe hält"[23]. Auch lässt sich der Geltungsgrad der Rechtsnormen, nicht anders als der der sozialen Normen, prinzipiell als Bruchzahl bestimmen. Soweit sie verbal gefasst sind, ist hierbei allerdings zu berücksichtigen, dass die Bedeutung von Worten und Sprachformeln gewöhnlich nur in einem durch die sprachliche Konvention bestimmten Begriffskern eindeutig feststeht, während sie im übrigen erst nach und nach vom Richter selbst fixiert wird. Der im Gesetz formulierte Tatbestand ist mit anderen Worten zunächst nur ein „begrifflicher Bezugspunkt", der für den Richter eine „perspektivische Sicht" auf bestimmte Fälle eröffnet, die Entscheidung selbst aber nicht determiniert[24].

Daraus folgt, dass sich die Beschaffenheit des in einem Gemeinwesen geltenden Rechts nicht aus den abstrakten Normsätzen ergibt, sondern aus deren tatsächlicher Handhabung. Deshalb lässt sie sich auch stets nur für die Vergangenheit exakt bestimmen. Auch bei der Berechnung der Verbindlichkeitsquote einer Rechtsnorm ist nicht vom Gesetzeswortlaut, sondern von ih-

---

[22] AaO 159.
[23] AaO 179.
[24] AaO 202ff., 204.

rer Formung durch die Gerichtspraxis auszugehen, die nur für die zurückliegende Zeit feststeht[25]. Im Hinblick auf die Zukunft, zum Beispiel auf ein noch nicht gefälltes Urteil, bleibt dagegen nur ein mehr oder weniger sicheres *Verbindlichkeitskalkül* darüber, was der Richter als Recht sprechen wird. Auf der anderen Seite unterliegt der Richterspruch einer ähnlichen Ungewissheit: Soweit das Gesetz, nach dem er sich richtet, der Auslegung bedarf, gibt es kein richtig oder falsch, sondern nur die Chance, sich mit dem Urteil bei den Parteien, in der höheren Instanz und letztlich in der Öffentlichkeit durchzusetzen. So erweist sich der Prozess der Rechtsentstehung als ein kompliziertes Zusammenspiel vieler Gestaltungskräfte, dessen Komponenten zwar genannt werden können, das im Einzelnen aufzuklären jedoch nicht gelingt:

„Was als verbindliches Recht in einer modernen Rechtsgesellschaft gehandhabt wird, ist das Endergebnis einer teils vorauskalkulierenden, teils nachträglich berichtigenden gegenseitigen Anpassung und Abstimmung zwischen einer Reihe von Faktoren, deren strukturiertes Zusammenspiel das „Rechtsleben" ausmacht. Nicht die einzelnen Richter stiften Recht durch ihre Entscheidungstätigkeit, sondern das in jedem geschichtlichen Augenblick der Rechtsgesellschaft verbindliche Recht ist Funktion eines kollektiven Systems und seiner Gesamtstruktur. Das Verbindlichkeitskalkül der Laien und das Durchsetzungs- und Haltbarkeitskalkül der Justiz-Personen hat ... einen gewissen allgemeinen Hintergrund: die verhältnismäßige Gleichförmigkeit der Entscheidungen und die verhaltensmäßige Stetigkeit in ihren Veränderungen. Darin liegt denn auch der den Bedürfnissen bürgerlichen Lebens im allgemeinen genügende Grad relativer Rechtssicherheit"[26].

III. Zur Würdigung der Rechtssoziologie Theodor Geigers

1. Geigers begrifflich-theoretische Analysen

Eine Würdigung der filigranhaft verästelten und daher nur in starker Vergröberung reproduzierbaren Rechtssoziologie *Geigers* muss mit der Feststellung beginnen, dass auch sein Werk von der Rechtswissenschaft, wenigstens in Deutschland, bisher nur wenig zur Kenntnis genommen wurde. Immerhin deuten gewisse Zeichen auf eine Wende hin[27]. Ein Grund für die unvollständige Aufnahme eines so fruchtbaren Denkers ist seine Emigration. Auf der anderen Seite erschwert sich *Geiger* durch seine Polemik gegen alle Rechtsphilosophie und -dogmatik das Gespräch mit den Juristen selbst, denn er stößt sie nicht nur vor den Kopf, sondern liefert ihnen billig Gegenargumente. Umso wichtiger ist zu betonen, dass er die Rechtssoziologie einen großen

---

[25] AaO 209.
[26] AaO 249f.
[27] Vgl. *Trappe* 1959; *Oetjens*, Kritischer Rationalismus und Rechtssoziologie, 1970; *Zitscher* Die Normentheorie in der Rechtssoziologie Theodor Geigers und der Grundsatz „nullum crimen sine lege" 1970; *Gromitsaris*, Normativität und sozialer Geltungsgrund des Rechts, 1992; ferner die Beiträge in *Bachmann* (Schrifttumsverz.), 1995.

Schritt vorangebracht hat. Sein erstes Verdienst liegt darin, deren Begriffe geklärt oder definiert zu haben, und zwar mit vorher unbekannter gedanklicher Schärfe und Konsequenz, die seine Terminologie als geeignetes Instrument für den wissenschaftlichen Sprachgebrauch sowohl bei theoretischen als auch bei empirischen Forschungen empfehlen.

Nicht minder bedeutsam ist eine Reihe seiner theoretisch-analytischen Erkenntnisse. Dazu gehört sein soziologischer Rechtsbegriff, dessen Grundkonzeption an die Definition *Max Webers* anknüpft, den er aber bedeutend verfeinert. Seine Lehre, wonach das Recht eine Sonderart aus dem viel weiteren Kreis sozialer Ordnungen bildet, ist zwar im Ansatz nicht originell. Aber erst *Geiger* hat den Wirkungsmechanismus der bei der Entstehung sozialer Ordnungen auftretenden Kräfte genau durchleuchtet und damit die Juristen gezwungen, den leichthin behaupteten Vorrang des Rechts vor den anderen sozialen Ordnungen endgültig aufzugeben. Zutreffend beschreibt *Geiger* ferner die Verwurzelung der gesellschaftlichen Normen in der „geselligen Natur" des Menschen, welche es ausschließt, faktisches Verhalten und Normorientierung voneinander zu trennen und in eine zeitliche oder logische Reihenfolge zu bringen, und sei es auch nur aus methodischen Gründen.

Vielleicht den wichtigsten Teil der Vorstudien bilden jene Abschnitte, welche die Begriffe der Geltung und Verbindlichkeit der Normen analysieren. Denn in ihnen wird ein – wiederum auch schon von *Ehrlich* und *Weber* aufgegriffener – Sachverhalt untersucht, dessen Tragweite für die Rechtstheorie wie für die Rechtspraxis kaum überschätzt werden kann. Der Unterschied zwischen dogmatischer und realer Geltung einer Norm dürfte inzwischen zum festen Bestand juristischer Kenntnis gehören, und kaum ein Jurist wird noch vor dem für eine wissenschaftliche Rechtspolitik grundlegenden Gedanken erschrecken, die Effektivität von Rechtsvorschriften in Zahlen zu messen. Allerdings muss *Geigers* Modell vor allem im Hinblick auf das Zivilrecht, das rechtliche Gestaltungsformen, zum Beispiel Vertragstypen, zum Gebrauch anbietet, noch verfeinert werden[28]. Seine Grenzen für die empirische Rechtsforschung liegen darin, dass sich die relevanten Zahlen der Einhaltung einer Norm und der Normverstöße oft nicht feststellen lassen.

2. Der Wertnihilismus

Auf der anderen Seite sind gegen *Geigers* System auch schwerwiegende Einwände zu erheben. Der wichtigste betrifft seinen theoretischen und praktischen Wertnihilismus. Ein solcher auf die Spitze getriebener Positivismus, der *Max Webers* Postulat wertfreier Sozialwissenschaften noch weit übertrifft,

---

[28] *Raiser* 1990, 47; *Röhl*, Rechtssoziologie, 244 ff.; *Rottleuthne*, Einführung, 97 ff.

ist nicht durchzuhalten[29]. Seine Unzulänglichkeit offenbar sich spätestens bei der Frage, wie die soziale Ordnung für die Zukunft planend gestaltet werden soll. Praktische Rechtsanwendung, Rechtspolitik und dogmatische Rechtswissenschaft kommen nirgends ohne Wertmaßstäbe aus, sondern haben ihre Entscheidungen an den Kriterien der Gerechtigkeit, Billigkeit, Rechtssicherheit und Zweckmäßigkeit zu orientieren und zu messen. Die Rechtswissenschaft wird ferner, ungeachtet der nicht zu leugnenden Schwierigkeiten, Vorgänge im Inneren des Menschen festzustellen, auch auf den Begriff des Rechtsbewusstseins nicht verzichten können[30]. In der Rechtsanwendung beziehen sich unentbehrliche Begriffe wie Vorsatz und Fahrlässigkeit, Irrtum, Arglist, Sittenwidrigkeit usw. auf subjektive Faktoren. Aber auch eine soziologische Rechtstheorie verkürzt ihr Menschenbild auf unzulässige Weise, wenn sie außer Acht lässt, dass der Mensch sein Verhalten an selbst gesetzten Zielen orientiert. Die regelmäßige Befolgung sozialer Normen und die Sanktionstätigkeit der Richter stellen nicht nur habituell vollzogene Rituale dar, sondern Akte bewusster Entscheidung, die auch und gerade im Hinblick auf das für Recht Gehaltene gefällt wird.

3. Gewachsenes und gesetztes Recht

Mit diesen Bemerkungen rückt ein weiterer kritischer Punkt ins Blickfeld: *Geiger* analysiert das Recht ausschließlich als eine gewachsene Ordnung, was ihm, wie schon *Ehrlich*, die Augen vor dem heute immer stärker hervortretenden gegenläufigen Vorgang verschließt, originär gesetztes staatliches Recht zur politisch gezielten Sozialgestaltung einzusetzen. Auch das Verhältnis von Gesetzgeber und Richter, das er im Prinzip richtig und zukunftsweisend beschreibt, liegt noch verwickelter als er es sieht; namentlich verkennt er seine politischen Komponenten[31]. Schließlich figuriert in *Geigers* System der einzelne nur als Mitglied eines sozialen Verbandes, dessen Ordnungsmechanismus ihn allein interessiert, während die Individualität der Menschen und ihr Eigenwert für ihn keine Rolle spielen. So reduziert er den Begriff des subjektiven Rechts zu einem Reflex der objektiven Ordnung, welcher lediglich als technisches Hilfsmittel zu deren Verwirklichung dient[32]. Einen vorgegebenen, vom Recht zu beachtenden und zu schützenden Freiheitsbereich des Menschen anerkennt er nicht. Auch bleibt ihm der Gedanke fremd, die Rechtsordnung habe ein menschenwürdiges Dasein zu garantieren. Natürliche Interessen des Individuums, deren Existenz *Geiger* nicht leugnet, sind

---

[29] So schon *Mühlmann*, ARSP XLIII, 1957, 132ff.; *Rehfeldt*, KZfSS 1954, 274ff.; *Albert*, KZfSS, 1955, 92ff.; *Raiser*, ZfRSoz 1994, 1ff.
[30] Vgl. Abschnitt 18 I.
[31] Vgl. *Raiser*, Richterrecht heute, ZRP 1985, 111.
[32] *Geiger*, Vorstudien, 126ff.

nach ihm für das Recht vielmehr nur relevant, sofern dieses sie selbst für schutzwürdig erachtet[33]. Schließlich fehlt bei ihm auffallender Weise die Figur des Vertrags. Die singuläre rechtliche Koordination gleichgestellter individueller Personen und das daraus resultierende Recht sind nicht Gegenstand seiner Überlegungen.

---

[33] AaO 121 ff.

9. Abschnitt

Niklas Luhmann

Schrifttum: *Beyme, Klaus v.*, Ein Paradigmawechsel aus dem Geist der Naturwissenschaften. Die Theorie der Selbststeuerung von Systemen (Autopoiesis), Journal für Sozialforschung 31, 1991, 3; *Gephart, Werner*, Gesellschaftstheorie und Recht, 1993, 97; *Habermas, Jürgen*, Faktizität und Geltung, 1992; *Kargl, Walter*, Kritik der rechtssoziologischen Autopoiesekritik ZfRSoz 1991, 120; *Machura, Stefan*, Niklas Luhmanns „Legitimation durch Verfahren" im Spiegel der Kritik, ZfRSoz 1993, 97; *Mayntz, Renate*, Politische Steuerung und gesellschaftliche Steuerungsprobleme – Anmerkungen zu einem theoretischen Paradigma, Jahrbuch zur Staats- und Verwaltungswissenschaft Bd. 1, 1987, 91; *Nahamowitz, Peter*, Autopoietische Rechtstheorie: mit dem baldigen Ableben ist zu rechnen, ZfRSoz 1990, 137; *ders.*, Steuerung durch Recht und Steuerung des Rechts, ZfRSoz 1992, 271; *ders.*, Staatsinterventionismus und Recht, Steuerungsprobleme im organisierten Kapitalismus, 1998, 25ff., 161ff.; *Nocke, Joachim*, Autopoiesis – Rechtssoziologie in seltsamen Schleifen, KJ 1986, 363; *Raiser, Thomas*, Aufgaben der Rechtssoziologie als Zweig der Rechtswissenschaft, ZfRSoz 1994, 1, 6f.; *Rottleuthner Hubert*, Grenzen rechtlicher Steuerung und Grenzen von Theorien darüber, ARSP Beiheft 54 1992, 123; *Scharpf, Fritz W.* (Hrsg.), Gesellschaftliche Selbstregulierung und politische Steuerung, ; *Schelsky, Helmut*, Zur soziologischen Theorie der Institutionen, in: Schelsky (Hrsg.), Zur soziologischen Theorie der Institution, 1970; *ders.*, Die Soziologen und das Recht, 1980, 90ff.; *Scholz, Frithart*, Freiheit als Indifferenz, 1982; *Smid, Stefan*, Soziale Evolution und Rationalität, Rechtstheorie 16, 1985, 429; *ders.*, Zur Einführung: Niklas Luhmanns systemtheoretische Konzeption des Rechts, JuS 1986, 513; *Teubner, Gunther*, Recht als autopoietisches System, 1989; *ders.* (Hrsg.), Autopoietic Law: A New Approach to Law and Society, 1988; *ders.* (Hrsg.), Paradoxien des Rechts. Eine Debatte zu Niklas Luhmanns Rechtssoziologie, ZfRSoz 2000, 1 (mit Beiträgen von *Luhmann, Folkers, Clam, Baecker, Ladeur, Teubner, Zumbansen, Guibentif, Mahlmann, Rogowsi* und *Callies*).

I. Biographie

Niklas Luhmann, geboren 1927, hat nach dem Studium der Rechtswissenschaft und der Soziologie sowie mehrjähriger Tätigkeit im Kultusministerium in Hannover von 1967–1969 in Münster gelehrt. Seitdem war er bis zu seinem Tode 1998 Professor für Soziologie in Bielefeld. Er war neben *Jürgen Habermas* der führende und fruchtbarste deutsche Theoretiker der Soziologie seit den sechziger Jahren. Sein wissenschaftliches Interesse galt hauptsächlich der allgemeinen Gesellschaftstheorie, die er als Systemtheorie entfaltete und der Explikation seines theoretischen Ansatzes in allen Bereichen der Soziologie. In seinen Schriften hauptsächlich aus den siebziger Jahren spielte die Rechtssoziologie eine zentrale Rolle.

Hauptwerke:[1] a) Zur allgemeinen Soziologie:
– Funktionen und Folgen formaler Organisation, 1964;
– Zweckbegriff und Systemrationalität, 1968;
– Soziologische Aufklärung. Aufsätze zur Theorie sozialer Systeme, Bd. 1, 1970; Bd. 2, 1975; Bd. 3, 1981; Bd. 4, 1987; Bd. 5, 1990;
– Gesellschaftsstruktur und Semantik, 4 Bde, 1980 – 1995;
– Soziale Systeme: Grundriß einer allgemeinen Theorie, 1984;
– Die Wirtschaft der Gesellschaft, 1988;
– Die Wissenschaft der Gesellschaft, 1990;
– Die Kunst der Gesellschaft, 1995;
– Die Gesellschaft der Gesellschaft, 2 Bde, 1997

b) Zur Rechtssoziologie:
– Grundrechte als Institution, 1967, 4. Aufl. 1999;
– Legitimation durch Verfahren, 1969, 6. Aufl. 2001;
– Rechtssoziologie, 1972, 2. Aufl. 1983, 3. unveränderte Aufl. 1987;
– Rechtssystem und Rechtsdogmatik, 1974;
– Ausdifferenzierung des Rechts. Beiträge zur Rechtssoziologie und Rechtstheorie 1981;
– Das Recht der Gesellschaft, 1993;
– Recht als soziales System, ZfRSoz 1999, 1;
– Die Rückgabe des zwölften Kamels. Zum Sinn einer soziologischen Analyse des Rechts, ZfRSoz 2000, 3.

II. Luhmanns Rechtssoziologie

1. Die Theorie sozialer Systeme

a) *Luhmanns* wissenschaftliches Hauptziel war es von Anfang an, eine allgemeine Theorie sozialer Systeme auszuarbeiten, die als theoretische Grundlage sozialwissenschaftlicher Forschungen dienen kann und die Einheit der Soziologie als Wissenschaft konstituiert. Dabei kann man zwei Stufen seines theoretischen Zugriffs unterscheiden. Sein ursprünglicher Ausgangspunkt ist die in den USA, namentlich von *Talcott Parsons*, entwickelte Theorie sozialer Handlungssysteme, die er über den dort erreichten Stand hinaus zu einer *„funktional-strukturellen" Theorie umweltoffener sozialer Systeme* fortent-

---

[1] *Luhmanns* Werke werden in zahlreichen Auflagen unverändert nachgedruckt. Im Folgenden wird daher das Datum des ersten Erscheinens angegeben.

wickelt². In seinen späteren Arbeiten, zusammengefasst in dem großen Werk „Soziale Systeme: Grundriss einer allgemeinen Theorie" und ausgeführt in allen danach erschienenen Büchern, greift er demgegenüber Elemente auf, die aus der biologischen Zell- und Gentheorie sowie aus Computertheorie, Informationstheorie und Kybernetik stammen, und entwickelt eine Theorie *„selbstreferentieller"*, *„autopoietischer" Systeme*³. Es ist ausgeschlossen, das hochdifferenzierte und hochabstrakte Gedankengebäude dieser Lehren hier einigermaßen vollständig wiederzugeben. Stattdessen muss es genügen, die für das Verständnis von *Luhmanns* Rechtssoziologie wichtigen Elemente herauszustellen.

b) Unter einem sozialen System verstand *Luhmann* zunächst einen *„Sinnzusammenhang von sozialen Handlungen, die aufeinander verweisen und sich von einer Umwelt nicht dazugehöriger Handlungen abgrenzen lassen"*⁴. Später tritt an die Stelle des Grundbegriffs der sozialen Handlung der allgemeinere Begriff der *sozialen Kommunikation*⁵. Dazu gehören Kommunikationen und Interaktionen in Zweierbeziehungen wie Freundschaft, Ehe, Geschäftspartnerschaft; in Organisationen, das heißt Vereinen, Schulen, Unternehmen, Universitäten; ferner in ausdifferenzierten Funktions- und Kommunikationsbereichen: im politischen System, in der Wirtschaft, in der Wissenschaft, im Erziehungswesen; schließlich in rational geordneten Verfahren: in der politischen Wahl, in der Gesetzgebung, im Gerichtsprozess. Auch das Recht beschreibt *Luhmann* als ausdifferenziertes gesellschaftliches Funktionssystem. Am Rande der Skala stehen auf der einen Seite das Individuum als organisches, psychisches und zugleich aber auch soziales System, insofern es die zahllosen Handlungen, die es vornimmt, in seiner Person zu einer sinnvollen Einheit integriert, auf der anderen die Gesellschaft, der Staat, die Völkergemeinschaft als Ganzes⁶. Die universelle Anwendbarkeit des abstrakten Systembegriffs auf alle diese Gebilde beruht darauf, dass sie alle Grenzen zwischen innen und außen, System und Umwelt definieren. Alle Systeme erfüllen analoge Funktionen, nämlich *„Komplexität zu reduzieren"* und den Menschen dadurch eine gewisse Erlebnis- und Verhaltenssicherheit zu ermöglichen. Die Welt ist komplex, das heißt, es gibt stets sehr viel mehr Möglichkei-

---

² So die eigene Bezeichnung Luhmanns in: Soziologie als Theorie sozialer Systeme, in Soziologische Aufklärung Bd. 1, 113.
³ Soziale Systeme, 15–29; Das Recht der Gesellschaft, 7f., 30.
⁴ Soziologische Aufklärung Bd. 1, 115.
⁵ In „Soziale Systeme" beschäftigt sich Luhmann ausführlich mit der Frage, ob das wesentliche Systemelement Kommunikationen oder Handlungen sind. Er gelangt zu dem Ergebnis, dass soziale Systeme „aus Kommunikationen und aus deren Zurechnung als Handlung" bestehen. Kein Moment wäre ohne das andere evolutionsfähig gewesen (240). In „Das Recht der Gesellschaft" (35, 51 ua) ist dann nur noch von Kommunikationen die Rede.
⁶ Soziale Systeme, 16, 346ff., 551ff.

ten des Erlebens und Handelns, als sich aktualisieren lassen. Daher sind soziale Mechanismen notwendig, welche die Komplexität auf eine begrenzte Zahl von jeweils zur Verfügung stehenden Alternativen zurückführen, in denen sich ein Mensch zurechtfinden kann, ohne überfordert zu werden, und die dadurch auch Kommunikationen mit anderen Menschen ermöglichen. Wie sich solche Systeme bilden, hängt von der menschlichen Willensfreiheit ab, und ist daher zufällig (kontingent), das heißt nicht vorhersehbar.

Systeme erfüllen demnach die Funktion, das doppelte Problem der *Komplexität* und der *Kontingenz* zu bewältigen. Sie legen bestimmte Verhaltensmuster intersubjektiv und daher – relativ – enttäuschungssicher fest und stabilisieren sie. Auf diese Weise entstehen *sinnhafte Strukturen*, an denen Erwartungen auch in Bezug auf künftige Handlungen anderer und sozialer Abläufe festgemacht werden können, und die deshalb eine Orientierung im Zusammenleben mit anderen Menschen und eine Planung des eigenen Verhaltens erlauben. In diesem Sinn formuliert *Luhmann*: soziale Systeme „stabilisieren objektive, gültige Erwartungen, nach denen man sich richtet"[7]. Mit fortschreitender Entwicklung lösen sich die sozialen Systeme in zunehmendem Maße von individuellen Handlungszusammenhängen und gewinnen eine objektive, anonyme und sachlich abstrakte Form, die in bestimmten Sinnaussagen oder Regeln zusammengefasst und verkürzt werden können. Der Vorteil dieser Sicht von System und Umwelt liegt darin, dass ein System andere Möglichkeiten der Kommunikation und des Handelns zwar ausblendet, aber nicht endgültig ausschließt. Bei Bedarf kann vielmehr auf die unbegrenzte Komplexität zurückgegriffen und das System zu diesem Zweck modifiziert oder aufgegeben und durch ein neues ersetzt werden.

c) Gegenstand der soziologischen Systemtheorie ist die Analyse der Eigenschaften und der Funktionsweise sozialer Systeme. Sie fragt zum Beispiel nach den Selektionsmechanismen, die sie zur Reduktion von Komplexität verwenden, nach ihrer Struktur, ihrem Aufbau und ihrer inneren Differenzierung in Subsysteme, nach der Art und Weise, wie sie die Grenze zwischen innen und außen definieren, nach der Eigenart ihres Lebensprozesses und den Elementen, die ihre innere Einheit und Integration sicherstellen, nach ihrer Funktion in der Gesellschaft und ihren Leistungen für Mitglieder und für andere Systeme, das heißt für die Umwelt. Nicht zuletzt untersucht sie ihre Wandlungsfähigkeit und Anpassungsfähigkeit an veränderte Umstände. Aufs Ganze gesehen erhebt sie den Anspruch, ein analytisches Modell anzubieten, das es nicht nur erlaubt, einzelne konkrete Systeme zutreffend zu beschreiben und miteinander zu vergleichen, sondern eine universelle soziologische Theorie impliziert[8]. Als solche spiegelt sie eine Konzeption von Welt und

---

[7] Rechtssoziologie, 38.
[8] Soziale Systeme, 7 ff.

Gesellschaft, die nicht auf einen Mittelpunkt hin angelegt ist und von ihm her zusammengehalten wird, sondern sich polyzentrisch aus einer prinzipiell unendlichen und sich laufend verändernden Vielzahl von Systemen zusammensetzt[9].

d) Den Übergang von umweltoffenen Systemkonzeptionen zum Begriff des selbstreferentiellen, autopoietischen Systems bezeichnet *Luhmann* selbst als Wechsel des wissenschaftlichen Paradigmas[10]. *Selbstreferentiell* bedeutet auf sich selbst bezogen. Soziale Systeme sind insofern selbstreferentiell, als sie „in der Konstitution ihrer Elemente und ihrer elementaren Operationen auf sich selbst (sei es auf Elemente desselben Systems, sei es auf Operationen desselben Systems, sei es auf die Einheit desselben Systems) Bezug nehmen"[11]. Um dies zu ermöglichen, muss jedes System eine Beschreibung seines Selbst erzeugen und benutzen; es muss „die Differenz von System und Umwelt systemintern als Orientierung und als Prinzip der Erzeugung von Informationen verwenden können"[12].

Der aus dem Griechischen abgeleitete Begriff der *Autopoiese*, den *Luhmann* von der biologischen Theorie übernommen hat, besagt Herstellung oder (Re)produktion seiner selbst. Er wird von *Luhmann* auch im Sinn von autonom und operativ geschlossen verwendet[13]. Hinter ihm steht die Selbstreproduktion organischer Lebewesen und lebender Zellen. Er erhebt den Anspruch, soziale Systeme dementsprechend wissenschaftlich deuten zu können, das heißt als sich aus sich selbst, aus ihrem inneren Prozess beständig reproduzierende und fortzeugende Einheiten.

Beide Begriffe beziehen sich auf die Art und Weise, wie das Verhältnis des Systems zu seiner Umwelt gedacht wird. Die Strukturen eines Systems, die in ihm ablaufenden Prozesse, seine Integration, innere Differenzierung und Veränderung in der Zeit können nicht mehr als direkte – kausal vermittelte – Wirkungen der Einflüsse verstanden werden, denen das System aus der Umwelt ausgesetzt ist. Eine unmittelbare Steuerung von außen ist ausgeschlossen. Einen militärischen Befehl kann zum Beispiel die Truppe stets nur nach Maßgabe ihrer eigenen Strukturen und ihres eigenen Selbstverständnisses ausführen. Politische oder wirtschaftliche Impulse setzt das Recht nur in der Form und soweit in Rechtsregeln um, als sie rechtsspezifisch adaptiert werden können. Die Steuerung der Gesellschaft und Sozialgestaltung durch das politische System wird stets Vollzugsdefizite, unerwünschte Nebenwirkungen und andere Folgen haben, die sich aus der Struktur und Eigengesetzlich-

---

[9] AaO 14.
[10] AaO 15 ff.
[11] AaO 25, 58 ff.
[12] AaO 25.
[13] AaO 60 ff. und fortwährend; Die soziologische Beobachtung des Rechts, 12 f.; Das Recht der Gesellschaft, 30 f., 45 ff., 552 ff. und fortwährend.

keit der Normadressaten erklären. Anstelle von sozialer Steuerung ist es daher richtiger, von Anstößen zur Selbststeuerung und zur inneren Evolution der Subsysteme zu sprechen, in die sich die Gesellschaft ausdifferenziert hat.

Auf der anderen Seite sind soziale Systeme nicht geschlossen in dem Sinn, dass sie Impulse aus der Umwelt nicht aufnehmen könnten. Im Gegenteil sind sie darauf angewiesen; die Systemdynamik käme ohne Umwelteinflüsse zum Erliegen. Sie sind nur operativ geschlossen, aber kognitiv offen. Doch handelt es sich nicht um „input" im Sinn der herkömmlichen Systemtheorie, sondern um *„kontinuierliche Irritation und Störung"*[14], um „Lärm", auf den das System gemäß der ihm eigentümlichen Weise anspricht. Mit der zusätzlichen Verwendung des Begriffs der Autopoiese will *Luhmann* besonders zum Ausdruck bringen, dass sich die Selbstreferenz nicht nur im Verhältnis des Systems zu seiner Umwelt durchsetzt, sondern auch im Inneren des Systems bei allen seinen Elementen in ihrem wechselseitigen Einfluss aufeinander wiederkehrt[15]. Systemelemente und -prozesse regen sich in einem im System ablaufenden zirkulären Prozess fortwährend zur Selbstreproduktion und inneren Weiterentwicklung (Evolution) an.

2. Luhmanns soziologischer Rechtsbegriff

a) Soziale Systeme sind im ursprünglichen soziologischen Ansatz von *Luhmann normative Systeme*, das heißt, sie generalisieren und stabilisieren Erwartungen, genauer: *Erwartungen von Erwartungen:* Zur Steuerung der Kommunikation und Interaktion zwischen zwei Personen ist nicht nur erforderlich, dass die eine erwarten kann, wie sich die andere verhalten wird, sondern sie muss auch erwarten können, welche Erwartungen die andere ihr gegenüber hegt, und sich danach richten[16]. Es gibt *kognitive* und *normative* Erwartungen. Erstere werden im Enttäuschungsfall aufgegeben oder an die veränderte Lage angepasst. An normativen Erwartungen hält der Erwartende trotz des abweichenden Verhaltens fest. Normen sind nach *Luhmann* normative, das heißt *kontrafaktisch stabilisierte Verhaltenserwartungen*[17]. Im täglichen Leben und in einfachen Gesellschaften treten kognitive und normative Erwartungen oft vermischt und ungeschieden auf, so dass zunächst unklar sein kann, wie der Erwartende reagieren wird. Doch sind gerade die Umgangsformen des Alltags weitgehend normativ verfestigt.

Das Festhalten an der Norm trotz des Normbruchs kann dem Normbrecher auf vielerlei Art gezeigt, die Enttäuschung auf vielfache Weise kompensiert werden. Eine oft gebrauchte Strategie hierzu ist es, den Verstoß einfach

---

[14] Die soziologische Beobachtung des Rechts, 14.
[15] Soziale Systeme, 67f.
[16] Rechtssoziologie, 33ff.; Das Recht der Gesellschaft, 76ff., 131ff., 144, u.a.
[17] Rechtssoziologie, 43, Das Recht der Gesellschaft, 61, 80ff., 134.

zu übergehen, ohne freilich die Erwartung aufzugeben. Ist solches nicht möglich oder nicht tunlich, so kann es zu einem Einverständnis mit dem Verletzer über den Normbruch kommen, der die Angelegenheit erledigt. Sanktionen werden also keineswegs immer ergriffen oder sind zur Aufrechterhaltung einer Norm gar erforderlich. Es kommt auch nicht in erster Linie auf Schadens- oder Nutzenausgleich an. Entscheidend ist vielmehr, die Norm selbst „durch symbolische Prozesse der Darstellung des Erwartens und der Behandlung des enttäuschenden Ereignisses" wiederherzustellen[18]. Daher definiert *Luhmann* den Normbegriff ohne Rücksicht auf die Sanktionsbereitschaft: Das Durchhalten der Erwartungen ist wichtiger als das Durchsetzen[19].

b) Neben die in der Normierung zum Ausdruck gelangende zeitliche tritt die *soziale Generalisierung* von Erwartungen, die *Luhmann* als *Institutionalisierung* bezeichnet[20]. Er meint damit den Übergang von der Zweier- zur Mehrpersonenbeziehung und das Faktum, dass Erwartungen in allen komplexeren Zusammenhängen auch auf die Zustimmung oder doch den unterstellten und vorausgesetzten Konsens beliebiger Dritter gestützt werden können und müssen, sie also eine allgemeine, sozial abgesicherte Geltung erlangen. Schließlich kommt als dritte Dimension die *sachliche Generalisierung* in *intersubjektiv verstehbaren Sinnzusammenhängen* hinzu, die dann durch *Symbole* ausgedrückt werden können[21]. Eine sinnhafte Identifikation von Erwartungsstrukturen kann sich auf vier Ebenen der Abstraktion vollziehen, in Personen, Rollen, Programmen und Werten. Werden Verhaltenserwartungen auf eine konkrete *Person* bezogen, bleiben sie auf das beschränkt, was von einem individuellen Menschen erwartet werden kann. Im Umgang mit einem Ehegatten oder Freund lassen sich nur solche Verhaltenserwartungen generalisieren, die dessen Fähigkeiten und Charakter entsprechen. Richten sich die Erwartungen hingegen auf bestimmte *Rollen*, so kann von den persönlichen Eigenarten des jeweiligen Rollenträgers abstrahiert oder die Person ausgewechselt werden. *Luhmann* verdeutlicht dies an folgendem Beispiel[22]: Die persönlich miteinander bekannten Bewohner eines Bergdorfes erwarten kraft dieser Bekanntschaft voneinander Hilfe in Bergnot. Von einem Bergführer erwartet man solche Hilfe kraft seiner Rolle, auch ohne ihn näher zu kennen. Auf noch höherer Stufe der Abstraktion lassen sich Erwartungszusammenhänge auf allgemein formulierte Regeln und *Programme* stützen, die auch sozial generalisiert, das heißt institutionalisiert sind. Wichtigstes Bei-

---

[18] Rechtssoziologie, 53.
[19] Rechtssoziologie, 61, Das Recht der Gesellschaft, 134f.
[20] Rechtssoziologie, 64ff.; in „Das Recht der Gesellschaft" wird demgegenüber nur noch die zeitliche Generalisierung als maßgeblich erachtet und die Generalisierung als Sinn als deren Folge angesehen; vgl. 124ff.
[21] Rechtssoziologie, 80ff.; Das Recht der Gesellschaft, 127ff.
[22] Rechtssoziologie, 87.

spiel sind die Gesetze. Schließlich kommt der Bezug auf *Werte* in Frage, das heißt auf allgemeine Gesichtspunkte der Wünschbarkeit, wie Freiheit, Menschenwürde, Umweltschutz, öffentliche Hygiene, die noch keine spezifischen Angaben über die zu ihrer Verwirklichung erwarteten Handlungen enthalten. Die vier verschiedenen Sinnebenen stehen nach *Luhmann* zwar nicht isoliert nebeneinander, sondern bedingen und beeinflussen sich wechselseitig. Sie variieren und entwickeln sich aber doch relativ unabhängig voneinander[23]. Ihre Ausdifferenzierung ist eine evolutionäre Errungenschaft der modernen Gesellschaft.

c) Zeitliche, soziale und sachliche Generalisierung von Verhaltenserwartungen verlaufen von Natur aus nicht kongruent, sondern weisen ein beträchtliches Maß an Diskrepanz auf. Die Geschwindigkeitsbeschränkung auf 60 km/h an einer Autobahnbaustelle ist zwar als Rechtsnorm zeitlich generalisiert, jedoch nicht sozial, da sich fast niemand daran hält. Rollenerwartungen und Programme, vollends Wertvorstellungen brauchen keineswegs von anderen Menschen geteilt zu werden. Doch gibt es miteinander vereinbare, kongruente Generalisierungen, die sich im Lauf der Geschichte herausbilden.

Solche kongruent generalisierten normativen Verhaltenserwartungen bezeichnet *Luhmann* als das in einem sozialen System geltende *Recht*[24]. Indem er dafür den Begriff der Struktur einführt, ist Recht in *Luhmanns* Definition die *„Struktur eines sozialen Systems, die auf kongruenter Generalisierung normativer Verhaltenserwartungen beruht"*[25]. Später bezieht er den Begriff nicht mehr auf jedes soziale System, sondern beschränkt ihn auf die Gesamtgesellschaft, weil die Rechtssoziologie „nicht viel verliert", wenn sie sich „auf das Recht der Gesellschaft konzentriert und die Untersuchung anderer Rechtsbildungen in Teilsysteme der Gesellschaft anderen speziellen Soziologien, namentlich der Familiensoziologie und der Organisationssoziologie, überlässt". Die Funktion des Rechts ist es dann, *„die Grenzen und Selektionsweisen des Gesellschaftssystems"* zu definieren[26].

d) Augenscheinlich zielt diese Definition und die Art ihrer Ableitung und ihres Unterbaus auf einen Begriff des objektiven Rechts ab. Der herkömmliche, auf das Individuum bezogene Begriff des *subjektiven Rechts* hat in einer als Systemtheorie konzipierten Gesellschafts- und Rechtstheorie keinen Platz. Sinngemäß erklärt *Luhmann* die klassischen Deutungen des subjektiven Rechts als Quelle und Schutz der Privatautonomie und als dem einzelnen gewährte Rechtsmacht oder als rechtlich geschütztes Interesse für unzulänglich[27]. Stattdessen erfüllt der Begriff für ihn eine lediglich technische Funkti-

---

[23] AaO 89ff.
[24] AaO 99ff.
[25] AaO 105, 131.
[26] AaO 134.
[27] Vgl. *Luhmann*, Zur Funktion der „subjektiven Rechte", in: Jahrbuch für Rechtssozio-

on. Er gestattet, die unmittelbare Verknüpfung von Leistung und Gegenleistung zu überwinden, soziale Kreditbeziehungen zu stabilisieren und somit das Recht der sozialen Differenzierung dienstbar zu machen. Was dies bedeutet, zeigt sich exemplarisch an *Luhmanns* unten dargestellter Neuinterpretation der Grundrechte[28]. Immerhin begründet und schützt das so verstandene objektive Recht auch die persönliche Freiheit, denn es befähigt – zum Beispiel durch die Ausbildung der Figuren des Eigentums, des Vertrags, der juristischen Person oder des Verwaltungsakts – zu Verhaltensweisen die ohne Recht überhaupt nicht möglich wären[29].

e) In der Theorie des Rechts als eines autopoietischen Systems kann es entgegen den bisherigen Ausführungen eine sachliche Definition des Rechts überhaupt nicht mehr geben. Maßgeblich für die Qualifikation einer Norm als Recht ist ihre Zuordnung zum Codeprogramm Recht/Unrecht. Diese Zuordnung kann aber nur das Rechtssystem als sich selbst autopoietisch fortzeugendes System vornehmen[30]. Für die Wissenschaft bleibt nur die „Beobachtung desjenigen Produktionszusammenhangs, der sich durch seine Operationen als System ausdifferenziert"[31]. Recht ist demnach, *„was das Recht als Recht bestimmt"*[32].

3. Die Positivität des Rechts

a) Den inhaltlichen Hauptteil von *Luhmanns* Rechtssoziologie bildet eine Theorie des positiven Rechts. Sie stützt sich auf eine Lehre der *Evolution von Gesellschaft und Recht,* die sich im Lauf der Geschichte zu wachsender innerer Komplexität und funktionaler Differenzierung entfalten. Kennzeichen dieser Entwicklung sind die zunehmende Vielfalt der rechtlichen Gestaltungsmöglichkeiten, die Ausbildung von besonderen Verfahren zur Selektion und Entscheidung zwischen den vorhandenen Möglichkeiten und die fortschreitende Abstraktheit der Regelungen. *Luhmann* unterscheidet drei Entwicklungsstufen. Archaisches Recht ist gekennzeichnet durch eine segmentäre Gesellschaftsform[33], Indifferenz gegenüber der Zeit, Konkretheit, Fallnähe und Alternativenarmut sowie durch die Prinzipien der Vergeltung und der

---

logie und Rechtstheorie Bd. 1, 1970, 321, wieder abgedruckt in: Ausdifferenzierung des Rechts 360ff.; ferner *ders.,* Subjektive Rechte. Zum Umbau des Rechtsbewusstseins für moderne Gesellschaft, in: Gesellschaftsstruktur und Semantik Bd. 2, 45ff.
[28] Siehe unten 5.
[29] Rechtssoziologie, 74 zum Vertrag; Das Recht der Gesellschaft, 136.
[30] AaO 131ff.
[31] AaO 137.
[32] AaO 143.
[33] Als segmentär werden solche Gesellschaften bezeichnet, die sich in gleichartige und nebeneinander stehende Teile (Familien, Sippen, räumlich abgegrenzte Einheiten) ausdifferenzieren.

Gegenseitigkeit[34]. Als nächste Evolutionsstufe bildete sich in wenigen vorneuzeitlichen Hochkulturen ein komplexeres und stärker, aber noch nicht vollständig funktional (d. h. arbeitsteilig) gegliedertes Recht. Es handelt sich um den chinesischen, indischen, islamischen, griechisch-römischen, kontinentaleuropäischen und angelsächsischen Rechtskreis[35]. Die letzte, erst in der Neuzeit erreichte Stufe ist die der vollständigen *Positivierung des Rechts*[36]. Damit ist nach *Luhmann* ein neuer Schritt vollzogen, der die Gesamtqualität des Rechts ändert.

Die Theorie des positiven Rechts ist also die soziologische Theorie des modernen Rechts. Hintergrund für diese Entwicklung ist die immense Steigerung der gesellschaftlichen Komplexität und der Übergang zur vollständigen funktionalen Differenzierung, die eine Steigerung der Leistungsfähigkeit auch des Rechts erforderlich machen. *Luhmanns* Ausgangsthese lautet, in den hoch differenzierten modernen Gesellschaften ist eine traditionale oder naturrechtliche Begründung des Rechts nicht mehr möglich, weil sie die Vorstellung einer unabänderlichen ewigen Geltung voraussetzt, welche die Bedürfnisse nach fortwährender Anpassung des Rechts an die sozialen Veränderungen und nach rechtlicher Regelung neu auftretender Konflikte nicht befriedigen kann. Nur ein positiviertes Recht kann die hierzu notwendige doppelte Aufgabe bewältigen, einerseits soziale Systeme zu strukturieren und zu stabilisieren und auf der anderen Seite gegenüber wechselnden Umweltanforderungen anpassungsfähig zu bleiben, mit einem Wort, „die strukturelle Variabilität" des Rechts zu ermöglichen.

b) Positives Recht ist gekennzeichnet durch seine *Gesetztheit*. Es gilt nicht deswegen, weil es im Einklang mit höheren Normen steht, sondern weil es durch Entscheidung aus anderen Möglichkeiten ausgewählt und verbindlich gemacht wurde[37]. Inhaltlich ist es *kontingent*, das heißt beliebig. Seine Änderung ist jederzeit möglich und in institutionalisierten Verfahren von vornherein vorgesehen. *Luhmann* hebt die Schärfe dieser Wendung deutlich hervor:

> „Noch heute fällt es den Juristen schwer, die reine Positivität des Rechts, und den Ideologen schwer, die Umwertbarkeit auch ihrer Werte zuzugestehen. Immer wieder werden größte Anstrengungen unternommen, um den vermeintlichen Konsequenzen reiner Beliebigkeit zu entgehen durch Berufung auf einen Restbestand an invarianten Grundlagen, auf wenigstens einige absolute Werte oder auf ein ethisch-naturrechtliches Minimum an Normen. ...
> Solche Rückgriffe auf vorreflexive Ordnungsvorstellungen (sind jedoch) fragwürdig. Die Sicherheit, die sie verheißen, wird zunehmend illusionär. ... Es mag sein, dass sich auch in unserer Gesellschaft gewisse Prinzipien der Moral herausabstrahieren

---

[34] AaO 145 ff.; Das Recht der Gesellschaft, 226 ff.
[35] AaO 166 ff.
[36] AaO 190 ff.; Das Recht der Gesellschaft, 38 ff.
[37] AaO 203, 207.

und als invariant und unantastbar institutionalisieren lassen. Aber so festgestellte Grundsätze enthalten dann keine ausreichenden Ordnungsgarantien mehr. Sie sind nicht instruktiv genug, um den Prozess laufender struktureller Variationen wirklich steuern zu können. Sie schließen zu wenig aus, enthalten keine ausreichenden Hinweise auf jeweils brauchbare Lösungen. Sie werden gerade durch die ihnen zugeschriebene Invarianz überdehnt und praktisch unwichtig. Danach wird fraglich, ob Maß und Sicherheit der Bewegung weiterhin im Unbeweglichen zu suchen sind".[38]

Die Vorteile des positiven Rechts sind eine außerordentliche Steigerung seiner Kontingenz und Komplexität, die mit der Ausdifferenzierung der Gesellschaft Schritt halten kann. Dies gilt sowohl zeitlich als auch sachlich und sozial. Die offene Änderbarkeit macht das Recht variabel für neue Situationen. Sachlich wird es möglich, verschiedene Sachverhalte gleichzeitig zu regeln. Das Bedürfnis nach innerer Widerspruchsfreiheit des gesamten Rechtssystems wird angesichts der Verschiedenheit der Anwendungsbereiche geringer. In der sozialen Dimension muss das Recht stärker „technisiert", das heißt vom Wissen und Fühlen des einzelnen unabhängig sein und trotzdem akzeptiert werden. Die Funktionen des Rechts erschöpfen sich damit nicht mehr in der Erhaltung vorgegebener Interaktionsmuster und in der Konfliktregelung. Vielmehr wird das Recht zum Träger gesellschaftlicher Entwicklung, der es keinen Widerstand mehr entgegensetzt, ja sogar zum Instrument der planmäßigen Sozialgestaltung[39].

c) Struktur und Erscheinungsbild des positiven Rechts erfahren gegenüber den früheren Formen einen radikalen Umbau. Dies zeigt sich in zahlreichen Einzelheiten. Zunächst kommt es zur Ausbildung so genannter *reflexiver Mechanismen*, das heißt der Anwendung des rechtlichen Verfahrens auf sich selbst, zum Beispiel zu der Normierung der Normsetzung. Dadurch wird die Leistungsfähigkeit des Rechts weiter erhöht. Ein weiteres Merkmal ist die *innere Ausdifferenzierung* und *funktionale Spezifikation* des Rechts. Rechtssetzung und Rechtsanwendung werden unterschieden. Physische Gewalt wird als Mittel zur Rechtsdurchsetzung generell verfügbar. Die im Hintergrund drohende Möglichkeit der jederzeitigen Durchsetzbarkeit des Rechts wird angesichts des Wegfalls anderer Legitimitätsgrundlagen zu einem wesentlichen Garanten der Rechtsgeltung[40].

Ebenso kommt es zur *Trennung* von *Recht* und *Moral*, *Recht* und *Wahrheit* und zum Verzicht auf alle erzieherischen und erbaulichen Funktionen des Rechts[41]. Die typische Erscheinungsform des positiven Rechts ist die der

---

[38] AaO 215f.
[39] AaO 211f. In „Das Recht der Gesellschaft" tritt demgegenüber die Funktion „Stabilisierung von Erwartungen" ganz in den Vordergrund (124ff.).
[40] AaO 217 sowie schon 106ff. und dann 267ff.; Das Recht der Gesellschaft, 297ff.
[41] AaO 222–226. Zur Trennung von Recht und Moral vgl. auch: Das Recht der Gesellschaft, 78ff. u.a.

konditionalen Programmierung in wenn-dann-Sätzen[42]. Diese erfüllt mehrere Funktionen: Sie schafft trotz der sehr hohen Komplexität und Kontigenz der möglichen Vorgaben Sicherheit in Bezug auf die Verknüpfung von Norm und Sanktion, eröffnet aber zugleich voneinander unabhängige Änderungsmöglichkeiten sowohl auf der Seite der Norm wie der Sanktion. Zugleich ist sie ein Mittel zur Vereinfachung der Rechtstechnik. Ferner entlastet sie von der Aufmerksamkeit und Verantwortlichkeit für die Folgen einer Entscheidung: Der Konkursrichter hat zum Beispiel nicht zu prüfen, ob die Kinder des Schuldners ihr Studium aufgeben müssen oder ob seine Frau sich scheiden lassen wird. Schließlich ermöglicht die konditionale Programmierung die Unabhängigkeit der Gerichte und den Parteibetrieb im Gerichtsverfahren, weil sich die für Gerichte und Parteien indisponiblen Rechtsnormen im Entscheidungsprogramm festlegen lassen.

d) Ausführlich beschäftigt sich *Luhmann* vor allem mit der Trennung von *Gesetzgebung* und *richterlicher Streitentscheidung*, die es zwar auch schon auf früheren Stufen der Rechtsentwicklung gab, die aber erst angesichts der Positivität des Rechts ihr volles Gewicht erlangt[43]. Die übliche juristische Deutung dieser Ausdifferenzierung erklärt er für unzulänglich: Der Gegensatz liegt weder in der verschiedenen Zuständigkeit für allgemeine Regeln bzw. konkrete Entscheidungen, noch in der Gegenüberstellung von Rechtsbildung und Rechtsanwendung. *Luhmann* sieht das Verhältnis zwischen beiden – übrigens im Einklang mit manchen Juristen[44] – funktional und daher in gewissem Sinn einfacher:

„Gesetzgebung (ist) nichts weiter ... als eine Ausdifferenzierung und technische Zentralisierung eines Teils der richterlichen Entscheidungsleistung, eine Art Pauschalentscheidung über einige Entscheidungsprämissen, die sich besonders zu summarischer Behandlung und rechtssatzmäßiger Formulierung eignen"[45].

Allerdings ist damit noch nicht alles gesagt, vielmehr gibt es weitere wichtige Unterschiede der Funktionsbedingungen. Gerichte sind an ihre Entscheidungen und an die Leitsätze, welche sie diesen zugrunde legen, wenigstens faktisch gebunden, weil mit weiteren Fällen zu rechnen ist, die gleichartig entschieden werden müssen. Es gibt keine institutionalisierte Änderung von Richterrecht. In der richterlichen Entscheidungssituation wäre die doppelte Notwendigkeit des Durchhaltens der Norm gegenüber abweichendem Verhalten oder konfligierenden Interessen und deren Setzung bzw. Änderung regelmäßig eine Überbelastung. In der Theorie des Rechts als eines autopoieti-

---

[42] AaO 227ff.; Das Recht der Gesellschaft, 195ff.
[43] AaO 234ff.; Das Recht der Gesellschaft, 297ff.
[44] Zum Beispiel *Esser*, Grundsatz und Norm in der richterlichen Fortbildung des Privatrechts, 1956.
[45] AaO 235.

schen Systems steht die richterliche Entscheidung im Zentrum des Rechts, während die Gesetzgebung wie auch private Rechtsgeschäfte die Peripherie bilden. Die Eigenart richterlicher Tätigkeit liegt vor allem im *Zwang zur Entscheidung*. Da ein solcher bei Gesetzgebung und Rechtsgeschäften fehlt, eignen diese sich als „Kontaktzonen" zu Wirtschaft, Familie, Politik usw. (siehe unten 6).

Auch die angemessen „dosierte" Anwendung von physischer Gewalt ist nur möglich bei Rollentrennung zwischen Gesetzgeber und Richter. Nicht zuletzt erlaubt erst die Rollentrennung die Entlastung des Richters von der Folgenverantwortung durch konditionale Entscheidungsprogramme. Der Gesetzgeber hat die Folgen seiner Entscheidung mitzubedenken und mitzuverantworten und muss das Gesetz ändern, sofern sie sich als untragbar erweisen. Der Richter kann bzw. darf dies nicht[46].

Die Ausdifferenzierung der Rechtsentscheidungen zwischen Gesetzgeber und Richter hat noch weitere Konsequenzen. Sie erlaubt eine Herabsetzung der Änderungsschwelle des geltenden Rechts und somit die erleichterte Anpassung an veränderte Umstände. Vor allem überantwortet sie die Gesetzgebung aber an das politische System und an die darin wirkenden Kräfte und Mechanismen, wodurch zugleich seine Bindung an rechtsspezifische Vorgaben gelöst wird. Der Gesetzgeber ist nicht an die systemimmanenten Kriterien der konsequenten und widerspruchsfreien Rechtsfortbildung gebunden, sondern kann sich nach ganz anderen, von außen kommenden Vorbildern richten, und so vor allem auch neuen Rechtsbedürfnissen leichter entgegenkommen[47].

e) Die negativen Konsequenzen der gewollten Beliebigkeit von Rechtsänderungen sind die *Gefahr* der *Instabilität* der Gesellschaft und die *hohen Risiken* der einzelnen Bürger, die aus der mangelnden Kenntnis der jeweils geltenden Vorschriften, vor allem aber auch aus der Bedrohung der individuellen Freiheiten und Interessen gerade durch das positive Recht folgen. Sie beherrschbar zu halten ist zunächst Aufgabe der mit dem Begriff des Rechtsstaats verknüpften Schutzvorkehrungen[48]. Daneben treten zahlreiche andere Mechanismen, die demselben Zweck dienen: Die Erfindung höherrangigen Rechts, das nicht oder doch nur unter erschwerten Umständen geändert werden kann, das System der die bestehenden Rechtspositionen abschirmenden

---

[46] In der Beurteilung des gegenwärtigen Verhältnisses von Gesetzgeber und Richter hält sich *Luhmann* demgegenüber auffallend zurück. Er hält es durchaus für möglich, dass sich Verschiebungen des Schwerpunktes, ja sogar Entwicklungen zur Entdifferenzierung herausbilden, also wachsende Rechtsfortbildung und Sozialgestaltung von Seiten der Richter. Eine Prognose hält er insoweit nicht für verantwortbar. Allerdings weist er auf die Folgen einer solchen Entwicklung hin, namentlich auf den dann wachsenden politischen Druck auf die Justiz; vgl. aaO 241f.
[47] AaO 243ff.
[48] AaO 251ff.

subjektiven Rechte, die Beschränkungen der rechtlichen Handlungs- und Vertragsfreiheit usw. Auch die im System der Demokratie und im weitgehend autonomen Wirtschaftsprozess angelegten Gegengewichte entfalten sich in ähnlicher Richtung. Ja man kann sagen, das komplexe Gebilde der Gesellschaft mit seinen vielfach differenzierten Untersystemen hält sich selbst im Gleichgewicht.

Den wichtigsten Stabilisator bildet jedoch die Tatsache, dass Rechtsbildung und Rechtsänderung ihrerseits an rechtlich geregelte Verfahren – politische Wahl, Gesetzgebungs-, Gerichts- und Verwaltungsverfahren – geknüpft sind. Denn deren Bedeutung erschöpft sich nicht darin, Entscheidungen zustande zu bringen, sondern sie legitimieren diese auch.[49] *Luhmann* führt diesen Gedanken in seinem im folgenden zu besprechenden Buch „Legitimation durch Verfahren" aus.

4. Legitimation durch Verfahren

a) Der übliche, auch von *Luhmann*[50] übernommene Begriff der Legitimität bezieht sich auf den faktischen Glauben der dem Recht Unterworfenen an dessen Gültigkeit[51]. Er bezeichnet also die beobachtbare Bereitschaft, Rechtsvorschriften ohne Rücksicht auf ihren Inhalt innerhalb gewisser Grenzen anzuerkennen und die eigenen Handlungen und Verhaltenserwartungen daran auszurichten. Im Einklang mit seinen Überlegungen zur Institutionalisierung von Normen[52] erweitert *Luhmann* den Begriff der Legitimation allerdings und verlangt nur einen *unterstellbaren Konsens*. Im Übrigen ist die entscheidende Frage, welche Mechanismen die Legitimation bewirken. *Luhmanns* Antwort lautet, thesenhaft vorweggenommen: die *Beteiligung an Verfahren* und die *symbolisch-generalisierende Wirksamkeit von Gewalt*[53]. Die Teilnahme an politischen Wahlen, an der Gesetzgebung, am Gerichtsprozess, in geringerem Ausmaß auch am Verwaltungsverfahren, setzt einen sozialen Lernprozess in Gang, welcher es den Beteiligten ermöglicht, die am Ende des Verfahrens ergehende Entscheidung trotz ihres ursprünglichen Widerstrebens zu akzeptieren. Jedenfalls wird die Akzeptanz sozial erwartet und unterstellt. Wer dann im Einzelfall dazu nicht bereit ist, sondern weiter protestiert, unterliegt sozialen Sanktionen, wird isoliert und findet keine Chance mehr, mit seiner Ablehnung durchzudringen. Im Hintergrund steht auch die

---

[49] AaO 259ff. In der Rechtssoziologie behandelt *Luhmann* noch Probleme der Rechtsdurchsetzung und der Kontrolle rechtlicher Entscheidungsprozesse, die hier nicht dargestellt werden können.
[50] Rechtssoziologie, 259ff.; Legitimation durch Verfahren, 27ff.
[51] Vgl. schon bei *Max Weber*, Abschnitt 7 II 2.
[52] Siehe oben II 2 b.
[53] Rechtssoziologie, 262; vgl. auch: Das Recht der Gesellschaft, 261, 332f.

Anwendbarkeit physischer Gewalt, die gleichfalls zu rechtstreuem Verhalten veranlasst, selbst wenn sie nur in seltenen Fällen eingesetzt werden muss, weil schon die Androhung und Erwartung von Sanktionen Wirkungen entfalten.

b) Im Einzelnen untersucht *Luhmann* die Bedingungen, unter denen die vier genannten Verfahren derartige Legitimitätswirkungen entfalten, und die Mechanismen, durch welche dies geschieht. Zum *Gerichtsverfahren*, das er am ausführlichsten behandelt, können wir insoweit auf die unten im Abschnitt „Konflikt und Konfliktlösung" gegebene Darstellung verweisen. Auch in der *politischen Wahl* vollzieht sich ein Legitimationsprozess. Die Aufstellung der Kandidaten, die Notwendigkeit, Alternativen zu formulieren, die Isolation der für die Wahl relevanten Themen von ihrem sozialen Hintergrund reduziert auch hier Komplexität. Die aktive Teilnahme des Wählers, das Wahlgeheimnis und die angesichts des ungewissen Ausgangs hohe emotionale Beteiligung bewirken eine Absorption von Protesten und einen Lernprozess, an dessen Ende die Erwartung steht, das Wahlergebnis zu akzeptieren[54]. Ähnliches vollzieht sich im *Gesetzgebungsprozess*, in dem vor der Öffentlichkeit Alternativen sichtbar gemacht und ausgeschieden, Proteste absorbiert werden und der Eindruck vermittelt wird, dass jede Stimme zu Wort kommt und alle beteiligten Interessen ins Gewicht fallen[55]. Am wenigsten gilt das Gesagte für die *Verwaltung*, weil nur der kleinere Teil der Verwaltungsverfügungen Eingriffe in die Stellung des Betroffenen zum Gegenstand hat und somit die Legitimationsfrage aufwirft[56].

Politische Wahl, Gesetzgebung, Rechtsprechung und Verwaltung stehen im Hinblick auf die Legitimation des positiven Rechts nicht unverbunden nebeneinander, sondern bauen aufeinander auf und ergänzen sich gegenseitig. Im Zusammenspiel der Verfahren entsteht die allgemeine Erwartung, dass die durch eine Entscheidung Enttäuschten ihren Protest aufgeben und sich anpassen. Es wird „*jedem einzelnen nahegelegt, unwiderlegbar zu erwarten, dass Dritte normativ erwarten, dass alle Betroffenen sich kognitiv, also lernbereit auf das einstellen, was bindende Entscheidungen normieren*"[57]. Entsprechend dieser komplizierten Formel vollzieht sich nach *Luhmann* die Legitimation des positiven Rechts. Da der Staat sowohl die Verfahren bereitstellt und durchführt als auch die Anwendung der physischen Gewalt garantiert, kann der Staat sich hinsichtlich des von ihm gesetzten Rechts letztlich nur selbst legitimieren[58].

---

[54] Legitimation durch Verfahren, 155 ff.
[55] AaO 174 ff.
[56] AaO 203 ff.
[57] Rechtssoziologie, 265.
[58] AaO 266.

5. Grundrechte als Institution

Die Konsequenzen des systemtheoretischen Ansatzes für das juristische Denken hat *Luhmann* schon in seinem frühen Buch „Grundrechte als Institution" dargelegt. Der Grundgedanke dieser Schrift lautet: Die in der Rechtswissenschaft herrschende Interpretation der Grundrechte ist falsch oder jedenfalls unzureichend, solange sie diese als dem staatlichen Recht vorgegebene und übergeordnete, letztlich naturrechtlich begründete subjektive Rechte einzelner Bürger gegen den Staat begreift. In Wahrheit erfüllen sie die sehr viel umfassendere Funktion, die soziale Differenzierung zu markieren und abzustützen. Das politische Teilsystem der Gesellschaft, das wir als Staat bezeichnen und dem die Aufgabe zukommt, die für die Ordnung der Gesellschaft notwendigen politischen Entscheidungen verbindlich zu fällen, tendiert dazu, seine eigenen Grenzen zu überschreiten, in andere Teilsysteme einzudringen und so die gesellschaftliche Differenzierung in Frage zu stellen. Dieser Gefahr entgegenzuwirken, ist der Sinn der Grundrechte. *Luhmann* unterscheidet drei durch die Grundrechte garantierte kommunikative Untersysteme der Gesellschaft:

a) Die Gewährleistung von *Würde* und *Freiheit* schafft den Spielraum, den der einzelne Mensch benötigt, um seine sozialen Handlungen „in einer persönlichen Verhaltenssynthese zu vereinen"[59], denn die Umwelt, in der er lebt, stellt zahlreiche unausgeglichene Anforderungen an ihn. Art. 1 und 2 GG sichern daher die soziale Selbstdarstellung des Menschen als individuelle Persönlichkeit, man könnte, in *Luhmanns* Terminologie, auch sagen, die *Ausbildung* und *Stabilisierung* eines *persönlichen Handlungssystems*. Entscheidend ist nun aber, dass *Luhmann* darin im Gegensatz zur herrschenden juristischen Verfassungsinterpretation nicht die Verwirklichung von dem Menschen angeborenen Werten erblickt, sondern Bedingungen für sein Überleben und zugleich Voraussetzungen für den Fortbestand der Gesellschaft. Insofern kann er sagen, die Rechte auf Würde und Freiheit betreffen eine spezielle gesellschaftliche Sphäre[60].

b) Ähnliches gilt für die Einzelgrundrechte der *Glaubens-, Meinungs-, Versammlungs-* und *Vereinigungsfreiheit*. Sie dienen zunächst gleichfalls der sozialen Selbstdarstellung, erfüllen darüber hinaus aber noch die weitere Funktion, die *soziale Kommunikation* und *Interaktion* zu *regulieren*, das heißt, Erwartungsstrukturen zu koordinieren, die Bildung von Verbänden aller Art als relativ autonomer Teilsysteme der Gesellschaft zu ermöglichen und diese gegen die Übermacht des zur „Gleichschaltung" tendierenden politischen Systems abzuschirmen. Allerdings zielt auch dieser Schutz wieder nicht auf einen vorausgesetzten Selbstwert des Individuums, sondern auf den

---

[59] Grundrechte als Institution, 53.
[60] AaO 82.

Fortbestand des in sich gegliederten Sozialsystems. Denn hierzu sind ein gewisses Gleichgewicht und eine gegenseitige Ergänzung der von den Untersystemen erbrachten Leistungen unerlässlich.[61]

c) Als dritten, im modernen Gemeinwesen relativ autonomen Bereich nennt *Luhmann* das System der Wirtschaft, dem er die Grundrechte der *Berufsfreiheit* und der *Eigentumsgarantie* zuordnet. Die Funktionsfähigkeit der Geldwirtschaft beruht auf der Chance, dass jeder einzelne sich im Besitz von Geld befindet und mit dessen Hilfe den Zugang zu den Sachgütern verschafft, die seinen Bedarf decken. Deshalb kommt es darauf an, das „*individuelle Verfügungsrecht über Geld und über geldwerte Güter in ihrem Geldwert und damit die Vertrauensbasis des Geldsystems vor staatlichen Zugriff*" zu bewahren. Das ist er Sinn des Art. l4 GG. Er schützt, wie *Luhmann* formuliert,

„den einzelnen nicht in seiner Persönlichkeit und nicht in seinem spezifischen Sachbedarf sondern er gewährleistet seine Teilnehmerrolle am Kommunikationssystem der Wirtschaft, weil ohne diese Garantie das Kommunikationssystem nicht generalisiert werden kann"[62].

Infolgedessen kann sich der Eigentumsschutz nicht auf den Bestand von konkreten Gegenständen in der Hand des Eigentümers beziehen, sondern nur auf deren Geldwert, was für die Lehre von der Enteignung weitreichende Konsequenzen nach sich ziehen muss. Die Arbeits- und Berufsfreiheit schließlich enthält zwar auch eine Komponente der Garantie sozialer Selbstverwirklichung; darüber hinaus ermöglicht sie aber vor allem die Steuerung des Arbeitslebens als eines gesamtwirtschaftlichen Vorgangs mit Hilfe des Marktmechanismus, der anderenfalls vom Staat dirigiert werden müsste[63].

Mit seiner systemtheoretischen Grundrechtsinterpretation will *Luhmann* das einseitig am Entscheiden konkreter Konflikte zwischen Bürger und Staat orientierte Eingriffs- und Schrankendenken der Juristen relativieren[64]. Das soll ihren Horizont und ihre Kritikfähigkeit erweitern, vor allem im Hinblick einerseits auf die Verzweigtheit der Grundrechtsprobleme, andererseits auf die dogmatischen Prämissen und Wertungsvoraussetzungen der üblichen Grundrechtsinterpretation. Als Folge seiner Sicht sagt er eine Verlagerung der maßgeblichen Entscheidungen von den Gerichten auf den Gesetzgeber voraus, den er als die zur Sozialgestaltung in erster Linie berufene Instanz ansieht. Das würde nach seiner Ansicht zugleich die Transparenz der Entscheidungen und die Rechtssicherheit fördern.

---

[61] AaO 84ff.
[62] AaO 120.
[63] AaO 131ff.
[64] AaO 201ff.

6. Recht als autopoietisches System

a) Der Kerngedanke von *Luhmanns* Wendung zu einer Theorie des Rechts als eines autopoietischen Systems liegt darin, dass das Recht als operativ geschlossenes, das heißt sich selbst definierendes und produzierendes Kommunikationssystem beschrieben wird[65]. Operative Geschlossenheit bedeutet nicht kausale Abgeschlossenheit und Isolation gegenüber der Umwelt, sondern nur, dass das Recht „eigene Operationen im Rückgriff und Vorgriff auf andere eigene Operationen erzeugt und nur auf diese Weise bestimmen kann, was zum System gehört und was zur Umwelt"[66]. Es ist nur normativ geschlossen, kognitiv jedoch offen[67]. Es ist ein eigenes System, zugleich aber ein Subsystem der Gesellschaft, deren Struktur es bestimmt, und insofern mit dem System der Gesellschaft „strukturell verkoppelt"[68].

Eine inhaltliche Definition von Recht kann es bei einer solchen Betrachtungsweise überhaupt nicht mehr geben. Maßgeblich für die Qualifikation einer Norm als Recht ist vielmehr ihre Zuordnung zu dem Codeprogramm Recht/Unrecht. Diese Zuordnung kann aber nur das Rechtssystem als sich selbst fortzeugendes System vornehmen. Für die Wissenschaft bleibt dagegen nur die „Beobachtung desjenigen Produktionszusammenhangs, der sich durch seine Operationen als System ausdifferenziert".[69] „Recht ist demnach, was das Recht als Recht bestimmt".[70] Die Besonderheit des Rechtssystems wird gekennzeichnet zum einen durch die *Funktion*, die es erfüllt, nämlich das Geflecht der Erwartungen über die Zeit hinweg und im Blick auf die Zukunft zu stabilisieren[71], zum anderen durch den *Code*, nach dem es Erwartungen sortiert, das heißt durch die Differenzierung zwischen Recht und Unrecht[72]. Nur das Recht kann bestimmen, welche Erwartungen dieser Unterscheidung zugänglich sind; andere Maßstäbe – Gerechtigkeit, Naturrecht, Moral, Politik – kommen dafür nicht in Betracht. *Positivität* des Rechts bedeutet dann nichts anderes als dass Recht nur durch sich selbst entsteht, weshalb es kein anderes als positives Recht geben kann. In *Luhmanns* eigenen Worten klingt dies wie folgt:

„... Heute gilt nur noch positives Recht. Hinter der Szene ist die Paradoxie des Rechts durch die Tautologie des Rechts ersetzt worden, und Positivität besagt nun nichts an-

---

[65] Das Recht der Gesellschaft, 30, 38ff., 76ff.; zum Bezug auf Erwartungen und Kommunikationen, nicht Handlungen 55, 66ff.
[66] AaO 44.
[67] AaO 76ff.
[68] AaO 33ff., 54ff., 440ff.
[69] AaO 137f.
[70] AaO 143f.
[71] AaO 124ff. Luhmann sieht im Gegensatz zu früher (siehe oben II 2b) nur noch die zeitliche Generalisierung als Grundfunktion des Rechts an.
[72] AaO 60ff., 165ff.

deres, als dass als Recht gilt, was nach den Vorschriften des Rechts als Recht gilt. Der Normaljurist hat im konkreten Falle bei bestimmten Rechtsbehauptungen dann nur noch die eine Frage zu stellen und zu beantworten: wo steht das? ... Wenn man die Positivierung des Rechts als ein Korrelat der Ausdifferenzierung des Rechtssystems und seiner autopoietischen Autonomie auffaßt, findet man sich in einer ganz anderen theoretischen Ausgangslage. Unter der Bedingung funktionaler Ausdifferenzierung ist Rechtsgeltung gar nicht anders möglich als „positiv", das heißt: durch das Recht selbst gesetzt. Das Recht kann regeln, wie es sich selbst reproduziert, das heißt: wie man mit Recht von Recht zu Recht kommt; aber nur das Recht kann dies regeln. Es gibt keine externen Instanzen oder Autoritäten, die Recht in das Recht eingeben könnten. Das Recht wird zirkular konstituiert, und ein Beobachter, der dies als Einheit beschreiben will, muss deshalb zu einer tautologischen Formulierung greifen. Alle Beschränkungen sind Selbstbeschränkungen, alle Umweltorientierungen müssen im System durch das System gehandhabt werden".[73]

b) Der neue Ansatz hat wichtige Folgen, die zum Teil auch die Aussagen von *Luhmanns* Rechtssoziologie modifizieren. Zunächst betont er noch schärfer, dass die soziologische Theorie das Recht nur von außen beobachten und beschreiben, jedoch nichts zur Rechtspraxis und zu den den Juristen aufgegebenen Entscheidungen beitragen kann. Von der soziologischen Fremdbeschreibung führt kein Weg zur Binnenperspektive[74]. Wesentlich ist weiter die Umformulierung bekannter Begriffe der Rechtssoziologie und der Rechtsdogmatik. Der Begriff der *Rechtsgeltung* verweist nicht auf eine Rechtsquellenhierarchie, welche für die soziologische Betrachtung, für die nur die Alternative Recht/Unrecht maßgeblich ist, keinen Sinn macht, sondern er ist nur ein Symbol für die Einheit des Rechtssystems[75]. „Alles Recht ist geltendes Recht. Nicht geltendes Recht ist kein Recht"[76]. Eine zweite Möglichkeit, mit der das Rechtssystem seine operative Geschlossenheit zum Ausdruck bringt, ist das *Gleichheitsprinzip*, denn welche Fälle als gleich, welche als ungleich anzusehen sind, kann nur auf der Grundlage der im System selbst produzierten Kriterien entschieden werden[77]. Da das Rechtssystem nur autopoietisch selbst bestimmen kann, was Recht ist, kann es *keine sachliche Definition des Rechtsbegriffs* mit Hilfe eines von außen herangetragenen Unterscheidungsmerkmals mehr geben; an deren Stelle tritt „die Systemreferenz Rechtssystem"[78]. Auch der *Begriff der Gerechtigkeit* kann keinen inhaltlichen Sinn haben. Vielmehr handelt es sich um eine „*Kontingenzformel*", mit deren Hilfe das Rechtssystem sich selbst beobachtet und kontrolliert und die Konsistenz mit sich selbst zum Ausdruck bringt[79]. Das schließt nicht aus, dass das Recht

---

[73] Die soziologische Beobachtung des Rechts, 1986, 25 f.
[74] Das Recht der Gesellschaft, 24; Die soziologische Beobachtung des Rechts, 19.
[75] Das Recht der Gesellschaft, 98 ff.
[76] AaO 102.
[77] AaO 110 ff.
[78] AaO 131.
[79] AaO 214 ff.

systemimmanent Gerechtigkeit als Idee oder Wert identifiziert. Insofern können auch formale Merkmale angegeben werden: Bestimmbarkeit des Maßstabs, Gleichheit, adäquate Komplexität, hinreichende Sensitivität gegenüber Sachverhalten der Umwelt, Reziprozität, Konsistenz des Entscheidens[80]. In jedem Fall handelt es sich aber um rechtsinterne Kriterien, nicht um Rückanbindung an Ethik oder Moral.

c) Ausführlich beschäftigt sich *Luhmann* mit der Frage, wie angesichts der operativen Geschlossenheit des Rechtssystems eine *Evolution* des Rechts möglich ist[81]. Er bekennt sich dabei zu einer Anlehnung an die Evolutionstheorie *Darwins* mit ihren Stichworten Variation, Selektion, Stabilisierung[82]. Unter dem Druck neuartiger Erwartungen aus der gesellschaftlichen Umwelt kommt es im Rechtssystem autopoietisch zu neuen Rechtsgedanken und Problemlösungsvorschlägen *(Variation)*, die dann in der (Um-) Interpretation von vorhandenen Regeln und in institutionalisierten Änderungsverfahren ausgewählt werden *(Selektion)*. Als Mittel der *Stabilisierung* dienen in der Neuzeit vornehmlich Schriftlichkeit, Systematisierung und Dogmatisierung. Die autopoietische Evolution ermöglicht auch die Ausbildung hochkomplexer Systemstrukturen, zum Beispiel der Figur des subjektiven Rechts, die *Luhmann* nunmehr als zentrale evolutionäre Errungenschaft des modernen Rechts preist[83]. In der Konsequenz der autopoietischen Evolution liegt ferner die Universalisierung des Rechts: es gibt keinen Sachverhalt mehr, der sich rechtlicher Regelung entzieht[84].

d) Als Subsystem der Gesellschaft unterscheidet sich Recht auch von *Politik*, die *Luhmann* als eigenes autopoietisches System begreift. Er verteidigt diese Differenzierung nachhaltig gegen alle juristischen Vorstellungen des Naturrechts und des Rechtsstaats, welche die Einheit von Recht und Politik postulieren[85]. Das System der Politik ist auf die Herstellung kollektiv bindender Entscheidungen gerichtet; sein Merkmal ist die Codierung von Macht durch die Organisation staatlicher Ämter und die Unterscheidung von Regierung und Opposition. Gleichwohl bestehen vielfältige kausale Beziehungen zwischen beiden Systemen: politische Entscheidungen werden in die Form von Rechtsvorschriften gebracht, damit sie als geltendes Recht durchgesetzt werden können, auch wenn sich die Politik inzwischen anderen Problemen zugewandt hat. Sie können aber nur in dem Maße Recht werden, in dem sie dem bereits bisher geltenden Recht genügen. Recht kann sich andererseits nur entwickeln, wenn politisch Frieden gesichert und die unkontrollierte

---

[80] AaO 218ff.
[81] AaO 239ff.; vgl. auch *Teubner*, Recht als autopoietisches System 61ff.
[82] AaO 240ff.
[83] AaO 291ff.
[84] AaO 296.
[85] AaO 407ff.

Ausübung von Gewalt verhindert werden kann. So sind Recht und Politik aufeinander angewiesen, stehen in einem „wechselseitig-parasitären Verhältnis" zueinander[86]. Sie sind, in anderen Worten, *„strukturell gekoppelt"*, insofern, als sie in ihren autopoietischen Operationen bestimmte Eigenarten des jeweils anderen Systems dauerhaft voraussetzen und sich darauf verlassen[87]. Diese Kopplung bewirkt eine ständige wechselseitige *Irritation*, auf die jedes System nach seiner Eigenart reagiert.

III. Zur kritischen Würdigung

1. *Luhmanns soziologische und rechtssoziologische Grundlagen*

Luhmanns Theorie sozialer Systeme ist eine der großen modernen soziologischen Theorien, deren Erklärungswert und Leistungsfähigkeit als universelles Modell soziologisch noch längst nicht ausgeschöpft sind: Ihr Gedankenreichtum, ihre Flexibilität und ihre Tragweite sind außerordentlich. Ihr Einfluss ist demgemäß groß. Das gilt auch von der Wendung zum neuen Paradigma des selbstreferentiellen autopoietischen Systems, das gleichfalls eine Vielzahl origineller neuer Einsichten und Perspektiven eröffnet. Sich unter dem Gesichtspunkt der allgemeinen soziologischen Theorie damit auseinanderzusetzen, würde den Rahmen dieses Buches allerdings sprengen[88].

Als außerordentliche Leistung müssen auch *Luhmanns* Einfügung des Rechts in die Soziologie und seine Grundlegung der Rechtssoziologie bezeichnet werden. Seine Analyse der normativen Strukturen der Gesellschaft, der Ansatz beim Grundbegriff der Verhaltenserwartung und später: der erwarteten Kommunikation anstatt der Handlung, die Ausarbeitung des Unterschieds zwischen kognitiven und normativen Erwartungen, die Analyse der sozialen und der sachlichen Generalisierung von Normen, die Deutung der Sinnstruktur von Normzusammenhängen und nicht zuletzt die Deutung des soziologischen Rechtsbegriffs als zeitlich, sozial und sachlich kongruent generalisierte Verhaltenserwartungen und als Struktur der Gesellschaft haben die theoretische Rechtssoziologie wesentlich über den zuvor erreichten Stand hinausgeführt. *Luhmanns* funktionale Betrachtung des Rechts hat zahlreiche rechtssoziologische und rechtstheoretische Schriften methodisch geprägt. Ihre Fruchtbarkeit zur Interpretation wichtiger Rechtsfiguren wie der des subjektiven Rechts, des Vertrags, des Eigentums[89], der Grundrechte hat *Luhmann* selbst aufgezeigt. Auch die außerordentlich kontroverse De-

---

[86] AaO 420ff., 426.
[87] AaO 440f., 468ff.
[88] Die soziologische Literatur dazu ist unübersehbar. Aus dem juristischen Bereich vgl. die im Schrifttumsverzeichnis zitierte Literatur.
[89] Siehe dazu auch *Luhmann*, Rechtssystem und Rechtsdogmatik, 60ff.

batte über das Verhältnis von Gesetzes- und Richterrecht erhält durch seine Deutungen neue Akzente[90]. Zu erwähnen ist an dieser Stelle weiter *Luhmanns* Schrift „*Rechtssystem und Rechtsdogmatik*", welche die Funktion der Rechtsdogmatik soziologisch interpretiert, sich mit dem Problem der Folgenberücksichtigung in Gerichtsentscheidungen auseinandersetzt und sodann die Forderung aufstellt, „gesellschaftsadäquate Rechtsbegriffe" für die Rechtswissenschaft auszubilden.[91]

Auf der anderen Seite setzt sich *Luhmanns* Theoriegebäude *grundsätzlichen Einwänden* aus, die teils seine Prämissen und Ausgangspositionen, teils seine Einzelaussagen betreffen. Dabei muss auch die Kritik den Veränderungen Rechnung tragen, die sich namentlich aus dem Wechsel vom Paradigma des „funktional-strukturellen" zum „autopoietischen" System ergeben. Das macht allgemein gültige Einwendungen schwierig. Gegenüber der Theorie der Autopoiese sozialer Systeme dürften ungeachtet ihres Scharfsinns und ihrer großartigen gedanklichen Konsequenz und Geschlossenheit die kritischen Stimmen überwiegen. Die Juristen können damit wenig anfangen. Das liegt nicht zuletzt an der in der Theorie angelegten strikten Trennung zwischen Innen- und Außenperspektive, Selbstkontrolle des Rechtssystems und soziologischer Fremdbeobachtung. Indem sich *Luhmann* auf die Rolle des unbeteiligten Betrachters zurückzieht und damit die praktische Dimension des Rechts als Norm für individuelles Handeln und Entscheiden ausblendet, verzichtet er auf Relevanz für sich an der Praxis orientierende Juristen[92]. Er steht damit freilich durchaus in der Tradition der Rechtssoziologie[93].

2. Universalistische Gesellschaftslehre

Auf einige besondere Merkmale von *Luhmanns* Systemtheorie und Rechtssoziologie ist hier besonders hinzuweisen. Einer der wichtigsten Einwände gegen sie geht dahin, dass sie eine, wegen ihrer Abstraktionshöhe formalisierte, Version universalistischer Gesellschaftslehren verkörpern. *Luhmanns* Interesse gehört der Ausbildung und Funktionsweise sozialer Systeme, während das Individuum, das handelnde Subjekt – in einer bemerkenswerten Umkehr

---

[90] Dazu *Raiser*, Richterrecht heute, ZRP 1985, 111ff.
[91] Dazu *Teubner*, Folgenkontrolle und responsive Dogmatik, Rechtstheorie 1975 179ff.; *Rottleuthner*, Zur Methode einer folgenorientierten Rechtsanwendung, ARSP Beiheft 13 (1980), 97; *Deckert*, Folgenorientierung in der Rechtsanwendung, 1995. Das Thema wird wieder aufgegriffen und zum Teil modifiziert in: Das Recht der Gesellschaft, 377ff.
[92] Vgl. *Raiser*, ZfRSoz 1994 1, 7ff. Diese Kritik wird auch durch die „Konzessionen" an die juristische Binnenperspektive in dem neuen Werk „Das Recht der Gesellschaft" (zB 98ff. zum Begriff der Rechtsgeltung, 243f. zu „plötzlichen Rechtsänderungen", 221ff. zum normativen Begriff der Gerechtigkeit, 377f. zur Folgenberücksichtigung) nicht gegenstandslos.
[93] Siehe Abschnitt 6 zu *Ehrlich* und Abschnitt 7 zu *Weber*.

geläufiger Vorstellungen – zur Umwelt gehört. Zwar kann er Individuen auch als organische, psychische und soziale „Persönlichkeitssysteme" verstehen, doch bleiben sie eher ein Grenzfall seiner Lehre. Der Ansatz zielt zwar direkt auf die zentralen Fragen der Soziologie, wie menschliche Gesellschaft möglich ist und wie sich ihre Integration angesichts der individuellen Willensfreiheit vollzieht. Er steht daher auch in guter rechtssoziologischer Tradition, namentlich von *Durkheims* Analyse der mechanischen und der organisatorischen Solidarität und von *Ehrlichs* Fundierung des Rechts in den Verbänden, aus denen sich die Gesellschaft zusammensetzt. Mit Recht wendet *Schelsky* aber dagegen ein, die Person kann sich in ihrem Lebenssinn, in ihrer Weltorientierung nicht als bloße Umwelt sozialer Systeme begreifen, und wo sie es tut, verliert sie ihre Identität, ihre Würde und freiheitliche Selbstbestimmung. Das Recht gilt nicht nur kraft der Entscheidungen des sozialen und politischen Verfahrens, sondern auch kraft der Lebenssinnentscheidung der einzelnen handelnden Personen[94]. Daher bedarf die Systemtheorie auch in *Luhmanns* Version der Ergänzung durch handlungstheoretische und institutionentheoretische Lehren[95].

Dieselben Einwände richten sich gegen *Luhmanns* Konzeption des subjektiven Rechts und namentlich der Grundrechte. Deren soziologische Interpretation eröffnet eindrucksvolle und wichtige neue Aspekte, die allerdings im juristischen Verständnis der Grundrechte als Institutsgarantien und objektive Werteordnung gleichfalls zum Ausdruck gelangen, aber nicht so konsequent zu Ende geführt werden. Doch darf die systemtheoretische Interpretation das Verständnis der Grundrechte als individuelle Rechtsmacht und Freiheitsbereich der Person nicht einfach verdrängen[96].

3. Luhmanns Rechtsbegriff

Luhmanns funktionale Definition des Rechts als des Inbegriffs der in einem sozialen System bzw. in der Gesellschaft kongruent generalisierten normativen Verhaltenserwartungen, die auf jeden Bezug auf den Staat oder auf einen anderen mit Zwangsmitteln ausgestatteten Sanktionsapparat verzichtet und auf das Durchhalten der Erwartungen statt auf das Durchsetzen abstellt, führt zu einem außerordentlich weiten soziologischen Rechtsbegriff. Denn danach können zum Beispiel auch Diskussionen von Laien über Rechtsfragen als Bestandteil des Rechtssystems eingeordnet werden, sofern die

---

[94] *Schelsky*, Die Soziologen und das Recht, 92.
[95] Vgl. den Versuch von *Kargl*, ein personenbezogenes Autopoiesemodell zu entwickeln ZfRSoz 1991, 120ff.; ferner *Nahamowitz* ZfRSoz 1992, 271.
[96] Dazu genügt nicht, dass *Luhmann* nunmehr die „Personalisierung der Rechtslagen" und die Figur der subjektiven Rechte als „die wohl bedeutendste Errungenschaft der neuzeitlichen Rechtsevolution" beschreibt; vgl. Das Recht der Gesellschaft, 291.

Meinungen dazu nur von einer hinreichend großen Zahl von Menschen geteilt werden. Der qualitative Unterschied zwischen Gesetzen, Gerichtsurteilen, Vertragsschlüssen, wissenschaftlichen Disputen und unverbindlichen Meinungsäußerungen über Rechtsfragen geht auf diese Weise verloren, die Elemente der Verbindlichkeit und der verpflichtenden Kraft des Rechts werden ausgeblendet, jeder Rekurs auf eine Rechtsquelle wird überflüssig[97]. Der Begriff der Rechtsgeltung reduziert sich zum Symbol dafür, dass eine Kommunikation der Alternative Recht/Unrecht zugeordnet werden kann. Auch die für die Jurisprudenz grundlegende Vorstellung einer Hierarchie der Rechtsquellen wird angesichts des einfachen binären Schemas von Recht und Unrecht bedeutungslos.

Folgerichtig ist dann weiter, dass *Luhmann* zwischen Rechtsnormen und anderen Rechtsnormen nur undeutlich unterscheidet, ja sich mit den Begriffen Brauch, Sitte, Konvention uä, die bei *Ehrlich* und *Weber* eine zentrale Rolle spielen, nicht einmal ernstlich auseinandersetzt, und dass auch seine Trennung zwischen Recht und Moral allein anhand des Gegensatzes von inneren und äußeren Bestimmungsgründen des Handelns auffallend blass bleibt, ferner, dass seine Differenzierung zwischen personen- und rollenbezogenen Normen, Werten und Ideen als verschiedenen Stufen der Abstraktheit von Verhaltenserwartungen die vielfältigen philosophischen Bemühungen um diese Begriffe ausblendet. Auf die Spitze getrieben ist dieselbe Begrenzung des Blicks schließlich, wenn *Luhmann* nach der Wende zur Theorie der autopoietischen Systeme lehrt, eine inhaltliche Definition des soziologischen Rechtsbegriffs könne es überhaupt nicht mehr geben; Recht ist was das Recht als Recht bestimmt.

In diesem Vorgehen spiegelt sich *Luhmanns* soziologische Betrachtungsweise, der es nur darum geht, das „Funktionieren" der Gesellschaft zu analysieren und mittels einer geeigneten Theorie zu beschreiben, die sich aber von der Aufgabe dispensiert, Rechtsentscheidungen zu treffen oder Maßstäbe für deren Beurteilung auszubilden. Eine so konzipierte Gesellschaftstheorie braucht in der Tat nicht danach zu fragen, ob Entscheidungen gut oder böse, recht oder unrecht sind, sondern kann sie als kontingent behandeln. Denn die Gesellschaft muss eben hinnehmen und damit fertig werden, dass die Menschen so oder so entscheiden, erwartungsgemäß oder gegen die Erwartungen. Das *wie* der Entscheidung hat sie dagegen nicht in der Hand. Es ist Sache jedes einzelnen und liegt in dessen Willensfreiheit. Sie kann lediglich die Zahl der zur Verfügung stehenden Handlungsalternativen begrenzen, das heißt, in *Luhmanns* Terminologie: Komplexität reduzieren, um so das Risiko der Kontingenz einzuschränken. Da die Systemtheorie die Menschen nur als Umwelt sozialer Kommunikations- und Handlungssysteme begreift, kann sie

---

[97] *Habermas*, Faktizität und Geltung 70, 573f.; *Nahamowitz*, ZfRSoz 1992, 288.

aber auch gar nicht anders als menschliches Verhalten als unvorhersehbar zu behandeln, weil die individuellen Entscheidungsprozesse für sie unzulänglich und daher zufällig bleiben. Eine als Handlungs- und Entscheidungswissenschaft verstandene Jurisprudenz wird sich indessen damit nicht begnügen. Sie hat vielmehr die Menschen vor Augen, die, als Mitglieder der gesetzgebenden Körperschaften, Richter, Verwaltungsbeamte, Anwälte usw oder auch als Bürger und Mitglieder der Gesellschaft handeln und für ihr Handeln verantwortlich gemacht werden, und die deshalb nach Regeln und Maßstäben fragen, an denen sie sich bei ihren Entscheidungen orientieren können.

4. Die Positivität des Rechts

Luhmanns Lehre der Positivität des Rechts hat im Zuge des Übergangs zum Modell des autopoietisch geschlossenen Systems einen gewissen Wandel erfahren. In ihrer ursprünglichen Gestalt betont sie die inhaltliche Beliebigkeit des Rechts[98]. Sie beeindruckt wegen ihrer Geschlossenheit und Folgerichtigkeit. Die Juristen müssen sich in der Tat erst einmal bereit finden, das Recht ohne Vorbehalte als inhaltlich austauschbar zu denken, bevor sie sich an die Kritik machen dürfen[99]. Als Theorie des modernen, auf politischen Entscheidungen beruhenden und zur Sozialgestaltung eingesetzten Rechts, namentlich Verwaltungs-, Wirtschafts-, Arbeits- und Sozialrechts, ist ihre Aussagekraft kaum zu bezweifeln. Theoretisch ist sie eine Konsequenz der Überzeugung, dass transzendente Wert- und Glaubensvorstellungen heute nicht mehr institutionalisiert, also sozial verbindlich sind oder gemacht werden können. Folgerichtig mündet die Lehre in eine Theorie, wonach die Legitimität einer Norm allein darauf beruht, dass dem Widerstreben der Betroffenen in dem Verfahren, welches zur Anerkennung und Anwendung der Norm führt, der Boden entzogen oder, falls solches nicht gelingt, ihr Widerstand mit Gewalt gebrochen wird. Wie sich diese Vorgänge systemtheoretisch deuten lassen, hat *Luhmann* in seinem Buch „Legitimation durch Verfahren" eindrucksvoll ausgeführt.

Trotzdem können auch diese Positionen letztlich nicht überzeugen[100]. Sie widersprechen dem empirischen Befund, dass die Menschen, vor allem die Juristen selbst, für sich in Anspruch nehmen, das Recht an übergeordneten Kriterien zu messen, bis hin zur Anerkennung eines Widerstandsrechts. Gegenüber dem Gesetzgeber wird die Forderung erhoben, nicht beliebige poli-

---

[98] Siehe oben II 3b.
[99] Vgl. *Naucke*, KritV 1986, 189ff.; *Raiser*, ZfRSoz 1994, 6ff.
[100] Vgl. zur Kritik daran schon *Esser*, Vorverständnis und Methodenwahl in der Rechtsfindung, 1970, 205ff.; *Rottleuthner* KJ 1971, 69; *Weiß*, Polit. Vierteljahrsschrift 1977, 74; *Machura*, ZfRSoz 1993, 97; *Raiser* ZfRSoz 1994, 7 siehe ferner Abschnitt 12 V und 20 III.

tisch durchsetzbare Gesetze zu erlassen, sondern soziale Gerechtigkeit zu verwirklichen. Das Grundgesetz geht von einem inhaltlich gehaltvollen Gerechtigkeitsverständnis aus, das zum Beispiel in der Begrenzung aller staatlichen Gewalt durch den obersten Wert der Menschenwürde und durch unverletzliche und unveräußerliche Menschenrechte (Art. 1 GG) und in der Bezugnahme auf Gesetz *und Recht* in Art. 20 Abs. 3 GG zum Ausdruck kommt. Die lediglich prozedurale Legitimation der Rechtssetzung reicht nicht, die Aufgaben einer akzeptablen Ordnung der sozialen Lebensverhältnisse zu lösen, sondern lässt sich wiederum nur vertreten, wenn man sich mit *Luhmann* auf die Position des außenstehenden Beobachters zurückzieht, der die Entscheidungsprozesse im Inneren des Menschen außer acht lässt.

In der Theorie des Rechts als eines autopoietischen Systems verändert *Luhmann* seine Formulierung. Positivität des Rechts bedeutet hier nicht mehr Beliebigkeit des Inhalts, sondern seine *Eigenständigkeit* als operativ geschlossenes, sich selbst fortzeugendes System. Das ist freilich zunächst nicht mehr als eine Tautologie, denn für den soziologischen Beobachter bleibt es gerade deshalb beliebig. *Luhmann* betont nunmehr aber auch: „jedermann weiß, dass im Recht nie und nimmer beliebig entschieden werden kann"[101]. Um sich gegen den Vorwurf des willkürlichen Dezisionismus zu wehren, führt er an, nie könne alles Recht auf einmal geändert werden[102]. Die Rechtsentwicklung vollziehe sich vielmehr in einem langsamen Prozess der historischen Evolution, nicht in revolutionären Akten[103]. Auch wo der Gesetzgeber neue, sozialgestaltende Gesetze erlasse, seien sie nur insoweit Recht, als sie den Anforderungen des bislang geltenden Rechts genügen[104]. Auch scheut *Luhmann* nun nicht mehr davor zurück, die *Idee der Gerechtigkeit* als Medium der internen Selbstkontrolle des Rechtssystems anzuerkennen[105] und ihre „Selbstspezifikation" in den Elementen der Bestimmbarkeit, Gleichheit, adäquaten Komplexität usw. auszuarbeiten[106]. Mit diesen Ausführungen verändert *Luhmann* den Begriff des positiven Rechts, denn dieser meint nun nicht mehr beliebige Änderbarkeit, sondern nur noch Unabhängigkeit von außerrechtlichen und metaphysischen Begründungen. Dagegen muss positives im Sinn von politisch gesetztem Recht nunmehr sowohl den historisch gewachsenen Rechtsvorstellungen als auch den Anforderungen der Gerechtigkeit und der Widerspruchsfreiheit des juristischen Begriffssystems standhalten. Diese als Elemente eines sich autopietisch fortzeugenden Rechtssystems zu begreifen dürfte dann aber keinen wesentlichen Erkenntnisfortschritt mehr bringen.

---

[101] Das Recht der Gesellschaft, 39.
[102] Die soziologische Beobachtung des Rechts, 27.
[103] Das Recht der Gesellschaft, 239 ff.
[104] AaO 407 ff., 434 ff.
[105] AaO 217.
[106] AaO 220 ff.

5. Gesellschaftssystem, Rechtssystem und andere soziale Subsysteme

Luhmanns Beschreibung der Gesellschaft und ihrer Funktionsbereiche Recht, Wirtschaft, Wissenschaft, Kunst, Politik, Erziehung usw. als autopoietische Systeme impliziert das autonome Nebeneinander der Systeme, die alle operativ geschlossen agieren und sich gegenseitig nur „irritieren", „perturbieren" bzw. auf den von den anderen verursachten „Lärm" reagieren können[107]. Das politische System produziert im Verfahren der Gesetzgebung danach nicht Recht, sondern kollektiv bindende Entscheidungen, die nur insoweit Rechtscharakter gewinnen, als das Rechtssystem sie in Recht transformiert. Das Recht andererseits kann soziale, wirtschaftliche, kulturelle Sachverhalte nicht unmittelbar regulieren, steuern oder gestalten, sondern sie nur beeinflussen, indem es sie mit einer neuen rechtlichen Umwelt konfrontiert und dadurch ihre Autopoiese anregt. Angesichts solcher Grundvorstellungen werden die Wechselwirkungen zwischen den Systemen und der Zusammenhalt der Gesellschaft zum theoretischen wie empirischen Problem.

Um diese der Erfahrung und allen herkömmlichen Vorstellungen zuwiderlaufende Sicht plausibel zu machen und theoretisch zu begründen, bedarf *Luhmann* eines erheblichen gedanklichen Aufwands. Hierher gehören die Lehren, dass autopoietische Systeme zwar operativ geschlossen, aber kognitiv offen sind und dass die operative Geschlossenheit kausale Einflüsse aufeinander keineswegs ausschließe[108], ferner, dass das Verhältnis des Rechtssystems zum Gesellschaftssystem mehrdeutig sei insofern, als die Gesellschaft einerseits zur Umwelt des Rechtssystems gehöre, andererseits das Rechtssystem ein Subsystem der Gesellschaft bilde[109]. Hinzu tritt die ihrerseits komplizierte Theorie der strukturellen Kopplung der Systeme[110]. Für wie problematisch *Luhmann* selbst diese Lehre speziell im Verhältnis von Recht und Politik ansieht, tritt besonders in der merkwürdigen Metapher eines „wechselseitig-parasitären" Verhältnisses zutage.[111] *Teubner*, der die damit aufgeworfenen Probleme noch schärfer sieht als *Luhmann*, bringt zusätzliche Gedanken ein: den Gedanken einer Möglichkeit der *Doppelmitgliedschaft von Kommunikationen und Strukturen* in zwei Systemen (das heißt die „Fähigkeit eines Systems, Operationen anderer Systeme als systemeigene Operationen zu benutzen und Strukturen anderer Systeme als systemeigene Struktu-

---

[107] *Rottleuthner* spricht angesichts dieser Formulierungen schmunzelnd vom „Auto-Poesiealbum". Vgl. zum Ganzen die Abhandlungen in dem Sammelband *Teubner* (Hrsg.), Autopoietic Law. A New Approach to Law and Society, 1988.
[108] AaO 421.
[109] AaO 34.
[110] Das Recht der Gesellschaft, 440ff.
[111] AaO 426.

ren zu rekonstruieren")[112]; ferner die Vorstellungen einer „*Interferenz von Systemen und Prozessen*"[113], eines „*Hyperzyklus*"[114], sowie einer zur strukturellen Kopplung hinzutretende *Bindung* und „*Responsivität*" der Systeme[115]. Schließlich gelangt *Teubner* zur Annahme eines „*Mediums allgemeingesellschaftlicher Kommunikation*" als Grundlage der Möglichkeit, die Autopoiese der Systeme zu transzendieren[116].

All dies mutet schon in der Wahl der Begriffe einigermaßen künstlich an. Man muss fragen, ob solche Weiterungen die Theorie nicht ihrer Konsistenz berauben[117]. Jedenfalls wird sich die empirische Rechtssoziologie auf die – allerdings verräterische – Bemerkung von *Luhmann* selbst zurückziehen können, man könne Untersuchungen zur Effektivität und Wirkung von Gesetzen betreiben, ohne „einen Gedanken an ‚Autopoiesis' zu verschwenden"[118]. Allerdings hat die Konzeption des Rechts als eines autopoietischen Systems weitreichende politikwissenschaftliche Folgen, denn sie liefert eine theoretische Begründung für die begrenzte Fähigkeit des Staates, die Gesellschaft zu steuern. *Teubner* formuliert die Konsequenz in einer Theorie des „regulatorischen trilemmas" aus, wonach ein Programm, das im politischen System beschlossen wurde, zunächst nur Anstöße zu einer entsprechenden, dem Rechtssystem eigenen Regulierung vermitteln kann, die dann ihrerseits Impulse aussendet, welche das System der Gesellschaft anregen. Möglichkeiten und Grenzen der Gesellschaftssteuerung durch den Staat mit Mitteln des Rechts gehören zu den wichtigsten, aber auch problemgeladensten Themen der aktuellen wissenschaftlichen und politischen Diskussion. *Luhmanns* Systemtheorie gibt hierin allen Kräften Auftrieb, die einen regelungspessimistischen Standpunkt vertreten und daraus die Forderung ableiten, der Staat solle seine Steuerungsbemühungen zurückstecken. Die Gegenposition vertritt demgegenüber eine ausgeprägte Theorie der Gesellschafts- und Wirtschaftslenkung durch den Staat.

Gesellschaftstheoretisch fügt sich der systemtheoretische Ansatz in die rechtssoziologische Tradition ein, wonach alles Recht ein Produkt der gesellschaftlichen Evolution ist, in welcher der Staat nur begrenzte Wirkungen entfaltet. Auch bei *Luhmann* selbst spielt der Staat eine auffallend geringe Rolle; weitgehend reduziert er ihn auf das politische System als ein System der Ge-

---

[112] *Teubner*, „L'ouvert s'appuye sur le ferme": Offene Fragen zur Offenheit geschlossener Systeme, Journal für Sozialforschung 1991, 287, 289.
[113] *Teubner*, Recht als autopoietisches System 106ff.
[114] AaO 36ff.
[115] L'ouvert s'appuye sur le ferme 290.
[116] Recht als autopoietisches System, 107f.
[117] Vgl *Habermas*, Faktizität und Geltung 74, 579; ferner *Nahamowitz*, ZfRSoz 1990, 137; *ders.*, ZfRSoz 1992, 271ff.
[118] *Luhmann*, ZfRSoz 1991, 144.

sellschaft unter den vielen anderen, dessen Aufgabe es ist, bindende Entscheidungen zu fällen, den anderen Systemen aber sonst nicht übergeordnet ist.

10. Abschnitt

Helmut Schelsky

Schrifttum: *Krawietz, Werner,* Helmut Schelsky – Ein Weg zur Soziologie des Rechts, in FS Schelsky, 1978, XIIIff.; *ders.,* Begründung des Rechts – anthropologisch betrachtet. Zur Institutionentheorie von Weinberger und Schelsky, in FS Weinberger, 1984, 541 ff.; *ders.,* Über die Fachgrenzen der Soziologie hinaus: Helmut Schelskys „transzendentale" Theorie von Recht und Gesellschaft, in: *Weinberger/Krawietz* (Hrsg.), Helmut Schelsky als Soziologe und politischer Denker, 1985, 12ff.; *ders.,* Die Normentheorie Helmut Schelskys als Form eines neuen Institutionalismus im Rechtsdenken der Gegenwart, in: *Baier* (Hrsg.) Helmut Schelsky – Ein Soziologe in der Bundesrepublik, 1986, 114ff.; *Luhmann, Niklas,* Helmut Schelsky zum Gedächtnis, ZfRSoz 1984, 1ff.; *Rotter, Frank,* Der personfunktionale Ansatz in der Rechtssoziologie. Eine Auseinandersetzung mit dem Ansatz von Helmut Schelskys, in FS Schelsky, 1978, 481; *Weinberger, Ota,* Institutionentheorie und institutionalistischer Rechtspositivismus, in: *Weinberger/Krawietz* (Hrsg.), Helmut Schelsky als Soziologe und politischer Denker, 1985, 134; *Werner, Petra,* Die Normentheorie H. Schelskys, 1995.

I. Biographie

Helmut Schelsky, (1912–1984), wurde nach dem Studium der Philosophie und der Soziologie und nach Teilnahme am 2. Weltkrieg 1949 Professor für Soziologie in Hamburg; 1960 ging er nach Münster, wo ihm die Leitung der Sozialforschungsstelle Dortmund übertragen wurde. 1965 erhielt er den Auftrag zur Planung und Gründung der Universität Bielefeld, deren Aufbau weitgehend auf seine Konzeption zurückgeht. Seit 1970 Professor in Bielefeld, kehrte er 1973 nach Konflikten mit der dortigen, von ihm gegründeten soziologischen Fakultät nach Münster zurück, und zwar als Mitglied des Fachbereichs Rechtswissenschaft. *Schelskys* Arbeiten beschäftigen sich auf der Basis einer philosophisch und anthropologisch fundierten Institutionentheorie mit den Strukturveränderungen der modernen – vor allem deutschen – Gesellschaft, zum Beispiel in der Familie, der Jugend, der Universität ua. Der Rechtssoziologie hat er sich seit etwa 1970 mit Schwerpunkt zugewandt, weil, wie er selbst schreibt, ihm in der „Spannung zwischen freiheitlicher Selbstbestimmung des Subjekts und den institutionell gesetzten gesellschaftlichen Zwängen ... das praktische Ordnungsprinzip des Rechts ... zur letzten zu vertretenden geistigen Position" geworden war[1].

---

[1] *Schelsky,* Die Soziologen und das Recht, 26.

Hauptwerke:
- Wandlungen der deutschen Familie in der Gegenwart, 1953;
- Soziologie der Sexualität. Über die Beziehung zwischen Geschlecht, Moral und Gesellschaft,1955;
- Die skeptische Generation, 1957;
- Einsamkeit und Freiheit. Idee und Gestalt der deutschen Universität und ihrer Reformen, 1960;
- Auf der Suche nach Wirklichkeit, Gesammelte Aufsätze, 1965;
- Abschied von der Hochschulpolitik oder: Die Universität im Fadenkreuz des Versagens, 1969;
- Die Arbeit tun die anderen. Klassenkampf und Priesterherrschaft der Intellektuellen, 1975, 2. Auflage 1977.

Schelskys rechtssoziologische Arbeiten, auf denen die folgenden Ausführungen beruhen, sind in dem Sammelband „Die Soziologen und das Recht", 1980, (zitiert SR) enthalten. Daraus sind hervorzuheben:
- Systemfunktionaler, anthropologischer und personfunktionaler Ansatz in der Rechtssoziologie, zuerst in: Jahrbuch für Rechtssoziologie und Rechtstheorie Bd. 1, 1970, 37ff. (zitiert Jahrb.);
- Zur soziologischen Theorie der Institution, zuerst in: Zur Theorie der Institution. Interdisziplinäre Studien Bd. 1, 1970, 9ff. (zitiert TdI);
- Die Soziologen und das Recht, zuerst in: Zeitschrift für Rechtstheorie 1978, 1;
- Das Jhering-Modell des sozialen Wandels durch Recht, Jahrbuch für Rechtssoziologie und Rechtstheorie Bd. 3, 1972, 47ff.

II. Der rechtssoziologische Ansatz Schelskys

1. Universalistische und individualistische Gesellschaftstheorien

Helmut Schelsky hat als Soziologe ein überaus fruchtbares und erfolgreiches theoretisches und empirisches Werk vorgelegt. Seine Rechtssoziologie ist demgegenüber nicht vollständig und systematisch ausgearbeitet, sondern beschränkt sich weitgehend auf den Entwurf einer philosophisch und anthropologisch begründeten Gegenposition gegen die herrschenden theoretischen Ansätze in der Rechtssoziologie, namentlich gegen die Systemtheorie. Nach *Schelskys* Beobachtung lassen sich die sozialwissenschaftlichen Theorien der Neuzeit danach unterscheiden, ob sie den Menschen als Individuum oder das Ganze der Gesellschaft, das soziale System, zum Ausgangs- und Bezugspunkt ihrer Fragestellung machen. Beide Ansätze sind legitim und fruchtbar, insofern sie die Realität des sozialen Lebens von verschiedenen Seiten beleuchten. Aber sie führen notwendig zu von einander abweichenden Ergebnissen und gegensätzlichen Theorien, die sich nicht auf einen Nenner bringen lassen. Eine einheitliche Theorie, welche beide Komponenten mit gleichem Gewicht berücksichtigt, hält *Schelsky* im Gegensatz zu *Luhmann* für ausgeschlossen. Deshalb empfiehlt er, in einem arbeitsteiligen Verfahren beide Methoden nebeneinander zu pflegen, um Einseitigkeiten zu vermeiden[2]:

„Diese *Komplementarität* des universalistischen Theorieansatzes auf der Grundlage der generalisierten Kategorie ‚Das System' und des individualistischen Theorieansatzes auf der Grundlage des generalisierten Begriffes ‚Der Mensch' führt zu zweierlei Erscheinungen:

a) Auf der einen Seite entwickelt jeder Ansatz eine eigene, zum anderen sich gegensätzlich, ja oft sich ausschließend verhaltende Perspektive in der Problematisierung der betreffenden Erscheinungen der sozialen Wirklichkeit. Diese *Gegensätzlichkeit der Gesichtspunkte* führt bei denkkonsequenter Verfolgung des Theorieansatzes zu antagonistischen Problem- und Kategoriesystemen, wobei die universalistischen Sozialtheorien zur Aufstellung von Ordnungs-, Integrations- und Institutionsproblematiken, die individualistischen zu Freiheits-, Konflikt- und Bewußtseinsproblematiken neigen. Treffen solche von verschiedenen Theorieansätzen her durchproblematisierte Grundkategorien im methodisch unreflektierten Bewußtsein dualistisch aufeinander – etwa ‚Freiheit-Ordnung', ‚Konflikt-Integration', ‚Individuum-Gemeinschaft' u.a. –, so entstehen die endlos diskussionsfähigen, aber unlösbaren sozialwissenschaftlichen Probleme. Denksystematische Vertreter eines Ansatzes lösen diese Schwierigkeiten, indem sie die Kategorie der Gegenseite in das eigene System hineindefinieren, etwa das Ganze der Gesellschaft als ‚objektiver Geist', als ‚kollektives Subjekt' oder umgekehrt das Individuum als abhängigen Faktor von sozialen Systemen oder es selbst formal als ‚Sub-System' begreifen; das führt zwar zu Systembefriedigungen der betreffenden Denker, aber nicht zur Aufhebung der vom anderen Ansatz her gedachten Problematik. Gegenüber solchen Scheinlösungen der Sozialwissenschaft soll hier auf den Vorteil antagonistischer soziologischer Theorieansätze aufmerksam gemacht werden; die Sozialwissenschaft kann und muss – vielleicht ihrerseits arbeitsteilig – mit beiden (und möglicherweise noch mehr) grundsätzlichen Theorieansätzen arbeiten, weil beide eine verschiedene Erkenntnis- und Praxisfunktion haben".[3]

In dieser Perspektive erweisen sich *System-* und *Organisationstheorie* als *moderne Formen* der *universalistischen Gesellschaftslehren*. Ihr Vorzug gegenüber früheren, ein kollektives Subjekt (Volk, Gemeinschaft oder Gesellschaft) hypostasierenden Lehren liegt im höheren Grad ihrer Abstraktheit und Technizität sowie in der Übereinstimmung mit den theoretischen Ansätzen anderer Disziplinen, weshalb sie wichtige Erkenntnisse zutage fördern[4]. Aber sie begegnen in *Schelskys* Sicht demselben Einwand wie jene, einseitig zu bleiben und der Ergänzung durch eine „individualistische" Theorie zu bedürfen.

„Die systemfunktionale Analyse des Rechts führt zu der Untersuchung, welche Leistungen das Recht für das Funktionieren des sozialen Systems als Ganzen erbringt. Das

---

[2] Jahrb. 40ff., SR 96ff.
[3] Jahrb. 42, SR 98.
[4] Jahrb. 40, SR 96; vgl. auch die Auseinandersetzung mit *Luhmann* in: SR 90ff.

Individuum erscheint in diesen Analysen in zweierlei Gestalt: als *Normadressat* und als *Konfliktträger*. Dies bedeutet, dass es einerseits die vom Recht produzierten und vertretenen Normsysteme (Legitimationen, Interpretationen, Entscheidungen, Sanktionen usw.) passiv als Motive seines Handelns aufnimmt, sein soziales Handeln als systemgeführt erscheint und so das Individuum sozusagen nur die Marionette der ihm auferlegten Normsysteme ist; andererseits kommt es aber – aus der Natur der Individuen und ihren Interessen, worauf nicht näher eingegangen wird – gerade durch das Handeln der Individuen zu Konflikten, die in diesem Falle nur als Auslöser für die institutionellen Prozesse des Rechts, d. h. zu normativen Systementscheidungen, führen, die wiederum als Handlungsmotive dem Individuum auferlegt werden. In der systemfunktionalen Analyse *tritt das Recht dem Individuum entgegen*, ist nicht ‚sein' Recht, sondern das des Systems. Seine Leistung besteht in der Herstellung eines möglichst konfliktfreien ‚harmonischen' Funktionierens des Systems, einer ‚produktiven Kooperation', an der das Individuum indirekt, als ‚Teil des Systems' teilnimmt; dadurch werden ebenso indirekt die Interessen des Individuums am Recht gewahrt"[5].

2. Der anthropologische und der personfunktionale Ansatz

Schelskys Absicht ist es, eine „*personfunktionale*" Rechtssoziologie als theoretische Gegenposition zum systemtheoretischen Ansatz zu entwerfen. Als Grundlage zieht er die moderne Anthropologie von *Freud, Malinowski, Gehlen, Portmann, Lorenz* u.a. heran. Deren zentrale Aussage lautet: Der Mensch ist im Gegensatz zum Tier biologisch ein „*Mängelwesen*" *(Gehlen)*, dessen Verhalten nicht oder doch nur sehr allgemein und rudimentär von Instinkten gesteuert und gesichert wird. Deshalb zeigt er eine eigentümliche biologische Verhaltensunsicherheit, die sich in der Formbarkeit seiner Anlagen, seiner unspezifischen libido, seiner langen Entwicklungszeit, seiner Angewiesenheit auf die sozialpartnerschaftliche Aufzucht, seiner Distanz zur Welt ua äußert[6]. Er gleicht diesen Mangel mit Hilfe seiner Intelligenz aus, die ihm gestattet, bewusst und zweckgerichtet zu handeln und somit seine Lage gestaltend zu steuern und zu stabilisieren. Das Kennzeichen des Menschen, mit dessen Hilfe er sich im Leben behauptet, ist also seine Bewusstheit, das heißt die elementare Fähigkeit, sich unter gedanklicher Vorwegnahme der Zukunft gewisse Ziele zu stecken, an ihnen auch gegenüber Enttäuschungen festzuhalten und ihre Verwirklichung auf den unterschiedlichsten Wegen anzustreben. Funktional bildet diese Fähigkeit das Äquivalent zu dem angeborenen und starren Instinktablauf der Tiere und ist deshalb eine zum Wesen des Menschen gehörende Lebensnotwendigkeit. Ihre biologische Wurzel findet sie in dem hauptsächlich von *Konrad Lorenz* analysierten „*Appetenzverhalten*"[7]. Sie ist zugleich die Quelle der persönlichen Individualität jedes ein-

---

[5] Jahrb. 56, SR 112f.
[6] Vgl. TdI 18ff.; Jahrb. 57ff., SR 113ff., 223ff.
[7] Vgl. Jahrb. 63ff., SR 119ff.

zelnen Menschen. Auch besteht biologisch-anthropologisch kein Unterschied, ob ein Mensch konkrete und kurzfristig realisierbare Ziele verfolgt oder abstrakte Leitvorstellungen und Ideen ausbildet, an welchen er über viele Jahre hinweg festhält und die sein gesamtes Verhalten prägen können. Beide dienen letztlich zur Kompensation der biologischen Verhaltensunsicherheit und erfüllen daher notwendige Bedürfnisse. Inhaltlich sind sie allerdings durch die Art der Bedürfnisse keineswegs festgelegt, sondern ein Produkt der kulturellen Evolution.

Im Lauf der Zeit und Geschichte erlangen dergestalt fixierte Verhaltens- und Interaktionsmuster nun einen überindividuellen, sozialen Charakter und werden dann in der Anthropologie, zum Beispiel bei *Malinowski* und *Gehlen*, als *Institutionen* bezeichnet, ein Begriff, den *Schelsky* übernimmt und soziologisch formuliert. In der Ausbildung von Institutionen liegt danach die spezifische Antwort der in Gemeinschaft mit anderen lebenden Menschen auf ihre biologische Disposition. Die Institutionen verleihen, solange sie festgehalten werden, menschlichem Handeln bestimmte Konturen und eine gewisse Sicherheit. Sie können bei wechselnden Bedürfnissen aber auch wieder abgestoßen und in anderer Gestalt aufgebaut werden. Biologisch gehen sie gleichfalls auf die elementaren Antriebe und Bedürfnisse des Menschen zurück, sind durch diese aber nicht determiniert. In ihrer konkreten Gestalt sind sie vielmehr das Ergebnis eines langen Entwicklungsprozesses, in dessen Verlauf sie vielgestaltigen sozialen und kulturellen Einflüssen ausgesetzt sind und durch diese aus- und umgeformt werden[8].

3. Institutionen und Recht

Der Kern der von *Schelsky* ins Auge gefassten anthropologischen und personfunktionalen Rechtssoziologie muss nach dem Gesagten in einer Analyse der Beziehungen zwischen Individuum, Institution und Recht liegen. Nach *Schelsky* erfüllt das Recht drei Funktionen. Zunächst nennt er es in einem sehr allgemeinen Sinn einen sozialen Mechanismus, mit dem die einzelnen Personen sich in ihren gegenseitigen sozialen Handlungen aneinander orientieren[9]. Darüber hinaus bietet es – nunmehr aus der Sicht des Individuums – „dem sozial handelnden Menschen die Chance, sowohl das durch Handeln Erreichte auf Dauer zu stellen als auch zukünftige Wirkungen des Handelns im sozialen Zusammenhang zu erstreben". Insofern leistet es „die Stabilisierung des Gewordenen und Erreichten" und „verbindet damit zugleich die Chance und die Methode des bewussten, also geplanten sozialen Wandels"[10].

---

[8] Vgl. Jahrb. 57ff., TdI 14ff., SR 113ff., 219ff.
[9] Die Soziologen und das Recht, SR 77.
[10] SR 77.

Als dritte – nachgeordnete – Funktion erwähnt *Schelsky* die Eignung des Rechts, Konflikte zu verhüten oder zu lösen[11].

Wichtiger als die Funktionsbestimmung, die sich von der anderer Autoren wie *Durkheim*, *Ehrlich* und *Luhmann* nicht wesentlich unterscheidet, ist die Art und Weise, wie *Schelsky* das Recht in seine Institutionenlehre einfügt. *Schelsky* beschreibt alle sozialen Vorgänge als *Wechselwirkung zwischen den Individuen*, die nach ihren subjektiven Motiven, Vorstellungen, Trieben und Zielen handeln, und den *Institutionen*, welche das Verhalten der Individuen steuern und begrenzen[12]. Soziale Handlungs- und Verhaltensbereiche denkt er als Kreisprozesse zwischen den in Wechselwirkung zueinander stehenden Motivations- und Institutionselementen. Auch das Recht versteht er dementsprechend als sozialen Vorgang und Prozess, in dem subjektive Willens- und Motivationsstrukturen der Personen und institutionell-gesellschaftliche Steuerungsimpulse fortwährend aufeinandertreffen und sich wechselseitig durchdringen. Daher rührt auch die Doppeldeutigkeit des Rechts, das sowohl als institutionsgeschütztes Motivations- und Willenssystem der beteiligten Personen – subjektives Recht – wie auch als objektive normerfüllte Ordnung – objektives Recht, Institution – verstanden werden kann. *Schelsky* fasst die Wechselwirkung in dem Satz zusammen:

„Die gleichsam überpersönliche Institution der Rechtsordnung lebt davon, dass sie ständig vom Willen, den Motivationen, ja vor allem auch den Emotionen (Rechtsgefühlen) der Recht handelnden, suchenden, wahrenden Personen erfüllt oder verlebendigt wird, während umgekehrt die objektivierte institutionelle Rechtsordnung, die Verfassungen, Gesetze, Anordnungen und ihre Durchsetzungs- und Verwaltungseinrichtungen, ständig eben die sogenannten Bewußtseinszustände der Personen, ihre Zielvorstellungen und Wertungen, Entscheidungen und Verzichte, ihrerseits bestimmt und beeinflußt"[13].

Mit diesem Gedanken ist die Plattform für eine personenbezogene Rechtssoziologie gewonnen, die sich nicht damit begnügt, die Institutionen als „sublimierten Bedürfnisüberbau" zu erklären, die vielmehr das Denken der Menschen, und das heißt ihre Subjektivität, als „autonomen Realfaktor des sozialen Lebens" anerkennen kann[14]. Das Recht ist dann „die stets bewusste Regelung und Gestaltung sozialer Beziehungen durch freies und bewusstes Zweckhandeln"[15]. Es schafft in den Institutionen „den Bereich des bewussten Zweckhandelns, das heißt den Ansatz, die menschlichen Institutionen jeweils unabhängig von den in ihm erfüllten Instinkt- oder Instinktmangelbedürfnissen zum Gegenstand und Ziel immer erneuten, aktualisierten bewuss-

---

[11] SR 77.
[12] SR 77ff.
[13] SR 78f.
[14] TdI 16.
[15] Jahrb. 66, SR 122.

ten Zweckhandelns zu machen"[16]. Es ist „die Ebene des zweckgerichteten, ordnungsgestaltenden und bewussten Handelns für jeweils neue (sekundäre) Bedürfnisse des Menschen innerhalb der Institutionen" und „die Rationalitäts- und Zukunftsdimension der Institutionen", während „das Institutionelle", das heißt die dem individuellen Handeln vorgegebene normative Ordnung und Steuerung, „den anthropologischen Instinktersatz des menschlichen Handelns darstellt und sozusagen die ‚tierische' Seite der Institution, den dauerhaften status quo funktionalisiert"[17].

4. Allgemeine Leitideen des Rechts

Die Aufgabe einer so konzipierten Rechtssoziologie geht dahin, die Leitideen des Rechts, bezogen auf das Individuum, oder die „absoluten Motive" der Person in Bezug auf das Recht überzeugend zu formulieren und „in einer rechtsgeschichtlichen Analyse der Sinngebung des Rechts zu beweisen, dass sie „die Entwicklung und Funktion des Rechts bestimmt haben"[18]. *Schelsky* glaubt, drei allgemeine, auf die Bedürfnisse des Individuums bezogene Leitideen des Rechts angeben zu können, die er als a) „Gegenseitigkeit auf Dauer", b) „Gleichheit bei Verschiedenheit" und c) „Integrität und Autonomie der Person gegenüber Organisation" einführt[19].

a) Das *Prinzip der Gegenseitigkeit* oder *Reziprozität* als Handlungsform für den Austausch von materiellen und immateriellen Gütern und für die Begründung wechselseitiger Ansprüche und Pflichten gehört nach den Erkenntnissen der Ethnologie *(Thurnwald, Malinowski)* und der modernen amerikanischen Soziologie *(Gouldner, Homans, Blau)* zu den Grundfiguren sozialen Kontakts[20]. Es fällt *Schelsky* nicht schwer zu zeigen, dass es die Erscheinungsform personaler Beziehungen zwischen gleichberechtigten Partnern darstellt, von denen jeder seine individuellen Zwecke verfolgt, und insofern die *„vom Sozialzwang freieste bewusste Handlungsmöglichkeit"* und die Wurzel der Rechtsfiguren des subjektiven Rechts und des Vertrags ist[21]. Allerdings kann es als solches keine Sicherheit sozialer Beziehungen und keine Planungsgrundlage für die Zukunft bewirken, weshalb die Gegenseitigkeit *auf Dauer gestellt* werden muss. Die Dauerhaftigkeit ist durch die ständig wechselnden Interessen der Beteiligten sowie durch die Betroffenheit Dritter gefährdet und bedarf daher einer Garantie von außen – durch Familienmitglieder, die Sippe, die Gesellschaft als soziale Einheit, den Staat. Sie wird zur Institution. Indem

---

[16] Jahrb. 67, SR 123.
[17] Jahrb. 67, SR 123f.
[18] Jahrb. 69, SR 125.
[19] Jahrb. 70, SR 126.
[20] Jahrb. 70ff., SR 127ff.
[21] Jahrb. 72, SR 129.

die Gewährleistungsmacht schließlich in den Vordergrund tritt, entsteht ein herrschaftliches Rechtsverhältnis. In ihm erlangt eine grundsätzlich andere Leitidee des Rechts den Vorrang, weil es nunmehr die Freiheit der Person gegenüber der Staatsgewalt zu sichern gilt[22].

b) Auf dieser neuen Stufe der Rechtsidee, die *Schelsky* als das „*Prinzip der Gleichheit bei Verschiedenheit*" bezeichnet, wird die Verschiedenheit von Individuum und Gesellschaft, Einzelmensch und Staat und die Unterschiedlichkeit ihrer Interessen bewusst und zum zentralen Rechtsproblem[23]. Es entsteht die Figur des subjektiven Rechts als Begrenzung der staatlichen Herrschaft und auf die einzelnen Individuen verteilte Gegenmacht. Das Recht garantiert der Person einen unantastbaren Bereich individueller Entfaltung. Die Ausbildung der damit angesprochenen Rechtsprinzipien des Rechtsstaats, der Grundrechte, der Demokratie usw., die in die modernen Verfassungen westlicher Staaten eingegangen sind, ist im wesentlichen das Verdienst der Aufklärung und des Liberalismus[24].

c) Demgegenüber ist in der Gegenwart eine neue Schutzbedürftigkeit der Person nicht mehr nur gegenüber dem Staat, sondern gegenüber den sozialen Organisationen – den vielfach so genannten intermediären Gewalten – aufgetreten, welche „an der Auflösung (Desintegration) der Person in soziale Rollen, in organisierte Subsysteme, in eine Vielfalt von Organisationen und Institutionen"[25] arbeiten und so ihre moralische und psychische Ganzheit und Kontinuität bedrohen. *Schelsky* kann diesen Tatbestand – im Anschluss an andere – nur feststellen. Er fordert ihm gegenüber eine neue, noch nicht ausgeformte Leitidee des Rechts, die er unter dem Stichwort „*Integrität und Autonomie der Person*" *gegenüber Organisation*, das heißt gegenüber sozialen Zwängen einführt. Hieraus erklärt sich *Schelskys* scharfe Opposition gegenüber den systemtheoretischen Ansätzen in der Soziologie. Während diese gerade die Ein- und Unterordnung der Menschen unter die intermediären Gewalten herausarbeiten und betonen und dabei leicht in ein technokratisches Rechtsdenken ausmünden, sieht er es als die Aufgabe der Rechtssoziologie an, die Personalität des Individuums auch angesichts solcher Herausforderungen zu bewahren.

5. *Der Kampf ums Recht*

Den zuletzt ausgeführten Gedanken formuliert *Schelsky* nicht nur als wissenschaftliches, sondern auch als rechtspolitisches Programm, wobei er in einer

---

[22] Jahrb. 75 ff., SR 131 ff.
[23] Jahrb. 76 ff., SR 133 ff.
[24] Jahrb. 79, SR 136.
[25] Jahrb. 81, SR 138.

bemerkenswerten Wendung auf *Rudolf v. Jherings* Aufruf zum *Kampf ums Recht* zurückkommt, der jedem einzelnen aufgegeben ist:

„Die gegenwärtig aktuelle personale Leitidee des Rechts, die Integrität und Autonomie der Person durchzusetzen, ist heute primär eine politische Aufgabe, die das politische Engagement jedes einzelnen erfordert. Rechtspolitik unter dieser Leitidee ist fortschrittliche Gesellschaftspolitik gegen gesellschaftliche Systemzwänge. Das aktuelle Recht der Person ist nicht mehr als obrigkeitliche Rechtsordnungsleitung des Staates zu erwarten, sondern muss als eine dauernde politische Gestaltungs- und Durchsetzungsaufgabe in allen konkreten politischen und sozialen Situationen begriffen werden. Rechtssetzung und Rechtsverwirklichung der personalen Leitidee des Rechts ist zu begreifen als ein aktueller politischer *Kampf ums Recht*. ... Nimmt man das Recht nur als ‚objektive Ordnung' hin, das durch politische Organisationen gesetzt wird, so hat man das Recht auch bereits der Organisationshaftigkeit der modernen Welt, also ihren Systemzwängen, ausgeliefert. Eine Überwindung der Systemzwänge zur Funktionalisierung des Individuums und die Selbstbehauptung der Person können nur geleistet werden, wenn diese selbst sich als moralische und politische Aufgabe begreift, und solche dauernden Aktionen können nur stabilisiert werden, wenn sie sich als Schaffung, Durchsetzung und Behauptung von *Recht* äußern"[26].

III. Zur kritischen Würdigung

1. Schelsky als Kritiker der deutschen Soziologie der 1960er Jahre

Schelskys Hauptbedeutung als „Soziologe und politischer Denker"[27], die in seinen einfluss- und erfolgreichen zeitkritischen Schriften der 1950er und 1960er Jahre vor seiner Hinwendung zur Rechtssoziologie zum Ausdruck kommt, liegt außerhalb dieses Buchs. Für seine rechtssoziologische Würdigung ist zunächst hervorzuheben, dass er keine ausgearbeitete Rechtssoziologie vorgelegt hat. Er will seine Arbeit selbst nicht als analytisch-theoretische oder gar empirische Untersuchung verstanden wissen, sondern lediglich als programmatischen Entwurf einer rechtssoziologischen und rechtspolitischen Perspektive, die der Entfaltung und kritischen Prüfung erst noch bedarf[28]. Deren theoretischer Kern liegt in der Erneuerung und soziologischen Formulierung der Institutionenlehre. Die Stoßkraft von *Schelskys* „personfunktionalem" Theorieansatz richtet sich gegen den Absolutheitsanspruch universalistischer Gesellschaftstheorien und gegen deren Tendenz, die personale Seite des Individuums und die ideelle Seite des Rechts zu eliminieren, nicht zuletzt auch gegen die Systemtheorie in der Gestalt, wie sie *Niklas Luhmann* vertritt.

---

[26] Jahrb. 87, SR 143f. Vgl. dazu auch *Schelskys* ausführliche Auseinandersetzung mit *Jhering* in „Das Jhering-Modell des sozialen Wandels durch Recht. Ein wissenschaftsgeschichtlicher Beitrag". SR 147ff.
[27] So der Titel der von *Weinberger* und *Krawietz* herausgegebenen Grazer Gedächtnisschrift zu Ehren *Schelskys*, 1985.
[28] Jahrb. 84, SR 141.

Auf der anderen Seite bezeichnet diese von vornherein verfolgte wissenschafts- und gesellschaftspolitische Tendenz auch die Grenze von *Schelskys* Leistung. Dem Verdienst, die einerseits ethnologisch und anthropologisch, andererseits sozialphilosophisch begründete Institutionenlehre für die Rechtssoziologie aufbereitet zu haben, steht ein letztlich nicht sehr deutlicher Versuch gegenüber, den Platz des Rechts in den Institutionen zu bestimmen, der allzu stark von der auf die Spitze getriebenen bipolaren Betrachtungsweise der Wechselwirkung zwischen subjektiven Antrieben und Motiven und objektiven, von der Gesellschaft gesteuerten Verhaltensweisen vorgeprägt ist[29]. Keine der Theorien, die *Schelsky* referiert, trägt seine Folgerungen vollständig. Namentlich müssten der Zusammenhang zwischen tierischem bzw. elementar menschlichem „Appetenzverhalten" und hochabstrakten personenbezogenen Rechtsideen sowie der Übergang rein subjektiver Leitvorstellungen einzelner in die Objektivität der „idée directrice" *(Hauriou)* einer Institution noch weit genauer dargelegt werden, um als Fundament einer sozialwissenschaftlichen Institutionenlehre vom Recht der Kritik standzuhalten. Immerhin deutet sie in die gleiche Richtung wie die neuere, gleichfalls von einem individualistischen Ansatz ausgehende Institutionenökonomie.

Schließlich zeigt sich, dass die von *Schelsky* herausgestellten drei Leitideen des Rechts bei näherer Betrachtung sehr verschiedene Qualität aufweisen. Während das Gegenseitigkeitsprinzip in Anthropologie und soziologischer Theorie als elementare, auch in archaischen Gesellschaften geltende Interaktionsform anerkannt ist[30], handelt es sich bei der Sicherung der persönlichen Freiheit gegenüber staatlicher Herrschaft um eine philosophische und politische Errungenschaft der Neuzeit und beim Schutz des Individuums vor den sozialen Zwängen der organisierten Gesellschaft um ein aktuelles rechtspolitisches Problem[31]. So setzt sich *Schelskys* anthropologischer und personfunktionaler Ansatz der Rechtssoziologie aus durchaus heterogenen Elementen zusammen, die eher durch sein politisches Ziel als durch ihre innere Geschlossenheit und Konsequenz zusammengehalten werden.

2. Beziehungen zur Rechtswissenschaft

Schelskys Front richtet sich gegen bestimmte Tendenzen in der Soziologie, während er dem deutschen Rechtsdenken der Gegenwart durchaus nahesteht. Die Institutionenlehre hat in der Jurisprudenz eine beachtliche, zum Teil noch aus anderen Quellen als bei *Schelsky* gespeiste Tradition und spielt

---

[29] Zur Würdigung von *Schelskys* Institutionenlehre vgl. *Krawietz*, 114ff.; *Werner 1995*, 46ff., 65ff.
[30] Vgl. Abschnitt 12 III.
[31] Ob die beiden letztgenannten „Leitideen des Rechts" auch als elementare Prinzipien verstanden werden können wie das erste, bedürfte genauerer Untersuchung.

auch in der Gegenwart eine wichtige Rolle[32]. Die von der Person als Rechtssubjekt und maßgeblichem Anknüpfungspunkt rechtlicher Vorschriften ausgehende Betrachtungsweise und die Figur des subjektiven Rechts stehen nach wie vor im Zentrum der Rechtsdogmatik, und sie werden, jedenfalls im Zivilrecht und bei den Grundrechten, nur durch eher schwache soziale Beimischungen relativiert[33]. Das Gegenseitigkeitsprinzip ist in Figur des gegenseitigen Vertrags gesetzlich verankert und dauernd präsent. Wie stark das verfassungsrechtliche Denken vom Problem der Schutzbedürftigkeit des Einzelnen gegenüber dem übermächtigen Staat beherrscht ist, bedarf keines Nachweises. Aber auch die Schutzbedürftigkeit gegenüber den mächtigen gesellschaftlichen Organisationen ist längst zu einem geläufigen und viel erörterten Thema geworden, das sich in der Rechtspraxis auswirkt[34]. So verkörpert *Schelskys* rechtssoziologisches Programm einen wichtigen Brückenschlag zwischen Rechtssoziologie und Rechtsdogmatik.

---

[32] Vgl. *Schur* (Hrsg.), Institution und Recht, 1968; *Luhmann*, Grundrechte als Institution, 3. Aufl 1986; *H. Dombois* (Hrsg.), Recht als Institution, 1969; *Rüthers*, Institutionelles Rechtsdenken im Wandel der Verfassungsepochen, 1970; *Ludwig Raiser*, Rechtsschutz und Institutionenschutz im Privatrecht, in: Summum ius – summa iniuria, 1963, 145 ff.; *Schelsky* (Hrsg.), Zur Theorie der Institution, 1970; *Krawietz*, Rechtssystem als Institution?, in: Rechtstheorie Beiheft 6, 1984, 209 ff.; *Koller/Krawietz/Strasser* (Hrsg.), Institution und Recht, Rechtstheorie Beiheft 14, 1994.

[33] Vgl. als Beispiel die Abhandlungen von *Flume*, Rechtsgeschäft und Privatautonomie, und im Gegensatz dazu *Ludwig Raiser*, Vertragsfunktion und Vertragsfreiheit, beide in: Hundert Jahre deutsches Rechtsleben, Festschrift zum Dt. Juristentag, 1960, Bd. 1, 135 ff. und 101 ff.

[34] Vgl. als Beispiel große Teile des Arbeitsrechts sowie das Verbraucherschutzrecht.

3. Teil

**Recht und Gesellschaft
(Allgemeine Rechtssoziologie)**

11. Abschnitt

Der soziologische Rechtsbegriff

I. Die normative Struktur der Gesellschaft

Schrifttum: *Ehrlich*, Grundlegung, 20ff., 31ff.; *Weber*, Wirtschaft und Gesellschaft, §§ 1ff.; *Geiger*, Vorstudien, 5ff.; *Luhmann*, Rechtssoziologie, Abschn. II; *Röhl*, Rechtssoziologie, §§ 25f.; *Popitz, Heinrich*, Die normative Konstruktion von Gesellschaft, 1980; *Hof, Hagen*, Rechtsethologie, 1996.

1. Normen als gesellschaftliche Verhaltensmuster

Wer die Struktur sozialer Kommunikation und sozialer Handlungen und die Funktionsweise der Gesellschaft beobachtet, wird alsbald feststellen, dass sich die Menschen ganz überwiegend nach vorgegebenen *Mustern* richten, die eine *überindividuelle* und auch *im Zeitablauf stabile Geltung* aufweisen. Die Feststellung ist der Ertrag der frühen rechtssoziologischen Forschungen und die gemeinsame Grundlage, auf der die Lehren der großen im zweiten Teil dargestellten Theoretiker beruhen. Nur wenn die Menschen solche Verhaltensmuster einhalten, können sie miteinander kommunizieren und sich wechselseitig verständigen, aneinander orientieren, in ihren Handlungen aufeinander abstimmen oder zielgerichtet zusammenarbeiten, und demgemäß auch ihre eigene Zukunft im Kontakt mit ihrer gesellschaftlichen Umwelt gestalten. Ich kann nur dann hoffen, mit meinem PKW lebend und rechtzeitig zum Ziel zu gelangen, wenn ich mich an die Verkehrsregeln halte und zugleich darauf verlassen kann, dass alle anderen Verkehrsteilnehmer dasselbe tun. Wer in der Universität etwas lernen will, muss die dort angebotenen Lehrveranstaltungen besuchen, zuhören und mitarbeiten, ist zugleich aber auch darauf angewiesen, dass der Professor zu den Vorlesungen erscheint, sich hinreichend vorbereitet hat und verständlich vorträgt und dass die Kommilitonen den Unterricht nicht stören. Die Situation verlangt aber noch wesentlich mehr. Man kann im Hörsaal nicht unbekleidet oder im Badekostüm erscheinen. Wer andererseits einen Frack trägt, fällt unangenehm auf. Essen, Trinken, Zeitung lesen sind nicht gestattet. Selbst wenn ausnahmsweise Getränke erlaubt sind, darf man nicht zechen wie in einer Kneipe. Auch das Rauchen wird inzwischen regelmäßig demonstrativ unterdrückt. Man darf nicht mit Papier rascheln, sich nicht mit dem Nachbarn unterhalten, nicht allzu laut lachen, nicht Zustimmung oder Missfallen mit dem Gesagten jederzeit durch Worte oder Gesten äußern. All dies würde die Arbeit stören. Im Gespräch sind die üblichen Höflichkeitsfloskeln einzuhalten, die gegenüber dem Professor anders lauten als gegenüber den Kommilitonen, einer engen Freundin oder einem guten Freund.

Entsprechend generalisierte Sprachgebräuche, Umgangsformen, Kleiderordnungen, Ess- und Trinksitten, standardisierte Formen der Arbeitskooperation usw. finden sich in allen sozialen Beziehungen. Selbst ein Gesellschaftsspiel kann ohne Beachtung der Spielregeln nicht zustande kommen.

Die Bedeutung solcher Verhaltensmuster kann kaum überschätzt werden. Indem der Einzelne sein Verhalten daran ausrichtet, entlastet er zunächst sich selbst von der Anstrengung, seine Ausdrucks- und Handlungsweise jeden Augenblick neu gestalten und zwischen der Vielzahl der zur Verfügung stehenden Alternativen entscheiden zu müssen. Auch vermeidet er die Unsicherheit, nicht zu wissen, wie andere auf sein Verhalten reagieren und welche Folgen dieses für andere und für ihn selbst auslöst. Das Verhaltensmuster verleiht seinem Auftreten eine gewisse erwünschte Festigkeit, Konstanz und Berechenbarkeit. Nicht minder wichtig ist die Vorhersehbarkeit des Verhaltens für alle, die in sozialen Kontakt mit den Handelnden gelangen, denn auch sie sind darauf angewiesen abschätzen zu können, wie er sich verhält, um ihr eigenes Verhalten darauf einzurichten. Auf diese Weise schaffen die Verhaltensmuster zugleich die Voraussetzungen für einen sinnvollen Umgang der Menschen untereinander.

Im Einklang mit dem allgemeinen Sprachgebrauch bezeichnen die Sozialwissenschaften derartige Verhaltensmuster als Regeln oder Normen. Als *Handlungsnormen* oder *soziale Normen* unterscheiden sie diese von sprachlichen, ästhetischen oder technischen Normen. Die Erforschung sozialer Normen gehört zu den spezifischen Gegenständen der Soziologie.

Der aus dem Latein stammende Begriff der Norm bezeichnet ursprünglich die Richtschnur oder das Winkelmaß, also Werkzeuge der Bauhandwerker zur exakten Bestimmung senkrechter Mauern und rechter Winkel. Er wurde schon früh im heute gebräuchlichen übertragenen Sinn von Durchschnittsmaß, Regel oder Vorschrift verwendet.

2. Zweierbeziehungen

Schon im Verhältnis zwischen zwei Personen kommt eine über die zufällige und einmalige Begegnung hinausreichende Beziehung regelmäßig nur zustande, wenn jede das künftige Verhalten der anderen oder doch wenigstens die in Betracht kommenden Verhaltensalternativen vorhersehen und das eigene Verhalten darauf abstimmen kann. Daher bilden auch Ehegatten, Freunde und Geschäftspartner stabile Muster für den Umgang miteinander aus. Verträge haben den Sinn, das Verhalten der Vertragspartner für die Dauer ihrer

Geltung aufeinander abzustimmen. Selbst der intimste Kontakt, das Liebesspiel, vollzieht sich überwiegend in stereotypen Formen, die heutzutage durch die Medien öffentlich gemacht werden. Wer zum Arzt geht, erwartet eine aufmerksame und vor allem fachkundige Behandlung. Folglich kann sich als Arzt nur niederlassen, wer beides anzubieten vermag. Umgekehrt darf mit Heilung nur rechnen, wer selbst bereit ist, den Anordnungen des Arztes nachzukommen. Soll die Behandlung erfolgreich sein, müssen also beide Seiten darauf vertrauen können, in ihren Erwartungen darüber nicht enttäuscht zu werden, wie man sich als Arzt oder als Patient verhält. Die Beziehung kommt nur zustande und lässt sich nur zu ihrem bestimmungsgemäßen Ziel führen, wenn beide bereit sind, die mit ihrer Rolle verknüpften Verhaltensmuster und -stereotype einzuhalten.

3. Abweichendes Verhalten

Die prinzipielle Bindung an soziale Normen schließt Abweichungen nicht aus. Jede zwischenmenschliche Beziehung duldet innerhalb einer gewissen, verschieden großen Toleranzspanne unvorhergesehenes und nicht konformes Verhalten, das zwar die Routine durchbricht, Überraschung und Unsicherheit, vielleicht sogar Spannungen und Konflikte hervorruft, sich aber auffangen lässt und die Beziehung als solche nicht gefährdet. Angesichts der Individualität der Menschen sind solche Abweichungen unvermeidlich. Die Menschen sind erfahren und flexibel genug, sich auf solche Fälle einzustellen und damit umzugehen. Sie können den Vorgang als Ausnahmefall verstehen, welcher nicht wiederkehrt und die Regel nicht in Frage stellt, oder aber ihre enttäuschte Erwartung aufgeben und der durch den Partner geschaffenen neuen Lage anpassen, das heißt, ein neues Muster ausbilden. Die Fortdauer der Beziehung wird durch erwartungswidriges Verhalten erst gefährdet, wenn dieses so unberechenbar wird, dass sich der Partner generell nicht mehr darauf einrichten kann, wenn also, in *Durkheims* Terminologie, der Zustand der *Anomie* eintritt[1].

Das abweichende Verhalten selbst kann viele Ursachen haben. Es kann etwa Ausdruck der Unkenntnis des Handelnden in bezug auf die geltenden Normen und die an ihn herangetragenen Erwartungen oder eines Irrtums sein. In diesem Fall ist es leicht, das nächste Mal zur bewährten Übung zurückzukehren. In anderen Fällen erklärt sich die Abweichung aus besonderen Interessen oder Bedürfnissen des Handelnden oder aus neu aufgetretenen äußeren Umständen. Wer eine preiswertere Wohnung gefunden hat, wird den vereinbarten Termin zum Abschluss des Vertrags mit dem ersten Vermieter nicht mehr wahrnehmen. Die Abweichung kann aber auch nur das Produkt

---

[1] Siehe Abschnitt 5 II 3.

seines Eigensinns und seines Strebens nach Unabhängigkeit sein. Die Willensfreiheit und Individualität des Menschen machen es unmöglich, ihn restlos in starre Verhaltensschemata einzuzwängen. Sie nötigen vielmehr dazu, ungeachtet der geltenden Muster im täglichen Umgang einen gewissen Gestaltungsspielraum und eine hinreichende Beweglichkeit zu bewahren.

Insofern ist abweichendes Verhalten, wie wir seit *Durkheim*[2] wissen, *normal* und das *dynamische Element*, das eine Beziehung davor bewahrt, zu verknöchern. Es trägt sogar zur Stabilisierung der Beziehung bei, denn die unerwartete Störung des üblichen Ablaufs nötigt beide Beteiligten dazu, sich darüber klar zu werden, ob künftig zum bisherigen Muster zurückgekehrt oder ein neues eingeführt werden soll, und in beiden Fällen bestätigen sie jedenfalls ihren Willen, die Beziehung fortzusetzen. So wechseln im sozialen Leben mustergetreues – „musterhaftes" – und abweichendes Verhalten einander ab; jede Beziehung muss die doppelte Aufgabe bewältigen, sicher und zugleich anpassungsfähig zu sein. Namentlich widerlegt dieses Auf und Ab nicht die Einsicht, dass sich soziale Beziehungen an Mustern orientieren, denn keinesfalls können die zwischen den Partnern geltenden Verhaltensmuster alle gleichzeitig aufgegeben werden. Bleibt ungeachtet aller Änderungen nicht stets ein Minimum verlässlicher Verhaltensformen bestehen, so bricht die Beziehung selbst auseinander. Ohne jedes normative Gerüst kann sie nicht fortdauern.

Die Lehre vom abweichenden Verhalten, seinen Erscheinungsformen, Ursachen und von den Wegen zu seiner Bekämpfung und Bewältigung ist ein wesentlicher Bestandteil der *Kriminalsoziologie*. Diese konzentriert ihr Interesse allerdings auf den Bruch solcher Vorschriften, vor allem des Strafrechts, deren Befolgung als wesentlich für den Bestand der Gesellschaft angesehen wird und von denen Abweichungen daher in der Regel nicht geduldet, sondern nach Möglichkeit verhindert und bestraft werden werden[3].

4. Spezielle, universelle und partikulare Normen

Je enger und dichter eine Beziehung ist und je mehr sich die Partner von der Außenwelt absondern können, desto eher werden sie selbst, gewohnheitsmäßig oder aufgrund von Abreden, spezielle Verhaltensmuster ausbilden, die allein ihren Umgang miteinander kennzeichnen. Harmonisch zusammenlebende Ehegatten und in nichtehelicher Gemeinschaft zusammenlebende Perso-

---

[2] Siehe Abschnitt 5 II 1.
[3] *Wiswede*, Soziologie abweichenden Verhaltens, 2. Aufl. 1979; *Cohen*, Abweichung und Kontrolle, 4. Aufl. 1975; *Opp*, Abweichendes Verhalten und Gesellschaftsstruktur, 1974; *Lamnek*, Theorien abweichenden Verhaltens, 2. Aufl. 1979; *Amelung*, Sozial abweichendes Verhalten, 1986; *Lüderssen/Sack* (Hrsg.), Seminar abweichendes Verhalten, 4 Bände, 1975–1980; *v Trotha*, Recht und Kriminalität, 1982.

nen können sich von den das Eheverständnis prägenden allgemeinen sozialen Normen und von den Vorschriften des Eherechts weitgehend lösen und nach ihren eigenen Vorstellungen leben. Auch in intensiven und lang dauernden Geschäftsverbindungen bildet sich nicht selten ein von den allgemeinen Handelsbräuchen abweichender spezieller Geschäftsverbindungsbrauch, der, wenn es zum Streit kommt, sogar rechtlich bedeutsam werden kann[4]. Individuell ausgehandelte Verträge sind dazu bestimmt, die besonderen Beziehungen zwischen den Vertragspartnern zu regeln. Wir können derartige Verhaltensmuster daher als *spezielle Normen* bezeichnen. Doch werden auch Eheleute und Geschäftspartner nie ganz ohne Rückgriff auf die generellen, in der Gesellschaft anerkannten Verhaltensmuster auskommen, die sie als fertig ausgeformte Vorbilder für ihre eigene Beziehung nur aufzugreifen und zu übernehmen brauchen. Partner gleichgeschlechtlicher Lebensgemeinschaften suchen bekanntlich häufig die Anerkennung solcher Beziehungen als dem staatlichen Eherecht unterliegende Ehe. Wie weit andererseits eherechtliche Vorschriften auf nichteheliche Gemeinschaften anzuwenden sind, jedenfalls wenn sie auseinander gehen oder wenn das Wohl von Kindern auf dem Spiel steht, ist ein noch nicht abschließend gelöstes Problem. Partner von Vertragsverhandlungen verzichten gewöhnlich darauf, alle relevanten Punkte selbst zu regeln und verlassen sich stattdessen auf vorgefertigte Regelungsmuster. Es ist geradezu der Zweck der Vielzahl von in der Praxis gebräuchlichen Vertragsformularen, Allgemeinen Geschäftsbedingungen, Rahmen- und Kollektiv-, insbesondere Tarifverträgen, und nicht zuletzt auch des dispositiven gesetzlichen Vertragsrechts, spezielle Vereinbarungen über die drin vorgesehenen Punkte überflüssig zu machen.

Die weitaus meisten sozialen Beziehungen bleiben zu locker und unpersönlich, als dass sie eigene Kommunikations- und Interaktionsmuster entwickeln könnten. Sie spielen sich vielmehr ganz oder doch überwiegend im Rahmen allgemeiner Standards ab und sind darauf angewiesen. Die für einen Verkehrsteilnehmer, einen Studenten, Professor, Arzt und Patienten geltenden Normen liegen als überindividuelle gesellschaftliche Konstrukte bereit. Den einzelnen bleibt nichts anderes übrig, als sich ihrer zu bedienen, denn anderenfalls würde der Straßenverkehr zusammenbrechen und der gewünschte Kontakt zwischen Student und Professor, Arzt und Patient nicht zustande kommen. Dabei kann zwischen *universellen*, sich an alle Gesellschaftsmitglieder richtenden, und *partikularen*, nur für bestimmte Kategorien von Personen geltenden Normen unterschieden werden. Beispiele für die erste Art bilden die Vorschriften des Strafrechts und die Regeln des Straßenverkehrs. Partikulare Normen können an die verschiedensten Differenzierungen an-

---

[4] *Müller-Graff*, Rechtliche Auswirkungen der laufenden Geschäftsverbindungen im amerikanischen und deutschen Recht, 1974.

knüpfen, zum Beispiel an den Unterschied zwischen Männern und Frauen, Eltern und Kindern oder an bestimmte, durch die soziale Arbeitsteilung fixierte, besonders berufliche Positionen.

In einer funktional gegliederten Gesellschaft treten partikulare Verhaltensmuster in der Regel als ein Bündel zusammenhängender, auf eine bestimmte Stellung bezogener Normen in Erscheinung, welche die Soziologie in Anlehnung an das Geschehen im Theater als *soziale Rollen* bezeichnet. Sie geht davon aus, dass sich die menschlichen Beziehungen zu einem wesentlichen Teil in und mit Hilfe sozialer Rollen vollziehen und jeder Einzelne demgemäß eine Vielzahl von Rollen „spielt", zum Beispiel als Ehegatte, Vater oder Mutter, Deutscher, Richter, Parteimitglied, Vorstand eines Sportvereins usw. Auf dieser Grundlage hat sie eine hoch differenzierte *Rollentheorie* ausgearbeitet, die hier nicht weiter verfolgt zu werden braucht.[5]

5. Soziale Gruppen und Organisationen

Die normative Struktur, die im Vorstehenden für Zweierbeziehungen dargestellt wurde, kennzeichnet auch soziale *Gruppen*, in denen mehrere Personen zusammenwirken, nur dass hier mit komplexeren und differenzierteren Verhaltensmustern zu rechnen ist[6]. Wer an einer Gruppenreise teilnimmt, deren Mitglieder sich vorher nicht kannten, kann den Prozess leicht beobachten, in dem sich die Gruppennormen Schritt für Schritt ausformen, von der Gruppe akzeptiert, verbindlich gemacht und gegenüber widerstrebenden Reisegenossen durchgesetzt werden. Er erkennt auch, wie stark der Zusammenhalt der Gruppe, das Wohlbefinden der Mitreisenden und der Erfolg der Reise von der Befolgung der Gruppennormen abhängt.

In zwei interessanten empirischen Untersuchungen hat *Spittler* beobachtet, welche Verhaltensmuster sich in der Küche eines Restaurants zwischen Köchen und Lehrlingen und in einer psychotherapeutischen Gruppe zwischen Ärzten, Schwestern und Patienten herausbilden[7]. Für das Verhalten der Lehrlinge fand er zum Beispiel folgen-

---

[5] Vgl. statt aller *Dahrendorf*, Homo sociologicus, 1957, wieder abgedruckt in: ders., Pfade aus Utopia, 1968, 128 ff.; *Popitz*, Der Begriff der sozialen Rolle als Element der soziologischen Theorie, 4. Aufl. 1975; *Claessens*, Rolle und Macht, 3. Aufl. 1974; *Wiswede*, Rollentheorie, 1977; *Eisermann*, Rolle und Maske, 1991; *Rehbinder*, Rechtssoziologie, 96 ff., 137 ff.; *Röhl*, Rechtssoziologie, 37 ff.

[6] Der Begriff der Gruppe gehört zu den Grundkategorien der Soziologie. Er bezeichnet die Organisation des Zusammenwirkens mehrerer vor allem in Kleingruppen mit wenigen, eng aufeinander bezogenen Mitgliedern. In der Rechtslehre bildet der Begriff der Personengesellschaft eine gewisse Parallele. Vgl. statt aller *Homans*, Theorie der sozialen Gruppe, 7. Aufl. 1978; *Neidhardt* (Hrsg.), Gruppensoziologie, 1983; *Schäfers* (Hrsg.), Einführung in die Gruppensoziologie, 3. Auflage 1999; *Witte*, Lehrbuch der Sozialpsychologie, 2. Aufl. 1994.

[7] *Spittler*, Norm und Sanktion, 2. Aufl. 1970.

de sieben unter dem Stichwort „Arbeitseifer" zusammengefasste Anforderungen[8]: Wenn ein Lehrling etwas holen muss, geht er nicht, sondern rennt; ein Lehrling arbeitet immer; ein Lehrling darf sich nicht mit anderen laut unterhalten, er darf nicht lachen oder mit anderen einen Spaß machen, während die Köche über einen Witz aus vollem Halse lachen; ein Lehrling isst nicht während der Arbeit und trinkt wenig, während die Köche häufig von dem Gericht essen, das sie kochen, und zwar nicht nur zum Probieren; ein Lehrling arbeitet gern; ein Lehrling hört und schaut zu, was die Köche machen, um etwas zu lernen; ein Lehrling muss Befehle sofort ausführen, selbst wo der Arbeitsablauf dies nicht verlangt.

Selbstverständlich gehören zu den das Gruppenleben regelnden Normen nicht nur solche informellen Regeln, sondern auch die einschlägigen Vorschriften des Arbeitsrechts einschließlich etwa anwendbarer Tarifverträge oder Betriebsvereinbarungen.

Noch größere Bedeutung hat das normative Gerüst für soziale *Organisationen*[9], das heißt große Vereine, Unternehmen, Wirtschaftsverbände, Gewerkschaften, Parteien, und ferner für staatliche und halbstaatliche Einrichtungen wie Schulen, Gerichte, Behörden, Anstalten usw. Sie alle bilden ein Geflecht von internen Regeln aus, die ihre Integration und Handlungsfähigkeit sichern. Die wichtigsten sind gewöhnlich in der Satzung und in formalisierten Ordnungen festgelegt, doch stehen daneben regelmäßig auch zahlreiche informelle Verhaltensmuster. Die Ausbildung einer spezifischen „Organisationskultur" und „corporate identity" gilt als wichtiges Mittel, Zusammenhalt und Erfolg einer Organisation zu stärken.

Für die wissenschaftliche Analyse ist wesentlich, dass Gruppen und Organisationen abweichendes Verhalten nur begrenzt aushalten können. Sie begründen ihre Identität nicht nur durch ihre Ziele, sondern auch dadurch, dass sie Grenzen zwischen innen und außen, Zugehörigkeit und Nichtzugehörigkeit definieren, und fallen daher auseinander, wenn die Mitglieder die sie verbindenden, ihre Kommunikation und Interaktion stützenden Normen nicht befolgen[10]. Das in ihnen geltende Netz zusammenhängender, auf das Ziel der Gruppe oder Organisation ausgerichteter und aufeinander abgestimmter Verhaltensmuster konstituiert ihre Einheit und innere Stabilität. Es ist das Medium, das die Vielzahl der auf die Gruppe oder Organisation bezogenen Handlungen der Mitglieder zu einem Ganzen, einer Funktions- und Sinneinheit miteinander verbindet. Insofern hat es eine eigenständige, von den ein-

---

[8] AaO 48ff.
[9] Auch der Begriff der Organisation gehört zu den Grundbegriffen der Soziologie. Vgl. zur Orientierung *Kieser/Kubicek*, Organisationstheorie, 2 Bände, 1978; *Scott*, Grundlagen der Organisationstheorie, 1986; *Türk*, Soziologie der Organisation, 1977. In der Rechtslehre entsprechen ihm in etwa die Figuren der Körperschaft und der Anstalt sowie der juristischen Person. Siehe dazu *Raiser*, Der Begriff der juristischen Person, AcP 199 (1999), 104.
[10] Die Wichtigkeit solcher Grenzbestimmungen hat insbesondere *Luhmann* herausgearbeitet; vgl. Abschnitt 9 II 1.

zelnen Menschen und ihren Handlungen losgelöste gesellschaftliche Realität. Das ist der Grund, weshalb zum Beispiel Gewerkschaften und politische Parteien Mitglieder rigoros ausschließen, die ihre Ziele nicht mehr unterstützen oder sich nicht mehr an die von ihnen für notwendig gehaltenen „Spielregeln" halten.

6. Die normative Ordnung der Gesellschaft

Von der normativen Struktur von Zweierbeziehungen, Gruppen und Organisationen ist es nur noch ein Schritt zu der Erkenntnis, dass auch die *Gesellschaft im Ganzen* eine normative Ordnung aufweist und sich in ihr konstituiert. Dabei verstehen wir als Gesellschaften große, aus einer Vielzahl von Menschen, Gruppen und Organisationen zusammengesetzte Einheiten, lassen eine genaue Abgrenzung und Begriffsbestimmung aber als an dieser Stelle nicht wesentlich offen. Es kann sich also um Völker, um durch ihre Sprach- und Kulturgemeinschaft oder Geschichte abgegrenzte Nationen oder um durch die staatliche Einheit zusammengefasste Gesellschaften handeln. Den *Staat* selbst kann man geradezu als den Inbegriff einer normativ strukturierten Gesellschaft verstehen. Werden Gesellschaft und Staat einander gegenübergestellt, soll stattdessen zum Ausdruck gebracht werden, dass in der Gesellschaft auch zahlreiche nichtstaatliche Normen wirksam werden, dass auf der anderen Seite der Staat als eigenständiges – souveränes – soziales Gebilde der Gesellschaft gegenübertritt und als solches auch eigene Normen ausbildet.

Schon der erste Blick lehrt, dass das Netz der in einer Gesellschaft bestehenden Normen hoch komplex und differenziert ist. Gleichwohl lassen sich dazu einige begriffliche Unterscheidungen treffen[11]. In allen Gesellschaften gibt es *universelle, für jedermann geltende Normen*: die zehn Gebote, die Vorschriften des Strafrechts, die Elementarregeln der Höflichkeit und des gesellschaftlichen Anstands. Normen dieser Art setzen alle Mitglieder ungeachtet ihrer Unterschiede nach Geschlecht, Alter, Fähigkeiten und Position gleich. Sie manifestieren die *Gleichrangigkeit* und *Gleichberechtigung* aller im Gegensatz zu den Nichtmitgliedern. Daneben gibt es in allen Gesellschaften auch *partikulare Normen*, welche die Menschen in bestimmte, nach besonderen Merkmalen abgegrenzte Kategorien von Mitgliedern aufspalten: in Frauen und Männer, Kinder und Erwachsene, Arbeits- oder Wehrfähige und andere, nach Klassen, Ständen oder Berufsgruppen usw. Sie basieren auf der *Ungleichheit* der Menschen, die teils aus den biologischen Unterschieden, teils aus sozialen Gegebenheiten folgt, und überformen diese. Die durch sie

---

[11] Vgl. zum Folgenden namentlich *Popitz*, Die normative Konstruktion von Gesellschaft 69 ff.; ferner *Durkheim*, oben Abschnitt 5 II 1 ff.

bewirkte innere Gliederung der Gesellschaft ist aber überwiegend nicht vorgegeben, sondern ein Produkt ihrer eigenen Entwicklung und Geschichte. Auch spezielle, nur für singuläre Beziehungen geltende Normen wird man überall finden.

Die in der Gesellschaft existierenden Gruppen und Organisationen und die in ihnen geltenden partikularen und speziellen Ordnungen stehen nicht exklusiv und unverbunden nebeneinander, sondern *überschneiden* und *überlagern* sich auf vielfältige Weise. Jedes Gesellschaftsmitglied gehört zugleich mehreren Untergliederungen an und kann sie so in seiner Person aufeinander beziehen. Es verbindet seine Stellung als gleichgestelltes Mitglied des Ganzen mit den verschiedenartigen, an seine spezielle Position herangetragenen *Rollen*. Die Untereinheiten selbst sind durch *Austausch- und Leistungsbeziehungen* miteinander verklammert, die gleichfalls normativ strukturiert sind. Auf diese Weise entsteht gerade im Geflecht der universellen, partikularen und speziellen Normen ein Gefüge von zusammenhängenden und aufeinander abgestimmten normativen Strukturen, die eine überindividuelle Einheit konstituieren. Diese normative Ordnung wird mit Hilfe von *Sanktionen* und durch *Sanktionsinstanzen* gesichert, welche sich gleichfalls in allen Gesellschaften finden[12]. Im Generationswechsel sorgen die Kindererziehung und der gesellschaftliche Sozialisationsprozess für ihre fortwirkende Überlieferung[13].

II. Soziale Normen

Schrifttum: *Eichner, Klaus,* Die Entstehung sozialer Normen, 1981; *Lautmann, Rüdiger,* Wert und Norm, 1969; *Opp, Karl Dieter,* Die Entstehung sozialer Normen, 1983; *Popitz, Heinrich,* Die normative Konstruktion von Gesellschaft, 1980; *Rommetveit, Ragnar,* Social Norms and Roles, 2. Aufl. 1968; *Spittler, Gerd,* Norm und Sanktion, 2. Aufl. 1970; *Sumner, William Graham,* Folkways, 1906; *Ziegler, Rolf,* Norm, Sanktion, Rolle, KZfSS 1984, 433 ff.; ferner *Ehrlich,* Grundlegung, 34 ff.; *Weber* Wirtschaft und Gesellschaft, 1. Teil Kap 1 § 4; *Geiger,* Vorstudien, 5 ff.; *Luhmann,* Rechtssoziologie, 27 ff.; *Röhl,* Rechtssoziologie, 199 ff.

1. Verhaltensgleichförmigkeit, Verhaltensforderung, Verhaltensbewertung

Die Einsicht, dass Normen generalisierte Verhaltensmuster darstellen und dass die Stabilität sozialer Beziehungen von der Befolgung solcher Muster

---

[12] Siehe Abschnitt 13 I 2.

[13] Das Lernen und die Aneignung (Internalisierung) sozialer Normen sind ein wichtiges Thema der Sozialpsychologie. Vgl. *Gerth/Mills,* Person und Gesellschaft, 1953, deutsch 1970; *Piaget,* Das moralische Urteil beim Kinde, 1932, deutsch 1983; *Kohlberg,* Zur kognitiven Entwicklung des Kindes, deutsch 1974. Siehe auch Abschnitt 20 I.

11. Abschnitt: Der soziologische Rechtsbegriff

abhängt, genügt für den wissenschaftlichen Gebrauch des Begriffs noch nicht. Denn bei näherem Zusehen zeigt sich, dass auch diese Kennzeichnung noch mehrere Bedeutungen haben kann, die unterschieden werden müssen und deren Verhältnis zueinander weitere wichtige Aufschlüsse über die Natur des sozialen Prozesses ergibt[14].

a) Zunächst kann Norm eine *beobachtete Häufigkeit* oder *Gleichförmigkeit des Verhaltens* bezeichnen, das sich insofern als „normal" darstellt. In dieser Fassung ist der Begriff rein *deskriptiv*. Er bezieht sich auf eingeübte und habituell gebrauchte Kommunikations- und Verhaltensformen und soziale Routinen, von deren Fortsetzung oder Wiederholung nach der Lebenserfahrung auch für die Zukunft ausgegangen werden kann, ohne dass dies jedoch als sicher angenommen oder gar in irgendeiner Form verlangt würde. Hält sich jemand plötzlich nicht mehr an die Gewohnheit und enttäuscht dadurch die Erwartungen anderer, so wird dies ohne weiteres akzeptiert oder doch wenigstens hingenommen. Die anderen korrigieren ihre Erwartung und passen sie der neuen Situation an. Bekennt sich jemand entgegen seiner bisherigen Übung eines Tages als Nichtraucher und Antialkoholiker, so wird man ihm zwar nicht mehr bei jeder Gelegenheit eine Zigarette anbieten oder ihn in eine Bar einladen, aber sonst keine Folgerungen aus dem Vorgang ableiten. *Max Weber* und *Theodor Geiger* nennen eine solche auf Gewohnheit beruhende, aber ungesicherte Verhaltensform einen *Brauch*[15]. *Niklas Luhmann* bezeichnet eine Verhaltenserwartung, an der im Fall der Enttäuschung nicht festgehalten wird, als *kognitive Verhaltenserwartung*[16] Der Grund, weshalb sich Bräuche und Gewohnheiten ausbilden und weshalb man kognitive Verhaltenserwartungen aufbaut, kann in der blinden Nachahmung und Gewöhnung, letztlich also in der menschlichen Trägheit und im Irrationalen liegen, oder er kann Ausdruck einer traditionsgebundenen Haltung sein. Er kann aber auch das Ergebnis bewusster, zweckbezogener Entscheidung sein, weil es oft unnötigen Aufwand vermeidet und insofern rationell ist, so lange an bisher befolgten Verhaltensmustern festzuhalten, bis neue äußere Umstände oder das veränderte Verhalten der Interaktionspartner zu einer Anpassung zwingen.

b) Demgegenüber kann eine Norm auch *verbindlich* sein in dem Sinn, dass ihre *Befolgung verlangt* und ihre *Verletzung geahndet* wird. Trotz der Enttäuschung ihrer Erwartungen halten die Gruppenmitglieder an der Norm fest. Sie zeigen sich nicht lernbereit, sondern lassen den Normbrecher ihre Missbilligung erkennen, strafen ihn, zwingen ihn, den durch den Normbruch gestörten früheren Zustand wiederherzustellen oder sich wenigstens künftig

---

[14] Zum Folgenden siehe besonders *Lautmann*, Wert und Norm 54ff.
[15] Vgl. Abschnitt 7 II 1 und 8 II 3.
[16] Siehe Abschnitt 9 II 2 a.

normgetreu zu verhalten, und sie brechen, falls solche Sanktionen nichts nützen, die Beziehung mit ihm ab. Wer sich mit seiner Freundin zu einem bestimmten Zeitpunkt verabredet hat, nimmt es ihr übel, wenn sie nicht kommt, und zieht daraus Konsequenzen, notfalls bis zur Beendigung der Freundschaft. Der Verkäufer eines Autos erwartet Zahlung und gibt seinen Anspruch nicht deshalb auf, weil der Käufer nicht zahlt und erklärt, dazu außerstande zu sein. In der wissenschaftlichen Terminologie erscheinen verbindliche Verhaltensforderungen als *Konventionen*. *Luhmann* nennt Verhaltenserwartungen, an denen der Erwartende auch im Enttäuschungsfall festhält, im Gegensatz zu den kognitiven *normative Verhaltenserwartungen*[17]. Auch das *Recht* gehört zu ihnen. Die Gesamtheit der in einer Gruppe oder Gesellschaft als verbindlich akzeptierten und mit Sanktionen versehenen Verhaltensregeln bildet die in ihr herrschende *normative Ordnung*.

c) Endlich wird der Begriff der Norm auch im Sinn eines *Maßstabs zur Bewertung sozialer Handlungen* verwendet. Wir nennen einen, der stiehlt, einen Dieb und hängen ihm damit das Etikett eines schlechten Menschen um. Ein Richter wendet die Vorschriften des Gesetzes an, um einen eingeklagten Anspruch als rechtmäßig oder rechtswidrig beurteilen zu können. Terminologisch kann man hier zur Unterscheidung von den Verhaltensforderungen von *Bewertungsnormen* sprechen[18]. Genau besehen handelt es sich dabei allerdings nicht um eine eigenständige Kategorie, denn Verhaltensforderung und Bewertungsnorm fallen gewöhnlich ineinander. Wir beurteilen das den geltenden Normen entsprechende Verhalten als anständig oder rechtmäßig, abweichendes Verhalten dagegen als unanständig und rechtswidrig, und stützen darauf die Sanktion.

Relevant wird die Unterscheidung, wenn sich die maßgeblichen Normen im Licht übergeordneter Normen oder Wertvorstellungen selbst als schlecht oder unrecht darstellen. Dann handelt es sich um Unsitten oder Unrecht, die in einem bestimmten sozialen Milieu zwar gefordert werden, aber gleichwohl negativ zu bewerten sind. Oder wir haben es mit widersprüchlichen Normen und Wertvorstellungen in der Gesellschaft zu tun, so dass über eine bestimmte Handlungsweise der eine positiv, der andere negativ urteilt. Für unseren Gedankengang können wir die mit solchen Besonderheiten zusammenhängenden Fragen vernachlässigen und uns deshalb auf den Gegensatz zwischen Gewohnheiten und Konventionen, kognitiven und normativen Verhaltenserwartungen beschränken.

---

[17] Vgl. die vorigen Fußnoten.
[18] *Spittler*, Norm und Sanktion, 14 spricht von Bewertungsstandards.

2. Der Begriff der Norm

In welchem Sinn der Begriff der sozialen Norm angesichts der Alternative zwischen sozialer Gewohnheit und verbindlicher Regel gebraucht werden soll, ist eine Frage der Begriffsklarheit und der wissenschaftlichen Zweckmäßigkeit. Da es hierfür in den Sozialwissenschaften keine zur Entscheidung berufene Autorität gibt, muss sie letztlich jeder Wissenschaftler für sich selbst beantworten. Verständnis und Verwendung des Begriffs spiegeln in mancher Hinsicht den erkenntnistheoretischen Ausgangspunkt des jeweiligen Autors wider.

Wer, wie namentlich *Max Weber* und *Theodor Geiger*, in der Tradition des Neukantianismus einen gedanklich unüberbrückbaren Gegensatz zwischen Sein und Sollen annimmt, muss mit dem Begriff andere Vorstellungen verbinden als eine Soziologie, welche diesen Gegensatz relativiert oder sogar aufzulösen sucht[19]. Ferner hängt die zweckmäßige Fassung des Begriffs auch vom jeweiligen Erkenntnisinteresse ab. Daraus erklären sich vor allem die unterschiedlichen Begriffsbestimmungen in der Rechtsdogmatik, Rechtstheorie und Rechtssoziologie. Die Rechtsdogmatik fragt, unter welchen Voraussetzungen eine Vorschrift für die Normadressaten und für den rechtsanwendenden Richter verbindlich ist. Ihr kann es nur um den normativen Normbegriff gehen. Die Rechtstheorie beschäftigt sich mit den logischen Strukturen von Normen und Normsystemen und braucht sich deshalb nur auf die gedanklichen Inhalte zu konzentrieren, ohne zwischen kognitivem und normativem Begriff unterscheiden zu müssen. Demgegenüber verlangt die Rechtssoziologie einen Normbegriff, der in der Lage ist, auch die tatsächlichen sozialen Handlungen und Handlungsmuster sowie deren normative Bestimmungsgründe in sich aufzunehmen und empirischer Überprüfung zugänglich zu machen. Dazu ist prinzipiell auch der deskriptive Normbegriff geeignet. Allerdings darf auch sie den Unterschied zwischen sozialer Gewohnheit und verbindlicher Regel und demgemäß zwischen deskriptivem und normativem Normbegriff nicht missachten oder verwischen.

In der Rechtssoziologie hat es sich überwiegend als zweckmäßig erwiesen, von sozialen Normen nur bei verbindlichen Regeln und Verhaltensforderungen bzw. normativen Verhaltenserwartungen zu sprechen, also den *normativen Normbegriff* zugrunde zu legen. Im Unterschied dazu hält sie zur Bezeichnung der reinen Verhaltensgleichförmigkeit an den Begriffen des Brauchs, der Sitte und der sozialen Gewohnheit fest[20]. Dem schließen wir uns an. Als soziale Norm bezeichnen wir daher *eine Regel sozialen Verhaltens, an der auch gegenüber abweichendem Verhalten festgehalten wird*.

Eine allgemein anerkannte und abschließende Formulierung des Normbegriffs auch in seiner Beschränkung auf verbindliche Verhaltensforderungen hat sich in der Rechtsso-

---

[19] Vgl. dazu wiederum die Darstellung von *Weber*, *Geiger* und *Luhmann*, Abschnitte 7 II 3, 8 II 2 und 9 II; ferner *Rehbinder*, Rechtssoziologie 31.
[20] Vgl. zu *M. Weber* Abschnitt 7 II 1; zu *Geiger* Abschnitt 8 II 3; zu *Luhmann* Abschnitt 9 II 2; ferner *Röhl*, Rechtssoziologie 201 f.; *Rehbinder* aaO; *Ryffel*, Rechtssoziologie 122.

ziologie noch nicht herausgebildet[21]. So definiert zum Beispiel *Popitz* Normen als „soziale Verhaltensregelmäßigkeiten, die in Fällen abweichenden Verhaltens durch negative Sanktionen bekräftigt werden"[22]. Nach *Luhmann* ist Norm „eine kontrafaktisch stabilisierte Verhaltenserwartung, an deren Geltung auch bei abweichendem Verhalten festgehalten wird"[23]. Für unsere Zwecke ist es jedoch nicht nötig, den Nuancen nachzugehen, die in solchen Unterschieden der Begrifflichkeit hervortreten. Es genügt, den überall wiederkehrenden Kern des Begriffs klar genug zum Ausdruck zu bringen, was in obiger Definition geschehen sein dürfte.

Die obige Begriffsbestimmung verzichtet darauf; die *Sanktionen*, durch die normwidriges Verhalten geahndet wird, in den Normbegriff einzubeziehen. Sie folgt darin *Luhmann*, steht aber im Gegensatz zu *Popitz* und zahlreichen anderen Autoren, welche die Sanktion als unverzichtbaren Bestandteil des Normbegriffs ansehen[24]. Wie man sich in diesem Punkt entscheidet, ist wiederum eine Frage der wissenschaftlichen Zweckmäßigkeit. Solange sich das Erkenntnisinteresse nur auf das Entstehen und auf den Inhalt von Normen richtet, gelangen die Sanktionen nicht in das Blickfeld. Anders steht es hingegen, sobald es um ihre Durchsetzbarkeit geht. Letztlich sprechen die besseren Gründe für *Luhmanns* Argument, den Normbegriff nicht vorzeitig auf sanktionierte Normen zu verengen, weil es in der gesellschaftlichen Realität oft lediglich auf das Festhalten an der Verhaltenserwartung gegenüber abweichendem Verhalten und den dadurch bewirkten Enttäuschungen ankommt, während auf Sanktionen verzichtet wird[25]. Selbstverständlich besagt dies aber nicht, dass die Sanktionen nicht ein ebenso wichtiger Gegenstand rechtssoziologischer Forschung wären[26].

3. Übergänge zwischen sozialen Gewohnheiten und Normen

Die scharfe begriffliche Trennung zwischen sozialen Gewohnheiten und Normen darf den Blick nicht davor verstellen, dass beide in der Wirklichkeit kein absoluter Gegensatz sind, sondern nur zwei eben begrifflich einander gegenübergestellte Extremfälle, zwischen denen es *Übergänge* und *Abstufungen* gibt[27]. Der Sachverhalt lässt sich am einfachsten anhand der Reaktionsweisen auf Normverletzungen verdeutlichen: Der Betroffene kann auf einen Normbruch mit Verwunderung, Unverständnis, Verstimmung, Vorwürfen, Drohungen und schlimmstenfalls mit Zwangsmitteln oder mit dem Abbruch

---

[21] Vgl. dazu *Lautmann*, Wert und Norm 98, der im soziologischen Schrifttum nicht weniger als 82 Normdefinitionen ausmacht.
[22] *Popitz*, Die normative Konstruktion von Gesellschaft, 21.
[23] *Luhmann* 1972, 43.
[24] Vgl. *Röhl*, Rechtssoziologie, 201f.
[25] *Luhmann*, Rechtssoziologie, 61.
[26] Vgl. Abschnitt 13.
[27] Vgl. zum Folgenden besonders *Popitz* aaO 24ff.; *Röhl* aaO 202f.

der Beziehung reagieren. Wo auf dieser Skala die kognitive in die normative Verhaltenserwartung umschlägt, ist schwer zu bestimmen. Bei mehreren Betroffenen kann der eine kognitiv, der andere normativ reagieren.

Für die soziologische Analyse noch wichtiger ist die Feststellung, dass jede Erwartung den Charakter einer Forderung annimmt, sobald der Erwartende ein eigenes Interesse an der erwarteten Handlung des Partners hat; insbesondere wenn er eigene Mittel oder Handlungen im Hinblick auf das erwartete Verhalten des anderen investiert, die bei dessen Säumigkeit nutzlos werden[28]. Wer seinen Geschäftspartner im eigenen Büro erwartet und ohne Zeitverlust weiterarbeiten kann, wenn er nicht kommt, wird auf die Verbindlichkeit der Verabredung leichter verzichten und weniger schroff reagieren, wenn der Partner ausbleibt, als wenn er für das Treffen nach New York fliegen musste und den Flug bezahlt hat. Mit Recht hat *Popitz* ferner auf Fälle aufmerksam gemacht, in denen soziale Gewohnheiten und Normen in einem realen Handlungskomplex ineinander verknüpft sind und eine Gewohnheit oft nur deshalb befolgt wird, weil der Konformitätsdruck einer damit verflochtenen Norm auf sie abfärbt, der Handelnde also befürchtet, beim Abweichen von der Gewohnheit seinen Kredit auch bezüglich seiner Treue gegenüber der Norm zu verlieren[29]: Wer als Neuling in eine ihm unbekannte Gesellschaft gelangt, wird sich den dort herrschenden Bräuchen auch dann unterwerfen, wenn den älteren Mitgliedern ohne weiteres die Freiheit zugestanden wird, davon abzuweichen. In der Theorie ist somit davon auszugehen, dass sich der Wechsel von der sozialen Gewohnheit zur Norm häufig auch kurzfristig und situationsgebunden vollzieht.

4. Latente Normen

Das Wechselspiel zwischen Brauch und verbindlicher Norm kann es weiter mit sich bringen, dass unklar ist, ob ein bestimmtes Verhaltensmuster verbindlich ist oder nur eine Gewohnheit darstellt, von der man auch abweichen kann. Wer in einer Versammlung oder in einem feinen Restaurant in unüblicher Kleidung erscheint, weiß nicht, ob er geduldet oder hinauskomplimentiert wird. Welche Verhaltensweisen gegen Treu und Glauben verstoßen lässt sich angesichts der generalklauselhaften Weite des § 242 BGB oft erst dann mit Sicherheit angeben, wenn der Bundesgerichtshof darüber entschieden hat. Im Anschluss an *Geiger*[30] und *Popitz*[31] ist es üblich, in einem solchen Fall von *hypothetischen* oder *latenten Normen* zu sprechen. Der Betroffene muss

---

[28] *Popitz* aaO 26.
[29] AaO 27.
[30] Vorstudien 58 ff.
[31] Die normative Konstruktion von Gesellschaft 30 f.

dann eine Prognose – *Geiger* sagt: ein *Verbindlichkeitskalkül*[32] – darüber anstellen, ob bzw. mit welchem Grad von Wahrscheinlichkeit er auf sein Verhalten mit Ablehnung und mit einer Sanktion zu rechnen hat. Bis zur Entscheidung durch die dafür zuständige Instanz entsteht eine in der Schwebe befindliche, unsichere Lage, die der Herd von Unruhe und von Konflikten zwischen den Beteiligten sein kann. Typisch ist eine solche Unsicherheit bei noch nicht entschiedenen Gerichtsverfahren.

5. Funktionsunterschiede

Ungeachtet solcher Abstufungen und Übergänge erfüllen soziale Gewohnheiten und normative Verhaltensmuster aber tendenziell verschiedene Funktionen in der Gesellschaft und für die Orientierung des Individuums in ihr. Eine soziale Beziehung, Gruppe oder Organisation, die keinerlei verbindliche Normen kennt, ist aufs Äußerste *instabil* und wird alsbald wieder zerfallen. Sie verwehrt es den Beteiligten, sich aufeinander zu verlassen und ihr eigenes Verhalten am Vertrauen auf künftige Handlungen anderer auszurichten. Im Gegenteil nötigt sie jeden dazu, kurzfristig nur den eigenen Vorteil zu suchen. Im Wirtschaftsverkehr können unter solchen Bedingungen nur Bargeschäfte stattfinden. Ein Staat versinkt in Bürgerkrieg. Ein ausreichendes Gerippe an normativen Verhaltensmustern ist also die Voraussetzung dafür, dass soziale Beziehungen eine lebensnotwendige Dauer und Festigkeit erlangen und dass die Menschen in Gruppen, Organisation und im Staat friedlich zusammenleben und kooperieren können.

Auf der anderen Seite haftet normativen Strukturen bestimmungsgemäß eine eigentümliche *Starrheit* an. Die durch sie gewährte Stabilität und Sicherheit wird erkauft mit einem Festhalten am Vorhandenen, einer Verknöcherung der gegebenen Regeln und mangelnder Anpassungsfähigkeit an neue Umstände. Auch wichtige Änderungen werden nur möglich, wenn es gelingt, den Widerstand derer zu überwinden, die sich gegen die Änderung stemmen. Soziale Gewohnheiten sind dagegen einem laufenden und oft unmerklichen Wandel zugänglich; sie verkörpern die Offenheit gegenüber allen neuen Bedürfnissen und sind flexibel, elastisch, dynamisch. Als solche bilden sie das Einfallstor des gesellschaftlichen Fortschritts.

Nun muss jede Gesellschaft beiden Anforderungen gerecht werden: Sowohl sich im Fluss der Zeit behaupten und ihre Identität und Stabilität bewahren als auch sich wandeln und an neue Umstände anpassen können. Daher wird man kognitive und normative Strukturen stets miteinander verflochten finden. Soziale Gewohnheiten verfestigen sich zu verbindlichen Normen; Vorschriften, die bisher verbindlich waren, verlieren im Zuge der Zeit, neuer Be-

---

[32] AaO 167ff.

dürfnisse oder neuer Wertvorstellungen ihren normativen Charakter und fallen in den Status unverbindlicher Gewohnheiten zurück, die vielleicht schon bald darauf ganz preisgegeben werden. Dramatische Beispiele für den zuletzt genannten Sachverhalt bieten zahlreiche Normen der herkömmlichen Sexualmoral und die darauf beruhenden Vorschriften über die Strafbarkeit zum Beispiel der Abtreibung, Homosexualität, Kuppelei, Zuhälterei und Pornographie, die seit Anfang der 1960er Jahre abgebaut oder gemildert wurden. So stellt sich der soziale Prozess als eine Gemengelage und ein permanentes Wechselspiel von Gewohnheiten und Normierungen, angenommenen und zurückgewiesenen Neuerungen der Verhaltensmuster dar.

III. Das Recht als Erscheinungsform sozialer Normen

Schrifttum: *Bechtler, Thomas,* Der soziologische Rechtsbegriff, 1977; *Blankenburg, Erhard,* Das Recht als Kategorie sozialer Verhaltensregelmäßigkeiten, in: *Lautmann/ Maihofer/ Schelsky* (Hrsg.), Die Funktion des Rechts in der modernen Gesellschaft, 1970, 227; *Cotterrell, Roger,* The Sociological Concept of Law, 10 Journal of Law and Society, 1983, 241; ders., Sociology of Law, 38ff.; *Friedman, Lawrence,* Das Recht im Blickfeld der Sozialwissenschaften, 16ff.; *König, René,* Das Recht im Zusammenhang der sozialen Normensysteme, in: *Hirsch/Rehbinder* (Hrsg.), Studien und Materialien zur Rechtssoziologie, 1967, 38; *Podgórecki, Adam,* Law and Society, 1974, 189ff.; *Popitz, Heinrich,* Die normative Konstruktion von Gesellschaft, 1980; *v. Trotha, Trutz,* Was ist Recht? Von der gewalttätigen Selbsthilfe zur staatlichen Rechtsordnung, ZfRSoz 2000, 327; *Ehrlich,* Grundlegung, 21ff.; *Weber,* Wirtschaft und Gesellschaft, Teil 1 § 6; *Geiger,* Vorstudien, 85ff.; *Luhmann,* Rechtssoziologie, 94ff.; *Rehbinder,* Rechtssoziologie 48ff.; *Röhl,* Rechtssoziologie, 212ff.

1. Soziale Normen und Rechtsnormen

In den vorangehenden Ausführungen haben wir zwischen Rechtsnormen und anderen sozialen Normen nicht unterschieden und damit implizit behauptet, dass unsere Aussagen für beide gleichermaßen gelten. In der Tat ist das Recht ein *Sonderfall sozialer Normen.* Diese schon von den Vätern der Rechtssoziologie *Durkheim, Ehrlich, Weber* und *Geiger*[33] herausgearbeitete Grundeinsicht ist heute allgemein anerkannt und die Basis empirischer Forschung. Die Rechtssoziologie unterscheidet zwischen Konventionen, Rechtsnormen, sittlichen Normen und religiösen Normen als Erscheinungsformen sozialer Normen. Sie stützt sich dabei auf den allgemeinen Sprachgebrauch und auf die Feststellung, dass die Unterscheidung auch im Bewusstsein der Menschen fest verankert ist. Methodisch stellt sie das Recht auf diese Weise in den Zusammenhang aller analytischen und empirischen Erkenntnisse über die normative Struktur der sozialen Beziehungen und der Gesellschaft. Auch

---
[33] Siehe Abschnitte 5 II 4, 6 II 4, 7 II 1, 8 II 5.

eröffnet sie den Zugang zur sozialwissenschaftlichen Erforschung des Rechts aus der Perspektive elementarer religiös, sittlich oder konventionell motivierter menschlicher Verhaltensformen[34].

Allerdings wirft die Deutung des Rechts als Unterfall sozialer Normen die Frage nach den Merkmalen auf; durch die sich Rechtsnormen von den nicht rechtlichen Normen unterscheiden. Die Frage erweist sich bei näherem Zusehen als schwierig, weshalb sich im rechtssoziologischen Schrifttum dazu auch zahlreiche verschiedene Antworten finden. Nach *Max Weber* ist das Recht dadurch gekennzeichnet, dass ein eigens dazu bestellter Stab von Menschen seine Einhaltung mittels physischen oder psychischen Zwangs garantiert[35]. *Theodor Geiger* definiert Recht als von einer Zentralmacht monopolisierten Ordnungsmechanismus, der durch Sanktionen gegen abweichendes Verhalten gesichert ist[36]. Der Amerikaner *Donald Black* entwickelt die Definition: „law is governmental social control"[37]. *Röhl* bezeichnet als Recht „diejenigen Normen, die von einem speziellen Rechtsstab angewendet werden, der innerhalb territorialer Grenzen für sich die Kompetenz-Kompetenz in Anspruch nimmt und diese im wesentlichen auch faktisch durchzusetzen in der Lage ist"[38]. *Cotterrell* schreibt: „Legal rules depend upon the existence of definite institutions or procedures employed specially for their creation, interpretation or enforcement"[39]. Alle derartigen Definitionen beziehen das Recht im Kern auf den Staat, seine Organe, seine institutionalisierten Verfahren und den von ihm ausgeübten Rechtszwang oder, wenn die nationalstaatliche Verengung vermieden werden soll, auf staatsähnlich organisierte und mit politischer Macht und Legitimität ausgestattete Großverbände. Sie unterscheiden sich dadurch, dass sie das eine oder andere Element stärker betonen. Üblicherweise werden sie daher unter dem Sammelbegriff *Zwangstheorien* zusammengefasst.

Ihnen stehen die sogenannten *Konsens-* oder *Anerkennungstheorien* gegenüber. Für diese bestimmt die *gesellschaftliche Akzeptanz* einer Norm ihre Zuordnung. In diesem Sinn ist nach *Ehrlich* für die Rechtsnorm die *„opinio necessitatis"* Erkennungsmerkmal, also der Glaube der Gesellschaftsmitglieder an die Notwendigkeit ihrer Geltung[40]. Nach *Luhmann* genügt die zeitlich, sachlich und sozial kongruente Generalisierung einer Norm als Kennzeichen des Rechts[41]. Auf der gleichen Linie liegt es, wenn der Anthropologe

---

[34] Daher gehören auch die Untersuchungen von *Spittler* über die Normbildungsprozesse und Sanktionen in informellen Gruppen zur Rechtssoziologie (Vgl. oben bei Fußn. 7).
[35] Siehe oben Abschnitt 7 II 1.
[36] *Geiger*, Vorstudien, 86ff., 93ff. Vgl. Abschnitt 8 II 5, III 1.
[37] *Black*, The Behavior of Law, 1976, 2.
[38] *Röhl*, Rechtssoziologie, 222.
[39] *Cotterrell*, Sociology of Law, 42.
[40] *Ehrlich*, Grundlegung, 132; vgl. Abschnitt 6 II 4.
[41] Vgl. Abschnitt 9 II 2.

Bronislaw Malinowski das Wesen des Rechts im Prinzip der Gegenseitigkeit sieht (wenn ein Gruppenmitglied einem anderen etwas zuwendet, ist es Recht, dass das andere eine Gegengabe leistet)[42] oder wenn der polnische Rechtssoziologe *Adam Podgórecki* schreibt: „Law is a psycho-social phenomenon, a socially coherent relationship between obligation and claim, inculcated by internalization"[43].

Wiederum andere Autoren verzichten ganz auf den Versuch, eine Abgrenzung zwischen rechtlichen und nicht rechtlichen sozialen Normen vorzunehmen, weil sie die Ansicht vertreten, das sei nicht möglich oder darauf komme es für ihre Zwecke nicht an[44]. Auch *Luhmanns* Kennzeichnung des Rechts als „zeitlich, personell und sachlich kongruente Generalisierung normativer Verhaltenserwartungen" passt auf alle Arten sozialer Normen[45]. Wenn *Luhmann* dann später aus seiner Konzeption autopoietischer sozialer Systeme die Folgerung ableitet, eine soziologisch-wissenschaftliche Definition des Rechts sei gar nicht möglich, nur des Recht selbst könne bestimmen, was Recht sei[46], so verweist er darauf, dass angesichts der Positivität des modernen Rechts in der Tat Gesetzgeber und Richter als die zur Rechtsbildung berufenen Instanzen entscheiden, welche Normen Rechtsgeltung erlangen.

2. Methodische Voraussetzungen der Unterscheidung

Um die Gründe solcher Meinungsverschiedenheiten zu verstehen ist es nötig, sich den Charakter des Abgrenzungsproblems genauer ins Auge zu fassen. Sowohl die Zwangstheorien als auch die Anerkennungstheorien beziehen sich zur Bestimmung des soziologischen Rechtsbegriffs auf die Instanz, welche die Verbindlichkeit einer Norm einfordert, sowie auf die Mittel, mit denen sie diese Instanz durchsetzt. Nach den Anerkennungstheorien ist es die Gesellschaft selbst als der Inbegriff der in ihr lebenden Menschen, welche Normtreue verlangt und diese mittels des von ihr auf alle Einzelnen ausgeübten sozialen Drucks sicherstellt, nach den Zwangstheorien sind es besondere Organe, welche die Gesellschaft zu diesem Zweck einrichtet und mit Zwangsgewalt ausstattet, in erster Linie Gerichte. Religiöse Normen leiten ihre Verbindlichkeit dagegen von einer in einer heiligen Schrift enthaltenen göttlichen Offenbarung ab und sichern ihre Befolgung durch den Wunsch der Gläubigen, eines der darin verheißenen Heilsgüter zu erlangen. Ethische For-

---

[42] *Malinowski*, Crime and Custom in Savage Society, 1926; deutsch: Sitte und Verbrechen bei den Naturvölkern, 1949, 53ff. Zum Prinzip der Gegenseitigkeit siehe Abschnitt 12 III.
[43] *Podgórecki*, Law and Society, 197.
[44] Vgl. *Friedman*, Das Rechtssystem im Blickfeld der Sozialwissenschaften, 21.
[45] Abschnitt 9 II 2.
[46] Vgl. Abschnitt 9 II 6.

derungen entspringen der Stimme des individuellen Gewissens sittlich autonomer Persönlichkeiten. Nach diesen Merkmalen lässt sich die Unterscheidung zwischen religiösen und sittlichen Normen auf der einen und Rechtsnormen auf der anderen Seite begrifflich leicht treffen. In vielen Fällen beanspruchen religiöse und sittliche Normen zugleich auch rechtliche Geltung; sie werden zu Recht, wenn die Gesellschaft oder die Gerichte sie sich zu eigen machen, ihre Befolgung verlangen und durch sozialen Druck oder den gerichtlichen Rechtszwang gegenüber abweichendem Verhalten zur Geltung bringen. In älteren Gesellschaften sind die Bereiche oft noch kaum getrennt.

Problematisch bleibt demgegenüber die begriffliche Differenzierung zwischen Recht und nichtrechtlichen Konventionen, also Anstandsregeln, Verkehrssitten, Handelsbräuchen, allgemeinen Geschäftsbedingungen und anderen Vorschriften des „selbst geschaffenen Rechts der Wirtschaft". In der dogmatischen Rechtswissenschaft genügt es auch insoweit, den Rechtscharakter einer Norm im Sinn der Zwangstheorien zu bejahen, wenn ein Gericht sie seinen Urteilen zugrunde legt.

In der Rechtssoziologie kann eine solche Begriffsbestimmung jedoch nicht befriedigen. Denn auf der einen Seite zieht das geltende Recht, wie namentlich §§ 138, 157, 242, 817, 826 BGB, 346 HGB und 228 StGB belegen, selbst die guten Sitten, Verkehrssitten und Handelsbräuche zur Beurteilung der Rechtmäßigkeit einer Handlung und zur Entscheidung von Streitigkeiten heran. Entsprechendes gilt, wenn das Strafgesetzbuch in §§ 185, 189 StGB die Begriffe der Beleidigung und der Verunglimpfung des Andenkens eines Verstorbenen nicht definiert oder näher umschreibt und auf diese Weise zu erkennen gibt, dass es darauf ankommt, welche Äußerungen im Umgang der Menschen untereinander als beleidigend oder verunglimpfend empfunden werden. Zum anderen beruht auch die Geltung von Rechtsnormen nie allein auf ihrer Anwendung durch die Gerichte und dem gerichtlichen Vollstreckungszwang, sondern ist wesentlich auf die Akzeptanz von Seiten der Gesellschaft angewiesen. Solange kein Gericht angerufen wird, bleibt auch der Rechtscharakter einer verletzten Verkehrssitte ungeklärt. Keine Justiz verfügt über genügend Mittel, um auch nur alle diejenigen Vorschriften gegen den Widerstand der Bürger durchsetzen zu können, die eindeutig rechtlicher natur sind. Allerdings genügt auch der von der Gesellschaft ausgeübte Druck in der Regel nicht, normgetreues Verhalten zu garantieren, weil stets mit einer mehr oder minder großen Zahl von Personen zu rechnen ist, die sich dem Druck entziehen, so dass ohne gerichtlichen Rechtszwang nicht auszukommen ist. Beide Sanktionen ergänzen sich also gegenseitig. Anerkennung und Zwang kennzeichnen beide wesentliche Merkmale des Rechts, bleiben je für sich aber einseitig und unvollständig und genügen daher nicht, das Recht von den bloßen Konventionen zu unterscheiden.

11. Abschnitt: Der soziologische Rechtsbegriff

Aus diesen Gründen ist es verständlich, wenn Soziologen nicht selten überhaupt darauf verzichten, einen soziologischen Rechtsbegriff zu definieren, welcher das Recht von den nichtrechtlichen Normen abgrenzt. Soweit die Soziologie allgemein die Funktion und Wirkungsweise sozialer Normen erforscht, braucht sie zwischen ihren verschiedenen Erscheinungsformen nicht zu differenzieren. Die normative Ordnung der Gesellschaft beruht stets auf dem Zusammenwirken rechtlicher und nichtrechtlicher Normen. Für viele soziologische Fragestellungen und empirischen Untersuchungen kommt es daher in der Tat auf eine Abgrenzung zwischen ihnen nicht an[47]

3. Recht als institutionell garantierte Zwangsnorm

Auf der anderen Seite wäre es aber doch realitätsfremd, die Differenzierung zwischen den Normarten ganz aufzugeben, denn sie ist im allgemeinen Bewusstsein verankert und daher der Wissenschaft vorgegeben. Rechtsvorschriften haben in der gesellschaftlichen Realität und in der Vorstellung der Menschen eine andere Qualität und ein anderes Gewicht als Regeln des Anstands, Verkehrssitten und Handelsbräuche. Privatautonome Regelungen – Verträge, Satzungen, Testamente, allgemeine Geschäftsbedingungen – können nur durchgesetzt werden, sofern sie von den Gerichten für verbindlich erklärt werden. Folgt man dieser Einsicht, so drängt es sich auf, das auch rechtssoziologisch maßgebliche Unterscheidungsmerkmal darin zu sehen, ob der Verstoß gegen eine Norm vor Gericht geltend gemacht werden kann oder ob seine Einhaltung lediglich durch gesellschaftlichen Druck garantiert wird. Ob sich eine Gruppe von Menschen oder eine Gesellschaft damit begnügt, die Befolgung bestimmter Regeln lediglich mit den Mitteln des sozialen Drucks sicherzustellen und Streitigkeiten zwischen ihren Mitgliedern auf informelle Art beizulegen, oder ob sie dafür besondere Gerichte bestellt und diesen schließlich sogar das Monopol der Rechtsprechung und Rechtsdurchsetzung überträgt, bedeutet einen wichtigen Qualitätssprung, der entscheidend dafür spricht, gerade darin das Kennzeichen des Rechts zu erblicken. Als Rechtsnormen auch im soziologischen Sinn können demnach im Sinn der Zwangtheorien *alle sozialen Normen* bezeichnet werden, *die von Gerichten als Recht anerkannt und ihren Urteilen zugrunde gelegt werden*[48]. Die Definition impliziert, dass Gerichtsentscheidungen mit den Mitteln des Vollstreckungsrechts zwangsweise durchgesetzt werden können.

---

[47] Ein kennzeichnendes Beispiel ist die oben bei Fußn. 7 erwähnte Untersuchung von *Spittler* zur Frage, welche Normen sich in einer Restaurantküche und in einer psychotherapeutischen Gruppe herausbilden und darin durchgesetzt werden.
[48] Im Wesentlichen ebenso *Röhl*, Rechtssoziologie, 222; ähnlich *Rehbinder*, Rechtssoziologie, 43ff., 52f.

Für diesen soziologischen Rechtsbegriff spricht auch die Parallele zum rechtsdogmatischen Begriff sowie der Umstand, dass die Anerkennungstheorien kein sicheres Abgrenzungsmerkmal zwischen rechtlichen und nichtrechtlichen Normen anbieten, denn die Abstufungen der Intensität, mit welcher die Öffentlichkeit auf einen Normbruch reagiert, bilden kein hinreichend greifbares und für empirische Untersuchungen geeignetes Kriterium.

Ein derartiger Rechtsbegriff ist jedoch, wie nach dem Gesagten deutlich sein dürfte, für die Rechtssoziologie keineswegs zwingend. Er eignet sich vor allem für solche Untersuchungen, für welche die Streitentscheidung durch *staatliche* Gerichte und der *staatliche* Vollstreckungszwang wesentlich sind. Theoretisch steht jedoch nichts im Weg, seine Reichweite nach dem Vorbild von *Weber* und *Geiger*[49] zu erweitern und statt auf den Staat auf „politische Verbände" oder abstrakt auf ein „gesellschaftliches Großintegrat" zu beziehen. Doch dürfte sich der wissenschaftliche Nutzen eines solchen Schritts im wesentlichen darauf beschränken, dass auch das Kirchenrecht und das Recht überstaatlicher Organisationen einbezogen werden können, sofern sie über Zwangsgewalt verfügen, ferner, dass auch bei Völkern von Recht gesprochen werden kann, die (noch) keinen Staat gebildet haben. Dagegen kann auch eine solche Öffnung des Begriffs die in transnationalen Vertragsbeziehungen und multinationalen Unternehmen und Wirtschaftsorganisationen entstehende lex mercatoria nicht erfassen, weil deren Geltung sich nicht auf mit hoheitlicher Macht ausgestattete Institutionen stützen kann, sondern von der Anerkennung von Seiten der Beteiligten und der internationalen Rechtsgemeinschaft abhängt[50]. Eine zweite Erweiterung des Begriffs ist bei allen Untersuchungen mit historischer Dimension erforderlich, die als Recht auch früher geltendes Recht behandeln müssen. Als nicht empfehlenswert erscheint es dagegen, den Rechtsbegriff auch auf die internen Regelungen von großen Verbänden, zum Beispiel politischen Parteien, Gewerkschaften oder Sportvereinen, auszudehnen, die eigene Vereinsgerichte einrichten, da sich der Staat die Überprüfung deren Entscheidungen im Hinblick darauf vorbehält, ob sie mit dem staatlichen Recht vereinbar sind.

4. Zwang und Anerkennung als komplementäre Elemente des Rechts

Die wichtigste Schwäche des auf den staatlichen Rechtszwang bezogenen Rechtsbegriffs ist jedoch die Ausblendung aller Erscheinungen, die *Ehrlich*[51] als gesellschaftliches Recht und als lebendes Recht bezeichnet hat, also des

---

[49] Siehe oben bei Fußnote 37.
[50] Vgl. *Stein*, Lex mercatoria. Realität und Theorie, 1995; *Teubner*, Globale Bukowina. Zur Emergenz eines transnationalen Rechtspluralismus, Historisches Journal 15 (1996), 255.
[51] Vgl. Abschnitt 6 II 3, 4.

Umstands, dass sich die Menschen in ihrem Zusammenleben ganz unabhängig vom Staat nach in der Gesellschaft anerkannten Normen richten, welche auf diese Weise auch die normative Struktur der Gesellschaft und ihrer Gliederungen zu einem wesentlichen Teil konstituieren. Rechtssoziologische Forschungen, welche diese Bereiche ins Auge fassen, müssen daher, wie bereits dargelegt, einen offeneren – *pluralistischen* – Rechtsbegriff verwenden, der neben dem staatlichen auch nichtstaatliches Recht kennt, oder auf eine Unterscheidung zwischen vorrechtlichen sozialen Normen und Rechtsnormen ganz verzichten.

Diese Beobachtungen machen schließlich noch einmal die *grundsätzlichen Grenzen* aller Theorien deutlich, welche die Anerkennung von Normen in der Bevölkerung und deren zwangsweise Durchsetzung durch Gerichte einander gegenüberstellen und das Wesen des Rechts im gerichtlichen Vollstreckungszwang erblicken. Auch wenn der darauf gestützte Rechtsbegriff für zahlreiche Untersuchungen über die Wirksamkeit staatlicher Rechtsvorschriften, über abweichendes Verhalten und über die Voraussetzungen, unter denen das staatliche Recht durchgesetzt werden kann, unverzichtbar ist, abstrahiert er doch von der Erfahrung, dass freiwillige Anerkennung einer Norm und erzwungener Gehorsam keine Alternativen sind, die sich gegenseitig ausschließen, sondern zwei komplementäre Elemente der Rechtsgeltung, die in der Realität miteinander verflochten sind, ineinander übergehen und mit jeweils unterschiedlicher relativer Intensität zusammenwirken. Selbst der mächtigste und autoritärste Staat verfügt nicht über die Mittel, alle Vorschriften durchzusetzen, wenn er dabei auf den – aktiven oder passiven – Widerstand der Bevölkerung stößt, und er muss sich auf jeden Fall auf die Anerkennung von seiten der Sanktionsinstanzen stützen.

Hinzu kommt weiter, dass Anerkennung und Zwang in sich selbst keine einfachen Begriffe sind, sondern jeweils auf hoch komplexe Sachverhalte verweisen. Eine Norm kann *anerkannt* werden vom Adressaten selbst, vom Begünstigten, von der sozialen Gruppe, in der beide leben, deren Organen oder den in der Gruppe tonangebenden Personen, auch von Gerichten und anderen Gesellschaftsorganen und Sanktionsinstanzen, schließlich von der Gesellschaft im Ganzen. Die Anerkennung kann bei allen Mitgliedern der Gruppe, des Organs oder der Gesellschaft vorhanden sein oder nur einem mehr oder weniger großen Teil. Sie kann stark oder schwach ausgeprägt, auch zwiespältig sein. So kommt es zum Beispiel häufig vor, dass die Geltung einer Vorschrift zwar generell bejaht, ihre Anwendbarkeit im Einzelfall jedoch abgelehnt wird. Bei vielen Personen bezieht sich die Anerkennung eher allgemein und diffus auf die übliche Verhaltensordnung, auf das Rechtssystem als solches oder auf die für die Rechtsbildung verantwortlichen Institutionen statt auf bestimmte einzelne Vorschriften, deren Kritik und Nichtbefolgung man sich vorbehält. Ein geläufiges Beispiel dafür sind die Vorschriften des Straßenverkehrs: ihre generelle Akzeptanz schließt keineswegs aus, dass man sich „das Recht nimmt" selbst zu entscheiden, ob jede Geschwindigkeitsbeschränkung einzuhalten ist. Vor allem bei Straftätern beobachtet man häufig, dass sie die Verbindlichkeit der verletzten Vorschrift ungeachtet ihres abweichenden Verhaltens keineswegs bestreiten.

Auch beim *Zwang* sind Differenzierungen nötig. Art und Wirkungsweise der Sanktionen, mit denen ein Normbruch geahndet wird, sind sehr unterschiedlich; auch ihre Intensität schwankt. Schwache staatliche Zwangsmittel können ihre Wirkung verfehlen, wenn das normwidrige Verhalten von der Gesellschaft als „Kavaliersdelikt" geduldet wird. Oft können die staatlichen Zwangsmittel erst in Gang gesetzt werden, wenn der Verletzte selbst die Initiative ergreift und dies beantragt. In anderen Fällen bewendet es bei den vom Verletzten oder von der Gruppe ergriffenen Mitteln zur Durchsetzung einer Vorschrift, während der staatliche Zwangsapparat nicht in Anspruch genommen wird und daher nur als drohende letzte Instanz wirkt. Auch kann der von der Gruppe oder Gesellschaft ausgehende Druck, zum Beispiel die drohende Bloßstellung durch die Medien, für den Normverletzer genauso unausweichlich und einschneidend oder sogar noch schlimmer sein als die staatliche Sanktion[52].

5. Stufen der Rechtsbildung

Beruht die Geltung einer Norm nach alledem niemals allein auf Konsens und Anerkennung oder allein auf Zwang, so greifen auch alle soziologischen Rechtsbegriffe letztlich zu kurz, die sich auf eines der beiden Elemente festlegen. Jeder Versuch einer begrifflichen Abgrenzung zwischen Rechtsnormen und außerrechtlichen sozialen Normen kann nur eine relative Brauchbarkeit für bestimmte wissenschaftliche Zwecke in Anspruch nehmen. Diese Unschärfe der Definition hat aber zugleich den Vorteil der Flexibilität, denn sie kann, nicht anders als beim Übergang von sozialen Gewohnheiten zu sozialen Normen[53], mit *Zwischenformen* und *Stufen* der Rechtsbildung arbeiten, die ein sehr feines Instrumentarium für die wissenschaftliche Analyse bilden. Sie macht es möglich, *Grade* und *Typen der Ausdifferenzierung des Rechts* gegenüber den sozialen Ordnungen herauszustellen, die sich etwa zur Darstellung der historischen Entwicklungsstadien des Rechts oder zum soziologischen Vergleich zwischen verschiedenen Rechtskulturen eignen[54]. Auch an eine *gleitende Skala* ist zu denken. Ein Beispiel dafür gibt *Popitz*, der die Unterscheidung zwischen sozialen Normen und Rechtsnormen auf den *Institu-*

---

[52] Zu Einzelheiten vgl. Abschnitt 13 I, II.
[53] Siehe oben II 3.
[54] Siehe dazu *Wesel*, Frühformen des Rechts, 1985, 52 ff. sowie unten Abschnitt 18 III.

tionalisierungsgrad bezieht, das heißt auf das Ausmaß, in dem die Setzung und Durchsetzung der Normen organisatorisch verfestigt und gesichert werden[55]. *Popitz* zieht zur Kennzeichnung des Grades der Verrechtlichung mehrere Merkmale heran, zu denen neben der Ausbildung von besonderen Rechtsinstanzen und dem Ausmaß, in dem die Sanktionsgewalt bei diesen Instanzen monopolisiert ist, auch die Einrichtung förmlicher rechtlicher Verfahren und die Regelung der Sanktionsvoraussetzungen gehören.

Auf einer so markierten Skala kann die Schwelle für den Übergang von der sozialen Norm zum Recht dann verschieden bestimmt werden. Man kann auch von *Vorstufen, Früh-* und *Entwicklungsformen* des Rechts, *entwickeltem* und *primitivem Recht*[56], embryonalem Recht[57], *rechtsähnlichen* und *rechtsvertretenden* Normen[58] sprechen oder andere Hilfsbegriffe einführen.

6. Andere Differenzierungen

Schließlich liegt es nahe, statt der Unterscheidung zwischen Rechtsnormen und sozialen Normen andere Differenzierungen einzuführen. Namentlich in der angloamerikanischen Rechtssoziologie hat sich, im Anschluss vor allem an *Pitirim Sorokin*, weithin die Unterscheidung zwischen *official* und *inofficial norms* eingebürgert. Offizielles Recht ist nach *Sorokin* „die Gesamtheit aller Rechtsnormen, die für alle Gruppenmitglieder obligatorisch sind und die von der Gruppe selbst getragen und durchgesetzt" werden, inoffiziell sind die auf einzelne Gruppenmitglieder beschränkten und/oder die nicht von der Zentralmacht durchgesetzten Normen[59]. Diese in der Nähe der Unterscheidung von generellen und partikularen Normen liegende Qualifikation ist ihrerseits wenig präzis. Sie wird im Schrifttum auch in einer beträchtlichen Bandbreite des Wortsinns gebraucht. Die Einzelheiten müssen hier auf sich beruhen. In unserem Zusammenhang ist wesentlich, dass hier andere Unterscheidungsmerkmale in den Vordergrund treten als bei der Differenzierung zwischen sozialen und rechtlichen Normen.

In der Tradition von *Léon Petrazycki* benutzt ferner *Adam Podgórecki* den Begriff *intuitive law* als Gegensatz zum *„positive"* oder *„official" law*[60]. Neuerdings wird als Gegensatz zu den offiziellen Normen auch der Begriff

---

[55] So *Popitz*, Die normative Konstruktion der Gesellschaft, 31ff.; vgl. ferner *Blankenburg*, aaO (Schrifttumsverz. zu III), 227ff.; *König* aaO (Schrifttumsverz. zu III), 36; *v. Trotha*, ZfRSoz 2000, 327.
[56] *Blankenburg* aaO 232; *Wesel* aaO 34ff., 334ff.
[57] Diesen Ausdruck verwendet *Geiger*, Vorstudien 85.
[58] *Röhl*, Rechtssoziologie, § 26.
[59] *Sorokin*, Organisierte Gruppe (Institution) und Rechtsnormen, in: *Hirsch/Rehbinder* (Hrsg.), Studien und Materialien zur Rechtssoziologie, 1967, 87ff.
[60] *Podgórecki*, Law and Society, 219ff.; *ders.*, Intuitive Law versus Folk Law, ZfRSoz 1982, 74; *ders.*, A Sociological Theory of Law, 1991, 11, 65ff.

„*indigenous norms*" verwendet. Nach *Marc Galanter* bezeichnet dieser Verhaltensregeln, „which incorporate cultural elements from the inofficial and official law as well as from the sanction system" and which are „familiar to and applied by the participants (of a social system) in the every day activity being regulated"[61]. Gemeint sind also die Regeln, welche den dem Recht und dem Rechtsapparat fernstehenden Personen aufgrund der in ihrem Milieu geltenden Verhaltensmuster vertraut sind und die sie in ihren alltäglichen Geschäfts- und Gruppenbeziehungen praktizieren. Die Nähe zu *Ehrlichs* Begriff des gesellschaftlichen Rechts liegt auf der Hand[62]. In dem Wortsinn des Begriffs „indigenous" kommt aber auch seine Herkunft vom lateinischen indigena = Ureinwohner, Eingeborener, zum Tragen. Insofern eignet er sich zur Erforschung der Wechselwirkungen und Spannungen zwischen einheimischem und übernommenem oder aufoktroyiertem westlichem Recht in den Ländern der Dritten Welt. Zu diesem Zweck verwendet ihn der Japaner *Masaji Chiba*[63]. Er unterscheidet zwischen indigenous law und received law und versteht unter erstem das „law originated in the native culture of a people".

In wieder eine andere Richtung weist ein Rechtsbegriff, der Recht als „institutionalized doctrine" versteht und damit einen Inbegriff von wertbezogenen Regeln meint, die im Hinblick auf bestimmte Rechtsprinzipien ausgebildet, interpretiert und durchgesetzt werden.[64]

Alle diese Einteilungen sind als fruchtbare Konzepte gerade deshalb wertvoll, weil sie die unbefriedigende Fixierung auf einen soziologischen Rechtsbegriff vermeiden, der sich vor allem in der deutschen Theorie findet.

IV. Funktionen des Rechts

Schrifttum: *Llewellyn, Karl N.*, Jurisprudence, 1962, 357 ff.; *ders.*, The Normative, the Legal and the Law-Jobs; The Problem of Juristic Method, 49 Yale Law Journal, 1939/40, 1355 ff.; *Luhmann, Niklas*, Zur Funktion der subjektiven Rechte, in: Jahrbuch für Rechtssoziologie und Rechtstheorie Bd. 1, 1970, 321 ff.; *Maihofer, Werner*, Die gesellschaftliche Funktion des Rechts, in: Jahrbuch aaO 11 ff.; *Schelsky, Helmut*, Systemfunktionaler, anthropologischer und personfunktionaler Ansatz der Rechtssoziologie, in: Jahrbuch aaO 37 ff.; *Schott, Rüdiger*, Die Funktionen des Rechts in primitiven Gesellschaften, in: Jahrbuch aaO 107 ff.; *Friedman*, Das Rechts im Blickfeld der Sozialwissenschaften, 28 ff.; *Rehbinder*, Rechtssoziologie, 127 ff.; *Röhl*, Rechtssoziologie, 217 f.

---

[61] *Galanter*, Justice in Many Rooms, Journal of Legal Pluralism 19, 1981, 1 ff.
[62] Siehe Abschnitt 6 II 1, 4.
[63] *Chiba* in *ders.*, (Hrsg.), Asian Indigenous Law, 1986, 1 ff., 389 ff.; *ders.*, Legal Pluralism: Toward a General Theory through Japanese Legal Culture, 1989, 106, 178.
[64] *Cotterrell*, Sociology of Law, 42; *Selznick*, Law, Society and Industrial Justice, 1969, 1 ff.

1. Soziale Integration

Nachdem sich herausgestellt hat, dass es ausgeschlossen ist, einen einheitlichen, generell verwendbaren soziologischen Rechtsbegriff zu definieren, liegt es nahe, das Wesen des Rechts durch seine gesellschaftlichen Funktionen[65] zu bestimmen. Die Frage nach den Leistungen für die Gesellschaft und für die in ihr lebenden Menschen kann für jedes einzelne Rechtsinstitut (zum Beispiel Eigentum, Berufsfreiheit, Kaufvertrag) und für jede Rechtsfigur (subjektives Recht[66], juristische Person[67], Verwaltungsakt) gesondert gestellt werden. Sie eröffnet dann den Zugang zu vielfältigen juristischen und rechtssoziologischen Spezialuntersuchungen. In unserem Zusammenhang handelt es sich demgegenüber um die abstrakte Frage, welche Funktionen das Recht als solches erfüllt. Die übliche, sehr allgemeine Antwort darauf fasst alles zusammen, was in diesem Abschnitt bisher über die normative Struktur der Gesellschaft herausgearbeitet wurde. Sie lautet: Das Recht schafft die Möglichkeit, dass die Menschen in der Gesellschaft zusammenleben können; es organisiert die Gesellschaft und ihre Gliederungen und sichert ihre Integration und Stabilität. Insofern erfüllt es eine Ordnungsfunktion. *Rehbinder*[68] formuliert: „*Das Recht ist ein soziales Herrschaftsinstrument, das durch Ausgleich widerstreitender Interessen den Zusammenhalt der Gesellschaft erhalten und fördern soll*". Der angloamerikanische Sprachgebrauch verwendet für den Sachverhalt den Begriff „*Social Control*"[69].

2. Verhaltenssteuerung

In der weiteren Analyse pflegt man zwei Unterfunktionen zu unterscheiden, die mit Verhaltenssteuerung (Orientierungsfunktion) und Konfliktbereinigung (Reaktionsfunktion) bezeichnet werden können[70]. Zunächst *reguliert* und *koordiniert* das Recht *das Verhalten* und die *Erwartungen* der Menschen, indem es überindividuelle Verhaltensmuster prägt, soziale Rollen definiert, die Verteilung knapper Güter festlegt, Gruppen und Organisationen das notwendige normative Gerüst verleiht, Rechtsbegriffe und Rechtsinstitute ausbildet und diese zu einem logisch und axiologisch möglichst wider-

---

[65] Der unscharfe und in zahlreichen verschiedenen Bedeutungen verwendete Begriff der Funktion wird hier im Sinn von Aufgabe, Leistung gebraucht. Bezeichnenderweise spricht *Llewellyn* (aaO 1939/1940, 1355) von den „law-jobs", also den Aufgaben, die das Recht in der Gesellschaft ständig zu erfüllen hat.
[66] Vgl. *Luhmann*, Zur Funktion der subjektiven Rechte 321ff.
[67] *Raiser*, Der Begriff der juristischen Person, AcP 199 (1999), S 104.
[68] *Rehbinder*, Rechtssoziologie, 127.
[69] Der englische Begriff „control" hat nicht dieselbe Bedeutung wie der deutsche Begriff „Kontrolle", sondern ist stärker im Sinn von Herrschaft zu verstehen.
[70] *Rehbinder* aaO.

spruchsfreien System zusammenfügt. Es muss dabei für ein ausreichendes Maß an Konformität des Verhaltens sorgen, zugleich aber auch Spielräume für die individuelle Lebensgestaltung offen lassen und diese gegen Übergriffe des Staats oder mächtiger Personen und Organisationen schützen. Die Ordnungsfunktion vollzieht sich also im Spannungsfeld zwischen Individuum und Kollektiv. Rechtssysteme und -kulturen unterscheiden sich danach, ob sie die individuelle oder die kollektive Sphäre stärker betonen. In jedem Fall geht es darum, Rechtssicherheit zu gewährleisten, und zwar in dem doppelten Sinn der Klarheit darüber, welche Anforderungen das Recht stellt *(certitudo)* und der Verlässlichkeit, dass rechtskonformes Verhalten bei allen durchgesetzt wird *(securitas)*[71]. Zukunftssicherheit gewährt das Recht auch dadurch, dass es den Menschen Besitz und Nutzung der durch ihr Tun geschaffenen Güter gewährt. Wesentlich ist nicht zuletzt auch die präventive Aufgabe, Regeln aufzustellen, die der Entstehung von Konflikten vorbeugen. Gesetze erfüllen regelmäßig diese Aufgabe. Beim Abschluss von Verträgen besteht die wichtigste „Kunst" der beratenden Juristen darin, sie „wasserdicht" zu machen, das heißt, für alle künftig denkbaren Konflikte durch geeignete Bestimmungen vorzusorgen.

3. Konfliktbereinigung

Die zweite allgemeine Aufgabe des Rechts ist die *Bereinigung entstandener Konflikte*. Sie wird nicht nur durch die Rechtsprechung erfüllt, sondern auch durch Wahlen, Abstimmungen, Verwaltungsentscheidungen, Rechtsberatung und durch den Abschluss von Vergleichen. Auch der Erlass eines neuen Gesetzes kann der Konfliktlösung dienen. Im einzelnen kann dazu hier auf den 17. Abschnitt verwiesen werden.

4. Legitimation sozialer Herrschaft

Als weitere Aufgabe des Rechts ist die *Legitimation und Organisation sozialer Herrschaft* zu nennen[72]. Man kann fragen, wieweit dieser Aspekt bereits

---

[71] Geiger, Vorstudien 64; Rehbinder aaO 135.
[72] Ebenso *Rehbinder* aaO, 156ff. im Anschluss an den amerikanischen Rechtstheoretiker *Karl Llewellyn*, Jurisprudence, 1962, 357ff.; ders., Yale Law Journal 49 (1939/40) 1355ff. Llewellyn unterscheidet in seinem berühmten Aufsatz fünf law-jobs: 1. Disposition of trouble-cases; 2. Preventive channeling and reorientation of conduct and expectations; 3. Allocation of authority and the arrangement of procedures which legitimize the action of being authoritative; 4. Net organization of the group or society as a whole so as to provide cohesion, direction, and unleash incentive; 5. Juristic method, i.e. techniques, skills, devices, practices and traditions used in the law. Die juristische Methode taucht in den im Text ausgeführten Funktionen des Rechts nicht auf. Man kann aber sagen, dass sie ein selbständiger Beitrag des Rechts zur Bewältigung der einer Gesellschaft gestellten Probleme ist. Vgl.

in den beiden zuerst genannten Funktionen enthalten ist. Ungeachtet dessen ist es aber hilfreich, seine Besonderheit hervorzuheben. Die Aufgaben der Verhaltenssteuerung und der Lösung von Konflikten müsste das Recht auch in einer (wohl nur theoretisch denkbaren) herrschaftsfreien, vollkommen egalitären Gesellschaft erfüllen. In allen realen Gesellschaften bilden sich Herrschaftsstrukturen heraus, die das Recht teils stabilisiert, teils begrenzt. Diese Aufgabe kann als besondere Funktion hervorgehoben werden[73].

5. Sicherung der Freiheit

Die rechtliche Begrenzung sozialer Herrschaft umfasst auch die Aufgabe, für die einzelnen Menschen Handlungsspielräume herzustellen und abzusichern, in denen sie ihr Leben selbst in die Hand nehmen, ihre Individualität entfalten sowie ihre Initiative dazu nutzen können, wirtschaftliche Güter herzustellen und auf diese Weise ihre Zukunft zu sichern[74]. Dazu gehört auch die Schaffung von Anreizen – zum Beispiel Preisen, Steuervergünstigungen oder Subventionen – welche darauf hinwirken, dass erwünschte Gemeinschaftsziele durch private Initiative gefördert werden. In politisch und wirtschaftlich offenen Gesellschaften westlichen Typs ist die Gestaltung von rechtlichen Rahmenbedingungen, in denen die Menschen selbst aktiv werden können, eine der zentralen Aufgaben des Rechts, deren Lösung für ihre Stabilität und ihren Erfolg wesentlich ist. Sie in unserem Zusammenhang als eigenständige Funktion anzuführen ist wichtig, weil es insoweit gerade nicht um rechtliche Verhaltenssteuerung geht, sondern um den Verzicht darauf.

6. Gestaltung der Lebensbedingungen

Dass das Recht als Instrument der Steuerung der Gesellschaft und Sozialgestaltung – des social engineering – eingesetzt werden muss, ist heute jedem vertraut. Staat und Gesellschaft können sich nicht mehr damit begnügen, das Gemeinschaftsleben für die Gegenwart zu ordnen und im Übrigen Freiräume für die individuelle Lebensgestaltung zu gewährleisten, sondern haben auch für die Zukunft vorzusorgen. Die Regelung der Pflicht, sich für Gemeinschaftsaufgaben, zum Beispiel für die Verteidigung gegen äußere Feinde oder für den Bau von Deichen, zur Verfügung zu stellen, gehörte seit jeher zu den elementaren Funktionen des Rechts. In der Gegenwart sind die zahlreichen

---

dazu die Abhandlungen von *Fikentscher*, *Twining*, *Borucka-Arctowa* über *Llewellyns* Methodenlehre in *Drobnig/Rehbinder* (Hrsg.), Rechtsrealismus, multikulturelle Gesellschaft und Handelsrecht, 1994, 45 ff., 71 ff. und 113 ff.

[73] Einzelheiten siehe im Abschnitt 15.

[74] Dies ist bei *Llewellyn* der Hauptgesichtspunkt, unter dem der Punkt „Gestaltung der Lebensbedingungen" (net organization so as to unleash incentive) behandelt wird.

Aufgaben der Daseinsvorsorge, der Wirtschaftslenkung und des modernen Sozialstaats hinzugekommen. Das Recht ist neben dem Geld das wichtigste Instrument der politischen Steuerung von Wirtschaft und Gesellschaft.

7. Bildung

Schließlich kann die Bildungsaufgabe des Rechts als eine besondere Funktion genannt werden, obwohl sie in dem Maße, in dem jedes Gesetz für die in ihm verankerten Wertvorstellungen und Ziele wirbt, in den anderen Funktionen mit enthalten ist[75]. Unverkennbar ist die erzieherischen Absicht und auch Wirkung bekannter Strafvorschriften, zum Beispiel des Sexualstrafrechts und zum Schwangerschaftsabbruch[76]. Die Vorschrift, wonach jedem Arzneimittel Hinweise zu dessen Gebrauch und zu den möglichen Nebenwirkungen beigefügt werden müssen, will die Patienten zu einem verantwortlichen Gebrauch des Mittels anhalten, die Warnungen vor den Gesundheitsschäden des Rauchens bei der Zigarettenreklame sollen die Menschen zur Abstinenz vom Rauchen erziehen. Viele Gesetze der früheren DDR wurden nicht müde, als ihr Ziel die Bildung des sozialistischen Menschen zu propagieren.

Die Unterscheidung zwischen erlaubtem und unerlaubtem Verhalten spielt eine wichtige Rolle nicht zuletzt bei der Sozialisation junger Menschen und ihrem Heranwachsen zu sich sozialgerecht verhaltenden Persönlichkeiten. Die dabei ablaufenden Prozesse sind zu einem fruchtbaren Zweig der psychologischen Rechtsforschung geworden[77].

V. Recht und Moral

Schrifttum (Auswahl): *Kant, Immanuel*, Metaphysik der Sitten, 1797; *Dreier, Ralf*, Recht, Moral, Ideologie, 1981; *Fuller, Lon L.*, The Morality of Law 2. Aufl. 1969; *Geiger, Theodor* Über Moral und Recht, 1946, deutsch 1979; *Habermas, Jürgen*, Faktizität und Geltung, 135 ff., 541 ff.; *Kaufmann, Arthur*, Grundprobleme der Rechtsphilosophie, 1994, 192 ff.; *Radbruch, Gustav*, Rechtsphilosophie, § 5; *Raiser, Thomas*, Recht und Moral, soziologisch betrachtet, JZ 2004, 261; ferner *Cotterrell*, Sociology of Law, 45 ff.; *Geiger*, Vorstudien, 251 ff.; *Luhmann*, Rechtssoziologie, 222 ff.

---

[75] Vgl. *Schott* aaO (Schrifttumsverz.) 108, 156; *Cotterrell*, Sociology of Law, 53 ff.

[76] Vgl. BVerfGE 39, 1, 59, wo es zum Schwangerschaftsabbruch heißt: „Das Gesetz ist nicht nur Instrument zur Steuerung gesellschaftlicher Probleme, nach soziologischen Erkenntnissen und Prognosen ist es auch bleibender Ausdruck sozialethischer und- ihm folgend- rechtlicher Bewertung menschlicher Handlungen; es soll sagen, was für den Einzelnen Recht und Unrecht ist."

[77] Vgl. Abschnitt 21 I.

1. Der Begriff der Moral

Wir haben im vorigen zwischen konventionellen, rechtlichen, sittlichen und religiösen Normen unterschieden und die Eigenart der rechtlichen Normen darin gesehen, dass ihre Geltung äußerlich durch (in der Regel staatliche) Gerichte und Vollstreckungsinstanzen garantiert wird. Dass eine solche Gliederung nicht selbstverständlich ist, zeigt sich nicht zuletzt an dem in diesem Zusammenhang oft verwendeten Begriff der Moral. In einem weiten Sinn umfasst Moral alle in einer Gesellschaft geltenden sozialen Normen. Sie verlangt so verstanden ganz einfach, sich gemäß den herrschenden Verhaltensmustern zu verhalten, und nicht „aus der Rolle zu fallen". Moralisches Verhalten ist normgetreues Verhalten ohne Rücksicht auf den Geltungsgrund einer Norm.

Dieser weite Begriff der Moral spiegelt den Umstand wieder, dass sich die Menschen im täglichen Leben überwiegend an einem eher diffusen, in ihrer Umwelt beobachteten und anerzogenen Moralbewusstsein orientieren und keinen Anlass sehen sich darüber Gedanken zu machen, ob sie konventionellen, rechtlichen, sittlichen oder religiösen Normen folgen. Dahinter steht die Vorstellung, dass in einer ‚heilen' Ordnung ohnehin alle Arten von Normen zusammenfallen. Auch der altgriechische Begriff „nomos" und der lateinische „mos" wurden in dieser Weise gebraucht. Die boni mores der Römer sind die guten, alten, in Religion und Tradition verankerten Sitten. Im geltenden Recht kommt die Vorstellung im Begriff der „guten Sitten" zum Ausdruck, der gleichfalls offen lässt, ob damit konventionelle, sittliche oder religiöse Normen gemeint sind, und der in der Rechtsprechung bald so, bald anders gedeutet wird[78].

Die Trennung zwischen verschiedenen Normbereichen ist demgegenüber ein Ergebnis der Neuzeit. Die Absonderung religiöser Normen entspringt der Säkularisierung, das heißt der Trennung von Staat und Kirche. Die Differenzierung zwischen konventionellen und rechtlichen Regeln spiegelt die Zunahme des positiven Rechts und bewusster Gesellschaftssteuerung mit Hilfe von staatlichen Gesetzen wider, die gleichfalls zu Beginn der Neuzeit einsetzt. Solange es nur ausnahmsweise Gesetze gab und große Bereiche des Lebens von ihnen nicht erfasst wurden, spielte sie nur eine untergeordnete Rolle. Die Unterscheidung zwischen sittlichen und rechtlichen Normen schließlich ist ein Produkt des modernen Individualismus, der es sich nicht nehmen lässt, heteronomen Verhaltensanforderungen das Postulat gegenüberzustellen, dass die vernunftbegabte sittliche Persönlichkeit ihr soziales Verhalten selbst autonom bestimmt. Sittliche Normen können daher mit rechtlichen übereinstimmen. Sie können aber auch strengere Anforderungen enthalten, die man nur an sich selbst stellen, nicht jedoch anderen zur Rechtspflicht machen

---

[78] Vgl. statt aller Münchener Kommentar zum BGB/*Mayer-Maly* § 138 Rdn. 11ff.

kann. Forderungen wie etwa „Du sollst nicht lügen" oder „Du sollst in Not geratenen Menschen beistehen" sind keine Rechtsnormen[79]. Allerdings hat sich die Rechtsphilosophie mit dieser Aussage nie zufriedengegeben, sondern allgemeingültige sittliche Maßstäbe aufzustellen versucht, denen auch das Recht genügen muss.

Ihren noch heute einflussreichsten Höhepunkt erreichte die Unterscheidung zwischen Sittlichkeit und Recht in *Kants* Metaphysik der Sitten. Diese beruht auf dem Bild des Menschen als eines vernünftigen und freien, das heißt sittlich autonomen Wesens. Dessen metaphysisch begründete sittliche Pflicht ist der kategorische Imperativ der Vernunft, nach einer Maxime zu handeln, welche zugleich als ein allgemeines Gesetz gelten kann. Das Recht ist für Kant demgegenüber durch seine Heteronomie gekennzeichnet: Rechtsnormen beziehen sich auf das äußere Verhalten der Menschen. Sie schränken seine Willkür ein und sind durch den Zwang gekennzeichnet, mit dem sie durchgesetzt werden. So definiert er das Recht als den „Inbegriff der Bedingungen, unter denen die Willkür des einen mit der Willkür des anderen nach einem allgemeinen Gesetz der Freiheit zusammen vereinigt werden kann"[80]. In der Gegenwart entwickelt *Jürgen Habermas*[81] diese Philosophie weiter. Er versteht Moral als ein „Symbolsystem" und eine „Form kulturellen Wissens" ohne unmittelbaren Geltungsanspruch, während das Recht „mit dem Anspruch auf systematische Begründung sowie verbindliche Interpretation und Durchsetzung" auftritt und insofern zugleich ein Wissenssystem und ein System von Handlungsregulativen darstellt[82].

2. Gegensätze zwischen konventionellen, rechtlichen, sittlichen und religiösen Normen

Praktische Bedeutung erlangt die Trennung der Normbereiche dann, wenn sie verschiedene Forderungen aufstellen und dadurch miteinander in Konflikt geraten. Aufgabe der Rechtssoziologie ist es in diesem Fall, die unterschiedlichen Verhaltensmuster und die Personengruppen, die ihnen jeweils folgen, mit Hilfe der empirischen Methoden herauszuarbeiten, ihr Gewicht zu erfassen, ihre gesellschaftlichen Hintergründe aufzuklären und ihre möglichen Auswirkungen auf das soziale Geschehen abzuschätzen. Die Rechtssoziologie betrachtet normorientiertes Verhalten aus wissenschaftlicher Distanz, verzichtet aber auf metaphysische Begründungen von Moral, Recht und Religion. Solange sie sich als eine auf die wertfreie wissenschaftliche Er-

---

[79] Mit Ausnahme spezieller Situationen, zum Beispiel der Wahrheitspflicht im Prozess und der Strafbarkeit unterlassener Hilfeleistung unter den Voraussetzungen des § 323c StGB.
[80] *Kant*, Metaphysik der Sitten, Einleitung und Einleitung in die Rechtslehre; vgl. auch die Auseinandersetzung damit von *Habermas*, Faktizität und Geltung 135ff.
[81] Faktizität und Geltung 106ff., 146.
[82] AaO 106; vgl. auch die differenzierte Darstellung des Verhältnisses von Recht und Moral bei *Kaufmann*, Grundprobleme der Rechtsphilosophie 191ff. mit zahlreichen Literaturnachweisen.

kenntnis beschränkte deskriptive und empirische Disziplin versteht, geht sie auch den philosophischen und rechtlichen Fragen aus dem Weg, wie im Konflikt zwischen verschiedenartigen Normen zu entscheiden ist, und beschränkt sich auf deren Beschreibung und Analyse. Als *praktische* Wissenschaft kann sie sich jedoch letztlich der Stellungnahme dazu nicht entziehen.

Indem die Gesellschaftslehre die Normbereiche unterscheidet, rechnet sie demnach auch damit, dass sie in der sozialen Realität in Gegensatz zueinander treten. Sie setzt eine pluralistische Gesellschaft voraus, in der Menschen und Gruppen mit verschiedenen Wertvorstellungen und Verhaltensmustern miteinander auskommen müssen. Aus diesem Grund muss sie Mechanismen ausbilden, die ihr helfen, mit daraus hervorgehenden Spannungen umzugehen, Toleranz zu gewährleisten, Konflikte zu befrieden und ein ausreichendes Maß an Integration zu sichern. Dies ist die *Aufgabe des Rechts*. Während alle anderen Normbereiche Geltung nur für bestimmte Personen oder Gruppen beanspruchen, bildet das Recht die übergreifende Ordnung, welche die Gesellschaft als Ganze zusammmenhält. Darin liegt sein besonderer Rang, der auch sein Verhältnis zu den anderen Normbereichen bestimmen muss.

a) Gegenüber den nichtrechtlichen Regeln des *guten Umgangs* und der *Konvention* beansprucht das Recht Vorrang. Die Gerichte haben zwar in bestimmten Fällen Verkehrssitten, Handelsbräuche und die guten Sitten zu berücksichtigen, entscheiden aber selbst darüber, ob diese mit dem Recht vereinbar sind, und lassen sie andernfalls unbeachtet. In der gesellschaftlichen Realität sieht es allerdings häufig anders aus. Das Auseinanderklaffen von geltendem Recht und gelebten Normen war für *Eugen Ehrlich* geradezu der Anlass, sich der Rechtssoziologie zuzuwenden und den Begriff des lebenden Rechts in deren Mittelpunkt zu stellen[83]. Nicht nur einzelne soziale Normen treten in Gegensatz zum Recht, sondern es entstehen Subkulturen, die ein ganzes Geflecht von der Rechtsordnung widersprechenden Verhaltensmustern ausbilden. Abgesonderte gesellschaftliche Gruppen – zum Beispiel nationale Minderheiten, Ausländer, Verbrecherbanden – leben nach ihren eigenen Regeln. Wie weit das „offizielle" Recht sich ihnen gegenüber durchzusetzen vermag, hängt von vielen verschiedenen Faktoren ab und steht jedenfalls keineswegs fest. Breit anerkannte abweichende Verkehrssitten können die Geltung des Rechts auf Dauer untergraben[84].

Das Recht liberaler Gesellschaften und marktwirtschaftlicher Ordnungen sucht dem Bedürfnis nach partikularen Regelungen vor allem dadurch Rechnung zu tragen, dass es das Privateigentum vor Eingriffen des Staates schützt und der Vertragsfreiheit Raum gibt. Doch dehnt der Staat in der Gegenwart

---

[83] Siehe Abschnitt 6 II.
[84] Vgl. dazu weiter Abschnitte 14 III und IV.

seine Kontrolle über das „selbst geschaffene Recht der Wirtschaft" zur Abwehr einseitiger Regelungen, welche den jeweils Stärkeren begünstigen, seit langem wieder erheblich aus. Die wichtigsten Beispiele dafür sind die zwingenden Vorschriften des Arbeitsrechts, des Verbraucherschutzrechts und des Umweltrechts. Aus der Rechtsprechung sind als eindrucksvolle Beispiele die richterliche Ausformung der Arzthaftung und des Bankrechts sowie die rigorose Anwendung des Rechts der Allgemeinen Geschäftsbedingungen zu erwähnen, die ganze Wirtschaftsbereiche dazu nötigt, ihre Kundenbeziehungen nach den von den Gerichten aufgestellten Regeln zu gestalten. Die sich hierbei vollziehenden gesellschaftlichen Prozesse sind ein wichtiges Forschungsgebiet der speziellen Rechtssoziologie.

b) *Religiöse Normen* sind nach alter Tradition dem Recht übergeordnet. In den theokratischen Gesellschaften des Altertums, des Mittelalters und heute noch des Islam musste das Recht seine Legitimation aus der Religion ableiten. Reste davon finden sich auch in der Präambel des Grundgesetzes, wenn diese die Verantwortung vor Gott anruft. Im säkularen Staat der Gegenwart gilt stattdessen die Trennung von Religion und Recht. Das religiöse Bekenntnis wird als Angelegenheit jedes einzelnen betrachtet, die in seine Privatsphäre fällt und verfassungsrechtlich von Eingriffen des Staates geschützt ist (Art. 4 GG). Die Religionsgesellschaften regeln ihr Innenleben in eigener Verantwortung (Art. 140 GG in Verbindung mit Art. 137 Weimarer Reichsverfassung). Allerdings gelingt die Trennung der Bereiche keineswegs völlig, denn das religiöse Bekenntnis strahlt auf das Verhalten der Gläubigen im bürgerlichen und öffentlichen Leben aus und kann deshalb in offenen Konflikt zur staatlichen Rechtsordnung treten.

Beispiele dafür sind der Anspruch gewisser Religionsgruppen, ihre Kinder der Schulpflicht zu entziehen[85], ferner das Verlangen orthodoxer Muslime, dass Mädchen in der Schule Kopftücher tragen. In solchen Fällen sind die Gerichte ungeachtet der verfassungsrechtlichen Garantie der gezwungen, der Religionsfreiheit um der öffentlichen Ordnung willen gewisse rechtliche Grenzen zu setzen, also den Vorrang des Rechts zu behaupten. Hoch umstritten ist allerdings der Beschluss des Bundesverfassungsgerichts vom 16. Mai 1995[86], wonach es gegen die vom Grundgesetz gebotene Trennung von Religion und Recht verstößt, wenn Bayern vorschreibt, in den Klassenzimmern staatlicher Schulen Kruzifixe anzubringen. Aufgabe der Rechtssoziologie ist es, die Vorgänge, die sich beim Aufeinanderprallen von rechtlichen und religiösen Normen abspielen, und deren soziale Hintergründe zu untersuchen[87].

---

[85] Vgl. BVerwGE 42, 128 zum Recht jüdischer Familien, ihre Kinder am Sabbat von der Schule fernzuhalten und BVerwGE 94, 82 zum Recht einer islamischen Schülerin, vom Sportunterricht fernzubleiben.
[86] BVerfGE 93,1.
[87] Dazu gehört auch der Kampf der katholischen Kirche gegen die Schwangerschaftsun-

c) Mit *sittlichen Normen* verhält es sich ähnlich wie mit religiösen. Sie beanspruchen einen höheren Rang als das Recht[88]. Doch sucht das Recht Konflikte auch in diesem Fall zu vermeiden, indem es sie prinzipiell zur Privatsache erklärt. Das Grundgesetz gewährleistet in Art. 4 GG nicht nur die Freiheit des Glaubens, sondern auch des Gewissens. Die Regelung ist Ausfluss des dem Grundgesetz zugrunde liegenden Menschenbildes, welches die Würde des Menschen als sittlich autonomer Persönlichkeit aller staatlichen Gewalt überordnet.

Die Trennung zwischen Recht und Sittlichkeit wird in der modernen Gesellschaft durch zwei Umstände erleichtert: zum einen dadurch, dass der *Gehorsam gegenüber den staatlichen Hoheitsträgern* und *gegenüber dem geltenden Recht* regelmäßig selbst als *sittliche Pflicht* angesehen wird, und zwar selbst dann, wenn eine Regelung Nachteile mit sich bringt oder wenn man sie persönlich als unbillig oder ungerecht empfindet[89]. Die sittliche Pflicht zur Anerkennung des positiven Rechts ist in dem Maße ein wichtiges Mittel zu dessen Durchsetzung, in dem sich seine Akzeptanz nicht mehr auf eine anerkannte traditionelle Moral stützen kann. Zum zweiten hat der ethische Subjektivismus der Neuzeit, in dem jeder als sein eigener Sittengesetzgeber auftritt, zu einer gewissen *Verflachung und Verwässerung sittlicher Normen* im allgemeinen Bewusstsein geführt, wodurch einem allgemeinen unreflektierten *Rechtsgehorsam* größerer Raum gewährt wird[90].

All dies schließt allerdings nicht aus, dass *Konflikte* zwischen Recht und autonomer Gewissensmoral auftreten. Sie können nicht anders als Konflikte zwischen rechtlichen und religiösen Normen nur pragmatisch unter Abwägung aller Umstände gelöst werden, wobei auf der einen Seite ins Gewicht fällt, dass der persönlichen Gewissensentscheidung ein hoher Rang zukommt, auf der anderen, dass das Recht die Ordnung des friedlichen Zusammenlebens der Menschen zu gewährleisten hat und im Grenzfall deshalb vorgehen muss.

Einen besonders zugespitzten Fall hat das Grundgesetz selbst entschieden, indem es ausdrücklich statuiert, dass niemand zum Kriegsdienst mit der Waffe gezwungen werden darf (Art. 4 III GG). Die tiefsten sittlichen Konflikte haben in der alten Bundesre-

---

terbrechung, die nicht zuletzt aus diesem Grund Gegenstand zahlloser rechtssoziologischer Untersuchungen ist.

[88] Vgl. Art. 2 I GG: Jeder hat das *Recht* auf freie Entfaltung seiner Persönlichkeit, soweit er nicht gegen das *Sittengesetz* verstößt.

[89] Empirische Nachweise dafür finden sich in einer sozialpsychologischen Untersuchung, die in Chicago durchgeführt wurde (vgl. *Tyler, Tom R.*, Why, People Obey the Law, 1990) ferner in der österreichischen Untersuchung von *Pichler/Giese*, Rechtsakzeptanz, 1993. Die als moralische Pflicht verstandene Rechtstreue schließt nicht aus, daß es eine Grenze dafür gibt, wenn das Recht auf unerträgliche Weise gegen moralische Normen verstößt, vgl. *Kaufmann* aaO 186ff., 200ff. Siehe ferner Abschnitt 21 IV.

[90] Vgl. *Geiger*, Vorstudien, 251ff.; *ders.*, Über Moral und Recht, 55ff.

publik wohl die Wiederbewaffnung nach dem zweiten Weltkrieg, die Erweiterung der Befugnisse der Bundeswehr im Zug der Notstandsgesetze und der atomaren Aufrüstung sowie die zivile Nutzung der Atomenergie hervorgerufen. Soweit versucht wurde, diese auf rechtmäßigen politischen Entscheidungen beruhenden Akte mit Gewalt zu verhindern, musste der Rechtsordnung die Aufgabe zufallen, demgegenüber nicht nur die öffentliche Ordnung zu wahren, sondern auch die Durchsetzung der vom Parlament beschlossenen Gesetze zu sichern. Ungelöste sittliche Probleme werfen weiterhin zum Beispiel die Fragen der Sterbehilfe auf, welche das geltende Recht rigoros unterdrückt. Häufiger artikulieren sich sittliche Einwände im Zug von Gesetzgebungsvorhaben, wie zum Beispiel beim Schwangerschaftsabbruch, bei der Gentechnologie und beim Tierschutz. Sie müssen im politischen Prozess geklärt werden. Beschließt der Gesetzgeber dazu rechtliche Regelungen, gehen diese sittlichen Einwänden vor.

3. Gemeinsame Inhalte konventioneller, rechtlicher, sittlicher und religiöser Normen

Eine gegenläufige Frage lautet, ob es ungeachtet der verschiedenen Normbereiche und möglichen Konflikte zwischen ihnen bestimmte Normen gibt, die sich mit gleichem oder doch analogem Inhalt in allen Normarten nachweisen lassen[91]. Die Frage ist in der Rechtsphilosophie Gegenstand des Naturrechtsproblems. In der Rechtssoziologie wird sie bislang kaum gestellt; diese neigt angesichts der Vielfalt der Lebensformen und Kulturen in der Gegenwart dazu, sie zu verneinen. Um sie empirisch zu erforschen wäre ein außerordentlicher interdisziplinärer Aufwand erforderlich, bei dem alle Gesellschaftswissenschaften – Soziologie, Soziobiologie, Sozialpsychologie, Anthropologie, Ethnologie, Geschichtswissenschaften, Rechtswissenschaften – zusammenwirken müssten. Doch ist ihre Bejahung die gedankliche Grundlage der Behauptung einer universellen Geltung der Menschenrechte und aller politischen Forderungen nach deren allgemeiner Verwirklichung.

Infolge des Mangels umfassender Forschungen ist die Rechtssoziologie insoweit auf Hypothesen angewiesen. Zu denken ist zunächst an das *Tötungstabu*. Es sieht so aus, als ob die Grundregel „Du sollst nicht töten" in allen menschlichen Gesellschaften gilt, und dass sie überall auch gleichermaßen Bestandteil religiöser, sittlicher und konventioneller Moralvorstellungen sowie rechtlicher Vorschriften ist. Allerdings kennt das Tötungsverbot wichtige Ausnahmen: religiös motivierte Menschenopfer, Todesstrafe bei Kapitalverbrechen, Tötung aus Notwehr und im Kampf mit Feinden. Doch handelt es sich dabei um Extremfälle, welche die Grundnorm nicht in Frage zu stellen brauchen.

Ähnliche Hypothesen prinzipiell universeller Anerkennung lassen sich auch im Hinblick auf einige andere elementare Regeln des menschlichen Zu-

---

[91] Vgl. zum folgenden *Raiser*, Recht und Moral, soziologisch betrachtet, JZ 2004, 261.

sammenlebens aufstellen, namentlich zu den Geboten, andere *Menschen nicht vorsätzlich zu verletzen,* sie *nicht ihrer Freiheit zu berauben* oder in ihrer *Ehre zu kränken.* Vermutlich gehören weiter elementare Grundsätze der *Verfahrensgerechtigkeit*[92] dazu: „Du sollst kein falsches Zeugnis wider andere reden"; „audiatur et altera pars"; das Verlangen nach einem unparteiischen Richter. Zu denken ist ferner daran, dass die Gemeinschaft überall, wo *Gemeinschaftaufgaben* zu lösen sind, von ihren Mitgliedern verlangt, dazu nach Kräften beizutragen, vor allem beim Kriegsdienst, beim Bau von Deichen und von Kanälen.

---

[92] Siehe Abschnitt 12 V.

12. Abschnitt

Allgemeine Rechtsprinzipien

I. Rechtsphilosophische und rechtssoziologische Fragestellung

Die Vielzahl und Vielgestaltigkeit der von den Menschen als Recht angesehenen und von den Gerichten ihren Urteilen zugrunde gelegten Regeln führt zu der Frage, ob es *allgemeingültige Rechtsnormen* gibt, die *alle Menschen als verbindlich* betrachten und an denen sich das jeweils anwendbare positive Recht messen lassen muss. Die Frage ist enger als die am Schluss des vorigen Abschnitts aufgeworfene nach Regeln, welche nach allen Arten gesellschaftlicher Normen übereinstimmend gelten, deutet aber in die gleiche Richtung. Sie hat die *Rechts- und Moralphilosophie* seit ihren Anfängen beschäftigt und eine Fülle von Antworten hervorgebracht. Doch würde es zu weit führen, an dieser Stelle einen Abriss der Geschichte und des gegenwärtigen Standes der Philosophie zu dem Thema geben zu wollen.

Während die idealistische Philosophie seit *Sokrates* und *Platon* annimmt, dass die Ideen des Guten und Gerechten den Menschen eingepflanzt und der philosophischen Erkenntnis zugänglich sind, leugnet der wissenschaftliche Positivismus die apriorische Geltung naturrechtlicher Normen. Die Philosophie *Kants* anerkennt als allgemeines sittliches Gesetz zwar den formalen kategorischen Imperativ, nicht aber inhaltlich bestimmte Ordnungsprinzipien und Handlungsanweisungen für konkrete Fälle[1]. *Habermas* geht davon aus, dass sich materielle Rechtsprinzipien im allgemeinen rationalen Diskurs und im darauf gründenden demokratischen Entscheidungsprozess herausbilden[2]. Andere nehmen bestimmte allgemeine Gerechtigkeitsvorstellungen als Ergebnis des neuzeitlichen Zivilisationsprozesses an[3].

Das *Grundgesetz* setzt eine dem positiven Recht übergeordnete Sphäre verbindlicher Rechtsprinzipien voraus, auf die es mit dem Schutz der Menschenwürde, mit der Anerkennung von Grundrechten, mit dem Hinweis auf das Sittengesetz in Art. 2 Abs. 1 GG und mit der Anerkennung unabänderlicher Verfassungsprinzipien in Art. 79 Abs. 3 GG Bezug nimmt. Auch die *Gerichte* der Bundesrepublik haben eine dem positiven Recht übergeordnete Ordnung

---

[1] Siehe Abschnitt 11 V.
[2] *Habermas*, Faktizität und Geltung 151 ff.
[3] So besonders eindrucksvoll, aber auch angreifbar der amerikanische Rechtsphilosoph *Michael Walzer* in: „Spheres of Justice", 1983, deutsch „Sphären der Gerechtigkeit", 1992. In der deutschen Rechtsphilosophie vgl. *Kaufmann*, Grundprobleme der Rechtsphilosophie, 11, 32 f., 222.

12. Abschnitt: Allgemeine Rechtsprinzipien

stets behauptet, diese allerdings als ein Produkt der historischen Entwicklung und daher als zeitgebunden verstanden.

So führt zum Beispiel das Bundesverfassungsgericht aus, es müsse „*von der Gesamtheit der Wertvorstellungen ausgegangen werden, die das Volk in einem bestimmten Zeitpunkt seiner geistig-kulturellen Entwicklung erreicht und in seiner Verfassung fixiert hat*"[4]. An anderer Stelle beruft es sich auf „*gewisse übereinstimmende sittliche Grundanschauungen der heutigen Kulturvölker*"[5]. Die Strafgerichte greifen auf übergeordnete Rechtsprinzipien zum Beispiel zurück, wenn sie Personen, die in der früheren DDR auf Flüchtlinge geschossen oder Menschen wegen des Versuchs der Republikflucht bestraft haben, strafrechtlich verfolgen, sofern sich eine Handlung als „*offensichtlich schwerer Verstoß gegen die Menschenrechte*" und als „*Willkürakt*" darstellt, obwohl sie nach DDR-Recht rechtmäßig war[6].

Die Rechtssoziologie hat sich mit der Frage nach allgemeinen Rechtsprinzipien infolge ihres methodischen Postulats, auf metaphysischen Elemente zu verzichten, schwer getan. In der *rechtssoziologischen Theorie* wird sie sehr verschieden behandelt. Am konsequentesten hat sich ihr der theoretische und praktische Wertnihilismus *Theodor Geigers* entzogen[7]. Bei *Max Weber* bleibt sie im Begriff der Legitimität und in den von ihm ausgearbeiteten Typen des Legitimitätsglaubens der Menschen und des Legitimationsanspruchs sozialer Herrschaft jedoch gegenwärtig[8], desgleichen bei *Durkheim* in seiner Lehre von den gesunden und den krankhaften Formen der Arbeitsteilung[9]. *Luhmann* verteidigte zunächst die inhaltliche Beliebigkeit des positiven Rechts und stützte die Legitimation rechtlicher Entscheidungen allein darauf, dass bestimmte Verfahren eingehalten wurden, während Werte wie Menschenwürde und Gerechtigkeit nur als höchste Stufe der Abstraktheit von Verhaltenserwartungen erscheinen[10]. In seiner Theorie des Rechts als eines autopoietischen Systems finden dagegen auch materielle Rechtsprinzipien als immanente Elemente des Rechtssystems wieder einen gewissen Platz[11]. Entschieden betont *Schelsky* drei Leitideen des Rechts, die er unter den Begriffen „*Gegenseitigkeit auf Dauer*", „*Gleichheit bei Verschiedenheit*" und „*Integrität und Autonomie der Person gegenüber Organisation*" behandelt[12]. Auch sonst gewinnt die Anerkennung allgemeiner Rechtsprinzipien in der Rechtssoziologie wieder an Boden[13].

---

[4] BVerfGE 7, 198, 206.
[5] BVerfGE 12, 1, 4; 24, 236, 246.
[6] Vgl. die Formulierungen des Bundesgerichtshofs JZ 1994, 796, 800.
[7] Siehe Abschnitt 8 II 2.
[8] Siehe Abschnitt 7 II 1 und 2.
[9] Siehe Abschnitt 5 II 3.
[10] Siehe Abschnitt 9 II 3.
[11] Das Recht der Gesellschaft 11 ff., 223 f., 233 f. u.a.; vgl. Abschnitt 9 II 6.
[12] Oben Abschnitt 10 114.
[13] *Rehbinder*, Rechtssoziologie 135 ff. nennt vier Leitideen: *Reziprozität, Dauerhaftig-*

Die *empirische Rechtssoziologie* muss die Frage dahin präzisieren, ob sich gemeinsame Ansichten über das Recht feststellen lassen, die alle – oder doch fast alle – Menschen teilen[14]. Derartige Fragen lassen sich ungeachtet der praktischen Schwierigkeiten einschlägiger Forschungen grundsätzlich empirisch verfolgen[15]. Die Aufgabe lautet dann, mit den Mitteln der Anthropologie, Ethnologie und empirischen Sozialforschung zu untersuchen, welche Gerechtigkeitsvorstellungen die *Menschen* hegen und nach welchen Maßstäben sie beurteilen, ob eine Regelung als gerecht empfunden wird oder nicht, ferner, welche allgemeinen rechtlichen Maßstäbe die *Gerichte* anwenden und auf welche inhaltlichen Prinzipien sich *Staaten* und *staatliche Machthaber* zur Rechtfertigung der von ihnen erlassenen Rechtsvorschriften berufen.

Beim gegenwärtigen Stand neigen auch empirisch arbeitende Rechtssoziologen dazu, die Frage angesichts der offenkundigen Vielfalt der Meinungen zu verneinen. Doch haben sie die Mittel zu ihrer Erforschung noch längst nicht ausgeschöpft. Es gibt Hinweise darauf, dass sie für wichtige Normen, die sich auf Grundfragen des Zusammenlebens in Staat und Gesellschaft beziehen, bejaht werden kann, zum Beispiel für das Tötungstabu[16]. Auch die moderne Verhaltensbiologie nimmt an, dass es ein elementares Rechtsempfinden gibt, das sich im Kern bereits bei höheren Tieren findet und beim Menschen genetisch fixiert und daher angeboren ist. Darauf ist weiter unten zurückzukommen[17].

Im folgenden gehen wir von der sozialen Akzeptanz allgemeiner Rechtsprinzipien aus, die als Strukturelemente des positiven Rechts und Maßstäbe für seine Beurteilung wirksam sind, lassen ihre metaphysische oder philosophische Begründbarkeit aber offen. Statt dessen berufen wir uns auf die durch die geschichtliche Erfahrung und die Beobachtung der gesellschaftlichen Realität in der Gegenwart nahegelegte *Hypothese*, dass sie, jedenfalls in ihrem Kern, allgemein anerkannt sind. Dabei geht es um die vier auch in der theoretischen Rechtssoziologie präsenten Leitbegriffe der *Autonomie der Person*, der *Gegenseitigkeit*, der *Verteilungsgerechtigkeit* und der *Verfahrensgerechtigkeit*.

---

keit; Rollendefinition und *Interessenausgleich*. Die Prinzipien der Reziprozität, der Verteilungsgerechtigkeit und der Verfahrengerechtigkeit werden auch von *Röhl*, Rechtssoziologie, 146ff. betont.

[14] Vgl. *Raiser*, Recht und Moral, soziologisch betrachtet, Juristenzeitung 2004, 261.

[15] Vgl. die US-amerikanischen Arbeiten dazu, über die und deren Schwierigkeiten *Röhl*, Rechtssoziologie, 150ff. berichtet.

[16] *Raiser* aaO.

[17] Siehe Abschnitt 19 I.

II. Autonomie der Person

Schrifttum: *Habermas, Jürgen*, Faktizität und Geltung, 1992; *Kaufmann, Arthur*, Grundprobleme der Rechtsphilosophie, 1994, 193 ff., 221 ff.; *Peters, Bernhard*, Rationalität, Recht und Gesellschaft, 1991; *Raiser, Thomas*, Recht und Moral, soziologisch betrachtet, JZ 2004, 261; *Rawls, John*, A Theory of Justice, 1971, deutsch: Eine Theorie der Gerechtigkeit, 1976; *Schelsky, Helmut*, Systemfunktionaler, anthropologischer und personfunktionaler Ansatz in der Rechtssoziologie, in: Jahrb. für Rechtssoziologie und Rechtstheorie Bd. 1, 1970, 126 ff.

Das Rechtsprinzip der Autonomie meint die Anerkennung jedes Menschen als einer eigenständigen und einen Selbstzweck verkörpernden Person, welche die angeborene Fähigkeit besitzt, zwischen gut und böse, Recht und Unrecht zu unterscheiden, ihr Verhalten selbst zu bestimmen und ihr Leben aktiv zu gestalten. Das Prinzip umfasst den Schutz der körperlichen und psychischen Unversehrtheit, der Menschenwürde und der persönlichen Freiheit. In der antiken Rechtslehre ist es in der Formel „*neminem laede*" zusammengefasst. Insoweit geht es von der Gleichheit aller Menschen aus und verlangt deren Gleichbehandlung. In den modernen Gesellschaften westlichen Typs liegt es dem liberalen Gesellschaftsmodell zugrunde und ist ausdifferenziert in Grund- und Menschenrechten, wie sie sich namentlich in der Allgemeinen Erklärung der Menschenrechte der Vereinten Nationen, in der Europäischen Konvention zum Schutz der Menschenrechte und Grundfreiheiten und in den deutschen Grundrechten niedergeschlagen haben. Obgleich seine Reichweite verschieden gesehen wird, ist sein Kern anerkannt. Es kann als Leitmaxime unzähliger spezieller Rechtsvorschriften und Gerichtsentscheidungen[18] nachgewiesen werden. Auch im allgemeinen Rechtsbewusstsein erscheint es als gut verankert[19].

Das gilt namentlich für die grundsätzliche Unverletzlichkeit des Lebens, der körperlichen Integrität und der Gesundheit anderer, die in der Geschichte der Menschheit mit uralten Tabus umgeben sind, weiter zum Beispiel für das Verbot, andere Menschen ihrer Bewegungsfreiheit zu berauben, sie zu verleumden, zu bestehlen oder zu betrügen. Man wird davon ausgehen können, dass diese Rechtsprinzipien auch in Gesellschaften anerkannt waren, welche Sklaverei und Leibeigenschaft kannten. Heute wird kaum einer noch die Zulässigkeit der Sklaverei oder von lebensbedrohenden Experimenten am menschlichen Körper behaupten. Weit überwiegende Zustimmung dürfte

---

[18] Vgl. nur BVerfGE 12, 45, 51: Das Grundgesetz ist „*eine wertgebundene Ordnung, die den Schutz von Freiheit und Menschenwürde als obersten Zweck allen Rechts erkennt*". Das BVerfG fügt dann hinzu: „*Sein Menschenbild ist nicht das des selbstherrlichen Individuums, sondern das der in der Gemeinschaft stehenden und vielfältig verpflichteten Persönlichkeit*". Zum Menschenbild des Grundgesetzes vgl. statt aller *Benda*, Menschenwürde und Persönlichkeitsrecht, in: Benda/Maihofer/Vogel, Handbuch des Verfassungsrechts, 2. Aufl. 1994, 161 ff.; *Häberle*, Die Menschenwürde als Grundlage der staatlichen Gemeinschaft, in: Isensee/Kirchhof, Handbuch des Staatsrechts Bd. 1, 1987, § 20.

[19] Ebenso *Peters*, Rationalität, Recht und Gesellschaft, 1991, 61 f.

auch die Forderung finden, dass die Gemeinschaft ein Minimum von Bedingungen herzustellen hat, die jedem erlauben, ein menschenwürdiges Leben zu führen.

In seiner Ausdifferenzierung sind die Dimensionen und Grenzen des Autonomieprinzips stark historisch und kulturell geprägt und demgemäß ungleich und umstritten. Auch in der philosophischen Ethik gehen die Meinungen dazu auseinander. Abstrakt lässt sich jedoch jedenfalls im Sinn des kategorischen Imperativs sagen, dass die individuelle Freiheit ihre Schranken in der *gleichen Autonomie anderer* und in den *Bedingungen des Zusammenlebens* der Menschen in der Gesellschaft finden muss.

Die *Rechtssoziologie* hat sich bisher nur wenig direkt mit dem Autonomieprinzip beschäftigt[20]. Immerhin gehen in der Theorie alle handlungstheoretischen Ansätze letztlich von der Autonomie des Individuums aus, in verflachter Form auch alle ökonomischen und soziologischen Lehren, welche das Modell eines *homo oeconomicus* zugrunde legen, das heißt eines Menschen, der prinzipiell nach der Maxime des größtmöglichen persönlichen Nutzens handelt. Gegenwärtig ist das Autonomieprinzip auch in der sozialpsychologischen Theorie des *„fundamental social dilemma"*. Denn danach muss jeder in Gemeinschaft mit anderen lebende Mensch ein Gleichgewicht finden zwischen der Behauptung seiner persönlichen Identität und Selbstachtung und der Unterordnung unter die Gruppe. Ein Zustand wird als *gerecht* empfunden, in dem ein solches Gleichgewicht erreicht ist[21]. In allen diesen Fällen fungiert das Autonomieprinzip als Gegenpol zu soziologischen Ansätzen, die den Menschen primär als Glied der Gesellschaft betrachten. Auch die rechtssoziologische Empirie hat das Autonomieprinzip indirekt als Messlatte für die Bedeutung sozialer Normen, welche die Autonomie einschränken, stets berücksichtigt[22].

III. Gegenseitigkeit

Schrifttum: *Blau, Peter M.*, Exchange and Power in Social Life, 1962; *Gouldner, Alwin W*, The Norm of Reciprocity: A Preliminary Statement, 25 Am. Soc. Review (1960), 161; deutsch in: *ders.*, Reziprozität und Autonomie. Ausgewählte Schriften, 1984; *Homans, George C.*, Elementarformen sozialen Handelns, deutsch 1972; *Lévy-Strauss, Claude*, Les structures élémentaires de la parenté, 2. Aufl 1967, 265 ff.;

---

[20] Eine Ausnahme bildet *Schelsky* mit dem von ihm vertretenen Prinzip der Integrität und Autonomie der Person gegenüber Organisation, das jedoch enger ist als das hier beschriebene Autonomieprinzip und ferner eher programmatisch als kategorial gemeint. Vgl. Abschnitt 10 II 4 und III 1.
[21] Vgl. *Lind*, Procedural Justice and Culture, ZfRSoz 1994, 24, 29.
[22] Beispiele für einschlägige Forschungen sind statistische Untersuchungen über die Forderung, entgegen Art. 102 GG die Todesstrafe wieder einzuführen, oder über die Meinungen zum Schwangerschaftsabbruch im Konflikt zwischen Autonomie der Mutter und Lebensrecht des Embryo.

12. Abschnitt: Allgemeine Rechtsprinzipien

Malinowski, Bronislaw, Sitte und Verbrechen bei den Naturvölkern (Crime and Custom in Savage Society, 1926) deutsch 1949; *Mauss, Marcel*, Die Gabe, Form und Funktion des Austauschs in archaischen Gesellschaften, 1923, deutsch 1962; *Radcliffe-Brown, A.R.*, Structure and Function in Primitive Society, 1952; *Schelsky, Helmut*, Die Soziologen und das Recht, 1980, 127ff.; *Simmel, Georg*, Soziologie, 1908, 6. Aufl. 1983; *Thurnwald, Richard*, Werden, Wandel und Gestaltung des Rechts im Lichte der Völkerforschung, 1934.

1. Das Prinzip der Gegenseitigkeit

Das Prinzip der Gegenseitigkeit oder Reziprozität ist ein allgemeines Muster des Umgangs der Menschen miteinander: Zuwendungen nicht allein materieller Güter an einen anderen erfolgen Zug um Zug mit einer Gegenleistung, sie verstehen sich als Dank für eine von diesem bereits erlangte Leistung oder sie werden doch von der Erwartung getragen, dafür später eine Gegenleistung zu erhalten. Rein altruistische Zuwendungen kommen zwar vor, bilden aber eine für das gesellschaftliche Zusammenleben nicht signifikante Ausnahme. Selbst mit einem Geschenk verbindet sich in der Regel die Erwartung, dass der Empfänger sich dafür erkenntlich zeigt, und begründet daher in dessen Person eine wenigstens konventionelle Pflicht zur Gegenleistung.

Allgemeiner Ausdruck des Gegenseitigkeitsprinzips ist die goldene Regel „*Alles, was ihr wollt, dass euch die Leute tun, das tut ihnen auch*"[23] oder, negativ formuliert „*Was Du nicht willst, was man Dir tu', das füg' auch keinem andern zu*". Es ist auch der der Lehre von der ausgleichenden Gerechtigkeit zugrunde liegende Tatbestand.

Nach den Erkenntnissen der Verhaltensforschung finden sich auf Gegenseitigkeitserwartungen beruhende Verhaltensweisen bereits in Rudeln von Schimpansen. Evolutionsbiologisch beruhen sie darauf, dass wechselseitige Hilfe in dauerhaften Sozialbeziehungen schon bei Tieren die Überlebenschance jedes der beteiligten Individuen erhöht[24]. Beim Menschen begründet zum Beispiel die Pflege der Kinder die Erwartung, dass diese im Alter für ihre Eltern sorgen.

Es ist das Verdienst der Anthropologie, aufgrund der Untersuchung zahlreicher archaischer Gesellschaften gezeigt zu haben, dass in der Reziprozität auch eine Wurzel *rechtlicher* Verbindlichkeit zu suchen ist. Wie die Ethnologen *Marcel Mauss, Claude Lévy-Strauss, Richard Thurnwald, A.R. Radcliffe-Brown, Bronislaw Malinowski*[25] und andere beobachtet haben, beruhen die sozialen und wirtschaftlichen Beziehungen der Menschen schon in früheren Gesellschaften in ihrer Grundstruktur auf *Tausch*. Das eigene Interesse von A

---

[23] Matthäus 7,12, aber bekannt auch in der griechischen und römischen sowie in der indischen und chinesischen Philosophie.
[24] Vgl. *Voland* und *Hammer/Keller*, beide in *Lampe* (Hrsg.), Zur Entwicklung von Rechtsbewusstsein 1997, 111ff. und 152ff.
[25] Vgl. die Nachweise im Schrifttumsverzeichnis.

an der Leistung des B ist der Grund, weshalb A mit B in Kontakt tritt und die von B gewünschte Leistung erbringt. Die Stabilität der Gesellschaften hängt davon ab, dass Leistungen in diesem Sinn regelmäßig mit der Erwartung von Gegenleistungen verknüpft werden, dass der Empfänger diese Erwartungen erkennt und dass er bereit ist, die Gegenleistungen auch zu erbringen. Das gilt nicht nur für die Leistung materieller, sondern auch immaterieller Güter wie der Zuwendung von Liebe und sozialer Anerkennung, für Hilfe, Sexualbeziehungen, für den Frauentausch usw. Bei sozial unerwünschtem Verhalten liegt es auch dem Talionsprinzip zugrunde, wonach jede unerlaubte Zufügung eines Übels mit dem gleichen Übel geahndet wird, also die alttestamentliche Regel gilt: *Auge um Auge, Zahn um Zahn.*

Ist eine Tauschbeziehung erfolgreich, setzen die Beteiligten sie nach den Beobachtungen der Ethnologie in der Zukunft fort, wodurch die Beziehung Stabilität erlangt, namentlich wenn es dabei zum Wechsel der Tauschobjekte kommt. Es bilden sich bestimmte Formen dafür aus, die sich im Lauf der Zeit habituell verfestigen und dann nicht mehr verletzt werden dürfen. Kann die Gegenleistung nicht sofort erbracht werden, wird ein Zeremoniell durchgeführt, das die Fortdauer der Verpflichtung und die Stundung symbolisiert. Schließlich werden die Tauschriten in der Gruppe generalisiert. Es bilden sich auch komplexe Formen eines Ringtausches aus, an dem mehrere Personen teilnehmen. In einem solchen Ring wachen alle Beteiligten schon aus eigenem Interesse darüber, dass jeder seine Leistungspflicht erfüllt, und erzwingen nötigenfalls die Erfüllung. Es entsteht ein Netz miteinander verknüpfter Gegenseitigkeitsverhältnisse. Die so gewährleistete Dauerhaftigkeit der Beziehungen gestattet es den Gruppenmitgliedern, sich darauf einzurichten und ihre eigene Zukunft im Vertrauen darauf zu planen. Vermag ein Beteiligter die ihm obliegende Gegenleistung nicht anders zu erbringen als dadurch, dass er dem Geber seine Dienste zur Verfügung stellt und ihm Gehorsam leistet, kommt es zur Ausbildung von Machtverhältnissen und zu sozialer Ungleichheit. Auch in stabilisierten Herrschaftsstrukturen gibt es aber ein Prinzip der Reziprozität insofern, als der Herr dem Knecht Treue und Fürsorge schuldet.

2. Gegenwärtige Bedeutung

In der Gegenwart ist das Gegenseitigkeitsprinzip ein aus dem Recht der gegenseitigen Verträge wohlbekanntes Verhaltensmodell, dessen privatrechtliche Dimensionen die Rechtswissenschaft schon seit Jahrhunderten ausgeleuchtet hat (vgl. §§ 320ff. BGB). Es fällt auch nicht schwer, es in anderen Rechtsbereichen nachzuweisen. So steht zum Beispiel im Arbeitsrecht der Gehorsamspflicht des Arbeitnehmers die Fürsorgepflicht des Arbeitgebers gegenüber. Doch ist das Prinzip nicht auf Rechtsvorschriften beschränkt, sondern wird im sozialen und wirtschaftlichen Umgang der Menschen untereinander überall praktiziert. Man wird auch kaum fehlgehen mit der Hypothese, dass es ungeachtet seiner offenkundigen Zweckbezogenheit im allgemeinen Rechts- und Moralbewusstsein der Menschen fest verankert ist. Auf der anderen Seite lehrt die genaue Beobachtung auch, dass es nicht für alle Sozialbeziehungen gelten kann. Namentlich die Besetzung von Ämtern und das hoheitliche Handeln der Staatsorgane werden korrumpiert, wenn sie dem Gegenseitigkeitsprinzip Raum geben. Sein Anwendungsbereich bleibt vielmehr der soziale und rechtliche Verkehr der Menschen untereinander.

Handelt es sich demnach um eine Elementarform zwischenmenschlichen Verhaltens, so trägt es doch nur *formalen* Charakter. Denn es sagt als solches nichts darüber aus, welche Leistung notwendig ist, um den Empfänger ausreichend zu verpflichten und welche Gegenleistung jeweils als gleichwertig angesehen wird und sich deshalb eignet, eine Dankesschuld abzutragen. Der Aufwand, den jede Partei für ihre Leistung erbringen muss, bildet dafür nur einen groben Maßstab. Bei Gütern, für welche es einen Markt gibt, richtet sich die Wertrelation nach den Regeln von Angebot und Nachfrage, wobei auch die subjektive Wertschätzung des Gutes von Seiten der Beteiligten sowie kulturelle Wertvorstellungen eine Rolle spielen, die in jeder Zeit und Gesellschaft verschieden sein können. Das Problem des gerechten Preises lässt sich mit Hilfe des Reziprozitätsprinzips allein also nicht lösen. Ebenso wenig birgt es Maßstäbe für Ausmaß und Grenzen etwa einer Gehorsamspflicht auf der einen, einer Fürsorgepflicht auf der anderen Seite. Für eine Antwort auf die Frage nach der gerechten Sozialordnung gibt es nicht genügend her. Das ändert aber nichts daran, dass es ein universelles Rechtsprinzip darstellt, welches das Zusammenleben der Menschen ermöglicht und menschliche Gesellschaften zusammenhält[26].

IV. Verteilungsgerechtigkeit

Schrifttum: *Barry, Brian*, Theories of Justice. A Treatise on Social Justice, 1989; *Bierhoff, Hans Werner u.a.* (Hrsg.), Justice in Social Relations, 1986; *Brunner, Emil*, Gerechtigkeit, 1943; *Deutsch, Morton*, Distributive Justice. A Social-psychological Perspective, 1985; *Dworkin, Ronald*, A Matter of Principle, 1985; *ders.*, Law's Empire, 1986; *Elster, Jon*, Local Justice. How Institutions Allocate Scarce Goods and Necessary Burdens, 1992; *Galston, William A.*, Justice and the Human Good, 1980; *Habermas, Jürgen*, Faktizität und Geltung, 1992; *Kaufmann, Arthur*, Grundprobleme der Rechtsphilosophie, 1994, 139ff.; *Kern, Lucian/Müller, Peter* (Hrsg.), Gerechtigkeit, Diskurs oder Markt?, 1986; *Koch, H.J.* u.a. (Hrsg.), Theorien der Gerechtigkeit, ARSP Beiheft 56, 1994; *Kramer, R.*, Soziale Gerechtigkeit, Inhalt und Grenzen, 1992; *Müller, Hans-Peter/Wegener, Bernd* (Hrsg.), Soziale Ungleichheit und soziale Gerech-

---

[26] Zur weiteren theoretisch-rechtssoziologischen Analyse ist vor allem auf die im Schrifttumsverzeichnis angeführten Arbeiten der amerikanischen Soziologen *Blau, Gouldner* und *Homans* zu verweisen, ferner auf *Schelsky* aaO.

tigkeit, 1995; *Radbruch, Gustav,* Rechtsphilosophie, 9. Aufl. 1983; *Rakowski, Eric,* Equal Justice, 1991; *Rawls, John,* A Theory of Justice, 1971, deutsch: Eine Theorie der Gerechtigkeit, 1976; *Schmidt, Volker,* Zum Verhältnis prozeduraler und distributiver Gerechtigkeit, ZfRSoz 1993, 80; *Walzer, Michael,* Spheres of Justice, 1983, deutsch: Sphären der Gerechtigkeit, 1992; *Welzel, Hans,* Naturrecht und materiale Gerechtigkeit, 4. Aufl. 1962; ferner die zahlreichen Abhandlungen in *Maihofer/Sprenger* (Hrsg.), Praktische Vernunft und Theorien der Gerechtigkeit, ARSP Beiheft 50, 1992.

1. Die gerechte Verteilung materieller und ideeller Güter

Die offenen Grenzen des rechtlich geschützten Bereichs persönlicher Freiheit und der formale Charakter des Gegenseitigkeitsprinzips verweisen auf den Kern des Gerechtigkeitsproblems, die Frage nach *inhaltlichen Prinzipien der Verteilung von Gütern und Lasten* in einer Gruppe oder Gesellschaft. Die Frage der Verteilungsgerechtigkeit stellt sich, wann immer ein Gegenstand, dem die Menschen einen Wert beimessen, knapp ist, so dass nicht alle so viel erhalten können, wie sie wollen, oder wenn ein Übel nicht von allen vermieden werden kann. Sie bezieht sich nicht allein auf materielle Güter wie Grundbesitz, Vermögen, Einkommen, Arbeitsplätze oder Ansprüche auf Sozialleistungen, sondern zum Beispiel auch auf Erziehungs- und Bildungschancen, Macht und Prestige, öffentliche Ämter, Beurteilung von Leistungen und Aufstiegsmöglichkeiten in der Statushierarchie, Zugang zu kulturellen Gütern oder zu medizinischer Fürsorge, menschliche Zuwendung und Liebe. Soziale Lasten, die gerecht verteilt werden müssen, betreffen beispielsweise die Wehrpflicht, die Pflichten, Steuern und Beiträge zur Sozialversicherung zu zahlen, die Notwendigkeit, schwere oder unangenehme Arbeiten zu verrichten, die Auswahl der Betroffenen bei unvermeidlichen Massenentlassungen, in einem weiteren Sinn auch die Höhe der Strafe und des Schadensersatzes nach strafbaren oder unerlaubten Handlungen. Die distributive Gerechtigkeit spielt in allen sozialen Einheiten eine Rolle, in denen Menschen zusammenleben, angefangen von Zweierbeziehungen wie Ehe und Freundschaft, in Familien, Arbeitsgruppen, örtlichen Gemeinschaften, Verbänden aller Art bis hin zu Gesellschaft und Staat und zur Völkergemeinschaft.

Soweit staatliches Recht in Rede steht, kann die Frage nach seiner Gerechtigkeit allerdings nur gestellt werden, wenn es sich um ein der staatlichen Zuteilung unterliegendes Gut oder Übel handelt. So kann zum Beispiel das Erbrecht für ein als ungerecht empfundenes Testament nicht verantwortlich gemacht werden. Man kann insoweit nur argumentieren, es wäre gerechter, wenn das BGB der Testierfreiheit engere Grenzen ziehen würde. Das Ausmaß staatlicher Aufgaben und Regelungskompetenzen ist kulturell verschieden und unterliegt dem historischen Wandel. So überließ der liberale Staat des 19. Jahrhunderts die Verteilung wirtschaftlicher und weitgehend auch kultureller Güter der Initiative der einzelnen und dem Austausch auf einem freien, hauptsächlich durch Geld regierten *Markt.* Er begnügte sich damit, dafür einen formalen rechtlichen Rahmen bereitzustellen, innerhalb dessen die Individuen ihre privaten Interessen verfolgen konnten. In einem solchen System bleibt die Verteilung der Güter dem Marktgeschehen überlassen; man kann die Ungerechtigkeit der daraus hervorgehenden Vermögensverhältnisse nur rügen, wenn man dem Staat die Aufgabe zuweist, in diesen Prozess zugunsten einer Umverteilung einzugreifen, wie dies im modernen Sozialstaat in großem Ausmaß geschieht.

2. Verteilungsgerechtigkeit als philosophisches Thema

Die Verteilungsgerechtigkeit hat die Menschen und besonders die Staatslenker und Philosophen von Anfang an beschäftigt. In der antiken Philosophie hat *Aristoteles*[27] die bis heute anerkannte analytische Grundlage geschaffen, indem er zwischen *kommutativer* und *distributiver* Gerechtigkeit unterschied. Erstere betrifft den Austausch von Gütern und die Ersatzleistungen nach rechtswidrigen Handlungen; bei ihr gilt das Prinzip der *Gleichheit*. Distributive Gerechtigkeit bezieht sich auf die Zuweisung von wertvollen Gegenständen; insoweit ist das Prinzip der *Billigkeit* zugrunde zu legen: jeder erhält, was er *verdient*[28]. Schon *Aristoteles* stellte freilich fest, dass das Verdienst nach unterschiedlichen Maßstäben bemessen werden kann, wodurch die Sache schwierig wird. Später kam insbesondere bei *Marx*[29] der *Bedarf* als drittes Prinzip gerechter Verteilung hinzu: jeder soll soviel erhalten wie er *braucht*. Diese oder eine ähnliche Dreigliederung von Gerechtigkeitsprinzipien liegt auch heute noch vielen einschlägigen Untersuchungen zugrunde[30]. Sie ist aber, wie wir im folgenden sehen werden, zu einfach.

Die Gerechtigkeitslehren der *zeitgenössischen Rechtsphilosophie* gehen übereinstimmend von zwei Voraussetzungen aus: von der in der Natur des Menschen begründeten sittlichen *Freiheit* und *Autonomie der Person* (siehe oben II) und von der natürlichen *Gleichheit* aller Menschen als lebender Wesen, die auf die Gemeinschaft mit anderen Menschen angewiesen sind. Freiheit und Gleichheit sind danach die materiellen Grundprinzipien des Rechts. Alle *Ungleichheiten*, wie sie sich im Lauf der Geschichte herausgebildet haben und in realen Gesellschaften finden, können *nur insofern als gerecht* angesehen werden, als sie sich *durch rationale und anerkennenswerte Gründe rechtfertigen* lassen. Stimmen die philosophischen Gerechtigkeitslehren insoweit überein, so unterscheiden sie sich dadurch, wie dieser Ansatz entfaltet

---

[27] Nikomachische Ethik, Buch 5.
[28] Dies ist mit der geläufigen lateinischen Formel „*suum cuique*" gemeint. Die Amerikaner sprechen insoweit von Verteilung nach *equity*.
[29] *Marx*, Kritik des Gothaer Programms, 1875, *Marx/Engels* Werke Bd. 19, 21; siehe auch Abschnitt 4 II 3.
[30] Vgl. z.B. *Deutsch*, Distributive Justice: Equality, Equity and Need; *Walzer*, Spheres of Justice: Free Exchange, Desert and Need; *Röhl*, Rechtssoziologie, 152: Beitragsprinzip, Gleichheitsprinzip, Bedürfnisprinzip.

wird. Dies kann hier mit kurzen Hinweisen auf die drei gegenwärtig wohl bedeutendsten philosophischen Gerechtigkeitslehren nur angedeutet werden.

Der amerikanische Rechtsphilosoph *John Rawls*[31] entwickelt seine Gerechtigkeitslehre aus der Frage, auf welche Rechtsprinzipien sich die Menschen als gleiche und als vernünftige, auf ihr eigenes Wohlergehen bedachte Wesen einigen würden, wenn sie in einem gedachten Urzustand noch hinter einem Vorhang der Unwissenheit („veil of ignorance") leben, das heißt keine Kenntnis von ihrem eigenen künftigen sozialen Status und Platz in der Gesellschaft, von ihrer Intelligenz, von anderen für ihren künftigen Erfolg wichtigen Fähigkeiten und von ihren Chancen bei der künftigen Verteilung materieller Güter haben, und deshalb keine Sondervorteile für sich verfolgen können. *Rawls* findet auf dieser Grundlage zwei elementare Rechtsprinzipien, deren Implikationen er entfaltet: 1. Jeder Mensch muss ein gleiches Recht auf die größtmögliche Grundfreiheit haben, die mit der gleichen Freiheit anderer vereinbar ist[32]; 2. Soziale und ökonomische Ungleichheiten müssen so arrangiert werden, dass sie nach vernünftiger Erwartung allen zum Vorteil gereichen und dass alle Machtpositionen und Ämter für jedermann zugänglich sind. Im Einzelnen führt dies zu einer philosophischen Rechtfertigung einerseits der liberalen Menschenrechte und der elementaren politischen Mitwirkungsrechte, andererseits politischer und ökonomischer Ungleichheit, soweit diese niemand schlechter stellt als größere Gleichheit. Bei der Realisierung dieser Rechtsprinzipien spielt für *Rawls* die Verfahrensgerechtigkeit eine zentrale Rolle.

Entschiedener noch als *Rawls* betont *Jürgen Habermas*[33] die Verfahrensgerechtigkeit. Seine Rechtslehre stützt sich in der Tradition von *Rousseau* und *Kant* auf die Lehren des liberalen und demokratischen Rechtsstaats, in dem das Recht Legitimität „durch die sozialintegrative Kraft des übereinstimmenden und vereinigten Willens aller freien und gleichen Staatsbürger" gewinnt[34]. Die Kommunikation zwischen den Bürgern geschieht durch vernünftige Diskurse. *Habermas* unterscheidet zwischen rechtlichen und moralischen Diskursen. Vorschriften des positiven Rechts kommen aufgrund rechtlicher Diskurse zustande. Dagegen fällt die Gerechtigkeit in den Bereich moralischer Diskurse. Diese zeichnen sich dadurch aus, dass sie nach Normen fragen, die von der ganzen Menschheit akzeptiert werden können und deshalb keiner demokratischen Rechtsetzung bedürfen, aber eben deshalb auch nicht rechtsverbindlich und mit Sanktionen versehen werden, sondern „im Bereich des Wissens und symbolischer Geltung" verbleiben[35]. Moral und Recht stehen nicht in einem Verhältnis der Über- und Unterordnung, sondern autonom nebeneinander. Sie erfüllen unterschiedliche Funktionen und ergänzen sich wechselseitig. Immerhin rechnet *Habermas* damit, dass das Recht unter moralischem Gesichtspunkt einem „sensiblen Verallgemeinerungstest ausgesetzt" wird[36], und verlangt deshalb eine Öffnung des Rechtsbildungsverfahrens für den sich in der öffentlichen Meinung vollziehenden moralischen Diskurs.

Stärker als *Rawls* und *Habermas* entwickelt der amerikanische Rechtsphilosoph *Michael Walzer*[37] materielle Inhalte einer gerechten Gesellschaftsordnung. *Walzer*

---

[31] *Rawls*, A Theory of Justice, 1971, deutsch: Eine Theorie der Gerechtigkeit, 1976.
[32] Dieser Ausgangspunkt geht auf *Kant* zurück.
[33] *Habermas*, Faktizität und Geltung, 1992.
[34] AaO 50.
[35] AaO 135 ff, 137.
[36] AaO 225.
[37] Spheres of Justice, 1983, deutsch: Sphären der Gerechtigkeit, 1992.

geht statt von einem theoretischen Urzustand der Freiheit und Gleichheit davon aus, dass von der Individualität der Menschen und daher von ihrer unterschiedlichen Begabung, Güter zu erwerben, nicht einfach abstrahiert werden kann. Auch hat jede Gesellschaft immer schon ihre eigene Geschichte und Kultur. Eine vollständig egalitäre Gesellschaft ist daher nicht realistisch und wäre auch nicht gerecht. Welche Unterschiede gerechtfertigt sind, lässt sich aber nicht generell sagen, sondern richtet sich in den zahlreichen verschiedenen Sphären des sozialen Lebens nach unterschiedlichen, teils der Natur der Sache entspringenden, teils historisch und kulturell bedingten Kriterien. Für die Gerechtigkeit des Ganzen kommt es darauf an, dass nicht eine Sphäre die anderen dominiert, also zum Beispiel nicht die wirtschaftlich Mächtigen aufgrund ihres Reichtums auch politische Macht oder Vorzüge beim Zugang zu Schulen und Kulturgütern erlangen können. In jeder einzelnen Sphäre können Herrschaftsverhältnisse hingenommen werden, wenn nur die Undurchdringlichkeit der Grenzen zwischen ihnen gewahrt bleibt und so eine komplexe Gleichheit zwischen den Sphären erreicht wird. *Walzer* analysiert auf dieser Grundlage an Hand von reichem, auch historischem, Anschauungsmaterial die wichtigsten gesellschaftlichen Lebensbereiche und gelangt in vielen Fällen zu einer kritischen Würdigung der Gerechtigkeit gegenwärtiger Strukturen. Das Buch besticht durch seine Konkretheit, und es unterstützt die These, dass auch in modernen Gesellschaften differenzierte materielle Kriterien der Verteilungsgerechtigkeit wirksam sind. Auf der anderen Seite setzt es sich gerade aus diesem Grund aber philosophisch oder politisch begründeten Einwänden aus[38].

3. Klassische Rechtssoziologie

Die klassische Rechtssoziologie hat zum Thema Verteilungsgerechtigkeit so wenig beigetragen wie zum Prinzip der Autonomie. Erklären lässt sich diese Verkürzung des Blicks zum einen daraus, dass die großen Theoretiker sich dem liberalen Staat verpflichtet wussten, der Verteilungsprobleme grundsätzlich dem Markt überließ. Zum anderen ist der Verzicht ein Ausfluss des methodischen Postulats der Wertfreiheit sozialwissenschaftlicher Forschung. Diese sollte sich mit dem Befinden der Menschen beschäftigen. Ihr Wohlbefinden zu steigern sah sie nicht als ihre Aufgabe an. Ihr Ziel war die beobachtende Analyse der Gesellschaft[39], nicht die Verwirklichung sozialer Gerechtigkeit.

Auch empirische Arbeiten, die das Thema direkt angehen, fehlen in Deutschland. Doch stehen bei auf andere Ziele gerichteten Untersuchungen Gerechtigkeitsfragen häufig im Hintergrund, allerdings ohne dass die Autoren die Gerechtigkeitsvorstellungen äußern oder gar kritisch reflektieren, von denen sie sich selbst leiten lassen.

---

[38] Vgl. zur Kritik etwa *Dworkin, Ronald*, A Matter of Principle, 1985, 214 ff.; *Buchstein/Schmalz-Bruns*, Gerechtigkeit als Demokratie, Polit. Vierteljahrsschrift 1992, 375; *Kirschner, Lutz* ZfRSoz 1994, 244 ff.; *Cohen, Joshua*, Deutsche Zeitschrift für Philosophie 1993, 1009 ff.; *Rössler, Beate* ebenda 1035 ff.
[39] Vgl. dazu *meine* Kritik ZfRSoz 1994, 1 ff. und oben Abschnitt 2 1.

Für *Durkheim* war eine Gesellschaft, in der organische Solidarität verwirklicht ist, zugleich auch eine gerechte Gesellschaft[40], ohne dass er den Tatbestand genauer analysiert hätte. Auch *Weber* war an Fragen materieller Gerechtigkeit nicht interessiert; sein Ideal war die formale Begrifflichkeit des Rechts als einer äußeren Rahmenordnung für das gesellschaftliche und wirtschaftliche Leben, und er sah im Vordringen materieller Rechtsprinzipien einen Verlust an Rationalität des Rechts[41]. Immerhin deutet sich bei ihm in der zentralen Stellung des Legitimitätsbegriffs ein nicht offen gelegter Bezug auch zu materiellen Rechtsinhalten an. Bei *Geiger* spielt der Begriff der Gerechtigkeit keine Rolle, ebensowenig in der Rechtssoziologie *Luhmanns*, während *Luhmann* in seiner späteren Konzeption des Rechts als eines autopoietischen Systems Gerechtigkeitsvorstellungen als immanente Bestandteile des Rechtssystems beschreibt[42].

4. Neuere Einsichten der Politologie und Sozialpsychologie

Demgegenüber hat sich die moderne politologische und sozialpsychologische Forschung vor allem in den USA des Themas seit einiger Zeit intensiv angenommen. Sie geht dabei von mehreren Einsichten aus:

a) Die Verteilungsgerechtigkeit wird nicht in allen Sozialbeziehungen nach den gleichen Maßstäben beurteilt, sondern *hoch differenziert*. Die oben genannten Prinzipien der Gleichheit, der Billigkeit, des Bedarfs und des freien Austauschs auf dem Markt genügen zur Erklärung nicht, sondern müssen durch andere Kategorien ergänzt werden. So unterscheidet zum Beispiel *Elster* fünf Kategorien: Egalitäre Verteilungskriterien, zeitbezogene Kriterien; Kriterien, die sich auf den sozialen Status oder auf persönliche Eigenschaften und Umstände der Empfänger beziehen, schließlich Mechanismen, welche die Machtverhältnisse in der Gesellschaft reflektieren[43]. Schon aus der Formulierung geht hervor, dass sich hinter jeder dieser Kategorien eine Vielzahl speziellerer Zuteilungsgesichtspunkte verbirgt. Die Elemente treten auch nicht gesondert und rein auf, sondern verbinden sich miteinander. Hinzu kommen unterschiedliche Verteilungsverfahren mit jeweils verschiedenen Eigenschaften. Daraus folgt, dass auch die Wissenschaft ihren Forschungen nicht wenige abstrakt gefasste Verteilungsprinzipien zugrunde legen darf. Notwendig sind vielmehr Einzeluntersuchungen konkreter sozialer Verteilungsvorgänge im Hinblick auf die in ihnen angewandten und von den Beteiligten als gerecht angesehenen Zuweisungskriterien. Soweit Typen gebildet werden, können sie lediglich heuristischen Zwecken dienen. In diesem Sinn

---

[40] Siehe Abschnitt 5 II 2.
[41] Siehe Abschnitt 7 II 4.
[42] *Luhmann*, Das Recht der Gesellschaft, 214ff.; zur gegenwärtigen Diskussion vgl. die in ZfRSoz 2008, 3ff. veröffentlichten Aufsätze von *Teubner*, *Clam*, *Schütz*, *Menke* und *Ladeur* zum Thema „Nach Jaques Derrida und Niklas Luhmann: Zur (Un-)Möglichkeit einer Gesellschaftstheorie der Gerechtigkeit".
[43] *Elster*, Local Justice 67ff.

12. Abschnitt: Allgemeine Rechtsprinzipien

kann es etwa hilfreich sein, zwischen *Austauschbeziehungen, Gemeinschaftsverhältnissen, Herrschaftsbeziehungen* und der *Berichtigung von Unrecht* und entsprechend zwischen Tauschgerechtigkeit, Verteilungsgerechtigkeit, politischer Gerechtigkeit und korrektiver Gerechtigkeit zu unterscheiden[44] oder eine Hypothese aufzustellen, wonach in *kooperativen* Gruppen eher das Gleichheitsprinzip, in *kompetitiven* eher der Beitragsgrundsatz angewandt werden[45].

b) Stellen die Verteilungsprinzipien nur allgemeine Richtlinien auf, die unterschiedlicher Ausdeutung und Präzisierung fähig sind, so ist es nötig, die in der Praxis angewandten Maßstäbe genauer zu analysieren[46]. Schon das eher einfache Prinzip der *Gleichheit* kann verschieden angewandt werden. Soll, wenn ein Gut nur in begrenzter Menge zur Verfügung steht, das Los über die Zuteilung entscheiden, oder das Alter, die zeitliche Reihenfolge der Anmeldung, die Bereitschaft, dafür Schlange zu stehen oder noch andere Gesichtspunkte? Soll bei einer Gehaltserhöhung jeder den gleichen zusätzlichen Betrag erhalten oder einen prozentualen Zuschlag, bezogen auf die bisherige Höhe seines Gehalts? Soll es auf die Quantität oder die Qualität des zu verteilenden Gutes ankommen? Wie ist die Gleichheit bei unterschiedlichen Gegenständen festzustellen, etwa bei der Verteilung einer Erbschaft?

Sollen Zuwendungen nach Maßgabe des *Bedarfs* erfolgen, ist die Bemessung von vornherein noch unsicherer, weil sich menschliche Bedürfnisse schwer messen lassen und nach Belieben vermehrt werden können. Welche Summe das menschenwürdige Minimum fordert, nach dem sich die Sozialhilfesätze bemessen, lässt sich kaum in einer Weise bestimmen, die sich nicht kritischen Einwänden aussetzt, zumal es auch von den Umständen abhängt; wer in der Großstadt lebt, braucht mehr als auf dem Lande; ein kranker Mensch hat höhere Ausgaben als ein gesunder. Wichtiger noch sind Fragen der Effektivität: Sollen Sozialleistungen nach dem Gießkannenprinzip verteilt werden oder vorzugsweise denen zugute kommen, die ohne eigenes Verschulden in Not geraten sind oder die die Erwartung rechtfertigen, dass sie sich mit ihrer Hilfe aus der Notlage herausarbeiten werden? Zweifelhaft kann auch sein, ob das Gleichheits- oder das Bedarfsprinzip zu einer gerechteren Lösung führt: Soll ein Lehrer sich allen Schulkindern gleichmäßig zuwenden oder den schwächeren größere Aufmerksamkeit widmen, damit sie die Chance bekommen, gleiche Leistungen zu erbringen wie die guten?

Der *Billigkeitsgrundsatz* wirft in der Anwendung die größten Probleme auf. Hier geht es vor allem darum, welche Wertmaßstäbe dem Urteil darüber zugrunde gelegt werden, was jemand nach Maßgabe seiner eigenen Leistung

---

[44] *Koller, Peter*, Soziale Gerechtigkeit und Gleichheit in; *Müller/ Wegener* aaO (Schrifttumsverz.), 53 ff.
[45] *Deutsch*, Distributive Justice, 37, 64 ff.
[46] Vgl. zum folgenden *Deutsch* aaO 1 ff., 31 ff.; *Elster* aaO 18 ff. und durchgehend.

oder seines eigenen Beitrags zum Gemeinwohl verdient. Die Zeugnisse in der Schule sollen darüber Auskunft geben, wie gut eine Schülerin oder ein Schüler ist. Soll es dafür mehr auf schöne Schrift, auf Fehlerfreiheit, auf Kreativität oder auf Gewandtheit des Ausdrucks und der Darstellung ankommen? Wäre es nicht besser, nach dem Maß der Anstrengung zu urteilen, das investiert wurde, oder guten Schülern eher schlechtere, schlechten eher bessere Noten zu erteilen, um beiden einen Anreiz zu geben, sich noch mehr anzustrengen? Sollte schließlich nicht lieber auf Zeugnisse ganz verzichtet werden, weil der Konkurrenzkampf um gute Noten die Solidarität zwischen den Schülern untergräbt, das soziale Klima in der Klasse belastet und auf diese Weise die Leistungsfähigkeit aller mindert? Wie ist ein Fehlverhalten einzelner Schüler oder ganzer Klassen zu ahnden, ohne dass der Lernerfolg gefährdet würde? Offenkundig wäre es ungerecht, wegen disziplinarischer Beanstandungen die Leistungszeugnisse herabzusetzen.

c) Die Beispiele lehren, wie komplex die Fragen und unsicher die Antworten werden, sobald es um die Verteilungsgerechtigkeit in einem *konkreten Lebenszusammenhang* geht. Sie führen zugleich zu der Einsicht, dass das Urteil darüber nicht einheitlich sein wird, sondern von der sozialen Stellung, dem Temperament und der Lebenserfahrung der *urteilenden Personen* abhängt. Politiker, die über Schulgesetze entscheiden, Lehrer und Schüler werden jeweils andere Maßstäbe zugrunde legen, die von einer Regelung Begünstigten anders urteilen als die Benachteiligten. Man kann die Hypothese aufstellen, dass die politischen Instanzen, welche die allgemeinen Richtlinien festlegen, sich an Gesichtspunkten *gesellschaftlicher Effizienz* orientieren, die vor Ort zur Entscheidung Berufenen eher an der *Billigkeit im Einzelfall* und die Betroffenen am *Eigeninteresse*[47]. Auch auf die *jeweilige Situation* kommt es an: in der Hauptschule können andere Maßstäbe am Platze sein als im Gymnasium. Schließlich müssen die *Folgen* bedacht werden: Sollen *Anreize* für ein bestimmtes Verhalten geschaffen werden? Ferner: Die Entscheidung wird anders ausfallen, wenn nur die Zukunft einzelner Schüler berücksichtigt wird, als wenn es darum geht, den Ruf einer Schule zu sichern oder eine Elite von jungen Menschen auf besondere Leistungen für Staat und Gesellschaft vorzubereiten. Das Gerechtigkeitsurteil umfasst beide Pole, denn es betrifft die Beziehungen der in der Gesellschaft lebenden Menschen untereinander und ihren Platz in der Gesellschaft.

d) Die Schwierigkeiten werden keineswegs geringer, wenn es statt um abgegrenzte Lebensbereiche um die Entscheidung *grundsätzlicher Rechtsfragen* geht, welche die Gesellschaft im ganzen betreffen: um Wehrgerechtigkeit, Steuergerechtigkeit, Gerechtigkeit der Einkommens- und Vermögensverteilung, Bemessung der Strafdrohungen für bestimmte Delikte im Verhältnis zu

---

[47] *Elster* aaO 180ff.

anderen, oder positiv: um die Gerechtigkeit der Verteilung von Studien- und Arbeitsplätzen, Sozialleistungen, staatlichen Subventionen usw. Hier konkurrieren regelmäßig mehrere Prinzipien der Gleichheit, Billigkeit, Effizienz und der Bedürftigkeit miteinander. Die in Betracht kommenden Maßstäbe müssen auf ihre Relevanz und Überzeugungskraft, aber auch im Hinblick auf die voraussehbaren Folgen einer Regelung überprüft und dann politisch entschieden werden. Stellen sich in derartigen Fällen keine eindeutigen und für alle überzeugenden Lösungen heraus, so kommt es darauf an, *wer* zu entscheiden hat und *in welchem Verfahren*. Namentlich macht es einen wichtigen Unterschied, ob zwischen allen Beteiligten eine Einigung gesucht werden muss, ob die Betroffenen wenigstens gehört werden oder ob eine mit Durchsetzungsmacht ausgestattete Person oder Instanz autoritativ entscheidet[48].

e) *Empirischen* Zugang zu den damit gestellten Frage hat zunächst die *Sozialpsychologie* gesucht.

So ist *Deutsch* der Frage nachgegangen, wie kleine Arbeitsgruppen unter verschiedenen Bedingungen die von ihnen erarbeiteten Erträge verteilen und welche Gerechtigkeitsvorstellungen dabei zum Zug kommen. Methodisch handelt es sich dabei überwiegend um Laborversuche: Es wurden Studenten angeworben, die in unterschiedlich zusammengesetzten Gruppen bestimmte Aufgaben zu lösen hatten und dafür je nach Qualität der Lösungen Lohn erhielten, den sie anschließend zu verteilen hatten. Aus den statistisch ausgewerteten Ergebnissen ließen sich gewisse allgemeine Tendenzen ableiten, vor allem, dass sich in Arbeitsgruppen, in denen eine enge Zusammenarbeit zwischen den Beteiligten stattgefunden hatte und demgemäß eine persönliche Beziehung zwischen ihnen aufgebaut wurde, eher egalitäre Verteilungsregeln herausgebildet hatten, während beim Fehlen persönlicher Kooperation der Verteilung eher das Leistungsprinzip zugrunde gelegt wurde[49]. Ein weiteres, für die Organisation der Industriearbeit wichtiges Ergebnis lautete, es gab keine Hinweise darauf, dass die Menschen allein oder in der Gruppe produktiver arbeiten, wenn sie nach ihrer Leistung statt gleichmäßig entlohnt werden. Im Ganzen sah *Deutsch* die Hypothese bestätigt, wonach in Arbeitsgruppen, die auf einen wirtschaftlichen Erfolg gerichtet sind, der Ertrag proportional nach Maßgabe des jeweils zum Erfolg geleisteten Beitrags – also nach Verdienst – verteilt wird. Dagegen wenden Gruppen, die das Ziel verfolgen, die Geselligkeit zu pflegen, die Gleichheit als dominierendes Verteilungsprinzip an. Karitative Vereinigungen, denen die persönliche Wohlfahrt und das Fortkommen ihrer Mitglieder am Herzen liegt, orientieren sich am Bedarfsprinzip[50].

Derartige Untersuchungen haben den Vorteil, dass sie genau kontrollierbare Situationen zugrunde legen und die Bedingungen variieren können, ferner, dass sie statistischer Auswertung zugänglich sind. Auch werden die Beteiligten selbst in eine Entscheidungssituation gestellt und äußern deshalb nicht

---

[48] Siehe dazu weiter unter 4.
[49] *Deutsch*, Distributive Justice, 133 ff.
[50] AaO 38. Zum Stand der sozialpsychologischen Gerechtigkeitsforschung in Deutschland vgl. *Bierhoff* u.a. (Hrsg.), Justice in Social Relations, 1986.

nur unverbindliche Meinungen. Auf der anderen Seite ist die Reichweite solcher Experimente begrenzt. Sie stellen sehr eng auf das subjektive Gerechtigkeitsurteil der Personen ab, die unmittelbar betroffen sind. Die komplexeren Gerechtigkeitsfragen, vor die sich der Gesetzgeber, die Behörden und Institutionen der Sozialverwaltung oder auch private Unternehmen bei der Behandlung ihrer Arbeitnehmer gestellt sehen, können auf diesem Weg kaum weiter aufgeklärt werden.

5. Aufgaben der Rechtssoziologie

Der *Rechtssoziologie* eröffnet die distributive Gerechtigkeit ein weites, großenteils noch unbeackertes Forschungsgebiet[51]. Es kann in mehrere Themenbereiche aufgegliedert werden. Zu untersuchen sind zunächst die Gerechtigkeitsprinzipien, die sich in den *geltenden Gesetzen* niedergeschlagen haben und diese tragen sowie, im Kontrast dazu, diejenigen, die sich im Gesetzgebungsverfahren nicht durchsetzen konnten.

Als Material dafür kommen Gesetzesbegründungen, ferner die dazu gehörenden Entwürfe, Gutachten, Äußerungen von Verbänden und Sachverständigen, Protokolle betreffend die Beratungen des Gesetzes im Parlament und in seinen Ausschüssen in Frage. Geprüft werden können sie auf Konsistenz, Folgerichtigkeit, Plausibilität, vor allem aber darauf, welche Gerechtigkeitsmaximen mit ihnen verfolgt wurden, wie sie umgesetzt wurden, welche Abstriche gemacht und Kompromisse eingegangen werden mussten usw.

Gleichartige Untersuchungen können auf *Verwaltungsvorschriften* und informelle Verteilungsmechanismen erstreckt werden, welche die Instanzen anwenden, die Güter und Lasten vor Ort zuweisen: Personalverwaltungen, Arbeitsämter, Gemeinden bei der Vergabe von Sozialwohnungen, Kindergarten- und Altenheimplätzen, Wehrerfassungsbehörden, Stellen zur Vergabe von Subventionen, Studienplätzen in numerus-clausus-Fächern oder Forschungsstipendien usw. Überall können die Gerechtigkeitsvorstellungen aufgedeckt werden, von denen die am Erlass der Vorschriften oder an ihrer Ausführung Beteiligten ausgehen. Es kann geklärt werden, ob die oben berichtete Hypothese zutrifft, dass sich Gesetzgeber regelmäßig an Kriterien der Effektivität, ausführende Organe eher an individueller Billigkeit orientieren.

Schließlich kann ein differenziertes Bild über die in der Bevölkerung herrschenden Gerechtigkeitsvorstellungen erarbeitet werden. Wenn es zutrifft, dass sich auch in den pluralistischen Gesellschaften der Gegenwart ein Bestand von gemeinsamen Überzeugungen über Recht und Unrecht findet, an

---

[51] Neuerdings wendet sich auch die deutsche Soziologie diesem Gebiet zu; vgl. die zahlreichen Abhandlungen in dem Sammelband *Müller/Wegener* (Hrsg.), Soziale Ungleichheit und soziale Gerechtigkeit, 1995.

12. Abschnitt: Allgemeine Rechtsprinzipien

dem die Menschen das positive Recht und seine Anwendung messen, so verkürzt die Rechtssoziologie ihre Perspektive, wenn sie allgemeine Prinzipien materieller Gerechtigkeit leugnet. Das Ausmaß von Homogenität oder Heterogenität der Gerechtigkeitsvorstellungen, von denen sich die Menschen bei ihren Handlungen und bei ihrem Urteil über die gesellschaftlichen Verhältnisse leiten lassen, bedarf durchaus besserer Kenntnis.

Einen wichtigen Schritt dazu hat der amerikanische Politologe und Moralphilosoph *Jon Elster* in seinem Buch *Local Justice* unternommen, in dem er in differenzierten Analysen untersucht, wie bestimmte Verwaltungsbehörden und Unternehmen knappe Güter und unvermeidliche Lasten verteilen. Das Buch beschäftigt sich mit so unterschiedlichen Fällen wie den Auswahlkriterien bei der Rekrutierung von Truppen im Krieg, der Selektion von Patienten für eine Nierentransplantation, mit den Regeln, nach denen Arbeitnehmer bei Massenentlassungen gekündigt werden, mit dem Zugang zur Universitätsausbildung bei begrenzten Studienplätzen, der Zuwendung von Sperma für eine künstliche Befruchtung, der Auswahl von Adoptiveltern, der Verteilung von Hausarbeit zwischen Ehegatten und Kindern und der Einwanderungskontrolle. In allen Fällen arbeitet *Elster* zunächst die formellen und informellen Verteilungskriterien und -prozesse heraus. Dabei findet er mehr als *dreißig* Kriterien, die allein oder gemischt zugrunde gelegt werden und die *Elster* unter die oben unter a) erwähnten fünf Kategorien subsumiert. Der Autor legt dann dar, dass die Gesichtspunkte, von denen sich die Beteiligten leiten lassen, in ein und demselben Fall auch verschieden sein können. Bei der Auswahl spielen kulturelle Verhaltensmuster, Standesregeln namentlich von Ärzten und Juristen, Gruppeninteressen, die öffentliche Meinung und politische Ziele eine Rolle[52]. Auch ein unterschiedlicher Informationsstand oder verschiedene Vorstellungen darüber, was mit einer Regelung erreicht werden soll, fallen ins Gewicht. Um zu einer Entscheidung zu gelangen, welche die gegensätzlichen Meinungen überbrückt, müssen die Beteiligten daher oft Koalitionen bilden und Kompromisse aushandeln, welche die maßgeblichen Entscheidungskriterien leicht verwischen. *Elster* verzichtet angesichts der Fülle der von ihm gefundenen Faktoren auf eine abstrakte Theorie distributiver Gerechtigkeit. Statt dessen verweist er auf die *Erfahrung* der berufsmäßig zur Entscheidung Berufenen und auf einen *common sense*, der sich an den Bürgerrechten, an der Vermehrung von Wohlbefinden und Wohlfahrt und am Maßstab der fairness orientiert[53].

Die Vielfalt der relevanten Gesichtspunkte und vertretenen Meinungen machen die Zweifel darüber verständlich, ob es in den pluralistischen Gesellschaften westlicher Prägung noch allgemein anerkannte materielle Rechtsprinzipien gibt, die rechtssoziologisch empirisch erforscht werden können. Genau besehen sagen sie aber nur, dass es keine einfachen Rezepte für die Verwirklichung sozialer Gerechtigkeit gibt und deshalb auch die wissenschaftlichen Modelle zu ihrer Erforschung hinreichend differenziert sein müssen. Keinesfalls rechtfertigen sie aber den Verzicht auf einschlägige Untersuchungen[54]. Allerdings verstärkt sich unter solchen Umständen die

---

[52] AaO 135 ff.
[53] AaO 236 ff.

Bedeutung der zur Entscheidung berufenen Personen und Gremien sowie der Entscheidungsverfahren. Es ist daher kein Zufall, dass diese in der Rechtssoziologie in das Zentrum der wissenschaftlichen Aufmerksamkeit gerückt sind und die *Verfahrensgerechtigkeit* als eine eigene Dimension der Gerechtigkeit verstanden wird. Dem ist im folgenden nachzugehen.

V. Verfahrensgerechtigkeit

Schrifttum: *Bayles, Michael D.*, Procedural Justice, 1990; *Bierbrauer, Günter*, Gerechtigkeit und Fairness im Verfahren, in: *Blankenburg/Gottwald/Strempel*, Alternativen in der Ziviljustiz, 1982, 317; *Bierbrauer, Günter/Gottwald, Walter/Birnbreiter-Stahlberger, Beatrice*, Verfahrensgerechtigkeit. Rechtspsychologische Forschungsbeiträge für die Justizpraxis, 1995; *Eder, Klaus*, Prozedurale Rationalität. Moderne Rechtsentwicklung jenseits formaler Rationalisierung, ZfRSoz 1985, 1; *Habermas, Jürgen*, Faktizität und Geltung, 1992; *Hoffmann, Roland*, Verfahrensgerechtigkeit, 1992; *Kaufmann, Arthur*, Prozedurale Theorien der Gerechtigkeit, 1990; *Leventhal, G.S.*, What Should Be Done with Equity Theory, in: *Gergen, K.J./ Greenberg, M.S./ Williks, R.H.* (Ed.), Social Exchange: Advances in Theory and Researeh, 1980, 27; *Lind, E. Allen*, Procedural Justice and Culture: Evidence for Ubiquitous Process Concerns, ZfRSoz 1994, 24; *Lind, E. Allen/ Tyler, Tom R.*, The Social Psychology of Procedural Justice, 1988; *Peters, Bernhard*, Rationalität, Recht und Gesellschaft, 1991, 227ff.; *Röhl, Klaus*, Verfahrensgerechtigkeit (Procedural Justice), ZfRSoz 1993, 1; *Röhl, Klaus/Machura, Stefan* (Hrsg.) Procedural Justice, 1997; *Schmidt, Volker H.*, Zum Verhältnis prozeduraler und distributiver Gerechtigkeit, ZfRSoz 1993, 80; *Thibaut, John/ Walker, Laurens*, Procedural Justice, A Psychological Analysis, 1975; *dies.*, A Theory of Procedure, California Law Review 66 (1978), 541; *Tyler, Tom R.*, Why People Obey the Law, 1990; *ders.*, Legitimizing Unpopular Policies: Does Procedure Matter, ZfRSoz 1993, 47; *Vidmar, Neil*, Verfahrensgerechtigkeit und alternative Konfliktbewältigung, ZfRSoz 1993, 35.

---

[54] Wo ein solcher Verzicht theoretisch begründet wird, handelt es sich um Verallgemeinerungen, die eher geschichtsphilosophisch begründet werden, wobei zwei verschiedene Linien unterschieden werden können. Die eine beruft sich darauf, dass seit der Säkularisierung ein einheitliches, religiös begründetes Menschen- und Gesellschaftsbild verlorengegangen ist und der Verzicht auf mit Verbindlichkeit ausgestattete überindividuelle Werte zum Prinzip des liberalen Gemeinwesens gehört. Die andere diagnostiziert eine Krise des Sozialstaats, der mit dem Anspruch, die Lebensverhältnisse der Bürger gerecht zu gestalten, überfordert ist, und empfiehlt statt dessen einen weitgehenden Verzicht auf inhaltlich fixierte Entscheidungen zugunsten von lediglich formalen Entscheidungsverfahren. Vgl. zu der zweiten Richtung statt aller *Teubner*, The Transformation of Law in the Welfare State, in; *Teubner* (Ed.), Dilemmas of Law in the Welfare State, 1985, 3ff.; *Teubner/Willke*, Kontext und Autonomie; Gesellschaftliche Selbststeuerung durch reflexives Recht, ZfRSoz 1984, 4ff. Siehe auch Abschnitt 18 II 1.

1. Die Bedeutung fairer Verfahren

a) Rechtlich bindende Entscheidungen werden in der Regel aufgrund von förmlichen oder auch informellen Verfahren gefällt. Diese dienen dazu, die für die Entscheidung maßgeblichen Tatsachen aufzuklären, den Beteiligten Gelegenheit zu gewähren, ihre Meinung und ihre Interessen darzustellen, die Entscheidungsträger sowie die Art und Weise, wie sie die Entscheidung treffen, zu kontrollieren, letztlich die Entscheidung zu legitimieren, das heißt für die Betroffenen annehmbar zu machen. Es gibt viele Arten von Verfahren: Vertragsverhandlungen, Verwaltungsverfahren, Gerichtsverfahren, Wahlen, unternehmerische und politische Entscheidungsprozesse usw. Sie alle unterscheiden sich in ihrem Ablauf und in ihren Zielen und sind daher auch unterschiedlich geregelt. Auch in der rechtssoziologischen Betrachtung müssen sie daher getrennt untersucht werden.

Soziologisch besonders wichtig sind Differenzierungen danach, ob ein Verfahren freiwillig oder unfreiwillig in Gang gesetzt wird, ob es dazu dient, eine Verteilungsentscheidung vorzubereiten oder einen Konflikt zu beenden, und ob die abschließende Entscheidung von den Beteiligten selbst, einem Dritten oder einer mit Hoheitsgewalt ausgestatteten Instanz gefällt wird[55].

Allen Verfahren ist ungeachtet solcher Unterschiede gemeinsam, dass sie für die Beteiligten erhebliche Bedeutung haben. Setzt man ein Verfahren in Gang oder wird darin verwickelt, so unterwirft man sich dessen Eigengesetzlichkeit und muss sich in seinen Äußerungen und seinem Verhalten darauf einstellen. Man kann sich ihm auch nicht mehr oder jedenfalls nicht folgenlos entziehen. Am Ende muss man die getroffene Entscheidung befolgen; falls dies nicht freiwillig geschieht, wird der Widerstand dagegen mit Hilfe gesellschaftlichen Drucks oder staatlicher Zwangsmittel gebrochen[56]. Schon daraus folgt, dass auch die Frage nach der Gerechtigkeit (fairness) des Verfahrens relevant wird. Diese stellt sich unabhängig davon, ob die als Ergebnis des Verfahrens gefundene Entscheidung gerecht ist.

b) Regeln der Verfahrensgerechtigkeit sind schon im *vorrechtlichen Bereich sozialer Normen* zu beobachten. Unter Geschwistern gilt: Der Ältere teilt, die Jüngeren wählen. Auf diese Weise wird die Gleichheit sichergestellt, denn der Ältere wird im eigenen Interesse gleich große Teile bilden. Komplizierter ist die Regel, wonach die gleiche Verteilung einer Schüssel voll Erdbeeren dadurch erreicht wird, dass sich jeder der Reihe nach jeweils die größte oder beste aussuchen darf, in der zweiten Runde aber derjenige, der in der ersten vorn war, nunmehr erst am Schluss kommt und so fort, so dass jeder im Lauf des Verfahrens manchmal vorn und manchmal hinten ist. Beim Kar-

---

[55] Eine dritte Alternative ist: von den Beteiligten und dem Dritten gemeinsam.
[56] Vgl. *Luhmann*, Legitimation durch Verfahren, und dazu die Abschnitte 9 II 4; 16 VI 2.

tenspiel muss vor allem darauf geachtet werden, dass beim Mischen und Verteilen der Karten nicht gemogelt wird.

c) In *rechtlich geordneten Verfahren* drückt sich die Verfahrensgerechtigkeit in zahlreichen verschiedenen *Einzelregeln* aus[57]: Der Zugang zum Verfahren muss für alle unter den gleichen Umständen eröffnet werden und es dürfen keine unüberwindlichen Hürden bestehen. Für alle müssen die gleichen Vorschriften gelten. Das Verfahren soll schnell sein, zum Ziel führen und unnötige Belastungen vermeiden. Die Regeln müssen verständlich sein, so dass sich die Parteien darauf einrichten können, und es dürfen keine Anforderungen an ihr Verhalten gestellt werden, die sie nicht erfüllen können. Den Beteiligten muss rechtliches Gehör gewährt werden; sie müssen Einfluss auf den Verfahrensablauf nehmen können. Sind Dritte – Autoritätspersonen, Behörden, Gerichte – zur Entscheidung berufen, so müssen diese unabhängig und unparteiisch sein, ferner frei von eigenen Interessen am Ausgang des Verfahrens und unzugänglich für Bestechung und andere Mittel unehrenhafter Beeinflussung. Auch sollen sie alle Beteiligten gleichermaßen aufmerksam und freundlich behandeln sowie deren Rechte und Persönlichkeit achten. Sie müssen ferner den Sachverhalt nach allen Seiten aufklären und engagiert, aber unvoreingenommen würdigen. Am Ende müssen sie eine gerechte Entscheidung fällen und diese verständlich und plausibel begründen.

2. Rechtssoziologische und sozialpsychologische Verfahrensforschung

a) Die *Rechtssoziologie* behandelt die Verfahrensgerechtigkeit seit langem als eines ihrer wichtigsten Themen. In der Theorie hat zuerst *Luhmann* Funktionen und Folgen formeller Verfahren analysiert[58]. Zahlreiche empirische Forschungen befassen sich mit dem Zugang zu den Gerichten, mit der Verrechtlichung sozialer Konflikte dadurch, dass sie zum Gegenstand eines Prozesses gemacht werden, mit der Eignung verschiedener Verfahrensformen zur Regelung bestimmter Arten von Konflikten und mit Alternativen zum Gerichtsverfahren, mit dem Kommunikationsprozess im Gerichtssaal, mit der Polizei und mit Verwaltungsverfahren. Darüber wird an anderer Stelle berichtet[59]. Die Untersuchungen gehen regelmäßig davon aus, dass die Verfahren eine *dienende Rolle* erfüllen und es letztlich darauf ankommt, dass ei-

---

[57] Die folgende Aufzählung stellt nur allen Juristen geläufige Elemente der Verfahrensgerechtigkeit zusammen. Sie beansprucht keine Vollständigkeit und sagt auch nichts über die Beziehungen der Elemente zueinander. Aus den Sozialwissenschaften vgl. die im Schrifttumsverzeichnis zitierten Arbeiten von *Bierbrauer, Leventhal, Lind/Tyler, Röhl* und *Tyler*.

[58] AaO; vgl. auch die Zusammenfassung kritischer Stimmen dazu von *Machura* ZfRSoz 1993, 97ff.

[59] Abschnitt 17 VI.

ne gerechte Entscheidung gefunden wird. Sie beurteilen die Verfahrensgerechtigkeit deshalb unter diesem Gesichtspunkt.

b) Demgegenüber hat die neuere *sozialpsychologische Forschung*[60] nachgewiesen, dass die Beteiligten selbst den Verfahren regelmäßig eine *eigenständige Bedeutung* beimessen. Danach geht es den Beteiligten weniger darum, *was sie bekommen*, als *wie sie behandelt werden*, das heißt, ob sie als Persönlichkeit Anerkennung finden. Wer im Strafverfahren verurteilt wird, nimmt auch ein hartes und vielleicht als zu hart empfundenes Urteil innerlich eher an, wenn er das Verfahren als fair erlebt hat, als wenn dieses seinem Gerechtigkeitsempfinden widersprach. Er wird dann auch die Autorität des Gerichts nicht in Zweifel ziehen. Wer nach einem einwandfreien Prozess zur Zahlung verurteilt oder wem in einer überzeugend zustande gekommenen Baugenehmigung eine unbequeme Auflage gemacht wurde, wird tendenziell leichter bereit sein, die Schuld oder die Auflage freiwillig zu erfüllen, als wenn das Verfahren zur Unzufriedenheit Anlass gab. Beim Urteil über die fairness des Verfahrens spielen nach den Untersuchungen vor allem diejenigen der oben genannten Faktoren eine Rolle, die sich auf das persönliche Verhalten des Vorgesetzten, Beamten oder Richters gegenüber dem Betroffenen beziehen.

Die Sozialpsychologie leitet aus ihren Befunden den Schluss ab, dass Verfahrensgerechtigkeit als wichtiger empfunden wird als Verteilungsgerechtigkeit, Gerechtigkeit stärker ein *Beziehungs-* als ein *Zuweisungsphänomen* ist[61]. Sie erklären diese Feststellung mit dem Dilemma zwischen natürlicher Selbstachtung und Rücksicht auf die anderen, das jedes in sozialen Beziehungen lebende Individuum ständig lösen muss[62]. Der Selbstsucht müssen Schranken gesetzt werden, und dazu bedarf es einer Autorität und eben eines Verfahrens, welche alle gleichermaßen im Zaum hält. Die Notwendigkeit solcher Beschränkungen ist die Ursache dafür, dass man bereit ist, Personen und Instanzen zu akzeptieren, die über einen entscheiden. Voraussetzung für die Anerkennung ist aber das Vertrauen darauf, dass die Autoritätspersonen die ihnen anvertraute Macht nicht missbrauchen. Gerecht im Sinn der Verfah-

---

[60] Zu nennen sind hier vor allem die Untersuchungen der US-amerikanischen Sozialpsychologen *Lind*, *Tyler* und *Vidmar*. Vgl. deren im Schrifttumsverzeichnis angegebene Veröffentlichungen und ferner ihre zahlreichen bei *Röhl*, ZfRSoz 1993, 30 ff. zitierten Forschungsberichte. In der Theorie arbeitet vor allem *R. Hoffmann*, Verfahrensgerechtigkeit 134 ff., die doppelte Bedeutung des Verfahrens als Mittel, gerechte Entscheidungen hervorzubringen und als davon unabhängiges Gerechtigkeitselement heraus, ferner *Wassermann*, The Procedural Turn: Social Heuristics and Neutral Values, in *Röhl/Machura* (Schrifttumverz.), 37 ff.

[61] Wie weit dieser Schluss zwingend ist, soll hier dahingestellt bleiben. Jedenfalls belegen die Befunde unzweideutig die Eigenständigkeit und die Wichtigkeit der Verfahrensgerechtigkeit.

[62] Vgl. *Lind*, ZfRSoz 1994, 24 ff.

rensgerechtigkeit sind aus dieser Sicht also *alle Regeln, die Machtmissbrauch im Verfahren verhindern*[63].

c) Man wird behaupten können, dass mit diesem Gedanken ein allgemeines Rechtsprinzip ausgedrückt wird. Dagegen sind Einwände zu erheben, soweit die Sozialpsychologie zu dem Ergebnis gelangt ist, dass die Verfahrensgerechtigkeit von den Menschen als wichtiger angesehen wird als die Gerechtigkeit der aufgrund des Verfahrens getroffenen Entscheidung. Die eigenständige Bedeutung des Verfahrens und der Verfahrensgerechtigkeit treten hervor, wenn eindeutige Maßstäbe dafür fehlen, ob die Entscheidung selbst gerecht ist, oder wenn jedenfalls die Beteiligten darüber nur ein unsicheres Urteil haben. Dies ist angesichts der Komplexität der Kriterien distributiver Gerechtigkeit, die unter IV dargestellt wurden, häufig, vielleicht sogar überwiegend der Fall. Ob nach einem Verkehrsvergehen eine Geldstrafe von 500 oder von 700 Euro angemessen ist, muss weitgehend dem Ermessen des Richters überlassen bleiben. Ebenso lässt sich nur beschränkt nachprüfen, ob die Kündigung eines Arbeitnehmers aus betrieblichen Gründen im Sinn des Kündigungsschutzrechts sachlich gerechtfertigt ist. Oft ergibt sich die Unsicherheit über die Gerechtigkeit der Entscheidung auch schon aus dem Umstand, dass der Tatbestand nicht voll aufgeklärt werden konnte und zwischen den Parteien umstritten blieb. Wird das Ergebnis aber entschieden als ungerecht oder unbillig empfunden, kann nicht angenommen werden, dass sich die Betroffenen nur wegen des einwandfreien Verfahrens damit zufrieden geben, vor allem dann nicht, wenn die Entscheidung langfristige Wirkungen entfaltet[64]. So gesehen beansprucht die distributive Gerechtigkeit also das Übergewicht.

Weitere Einwände gegen den Vorrang der Verfahrensgerechtigkeit folgen aus dem Umstand, dass Verfahren und inhaltliche Entscheidungen vielfach *ineinander verflochten* sind und sich deshalb nicht säuberlich trennen lassen[65]. Schon die Wahl des Verfahrens, in dem eine Entscheidung erreicht werden soll, und die Auswahl der zur Entscheidung berufenen Personen wird regelmäßig von inhaltlichen Gerechtigkeitsvorstellungen bestimmt. Auf der anderen Seite präjudizieren die Art des Verfahrens und die persönlichen Präferenzen der Entscheidungsträger die Gesichtspunkte, die im Fortgang des Verfahrens eine Rolle spielen. Komplexe Probleme werden häufig in mehr-

---

[63] Zur Aufgabe des Rechts, Macht zu beschränken und Machtmissbrauch zu verhindern, siehe auch Abschnitt 16 II.

[64] Gerade im Fall von Kündigungen zeigt aber die Vielzahl von Kündigungsschutzklagen, die bis zu den höheren Instanzen geführt werden, wie wenig sich die Betroffenen mit den Entscheidungen ihrer Arbeitgeber und auch der Untergerichtete zufrieden geben und wie sehr sie darauf aus sind, dass die Gerichte materielle Kriterien der Verteilungsgerechtigkeit herausarbeiten.

[65] Vgl. *Schmidt* ZfRSoz 1993, 80; *Peters*, Rationalität, Recht und Gesellschaft 253 ff., 295 ff.

stufigen Entscheidungsprozessen gelöst, in denen mehrere Verfahrensabschnitte und inhaltliche Vorentscheidungen aufeinander folgen. In solchen Fällen ist es zwar nicht sinnlos, Verteilungs- und Verfahrensgerechtigkeit voneinander zu unterscheiden, doch darf ihre Interdependenz nicht unberücksichtigt bleiben.

Ein Beispiel dafür ist die Mitbestimmung von Arbeitnehmervertretern in den Aufsichtsräten von Großunternehmen. Ob die in einem Aufsichtsrat anfallenden Entscheidungen namentlich über die Bestellung und Abberufung von Vorstandsmitgliedern allein von den Vertretern der Anteilseigner oder gemeinsam mit den Repräsentanten der Arbeitnehmer getroffen werden, ist eine Frage der Verteilung von Macht und Einfluss im Unternehmen, also distributiver Gerechtigkeit. Hat man sich prinzipiell zugunsten der Mitbestimmung entschieden, gilt dasselbe für die Einzelheiten: Welche Unternehmen sollen darunter fallen? Soll die Mitbestimmung paritätisch sein oder eine Minderheitsbeteiligung bleiben? Soll sie in die Hände der Belegschaften und Betriebsräte oder der Gewerkschaften gelegt werden? Wie die Verfahren zur Bestellung von Vorstandsmitgliedern ablaufen und nach welchen Kriterien die Auswahl der Kandidaten beurteilt wird, hängt wesentlich von diesen inhaltlichen Vorentscheidungen ab.

3. Verfahrensgerechtigkeit als Bestandteil von Demokratie und Rechtsstaat

Die Schwierigkeiten der Handhabung materieller Gerechtigkeitsmaßstäbe in individualistischen und pluralistischen Gesellschaften haben nun allerdings zu einer *generellen Aufwertung* der Entscheidungsprozesse und der ihnen immanenten Gerechtigkeitsgarantien geführt. Es ist der Sinn der *Demokratie*, Verfahren zu institutionalisieren, an denen alle mit gleichem Gewicht teilnehmen und in denen die für alle geltenden Entscheidungen gefällt werden. Sie beruht auf dem Gedanken, dass in dem rationalen Diskurs, welcher der Entscheidung vorausgeht, die für die Gerechtigkeit des Ergebnisses relevanten Gesichtspunkte zutage treten und gegeneinander abgewogen werden, so dass Willkürentscheidungen vermieden werden und die Entscheidung selbst ohne Rücksicht auf ihren Inhalt als gerecht angesehen werden kann. Die Ausdehnung demokratischer Entscheidungsverfahren auf Verteilungsentscheidungen „vor Ort", wie sie *Elster*[66] beschrieben hat, erklärt sich aus diesen Gründen. Ferner betreffen wichtige Elemente dessen, was wir unter *Rechtsstaat* begreifen, gleichfalls die Verfahrensgerechtigkeit. Allem voran belegen der außerordentliche Ausbau des gerichtlichen Rechtsschutzes in der Bundesrepublik und der Umfang, in dem er in Anspruch genommen wird, welch große Bedeutung formellen Verfahren für das Bemühen beigemessen wird, eine gerechte Gesellschaftsordnung zu gewährleisten.

---

[66] Siehe oben IV 4.

Aus dieser Sicht ist es auch verständlich, wenn in der *Sozialphilosophie* wichtige Autoren[67] ein offenes, demokratisches und rechtsstaatliches Entscheidungsverfahren als die ausschlaggebende Garantie auch für die materielle Gerechtigkeit betrachten und im Vertrauen darauf auf die Ausarbeitung inhaltlicher Kriterien distributiver Gerechtigkeit jenseits der allgemeinen Prinzipien von Freiheit und Gleichheit verzichten. So wichtig indessen ein gerechtes Verfahren auch ist, für sich allein kann es die sachliche Gerechtigkeit der erzielten Entscheidung nicht garantieren[68].

---

[67] Vor allem *Habermas*, Faktizität und Geltung 166 ff., 349 ff. Abwägender dagegen *Peters* aaO 312, der davon spricht, dass rationale rechtliche Verfahren eine *Vermutung* der Richtigkeit ihrer Ergebnisse begründen und diesen eine Verbindlichkeit geben, die in gewissen Grenzen davon unabhängig ist, wie wir ihre substantielle Vernünftigkeit beurteilen.

[68] *Kaufmann*, Prozedurale Theorien der Gerechtigkeit 206 ff., 217 ff.; *Hoffmann*, Verfahrensgerechtigkeit 186 ff., 192 ff.

13. Abschnitt

Sanktionen

Schrifttum: *Popitz, Heinrich*, Die normative Konstruktion von Gesellschaft, 1980; *Schumann, Karl F.*, Zeichen der Unfreiheit. Zur Theorie und Messung sozialer Sanktionen, 1968; *Spittler, Gerd*, Norm und Sanktion, 2. Aufl. 1970; *ders.*, Probleme bei der Durchsetzung sozialer Nonnen, in: *Lautmann/Maihofer/Schelsky* (Hrsg.), Die Funktion des Rechts in der modernen Gesellschaft, 1970, 203; *ders.*, Streitregelung im Schatten des Leviathan, ZfRSoz 1980, 4; *v. Trotha, Trutz*, Die Dominanz von Rechtsnormen in der Organisation sozialen Verhaltens, ZfRSoz 1980, 141.

I. Strafen und Belohnungen

1. Negative Sanktionen[1]

Sanktionen sind die Mittel, mit denen eine Norm gegenüber abweichendem Verhalten zur Geltung gebracht wird[2]. Was damit gemeint ist, ist im Kern klar und leicht verständlich. Um die Reichweite des Begriffs zu erfassen, führt man sich am besten die Vielzahl der Erscheinungen vor Augen, die darunter fallen. Am leichtesten wirken *verbale Sanktionen*: Das Verhalten des Normbrechers stößt auf Missbilligung und Tadel, der Täter wird ausgelacht oder beschimpft, er erhält einen Verweis oder eine Verwarnung. Auch im Rechtsleben sind Verwarnungen und Verweise, vor allem bei Disziplinar- und Ordnungsverstößen, eine häufig gebrauchte Maßregel. Zur zweiten Gruppe gehören die *physischen Sanktionen*, das heißt alle Formen der körperlichen Züchtigung und der Freiheitsberaubung bis hin zur Todesstrafe[3]. In einer dritten Gruppe kann man *soziale* und *wirtschaftliche Sanktionen* zusammen-

---

[1] Der Begriff der Sanktion ist von lat. sancire (sanctus) = heiligen, unverbrüchlich bestätigen abgeleitet.

[2] Vgl. zum Folgenden die Darstellungen und die stark divergierenden Definitionen des Sanktionsbegriffs von *Geiger*, Vorstudien, 98 ff., 121 ff., 144; *Spittler*, Norm und Sanktion, 23; *Schumann*, Zeichen der Unfreiheit, 11; *Popitz*, Die normative Konstruktion von Gesellschaft, 28, 48 ff.; *Friedman*, Recht im Blickfeld der Sozialwissenschaften, 84; *Röhl*, Rechtssoziologie, 201 ff.

[3] *Spittler* aaO 53 ff. hat in der von ihm untersuchten Restaurantküche folgende vom Meister gegen die Lehrlinge angewandten physischen Sanktionen beobachtet: Lappen oder Bierdeckel werfen, in die Seite stoßen, mit Brett oder Topf auf den Arm oder in den Rücken stoßen, Fußtritte, Ohrfeigen, harte und schwere Gegenstände nachwerfen, mit einem Messerknauf auf den Kopf schlagen, mit dem Messer oder der Gabel in den Arm stechen. Vgl. ferner den langen Katalog beobachteter Sanktionen bei *Schumann* aaO 155 ff.

fassen. Gemeint sind zunächst Geld- und Vermögensstrafen, Schadensersatzverpflichtungen und der staatliche Zahlungszwang. Hinzu kommen aber weitere, sehr verschiedenartige Praktiken wie zum Beispiel die öffentliche Bloßstellung, früher am Pranger, heute im Fernsehen oder in der Presse. Ferner gehören Fälle einer Störung der Arbeitskooperation, der Verschärfung von Arbeitsanforderungen oder der Zuweisung unangenehmerer Arbeit und des Entzugs von Privilegien hierher[4]. Die schärfsten Formen der sozialen Sanktionen sind der *Abbruch* der *Beziehung* und der *Ausschluss aus der Gesellschaft* oder *Gruppe*, namentlich in Gestalt der fristlosen Kündigung, des Ausschlusses aus einem Verein oder der Ausweisung aus einem Staat, früher der Verbannung.

Alle genannten Sanktionen wirken dadurch, dass sie dem Normbrecher ein Übel zufügen oder androhen. Sie werden daher als *negative Sanktionen* bezeichnet. Ihr Zweck geht zunächst dahin, die durch den Normbruch entstandene Störung der sozialen Ordnung aufzuheben. Dabei kann man mit *Durkheim*[5] zwischen *repressiven* und *restitutiven Sanktionen* unterscheiden. Während erstere dem Normbrecher einen Schmerz oder eine Sühne auferlegen, dienen die restitutiven Sanktionen dazu, den früheren Zustand wiederherzustellen, den entstandenen Schaden auszugleichen und dem Verletzten Genugtuung zu leisten.

Zugleich erfüllen Sanktionen aber auch *präventive* und *symbolische Funktionen*. Wie schon *Durkheim* erkannt hat, bestätigt das Einschreiten gegen den Normbrecher die Geltung der Norm selbst und trägt dadurch zur Festigung der Gesellschaft oder Gruppe bei. Potentielle Normbrecher werden durch die Strafdrohung von ihrem normwidrigen Tun möglicherweise abgehalten. Die Verurteilung eines Täters dient auch dazu, Aggressionen abzubauen, die sich in der Öffentlichkeit gegen ihn aufgestaut haben. Nach Verbüßung der Strafe kann er als „gereinigtes" Mitglied in die Gesellschaft zurückkehren. Die Sühne bewahrt ihn in diesem Fall davor, auf Dauer zum Sündenbock zu werden.

2. Positive Sanktionen

Im Gegensatz zu den negativen kann man von positiven Sanktionen sprechen, wenn das normkonforme Verhalten durch *Vorteile* und *Belohnungen*

---

[4] Ein Fall von Störung der Arbeitskooperation liegt vor, wenn Köche und Lehrlinge in einem Augenblick, in dem der Meister zum Telefon gerufen wird, „übersehen", dass sein Fleisch anbrennt, um sich für vorhergehende Schikanen zu rächen. Weist der Meister einem Lehrling zur Strafe für ein Versehen besonders schmutzige Arbeit zu oder treibt er ihn zu größerem Tempo an, verschärft er die Arbeitsbedingungen. Hält er ihn fest, obwohl nichts mehr zu tun ist, während die anderen vorzeitig nach Hause gehen dürfen, entzieht er ihm ein sonst gewährtes Privileg. Vgl. *Spittler* aaO 53ff.

[5] Siehe Abschnitt 5 II 4.

gewährleistet wird. Als Beispiele sind Lob, Zustimmung, Gratulation, die Verleihung von Titeln, Preisen, Orden und Ehrenzeichen oder Geschenke zu nennen. Weiter gehören Ernennungen, Gehaltszuschläge und Beförderungen sowie das Gewähren immaterieller Privilegien wie zum Beispiel besonders angenehmer Arbeitsbedingungen dazu. Auch der Finderlohn ist eine positive Sanktion. Dagegen sind staatliche Zuwendungen, namentlich Subventionen und Steuervergünstigungen, regelmäßig nur Anreize für ein zwar erwünschtes, aber keineswegs gefordertes Verhalten. Unter den Begriff der positiven Sanktion lassen sie sich daher nur subsumieren, wenn man diesen sehr weit fasst[6].

Offenkundig spielen positive Sanktionen im Recht eine wesentlich geringere Rolle als negative. Rechtmäßiges Verhalten wird von jedermann auch ohne Belohnung erwartet. Dagegen treten sie bei der Durchsetzung sozialer Normen in informellen Gruppen deutlicher hervor, wozu nur an die Rolle von Lob und allen Arten von Auszeichnungen bei der Kindererziehung, in Familie und Schule und im Arbeits- und Berufsleben zu erinnert zu werden braucht. Es ist bekannt und auch durch psychologische Forschungen erhärtet, dass die Menschen auf Belohnungen gewöhnlich eher reagieren als auf Strafen, wodurch sich die Chancen einer Durchsetzung der Norm verstärken.

3. Der Begriff der Sanktion

Ob positive Sanktionen in den Sanktionsbegriff einbezogen werden sollen, ist – wie schon die Abgrenzung des Normbegriffs[7] – eine Frage der Definition, die nach wissenschaftlicher Zweckmäßigkeit entschieden werden muss. Sie wird keineswegs einheitlich beantwortet[8]. Dafür spricht, dass positive und negative Sanktionen nicht selten austauschbar sind. Wer einen Jugendlichen vom Alkohol- und Drogenmissbrauch abhalten will, sorgt besser für eine attraktive Beschäftigung in guter Gesellschaft und mit schmackhaften Säften, als dass er ihn verprügelt und einsperrt. Das Recht kennt sowohl den Finderlohn als auch die Strafe wegen Fundunterschlagung, um den Finder zur Rückgabe des gefundenen Gegenstandes zu bewegen; doch man wird nicht zögern, der Aussicht auf den Finderlohn eine größere Motivationskraft beizumessen als der Strafdrohung.

---

[6] Vgl. *Röhl*, Rechtssoziologie, 204 f., ferner auch die differenzierenden Erwägungen zu dem Thema von *Aubert*, From „Rechtsstaat" and the „rule of law" to the „welfare" or „regulatory state", ZfRSoz 1985, 274, 285 ff.
[7] Siehe Abschnitt 11 II 2.
[8] Von den in Fußnote 1 genannten Autoren beschränken *Popitz* und *Spittler* den Begriff auf negative Sanktionen, während *Schumann*, *Friedman* und *Röhl* positive Sanktionen einbeziehen.

Als weiteres Moment kommt hinzu, dass die Zuordnung in den komplexeren Zusammenhängen des Zivilrechts und des Verwaltungsrechts schwierig wird. Niemand ist verpflichtet, die Ehe einzugehen, ein Testament zu errichten, ein Haus zu bauen und dafür eine Hypothek aufzunehmen. Wer dies aber will, muss die im Gesetz dafür vorgesehenen Rechtsinstitute benutzen und die Formvorschriften erfüllen. Tut er es, so kann man sagen, er wird dafür durch die Rechtswirksamkeit seiner Erklärungen belohnt. Erfüllt er die Gültigkeitsvoraussetzungen nicht, so lässt sich ebenso argumentieren, er wird durch die Nichtigkeit seiner Rechtsakte bestraft. Im Grunde passt die Trennung nicht. Das Recht benutzt positive und negative Folgen, Gültigkeit und Nichtigkeit als Alternativen, um das privatautonome Handeln der einzelnen zu kanalisieren, an allgemeine Ordnungsmuster zu binden und in bestimmte Richtungen zu lenken, und es ist müßig, die dabei angeordneten Rechtsfolgen in positive und negative Sanktionen aufzulösen.

Angesichts solcher Erscheinungen ziehen wir den weiteren, *positive Sanktionen* umfassenden Sanktionsbegriff vor. Auf der anderen Seite gilt es aber, die Verschiedenartigkeit von Belohnungen und Strafen im Auge zu behalten und sie wissenschaftlich nicht einfach in einen Topf zu werfen. Ein wichtiger Unterschied liegt zum Beispiel darin, dass es wenig sinnvoll ist, das von allen geforderte Normalverhalten zu belohnen. Wer nicht stiehlt, raubt oder betrügt, verdient keineswegs deshalb einen Preis oder gar eine Steuervergünstigung. In solchen Fällen kommen vielmehr nur negative Sanktionen gegen die Normbrecher in Frage.

4. Sanktionssubjekte

Sanktionen unterscheiden sich weiter nach dem Sanktionssubjekt, das heißt nach der Person oder Personengruppe, welche die Sanktion ausführt. Es gibt fünf Fälle:

a) Sanktionssubjekt kann zunächst der von der Norm Begünstigte sein. Man spricht dann von *Benefiziar-Sanktionen*. Fälle dieser Art lassen sich im täglichen Leben ständig beobachten und werden rechtlich in mehr oder weniger weiten Grenzen anerkannt: Der bestohlene Eigentümer holt die Polizei und erstattet Strafanzeige; die betrogene Ehefrau verlässt ihren Gatten; der Arbeitgeber kündigt dem ständig betrunkenen und raufslustigen Arbeitnehmer fristlos; Lehrherren beschimpfen und züchtigen die Lehrlinge[9]; der Gläubiger verklagt seinen säumigen Schuldner und beauftragt nach gewonnenem Prozess den Gerichtsvollzieher mit der Zwangsvollstreckung. Soweit sich der Normbruch gegen private Güter richtet, ist der Benefiziar der geborene Sanktionsträger, weshalb ihm das Recht oft die Sanktionshandlung, zum Beispiel

---

[9] Siehe *Spittler* aaO.

die Kündigung, überlässt und sich darauf beschränkt, die Durchsetzbarkeit zu garantieren, Grenzen festzulegen und Missbräuche zu verhindern. In anderen Fällen wird zwar der staatliche Sanktionsapparat tätig, aber nur, wenn der Verletzte es beantragt. Nicht selten fühlt sich durch den Angriff eines Externen auf ein Gruppenmitglied die ganze Gruppe betroffen und greift dann zu Sanktionen, was zu lang dauernden Familien- und Stammesfehden führen kann. Aufs Ganze gesehen dürften Benefiziarsanktionen in allen Gesellschaften der häufigste Fall sein, selbst in Staaten mit starken, das Sanktionsmonopol beanspruchenden Sanktionsinstanzen. Die Durchsetzung des Rechts hängt also auch dann wesentlich von den Voraussetzungen seiner Mobilisierung durch die Rechtsgenossen ab.

b) Im zweiten Fall ist Sanktionssubjekt die *Gruppe*, welcher der Normbrecher angehört. Dass die Eigengruppe normwidriges Verhalten ahndet, ist freilich keineswegs selbstverständlich. In der Regel greift sie nur ein, wenn der Normbrecher den inneren Frieden der Gruppe nachhaltig stört[10]. Verletzt der Täter einen nicht zur Gruppe gehörenden Dritten, so zieht die Gruppe die Sanktion an sich, wenn die zu befürchtende Vergeltung des Verletzten und seiner Gruppe ihre Sicherheit bedroht und die Chance besteht, dass sich der Verletzte durch die Bestrafung des Täters in der Gruppe oder durch seine Auslieferung besänftigen lässt. Die Sanktion kann von allen Gruppenmitgliedern – von der Gruppenöffentlichkeit im Sinne von *Geiger*[11] – ausgeführt werden. Doch ist eine Gruppensanktion auch in dem häufigeren Fall gegeben, in dem ein Wortführer im Namen der Gruppe hervortritt: Der Stubenälteste verlangt unter schweigender Billigung aller Stubenkameraden von dem „Dreckschwein", das Zimmer zu säubern. Der Mannschaftskapitän rügt das unsportliche Verhalten eines Sportlers.

Auch Gruppensanktionen sind in jeder Gesellschaft zu finden. Doch stellen sie das staatliche Sanktionsmonopol stärker in Frage als Benefiziarsanktionen, weshalb sie der moderne Staat deutlich zurückdrängt. In einer pluralistischen Gesellschaft verlieren sie auch deshalb an Bedeutung, weil sich der Normbrecher häufig der Gruppe zu entziehen vermag, der unsportliche Fußballspieler beispielsweise den Verein wechselt, um der Strafe zu entgehen.

c) Der in der Gegenwart – vor allem im Hinblick auf das Recht – wichtigste Fall ist die Sanktion durch besondere *Sanktionsinstanzen*. Sie treten nicht nur im Staat und in staatsähnlichen Institutionen, wie zum Beispiel den Kirchen, auf, sondern auch in sozialen Organisationen: Sportvereine bestellen ein Sportgericht; Parteien, Großunternehmen und Gewerkschaften schaffen

---

[10] Vgl. im Einzelnen *Spittler*, Probleme bei der Durchsetzung sozialer Normen (Schrifttumsverz.), 209ff.; *v. Trotha* ZfRSoz 1980, 148ff.

[11] Vgl. Abschnitt 8 II 4.

eine eigene interne Verbands- oder Betriebsgerichtsbarkeit. Die Tätigkeit solcher Sanktionsinstanzen ist unter III. ausführlicher zu behandeln. An dieser Stelle soll nur noch angefügt werden, dass der staatliche Sanktionsapparat in sich weiter gegliedert ist. In der Strafrechtspflege teilen sich Gesetzgeber, Polizei, Staatsanwaltschaften, Gerichte und Strafvollzugsbehörden die Sanktionsfunktionen.

d) Als nächstes Sanktionssubjekt ist schließlich der *Normbrecher selbst* zu nennen, der seine Tat aus eigenem Antrieb sühnt oder wieder gutmacht, und sei es auch nur, um der drohenden Sanktion anderer zuvorzukommen[12]. Die Fälle sind häufiger, als man auf den ersten Blick erkennt. Nicht nur Ödipus, der sich zur Sühne des Mordes an seinem Vater und der Eheschließung mit seiner Mutter blendet, ist ein Beispiel, sondern jeder Schädiger, der freiwillig Schadensersatz oder Buße leistet.

e) Schließlich sind Sanktionen durch *überirdische Mächte* (Orakel, Gottesurteil uä.) zu erwähnen, die in der modernen säkularisierten Gesellschaft freilich kaum noch eine Rolle spielen und daher im folgenden vernachlässigt werden.

In zahlreichen Fällen wirken *mehrere Sanktionssubjekte* zusammen, vor allem wird dem Verletzten die Initiative überlassen, den Normbruch zu verfolgen, während die Sanktion selbst von einer Sanktionsinstanz verhängt wird. Der wichtigste Fall sind alle Gerichtsverfahren, die nur auf Klage oder Antrag in Gang kommen.

II. Wirksamkeit von Sanktionen

1. Sanktionen als normwidrige Handlungen

Es ist eine Binsenweisheit, dass Sanktionen ihren Zweck, Normbruch zu ahnden und potentielle Normbrecher von ihrem Vorhaben abzubringen, nur erfüllen, wenn sie stark und eindrucksvoll genug sind und sich im Ernstfall auch durchsetzen lassen. Bei näherem Zusehen zeigt sich nun aber, wie außerordentlich prekär und konfliktträchtig die Sanktionssituation ist. Negative Sanktionen bestehen ihrerseits aus normwidrigen Handlungen – Angriffen gegen das Leben, die körperliche Integrität, die persönliche Freiheit, die Ehre oder das Vermögen des Normbrechers –; die nur ausnahmsweise, gerade als Reaktion auf den Normbruch, erlaubt sind. Es erscheint fast widersinnig: Wir ahnden den Normbruch durch einen neuen Normbruch[13]. Diese Lage muss nun aber den Widerstand des Normbrechers geradezu provozieren, be-

---

[12] Dazu *Popitz*, Die normative Konstruktion von Gesellschaft 55f.; *v. Trotha*, aaO 154ff.
[13] Vgl. dazu *Popitz* aaO 48f.; *v. Trotha* aaO 141ff., 143.

sonders dann, wenn er die Sanktion als zu hart empfindet[14] oder wenn er schon die Verbindlichkeit der Norm für sich nicht anerkannt hat und deshalb erst recht nicht bereit ist, sich der Sanktion zu unterwerfen. Auf diese Weise entsteht leicht ein offener Konflikt, der möglicherweise in einen anhaltenden Machtkampf zwischen Täter und Opfer mündet, anstatt dass der soziale Frieden wiederhergestellt würde. Sanktionen erweisen sich demnach als höchst ambivalente und gefährliche Werkzeuge, und es bedarf besonderer sozialer Anstrengungen, ihre Frieden stiftende Funktion sicherzustellen.

Werfen wir die Frage auf, welche Voraussetzungen dafür im Einzelnen erfüllt sein müssen, eröffnet sich ein buntes Spektrum verschiedenartiger Einzelprobleme und Forschungsthemen. Ein individueller Normbenefiziar, der sich für erlittene Unbill rächen oder Schadensersatzforderungen durchsetzen will, muss zu anderen Mitteln greifen und ist dabei selbst stärker gefährdet als die staatlichen Sanktionsinstanzen. In Naturvölkern und archaischen Gesellschaften ohne starke Zentralmacht sieht der Sanktionsmechanismus anders aus als in den hoch zivilisierten modernen Staaten[15]. Wir können die zahllosen Aspekte des Themas, die, soweit sie die aktuelle Rechtspflege betreffen, Gegenstand auch der Kriminalsoziologie und der Rechtspolitik sind, hier nicht in ihrer Breite aufrollen[16]. Doch ist es nötig, auf einige elementare Zusammenhänge hinzuweisen.

2. Entsprechung von Normbruch und Sanktion

Die erste allgemeine Feststellung lautet: die Sanktion muss der Schwere der Tat entsprechen[17]. Sie muss dem Täter genügend Eindruck machen, darf ihn andererseits aber auch nicht so hart treffen, dass sie nur seinen Protest und Vergeltungsdrang hervorruft. Man kann Räuber und Mörder nicht mit Verwarnungen strafen, aber andererseits Verkehrssünder nicht auf lange Zeit ins Gefängnis stecken. Im Zivilrecht kann eine vereinbarte Vertragsstrafe nach § 343 BGB herabgesetzt werden, wenn sie unverhältnismäßig hoch ist. Die Rechte des Gläubigers, statt der Leistung Schadensersatz zu verlangen oder von einem Vertrag zurückzutreten, entfallen, wenn die Pflichtverletzung des Schuldners unerheblich ist (§§ 281 Abs. 1, 323 Abs. 5 BGB).

Gewöhnlich verstehen wir diese für selbstverständlich erachtete Regel als elementare Forderung der Gerechtigkeit. Soziologisch liegt ihr Sinn darin, dass ein Gleichgewicht von Tat und Sanktion am ehesten die Chance des Ausgleichs zwischen Täter und Opfer in sich birgt. Es handelt sich um eine An-

---

[14] Vgl. die Beobachtungen von *Spittler* aaO über das Verhalten der Lehrlinge in einer Restaurantküche.
[15] Vgl. *Wesel*, Frühformen des Rechts, 1985, insbesondere 320 ff., 334 ff.
[16] Die Problematik ist weiter ausgeführt bei *Friedman* aaO 88 ff.
[17] Vgl. zum Ganzen vor allem *Popitz* aaO 59.

wendung des Prinzips der Gegenseitigkeit[18]. Am handgreiflichsten tritt der Zusammenhang dort in Erscheinung, wo die Regel: „Auge um Auge, Zahn um Zahn" gilt, die Spiegelbildlichkeit von Normverletzung und Sanktionen also auch formell praktiziert wird. Doch auch der Grundsatz des deutschen Schadensersatzrechts, wonach der Schädiger den Zustand wiederherzustellen hat, der ohne den Normbruch bestehen würde, der Geschädigte aber nicht bessergestellt werden darf als vorher (§ 249 BGB), ist Ausdruck desselben Gedankens.

Die Abstufung der Normverletzung wie auch der Sanktionen nach ihrer Schwere und Sozialschädlichkeit ist weitgehend *sozial fixiert* und daher auch dem geschichtlichen Wandel unterworfen. Jedermann weiß, wie sich die Normen der Sexualmoral und die dazugehörigen Strafgesetze seit einer Generation grundlegend geändert haben. Auf der Seite der Sanktionen sind als Beispiele etwa die Abschaffung der Todesstrafe, der Prügelstrafen und aller körperlichen Züchtigungsmittel zu nennen. Für den Augenblick, in dem die Sanktion verhängt werden muss, ist sie jedoch durch das geltende Recht und die in der öffentlichen Meinung herrschenden Wertvorstellungen jeweils vorgegeben und daher weder für den Normbrecher noch für den Verletzten disponibel.

3. Das Sanktionspotential

Der Sanktionsmechanismus und das Prinzip des Gleichgewichts zwischen Normbruch und Sanktion setzen weiter voraus, dass der Sanktionsträger über eine ausreichende Macht verfügt, sich gegenüber dem Normbrecher durchzusetzen. Er muss das notwendige Sanktionspotential besitzen, einen Machtkampf gegen den sich wehrenden Täter zu gewinnen[19]. In der von *Spittler* untersuchten psychiatrischen Klinik waren nur die Ärzte, nicht jedoch die Schwestern, Gestaltungstherapeuten, Krankengymnasten und Hauseltern in der Lage, die Anstaltsordnung bei den Patienten durchzusetzen. In der Restaurantküche werden Anordnungen der Spüler nicht befolgt, nur die der Köche[20]. Die Wirksamkeit von Sanktionen und die Wiederherstellung des sozialen Friedens ist so gesehen eine Frage der Verteilung von Macht und Herrschaft in der Gesellschaft.

Problematisch ist das Sanktionspotential vor allem, wenn das Opfer mit der Verfolgung des Normbruchs auf sich allein gestellt bleibt. Der Verletzte wird mit seinem Verlangen nach Strafe oder Schadensersatz erfolglos bleiben, wenn er dem Schädiger unterlegen ist. Aus der Geschichte, Ethnologie

---

[18] Siehe Abschnitt 12 III.
[19] Dazu *Spittler*, Probleme bei der Durchsetzung sozialer Normen aaO 204ff.
[20] *Spittler*, Norm und Sanktion, 90ff.

und Dichtung sind zahlreiche Beispiele bekannt, in denen die von einem vergleichsweise harmlosen Normbruch ausgelöste Fehde zwischen zwei gleich starken Familien oder Sippen nicht beigelegt werden kann, sondern zu einem immer weiter schwelenden Kampf ausartet, weil keine Partei die Oberhand gewinnt[21]. Der Sachverhalt rechtfertigt die dem Staat gegenüber seinen Bürgern zuerkannte Macht. Doch auch eine gesellschaftliche Gruppe oder der Staat als Sanktionsinstanzen haben sich in der Vergangenheit keineswegs immer durchzusetzen vermocht, namentlich nicht gegenüber Häuptlingen, Königen und Fürsten. Dasselbe gilt heute für viele Staaten der Dritten Welt.

4. Die richtige Relation zwischen Aufwand und Ertrag

Bei den modernen Staaten westlicher Prägung dürfen wir hingegen davon ausgehen, dass sie über ausreichende Machtmittel verfügen, gegen Rechtsbrecher wirksam einzuschreiten. Doch gilt dies auch hier uneingeschränkt nur gegenüber einzelnen, individuellen Tätern. Halten sich starke Organisationen und Interessenverbände, zum Beispiel die Wehrmacht, nicht an das Recht, so bleibt das Sanktionspotential des Staates auch heute prekär. Vor allem kommt es aber auf die Zahl der normwidrig handelnden Personen, ihr Engagement und die Intensität der Interessen an, welche sie mit ihren Handlungen verbinden[22]. Massenhaft auftretender Normbruch – Verstöße gegen Geschwindigkeitsbeschränkungen, Steuer- und Versicherungsbetrug, ziviler Ungehorsam – lassen sich nur schwer bekämpfen. Ist der durch den Normbruch erzielbare Gewinn höher als die Sanktion, wird man die Täter gleichfalls nur schwer von ihrer Handlungsweise abbringen können.

Soziologisch stellt sich hier die Frage nach der richtigen Relation zwischen Aufwand und Ertrag. Je größer die eingesetzten Mittel sind, desto eher wird es in der Regel gelingen, das rechtswidrige Verhalten zu unterbinden oder doch in Schranken zu halten. Die Einhaltung der Geschwindigkeitsregeln und der Parkverbote im Straßenverkehr hängt offenkundig von der Dichte der Überwachung ab. Ein generelles Verbot des Alkoholkonsums nach Art der Prohibitionsgesetze in den USA Ende der 1920er Jahre würde – vermutlich auf der ganzen Erde – schon mangels ausreichender Kontrollmöglichkeiten scheitern. Normverstöße als Ausdruck massenhaften Protests bleiben oft unverfolgt. Kein Staat kann unbegrenzte persönliche und finanzielle Ressourcen aufbieten, um die lückenlose Einhaltung beliebiger Rechtsvorschriften sicherzustellen. In jeder Gesellschaft bildet sich vielmehr ein Zustand der unvermeidlich hingenommenen Kriminalitäts- und Konflikttoleranz heraus. Welche Tatbestände stark, welche weniger aufmerksam verfolgt werden,

---

21 Vgl. als Beispiel den Sippenkampf in *Shakespeares* Romeo und Julia.
22 Zum Folgenden *Friedman* aaO 98ff.

hängt wiederum von moralischen und politischen Wertentscheidungen ab und variiert deshalb beträchtlich, desgleichen, welcher Anteil am Gesamthaushalt für die Verfolgung eingesetzt wird. Totalitäre Staaten verwenden dafür einen höheren Anteil ihres Sozialprodukts als liberale. In der Bundesrepublik unterscheiden sich die Programme der verschiedenen Parteien augenfällig in der Beurteilung von Notwendigkeit, Möglichkeit und Grenzen rechtsstaatlicher Sanktionen.

5. Selektivität der Verfolgung

Die Begrenztheit der verfügbaren Mittel macht eine selektive Verfolgung von Rechtsverletzungen auch auf der Ebene der staatlichen Sanktionsinstanzen unausweichlich. Soweit diese, wie vor allem im *Zivil-* und *Verwaltungsrecht*, nur auf Klage bzw. auf Antrag tätig werden, ist die Auswahl zunächst das Ergebnis der Kriterien, nach denen die Bürger das Recht mobilisieren[23]. Ist eine zulässige Klage erhoben, haben die Gerichte kein Ermessen, ob sie tätig werden wollen oder nicht. Auch in der Strafrechtspflege kommt bei weitem die größte Zahl der Verfahren infolge einer Strafanzeige in Gang. Ob eine Tat aufgeklärt und der Täter gefunden wird, hängt dann aber nicht nur von der Schwierigkeit des Sachverhalts und vom Zufall ab, sondern auch von Aufwand und Engagement der Polizei bei der Verfolgung. Mord und Totschlag werden mit hohem Einsatz verfolgt, einfache Diebstähle kaum, bei der Schwangerschaftsunterbrechung hat sich vielerorts eine bewusst nachlässige Behandlung durchgesetzt. Zwar sind auch die Strafverfolgungsorgane grundsätzlich verpflichtet, alle bekannt werdenden Straftaten zu erforschen und vor Gericht zu bringen, sofern ein hinreichender Tatverdacht besteht (§§ 152, 160, 163 StPO). Doch organisieren sie ihre Tätigkeit selbst und können daher Prioritäten setzen. Auch gewährt ihnen das Gesetz einen beträchtlichen Ermessensspielraum, von der Verfolgung abzusehen (§§ 153 ff. StPO).

Statistisch werden wenig mehr als die Hälfte aller bekannt gewordenen Straftaten aufgeklärt und von diesen wiederum nur knapp ein Drittel abgeurteilt[24]. Zugleich ist festzustellen, dass Beschuldigte aus den sozialen Unterschieden und vor allem Ausländer häufiger angeklagt und verurteilt werden als ihrem Zahlenanteil an der Gesamtbevölkerung entspricht[25]. Das dürfte zum Teil an einer höheren Kriminalitätsrate infolge mangelnder Integration in die deutsche Gesellschaft liegen. Es legt aber auch den Verdacht nahe, dass

---

[23] Zur Mobilisierung von Recht siehe unten Abschnitt 17 VIII 1.
[24] Vgl. Statistisches Jahrbuch der Bundesrepublik 2008, 271 f. (Tabellen 10.6 und 10.7).
[25] Zu den Ausländern Statistisches Jahrbuch der Bundesrepublik 2008 aaO; ferner *Schöch/Gebauer*, Ausländerkriminalität in der Bundesrepublik Deutschland, 1991; zur Unterschichtkriminalität *Rottleuthner*, Einführung 123 ff.; *Kaiser*, Kriminologie 3. Aufl. 1996, 188 ff., 304.

bei der Selektion soziale Mechanismen wirken, die bestimmte Bevölkerungsteile benachteiligen. Eine bewusste Diskriminierung hat sich freilich bislang nicht feststellen lassen. Die Aufklärung derartiger Zusammenhänge ist ein wichtiges Forschungsgebiet der empirischen Kriminalsoziologie[26].

III. Sanktionsnormierung

1. Die Monopolisierung der Sanktionsgewalt

Die Ambivalenz und Konfliktträchtigkeit des Sanktionsmechanismus dürfte geschichtlich die Ursache für die Ausbildung von Sanktionsinstanzen sein, die unmittelbar der Staatsgewalt zugeordnet werden und sich zur Erfüllung ihrer Aufgaben auf deren Machtmittel stützen. Die Monopolisierung des Sanktionspotentials in den Händen des Staates ist eine der wichtigsten Erscheinungen des historischen Entwicklungsprozesses menschlicher Gesellschaften. Sie ist auch dann gegeben, wenn der Staat anderen Sanktionssubjekten den Vollzug der Sanktion gestattet wie bei der erlaubten Selbsthilfe (vgl. §§ 229ff., 859ff. BGB) oder der Zulassung privater Verbands- und Schiedsgerichte (§§ 1025ff. ZPO), oder wenn er nur auf Antrag tätig wird. Sie hat fundamentale Änderungen für das Verhalten aller anderen Sanktionssubjekte und für den Charakter des sozialen Zusammenlebens zur Folge[27]. Einzelpersonen und soziale Verbände unterhalb des Staates werden von der Notwendigkeit, selbst dauerhaft sanktionsfähig zu bleiben und für die dazu erforderlichen Waffen und Bundesgenossen zu sorgen sowie von den Gefahren des Sanktionsprozesses entlastet. Die zuvor für die Verteidigungsbereitschaft erforderlichen Kräfte und Mittel werden frei für andere Zwecke.

Zugleich entmachtet der Staat seine Bewohner und macht sie weitgehend wehrlos, und zwar nicht nur gegenüber Rechtsbrechern, sondern auch gegenüber den die Sanktionsgewalt ausübenden Staatsorganen selbst. Der *Verletzte* sieht sich nicht mehr genötigt, selbst um sein Recht zu kämpfen, und nicht mehr der Gefahr ausgesetzt, den Kampf zu verlieren. Auch wo ihm die Initiative der Rechtsverfolgung überlassen bleibt, kann er sich der Machtmittel des Staates bedienen und sich auf sie verlassen. Aber er kann eben auch nicht mehr unabhängig entscheiden, welche Sanktionen er ergreifen will, sondern ist auf die Formen angewiesen, die ihm das geltende Recht bereitstellt. Der Arbeitgeber kann einem schlechten Arbeitnehmer nicht mehr kündigen,

---

[26] Zur Orientierung vgl. *Rottleuthner* aaO 122ff.; *Röhl*, Rechtssoziologie, 286ff.; ferner *Blankenburg/Sessar/Steffen*, Die Staatsanwaltschaft im Prozess strafrechtlicher Sozialkontrolle, 1978; *Blankenburg/Steffen*, Der Einfluß sozialer Merkmale von Tätern und Opfern auf das Strafverfahren, in: *Blankenburg* (Hrsg.), Empirische Rechtssoziologie, 1975, 248ff.; *Feest/Blankenburg*, Die Definitionsmacht der Polizei, 1972.

[27] Vgl. *v. Trotha* ZfRSoz 1980, 146ff.; *ders.*, ZfRSoz 2000, 327; *Spittler* ZfRSoz 1980, 4.

wenn er es für notwendig hält, sondern nur noch, wenn die Voraussetzungen des Kündigungsschutzgesetzes oder der Kündigung aus wichtigem Grund (§ 626 BGB) erfüllt sind. Selbsthilfe ist nur noch zulässig, wenn obrigkeitliche Hilfe nicht rechtzeitig erlangt werden kann (§ 229 BGB). Sind die Voraussetzungen indessen erfüllt, unterdrückt der Staat jede Gegenwehr des Betroffenen. Der Begünstigte braucht sich also keine Gedanken mehr darüber zu machen, ob er sein Recht auch durchsetzen kann[28].

Entsprechendes gilt für *Gruppensanktionen*. Nicht zuletzt profitiert aber auch der *Normbrecher* selbst von der Monopolisierung der Sanktionsgewalt, denn die Entmachtung des Opfers beseitigt sein Risiko, dessen unbegrenzter Rache ausgesetzt zu sein. Stattdessen braucht er nur noch die gemessenen, nicht von Emotionen getragenen und daher kalkulierbaren Sanktionen des Sanktionsapparats zu befürchten. Auf der anderen Seite ist er nicht anders als der Verletzte dem Staat wehrlos ausgeliefert, falls dieser nunmehr seine Sanktionsmacht missbraucht.

2. Sanktionsnormen

Zur entscheidenden Aufgabe wird damit die Kontrolle des Sanktionsapparats selbst: Auf der einen Seite ist seine Ausstattung mit einem ausreichenden Sanktionspotential sicherzustellen, auf der anderen müssen seine Eingriffsmöglichkeiten begrenzt und Machtmissbrauch verhütet werden. Es kommt darauf an, seine Tätigkeit ihrerseits durch *Sanktionsnormen* zu ordnen und notfalls mittels *sekundärer Sanktionen* in Schranken zu halten[29]. Die Organisation des Sanktionsmechanismus wird so zu einer elementaren und umfangreichen Aufgabe des Rechts. Seine Ausgestaltung im Einzelnen ist, namentlich im Strafrecht, Strafverfahrensrecht, Strafvollzugsrecht und Polizeirecht, ein wesentlicher Bestandteil des modernen Rechtsstaats.

3. Die konditionale Programmierung von Rechtsnormen

Ein Mittel des Rechts, die rechtsstaatlichen Anforderungen an die Sanktionssicherheit zu erfüllen, ist die Verknüpfung von Norm und Sanktion in einem *konditionalen Entscheidungsprogramm*. Rechtssätze werden regelmäßig nicht als direkte Verhaltensanweisungen und Imperative an die primären Normadressaten formuliert – Du sollst nicht töten; Du sollst eine fremde Sache nicht zerstören – sondern in wenn-dann-Sätzen: Wer einen Menschen vorsätzlich tötet, wird mit Freiheitsstrafe nicht unter fünf Jahren bestraft;

---

[28] Das entlastet allerdings nicht von dem Risiko, dass auch der Staat das Recht nicht erfüllen kann, zum Beispiel, weil der Schuldner insolvent ist.

[29] Einzelheiten aus soziologischer Sicht bei *Popitz* aaO 48 ff.

wer das Eigentum eines anderen widerrechtlich verletzt, ist zum Ersatz des daraus entstehenden Schadens verpflichtet.

Die konditionale Programmierung ist eine Eigenart des positivierten Rechts in einer differenzierten Gesellschaft[30]. Sie schafft Rechtssicherheit für den Normbrecher, für den die möglichen Folgen seiner Tat dadurch vorhersehbar werden, und auch für den Verletzten. Zugleich begründet und begrenzt sie die Macht der Sanktionsinstanzen. Auch entlastet sie die Sanktionsinstanzen von der eigenverantwortlichen Prüfung, welche Sanktionen im Einzelfall angewandt werden sollen und welche Folgen die Sanktion für den Normbrecher und für seine Umwelt hat. Der Richter, der an das Strafgesetzbuch gebunden ist, hat nicht zu fragen, ob der im Gesetz vorgesehene Strafrahmen angemessen ist. Er darf auch nicht zu einer Geldstrafe anstatt zu der im Gesetz angeordneten Freiheitsstrafe verurteilen, weil der Angeklagte seinen Arbeitsplatz nicht verlieren soll oder zur Erziehung seiner Kinder zu Hause gebraucht wird. Wer Schadensersatz oder Unterhalt schuldet, darf nicht mit dem Einwand gehört werden, er brauche das Geld zur Investition in seinem Unternehmen.

Einen aufschlussreichen Grenzfall bildeten die Strafprozesse gegen eine Anzahl junger Leute, die im Jahre 1961 ihrem Protest gegen die soeben errichtete Berliner Mauer in Sprengstoffanschlägen auf die Mauer Luft machten, bei denen es zu erheblichen Sachschäden kam. Sie mussten nach dem damals noch geltenden Sprengstoffgesetz aus dem Jahr 1888 bestraft werden, das Mindeststrafen von fünf Jahren Zuchthaus vorsah. Diese Strafhöhe, erklärlich nur aus der Absicht, den sozialistischen Terror während des Bismarckreichs massiv zu unterdrücken, war offenkundig unangemessen. Das zuständige Gericht sah sich jedoch aus eigenem Recht nicht in der Lage, davon abzuweichen, obwohl es dafür verfassungsrechtliche Argumente gab, sondern zog die Verfahren so lange hin, bis der Bundestag das Sprengstoffgesetz geändert hatte[31].

Aufs Ganze gesehen ist die konditionale Programmierung Ausdruck einer Funktionenteilung im Sanktionsapparat, bei der die programmierenden Grundentscheidungen nach politischen Maßstäben vom Gesetzgeber, das heißt von der Zentralgewalt gefällt werden, während die Ausführung der Sanktion einer Vielzahl von nachgeordneten Organen überlassen wird. Insofern ist sie zugleich ein unerlässliches Mittel zur Gewaltenteilung und zur rationalen Steuerung der Gesellschaft.

Allerdings kommt kein Staat allein mit konditional formulierten Normprogrammen aus. In vielen Fällen muss er sich vielmehr damit begnügen, in *Zwecknormen* Ziele anzugeben, die Wege ihrer Erfüllung und Sanktionierung aber offenzulassen und auf die Normadressaten und Sanktionsinstanzen zu übertragen[32]. So heißt es in § 1 Stabili-

---

[30] Vgl. *Luhmann*. Rechtssoziologie, 227 ff.
[31] Vgl. dazu *Raiser*, Verfassungswidrige Mindeststrafen, JZ 1963, 663.
[32] Zur Kritik an *Luhmanns* Theorie der konditionalen Programmierung des Rechts siehe vor allem *Teubner*, Folgenkontrolle und responsive Dogmatik, Rechtstheorie 1975, 179; zu

tätsgesetz³³, Bund und Länder haben bei ihren wirtschafts- und finanzpolitischen Maßnahmen die Erfordernisse des gesamtwirtschaftlichen Gleichgewichts zu beachten, ohne dass das Gesetz selbst näher bestimmt, wann ein gesamtwirtschaftliches Gleichgewicht vorliegt, was im einzelnen zu tun ist und welche Rechtsfolgen die Vernachlässigung der daraus folgenden Pflichten hat. Zweckbezogene Elemente weisen auch zahllose unbestimmte, der teleologischen Auslegung bedürftige Rechtsbegriffe auf; so wenn zum Beispiel die Polizeigesetze der Länder die Aufgabe der Polizei dahin bestimmen, von der Allgemeinheit oder dem einzelnen Gefahren abzuwehren, durch welche die öffentliche Sicherheit und Ordnung bedroht werden[34] oder wenn § 2 Abs. 1 Betriebsverfassungsgesetz Arbeitgeber und Betriebsrat verpflichtet, zum Wohl der Arbeitnehmer und des Betriebes vertrauensvoll zusammenzuarbeiten. Immerhin muss die Zahl derart offener Vorschriften begrenzt bleiben, soll die Ausübung der staatlichen Sanktionsgewalt ihre rechtsstaatlichen Konturen nicht verlieren.

4. Unspezifische Sanktionen

Die Monopolisierung der Sanktionsgewalt und die Normierung des Sanktionsmechanismus gelingen nie vollständig, vielmehr ist stets damit zu rechnen, dass neben oder anstelle offizieller diffus wirkende unspezifische Sanktionen des sozialen Umfelds auftreten, in dem der Täter lebt[35]. Der Normbrecher wird gemieden, man lädt ihn nicht mehr ein, versagt ihm eine ansonsten selbstverständliche Hilfe, lässt den persönlichen oder gesellschaftlichen Kontakt mit ihm ins Leere gehen. Unspezifische Sanktionen sind ein angemessenes Hilfsmittel, wenn eine Beziehung so intim und verletzlich ist, dass sie offizielle Sanktionen nicht verträgt, wie es nicht nur in Freundschafts- und Liebesverhältnissen vorkommt, sondern etwa auch in eng und persönlich miteinander kooperierenden Arbeitsgruppen. Sie kommen auch vor, wenn der Normbrecher zu mächtig ist und sich offene Sanktionen nicht bieten lassen würde.

Oft sind unspezifische Sanktionen aber Begleiterscheinung und Folge staatlicher Sanktionen. Sie verstärken in diesem Fall deren Wirkung auf schwer kontrollierbare Weise: Der verurteilte Straftäter wird öffentlich diffamiert, man verweigert ihm auch nach Abbüßen der Strafe Wohnung, Arbeitsplatz, normalen gesellschaftlichen Umgang. Das Phänomen wird in der Kriminalsoziologie unter dem Stichwort *Stigmatisierung* viel erörtert. Im Rechtsstaat ist eine solche außerrechtliche Bestrafung von Normbrechern prinzipiell rechtswidrig. Doch lässt sie sich nach aller Erfahrung kaum vermeiden oder unterdrücken. Es wurde sogar die interessante These vertreten,

---

den Grenzen des Normbegriffs für die Erfassung des Rechts auch *Röhl*, Rechtssoziologie 209.

[33] Gesetz zur Förderung der Stabilität und des Wachstums der Wirtschaft (BGBl I, 1967, 582).

[34] So beispielhalber § 1 Hessisches Gesetz über die öffentliche Sicherheit und Ordnung.

[35] Vgl. dazu *Popitz* aaO 60f.; *Friedman* aaO 112 ff.; *v. Trotha* aaO 151 ff.

13. Abschnitt: Sanktionen

dass die Stigmatisierung geradezu die notwendige Folge der Monopolisierung der Sanktionsgewalt in den Händen des Staates sei, weil die entmachteten und von der Verantwortung für die Verfolgung des Normbruchs entlasteten anderen Sanktionssubjekte ihren Unmut gar nicht mehr anders äußern können als durch unspezifische, verdeckt wirkende Sanktionen[36]. Einen eindrucksvollen Fall, in dem es um die Abwehr stigmatisierender Nebenfolgen einer Straftat ging, hat das Bundesverfassungsgericht im bekannten *Lebach-Prozess* zugunsten des Straftäters entschieden[37]:

Im Januar 1969 hatten sich drei junge Leute zu einem Überfall auf ein Munitionsdepot der Bundeswehr zusammengetan, um Waffen zu erbeuten, mit deren Hilfe sie sich weitere Mittel für den Erwerb einer Hochseeyacht und für ein gemeinsames Leben außerhalb der von ihnen abgelehnten Gesellschaft in der Südsee verschaffen wollten. Die Beziehung zwischen ihnen trug homoerotische Züge. Die beiden Haupttäter töteten bei dem Überfall vier schlafende Soldaten und wurden deshalb wegen Mordes verurteilt. Der dritte, Beschwerdeführer des Verfassungsprozesses, erhielt wegen Beihilfe eine Freiheitsstrafe von sechs Jahren, die er zum Teil ableistete. Kurz vor seiner vorzeitigen Entlassung aus dem Gefängnis beabsichtigte das Zweite Deutsche Fernsehen, ein abendfüllendes Dokumentarspiel über den Mordfall zu senden, in dem auch der Beschwerdeführer mit Namen und Bild gezeigt und auf die homoerotische Beziehung zwischen den Tätern hingewiesen wurde. Der Beschwerdeführer wehrte sich – erfolgreich – dagegen mit der Begründung, die Ausstrahlung des Films vor Millionen von Zuschauern sei ein moderner Pranger, durch den seine Wiedereingliederung in die Gesellschaft nach der Entlassung unmöglich gemacht werde.

5. Sanktionsverzicht

Als letzter Aspekt der Sanktionsnormierung ist die Strategie des Sanktionsverzichts aufzugreifen. In der von *Spittler* beobachteten Restaurantküche ahndet der Meister Fehler eines Lehrlings oft nicht sofort, greift sie bei späterem Anlass aber wieder auf, um den Lehrling beim zweiten oder dritten Verstoß umso härter zu bestrafen[38]. Ähnliche Fälle lassen sich im alltäglichen Leben leicht beobachten: Ein Chef sieht über Nachlässigkeiten und Bummelei seiner Untergebenen längere Zeit hinweg, um sie desto nachhaltiger zu verwarnen, nachdem der Geduldsfaden einmal gerissen ist. In der Strafrechtspflege spielen die Strafaussetzung zur Bewährung und die erhöhte Rückfallstrafe eine vergleichbare Rolle. *Popitz* spricht in solchen Fällen plastisch von *Bilanzsanktionen*, die sich nicht auf einzelne Normbrüche beziehen, sondern auf ein ganzes „Schuldkonto"[39].

---

[36] Vgl. *v. Trotha* aaO 153.
[37] BVerfGE 35, 202 und dazu die ausführliche rechtssoziologische Aufarbeitung des Falls bei *Hoffmann-Riem/Kohl/Kübler/Lüscher*, Medienwirkung und Medienverantwortung. Überlegungen und Dokumente zum Lebach-Urteil des BVerfG, 1975.
[38] Vgl. *Spittler*, Norm und Sanktion, 106ff.
[39] AaO 62.

Der Sanktionsverzicht dient dazu, den Normbrecher zu *verpflichten*[40]. Dieser soll sich künftig besonders streng an die Norm halten, seine Laxheit durch Normtreue auf einem anderen Gebiet wettmachen oder schließlich seinerseits über gewisse Normbrüche des Sanktionsträgers hinwegsehen. In allen Fällen trägt der Sanktionsverzicht dazu bei, den Zusammenhalt zwischen mehreren Rechtsträgern und letztlich in der Gesellschaft zu verstärken, nicht anders als einseitige Vorleistungen eines Partners bei Tauschbeziehungen und beim gegenseitigen Vertrag. Die Strategie funktioniert aber nur, wenn eine ausreichende Sanktionsmacht im Hintergrund steht, weil der Normbrecher andernfalls den Verpflichtungscharakter des Normverzichts nicht ernst nehmen würde.

---

[40] Vgl. *Spittler* aaO.

14. Abschnitt

Geltung und Wirksamkeit des Rechts

I. Die soziologische Normgeltung

Schrifttum: *Aubert, Vilhelm*, Einige soziale Funktionen der Gesetzgebung, in: *Hirsch/ Rehbinder* (Hrsg.), Studien und Materialien zur Rechtssoziologie, 1967, 284; *Blankenburg, Erhard*, Über die Unwirksamkeit von Gesetzen, ARSP 63 (1977), 31; *ders.*, Rechtssoziologie und Rechtswirksamkeitsforschung – Warum es so schwierig ist, die Wirksamkeit von Gesetzen zu erforschen, in: *Plett/Ziegert* (Hrsg.), Empirische Rechtsforschung zwischen Wissenschaft und Politik, 1984, 45; *Bryde, Brun Otto*, Die Effektivität von Recht als Rechtsproblem, 1993; *Edelman, Murray*, Politik als Ritual. Die symbolische Funktion staatlicher Institutionen und politischen Handelns, 1976; *Fisahn, Andreas*, Natur, Mensch, Recht. Elemente einer Theorie der Rechtsbefolgung, 1999; *Garrn, Heino*, Rechtswirksamkeit und faktische Rechtsgeltung, ARSP 55 (1969), 161; *Gusfield, Joseph M.*, Der Wandel moralischer Bewertungen. Devianzdefinition und symbolischer Prozess, in: *Stallberg* (Hrsg.), Abweichung und Kriminalität, 1975, 167; *Jost, Peter J.*, Effektivität von Recht aus ökonomischer Sicht, 1998; *Neumann, Ulf*, Theorien der Rechtsgeltung, in: *Gessner/Hassemer* (Hrsg.), Gegenkultur und Recht, 1985, 21; *Noll, Peter*, Gründe für die soziale Unwirksamkeit von Gesetzen, in: *Rehbinder/Schelsky* (Hrsg.), Zur Effektivität des Rechts, 1972, 259; *Popitz, Heinrich*, Die normative Konstruktion von Gesellschaft, 1980; *Raiser, Thomas*, Wirksamkeit und Wirkung von Zivilrechtsnormen, in: *Raiser/Voigt*, Durchsetzung und Wirkung von Rechtsentscheidungen, 1990, 47.

1. Juristischer und soziologischer Geltungsbegriff

In den vorhergehenden Abschnitten haben wir oft von der Geltung von Normen sowie von der Rechtsgeltung gesprochen und den Begriff der Geltung dabei aus dem allgemeinen Sprachgebrauch übernommen, ohne seinen genaueren Sinn zu analysieren. Dies ist jetzt nachzuholen. Dabei zeigt sich, dass auch dieser Begriff mehrere Bedeutungen haben kann, die zwar benachbarte Sachverhalte betreffen, in der Wissenschaft aber doch unterschieden werden müssen. Im *juristischen* Sinn gilt eine Rechtsnorm, wenn sie im richtigen Verfahren in Kraft gesetzt und nicht wieder aufgehoben wurde sowie inhaltlich mit höherrangigen Vorschriften im Einklang steht. Ein Bundesgesetz muss also vom Bundestag und ggf. vom Bundesrat beschlossen, vom Bundespräsidenten ausgefertigt und im Bundesgesetzblatt verkündet sein, und es darf dem Grundgesetz nicht widersprechen. Ein Vertrag ist gültig, wenn zwei korrespondierende Willenserklärungen vorliegen und deren Inhalt dem Gesetz nicht widerspricht. Ein richterliches Urteil gilt vorläufig, wenn es ordnungsgemäß verkündet wurde, endgültig, wenn die Rechtskraft eingetreten ist. Geltung heißt hier *Sollgeltung*. Die Norm *verpflichtet* ihre Adressaten – Bürger, Politiker, Staatsbeamte, Richter. – zu einem normgemäßen Verhalten und zur normentsprechenden Beurteilung des Verhaltens anderer. Der Verstoß gegen die Norm wird mit Sanktionen verfolgt. Ihr Kern ist die Tatsache, dass sie von einer mit Normsetzungsbefugnis ausgestatteten Instanz in Kraft gesetzt und dadurch verbindlich gemacht wurde. Dagegen bleiben die Fragen ausgeblendet, ob auch nur einer der Normadressaten sie als für sich verbindlich anerkennt und sich nach ihr richtet. Die Abstraktion von den Empfängern gestattet es, die Geltungsfrage als strikte Alternative zu formulieren: Die Norm gilt oder sie gilt nicht; ein Drittes ist ausgeschlossen[1].

In der Rechtssoziologie spielt der juristische Geltungsbegriff insofern eine Rolle, als sich die Abgrenzung des Rechts von den nichtrechtlichen sozialen Normen gemäß den Zwangstheorien daran orientiert[2]. Zudem kann er für empirische rechtssoziologische Untersuchungen als Tatbestand relevant sein. Das Inkrafttreten einer Norm bildet einen Einschnitt im Ablauf des sozialen Geschehens, auf den vorher zahlreiche Prozesse zuliefen und der nunmehr zum Ausgangspunkt und zur Ursache neuer Entwicklungen wird.

So war zum Beispiel der Erlass des Mitbestimmungsgesetzes im Jahr 1976 der Endpunkt und das Ergebnis eines fast dreißigjährigen politischen, wirtschaftlichen und gesellschaftlichen Ringens um die paritätische Mitbestimmung der Arbeitnehmer in den Aufsichtsräten der deutschen Großunternehmen. Nach dem Inkrafttreten des Gesetzes mussten fast fünfhundert der größten deutschen Unternehmen ihre Aufsichtsräte neu zusammensetzen und außerdem einen Arbeitsdirektor in den Vorstand berufen. Stellt sich die empirische Aufgabe, die Auswirkungen der Arbeitnehmermitbestimmung auf die Führungsstruktur der Großindustrie und auf die deutsche Wirtschaft zu klären, so ist von den Regelungen des Mitbestimmungsgesetzes als des Gestaltungsprogramms auszugehen, das die tatsächlichen Veränderungen ausgelöst hat. Es ist der Zustand vor und nach dessen Inkrafttreten zu untersuchen[3].

Das spezifische soziologische Interesse richtet sich demgegenüber jedoch auf die Frage, ob bzw. inwieweit eine Norm tatsächlich verwirklicht, das heißt zum Bestimmungsgrund menschlicher Verhaltensweisen und sozialer Verhaltensmuster wird. Hinsichtlich der Mitbestimmung fragt die Rechtssoziologie zum Beispiel, ob alle unter das Gesetz fallenden Unternehmen den Aufsichtsrat tatsächlich paritätisch mit Vertretern der Anteilseigner und der Arbeit-

---

[1] Weitergehende rechtsphilosophische und rechtstheoretische Geltungsbegriffe müssen hier ausgeklammert bleiben.
[2] Siehe Abschnitt 11 III.
[3] Vgl. *Raiser*, Bewährung des Mitbestimmungsgesetzes nach zwanzig Jahren, FS Kübler 1997, 477; *ders.*, Wirkungen des Mitbestimmungsgesetzes, in: Lübbe-Wolff (Hrsg.), Wirkungsforschung zum Recht, 1999.

nehmer besetzt und ob sie das im Gesetz vorgeschriebene Wahlverfahren befolgt haben, weiter, welche Auswirkungen die Mitbestimmung auf die Entscheidungsprozesse im Unternehmen, die volkswirtschaftliche Entwicklung und den sozialen Frieden hat. Im soziologischen Sinn gilt eine Norm daher in dem Maße, als sie befolgt wird, das heißt, wie *Max Weber* es ausgedrückt hat, als die Menschen „bestimmte Ordnungen als geltend subjektiv ansehen und praktisch behandeln, also ihr eigenes Handeln an ihnen orientieren"[4]. Nach der Lehre *Ehrlichs* beschäftigt sich der soziologische Geltungsbegriff mit dem *lebenden Recht* im Gegensatz zu den Rechtssätzen[5]. Geltung meint hier also soviel wie *Wirklichkeit* oder *Wirksamkeit* der Norm. Es geht um die *Seinsgeltung*. Diese kann – ungeachtet der dabei auftretenden technischen Schwierigkeiten – prinzipiell empirisch festgestellt werden.

2. *Verhaltensgeltung und Sanktionsgeltung*

Bei näherem Zusehen muss der Begriff allerdings weiter differenziert und präzisiert werden. Eine Norm gilt zunächst dann, wenn sich die Normadressaten freiwillig nach ihr richten, wobei es für den Begriff keine Rolle spielt, ob sie dies bewusst und im eigenen Interesse, nur aus Furcht vor der bei Verletzung der Norm drohenden Sanktion oder nur aus Gewohnheit tun, vielleicht sogar, ohne die Norm selbst zu kennen. In diesem Fall kann man von *Verhaltensgeltung* sprechen[6]. Die Norm gilt in einem erweiterten Sinn aber auch dann, wenn sich die primären Normadressaten zwar nicht freiwillig an sie halten, wohl aber die Sanktionsinstanzen, indem sie den Normbrecher zu normgetreuem Verhalten zwingen oder sein abweichendes Verhalten bestrafen. Wir haben es dann mit der *Sanktionsgeltung* zu tun. Die Gesamtgeltung setzt sich danach aus Verhaltens- und Sanktionsgeltung zusammen. Umgekehrt gilt eine Norm nicht, soweit sie weder befolgt noch der Normbruch geahndet wird.

Genau genommen macht es noch einen Unterschied aus, ob das normgemäße Verhalten selbst durchgesetzt wird oder ob dies nicht (mehr) möglich ist, gegen den Normbrecher aber eine Rüge ausgesprochen, eine Strafe verhängt wird oder er Schadensersatz leisten muss. Ob auch der letztere Fall in den Geltungsbegriff einbezogen wird, ist wieder eine Frage der Zweckmäßigkeit und der wissenschaftlichen Konvention, über die keine Einigkeit besteht[7]. Für unsere Zwecke genügt es, auf den Unterschied auf-

---

[4] Vgl. das Zitat oben Abschnitt 7 II 3.
[5] Siehe Abschnitt 6 II 3.
[6] Vgl. *Popitz*, Die normative Konstruktion von Gesellschaft, 64 ff.; *Röhl*, Rechtssoziologie, 244.
[7] Während zum Beispiel *Geiger* (Vorstudien 27 ff.) und *Popitz* aaO auch im letzteren Fall von der Geltung der Norm sprechen, ziehen *Garrn* Schrifttumsverzeichnis), 161 ff. und *Noll* (Schrifttumsverzeichnis), 259 den engeren Begriff vor.

merksam zu machen, ohne dass zwischen den beiden Alternativen entschieden werden müsste.

3. Die Effektivitätsquote

Der so gefasste soziologische Geltungsbegriff bietet zwei wichtige Vorzüge, die ihn für empirische Untersuchungen geeignet machen: er bezieht sich im Gegensatz zum juristischen Geltungsbegriff auf eine *quantitative, statistisch fassbare Größe*, und er ist einfach gebaut und daher leicht zu handhaben. Eine Vorschrift gilt zu 80%, wenn sie in fünf von zehn Fällen befolgt und der Normbruch in drei weiteren verfolgt wird. Die Verhaltensgeltung beträgt dann 50%, die Sanktionsgeltung 30%, die Nichtgeltung 20%. Es ist *Theodor Geigers* Verdienst, diesen Sachverhalt für die Rechtssoziologie ausgearbeitet zu haben. Er sprach von der *Effektivitätsquote*[8]. Das Modell lässt sich auch flexibel handhaben, indem zum Beispiel nur die Verhaltens- oder nur die Sanktionsgeltung untersucht werden. In der Kriminologie spielt die Ermittlung der *Dunkelziffer* bestimmter Verbrechen eine herausragende Rolle. Dabei geht es um den Anteil der Fälle, die nicht bekannt werden oder nicht aufgeklärt werden können. In anderem Zusammenhang kann es sich darum handeln, wie viele der aufgeklärten Fälle nicht zu einer Bestrafung des Täters führen, weil die Strafverfolgungsbehörden nicht rechtzeitig tätig wurden oder ein Interesse an der Verfolgung verneinen.

Die soziologische Geltung einer Norm beträgt nur in einem theoretischen Grenzfall null Prozent, weil es keinen Sinn hätte, eine Vorschrift zu erlassen, die in keinem Fall befolgt oder durchgesetzt wird. Auf der anderen Seite wird sie aber auch nie 100% erreichen. Denn es ist ein Zeichen der menschlichen Handlungsfreiheit, dass Abweichungen möglich sind und regelmäßig mit ihnen zu rechnen ist. Wo die Geltung auf der Skala zwischen diesen Endpunkten liegt, hängt von den Umständen des Einzelfalls ab und kann daher stark variieren. Eine generell hohe Effektivitätsquote lässt auf eine von den Mitgliedern anerkannte und stabile Gesellschaft schließen, eine niedrige auf ein hohes Maß von Unzufriedenheit, Instabilität und Kriminalität.

4. Die Geltungschance

Die tatsächliche Geltung einer Norm lässt sich statistisch exakt nur für die Vergangenheit und für einen abgeschlossenen Sachverhalt feststellen. Ihr können wir die Geltungschance gegenüberstellen, das heißt die Prognose darüber, in welchem Ausmaß eine Vorschrift künftig voraussichtlich befolgt werden wird oder durchgesetzt werden kann. Vor allem der Gesetzgeber, der

---

[8] Vorstudien 242.

ein neues Gesetz vorbereitet, ist gut beraten, wenn er prüft und sich Rechenschaft darüber ablegt, ob eine in Aussicht genommene Regelung auch erfolgversprechend ist, und was er gegebenenfalls tun muss, um ihre Geltungschance zu erhöhen.

Es hat keinen Sinn, eine generelle Höchstgeschwindigkeit von 100 km/h auf Autobahnen vorzuschreiben, wenn die Polizei nicht in der Lage oder nicht bereit ist, die Einhaltung der Vorschrift dicht genug zu überwachen und streng zu verfolgen, weil sich freiwillig nach aller Erfahrung nur ein kleiner Teil der deutschen Autofahrer an eine solche Vorschrift halten würde. Wie oft der Gesetzgeber diese an sich selbstverständliche Prognosepflicht außer acht lässt, soll hier nicht weiter untersucht werden.

Taucht in einem konkreten Streitfall eine zweifelhafte Rechtsfrage auf, so hat auch jeder Rechtsanwalt, bevor er zum Prozess rät, ein „*Verbindlichkeitskalkül*"[9] anzustellen, also zu prüfen, wie hoch er die Chance einschätzt, dass das Gericht die für seinen Mandanten günstige Rechtsansicht teilen wird. Die Situation hat den großen amerikanischen Juristen und Verfassungsrichter *Oliver Wendell Holmes* zu der berühmt gewordenen Äußerung veranlasst, dass Recht nichts anderes sei als „*the prophecies of what the courts will do in fact*"[10].

5. Anwendungsbereich und Grenzen des empirischen Geltungsbegriffs

Der dargelegte Geltungsbegriff setzt Vorschriften voraus, die einen eindeutigen und bestimmten Befehl enthalten[11]. Sein Vorbild sind Strafvorschriften, die sich als *Verbote* darstellen, wie: du sollst nicht töten, stehlen, betrügen; ferner Gebote, zum Beispiel: geschlossene Verträge zu erfüllen, im Straßenverkehr Sicherheitsgurte anzulegen, die Steuererklärung zutreffend abzugeben und die geschuldeten Steuern zu zahlen, Schutzvorschriften zugunsten der Umwelt, der Arbeitnehmer oder der Verbraucher einzuhalten usw. Mit solchen primären Befehlen verknüpft *Geigers* Modell die ebenso *eindeutige Anweisung an die Sanktionsinstanzen*, Normverletzer auf bestimmte Weise zu verfolgen. Dagegen passt das Modell für allgemeinere Regelungen nicht oder jedenfalls nur bei speziellen Fragestellungen. So kann man nach der Realität der Vorschriften über den Versuch, den strafrechtlichen oder zivilrechtlichen Fahrlässigkeitsbegriff oder den Fehlerbegriff im Sachmängelrecht sinnvoll nur fragen, wenn man Interpretationsspielräume voraussetzt und festzustellen versucht, ob sie von verschiedenen Instanzen unterschiedlich angewandt werden. Dies ist aber zunächst eine hermeneutisch-juristische Fra-

---

[9] So wiederum der Ausdruck von *Geiger* aaO 237 ff.
[10] Vgl. das in Abschnitt 3 II 3 voll abgedruckte Zitat.
[11] Vgl. zum Folgenden besonders. *Raiser* (Schrifttumsverz.), 47 ff.; ferner *Rottleuthner*, Einführung, 55 ff., 71; *Röhl*, Rechtssoziologie, 243 f.

ge. Eine empirisch-soziologische Dimension erlangt sie erst, wenn bestimmte Interpretationstypen gebildet und quantifiziert werden. Bei den vom Zivilrecht angebotenen Vertragstypen, dinglichen Rechten und Rechtsinstituten des Familien- und Erbrechts kann gefragt und gegebenenfalls statistisch erhoben werden, ob und in welchem Ausmaß die Menschen von dem vom Gesetzgebers vorgegebenen Modell Gebrauch machen, ob sie auch die dispositiven Einzelregelungen des Gesetzes übernehmen oder ob sie andere Gestaltungsformen ersinnen, weil das dispositive Gesetzesrecht ihren Bedürfnissen nicht genügt[12].

Beispiele: Das BGB stellt in der Verkehrshypothek, der Sicherungshypothek, der Namensgrundschuld und der Inhabergrundschuld vier verschiedene Grundpfandrechte zur Verfügung, von denen die Verkehrshypothek nach der gesetzlichen Regelung ganz im Vordergrund steht. In der Praxis hat die Namensgrundschuld dagegen die Hypothek längst vom ersten Platz verdrängt. Die Inhabergrundschuld kommt nicht mehr vor, woraus *Arthur Nußbaum* schon zu Beginn des 20. Jahrhunderts die Forderung abgeleitet hat, den juristischen Scharfsinn nicht solchen „abstrakten und weltfremden Gebilden der Rechtsdogmatik" zuzuwenden[13]. Hinzu gekommen ist dagegen die von den beratenden Juristen entwickelte Figur der Sicherungsgrundschuld, deren Anerkennung in der Rechtsprechung erst durchgesetzt werden musste. – Die ausführliche Regelung des Mobiliarpfandrechts im BGB (§§ 1204 bis 1296) hat praktische Bedeutung nur noch für Pfandleiher und für die Verpfändung von Wertpapieren. Für den Wirtschaftsverkehr ist sie unbrauchbar, weil sie den unmittelbaren Besitz an der verpfändeten Sache voraussetzt, und wurde deshalb von der Sicherungsübereignung verdrängt, bei welcher der mittelbare Besitz des Sicherungsnehmers genügt. – In der Gegenwart stoßen Fragen auf Interesse, auf wie viele legale Eheschließungen eine nichteheliche Lebensgemeinschaft kommt, wie in diesen die Beziehungen zwischen den Partnern tatsächlich geregelt werden oder wie viele Ehen wieder geschieden werden.

Vollends reicht das Effektivitätsmodell nicht aus, um die Erfüllung komplexer Regelungsprogramme der Gesellschaftssteuerung, wie sie für das moderne *Verwaltungs-, Steuer-* und *Sozialrecht* charakteristisch sind, empirisch nachzuprüfen.

Zur Reinhaltung der Gewässer bedarf es nicht nur des gesetzlichen Immissionsverbots, sondern auch geeigneter Reinigungsfilter, Abwasserkanäle, kommunaler Kläranlagen, des Anschlusszwangs und der erforderlichen finanziellen Hilfen und Vergünstigungen. Ferner müssen die mit dem Vollzug der Vorschriften betrauten Behörden fähig und willens sein, die im Gesetz vorgesehenen Durchführungsmaßnahmen zu ergreifen oder bei den betroffenen Personen durchzusetzen. Man kann zwar statistisch erheben, wie hoch die Effektivitätsquote des Immissionsverbots ist, sofern sich die praktischen Schwierigkeiten einer solchen Untersuchung überwinden lassen. Letztlich kommt es aber darauf an, ob die gebündelten Maßnahmen zu dem Erfolg führen, dass der Reinheitsgrad der Gewässer wieder zunimmt. Um derartigen Fragen

---

[12] Vgl. *Raiser* aaO 57ff.
[13] Vgl. *Nußbaum*, Die Rechtstatsachenforschung (Abschnitt 2 II 1), 24f.

nachzugehen, ist in der rechtssoziologischen Wirkungsforschung ein breiterer Ansatz notwendig[14].

Des weiteren setzt *Geigers* Effektivitätsmodell voraus, dass die Fragen, ob eine Normverletzung vorliegt und ob eine Sanktion erfolgt ist, alternativ mit ja oder nein beantwortet werden können. Abstufungen der Normtreue und der Reaktion auf die Normverletzung kann es nicht aufgreifen; Versuche, solche Annäherungen und Grade zu quantifizieren, um sie rechnerisch berücksichtigen zu können, sind zwar theoretisch nicht ausgeschlossen, führen aber leicht in die Irre.

Die Effektivitätsquote einer Geschwindigkeitsbeschränkung im Straßenverkehr auf 30 km/h lässt sich nur feststellen, wenn unter der Voraussetzung gezählt wird, dass jeder, der auch nur 31 km/h fährt oder doch jenseits einer exakt fixierten Toleranzspanne liegt, gegen das Verbot verstößt. Nun reduziert zwar eine große Zahl von Fahrern ihr Tempo, aber doch nur auf vielleicht 40 oder 50 km/h[15]. Ist die Beschränkung auf 30 km/h in solchen Fällen wirksam oder nicht? Statistisch wäre es auf verschiedene Weise möglich, derartige Annäherungen an das gebotene Verhalten zu berücksichtigen, doch verzerren alle Verfahren die Ergebnisse sehr erheblich.

Nicht zuletzt stößt das Quotenmodell auf prinzipielle Grenzen, wenn die Gesamtzahl der relevanten Situationen nicht bestimmbar ist. Der Anteil der Autofahrer, die bei Rotlicht über eine Kreuzung fahren, lässt sich zählen, wenn die Kreuzung lang genug ständig beobachtet wird. Wie viele Menschen ihre Steuererklärung „frisieren", kann dagegen nicht genau ermittelt werden. Vollends wäre es verfehlt, die Effektivität des Gebots: „du sollst nicht töten" dadurch bestimmen zu wollen, dass der Berechnung die Zahl der Fälle zugrunde gelegt wird, in denen das Gebot eingehalten wurde. Hier ist schon theoretisch unsicher, worauf abgestellt werden müsste, denn die Situationen, in denen ein Mord oder Totschlag in Betracht kommt, heben sich vom allgemeinen Strom des Geschehens nicht erkennbar ab. In solchen Fällen muss die Wissenschaft daher zu Hilfslösungen greifen. Sie fragt zum Beispiel, wie viele Tötungsfälle in einem Gebiet pro Jahr auf 100 000 Einwohner entfallen. Bei anderen Fragestellungen ist es immerhin möglich, die einschlägige Größenordnung aufgrund einer repräsentativen Befragung zu ermitteln.

II. Symbolische Geltung von Normen

Schrifttum: siehe bei I.

Die Lehre von der Effektivität entspringt einem instrumentellen Verständnis sozialer und rechtlicher Vorschriften als eines Mittels zur Verhaltenssteue-

---

[14] Vgl. *Winter, Gerd*, Das Vollzugsdefizit im Wasserrecht, 1975. Siehe auch unten III.
[15] Beispiel nach *Röhl*, Rechtssoziologie, 246.

rung, und sie legt eine vereinfachte Betrachtungsweise zugrunde, wonach direkte Normbefehle die wesentlichen Ursachen dafür sind, wie sich die Menschen verhalten. In der Regel ist es jedoch damit nicht getan, denn es ist ausgeschlossen, alles und jedes durch Befehl zu regeln, und es wäre auch unerträglich, die Menschen auf diese Weise gängeln zu wollen. Aufgabe sozialer und rechtlicher Normen ist es deshalb auch, auf die Wertvorstellungen einzuwirken, welche die Menschen ausbilden und an denen sie sich in ihrem Verhalten und in ihrem sozialen Urteil dann orientieren. Je besser es gelingt, die Überzeugung zu wecken, dass eine Regelung billigenswert ist, desto eher kann damit gerechnet werden, dass sie auch, und zwar freiwillig, befolgt wird. Die Rechtssoziologie spricht insoweit von den *symbolischen Funktionen* des Rechts.[16] Sie versteht Symbole als Leitbilder und Muster normtreuen Verhaltens, die meinungsbildend und erziehend wirken und insofern an die Akzeptanz der Normadressaten appellieren.

Die symbolische Bedeutung einer Vorschrift steht neben der instrumentellen. Sie wird um so wichtiger, je weniger es in einem bestimmten Zusammenhang möglich ist, spezielle Gebote und Verbote aufzustellen, weil die Komplexität und mangelnde Programmierbarkeit gesellschaftlicher Abläufe dazu nötigt, die normativen Vorgaben offen und auf einer hohen Stufe der Abstraktion zu formulieren, oder je weniger Mittel zur Verfügung stehen, die Norm zwangsweise durchzusetzen. Vorschriften mit einem starken symbolischen Gehalt sind alle Grundrechtsartikel. Im Zivilrecht gehören vor allem die Generalklauseln hierher, nach denen im allgemeinen Geschäftsverkehr und im wirtschaftlichen Wettbewerb Treu und Glauben und die guten Sitten zu beachten sind (§§ 138, 242, 826 BGB). Einen hohen Symbolgehalt weisen nicht zuletzt die Kernvorschriften des allgemeinen Strafrechts auf. Kommt es zu einem Gerichtsverfahren, in dem das Urteil auf eine dieser Vorschriften gestützt und dann durchgesetzt wird, erlangen sie zugleich auch eine Sanktionsgeltung.

So verbinden sich zum Beispiel in den Strafbestimmungen über den Schwangerschaftsabbruch instrumentelle und symbolische Elemente, denn sie enthalten zum einen das direkte Verbot der Abtreibung, wenn die gesetzlichen Zulässigkeitsvoraussetzungen nicht erfüllt sind, verbunden mit der Anweisung an die Strafverfolgungsinstanzen, Verstöße zu bestrafen. Zum anderen bringen sie die allgemeine Ächtung der Schwangerschaftsunterbrechung als mit der normativen Ordnung der Gesellschaft nicht vereinbar zum Ausdruck. In der öffentlichen Diskussion und im Bundestag wurde primär über diesen symbolischen Charakter gestritten. Auch das Bundesverfassungsgericht hat ihn herausgestellt, wenn es im ersten Urteil zum Schwangerschaftsabbruch ausführt, das Gesetz sei nicht nur Instrument zur Steuerung gesellschaftlicher Prozesse nach soziologischen Erkenntnissen und Prognosen, sondern auch „bleibender Aus-

---

[16] Vgl. statt aller *Kindermann*, Symbolische Gesetzgebung, in: *Grimm/Maihofer*, Gesetzgebungstheorie und Rechtspolitik, 1988, 222. Siehe dazu schon Abschnitt 11 IV 7.

druck sozialethischer und – ihr folgend – rechtlicher Bewertung menschlicher Handlungen"; es wolle sagen, was für den einzelnen Recht und Unrecht sei[17]. Auch sonst erfüllt die öffentliche und politische Erörterung vor der Verabschiedung wichtiger neuer Gesetze häufig vor allem symbolische Funktionen.[18]

Von der *symbolischen Geltung* einer Norm im soziologischen Sinn kann demgemäß gesprochen werden, wenn sich feststellen lässt, dass die Menschen sie sich zu eigen gemacht haben und ihr folgen. Empirisch kann der Sachverhalt mit den Mitteln der Meinungsbefragung untersucht werden, wobei allerdings die Schwierigkeit, komplexe innere Wertvorstellungen aufzuklären, nicht unerhebliche praktische Hindernisse bereitet[19]. Ebenso ist es auf dieser Grundlage statistisch möglich, eine Effektivitätsquote der symbolischen Geltung zu ermitteln. Instrumentelle und symbolische Geltungsquote können auseinanderfallen. Dies ist einerseits dann der Fall, wenn eine Vorschrift auf geringe Akzeptanz in der Bevölkerung stößt, aber mit harten Sanktionen durchgesetzt wird, andererseits, wenn sich eine Norm oder die mit ihr verbundene Sanktion nicht zur zwangsweisen Durchsetzung eignen, die Norm aber gleichwohl auf hohe Zustimmung in der Bevölkerung trifft.

III. Wirksamkeit und Wirkung rechtlicher Programme

Schrifttum: *Aubert, Vilhelm*, From „Rechtsstaat" and the „Rule of Law" to the „Welfare" or „Regulatory State", ZfRSoz 1985, 274; *Blankenburg, Erhard*, Rechtssoziologie und Rechtswirksamkeitsforschung – Warum es so schwierig ist, die Wirksamkeit von Gesetzen zu erforschen, in: *Plett/Ziegert* (Hrsg.), Empirische Rechtsforschung zwischen Wissenschaft und Politik, 1984, 45; *Blankenburg/Voigt* (Hrsg.), Implementation von Gerichtsentscheidungen, Jahrbuch für Rechtssoziologie und Rechtstheorie Bd. 11, 1987; *Bryde, Brun Otto*, Die Effektivität von Recht als Rechtsproblem, 1993; *Hill, Hermann*, (Hrsg.) Wirkungsforschung zum Recht – Verwaltung als Adressat und Akteur, 1999; *Hoffmann-Riem, Wolfgang*, Zur notwendigen Verbindung von Effektivitäts- und Implementationsforschung, in: *Hoffmann-Riem/K.A. Mollnau/H. Rottleuthner* (Hrsg.), Rechtssoziologie in der Deutschen Demokratischen Republik und in der Bundesrepublik Deutschland, 1990, 126; *Hof, Hagen/Lübbe-Wolff, Gertrude* (Hrsg.), Wirkungsforschung zum Recht, 1999; *Raiser, Thomas*, Wirksamkeit und Wirkung von Zivilrechtsnormen, in *Raiser/Voigt* (Hrsg.), Durchsetzung und Wirkung von Rechtsentscheidungen 1990, 47; *Schulte, Martin*, Wirkungsforschung zum Recht – Folgen von Gerichtsentscheidungen, 1999; *Voigt, Rüdiger*, Politik und Recht, 1990; *Ziegert, Klaus A*, Zur Effektivität der Rechtssoziologie – die Rekonstruktion der Gesellschaft durch Recht, 1975.

---

[17] BVerfGE 39, 1, 59. Zu den mit einer lediglich symbolischen Gesetzgebung verbundenen verfassungsrechtlichen Problemen vgl. *Bryde*, Die Effektivität von Recht als Rechtsproblem, 1993.
[18] Vgl. das unten III 3 dargestellte Beispiel der norwegischen Hausangestellten.
[19] Zur sogenannten KOL-Forschung vgl. unten IV 3.

1. Normbefehl und mittelbare Normzwecke

Die Frage nach der Effektivitätsquote einer Norm führt, wie wir gesehen haben, nur insoweit zu aussagekräftigen und messbaren Ergebnissen, als die Norm einfache und direkte Verhaltensanweisungen an die Rechtsgenossen und an die Sanktionsorgane aufstellt, deren Erfüllung sich leicht nachprüfen lässt. Wie viele Fälle von Mord und Totschlag pro 100000 Einwohner im Jahr auftreten, wie viele davon von den Strafverfolgungsorganen aufgeklärt und in wie vielen Fällen die Täter bestraft werden, lässt sich ungeachtet praktischer Schwierigkeiten statistisch ermitteln. Doch verfolgen schon die Vorschriften des Strafgesetzbuchs über Mord und Totschlag, die dem Modell der einfachen Verbots- bzw. Gebotsnorm besonders nahekommen, darüber hinaus den symbolischen Zweck, die Tötung von Menschen sozial zu ächten und potentielle Mörder von der Tat abzuschrecken. Anhaltspunkt dafür, inwieweit sie diese mittelbaren Zwecke erfüllen, ließen sich allenfalls durch breit angelegte Meinungsbefragungen gewinnen, deren Ergebnis aber noch nichts über das tatsächliche Verhalten der Befragten aussagen würde. Vollends führt die Effektivitätsforschung nicht weiter, wenn gefragt wird, was der Staat außer dem Erlass einschlägiger Gesetze sonst noch alles tun muss, um die Zahl der Kapitalverbrechen zu verringern. Ob zum Beispiel die Todesstrafe eine abschreckende Wirkung entfaltet und infolge ihrer Abschaffung die Zahl der Mordfälle steigt, ist bekanntlich Gegenstand ständiger Meinungsverschiedenheiten.

In der Gegenwart sind Gesetze, die sich nicht darin erschöpfen, bestimmte Verhaltensweisen anzuordnen, sondern weiter reichende politische Ziele verfolgen, die Regel. Sie sind ein Kennzeichen des modernen Sozialstaats, der es als seine Aufgabe ansieht, das gesellschaftliche und wirtschaftliche Leben zu steuern, und der, neben anderen Mitteln, namentlich neben Geld, das Recht dazu einsetzt. Rechtsvorschriften, welche derartigen Zwecken dienen, kann man als *regulatorisches Recht* bezeichnen[20]. Es liegt auf der Hand, dass sie hoch komplexe gesellschaftliche Prozesse auslösen und es daher eine durchaus prekäre Frage ist, ob sie die angestrebten Ziele erreichen.

Beispiele für den Sachverhalt sind in allen Rechtsbereichen leicht zu finden. Wieviel Prozent aller Autofahrer die gesetzliche Pflicht, *Sicherheitsgurte* anzulegen, ernst nehmen, interessiert nicht um seiner selbst willen, sondern nur im Licht der Absicht, mit Hilfe der Gurtanlegepflicht die Zahl der schweren Unfallverletzungen zu vermindern. Das Sozialgesetzbuch III enthält eine Vielzahl von arbeits- und sozialrechtlichen Vorschriften. Der Zweck aller dieser Maßnahmen liegt darin, die Bereitschaft der Unter-

---

[20] Vgl. *Teubner*, Verrechtlichung – Begriffe, Merkmale, Grenzen, Auswege, in: *Kübler* u.a. (Hrsg.), Verrechtlichung von Wirtschaft, Arbeit und sozialer Sicherheit, 1984, 289, 304ff., 313; *Aubert* ZfRSoz 1985, 274.

nehmen zum Abschluss neuer Arbeitsverträge zu verstärken und so der Arbeitslosigkeit entgegenzuwirken. Die *paritätische Mitbestimmung* in Großunternehmen sollte nicht einigen tausend Arbeitnehmerfunktionären einträgliche Pfründen verschaffen, sondern die Arbeitnehmerschaft durch ihre Repräsentanten in die unternehmerischen Entscheidungen einbeziehen und letztlich die Demokratie in der Wirtschaft voranbringen[21].

Im *Gesetz gegen Wettbewerbsbeschränkungen* wirkt sich das wenig präzise Ziel des Gesetzgebers, den Wettbewerb in der Wirtschaft sicherzustellen, in der Offenheit und Unschärfe der gesetzlichen Tatbestände aus. So untersagt § 19 GWB marktbeherrschenden Unternehmen den Missbrauch ihrer Marktmacht, wobei die maßgebenden Begriffe der Marktbeherrschung und des Missbrauchs zwar durch Beispiele und Vermutungen eingeschränkt, jedoch keineswegs definiert werden. Gemäß § 36 GWB ist ein Zusammenschluss von zwei oder mehreren Unternehmen zu untersagen, sofern „zu erwarten ist, dass er eine marktbeherrschende Stellung begründet oder verstärkt", es sei denn, dass „durch den Zusammenschluss auch Verbesserungen der Wettbewerbsbedingungen eintreten und dass diese Verbesserungen die Nachteile der Marktbeherrschung überwiegen". Durch solche Vorschriften überträgt der Gesetzgeber den Kartellbehörden die Aufgabe, das Ziel des Wettbewerbsschutzes selbst zu Ende zu denken und zu präzisieren, bevor sie die Norm auf einzelne Fälle anwenden können.

Den unmittelbaren Gesetzesbefehl überschießende politische Zielvorstellungen und Programme kennzeichnen weiter auch die meisten Vorschriften des *Verwaltungsrechts*. Die allgemeine gesetzliche *Schulpflicht* genügt nicht, das Bildungsniveau der Bevölkerung zu heben. Vielmehr müssen auch Schulen gebaut und Lehrer angestellt werden. Um die *Sicherheit von Kernkraftwerken* zu gewährleisten, muss der Gesetzgeber auf den Stand von Wissenschaft und Technik Bezug nehmen (§ 7 Abs. 3 AtomG). Alle Vorschriften des *Umweltrechts* bezwecken den Schutz der natürlichen Lebensgrundlagen. Aufgabe der *Bauleitplanung* ist es, die „bauliche und sonstige Nutzung der Grundstücke in der Gemeinde ... vorzubereiten und zu leiten" (§ 1 BauGB). Die *Drogenkriminalität* kann nur in internationaler Zusammenarbeit und in der Vielzahl von aufeinander abgestimmten Maßnahmen wirksam bekämpft werden.

2. Implementations- und Evaluationsforschung

Ob gesellschaftssteuernde Gesetze die vom Gesetzgeber intendierten Ziele tatsächlich erreichen ist eine nicht nur wissenschaftlich interessante, sondern vor allem auch politisch hoch wichtige Frage. Trotzdem kümmerten sich lange Zeit weder die Politik noch die sozialwissenschaftliche Forschung um das Thema; war das Gesetz erst einmal verabschiedet, setzte man seine Durchführung vielmehr stillschweigend voraus. Die Haltung änderte sich erst, als seit dem Beginn der 1970er Jahre nicht nur Widerstände bei den Betroffenen,

---

[21] Vgl. den Mitbestimmungsbericht BT-Drucks IV/334, 18 ff., 46 ff.

sondern auch Reibungsverluste und Vollzugsdefizite auf der Ebene der Verwaltungsbehörden und anderer Ausführungsinstanzen offenkundig wurden. Daraus entstand der neue Forschungsschwerpunkt der *Implementationsforschung*, welche in einer betont instrumentellen Sicht Gesetze als Mittel der Sozialgestaltung betrachtet und die wissenschaftliche Aufgabe darin sieht, prospektiv oder retrospektiv die beim Gesetzesvollzug drohenden oder bereits eingetretenen Störungen zu untersuchen und weiter danach zu fragen, wie diese vermieden oder beseitigt werden können[22]. Wenig später hat sich das Forschungsinteresse auch auf die *Implementation von Gerichtsentscheidungen*, namentlich des Bundesverfassungsgerichts, ausgedehnt.[23] Aufgrund einer Fülle von empirischen Untersuchungen konnten inzwischen viele der Faktoren analysiert werden, welche auf den Vollzug der Rechtsakte einwirken, und auf diesem Weg zu einer Effektivierung des Rechts beigetragen. Darauf ist unter IV. zurückzukommen. An dieser Stelle soll nur erwähnt werden, dass sich in der Bundesrepublik die Ausführungszuständigkeit der Länder, also ein zentrales Element der bundesstaatlichen Ordnung, häufig als Hemmschuh für einen zügigen und effektiven Vollzug der Bundesgesetze und als Quelle für manche von den Sonderinteressen eines Landes veranlasste Modifikationen der mit einem Gesetz verfolgten Ziele des Bundes erweist.

Die *Evaluationsforschung* verfolgt gegenüber der Implementationsforschung eine noch breitere Perspektive, indem sie ihren Blickwinkel auch auf die gesamtgesellschaftlichen Folgen und Wertewirkungen eines Gesetzes ausdehnt und sich zur Aufgabe macht, dieses selbst im Licht der bei der Durch-

---

[22] Vgl. *Glagow/Willke* (Hrsg.), Dezentrale Gesellschaftssteuerung, 1997; *Mayntz* (Hrsg.), Vollzugsprobleme der Umweltpolitik, 1978; *dies.* (Hrsg.), Implementation politischer Programme, Bd. 1, 1980; Bd. 2, 1983; *Wollmann* (Hrsg.), Politik im Dickicht der Bürokratie. Beiträge zur Implementationsforschung, 1980; *Voigt* (Hrsg.), Recht als Instrument der Politik, 1986; *Grimm* (Hrsg.), Wachsende Staatsaufgaben – sinkende Steuerungsfähigkeit des Rechts, 1990; *Holtschneider*, Normenflut und Rechtsversagen, 1992; *Zeh, Wolfgang*, Wille und Wirkung der Gesetze. Verwaltungswissenschaftliche Untersuchungen am Beispiel des Städtebauförderungsgesetzes, Bundesimmissionsschutzgesetzes, Fluglärmgesetzes und Bafög, 1984, ferner die Nachweise im Schrifttumsverzeichnis bei III.

[23] Vgl. *Blankenburg/Voigt*, Implementation von Gerichtsentscheidungen, Jahrbuch für Rechtssoziologie und Rechtstheorie Bd. 11, 1987; *Blankenburg/Voigt/Gawron/Rogowski*, Zur Analyse und Theorie der Implementation von Gerichtsentscheidungen, DÖV 1986, 274; *Gawron/Rogowski*, Effektivität, Implementation und Evaluation. Wirkungsanalyse am Beispiel von Entscheidungen des BVerfG, ZfRSoz 1996, 177; *Gottwald*, Die Zivilrechtsalltagspraxis – Ein Findelkind der Implementationsforschung, in: *Raiser/Voigt* (Hrsg.), Durchsetzung und Wirkung von Rechtsentscheidungen, 1990, 66; *Ebsen*, Entscheidungsspezifische und adressatenspezifische Durchsetzungsbedingungen bei Judikate des Bundesverfassungsgerichts, in: *Raiser/Voigt* aaO 167; *Klenker*, Gesetzgebungsaufträge des Bundesverfassungsgerichts, 1993; *Pitschas*, Staatswissenschaftliche Analyse von Verfassungsgerichtsentscheidungen: Interdisziplinäre Effektivität, Implementations- und Evaluationsforschung als Grundlage einer folgenorientierten Verwaltungsrechtsdogmatik, in: *Raiser/Voigt* aaO 190ff.

führung gewonnenen Erfahrungen kritisch zu würdigen und zu verbessern.[24] Solche Erfolgskontrollen sind ein nützliches, wenngleich noch zu wenig gebrauchtes Instrument der Rückkoppelung mit dem Gesetzgeber. Ein erster Schritt dazu wird getan, wenn ein Gesetz von den Betroffenen verlangt, Berichte über den Vollzug seiner Vorschriften und über die dabei gemachten Erfahrungen zu erstatten, die dann gesammelt und von der Ministerialbürokratie oder von wissenschaftlichen Instituten ausgewertet werden.

Beispiele dafür sind der *Raumordnungsbericht* nach § 11 des Raumordnungsgesetzes oder der Bericht der Kommission zur Auswertung der Erfahrungen mit dem 1974/76 neu gefassten *Abtreibungsparagraphen*[25]. Bei Juristen beansprucht die Evaluation der 1971 an sieben Universitäten eingerichteten *einphasigen Juristenausbildung* Interesse. Der Bericht darüber kam zu keinem einheitlichen Ergebnis, weil die Bundesländer unterschiedliche Modelle der einphasigen Ausbildung realisiert hatten, die schwer zu vergleichen und nach einheitlichen Maßstäben zu beurteilen waren. Politisch blieb der einphasigen Ausbildung der Erfolg versagt, weil sich die Bundesländer 1984 vor allem aus Kostengründen darauf einigten, den Modellversuch abzubrechen und zur zweiphasigen Ausbildung zurückzukehren.[26]

Der allgemeine wissenschaftliche und politische Ertrag der Implementations- und Evaluationsforschung liegt darin, dass sie einen unreflektierten Optimismus hinsichtlich der Steuerbarkeit von Wirtschaft und Gesellschaft durch das Recht gebrochen und einer vorsichtigeren, dafür aber realistischeren Einschätzung den Weg geebnet haben. In der *theoretischen Rechtssoziologie* bieten *Luhmanns* Lehre der *autopoietischen sozialen Systeme* und deren gedankliche Zuspitzung in *Teuhners Theorie des regulatorischen Trilemma* dafür eine gedankliche Grundlage.[27] Diese Theorie unterscheidet drei Stufen: Ein im politischen System formuliertes und beschlossenes Programm muss zunächst in Gesetzesform gefasst und auf diesem Weg in das Rechtssystem übergeführt werden, um sodann in Gestalt der Rechtsvorschrift auf die Gesellschaft, das heißt auf das soziale System, einzuwirken. Jedes der drei Syste-

---

[24] *Weiss,* Evaluierungsforschung, 1974; *Hellstern/Wollmann* (Hrsg.), Handbuch der Evaluierungsforschung, Bd. 1, 1984; *Gawron/Rogowski* ZfRSoz 1996, 177.
[25] Vgl. BT-Drucks 8/3630 und dazu *Stößel,* Evaluationsuntersuchung zum Beratungsangebot im Schwangerschaftskonflikt, in: *Hellstern/Wollmann,* Experimentelle Politik, 1983, 343 ff.
[26] Vgl. *Enck,* Die „Bundesevaluation" aller einphasigen Jurastudiengänge, in: *Hellstern/Wollmann* aaO 358; *Webler,* Politikberatung durch Begleitforschung – Politische und forschungsmethodische Probleme am Beispiel der Juristenausbildung, ebenda 371 ff.; *Hassemer/Hoffmann-Riem/Limbach,* Juristenausbildung zwischen Experiment und Tradition, 1986.
[27] Zu *Luhmann* siehe: Das Recht der Gesellschaft, 154 ff.; *ders.,* Die Wirtschaft der Gesellschaft, 324 ff.; *ders.* ZfRSoz 1991, 142 und schon oben Abschnitt 9 II 6 und III 5; zu *Teubner,* Verrechtlichung – Begriffe, Merkmale, Grenzen, Auswege, in: *Kübler* (Hrsg.), Verrechtlichung von Wirtschaft, Arbeit und sozialer Solidarität, 1984, 289, 313 ff.; *ders.,* Das regulatorische Trilemma, Quaderni Fiorentini 13 (1984), 109; ähnlich auch *Willke,* Entzauberung des Staates. Überlegungen zu einer societalen Steuerungstheorie, 1983.

me folgt seinen eigenen autopoietischen Systemprozessen und ist deshalb immun gegen Anstöße von außen, die nicht systemspezifisch verarbeitet werden können. Das politische Programm kann deshalb auf zwei Stufen scheitern, zuerst, weil es die für die Übersetzung in Recht notwendigen Voraussetzungen nicht erfüllt, sodann, weil die Realisierung der Rechtsvorschrift an der Resistenz des sozialen Systems abprallt. Es kann aber auch sein, dass Rechtssystem und Sozialsystem zwar auf die Impulse reagieren, sie zugleich aber entsprechend ihrer Eigengesetzlichkeit umformen und damit paralysieren. *Teubner* empfiehlt als Ausweg aus dem Trilemma den Verzicht auf Versuche direkter staatlicher Intervention in die autonomen gesellschaftlichen und wirtschaftlichen Prozesse zugunsten von Vorschriften, die sich auf *Anstöße zur Selbstregulierung* beschränken, indem sie die Organisation, das Verfahren und die Verteilung von Steuerungsrechten bestimmen.

Einem solchen Steuerungspessimismus stehen freilich auch in der Gegenwart Theorien der Gesellschafts- und Wirtschaftssteuerung durch Recht gegenüber, was Gelegenheit zu wissenschaftlichen Disputen, aber auch zu politischem Streit darüber bietet, wie weit der Staat mit seinen Versuchen der Sozialgestaltung gehen kann und soll.[28] Eine eher pragmatische Einstellung wird davor warnen, das Kind mit dem Bade auszuschütten. Es besteht kein Grund, eine prinzipielle Unwirksamkeit staatlicher Interventionen in gesellschaftliche und wirtschaftliche Prozesse zu behaupten. Doch wäre es gleichfalls verfehlt, die Widerstände gegen die vollständige und unveränderte Realisierung politischer Programme aus dem Blick zu verlieren, die jeweils verschieden und von unterschiedlichem Gewicht sein können. Statt dessen kommt es darauf an, in jedem einzelnen Fall zu prüfen, welcher Art die Widerstände sind und ob eine Materie besser mit direkten Gesetzesbefehlen oder indirekt mit richtlinienartigen Gesetzen und in übrigen mit Zuständigkeits-, Organisations- und Verfahrensbestimmungen zu regeln ist. Namentlich in der Institutionenökonomik spielt auch der Gedanke eine wichtige Rolle, nicht nur mit Zielvorgaben, Geboten und Verboten zu arbeiten, sondern mit durch Gesetz geschaffenen *Anreizen*, welche die Normadressaten motivieren, um der dadurch erreichbaren Vorteile willen die gewünschten Handlungen vorzunehmen.

---

[28] Zur Kritik *Nahamowitz* ZfRSoz 1990, 137; *ders.*, ZfRSoz 1992, 271; *ders.*, Staatsinterventionismus und Recht. Steuerungsprobleme im organisierten Kapitalismus, 1998; *Rottleuthner* ARSP Beiheft 54, 1992, 123; *Schuppert*, Grenzen und Alternativen der Steuerung durch Recht, in: *Grimm* (Hrsg.), Wachsende Staatsaufgaben – sinkende Steuerungsfähigkeit des Rechts, 1990, 217.

3. Vorprogrammierte Unwirksamkeit

Die Unwirksamkeit oder doch mangelhafte Wirksamkeit eines Gesetzes kann darin ihre Ursache haben, dass das *Gesetz selbst unzulänglich* ist. Der Gesetzgeber kann versäumt haben, die Tatbestände und die sozialen Strukturen, auf die er einwirken will, hinreichend aufzuklären, so dass die Vorschriften von falschen Voraussetzungen ausgehen und deshalb ins Leere laufen. In anderen Fällen versäumt der Gesetzgeber, wirksame Sanktionen zur Durchsetzung seiner Vorschriften in das Gesetz aufzunehmen, geeignete Sanktionsinstanzen einzurichten oder die zur wirksamen Überwachung benötigten personellen und finanziellen Mittel bereitzustellen. Weiter gibt es *unklare* oder in sich *widersprüchliche Gesetze*, in denen mehrere Ziele in Konflikt zueinander liegen.

So haben zum Beispiel Vorstandsmitglieder einer Aktiengesellschaft bei ihrer Geschäftsführung die Sorgfalt eines ordentlichen und gewissenhaften Geschäftsleiters anzuwenden und sind bei Verletzung dieser Pflicht der Gesellschaft zum Schadensersatz verpflichtet (§ 93 AktG). Auf der anderen Seite muss ihnen eine weitgehende unternehmerische Freiheit belassen werden. Wo die Grenze zwischen pflichtwidrigem Handeln und unternehmerischem Ermessen verläuft, deutet das Gesetz seit der Ergänzung des § 93 AktG von 2005 wenigstens an, wenn es hinzufügt, „eine Pflichtverletzung liegt nicht vor, wenn das Vorstandsmitglied bei einer unternehmerischen Entscheidung vernünftigerweise annehmen durfte, auf der Grundlage angemessener Information zum Wohle der Gesellschaft zu handeln"[29]. Das Gesetz blockiert aber weiterhin die Verfolgung von Pflichtwidrigkeiten, indem es die Geltendmachung der Schadensersatzansprüche gegen Mitglieder des Vorstands dem Aufsichtsrat und gegen Aufsichtsratsmitglieder dem Vorstand in die Hand gibt, beide Organe aber erfahrungsgemäß regelmäßig vermeiden, gegeneinander Prozesse zu führen. Klagen der Aktionäre mit diesem Ziel waren bis 2005 zwar nicht ausgeschlossen, aber mit so hohen formalen Barrieren und Prozessrisiken versehen (§ 147 AktG), dass sie praktisch nicht vorkamen. Die Folge war, dass die Vorschriften über die Sorgfaltspflicht der Organmitglieder weitgehend auf dem Papier standen. Immerhin sind in den letzten Jahren einige einschlägige Verfahren in Gang gekommen.

Gelegentlich lässt sich sogar beobachten, dass die hinter einem Gesetz stehenden politischen Kräfte gar nicht ernstlich das Ziel verfolgten, die gesetzliche Regelung auch durchzusetzen, es ihnen vielmehr lediglich auf eine Demonstration ihres politischen Programms ankam. Denn es gehört zu den Schattenseiten der Demokratie, dass mehrere politische Gruppierungen mit unterschiedlichen Leitvorstellungen sich auf Formelkompromisse verständigen, die den Wunsch nach Einigung zwar äußerlich erfüllen, in der Sache jedoch die fortdauernden Divergenzen nicht überwinden.

---

[29] Fassung des § 93 Abs. 1 AktG durch das Gesetz zur Unternehmensintegrität und Modernisierung des Anfechtungsrechts (UMAG) vom 22. 9. 2005.

Ein eindrucksvolles und signifikantes Beispiel für einen derartigen Fall hat der norwegische Rechtssoziologe *Vilhelm Aubert* untersucht und in einem bekannt gewordenen Aufsatz beschrieben[30]. Im Jahr 1948 wurde in Norwegen ein Gesetz verabschiedet, das den arbeitsrechtlichen Schutz von Hausangestellten bezweckte und zu diesem Zweck den Zehn-Stunden-Tag, wöchentlich einen freien Nachmittag, eine Begrenzung der Überstunden und gesetzliche Kündigungsfristen vorschrieb. Einige Jahre nach dem Inkrafttreten des Gesetzes stellte *Aubert* die weitgehende Unwirksamkeit des Gesetzes fest. Er konnte dafür eine Reihe von Faktoren verantwortlich machen: Nur wenige Hausangestellte kannten das Gesetz. Seine Vorschriften waren schon sprachlich schwer verständlich. Es fehlte die öffentliche Verfolgung von Normverstößen. Strafen wurden nur für den Fall des wiederholten Verstoßes gegen das Gesetz trotz Protest der betroffenen Hausangestellten angedroht, obwohl diese aufgrund ihrer abhängigen Stellung in einem fremden Haushalt es sich regelmäßig nicht leisten konnten, gegen Gesetzesverstöße zu protestieren. *Aubert* suchte sodann nach den latenten Funktionen des Gesetzes. Er fand sie im Kompromissbedürfnis der beiden Koalitionsparteien im norwegischen Parlament. Die Arbeiterpartei wollte die Rechtsstellung der Hausangestellten verbessern und so dem Mangel an Frauen entgegenwirken, die den Beruf ergriffen. Dem wollten sich die Konservativen nicht entgegenstellen, jedoch war es ihr vorrangiges Ziel, Beschränkungen der Vertragsfreiheit möglichst zu vermeiden und die Position der Hausfrauen nicht zu verschlechtern. Beide Ziele wurden durch das Gesetz erreicht, das eine in Wirklichkeit, das andere auf dem Papier. Es drängt sich auf, nach gleichartigen Symbolgesetzen auch in der Bundesrepublik zu fragen.

Man hat auch für derartige Fälle der vorprogrammierten Unwirksamkeit eines Gesetzes den oben unter II eingeführten Begriff der *symbolischen Wirkung* aufgegriffen. Daran ist richtig, dass es im politischen Kräftespiel der Parteiendemokratie durchaus einen guten Sinn haben kann, wenn sich zwei Parteien mit divergierenden Programmen wenigstens pro forma auf eine gemeinsame Linie verständigen. Die durch das norwegische Hausangestelltengesetz von beiden Koalitionsparteien proklamierte Absicht, den als unzulänglich erkannten sozialen Schutz der Hausangestellten zu verbessern, konnte auch symbolische Wirkungen entfalten in dem Sinn, dass sich ungeachtet der mangelhaften Sanktionen die soziale Stellung der Hausangestellten verbesserte, weil die Bevölkerung auf das Problem aufmerksam gemacht wurde und ein von der öffentlichen Meinung getragener Druck entstand, der in diese Richtung wirkte. In der Tat hat *Aubert* bei einer Folgeuntersuchung nach sechs Jahren feststellen können, dass sich die Arbeitsbedingungen wenigstens leicht verbessert hatten, was freilich zum Teil auch damit zu erklären war, dass die Zahl der den Beruf der Hausangestellten ausübenden Frauen weiter zurückgegangen und der Markt sich daher zu ihren Gunsten verbessert hatte.[31]

---

[30] *Aubert* aaO (Schrifttumsverz.), 284 ff.
[31] AaO 302 ff.

In der rechtssoziologischen Terminologie sollte jedoch begrifflich zwischen symbolischer Wirkung eines Gesetzes und vorprogrammierter Unwirksamkeit unterschieden werden, denn sie unterscheiden sich sachlich. Diese bezieht sich auf die instrumentelle Funktion eines Gesetzes und besagt, dass der Gesetzgeber seiner selbst gesetzten Aufgabe nur unzureichend gerecht geworden ist, enthält also ein negatives Urteil. Der Begriff der symbolischen Geltung bezieht sich dagegen, wie dargelegt, auf einen ganz anders gearteten Wirkungszusammenhang.

4. Unerwünschte Wirkungen und Nebenfolgen

Je komplexer das vom Gesetzgeber geplante Normprogramm ist und je offener die zu seinem Vollzug erforderlichen Ausführungsmaßnahmen sind, desto größer wird die Gefahr, dass das Gesetz neben den oder statt der angestrebten Wirkungen ungeplante und unbeabsichtigte Nebenfolgen zeitigt.

Ein Beispiel aus dem vorrechtlichen Bereich ist das von *Spittler* beschriebene Phänomen der *Normdistanz*. Wenn die Lehrlinge in der beobachteten Restaurantküche, sobald sie unbeaufsichtigt sind, augenblicklich das Gegenteil dessen tun, was von ihnen erwartet wird, nämlich herumstehen, trödeln, sich unterhalten, Witze machen, aus allen Töpfen essen, ja sogar Ringkämpfe vollführen[32], so ist nicht nur die Effektivität der von dem Meisterkoch aufgestellten Verhaltensnormen gestört, sondern es fragt sich auch, wie sich das Ausflippen der Lehrlinge auf Ertrag und Stil der Zusammenarbeit und damit auf den Ausbildungserfolg im Ganzen auswirkt.

Im Steuerrecht ist die Kapitalflucht ins Ausland eine unerwünschte Nebenfolge einer als zu hart empfundenen Steuergesetzgebung. Im Bereich der Strafrechtspflege treten unerwünschte und rechtsstaatlich bedenkliche Nebenfolgen der Strafverfolgung im Phänomen der gesellschaftlichen Ächtung und *Stigmatisierung des Täters* hervor[33].

Wiederum lassen sich zahlreiche Beispiele aus dem Bereich des *Arbeits- und Wirtschaftsrechts* anfügen: Die Beschränkung der Haftung für Gesellschaftsschulden auf das Gesellschaftsvermögen bei der Aktiengesellschaft und der Gesellschaft mit beschränkter Haftung sollen zum Nutzen der gesamtwirtschaftlichen Produktivität und Innovationskraft den unternehmerischen Wagemut anregen. Leider ermöglichen sie aber auch die Gründung unseriöser Gesellschaften, die zum Schaden der Gläubiger und der Wirtschaft früher oder später wieder zusammenbrechen. Der rechtliche Schutz von Kunstwerken, Patenten, Warenzeichen usw. garantiert Künstlern und Erfindern den verdienten, auch von der Eigentumsgarantie des Grundgesetzes geforderten Lohn. Er reizt dadurch mittelbar die kreativen Kräfte an. Doch ermöglicht er nicht selten auch den Aufbau und die Nutzung wettbewerbswidriger und wirtschaftsschädlicher Monopole. Der Kündigungsschutz geriet in

---

[32] *Spittler*, Norm und Sanktion 68 ff., 73.
[33] Vgl. Abschnitt 13 III 4.

die politische Diskussion, nachdem sich herausgestellt hatte, dass viele Unternehmer infolge der gesetzlichen Kündigungsbeschränkungen bei unsicheren wirtschaftlichen Rahmenbedingungen darauf verzichteten, neue Arbeitnehmer einzustellen, weil ihnen das Risiko zu groß war, sie später nicht wieder loszuwerden. Auf diese Weise trug das Gesetz zur Steigerung der Arbeitslosigkeit bei. Die Subventionierung der Landwirtschaft durch die Europäische Union produziert Getreidehalden, Butterberge und Weinseen.

IV. Faktoren der Wirksamkeit

Schrifttum: *Blankenburg, Erhard*, Über die Unwirksamkeit von Gesetzen, ARSP 63, 1977, 31; *Blankenburg/Lenk*, Organisatorische Bedingungen des Gesetzesvollzugs, Jahrbuch für Rechtssoziologie und Rechtstheorie Bd. 7, 1980, 7; *Diekmann, Andreas*, Die Befolgung von Gesetzen, 1980; *Friedman, Lawrence M.*, Einige Bemerkungen zu einer allgemeinen Theorie des rechtsrelevanten Verhaltens, in: *Rehbinder/Schelsky* (Hrsg.), Zur Effektivität des Rechts, 1980, 206; *Noll, Peter*, Gründe für die soziale Unwirksamkeit von Gesetzen, in: *Rehbinder/Schelsky* aaO, 259; *Opp, Karl-Dieter*, Soziologie im Recht, 1973, 190; *Pichler/Giese*, Rechtsakzeptanz, 1993; *Podgórecki, Adam*, Dreistufen-Hypothese über die Wirksamkeit des Rechts; in: *Hirsch/Rehbinder* (Hrsg.), Studien und Materialien zur Rechtssoziologie, 1967, 271; *Rottleuthner, Hubert*, Grenzen rechtlicher Steuerung – und Grenzen von Theorien darüber, ARSP Beiheft 54, 1992, 123; *Ryffel, Hans*, Bedingende Faktoren der Effektivität des Rechts, in: *Rehbinder/Schelsky* aaO, 225.

Die allgemeinen Überlegungen zum Unterschied zwischen Normbefehl und mittelbaren Normzwecken, zu den Bedingungen der Realisierung von in Gesetzesform beschlossenen politischen Programmen, zu Effektivitäts-, Implementations- und Evaluationsforschung, zu vorprogrammierter Unwirksamkeit und zu unerwünschten Nebenfolgen von Gesetzen, über die wir im Vorigen berichtet haben, machen es nötig, die einzelnen Faktoren herauszuarbeiten, die auf die Wirksamkeit Einfluss nehmen, und ihre Interdependenz und Wirkungsketten zu analysieren. Dabei wird alsbald deutlich, dass es sich um hoch komplexe Zusammenhänge handelt, die sich auch allen Versuchen entziehen, sie mit einfachen Theorien in den Griff zu bekommen. Daher ist die Zahl der hierzu im politologischen und rechtssoziologischen Schrifttum vertretenen Lehren und Gliederungsschemata groß, und sie weisen beträchtliche Unterschiede auf.[34] Am weitesten verbreitet ist ein rational-utilitaristischer Ansatz, der davon ausgeht, dass alle Adressaten auf eine Norm so reagieren, wie es ihrem subjektiven Nutzen am besten entspricht[35]. Anschauli-

---

[34] Vgl. statt aller die im Schrifttumsverzeichnis genannten Arbeiten von *Podgórecki* 271 ff.; *Friedman* 206 ff.; Noll 265, weiter *Friedman*, Das Recht im Blickfeld der Sozialwissenschaften, Kapitel III–V; *Röhl*, Rechtssoziologie, 252 ff.; *Ryffel*, Rechtssoziologie, 251 ff.; *Cotterrell*, Sociology of Law, 59 ff.; ferner das zu III zitierte Schrifttum.

[35] Vgl. beispielhaft *Jost*, Effektivität von Recht aus ökonomischer Sicht, 1998.

cher und stärker auf die Brauchbarkeit für empirische Forschungen ausgerichtet ist demgegenüber ein von *Opp* vorgeschlagenes und von *Diekmann* und *Rottleuthner* weiterentwickeltes Modell zur Beschreibung der Inanspruchnahme von Gesetzen, das allerdings nur auf die Reaktionen der Bevölkerung ausgerichtet ist, die Durchführung der Gesetze von seiten der staatlichen Exekutivorgane jedoch nicht berücksichtigt[36]. Ein allgemein anerkanntes und verwendbares Modell der Faktoren, von denen die Wirksamkeit des Rechts abhängt, ihrer relativen Stärke und ihrer wechselseitigen Durchdringung gibt es nicht. Infolge der Vielgestaltigkeit der Vorschriften, der Tatbestände, welche diese regeln, und der Wege zu ihrer Verwirklichung dürfte es auch kaum möglich sein, ein solches Modell aufzustellen.

Angesichts solcher Schwierigkeiten begnügen wir uns im folgenden mit einem fünfgliedrigen Einteilungsschema, das nicht mehr als den heuristischen Dienst leistet, einen ersten Überblick über die relevanten Faktoren zu vermitteln, und das auch zu offen ist, als dass sich alle in Betracht kommenden Faktoren eindeutig zuordnen ließen. Unterschieden werden kann zwischen Wirksamkeitsfaktoren, die

– in der Sphäre der Norm und des Normgebers angesiedelt sind,
– im Bereich der Vollzugs- und Sanktionsinstanzen liegen,
– sich aus dem allgemeinen Rechtsbewusstsein der Bevölkerung und den anerkannten religiösen, moralischen und sozialen Normen und Wertvorstellungen ableiten,
– aus der Bezugsgruppe stammen, zu denen der Normaladressat gehört,
– in der Person des Normadressaten wurzeln.

1. Wirksamkeitsfaktoren aus der Sphäre der Norm und des Normgebers

Die Wirksamkeit eines Gesetzes hängt, wie das Beispiel des norwegischen Hausangestelltengesetzes belegt hat, zunächst von der eher rechtstechnisch-instrumentalen Voraussetzung ab, dass es *verständlich formuliert* und *auf geeignete Weise bekannt gemacht* wurde. Die Forderung versteht sich theoretisch von selbst, doch wird in der Praxis oft dagegen verstoßen. Was sie im einzelnen verlangt, lässt sich auch nicht ein für alle Mal sagen, sondern wird maßgeblich davon bestimmt, an welche Adressaten sich das Gesetz wendet.

Die sich primär an die ganze Bevölkerung richtenden Bestimmungen etwa der Grundrechte, des Strafrechts, des Familien- und Erbrechts und des Rechts der unerlaubten Handlungen sollten einfach und jedem verständlich formuliert sein. Zu ihrer Publikation genügt nicht die Veröffentlichung im Bundesgesetzblatt und in der Fachpresse, vielmehr ist dafür zu sorgen, dass sie, wenigstens in vergröberter Form, mit Hilfe der

---

[36] *Opp*, Soziologie im Recht, 190 ff., *Diekmann;* Befolgung von Gesetzen, 1980; *Rottleuthner,* Einführung, 62 ff. sowie *ders.*, ARSP Beiheft 54, 123.

Massenmedien das allgemeine Publikum erreichen. Die Problematik einer solchen Popularisierung liegt auf der anderen Seite darin, dass die einfache Ausdrucksweise häufig mit einem niedrigen Grad rechtstechnischer Präzision und Differenziertheit erkauft werden muss. Sie wird deshalb leicht unzulänglich, sobald es auf die Anwendung der Norm, namentlich im Rechtsstreit vor Gericht ankommt.

Wenn das Strafgesetzbuch sagt, „die Beleidigung wird mit Freiheitsstrafe bis zu einem Jahr oder mit Geldstrafe bestraft" (§ 185 StGB), so ist die Formulierung der Vorschrift zwar leicht verständlich, weil sie auf den allgemeinen Sprachgebrauch Bezug nimmt. Doch bestimmt sie den Begriff der Beleidigung nicht, sondern überlässt die Entscheidung darüber zunächst dem Betroffenen und, wenn es zum Prozess kommt, den Strafgerichten. Beim Betrug war ein gleiches Verfahren wegen der komplexen Struktur des Delikts nicht möglich, weshalb der Gesetzgeber in § 263 StGB zu einer schon einigermaßen komplizierten, dem Laien nur noch schwer verständlichen Formulierung greifen musste. Vollends geht die mehr als eine Druckseite lange Strafvorschrift des § 264 StGB zum Subventionsbetrug über den Horizont des allgemeinen Publikums hinaus.

Die Beispiele lehren, dass bei der Abfassung der Gesetze regelmäßig *Kompromisse* gefunden werden müssen. Auch die allgemeinen, für die ganze Bevölkerung bestimmten Rechtsvorschriften richten sich zugleich an die im Fall des Normbruchs tätig werdenden Sanktionsinstanzen, im Strafrecht also an Kriminalpolizei, Staatsanwaltschaften und Strafgerichte. Diese sind aufgrund ihrer Tätigkeit und beruflichen Vorbildung imstande, mit schwierigeren Rechtsvorschriften umzugehen als Laien. Auf der anderen Seite sind sie aber auf rechtstechnisch eindeutig und detailliert formulierte Vorschriften angewiesen, um den Geboten des Rechtsstaats, namentlich der Gewaltenteilung und der Bindung an das Gesetz genügen zu können. So kommt es beim Erlass neuer Gesetze in der Regel darauf an, einen gangbaren Mittelweg zwischen allgemeiner Verständlichkeit und rechtstechnischer Genauigkeit zu finden. In der Praxis der Bundesrepublik liegt der Akzent allerdings häufig so weit auf der Seite der rechtsstaatlichen Präzision, dass die Verständlichkeit der Gesetze und demgemäß auch die Bereitschaft, sie zu befolgen, bei der Bevölkerung Schaden nehmen.

Viele, wenngleich keineswegs alle *wirtschafts-* und *verwaltungsrechtlichen Vorschriften* können demgegenüber mit speziellen Fachkenntnissen und einem höheren Verständnishorizont der jeweils angesprochenen Adressaten rechnen. Auch soweit sie sich an juristische Laien wenden, fungieren bei ihnen Wirtschaftsverbände und die in ihnen tätigen Juristen regelmäßig als Informations- und Interpretationsmittler und erleichtern so die Verständigung. Daher kann sich der Gesetzgeber bei ihnen eher der juristischen Fachsprache bedienen und Wert auf rechtstechnische Perfektion legen. Es ist kein Zufall, dass zum Beispiel die Vorschriften des Aktiengesetzes oder vollends des Wertpapierhandelsgesetzes ungleich schwerer zu verstehen sind als die meisten Paragraphen des Strafgesetzbuchs. Noch höhere Anforderungen können

Vorschriften stellen, die sich von vornherein an Juristen wenden, wie große Teile der Prozessordnungen oder Verwaltungsvorschriften, die von Behörden durchgeführt werden müssen.

Zu den in der Sphäre des Gesetzgebers wurzelnden Wirksamkeitsfaktoren des Rechts gehören ferner gewisse *inhaltliche Voraussetzungen*. So muss der Gesetzgeber, wie bereits erwähnt, die Tatbestände hinreichend aufgeklärt haben, auf die er einwirken will. Die Annahmen und Prämissen, von denen er ausgeht, müssen zutreffen. Das von dem Gesetzgeber entwickelte Regelungsprogramm hat nur dann die Chance, akzeptiert oder durchgesetzt zu werden, wenn es an die vorhandenen Strukturen und Funktionszusammenhänge angepasst ist. Nicht zuletzt kann der Gesetzgeber bei in sich widersprüchlichen Vorschriften schwerlich auf eine wirksame Akzeptanz oder Durchsetzung hoffen.

2. Wirksamkeitsfaktoren im Bereich der Vollzugs- und Sanktionsinstanzen

Die Voraussetzungen wirksamer Sanktionen wurden bereits im 13. Abschnitt behandelt, weshalb an dieser Stelle dazu nur noch einige zusammenfassende Bemerkungen erforderlich sind. Die Sanktionen müssen sachlich geeignet und stark genug sein, die Normadressaten zu beeindrucken und ihren Widerstand zu überwinden. So hängt zum Beispiel die präventive Wirkung eines Verbotsgesetzes wesentlich von dem wahrgenommenen Risiko ab, bestraft zu werden, das heißt nicht nur von der Höhe der Strafandrohung, sondern vor allem auch vom Grad der Wahrscheinlichkeit, dass Tat und Täter entdeckt und verfolgt werden[37]. Auch die Stärke der als Folge der Tat zu erwartenden Stigmatisierung spielt eine Rolle. Es kommt daher zum einen darauf an, den Sanktionsapparat so zu organisieren, dass er erfolgreich arbeiten kann, zum andern, dass seine Tätigkeit hinreichend bekannt gemacht wird und im allgemeinen Bewusstsein präsent bleibt. Dagegen schmälert, wie *Popitz*[38] herausgearbeitet hat, eine hohe Dunkelziffer die Präventivwirkung nicht ohne weiteres, denn die Tabuwirkung eines Verbotes würde verwässert, wenn jedermann wüsste, wie häufig es tatsächlich übertreten wird. Eine niedrige Zahl von demonstrativen Verurteilungen genügt, die Geltung des Verbots in der Gesellschaft zu bekräftigen und seine abschreckende Wirkung zu entfalten.

Weitaus problematischer ist, wie die Implementationsforschung gezeigt hat (siehe oben III), die Realisierung sozialgestaltender Gesetze durch die Verwaltungsbehörden. Bei ihnen hängt die Art der Ausführung zunächst von dem Spielraum ab, den der Gesetzgeber selbst dafür gelassen hat. Finden sich

---

[37] Einzelheiten dazu bei *Opp*, Soziologie im Recht, 190ff.
[38] *Popitz*, Über die Präventivwirkung des Nichtwissens, 1968.

in dem Gesetz unbestimmte Rechtsbegriffe oder bleibt die Entscheidung dem Ermessen der Behörde freigestellt, so sind unterschiedliche Regelungen wahrscheinlich. So konnte zum Beispiel gezeigt werden, dass trotz der bundeseinheitlichen Regelung des Einbürgerungsrechts die Einbürgerungspraxis in den Bundesländern erheblich divergiert[39]. Mit voneinander abweichender Durchführung ist weiter auch deshalb zu rechnen, weil sowohl die ausführenden Bundesländer als auch die einzelnen zuständigen Behörden eigene Interessen und Wertvorstellungen damit verknüpfen. Nicht zuletzt kann die Verschiedenheit der angewandten Mittel zu Abweichungen und Vollzugsdefiziten führen.

3. Übereinstimmung mit den allgemeinen Wertvorstellungen der Bevölkerung als Wirksamkeitsvoraussetzung

Gesetze, deren Vorschriften mit den in der Bevölkerung allgemein anerkannten sittlichen, religiösen, politischen oder sozialen Rechts- oder Wertvorstellungen übereinstimmen und sich darauf stützen können, haben eine gute Chance, freiwillig befolgt zu werden. Umgekehrt können Vorschriften, die den geltenden außerrechtlichen Normen zuwiderlaufen, nicht oder nur mit harten Sanktionen durchgesetzt werden. Die Richtigkeit dieser abstrakten Aussage folgt schon aus der Alltagserfahrung, wonach sich die Menschen eher an den in ihrem täglichen Lebenskreis praktizierten Regeln orientieren als an dem unvollständig bekannten und sachlich wie emotionell weit entfernten staatlichen Recht. Die Steuerung durch in der Gesellschaft verwurzelte Normen und durch sozialen Druck ist stärker als die Motivation von seiten des Rechts.

Auch aus dem Rechtsleben gibt es hierfür viele Beispiele. Die Durchsetzung der *Gleichberechtigung von Mann und Frau* ist trotz des inzwischen über fünfzig Jahre geltenden Verfassungsgebotes im Wirtschafts- und Arbeitsleben nur unvollständig gelungen, weil sie auf starke, zum Teil aus der Tradition erklärliche Widerstände stößt, die sich nur langsam und mit viel Geduld abbauen lassen. Ein ausdrückliches Benachteiligungsverbot, wie es zu diesem Zweck 1980 in das Bürgerliche Gesetzbuch eingefügt wurde (§ 611a BGB) und nunmehr im Allgemeinen Gleichberechtigungsgesetz enthalten ist, hilft nach aller Erfahrung nur begrenzt weiter, so lange sich der Wille zur tatsächlichen Gleichbehandlung nicht auf breiter Front durchgesetzt hat. Die *Schwarzarbeit* lässt sich offenkundig nicht mit den zur Verfügung stehenden rechtlichen Mitteln ausmerzen, so lange sie von der Bevölkerung sozusagen als Notmaßnahme gegen übermäßige Steuern und Soziallasten moralisch gerechtfertigt wird.

Dies leitet über zu einem noch allgemeineren Wirksamkeitsfaktor. Die einzelnen Bürger sind oft nicht imstande, die Berechtigung und Gerechtigkeit bestimmter gesetzlicher Maßnahmen, zum Beispiel einer Steueränderung oder

---
[39] *Bultmann*, Lokale Gerechtigkeit im Einbürgerungsrecht, 1999.

einer Umweltschutzvorschrift, aus eigenem Beurteilungsvermögen zuverlässig zu würdigen. Sie müssen sich statt dessen darauf verlassen, dass „die da oben", die zuständigen Gremien und Behörden, letztlich der Staat, „es schon richtig machen". In dem Maße, in dem sie davon überzeugt sind, werden sie die vom Staat erlassenen Rechtsvorschriften auch freiwillig annehmen und befolgen, und zwar selbst wenn sie sie nicht genau kennen oder verstehen. Ihre Gesetzestreue beruht, in der Terminologie von *Max Weber*[40], auf dem *Glauben an die Legitimität* der vom Staat und seinen Organen ausgeübten Herrschaft oder, vorsichtiger ausgedrückt, auf einem häufig eher diffusen *allgemeinen Systemvertrauen*[41]. Wer dem Staat als solchem wenig Kredit entgegenbringt oder keine Regelungskompetenz zubilligt, wird sich einzelnen seiner Vorschriften leichter und ohne Skrupel entgegenstellen oder entziehen.

Ein Beispiel dafür bildeten die Auseinandersetzungen um die Volkszählung im Frühjahr 1987 und die zahlreichen Aufrufe und Anleitungen dazu, diese zu unterlaufen oder zu verfälschen, obgleich das Bundesverfassungsgericht die Voraussetzungen, unter denen die Volkszählung verfassungsgemäß war, in einem sorgfältig begründeten und tiefgehenden Grundsatzurteil geprüft und festgelegt hatte[42].

Eine wichtige strukturelle Variable für die Verwirklichungschance von Rechtsvorschriften ist daher die *generelle Einstellung der Bevölkerung zum Recht* bzw. zu dem hinter dem Recht stehenden Staat. Diese wird nicht zuletzt durch eine geeignete Erziehung im Elternhaus und in der Schule, also durch den gesellschaftlichen Sozialisierungsprozess begründet, daneben aber vor allem auch durch die Offenheit und das Problembewusstsein der politisch Verantwortlichen bestimmt. Die Rechtskenntnisse der Bevölkerung und ihre Einstellung zum Recht sind Gegenstand einer besonderen Forschungsrichtung in der Rechtssoziologie, die üblicherweise unter der Bezeichnung *Knowledge and Opinion about Law*, abgekürzt *KOL*, auftritt[43].

4. Übereinstimmung mit den Wertvorstellungen der Bezugsgruppe des Normempfängers als Wirksamkeitsvoraussetzung

Angesichts der vielfältigen Interessengegensätze und heterogenen Wertvorstellungen in der heutigen arbeitsteiligen und pluralistischen Gesellschaft findet man allerdings nur begrenzt außerrechtliche religiöse, sittliche oder soziale Normen, die generell akzeptiert sind und auf die das Recht gestützt werden oder zu denen es in Widerspruch treten könnte. Auch von einem ge-

---

[40] Siehe Abschnitt 7 II 2.
[41] Vgl. *Luhmann*, Vertrauen, Ein Mechanismus zur Reduktion sozialer Komplexität, 3. Aufl. 1989, 23 ff., 50 ff.
[42] Vgl. BVerfGE 65, 1 ff.
[43] Siehe Abschnitt 21 II, III.

nerellen Systemvertrauen in die Legitimität und Legalität der bestehenden rechtlichen Ordnung lässt sich nur begrenzt sprechen.

Gewöhnlich steht der Gesetzgeber vielmehr zahlreichen konkurrierenden Gruppen, Verbänden, Organisationen und sozialen Schichten gegenüber, die ihre eigenen Normen ausbilden und Interessen verfolgen. Eine Vorschrift, die den Wertvorstellungen und Wünschen einer Gruppe entgegenkommt, wird zwar damit rechnen können, von dieser angenommen zu werden. Auf der anderen Seite wird sie aber auf die Missbilligung aller derer stoßen, die sie nicht begünstigt. Ihnen gegenüber ist sie auf die Wirksamkeit der zur Verfügung gestellten Sanktionen angewiesen. So gehört es zu den unerlässlichen Aufgaben des Gesetzgebers, der wirksames Recht erlassen will, das Kräfteverhältnis zwischen annahmebereiten und widerstrebenden Gruppen abzuschätzen und auszubalancieren, sich der Unterstützung der ersten zu versichern und die Sanktionen so zu bemessen, dass sie ausreichen, die Abwehrkräfte der anderen zu brechen. Oft wird er mit einem befriedigenden Durchsetzungserfolg nur rechnen können, wenn es ihm zuvor gelingt, einen Kompromiss zu finden, in dem nach der Überzeugung aller Betroffenen Vorteile und Lasten gleichmäßig verteilt sind.

Das Hauptanwendungsgebiet der Regel, dass die Wirksamkeitschance der Rechtsvorschriften in dem Grad steigt, in dem sie mit den anerkannten außerrechtlichen Normen übereinstimmen, bilden die partikularen Normen, die für besondere soziale Gruppierungen, Lebensbereiche oder Rollen bestimmt sind. Gesetzliche Vorschriften über die Sterbehilfe bedürfen zu ihrer Effektivität vor allem übereinstimmender ärztlicher Standesregeln. Das Verbot des Erfolgshonorars bei Rechtsanwälten würde leicht obsolet, wenn es nicht dem Standeskodex entspräche und von den Standesorganisationen streng kontrolliert würde. Im Handelsrecht verweist das Gesetz (§ 346 HGB) selbst auf die im Handelsverkehr geltenden Gewohnheiten und Gebräuche und sucht auf diese Weise, eine Diskrepanz zwischen Recht und sozialen Normen zu verhindern.

Auf der anderen Seite finden sich auch Beispiele für eine *Divergenz* zwischen *rechtlichen* und *außerrechtlichen* Normen. Vor allem rassische, ethnische und religiöse Minderheiten, die an ihren eigenen tradierten Rechtsvorstellungen festhalten, setzen dem staatlichen Recht leicht offenen oder latenten Widerstand entgegen. Die geringe Wirkung des österreichischen Rechts im Völkergemisch der Bukowina am Rande des Habsburgerreichs brachte *Eugen Ehrlich*, wie wir gesehen haben, zu seiner Entdeckung des Unterschieds zwischen gesetzlichem und lebendem Recht[44]. In zahlreichen Ländern der Dritten Welt hat sich die Übernahme des westlichen Rechts in der Kolonialzeit nicht durchsetzen können, weil es den einheimischen Gebräuchen und Rechtsvorstellungen widersprach, so dass heute vorgezogen wird, ein zwar modernisiertes, aber doch der eigenen Tradition gemäßes Recht auszubil-

---

[44] Siehe Abschnitt 6 II 3.

den[45]. In der Bundesrepublik spielen vor allem die Diskrepanzen zwischen dem deutschen und dem von der türkischen Minderheit praktizierten Recht eine Rolle. In den gleichen Zusammenhang gehören die Schwierigkeiten, das staatliche Recht gegen kriminelle Gruppen und Subkulturen durchzusetzen, die sich prinzipiell dagegen auflehnen[46].

5. *In der Person des Normadressaten verwurzelte Wirksamkeitsfaktoren*

Als letzte Kategorie der Wirksamkeitsfaktoren des Rechts sind schließlich die in der Persönlichkeit des Normadressaten verwurzelten Elemente anzufügen. Die Frage, unter welchen Voraussetzungen die einzelnen Personen rechtlichen Anforderungen folgen, ist ein wichtiges Forschungsgebiet der Sozialpsychologie. Sie nennt dazu fünf Gründe[47]: 1. Übereinstimmung mit den eigenen Zielen und Interessen; 2. Furcht davor, bei normwidrigem Verhalten entdeckt und bestraft zu werden; 3. Orientierung an gesetzestreuen Vorbildern und Bezugsgruppen (peer groups). Es ist gut belegt, dass die Ausrichtung daran, was Eltern, Freunde, Personen, die man verehrt, sagen oder tun, zu den wichtigsten Motiven des eigenen Handelns gehört; 4. Glaube an die Legitimität der Recht setzenden Instanzen und Personen und des von diesen gesetzten Rechts, selbst wenn es persönliche Nachteile mit sich bringt[48] 5. Die persönliche moralische Überzeugung und das Rechtsgefühl[49], die Stimme des Gewissens[50]. Diese Faktoren können mit dem Normbefehl übereinstimmen, aber auch im Gegensatz dazu stehen, was dann Ungehorsam und Widerstand hervorrufen kann. Der in diesem Fall auftretende Konflikt wird allerdings gemildert, wenn Rechtsgehorsam als solcher unabhängig vom Inhalt der Vorschriften als moralische Pflicht empfunden wird[51].

---

[45] Vgl. *Chiba* (Hrsg.), Asian Indigenous Law – In Interaction with Received Law, 1986.
[46] Zum Thema Subkulturen und Recht ausführlich *Friedman*, Das Recht im Blickfeld der Sozialwissenschaften, 117ff.; ferner *Gessner/Hassemer* (Hrsg.), Gegenkultur und Recht, 1985.
[47] Vgl. *Tyler, Tom*, Why People Obey the Law, 1990.
[48] *Tyler* aaO, 19ff.
[49] Vgl. Abschnitt 21 1, IV.
[50] Von der inneren Stimme und vom Gewissen spricht Friedman aaO, 122.
[51] Vgl. Abschnitte 11 V 2 a, 21 IV.

15. Abschnitt

Vertrag und Vertragsrecht

I. Der Vertrag als Grundfigur des gesellschaftlichen Lebens

Schrifttum: *Goffman, Ervin,* The Presentation of Self in Everyday Life, 2. Aufl. 1959; *Macneil, Jan R.* The Many Futures of Contracts, Southern California Law Review 1974, 691; *ders.,* Contracts: Adjustment of Long-Term Economic Relations under Classical, Neoclassical and Relational Contract Law, Northwestern University Law Review 1978, 854; *ders.,* The New Social Contract. An Inquiry into Modern Contractual Relations, 1980; *Köndgen, Johannes,* Selbstbindung ohne Vertrag, 1981; *Raiser, Ludwig* Vertragsfreiheit heute, JZ 1958, 1; *ders.,* Vertragsfunktion und Vertragsfreiheit, in: *ders.,* Die Aufgabe des Privatrechts, 1977, 62.

1. Vertragsfunktionen

Unter einem Vertrag verstehen wir das Übereinkommen von zwei oder mehreren Personen zum Zweck des Austauschs bestimmter Güter oder Leistungen oder zum Zweck des Zusammenwirkens, um ein gemeinsames Ziel zu erreichen. Verträge kommen durch Manifestationen des übereinstimmenden Willens der Beteiligten zustande. Diese selbst bestimmen die Gegenstände des Leistungsaustauschs oder des Zusammenwirkens und das Wertverhältnis zwischen ihren Beiträgen. Die Einigung braucht im gesellschaftlichen Verkehr nicht in Worten geäußert zu werden, vielmehr genügt jeder Konsens, der von den Beteiligten als Begründung einer verpflichtenden sozialen Beziehung verstanden wird. Oft reichen Handlungen und Verhaltensweisen aus, deren Bedeutung als Vertragsschluss durch die Umstände und durch Verkehrssitten vorgeprägt ist. Selbst Schweigen und Nichtstun kann Ausdruck eines Willens zum Vertragsschluss sein.

Als Mittel zur Herstellung sozialer Beziehungen sind Verträge eine urwüchsige Grundfigur des Zusammenlebens der Menschen in der Gesellschaft, die auch schon in den ältesten und einfachsten Gesellschaften eine zentrale Rolle spielt. Anthropologisch sind sie eine Erscheinungsform des fundamentalen Prinzips der Gegenseitigkeit sozialen Verhaltens[1]. Da sie aufgrund der individuellen Initiative der beteiligten Personen zustande kommen, sind sie Ausdruck der Fähigkeit und des Willens der Menschen, ihre Lebens-

---

[1] Siehe Abschnitt 12 III.

15. Abschnitt: Vertrag und Vertragsrecht

bedingungen mit Hilfe anderer selbst zu gestalten und nach Möglichkeit zu verbessern, das heißt ihrer Autonomie und Freiheit. Zugleich sind sie Ausfluss der natürlichen Schwäche des Menschen, die als Einzelne nicht existieren und überleben könnten, sondern auf den Austausch von Gütern und Leistungen aller Art und auf das Zusammenwirken mit anderen Menschen angewiesen sind.

Als die elementarsten, schon biologisch begründeten Beispiele für Verträge können die Geschlechtspartnerschaft von zwei Menschen bezeichnet werden, ohne die eine Fortpflanzung nicht möglich ist, ferner der Generationenvertrag, welcher der Tatsache Rechnung trägt, dass Kinder ohne die langfristige Zuwendung ihrer Eltern nicht überleben würden und die Eltern auf der anderen Seite, wenn sie alt sind, auf die Unterstützung ihrer erwachsen gewordenen Kinder angewiesen sind. Doch können nicht nur natürliche Personen Verträge schließen, sondern auch Personenverbände, Wirtschaftsunternehmen und gesellschaftliche Organisationen aller Art, die als eigenständige Teilnehmer am sozialen und wirtschaftlichen Leben anerkannt werden. Auch Verträge zwischen privaten Rechtsträgern und den hoheitliche Funktionen erfüllenden Staatsorganen sind möglich. Sie manifestieren die Bereitschaft der Staatsorgane, ihre Aufgaben nicht gegen den Willen der Betroffenen zu erfüllen. Ihre Besonderheit kann im Folgenden aber nicht berücksichtigt werden.

Aus gesamtgesellschaftlicher Sicht sind Verträge Kennzeichen der auf dem Prinzip der Gegenseitigkeit beruhenden sozialen Arbeitsteilung. In dieser Funktion setzen sie die Gleichheit aller Beteiligten voraus, von ihrer Autonomie zum Zweck der Befriedigung ihrer Bedürfnisse Gebrauch machen zu können. Die unendliche Zahl der ständig geschlossenen Verträge bildet ein Netz wechselseitiger Abhängigkeiten und Verpflichtungen, welches wesentlich zum Zusammenhalt der Gesellschaft und zu ihrer Funktionsfähigkeit beiträgt[2]. In der Marktwirtschaft sind Verträge das wichtigste Mittel, den Wirtschaftsprozess in Gang zu halten und zu steuern. Durch die Gleichheit der Partner und ihre Freiwilligkeit unterscheiden sie sich von den generell und überindividuell geltenden gesellschaftlichen Ordnungen, welchen die Einzelnen unterworfen sind, ohne sie selbst beeinflussen zu können. In einer vom Staat veranstalteten Planwirtschaft sind Verträge zwar nicht unbekannt, weil der Plan nie alles festlegen und die Menschen nie völlig entmündigen kann. Doch können die Menschen unter solchen Bedingungen ihre Ziele nicht oder jedenfalls nicht ungehindert verfolgen.

---

[2] Grundlegend dazu *Durkheim*, Über soziale Arbeitsteilung, 1. Buch Kapitel 3 bis 6 (siehe oben Abschnitt 5 II 2, 5); vgl. ferner statt aller *Ludwig Raiser*, Vertragsfunktion und Vertragsfreiheit aaO; *Luhmann*, Das Recht der Gesellschaft 450.

2. Sozialwissenschaftlicher und juristischer Vertragsbegriff

Die Sozialwissenschaften können ihren Begriff des Vertrags an diesem elementaren gesellschaftlichen Tatbestand orientieren und demgemäß einen weiten, kognitiv-funktionalen Vertragsbegriff formulieren. Danach können sich zum Beispiel auch kleine Kinder beim Spielen mit anderen „vertragen". Selbst bei gesellig lebenden höheren Tieren kann man von vertragsartigen Beziehungen sprechen[3]. Im Verkehr zwischen Einzelpersonen, wirtschaftlichen Unternehmen und anderen gesellschaftlichen Organisationen kann ein abgestimmtes Verhalten genügen, auch wenn die Beteiligten sprachliche Äußerungen vermeiden[4]. Ein dergestalt offener Vertragsbegriff eignet sich insbesondere dazu, die gesellschaftlichen Funktionen von Verträgen herauszuarbeiten sowie die Motive und Interessen zu analysieren, weshalb die Beteiligten Verträge schließen, sie als verpflichtend ansehen und sie selbst dann freiwillig und einwandfrei erfüllen, wenn die Erfüllung Nachteile für sie mit sich bringt. Als Hauptgrund erweist sich die Gegenseitigkeit vertraglicher Beziehungen: Wer nicht erfüllt, kann auch nicht erwarten, die von ihm begehrte Gegenleistung zu erhalten oder in Zukunft ähnliche Verträge abschließen zu können. Als weitere Motive wirken die bindende Kraft, die im sozialen Verkehr allen Äußerungen der Selbstverpflichtung beigemessen wird, ferner der soziale Druck, dem sich ein Vertragspartner aussetzt, der nicht oder schlecht erfüllt, und der Wunsch nach einem unbeschädigten guten Ruf, der bei einer Vertragsverletzung gefährdet würde. Reziprozität, Selbstdarstellung und Reputation sind die in der Praxis wichtigsten Garanten der Erfüllung von Verträgen[5].

Allerdings reicht das durch Reziprozität, Selbstdarstellung und Reputation garantierte Eigeninteresse an der Vertragserfüllung oft nicht aus, vielmehr muss der Schuldner nicht selten zur Erfüllung gezwungen werden. Gewaltsame Selbsthilfe ist dem Gläubiger im modernen Staat, welcher das Gewaltmonopol für sich beansprucht, jedoch untersagt. Stattdessen muss er auf die Zwangsmittel des Staats zurückgreifen. An dieser Stelle findet die Freiheit um des Schutzes der Vertragspartner, um der Sicherung der Investitionen, welcher dieser zur Vorbereitung des Vertragsschlusses oder der Vertragserfüllung von seiner Seite bereits vorgenommen hat, und um der Funktionsfähigkeit der Vertragsfreiheit als Strukturelement der Marktwirtschaft willen ihre Grenze. An deren Stelle tritt der Rechtssatz *pacta sunt servanda*, das heißt die

---

[3] Siehe Abschnitt 19 I.
[4] Der Tatbestand des abgestimmten Verhaltens ohne förmlichen Vertragsschluss spielt vor allem bei Wettbewerbsbeschränkungen eine Rolle und wird daher in den Gesetzen gegen Wettbewerbsbeschränkungen aufgegriffen (§ 1 GWB, Art. 81 EWGV).
[5] Vgl. *Goffman*, The Presentation of Self; *Luhmann*, Rechtssoziologie 74; *Köndgen*, Selbstbindung ohne Vertrag; *Röhl*, Rechtssoziologie 143; *Macneil*, The New Social Contract 854 ff.

Möglichkeit, zum Zweck der Durchsetzung des im Vertrag gegebenen Versprechens die staatlichen Gerichte und Zwangsvollstreckungsorgane zu Hilfe zu rufen. Wenn der Staat auf diese Weise die Vertragserfüllung garantiert, muss er aber auch die Voraussetzungen festlegen, unter denen der staatliche Rechtszwang in Anspruch genommen werden kann. Dieses ist die Funktion des Vertragsrechts. Sie bedingt einen normativ-rechtlichen Vertragsbegriff, der tendenziell enger ist als der kognitiv-funktionale der Soziologie.

Das BGB definiert den von ihm zugrunde gelegten Rechtsbegriff des Vertrags nicht, lässt ihn aber deutlich erkennen. Verträge kommen durch korrespondierende Willenserklärungen zustande (§§ 145 ff. BGB), Geltungsgrund ist also der übereinstimmende Wille der Parteien. Jedoch wird dieser nur innerhalb mannigfaltiger vom Gesetz definierter Grenzen anerkannt. Zum Beispiel sieht das BGB unmündige Kinder als nicht willensfähig an; sie können daher keine rechtswirksamen Verträge schließen (§§ 104, 105 BGB). Auf Täuschung, Drohung oder Gewalt zurückgehende Willenserklärungen sind nicht frei und daher anfechtbar (§ 123 BGB). Inhaltlich gilt grundsätzlich Gestaltungsfreiheit, nur Verträge, die gegen das Gesetz oder gegen die guten Sitten verstoßen, erkennt das Recht nicht an (§§ 134, 138 BGB). Im Übrigen beschränken sich die zahlreichen vertragsrechtlichen Vorschriften darauf, das Vertragsgeschehen durch Vorgabe bestimmter, zum Teil zwingender, zum Teil dispositiver Vertragstypen und Regelungsmuster zu kanalisieren und dadurch transparent werden zu lassen und zu rationalisieren sowie die Rechtsfolgen von Vertragsverletzungen zu regeln.

Im Ergebnis bewirken die Vorschriften des Vertragsrechts, dass die Vertragsfreiheit niemals ohne Rücksicht auf das geltende Recht wahrgenommen werden kann, es für die Praxis also keinen rechtsfreien Raum individueller Gestaltung von Verträgen gibt, sondern Recht und Realität stets miteinander verflochten sind. Für Juristen ist der Zusammenhang selbstverständlich. Aber auch die Sozialwissenschaften können das Vertragsrecht aus diesen Gründen niemals außer Acht lassen[6].

Das schließt nicht aus, sich je nach dem gestellten Thema und Erkenntnisinteresse stärker an einem kognitiven oder an einem normativen Vertragsbegriff zu orientieren. Wer in makrosoziologischer Perspektive die allgemeine Bedeutung von Verträgen unter den heutigen Lebens- und Wirtschaftsbedingungen untersucht, wird den funktionalen Vertragsbegriff zugrunde legen können, ohne sich in rechtliche Einzelheiten vertiefen zu müssen. Umgekehrt werden die rechtswissenschaftlichen Kommentierungen vertragsrechtlicher Vorschriften auch weiterhin ohne sozialwissenschaftliche Erweiterung möglich bleiben. Auf der anderen Seite werden aber mikrosoziologische Untersuchungen zum Beispiel zur Bedeutung der Vertragsfreiheit in bestimmten Rechtsbereichen deren rechtliche Grenzen nicht aus dem Auge lassen dürfen. Auch wer die mögliche Diskrepanz zwischen rechtlicher Regelung und tatsächlicher Abwicklung von Verträgen zum Thema seiner Forschungen macht, muss die einschlägigen Rechtsvor-

---

[6] Das meint *Durkheims* berühmter Satz „*es ist nicht alles vertraglich* – da heißt selbstbestimmt – *beim Vertrag*" (siehe oben Abschnitt 5 II 5). In seiner Kritik der liberalen Vertragslehre zitiert *Durkheim* ausführlich den *Code Civil*.

schriften in ihrer Komplexität kennen und verarbeiten. Vollends ist die Kombination rechtssoziologischer und rechtsdogmatischer Erkenntnisse notwendig, wenn aus ihnen rechtspolitische Empfehlungen für eine künftige Gesetzgebung oder für die Verbesserung einer schlechten Vertragspraxis abgeleitet werden sollen. Solche Untersuchungen erfordern daher die Kombination sozialwissenschaftlicher und juristischer Forschungsmethoden.

II. Vertragstypen

Schrifttum: *Beale, Hugh*, Contracts Between Businessmen: Planning and the Use of Contractual Remedies, British Journal of Law and Society 1975, 45; *Campbell, David*, The Relational Theory of Contract, 2001; *Feinman, Jay M.*, Relational Contract Theory in Context, 94 Northwestern University Law Review, 2000, 737; *Gordon, R.*, Macaulay, Macneil and the Discovery of Solidarity and Power in Contract Law, Wisconsin Law Review 1985, 565; *Horz, Matthias*, Gestaltung und Durchführung von Buchverlagsverträgen, 2005; *Hueck*, Alfred, Normenverträge, Jherings Jahrbücher 1923, 33; *Macaulay, Stewart*, Non Contractual Relations in Business, American Sociological Review 1963, 22; *ders.*, Law and the Balance of Powers. The Automobile Manufacturers and their Dealers, 1966; *Macneil, Jan R.* The Many Futures of Contracts, Southern California Law Review 1974, 691; *ders.*, Contracts: Adjustment of Long-Term Economic Relations under Classical, Neoclassical and Relational Contract Law, Northwestern University Law Review 1978, 854; *ders.*, The New Social Contract. An Inquiry into Modern Contractual Relations, 1980; *Oechsler, Jürgen* Wille und Vertrauen im privaten Austauschvertrag, Die Rezeption der Theorie des Relational Contract im deutschen Vertragsrecht in rechtsvergleichender Sicht, Rabels Zeitschrift für ausländisches und internationales Privatrecht (RabelsZ) 1996, 93; *Raiser, Ludwig*, Das Recht der Allgemeinen Geschäftsbedingungen, 1935; *Rehbinder, Manfred*, Wandlungen der Rechtsstruktur im Sozialstaat, in: Hirsch/Rehbinder, Studien und Materialien zur Rechtssoziologie, 1967, 197; *Schanze, Erich*, Symbiotic Contracts: Exploring Long-Term Agency-Structures Between Contract and Corporation, in. Joerges (Hrsg.), Franchising and the Law, 1991: 67; *Sinzheimer*, Hugo, Der korporative Arbeitsnormenvertrag, 1907; *Wiethölter, Rudolf*, Die Einwirkung des Sozialstaatsgedankens auf das Vertrags- und Wirtschaftsrecht, Rabels Zeitschrift für ausländisches und internationales Privatrecht (RabelsZ) 29 (1965), 806.

1. Juristische Vertragstypologien

Bemüht man sich darum, verschiedene Vertragstypen zu unterscheiden, bietet sich zunächst die im Alltagsleben gebräuchliche Gliederung in Kauf-, Tausch-, Miet-, Pacht-, Darlehens-, Werk-, Dienst-, Gesellschafts-, Ehe-, Adoptions-, Erbverträge usw. an, die in jeweils unterschiedlichen Lebenssachverhalten wurzeln, deren inhaltliche und funktionale Eigenart widerspiegeln und daher auch von dem Vertragsrecht übernommen werden. Soziologisch handelt es sich bei den von dem Gesetz ausgeformten Vertragsformen in ihrer reinen Gestalt um Idealtypen, welche in den Grenzen des zwingenden

Rechts der individuellen Ausgestaltung und Variation zugänglich sind und auch Kombinationen und Mischformen zulassen, sofern dafür ein Bedürfnis besteht.

Auf einer höheren Stufe der Abstraktion lassen sich die Vertragstypen nach den Bedürfnissen der juristischen Systematik in Gruppen zusammenfassen, zum Beispiel in Austausch-, Nutzungs-, Dienstleistungs-, Gesellschaftsverträge usw., oder in Verpflichtungs-, Verfügungs- und Organisationsverträge. Sowohl sozialwissenschaftlich als auch juristisch relevant sind insbesondere *Normenverträge*, namentlich Vereinssatzungen, Betriebsvereinbarungen und Tarifverträge, welche nicht nur die Vertragspartner verpflichten, sondern bindende Vorschriften aufstellen, die für eine Vielzahl nicht am Vertragsschluss selbst beteiligter Dritter gelten sollen[7]. Normativen Charakter besitzen gleichfalls die von Branchenverbänden ausgehandelten *Allgemeinen Geschäftsbedingungen*[8] – zum Beispiel die Allgemeinen Bankbedingungen und die Allgemeinen Versicherungsbedingungen, die allerdings nur so weit rechtsverbindlich werden, als sie in die in ihren Anwendungsbereich fallenden Einzelverträge übernommen werden. Auch derartige auf Vereinbarung privater Rechtsträger beruhende Normen können nur rechtswirksam werden, sofern sie das staatliche Recht zulässt und soweit sie diesem nicht widersprechen. Ihre prinzipielle Zulassung bedeutet eine Anerkennung der Privatautonomie der den Normenvertrag schließenden Verbände und spiegelt die Erfahrung wieder, dass der Staat nicht alle Lebensbereiche regeln kann.

2. Statusverträge und Zweckverträge

In der klassischen Rechtssoziologie spielte die auf den englischen Rechtshistoriker *Henry Sumner Maine* zurückgehende und von *Ferdinand Tönnies* sowie von *Max Weber* aufgegriffene Differenzierung zwischen Statusverträgen und Zweckverträgen eine hervorragende Rolle[9]. Statusverträge betreffen die Änderung der Stellung einer Person in der Gesellschaft, Zweckverträge beschränken sich auf die Erreichung eines isolierten Zwecks wie zum Beispiel den Erwerb eines Gegenstands gegen Geldzahlung beim Kauf. Die Unterscheidung diente ihren Autoren dazu, den Zweckvertrag als charakteristisches Merkmal der durch die liberale und kapitalistische Marktwirtschaft geprägten Wirtschaftsform des späten 19. Jahrhunderts herauszustellen. Zur Kennzeichnung gegenwärtiger Vertragsstrukturen bedarf sie aber der Fortentwicklung. Im rechtssoziologischen Schrifttum des 20. Jahrhunderts wur-

---

[7] Vgl. *Sinzheimer*, Der korporative Arbeitsnormenvertrag, 1907; *Hueck*, Normenverträge aaO.
[8] Grundlegend *Raiser, Ludwig*, Das Recht der Allgemeinen Geschäftsbedingungen, 1935.
[9] Siehe Abschnitte 3 I 2d und 7 II 6.

de namentlich in der Ausbildung des Arbeitsvertragsrechts eine Umkehrung der Entwicklungslinie „from status to contract" und eine Rückkehr zu Statuskontrakten gesehen[10]. Fruchtbarer erscheint es indessen, einen dritten Vertragstyp hinzuzufügen, zu dessen Charakterisierung sich der soziologische Begriff der Rolle anbietet[11]. Danach regelt zum Beispiel das Arbeitsvertragsrecht das Arbeitsverhältnis weder als sozialen Status noch als rein zweckhafte Beziehung der Erbringung von Arbeit gegen Lohn, sondern im Hinblick auf die sozialen Rollen der Beteiligten als Arbeitgeber und Arbeitnehmer. Die Einordnung ebnet den Weg zu einer soziologischen Interpretation bestimmter Vertragsbeziehungen auch jenseits der Arbeitsverhältnisse, zum Beispiel der Rollen von Vereinsmitgliedern oder von Aktionären. Wie weit sie trägt, bedarf indessen noch näherer Klärung.

3. Transaktions- und Beziehungsverträge

In der aktuellen Vertragstheorie steht die gleichfalls auf Strukturmerkmale gestützte zweigliedrige Gegenüberstellung von Transaktionsverträgen und Beziehungsverträgen (transactional bzw. discrete und relational contracts) im Mittelpunkt, welche der amerikanische Jurist *Jan Macneil* in zahlreichen Werken ausgearbeitet hat[12]. *Macneil* geht von der Beobachtung aus, dass Verträge ungeachtet der gegensätzlichen Interessen der Beteiligten eine kooperative Beziehung zwischen diesen voraussetzen und für die Zukunft verfestigen. Schon die Vertragsverhandlungen erfordern ihr Zusammenwirken zu dem gemeinsamen Ziel, den gewünschten Vertrag zustande zu bringen[13]. Ist der Vertrag geschlossen, verlangt seine Erfüllung und ggf. die Bewältigung von Leistungsstörungen eine Fortsetzung der Kooperation. Die Vertragspartner verzichten im Geltungsbereich des Vertrags darauf, in Wettbewerb zu einander zu treten oder zu verharren.

Geltungsgrund des Vertrags ist für *Macneil* folgerichtig nicht das Gesetz, das auf den Augenblick des formellen Vertragsschlusses abstellt, sondern die

---

[10] *Wiethölter*, Die Einwirkung des Sozialstaatsgedankens auf das Recht aaO 806f.; *Rehbinder*, Wandlungen der Rechtsstruktur im Sozialstaat aaO 217 Anm. 1 und 2.

[11] *Rehbinder* aaO 217; *ders.*, Rechtssoziologie 92ff.

[12] Siehe die drei im Schrifttumsverzeichnis nachgewiesenen Werke von *Macneil*; ferner *Beale/Dugdale*, British Journal of Law and Society 1975, 45ff.; *Gordon*, Wisconsin Law Review 1985, 565; *Feinman*, Northwestern Law Review 2000; 737ff.; *Campbell*, The Relational Theory of Contract, 2001; *Oechsler*, Wille und Vertrauen im privaten Austauschvertrag 93ff., ferner die Fortentwicklung zu einer Theorie des „Symbiotischen Vertrages" durch *Schanze* in: Joerges, Franchising and the Law 67ff.

[13] Ein praktisch wichtiges Beispiel dafür ist die sorgfältige Untersuchung der Vermögens- und Ertragslage eines Unternehmens (due diligence) vor dem Abschluss eines Unternehmenskaufvertrags durch den Käufer, welche die Mitwirkung des Verkäufers erfordert, der die notwendigen Auskünfte erteilen und Unterlagen zur Verfügung stellen muss.

15. Abschnitt: Vertrag und Vertragsrecht 269

Selbstdarstellung der Vertragsparteien. Wie schon eingangs angedeutet[14], entfaltet diese eine bindende Kraft, weil beide Parteien ein Interesse an der Leistung der jeweils anderen haben, die sie bei mangelnder Kooperation gefährden würden, und daher Zeit und Geld in die Vorbereitung der eigenen Leistung investieren, und weil sie den Ruf vermeiden wollen, schlechte Partner zu sein.

Im Einzelnen nennt *Macneil* folgende Faktoren, welche unabhängig vom staatlichen Rechtszwang ein loyales Verhalten bei Vertragsverhandlungen und eine einwandfreie Erfüllung geschlossener Verträge garantieren: Verkehrssitten, Handelsbräuche, Standards loyalen Verhaltens, ferner die verbindende Kraft einer gemeinsamen Vertragssprache und des infolge der Kommunikation zwischen den Beteiligten entstehenden wechselseitigen Vertrauens, schließlich das Interesse beider Parteien an einer fortdauernd guten Beziehung und die ökonomische Zweckmäßigkeit der Vertragstreue.

Macneils Vertragstheorie beruht nach dieser Analyse auf der Feststellung, dass die Elemente der Kooperation bei verschiedenen Verträgen unterschiedlich stark ausgeprägt sind. Daher versteht er die Gegenüberstellung zwischen transactional und relational contracts nicht als einander ausschließende Idealtypen im Sinn von *Max Weber*, sondern als Endpunkte einer Skala, nach welcher es mehr oder weniger ausgeprägte Verträge des einen oder des anderen Typs gibt. Die Konzeption gestattet ihm, den Gegensatz als Modell für die Untersuchung konkreter Verträge und Vertragsformen zu operationalisieren[15].

Danach ist ein Vertrag insoweit relational, als er (a) eine einzigartige, die ganze Person erfassende und nicht übertragbare Beziehung begründet, die auch nichtwirtschaftliche Interessen berührt; (b) deren Leistungswert üblicherweise nicht in Geld gemessen wird; (c) die vertragliche Beziehung keinen eindeutig fassbaren Beginn hat, sondern sich über einen längeren Zeitraum entwickelt, auch nach dem formellen Vertragsschluss noch längere Zeit andauert und dann gleichfalls nur nach und nach ausläuft, (d) die Vertragsbedingungen Ergebnis einer gemeinsamen Planung sind, wobei sich die Planung oft auf die Formulierung von Strukturen beschränkt, die nur provisorischen Charakter tragen, weil eine ins Einzelne gehende Festlegung nicht möglich ist; (e) auch die rechtlichen Verpflichtungen und die Sanktionen aus diesem Grund nicht genau und kalkulierbar festgelegt werden; (f) die Parteien das Auftreten von Schwierigkeiten im Verlauf der Beziehung als normal ansehen und voraussetzen, dass solche durch Kooperation und andere Techniken bewältigt werden, die geeignet sind, die Beziehung zu erhalten; (g) die Zeitperspektive der Parteien zwischen Gegenwart und Zukunft verschieden ist: Transaktionsverträge nehmen die Zukunft vorweg, indem sie mögliche künftige Ereignisse beim Vertragsschluss möglichst genau bestimmen und so planen, als hätten sie bereits stattgefunden. Beziehungsverträge rechnen mit einer ungewissen Zukunft und streben danach, die Ungewissheit zu gestalten.

---

[14] Unter I 1.
[15] Vgl. dazu in Deutschland die Arbeit von *Horz*, Gestaltung und Durchführung von Buchverlagsverträgen, 2005.

Im Ergebnis liegt der Vorteil von *Macneils* Vertragstheorie vor allem darin, an Stelle eines starren zweigliedrigen Schemas ein flexibles methodisches Gerüst anzubieten, welches eine hoch differenzierte Kennzeichnung bestimmter Vertragsverhältnisse und -formen gestattet, und welches sowohl deren Realität als auch ihre rechtlich relevanten Eigenschaften abzubilden vermag. Sie eignet sich deshalb besonders dazu, die sozialwissenschaftliche und juristische Vertragsforschung aufeinander abzustimmen und zu verbinden[16].

4. Vertragstypologie nach dem Maß des dem Vertragspartner entgegenzubringenden Vertrauens

Einen etwas anderen Akzent setzt eine Vertragstypologie, welche statt auf die Intensität der durch einen Vertrag zwischen den Partnern hergestellten sozialen Beziehung auf das Maß des Vertrauens abstellt, welches die Beteiligten in die Loyalität und Bereitschaft zur Vertragserfüllung des jeweils anderen Partners setzen müssen, damit es sich lohnt, sich selbst vertraglich zu binden. Unter diesem Gesichtspunkt erscheint eine viergliedrige Typologie als hilfreich. Insbesondere kann eine solche dazu dienen, die Voraussetzungen zu präzisieren, unter denen anstelle des Vertrauens rechtliche Zwangsvorschriften notwendig sind, um die Vertragserfüllung sicherzustellen.

a) Den ersten Typ bilden *Austauschverträge, die sogleich Zug um Zug erfüllt* werden, insbesondere der einmalige Kauf eines Gegenstands ohne Vorverhandlungen durch einen anonymen Käufer von einem ebenso anonym bleibenden Verkäufer. Ein solcher Vertrag ist ein Augenblicksereignis und stiftet keine darüber hinausgehende soziale Beziehung. Auf Seiten des Verkäufers ist kein besonderes Vertrauen erforderlich. Der Käufer traut im Hinblick auf Eigenschaften, Qualität und Wert des Gegenstands nicht in erster Linie den Zusicherungen des Verkäufers, sondern verlässt sich auf dessen guten Ruf, auf die Bekanntheit der Marke des Kaufgegenstands und auf die vom Hersteller übernommene Garantie. Rechtliche Regelungen sind nur zum Schutz dieses Vertrauens nötig und knüpfen daher nicht an die Versprechungen des Verkäufers an. Der Typ entspricht dem Extremfall des reinen Transaktionsvertrags.

---

[16] Als Beleg dafür, dass auch der deutsche Gesetzgeber Vertragsverhältnisse stärker als bisher als dynamische soziale Beziehungen ansieht, kann der im Zug der Schuldrechtsreform von 2002 in das BGB eingefügte § 313 BGB gelten, wonach eine Partei eine Anpassung des Vertrags verlangen kann, wenn sich nach dem Vertragsschluss die Umstände schwerwiegend verändert haben, welche zur Grundlage des Vertrags geworden sind, und die Parteien den Vertrag nicht oder mit anderem Inhalt geschlossen hätten, sofern sie die Veränderung vorausgesehen hätten. Das auf diese Weise positivierte Rechtsinstitut des Anspruchs auf Vertragsanpassung bei Wegfall der Geschäftsgrundlage war in Rechtsprechung und Lehre schon vorher anerkannt.

b) Beim zweiten Typ handelt es sich um *Austauschverträge, bei denen Leistung und Gegenleistung zeitlich auseinander fallen,* beispielsweise der Kauf mit Vorleistung des Verkäufers. Der Fall setzt eine Kreditbeziehung voraus, denn der zuerst leistende Partner muss sich darauf verlassen, die Gegenleistung später auch zu erhalten, sofern er dafür nicht von vornherein eine Sicherheit erlangt. Bei solchen Verträgen genügen das Leistungsversprechen des Schuldners, dessen Interesse an der Gegenleistung und die Gefahr des Verlusts seiner Glaubwürdigkeit im Fall der Nichtleistung nach aller Erfahrung allein nicht als Erfüllungsgarantie, weil nicht auszuschließen ist, dass er es sich gleichwohl nachträglich anders überlegt. Neben dieses treten vielmehr das Recht und der diesem eigene staatliche Rechtszwang.

c) Beim dritten Typ geht es um Verträge, welche eine *Dauerbeziehung zwischen den Partnern* begründen und insbesondere die dauerhafte Erfüllungsbereitschaft mindestens eines von ihnen auch in der Zukunft erfordern. Prototypen sind Nutzungs- und Dienstleistungsverträge aller Art, namentlich Miete, Pacht, Kredit- sowie Dienst-, Arbeits- und Geschäftsbesorgungsverträge, es sei denn, die Leistungen erschöpfen sich in einmaligen Handlungen. Die Verträge verlangen ein Vertrauen beider Partner in die andauernde Leistungsfähigkeit und Leistungsbereitschaft des anderen Partners und sind daher doppelt gefährdet. Wiederum ist es das Recht, auf welches die Beteiligten letztlich ihr Vertrauen bauen müssen.

d) Den vierten Typ bilden die *Organisationsverträge* zur Gründung von Gesellschaften und Vereinen, in denen sich zwei oder mehr Personen zu dem Zweck zusammenschließen, um mit vereinten Kräften ein gemeinsames Ziel zu verfolgen. Auch solche Verträge begründen in Gestalt der Mitgliedschaft in dem Verband eine Dauerbeziehung, welche auf der einen Seite ein Vertrauen in die künftige Fähigkeit des Verbands und die Bereitschaft seiner Führung voraussetzt, die Ziele des Verbands zu erreichen, auf der anderen ein wechselseitiges Vertrauen, dass alle Mitglieder ihre Beiträge entrichten. In den meisten Fällen muss sich das Vertrauen auch hier auf das eigene Interesse der Mitglieder an den Leistungen des Verbands und auf den Druck stützen, welchen der Verband auf seine Mitglieder ausübt. Doch genügen diese Mechanismen wiederum erfahrungsgemäß nicht, weshalb der staatliche Rechtszwang als letztes Mittel unverzichtbar ist.

III. Entwicklungen des Vertragsrechts im 20. Jahrhundert

Schrifttum: Amstutz, Marc, Die Verfassung von Vertragsverbindungen, KritV 89 (2006), 105; *Brownsword, Roger,* Zum Konzept des Netzwerks im englischen Vertragsrecht, KritV 89 (2006), 131; *Deakin, Simon* Die Wiederkehr der Zünfte? Netzwerkbeziehungen aus historischer Perspektive, KritV 89 (2006), 150; *Druey, Jean Nicolas,* Das Recht als Netz für Netzwerke. Eine Wegskizze, KritV 89, (2006) 163, *Gess-*

ner, Volkmar/Budak, Ali Cem (Hrsg.) Emerging Legal Certainty: Empirical Studies on the Globalization of Law, 1998; *Grundmann, Stefan,* Die Dogmatik der Vertragsnetze, AcP 207 (2007), 217; *Heermann, Peter W.* Drittfinanzierte Erwerbsgeschäfte, 1998; *ders.*, Die Stellung des multilateralen Synallagmas im Recht der Vertragsverbindungen, KritV 89 (2006), 173; *Heldt, Cordula*, Multilaterale Sonderverbindungen als semi-spontane Ordnung: Das Beispiel der Baukooperation und des Franchising, KritV 89 (2006), 208; *Horz, Matthias*, Gestaltung und Durchführung von Buchverlagsverträgen, 2005; *Jickeli, Joachim,* Der langfristige Vertrag 1996; *Joerges, Christian* (Hrsg.), Franchising and the Law 1991; *Macaulay, Stewart*, Non Contractual Relations in Business, American Sociological Review 1964, 22; *ders.*, Law and the Balance of Powers. The Automobile Manufacturers and their Dealers, 1966; *Möschel, Wernhard*, Dogmatische Strukturen des bargeldlosen Zahlungsverkehrs, AcP 186 (1986), 187; *Raiser, Ludwig,* Vertragsfreiheit heute, JZ 1958, 1; *Schelsky, Helmut*, Systemfunktionaler, anthropologischer und personfunktionaler Ansatz in der Rechtssoziologie, in: *ders.*, Die Soziologen und das Recht, 1980, 138; *Stein, Ursula,* Lex Mercatoria, Realität und Theorie, 1995; *Teubner, Gunther,* Globale Bukowina, Zur Emergenz eines globalen Rechtspluralismus, Rechtshistorisches Journal 15 (1996), 255; *ders.*, Netzwerk als Vertragsverbund: Virtuelle Unternehmen, Franchising und Just-in-time in sozialwissenschaftlicher und juristischer Sicht, 2004; *Willenhofer, Marina*, Drittwirkung von Schutzpflichten im Netz, KritV 89 (2006), 187, *Wolf, Manfred*, Schutz von Netzwerken gegen Eingriffe Dritter, KritV 89 (2006), 253.

Für die sozialwissenschaftliche Deutung des Vertragsrechts als des wichtigsten Instruments zur privatautonomen Herstellung und Ausgestaltung verbindlicher sozialer Beziehungen ist es hilfreich, die Probleme aufzugreifen, welche sich infolge der wirtschaftlichen, gesellschaftlichen und politischen Entwicklungen im 20. Jahrhundert der Wissenschaft gegenwärtig stellen. Dabei fallen drei Aspekte besonders ins Gewicht, denen wir deshalb im Folgenden nachgehen: (1) die zunehmenden Beschränkungen der Vertragsfreiheit, (2) die infolge der wachsenden Komplexität des Wirtschaftsgeschehens entstehenden Vertragsverflechtungen sowie (3) die Internationalisierung der Verträge und des Vertragsrechts.

1. Einschränkungen der Vertragsfreiheit

Die Gründer der Rechtssoziologie *Durkheim, Ehrlich* und *Weber* legten ihren Analysen, wie im 5., 6. und 7. Abschnitt ausgeführt[17], das die zweite Hälfte des 19. Jahrhunderts kennzeichnende liberale Vertragsmodell zugrunde, und auch das BGB machte es sich in seiner ursprünglichen Fassung von 1900 zu eigen. Da dieses auf der stillschweigenden Prämisse der gleichen Freiheit aller an den Vertragsverhandlungen und am Vertragsschluss Beteiligten basierte, erwies es sich allerdings schon damals als zweifelhaft, ob es der künftigen Rechtsentwicklung standhalten werde. Inzwischen haben sowohl

---

[17] Siehe Abschnitte 5 II 5, 6 II 4a, 7 II 6. ferner *L. Raiser* JZ 1958, 1.

die Zahl der abgeschlossenen Verträge als auch die der die Vertragsfreiheit beschränkenden Rechtsvorschriften stark zugenommen. Die Bedeutung des Vertragsrechts ist gewachsen, und mehr als Austauschverträge kennzeichnen Beziehungsverträge den Rechtsverkehr und den Charakter des gegenwärtigen Vertragsrechts[18].

Bestimmend für diese Entwicklung ist die immer stärker hervorgetretene Erkenntnis, dass die vom liberalen Vertragsrecht vorausgesetzte formale Freiheit eine inhaltliche Ausgewogenheit der durch Vertrag begründeten wechselseitigen Rechte und Pflichten der Beteiligten und eine so verstandene Vertragsgerechtigkeit nicht gewährleistet, weil sie Machtunterschiede zwischen ihnen vernachlässigt und dem stärkeren Partner daher ermöglicht, seine Interessen einseitig zu Lasten des schwächeren Partners durchzusetzen. Ein solches faktisches Ungleichgewicht kann seine Ursache in der wirtschaftlichen Unterlegenheit einer Seite, in ihrer geringeren Chance, die für die Beurteilung des Vertrags notwendigen Informationen zu erlangen, oder in persönlicher Schwäche haben[19].

Der Tatbestand ist zuerst bei Arbeitsverhältnissen bewusst geworden und hat dort einerseits zur Ausbildung des vom Dienstvertragsrecht des BGB gelösten Arbeitsvertragsrechts geführt, dessen zahlreiche zwingende Vorschriften den besonderen Schutz der Arbeitnehmer bezwecken, andererseits zur Zulassung von Gewerkschaften und Betriebsräten als kollektiver Arbeitnehmervertretungen, die über eine stärkere Verhandlungsmacht verfügen als einzelne Arbeitnehmer, und von Tarifverträgen und Betriebsvereinbarungen als deren vertragsrechtlichen Instrumenten. Eine ähnliche Lage stellte sich infolge des Wohnungsmangels nach dem 2. Weltkrieg bei Mietverhältnissen ein und nötigte zur Ausbildung eines überwiegend zwingenden Mieterschutzrechts. Das gleichfalls nach dem 2. Weltkrieg entstandene Wettbewerbsrecht steht im Zeichen des Schutzes vor der Marktbeherrschung großer Wirtschaftsunternehmen und damit der Funktionsfähigkeit des Wettbewerbs als des Prinzips der marktwirtschaftlichen Ordnung; das Aktien- und Kapitalmarktrecht dienen dem Schutz der Aktionäre und der Funktionsfähigkeit des Kapitalmarkts. Für den allgemeinen vertraglichen Verkehr am stärksten ins Gewicht fällt die sich ständig ausdehnende Menge des Verbraucherschutzrechts, das seit der Reform von 2002 auch Eingang in das BGB gefunden hat. Hinzuzufügen sind ferner Natur-, Umwelt- und Tierschutzrecht, soweit sie an das zivile Vertragsrecht anknüpfen. Nicht zuletzt lässt sich im Verkehr zwischen Wirtschaftsunternehmen beobachten, dass ein Verhandlungs- oder Vertragspartner seine Übermacht gegenüber dem anderen Partner auszunützen versucht und das Vertragsrecht solchen Tendenzen Schranken setzten muss[20].

---

[18] Die These wird insbesondere durch die empirischen Untersuchungen gestützt, welche belegen, dass Vertragsparteien bei Leistungsstörungen oft nach einer einverständlichen pragmatischen Lösung suchen, anstatt sich auf den zuvor vereinbarten Vertragstext oder auf das Vertragsrecht zu berufen, die sie im Einzelnen nicht einmal durchschauen. Vgl. *Macaulay*, NonContractual Relations 22; für Deutschland *Horz*, Buchverlagsverträge 117ff.

[19] Ausführlich dazu *Larenz/Wolf*, Allgemeiner Teil des BGB, § 42.

[20] Grundlegend *Macaulay* aaO.

Allen diesen Entwicklungen gemeinsam ist die immer stärker hervortretende Abhängigkeit der Einzelnen von mächtigen Organisationen, auf deren Leistungen sie angewiesen sind, die aber eben deshalb die individuelle Freiheit bedrohen[21]. Aufs Ganze gesehen haben die Eingriffe in die Vertragsfreiheit den dieser zugrunde liegenden Gedanken der Privatautonomie zwar nicht beseitigt, ihn aber doch einschneidend relativiert. Das Bewusstsein der Schutzbedürftigkeit potentieller Vertragspartner in immer zahlreicheren Lebensbereichen und die auf solchen Sozialschutz abzielende Gesetzgebung und Judikatur sind zu einem kennzeichnenden Merkmal der Vertragsrechtsentwicklung im 20. Jahrhundert geworden. Die Entwicklung stellt auch die Rechtssoziologie nicht anders als die juristische Vertragsdogmatik vor die doppelte Aufgabe, einerseits die Vertragsfreiheit und damit die Privatautonomie der Menschen soweit wie möglich zu sichern, andererseits aber zugleich auch das Ausmaß der Bedrohung des Einzelnen durch „intermediäre Gewalten" und die zu deren Bekämpfung erforderlichen Einschränkungen der Vertragsfreiheit zu bestimmen.

2. Vertragsverflechtungen

Einen zweiten Problemkreis, dessen wirtschaftliche und rechtliche Bedeutung infolge der zunehmenden Komplexität der Gesellschaft und Arbeitsteilung in ihr während des 20. Jahrhunderts nachhaltig gewachsen ist, bildet die Verknüpfung von zwischen einer Mehrzahl von verschiedenen Rechtsträgern geschlossenen und daher formal selbständigen Verträgen zu einer wirtschaftlichen Einheit. Obgleich solche Vertragsverbindungen auch schon früher bekannt waren, blieben sie im BGB und in der liberalen Vertragsdoktrin eine Randerscheinung. Ihre Besonderheit liegt darin, dass jeder Einzelvertrag auch die Interessen nicht beteiligter Dritter berührt und daher die Frage gelöst werden muss, wie ein nicht oder schlecht leistender Vertragspartner auch für die bei einem in das Netzwerk einbezogenen Dritten eingetretenen Nachteile verantwortlich gemacht werden kann[22]. Rechtssoziologisch ist die differenzierte Analyse derartiger Vertragsnetzwerke und ihrer praktischen Handhabung eine wichtige Vorbedingung für die passende gesetzliche oder richterliche Lösung der dabei auftretenden vertragsrechtlichen Fragen.

---

[21] In der Rechtssoziologie hat vor allem *Schelsky* auf die Gefahren hingewiesen, welche von mächtigen Organisationen – den so genannten „intermediären Gewalten" – ausgehen, und mit Nachdruck gefordert, die Integrität und Autonomie der Person auch ihnen gegenüber zu schützen (vgl. oben Abschnitt 10 II 4c).

[22] Vgl. hierzu statt aller die im Schrifttumsverzeichnis nachgewiesenen Arbeiten von *Amstutz, Brownsword, Deakin, Druey, Grundmann, Heermann, Heldt, Jickeli, Möschel, Rohe, Teubner* 2004, *Wellenhofer* und *Wolf*.

a) Einen ersten Typ solcher Vertragsverbindungen bilden *Liefer- und Absatzketten*. Der Hersteller eines Gutes bezieht die von ihm benötigten Rohstoffe oder Vorprodukte über mehrere hinter einander tätig werdende Lieferanten, und er vertreibt das fertige Gut über eine Kette von Groß- und Einzelhändlern an die Endkunden. Obgleich es solche Bezugs- und Vertriebsformen als Erscheinungen der wirtschaftlichen Funktionsteilung schon immer gab, tut sich eine lediglich auf die Einzelverträge blickende Vertragsdoktrin bis heute schwer, ihre Verknüpfung zu erfassen. Im BGB wurden sie erstmals, wenngleich noch rudimentär, im Zug der Schuldrechtsreform von 2002 berücksichtigt[23].

b) Einen zweiten Typ bilden *dreiecksförmige Vertragsverbindungen*, wie sie das bürgerliche Recht in Gestalt zum Beispiel von Verträgen zugunsten Dritter, der Abtretung vertraglicher Forderungen oder ganzer Vertragsverhältnisse und der Bürgschaft schon früher kannte. Auch dieser Typ hat indessen im Lauf des 20. Jahrhunderts im Zug der sich ausbreitenden Praxis, Sachen und andere Vermögenswerte mit Hilfe von Bankkrediten zu erwerben, an Bedeutung stark zugenommen[24]. Wie die Vertragsketten wirft auch er das für die auf den Einzelvertrag blickende liberale Vertragsdoktrin schwierige Problem auf, wie sich Störungen in einem Vertragsverhältnis im Dreieck auf die beiden anderen auswirken. Nachdem es lange der Rechtsprechung überlassen war, dafür Lösungen zu suchen, wird der Fall seit der Schuldrechtsreform nunmehr wenigstens für den Verbraucherkauf in §§ 358 und 359 BGB geregelt.

c) Einen dritten, noch komplexeren Typ bilden *sternförmige Vertragsnetzwerke*, die entstehen, wenn das gewünschte Ziel das Zusammenwirken einer Mehrzahl rechtlich und wirtschaftlich selbständiger Unternehmen erfordert, die ihre Leistungen auf einander abstimmen müssen.

Beispiele sind der Bau eines Hauses oder die Montage einer Industrieanlage mit Hilfe zahlreicher auf einzelne Beiträge spezialisierter Unternehmen, ferner Just-in time-Verträge, in denen der Hersteller eines Produkts von seinen Vorlieferanten verlangt, die von ihnen gefertigten Einzelteile jeweils kurzfristig vor dem Einbau zu liefern, um ihm selbst die Lagerhaltung zu ersparen. Der im Schrifttum am intensivsten behandelte Fall sind Franchisesysteme zum Vertrieb von Waren oder Dienstleistungen. In diesen bindet der Franchisegeber eine Vielzahl von Franchisenehmern durch inhaltsgleiche Rahmenverträge an sich, so dass eine zwischen Vertrag und Verband stehende Absatzorganisation entsteht, in der sich alle Beteiligten zur gemeinsamen Pflege der den Gegenstand des Verbunds bildenden Produkte und Marken und zu aufeinander abge-

---

[23] Der neue § 478 BGB erleichtert einem Einzelhändler den Rückgriff gegen seinen Lieferanten, wenn er von einem Verbraucher wegen Mangelhaftigkeit der gelieferten Sache in Anspruch genommen wird. Die Praxis fängt das Problem durch die üblich gewordenen Herstellergarantien auf.

[24] Die Hauptbeispiele sind der finanzierte Abzahlungskauf, das Leasing sowie der finanzierte Erwerb von Anteilen an Vermögensfonds.

stimmten Werbemaßnahmen verpflichten sowie die mit dem Vertrieb verbundenen Gewinnchancen und Risiken untereinander, freilich regelmäßig zu Lasten der Franchisenehmer, aufteilen[25].

Die Eigenart auch sternförmiger Vertragsnetze liegt darin, dass die Nicht- oder Schlechtleistung eines Beteiligten nicht nur seinem Vertragspartner, sondern auch allen anderen an dem Netz Beteiligten schaden kann[26]. Rechtlich fordern sie das von lediglich zwei Vertragspartnern ausgehende Vertragsrecht noch stärker heraus als die Vertragsketten und -dreiecke. Einschlägige Rechtsvorschriften fehlen. Die durch sie aufgeworfenen Regelungsprobleme harren noch der rechtstatsächlichen und normativ-rechtlichen Durchdringung.

d) Einen noch höheren Grad wirtschaftlicher und rechtlicher Komplexität zeigen *ring- oder gitterförmige Vertragsnetzewerke*.

Eine ringförmige Struktur kommt zum Beispiel zustande, wenn in einen bargeldlosen Zahlungsverkehr mehrere Banken einbezogen werden, die auch unter sich kooperieren, und in den Verkehr zwischen den Banken zusätzlich noch eine Zentralbank oder eine Clearingstelle eingeschaltet ist, welche die Zahlungsströme steuert und verrechnet[27]. Als weiteres Beispiel können Kreditkartensysteme angeführt werden, in denen der Kunde die Kreditkarte von seiner Bank gegen Zahlung der Jahresgebühr erwirbt und sie anschließend zu Begleichung von Schulden bei seinen Gläubigern einsetzt. Denn auf der einen Seite vergibt die Bank die Kreditkarten nicht selbst, sondern als Mitglied des jeweiligen Kreditkartenunternehmens – also zum Beispiel von Mastercard oder Visa. Auf der anderen Seite müssen sich die Gläubiger des Kunden, die einem Kreditkartensystem angeschlossen sind und die eine Leistung mittels der Kreditkarte entgegengenommen haben, bei ihrem Rückgriff auf das System oder auf ein zusätzlich eingeschaltetes Abwicklungsunternehmen regelmäßig ein gewisses Disagio abziehen lassen.

Auch bei der rechtlichen Bewältigung solcher Zahlungs- und Finanzierungsverfahren geht es im Kern darum, ob bei Vertragsstörungen Ansprüche jeweils nur gegen den unmittelbaren Vertragspartner geltend gemacht werden können oder auch gegen das Unternehmen, welches im Netz für die Störung tatsächlich verantwortlich ist. Die Fragen sind wiederum noch vielfach umstritten. Ihre Klärung setzt auch hier die genaue Kenntnis der Vertragspraxis und ihrer Komplikationen voraus.

---

[25] Vgl. statt aller die Beiträge in *Joerges* (Hrsg.), Franchising and the Law; die Ausgestaltung im Einzelnen variiert beträchtlich.
[26] Liefert zum Beispiel bei einem Just-in time-Vertrag der Hersteller eines Einzelteils nicht, können auch die im Montageprozess nachfolgenden Einzelteile nicht eingebaut werden.
[27] Vgl. insbesondere *Rohe*, Netzverträge.

3. Transnationale Verträge

Ein drittes die Entwicklung des Vertragswesens seit dem ausgehenden 20. Jahrhundert prägendes Element ist das Vordringen von transnationalen Verträgen zwischen weltweit agierenden Unternehmen, welche sich nicht mehr an eine nationale Rechtsordnung binden[28]. Nach herkömmlichem Recht wird jeder Vertrag, auch wenn die Vertragspartner verschiedenen Ländern angehören, einer bestimmten nationalen Rechtsordnung unterworfen, die sich nach den Vorschriften des internationalen Privatrechts bestimmt. Die Anbindung erschien nötig, um im Fall eines Streits zwischen den Vertragspartnern nationale Gerichte und Vollstreckungsorgane einschalten zu können. In der neueren Rechtsentwicklung gelingt es daneben, für wichtige Vertragstypen übernationale Rechtsordnungen zu schaffen, welche in völkerrechtlichen Verträgen verankert und daher in ihrem Geltungsbereich verbindlich sind, oder welche die Vertragsparteien als das zwischen ihnen geltende Recht vereinbaren können.

Gleichwohl vermeiden es die Parteien bei transnationalen Verträgen nicht selten, sich an eine der auf diese Weise für sie bereit liegenden nationalen oder internationalen Vertragsordnungen zu binden, und ziehen es vor, möglichst alle vorhersehbaren Vertragsstörungen im Vertrag selbst zu regeln. In anderen Fällen verständigen sie sich lediglich über die Hauptpunkte und überlassen alles Übrige der ungewissen Zukunft, vielleicht auch einem von ihnen vereinbarten Schiedsgericht, welches später auftretende Erfüllungsschwierigkeiten nach Billigkeit regeln soll. Kommt es in solchen Fällen zum Streit, können die Vertragspartner versuchen, diesen auf dem Weg von Verhandlungen und des Vergleichs zu bereinigen. Schon dabei bietet sich an, statt auf positiviertes staatliches oder transnationales Recht auf allgemeine Rechtsprinzipien, auf im internationalen Geschäftsverkehr feststellbare Handelsbräuche oder auf Erwägungen ökonomischer Zweckmäßigkeit Bezug zu nehmen. Auch Schiedsgerichte entscheiden, sofern die Vertragsauslegung nicht weiterhilft, nach solchen Gesichtspunkten.

Die auf solche Weise entstehende internationale „*lex mercatoria*" hat also den Charakter eines nicht staatsgebundenen, sondern selbst geschaffenen Rechts der Wirtschaft. Sie erinnert daran, dass Rechtsvorschriften auch schon früher das Produkt gesellschaftlicher Prozesse und ökonomischer Bedürfnisse waren[29]. Zur Durchsetzung der Schiedssprüche genügen dann wie auch sonst in den meisten Fällen das eigene Interesse der Beteiligten an der Fortsetzung der Geschäftsbeziehung und die Gefahr, andernfalls den guten Ruf als eines verlässlichen Geschäftspartners zu verlieren. Wird ausnahms-

---

[28] Vgl. statt aller *Stein*, Lex mercatoria; *Gessner/Budak*, Globalization of Law; *Teubner*, Rechtshistorisches Journal 1996, 255.
[29] Vgl. die Konzeption des gesellschaftlichen Rechts von *Ehrlich* (oben Abschnitt 6 II 4).

weise die Zwangsvollstreckung nötig, zeigen sich die staatlichen Gerichte in der Regel bereit, die Urteile der transnationalen Schiedsgerichte als hinreichende Grundlage dafür anzuerkennen.

Rechtstatsächlich weiß man über das übernationale selbst geschaffene Recht der Wirtschaft bislang wenig. Seine Problematik liegt in dem Umstand, dass es in der Regel nicht veröffentlicht wird und daher für die Wissenschaft nur selten zugänglich ist. An allgemeine, in den nationalen Rechten verankerte Vorschriften der Wirtschaftsordnung, insbesondere des Wettbewerbs- und Kartellrechts, des Umweltschutzrechts und des Strafrechts, ist es nicht oder nur unter besonderen Umständen gebunden und berücksichtigt es häufig nicht. Der als Korrektiv in Betracht kommende Gedanke eines „ordre public transnational" ist einstweilen schwach ausgebildet. Die sich dadurch dem Völkerrecht, der Rechtswissenschaft und der internationalen Politik stellenden Probleme sind noch keineswegs bewältigt. Die Rechtssoziologie hat auch hier die Aufgabe, die faktischen und strukturellen Dimensionen dieses neuen, nicht mehr in staatliches Recht eingebetteten Typs von Verträgen zu erfassen und in der Vertragstheorie zu verorten.

16. Abschnitt

Macht, Herrschaft und Recht

Schrifttum: *Bendix, Reinhard*, Könige oder Volk. Machtausübung und Herrschaftsmandat, 1980; *Blau, Peter M.*, Exchange and Power in Social Life, 1964; *Claessens, Dieter*, Rolle und Macht, 2. Aufl. 1970; *Coleman, James*, Macht und Gesellschaftsstruktur, 1979; *Dahrendorf Ralf*, Soziale Klassen und Klassenkonflikt in der industriellen Gesellschaft, 1957; *Elias, Norbert*, Zivilisation und Gewalt, in: *Matthes, Joachim* (Hrsg.), Lebenswelt und soziale Probleme, 1980, 98; *Foucault, Michel*, Überwachen und Strafen (Surveiller et punir), deutsch 1992; *Geiger, Theodor*, Vorstudien 295 ff.; *Habermas, Jürgen*, Legitimationsprobleme des Spätkapitalismus, 1973; *Haferkamp, Hans*, Soziologie der Herrschaft, 1983; ders., Artikel Herrschaft (Macht) im Lexikon des Rechts 3/60; *Höffe, Otfried*, Politische Gerechtigkeit, 1987; *Hofmann, Hasso*, Legitimität und Rechtsgeltung, 1977; *Hondrich, Karl Otto*, Theorie der Herrschaft, 1973; *Luhmann, Niklas*, Macht, 1975; *Münch, Richard*, Legitimität und politische Macht, 1976; *Narr, Wolf Dieter*, Gewalt und Legitimität, Leviathan, 1973, 7; ders., Physische Gewaltsamkeit, ihre Eigentümlichkeit und das Monopol des Staates, Leviathan, 1980, 541; *Offe, Claus*, Krisen des Krisenmanagements: Elemente einer politischen Krisentheorie, in: *Jänicke, Martin* (Hrsg.), Herrschaft und Krise, 1973, 197; *Popitz, Heinrich*, Prozesse der Machtbildung, 2. Aufl. 1969; ders., Phänomene der Macht, 1986; *Schelsky, Helmut*, Die Bedeutung des Klassenbegriffs für die Analyse unserer Gesellschaft, in: Auf der Suche nach Wirklichkeit, 1965; *Stallberg, Friedrich-Wilhelm*, Herrschaft und Legitimität, 1975; *Weber, Max*, Wirtschaft und Gesellschaft, Teil 1 Kapitel 1 §§ 16 und 17, Kapitel III, Teil 2 Kapitel IX.

I. Macht und Herrschaft

1. Grundlagen

Das Phänomen der Macht, die soziale Bedeutung von Zwang und Gewalt und die Entstehung, der Ausbau und der Verfall von Herrschaftsverhältnissen gehören seit jeher zu den Grundthemen der theoretischen und der empirischen Soziologie, und sie haben längst vor dem Entstehen der modernen Sozialwissenschaften, seitdem die Menschen angefangen haben, über die Gesellschaft nachzudenken, Philosophen, Theologen, Historiker, Ökonomen und vor allem auch Juristen beschäftigt. Die moderne deutsche Soziologie der Herrschaft fußt wesentlich auf *Karl Marx* und auf *Max Weber*.

Marx hatte die Herrschaftsstruktur der Gesellschaft, die er als Klassenherrschaft der Bourgeoisie über das Proletariat begriff, als Ausfluss der ökonomischen Verhältnisse verstanden[1]. Webers Unterscheidung von Macht und Herrschaft, sein Legitimitätsbegriff sowie seine Typologie der legitimen Herrschaftsformen[2] bilden noch heute die theoretische Basis aller späteren Arbeiten, selbst wo sie davon abweichen. Es ist ausgeschlossen, an dieser Stelle die ungewöhnlich fruchtbare und vielgestaltige Weiterentwicklung der Herrschaftssoziologie darzustellen[3] oder auch nur einen vollständigen Überblick über ihren gegenwärtigen Stand zu geben[4]. Stattdessen muss es genügen, einige elementare Zusammenhänge aufzuzeigen, die für das Verständnis der Beziehungen zwischen Macht und Recht wesentlich sind und die daher den Anschluss an die Rechtssoziologie vermitteln. Dabei bietet sich auch hier an, an die Begriffsbestimmungen von *Max Weber* anzuknüpfen.

2. Der Begriff der Macht

Macht ist, in der Definition von *Weber*, die Chance, den eigenen Willen gegenüber einem anderen gegen dessen Widerstand durchzusetzen[5], oder, nach einer modernen Formulierung[6], die Fähigkeit von handelnden Menschen, das Verhalten anderer Menschen zu lenken. Sie bezeichnet, im Gegensatz zum Vertrag, eine *asymmetrische Interaktionsbeziehung* zwischen zwei Menschen, Gruppen, Organisationen oder Gesellschaften, in der die Partner nicht als Gleiche einander gegenübertreten, sondern in einem Verhältnis von Über- und Unterordnung, Befehl und Gehorsam, zueinander stehen.

Macht ist *verschieden stark ausgeprägt*: Sie kann sich aus einer einmaligen und vorübergehenden Situation ergeben – ein Räuber überfällt einen Fußgänger an einsamer Stelle – oder dauerhaft sein. Sie kann gegenüber einzelnen Personen oder gegenüber einer Vielzahl von Menschen, ganzen Gruppen oder Gesellschaften bestehen. Es gibt große und kleine Machtunterschiede, starkes und schwaches Machtgefälle. In komplexen Handlungszusammenhängen, an denen viele Personen beteiligt sind, bilden sich differenzierte Machtstrukturen aus, die, solange sie sich noch nicht stabilisiert haben und normativ fixiert sind, dauernd in Bewegung bleiben und sich verändern. Jedermann weiß, wie labil und wetterwendisch etwa die Position politischer Parteien und ihrer Kandidaten in der Zeit vor einer Neuwahl ist, in der die

---

[1] Siehe Abschnitt 4 II, III 2.
[2] Abschnitt 7 II 2.
[3] Zu nennen sind vor allem die im Schrifttumsverzeichnis angegebenen Werke von *Bendix, Blau, Claessens, Coleman, Dahrendorf, Elias, Foucault, Habermas, Haferkamp, Höffe, Hondrich, Luhmann, Münch, Narr, Offe, Popitz, Stallberg* und *Schelsky*.
[4] Einen guten Überblick gibt *Haferkamp*, Soziologie der Herrschaft 17–78.
[5] Wirtschaft und Gesellschaft, 1. Teil Kapitel I § 16, Kapitel III § 1, siehe dazu Abschnitt 7 II 1.
[6] *Haferkamp*, Artikel Herrschaft im Lexikon des Rechts 3/60.

Parteien um ihre Anhänger werben müssen und noch nicht feststeht, wie viele Wähler und welche Gruppen sich hinter sie stellen.

Das *Mittel* der Machtausübung ist zunächst die *unmittelbare Gewalt* oder die *Schädigung*, das heißt das Zufügen oder Androhen von Nachteilen. Wer einen anderen töten, verletzen, ihm Schaden zufügen oder auch nur glaubhaft mit solchen Akten drohen kann, ist in der Lage, das Verhalten des anderen zu bestimmen, es sei denn, dieser ist imstande, sich wirksam zu wehren, die Schädigung abzukaufen oder sich ihr zu entziehen. Die Schädigung kann auch im Zufügen psychischer Qualen oder ökonomischer und sozialer Nachteile liegen, zum Beispiel in einer Freiheitsstrafe, im Entzug von Einkommensquellen oder in der gesellschaftlichen Deklassierung und Ächtung. Wie stark die Schädigungsmacht ist, hängt von mehreren Faktoren ab, namentlich von der Höhe des potentiellen Schadens, vom Grad der Angst des Betroffenen und von den Mitteln der Gegenwehr.

Zum anderen sind auch *Leistungen* Mittel der Machtausübung, das heißt das Gewähren oder Versprechen von Vorteilen. Wer über lebensnotwendige oder doch begehrenswerte Güter verfügt, die ein anderer nicht besitzt, kann mit dessen Unterordnung als Preis für die Hingabe des Gutes rechnen, sofern der andere es nicht durch eine gleichwertige Gegenleistung eintauschen oder sich von einem Dritten beschaffen kann. In Betracht kommen dabei nicht nur materielle, sondern auch immaterielle Güter: die Zuwendung von Aufmerksamkeit, Liebe und sozialer Anerkennung, die Organisation der Verteilung wichtiger Güter, die unerschrockene Führung in der Gefahr usw. Für die Stärke der Leistungsmacht fallen neben anderen Umständen der Grad der Angewiesenheit auf das Gut und der Begehrlichkeit in die Waagschale.

Die anthropologische Grundlage aller Machtbeziehungen liegt, wie sich aus dem Gesagten ergibt, einerseits in der *natürlichen Ungleichheit* der Menschen und der Überlegenheit eines Menschen über den anderen, andererseits in ihrer *Verletzlichkeit* und *Bedürftigkeit*, ihrem Angewiesensein aufeinander und in der daraus folgenden Unmöglichkeit, sich dem Einfluss anderer zu entziehen.

Die persönliche Überlegenheit kann auf physischen, psychischen oder intellektuellen Fähigkeiten beruhen: auf überlegener Körperkraft oder Geschicklichkeit, besonderer Begabung, Nervenstärke und Mut, Liebreiz und Charisma, hervorragender Intelligenz oder Rede-, Führungs- und Organisationsgabe. Erworbene Fähigkeiten – Übung und Sicherheit beim Waffengebrauch, besondere Kenntnisse, herausragendes Wissen, Beherrschen fremder Sprachen – kommen hinzu. Stehen Gruppen oder Verbände einander gegenüber, so ist auch die reine Überzahl der einen Seite ein Machtfaktor. Daneben gewährt der Besitz wichtiger wirtschaftlicher, religiöser, militärischer oder kultureller Güter Macht, namentlich die Verfügung über fruchtbare Böden, Bodenschätze und Ölquellen, über Heilsgegenstände und Reliquien gegenüber denen, die an deren Kraft glauben, über moderne zerstörungskräftige Waffen, Patente, Technologien, Heilungsmethoden und Arzneimittel. In allen diesen Fällen kann man von *primären Machtfaktoren* sprechen[7]. Da sowohl die Ungleichheit der natürlichen Ausstattung und des Zugangs zu den lebensnotwendigen Gütern wie auch die Verletzlichkeit und Bedürftigkeit des Menschen zu den elementaren Tatsachen des Lebens gehören, gibt es in allen Gesellschaften Machtbeziehungen. Das Phänomen der Macht ist ein der Soziologie vorgegebenes Faktum.

3. Sozial vermittelte Macht

Die dargestellten Zusammenhänge sagen noch nichts darüber aus, wie sich dauerhafte und generalisierte Machtverhältnisse ausbilden können, die eine Vielzahl von Personen und Interaktionsbeziehungen erfassen und zu der inneren Machtstruktur einer Gruppe, einer Organisation oder einer Gesellschaft erstarken. Derart verallgemeinerte und verfestigte Macht geht über die Reichweite der primären Machtfaktoren hinaus und beruht auf spezifischen sozialen Prozessen. Sie ist *sozial vermittelt*. Wie sich ein solcher Vorgang sozialer Verstärkung und Institutionalisierung von ursprünglich auf ein einziges Wirtschaftsgut gestützter Macht abspielen kann, zeigt dramatisch ein Beispiel, das sich in den siebziger Jahren in den USA zugetragen haben soll und von dem *Popitz* berichtet[8]:

„Großstadtmüde junge Familien zogen in den Mittelwesten, um sich in irgendeiner verfallenen Goldgräberstadt eine neue Existenz aufzubauen, Naturverbundenheit, Gleichheit, Freiheit auf ihre (selbstverständlich nicht vorhandenen) Fahnen geschrieben. Einer von ihnen, James Frederick, besaß einen Traktor. Er verlieh diesen Traktor gegen gewisse Gegenleistungen. Da ihn alle nötig brauchten, musste die Verleihpraxis geregelt werden. Das aber ließ sich schlecht machen, ohne die Arbeit im Dorf überhaupt besser aufeinander abzustimmen. James Frederick nahm die Organisation in die Hand und ergänzte sie durch die Einführung einiger dringend nötiger Kollektivarbeiten, an denen teilzunehmen er selbstverständlich jedem zur Pflicht machen musste. Gewisse Sühnen für mangelnden Einsatz wurden unvermeidlich. Selbst musste er häufig abwesend sein – er hatte inzwischen auch den Vertrieb übernommen –, aber glücklicherweise konnte seine Frau einspringen und die zentralen Organisationsaufgaben für ihn erledigen. Als die Verwaltungsarbeiten der Familie über den Kopf wuchsen, wurden einige hauptamtliche Helfer eingestellt, deren Arbeit James Frederick umsichtig koordinierte. Die Dorfgemeinschaft hatte sich inzwischen bewunderungswürdig ausgedehnt, verschiedene Produktionsbetriebe gegründet, Straßenkanalisationen gebaut und einen eigenen Personalausweis eingeführt. Wie die Zeitungen berichteten, empfing James Frederick die Reporter im neu errichteten Rathaus in konzentrierter Tätigkeit, Direktiven zügig formulierend, Streitfälle gewissenhaft schlichtend, neue

---

[7] *Geiger*, Vorstudien, 299.
[8] *Popitz*, Phänomene der Macht, 40f.

Pläne erwägend. Der Traktor, der etwas verloren im Rathaus stand, war verrostet. Er war offenbar mehr als Denkmal gedacht".

Ähnliche Prozesse lassen sich überall in der Gesellschaft beobachten. Die starke, charismatische Führerpersönlichkeit setzt ihre Fähigkeiten dazu ein, Anhänger an sich zu binden, die an ihrer Macht teilhaben und sie gegenüber den Machtunterworfenen verstärken. Der Heerführer benutzt seine Truppe, um die Macht im Staat an sich zu reißen. Ein Patent erlaubt es zuweilen, ein Wirtschaftsimperium aufzubauen, dessen Einfluss weit über das durch das Patent selbst vermittelte Monopol an der wirtschaftlichen Nutzung der Erfindung hinausgeht. In der Gesellschaft bilden sich Führungspositionen heraus, die nicht mehr an eine bestimmte überlegene Persönlichkeit gebunden sind, sondern dem jeweiligen Inhaber Amtsmacht verleihen. Könige und Adelige, Staatsmänner und Richter, Wirtschaftsführer, Gewerkschaftsbosse und Kirchenfürsten stützen ihre Macht nicht in erster Linie auf persönliche Fähigkeiten oder auf den Besitz bestimmter Güter, sondern auf die Institutionen und den organisatorischen Apparat, die ihre Position untermauern, und auf die Menschen, die dazu gehören. Diese lassen sich, im Gegensatz zu den primären, als *sekundäre Machtfaktoren* bezeichnen.

Es gehört zu den Aufgaben der Soziologie, die Prozesse der Machtbildung zu analysieren[9]. Hier muss es genügen, darauf hinzuweisen, dass stabile Machtverhältnisse in der Regel mindestens *zweifach gestaffelt* sind: Zwischen dem Herrscher oder der Machtelite und den Beherrschten findet sich ein *Herrschaftsstab*, der sich aus Jüngern, Gefolgsleuten, Beamten uä. zusammensetzt und der einerseits der Macht des Herrschers unterliegt, zum anderen aber seinerseits Macht über die Untergebenen ausübt[10]. Auch die staatliche Bürokratie erfüllt derartige Funktionen.

4. Herrschaft als anerkannte Macht

Wird die Macht von den Unterworfenen als berechtigt anerkannt und gehorchen diese freiwillig den Befehlen des Machthabers, so spricht die Soziologie im Anschluss an *Max Weber* von *Herrschaft*[11]. Herrschaft ist demnach *anerkannte, legitime, institutionalisierte Macht*[12]. Auch Herrschaftsverhältnisse

---

[9] Eindrucksvolle Modelle dazu finden sich bei *Popitz*, Prozesse der Machtbildung.
[10] So hat dies schon *Max Weber* gesehen, vgl. WuG, 2. Teil Kapitel IX.
[11] WuG, 1. Teil Kapitel 1 § 16, siehe Abschnitt 7 III.
[12] Von institutionalisierter Macht spricht *Popitz*, Phänomene der Macht, 37ff. Er geht von einem Prozess der Institutionalisierung aus, der sich auf drei Tendenzen stützt: die zunehmende Entpersönlichung und Formalisierung der Machtausübung sowie die wachsende Integration des Machtverhältnisses in eine übergreifende Ordnung. Im Ergebnis dürfte dieser Begriff mit der Bezugnahme auf eine übergreifende Ordnung – die traditional, legal oder charismatisch legitimiert sein kann – auf das von *Weber* Gemeinte hinauslaufen.

finden sich in jeder Gesellschaft, denn die Menschen geben sich, wie schon die allgemeine Lebenserfahrung lehrt, ganz überwiegend mit den gewachsenen Über- und Unterordnungsverhältnissen zufrieden. Sie tun dies durchaus im eigenen Interesse, weil sie erkennen, dass es ihnen langfristig nützt, namentlich, dass eine Autorität vorhanden sein muss, die dem natürlichen Egoismus jedes Einzelnen um der Gemeinschaft willen Grenzen setzt. Oft genügt als Grundlage der Anerkennung und Legitimität, dass die Träger der Herrschaft – um den Preis der Unterordnung – Frieden, Sicherheit und Ordnung gewähren, die nicht dauernd zugunsten von Machtkämpfen mit ungewissem Ausgang in Frage gestellt und aufs Spiel gesetzt werden können[13]. Die Anerkennung konkreter Hoheitsträger und ihrer Tätigkeit hängt nicht zuletzt davon ab, ob sie die Herrschaft uneigennützig ausüben, Bürger unparteiisch behandeln, auf ihre Anliegen genügend eingehen und ihr Selbstwertgefühl achten[14].

Allerdings ist die Herrschaft niemals vollkommen in dem Sinn, dass sie in einer Gesellschaft von allen Mitgliedern unbegrenzt freiwillig anerkannt wird. Gegenüber den Widerstrebenden muss sich der Herrscher daher auch auf seine Macht stützen und sie notfalls gebrauchen. Wo die Herrschaft nicht (mehr) von einem ausreichenden Machtpotential getragen wird, gerät leicht auch ihre Anerkennung ins Wanken: Es verspricht Erfolg, sie anzugreifen, zu stürzen und eine neue Herrschaft aufzurichten, die den veränderten Machtverhältnissen besser entspricht und ihre Legitimation aus ihnen ableitet.

So konnte die französische Revolution ausbrechen, weil die Krone und der heruntergekommene Adel dem wirtschaftlich und kulturell erstarkten Bürgertum nicht mehr standzuhalten vermochten, aber auch nicht freiwillig bereit waren, dem daraus abgeleiteten Anspruch auf Änderung der Herrschaftsstrukturen Rechnung zu tragen. Übertreffen die dem Herrscher zur Verfügung stehenden Machtmittel die ihm zugemessene Herrschaftsgewalt, so kann dies leicht umgekehrt zu einer Revision zugunsten des Herrschers führen, wie in Preußen und Österreich während der Restauration nach dem Wiener Kongress 1815[15].

Macht und Herrschaft gehen also Hand in Hand, stützen und verstärken sich wechselseitig. Sie sind keine Gegensätze, schon gar nicht in dem Sinn, dass Macht prinzipiell als böse, Herrschaft als gut betrachtet werden dürfte. Richtiger ist es vielmehr, Stadien und Stufen, letztlich eine gleitende Skala mehr oder weniger anerkannter und als Herrschaft legitimierter Machtverhältnisse ins Auge zu fassen.

---

[13] Dies ist der philosophische Ansatz der Legitimation der Staatsmacht von *Hobbes*, Leviathan.
[14] Empirische Nachweise bei *Tyler*, Why People Obey the Law, 1990, 71 ff.
[15] Beispiele nach *Haferkamp*, Artikel Herrschaft im Lexikon des Rechts 3/160.

In diesem Sinn erweist sich *Popitz'* Unterscheidung von *fünf Stufen* der *Institutionalisierung* von *Macht* als fruchtbar[16]. Auf der ersten Stufe bleibt die Machtausübung nach *Popitz* sporadisch, auf den Einzelfall beschränkt, mit dessen Wiederholung nicht gerechnet werden kann. Auf der zweiten Stufe kann der Machthaber das Verhalten der Abhängigen nicht mehr nur hier und da steuern, sondern normieren, das heißt in bestimmten, sich wiederholenden Zusammenhängen in immer gleiche Bahnen lenken. Auf der dritten Stufe entwickelt sich „positionale" Macht. Die Macht hat sich von der Person eines Machtträgers gelöst und wird an bestimmte, abstrakt umschriebene Aufgaben und Positionen gebunden, deren Inhaber wechseln können. In der geschichtlichen Entwicklung lassen sich die Urfiguren des Patriarchen, des Richters und des Heerführers als Archetypen positionaler Herrschaft erkennen. Wo diese Stufe erreicht ist, spricht *Popitz* von Herrschaft. Auf der vierten Stufe umgibt sich der Herrscher mit einem Herrschaftsapparat, der seine Macht weiter verstärkt, auf der fünften gelingt schließlich die Zentralisierung und Monopolisierung der Herrschaft in den Händen des Staates und ihr Ausbau dergestalt, dass sie täglich und in allen Sozialbeziehungen verfügbar und maßgeblich wird.

II. Das Recht als Regelung von Macht und Herrschaft

1. Das Verhältnis von Macht und Recht

Auf der Grundlage der vorgenannten Überlegungen lässt sich das Verhältnis von Macht und Recht näher bestimmen. Fragt man danach, so lautet die erste, unreflektierte Antwort gewöhnlich: *Macht geht vor Recht. Macht bricht Recht.* In einer solchen Äußerung liegt die Vorstellung eines Gegensatzes zwischen Macht und Recht, ja geradezu ein moralisches Urteil, nach dem das Recht auf der Seite des Guten, die Macht auf der Seite des Bösen steht. *Theodor Geiger* hat dargelegt, dass die Zuordnung der Macht zum Prinzip des Bösen und des Rechts zum Prinzip des Guten auf die Naturrechtslehre und die Aufklärungsphilosophie zurückgeht[17].

Schon eine unmittelbar anschließende zweite Überlegung, die sich auf die in den vorangehenden Abschnitten dargestellten Zusammenhänge zwischen Normen, Sanktionen und Rechtsgeltung bezieht, lehrt indessen, dass diese Sicht nicht richtig sein kann, zumindest sehr unvollständig und einseitig ist: *Recht stützt sich auf Macht* und bedarf zu seiner Aufrechterhaltung und Durchsetzung der Macht; Recht *begrenzt* auf der anderen Seite die Ausübung der Macht und lenkt sie in geregelte Bahnen, dient also dem Schutz der Machtunterworfenen. Recht *legitimiert* die Macht auch. Herrschaft im Sinn

---

[16] *Popitz*, Phänomene der Macht, 42 ff.
[17] *Geiger*, Vorstudien, 295 f.

der Begriffsbestimmung von *Max Weber* ist Macht, welche als rechtmäßig anerkannt wird. Im Fall der legalen Herrschaft beruht die Legitimität auf der Geltung des Gesetzes als des Inbegriffs von Recht.

Allerdings ist Recht oft nicht in der Lage, den ungezügelten Gebrauch von Macht und den *Machtmissbrauch* zu verhindern. Wenn in einer Gesellschaft die Machtverhältnisse dem geltenden Recht nicht mehr entsprechen, so kommt es häufig zu einer Anpassung des Rechts. Nur in diesen Fällen ist die Feststellung richtig, dass Macht vor Recht geht. Sie ist also das Produkt einer verkürzten Sicht, in der Macht mit dem sich über das geltende Recht bewusst hinwegsetzenden Machtkampf oder Machtmissbrauch gleichgestellt wird.

In soziologischer Sicht sind Macht und Recht nach alledem keine Gegensätze, sondern aufeinander bezogene soziale Tatbestände, die in einem dialektischen Verhältnis zueinander stehen. *Luhmann* zählt beide zu den reflexiven Mechanismen, deren gesellschaftliche Effektivität dadurch gesteigert werden kann, dass sie auf sich selbst angewandt werden: Die Rechtssetzung wird rechtlich geregelt. Macht wird zu ihrer eigenen Verstärkung gebraucht[18]. In der Alltagssprache kann man auch formulieren:

Recht ist die Regelung der in einer Gesellschaft bestehenden Macht- bzw. Herrschaftsverhältnisse unter dem Gesichtspunkt ihrer Legitimität.

Das Recht ist das Mittel, dessen sich die Gesellschaft bedient, um den ungehemmten und zerstörerischen Gebrauch von Macht und den permanenten Machtkampf in allen Lebensbereichen zu verhindern. Um diese Aufgabe erfüllen zu können, bedarf es seinerseits ausreichender Macht. Die Sanktionsinstanz, im modernen Gemeinwesen der Staat, muss, wie bereits früher dargelegt[19], über ein ausreichendes Sanktionspotential verfügen, um das Recht durchsetzen zu können.

Daraus folgt, wie in einem circulus vitiosus, die Gefahr des Machtmissbrauchs von Seiten der Sanktionsinstanz selbst. Ihr zu begegnen, ist der Zweck einer Reihe von herausgehobenen sozialen und rechtlichen Vorkehrungen, die wir vornehmlich mit dem Begriff des Rechtsstaats verbinden: Grundrechte, Gewaltenteilung, Bindung des Herrschers bzw. der Staatsgewalt an das allgemeine Gesetz, Gleichheit vor dem Gesetz, zeitliche Beschränkung der Macht durch Amtsperioden, Wahl der Machtträger, Garantie rechtsstaatlicher Entscheidungs- und Kontrollverfahren, konditionale Entscheidungsprogramme[20], Meinungs- und Versammlungsfreiheit, welche die öffentliche Kritik an den Machtträgern gewährleisten, sowie Kontrolle der

---

[18] *Luhmann*, Reflexive Mechanismen, in: Soziologische Aufklärung Bd. 1, 92 ff.
[19] Abschnitt 13 II 3.
[20] Vgl. Abschnitt 13 III 3.

Machtausübung durch den allgemeinen öffentlichen Diskurs und durch die Medien.

Nach aller historischen Erfahrung können auch diese rechtlichen Einrichtungen Machtmissbrauch nicht völlig verhindern, und sie bieten auch keine sichere Gewähr für die dauerhafte Stabilität einer freiheitlich-rechtsstaatlichen Ordnung. Vor allem im Bereich des privaten gesellschaftlichen und wirtschaftlichen Verkehrs bedürfen sie zahlreicher ergänzender machtbegrenzender Regeln. Aber sie scheinen doch das – relativ – beste und fortgeschrittenste Instrumentarium zur Bewältigung des Problems der Macht anzubieten, das bekannt ist.

2. Die Legitimität des Rechts

An die grundsätzliche Klärung der Zusammenhänge schließt sich die Frage an, worauf die Legitimität der Herrschaft und damit auch des eine legitime Herrschaft stützenden Rechts beruht. Soweit Recht staatliches Recht ist[21], ist damit zugleich die Frage nach der Legitimität des Staats gestellt. Dabei lässt sich die Rechtssoziologie nicht auf theologische oder philosophische Legitimitätslehren ein, die Staat und Recht auf den Willen Gottes, auf eine Idee der Gerechtigkeit, auf Naturrecht, einen Gesellschafts- und Herrschaftsvertrag oder andere metaphysische Lehren zurückführen[22]. Ihr Gesichtspunkt bleibt primär die empirische Frage, aus welchen Gründen die Menschen an die Legitimität der Herrschaft glauben und sich ihr freiwillig unterordnen. Man kann davon ausgehen, dass dies mit den oben (I 2) dargelegten anthropologischen Grundlagen des sozialen Zusammenlebens der Menschen zusammenhängt. Die Ausbildung von Herrschaftsverhältnissen liegt im Interesse auch jedes einzelnen Untergebenen. Sie erweist sich als nützlich oder sogar lebensnotwendig. In dem Maße, in dem der Herrscher Schutz gewährt und Aufgaben der Daseinsvorsorge erfüllt, ist sie ein Ausfluss des Gegenseitigkeitsprinzips[23]. Bezogen auf Einzelfälle kann die Frage aber nicht abstrakt und ein für allemal beantwortet werden, sondern nur im Hinblick auf konkrete Rechtsordnungen und auf spezifische rechtliche Regelungen.

Hinreichend breit angelegte Befragungen dazu fehlen einstweilen. Daher ist die Rechtssoziologie vorerst auf Modelle und Hypothesen angewiesen. Für elementare Normen, wie namentlich das Tötungsverbot, werden die meisten Menschen vermutlich noch heute eine Legitimation kraft religiöser Bindung oder des Glaubens an ein Naturrecht angeben. Sie folgen aber auch wiederum aus dem Prinzip der Gegenseitigkeit in seiner negativen Fassung: Was du nicht willst, was man dir tu', das füg' auch keinem anderen zu. Ob es auch Fälle rechtmäßiger Tötung mit Gewalt gibt, ist im Hin-

---

[21] Vgl. oben Abschnitt 11 III.
[22] Vgl. dazu statt aller *Hofmann*, Legitimität und Rechtsgeltung, 1977.
[23] Siehe Abschnitt 12 III.

blick auf die Todesstrafe, die Tötung im Krieg, Schwangerschaftsunterbrechung und Sterbehilfe bekanntlich weiterhin umstritten.

In vielen Fällen dürfte eine Rechtfertigung kraft Tradition im Sinn der Typologie von *Max Weber*[24] zu finden sein. Deren Stärke nimmt allerdings ab, da tradiertes Recht heutzutage als jederzeit änderbar angesehen und massenhaft neues Recht produziert wird[25]. Nach der Typenlehre *Webers* beruht die Legitimität des positiven Rechts in der Gegenwart hauptsächlich auf dessen *Legalität*[26], nach *Luhmann* auf dem bei seiner Schaffung eingehaltenen rechtsstaatlichen *Verfahren*[27], nach *Habermas*[28] auf der *demokratischen Koppelung zwischen dem Volkswillen und den zur Entscheidung berufenen Staatsorganen* und auf dem in der Demokratie institutionalisierten *rationalen Diskurs*, der zu vernünftigen Lösungen führt.[29] Alle diese Theorien sind zwar auch als Modelle für empirische Untersuchungen gedacht, verlieren aber in der Gedankenführung ihrer Urheber oft ihren Charakter als Hypothesen für solche.

Realistisch dürfte es sein, von einer *komplexen Legitimation des modernen positiven Rechts* auszugehen, in der als Quelle des Legitimitätsglaubens der Menschen das Prestige der Recht setzenden Institutionen, das Verfahren der Rechtssetzung und richterlichen Rechtsfortbildung, aber auch tradierte und religiös oder philosophisch begründete Wertvorstellungen, ferner wirtschaftliche und politische Zweckmäßigkeitsgesichtspunkte und Interessen in unterschiedlicher Gemengelage zusammenfließen.

3. Herrschaftsstrukturen als Aufgabe rechtlicher Regelung

Die konkrete rechtliche Regelung von Macht- und Herrschaftsstrukturen in einer Gesellschaft ist ein zentrales Thema nicht allein der Rechtssoziologie, sondern auch der Rechtsdogmatik und der Rechtspolitik. Dabei geht es durchweg um den Doppelaspekt der Bestätigung und der Begrenzung der Macht durch das Recht. Im *Strafrecht* steht die Regelung der staatlichen Strafgewalt in allen ihren Erscheinungsformen im Vordergrund. Das zentrale Thema des *Staats-* und *Verwaltungsrechts* sind die allgemeine Unterordnung

---

[24] Siehe Abschnitt 7 II 2.
[25] Vgl. zur Positivität des Rechts Abschnitt 18 III.
[26] Vgl. Abschnitt 7 II 2.
[27] Vgl. Abschnitt 9 II 4 und Abschnitt 12 V.
[28] *Habermas*, Faktizität und Geltung, 1992.
[29] Ähnlich *Hofmann* aaO (Fn. 22), 60ff., 72, der die Legitimität des Rechts auf den Konsens mit der Verfassung des freiheitlich-demokratischen und sozialen Rechtsstaats und diesen auf „prägende geschichtliche Erfahrungen" und auf die Vermutung zurückführt, dass ein solcher Verfassungskonsens im Sinn der praktischen Vernunft rational ist.

des Bürgers unter die Staatsgewalt und deren Grenzen sowie die Sicherung des geordneten Zusammenlebens und der Lebensgrundlagen für alle. Am dramatischsten zeigt sich die aktuelle Bedeutung der rechtlichen Kontrolle von Macht und Herrschaft heute im *Zivilrecht*, weil dieses ursprünglich von der herrschaftsfreien, auf der Gleichordnung aller Bürger beruhenden Privatrechtsgesellschaft ausging, die in der Figur des frei abgeschlossenen Vertrags ihr rechtliches Symbol fand.[30] Diese Vorstellung wurde durch die ökonomische und soziale Entwicklung des 20. Jahrhunderts überholt; sie gibt heute Struktur und Aufgaben des Arbeits-, Wirtschafts- und Unternehmensrechts nicht mehr, des allgemeinen Zivilrechts nur noch mit großen Einschränkungen wider. Überall geht es statt dessen darum, wirtschaftliche und soziale Machtpositionen rechtlich „einzufangen", die unabhängig von der formalen Rechtsgleichheit entstanden sind und diese aushöhlen.

Aus dem Bereich des allgemeinen bürgerlichen Rechts ist dazu als wichtigstes Beispiel das Recht der allgemeinen Geschäftsbedingungen zu nennen. Es akzeptiert allgemeine Geschäftsbedingungen als Vertragsbestandteil nur, wenn die andere Vertragspartei mit ihrer Geltung einverstanden ist, und unterwirft sie zudem richterlicher Inhaltskontrolle unter dem Gesichtspunkt, ob sie den Vertragspartner entgegen den Geboten von Treu und Glauben nicht unangemessen benachteiligen[31]. Die Rechtskontrolle wirtschaftlicher oder sozialer Macht kommt in beiden Regeln deutlich zum Ausdruck. Ähnliches gilt für die wachsende Zahl der Verbraucherschutzvorschriften. Das *Arbeitsrecht* lässt sich in seiner Gesamtheit als Regelung des Herrschaftsverhältnisses zwischen Arbeitgeber und Arbeitnehmer begreifen, einschließlich des Bemühens, im kollektiven Arbeitsrecht, – Betriebverfassungsrecht, Tarifvertrags- und Arbeitskampfrecht – mit Hilfe des Rechts ein Verhandlungsgleichgewicht zwischen beiden Seiten herzustellen. Das *Wettbewerbsrecht* dient der Kontrolle der in Kartellen und marktbeherrschenden Unternehmen konzentrierten wirtschaftlichen Macht.

In der Rechtssoziologie hat vor allem *Helmut Schelsky* die Bedrohung des Einzelnen durch die großen sozialen Organisationen und sogenannten „intermediären Gewalten" als Grundproblem der modernen Gesellschaften erkannt und dagegen als rechtspolitische Leitidee „Integrität und Autonomie der Person" gefordert[32]. Ein solches der Rechtssoziologie und der Rechtspolitik aufgegebenes Programm verlangt vor allem, Macht- und Herrschaftsverhältnisse in Staat, Wirtschaft und Gesellschaft aufzudecken, die das Recht bisher nicht zur Kenntnis genommen hat und daher duldet, ohne sie zu kontrollieren und zu legitimieren.

---

[30] Vgl. Abschnitt 15.
[31] §§ 305 ff. BGB n.F.
[32] Abschnitt 10 II 4 c.

17. Abschnitt

Konflikt und Konfliktregelung

I. Theorien sozialer Konflikte

Schrifttum: *Bonacker, Thorsten,* Sozialwissenschaftliche Konflikttheorien, 2005; *Bühl, Walter,* Theorien sozialer Konflikte, 1976; *ders.,* (Hrsg.), Konflikt und Konfliktstrategie, 2. Aufl. 1973; *Coser, Lewis,* The Function of Social Conflicts, 1956, deutsch: Theorie sozialer Konflikte, 1972; *ders.,* Conflict and Consensus, 1984; *Dahrendorf, Ralf,* Die Funktionen sozialer Konflikte, 1960; *ders.,* Über den Ursprung der Ungleichheit unter den Menschen, 2. Aufl. 1966; *Deutsch, Morton,* The Resolution of Conflict, 1973, deutsch: Konfliktregelung. Konstruktive und destruktive Prozesse, 1976; *Freund, Lucien,* Sociologie du conflit, 1983; *Gessner,* Recht und Konflikt, 1976; *Krysmanski, Jürgen,* Soziologie des Konflikts, 1971; *Schelling, Thomas C.,* The Strategy of Conflict, 1960; *Simmel, Georg,* Soziologie, Kapitel IV: Der Streit, 1908, 6. Aufl. 1983; *Weede, Erich,* Konfliktforschung, 1986.

1. Die soziologische und rechtssoziologische Konflikttheorie

Eine Rechtssoziologie, in deren Mittelpunkt soziale und rechtliche Normen, Sanktionen, die Geltung und die Effektivität des Rechts sowie die Legitimation sozialer Herrschaft stehen, geht von einer in sich geordneten, harmonischen und stabilen Gesellschaft aus. Ihre Aussagen über die Gesellschaft sind tendenziell statisch und konservativ. Sie versteht das Recht als ein Mittel, einen spannungsfreien Zustand, Frieden, Gerechtigkeit und Sicherheit herzustellen oder aufrechtzuerhalten. Konflikte sieht sie als prinzipiell unerwünschte oder gar pathologische Erscheinungen an, die es zu vermeiden oder zu unterdrücken gilt und die, sofern solches nicht gelingt, so schnell und geräuschlos wie möglich wieder aus der Welt geschafft werden müssen. Daher neigt sie auch dazu, die in der Gesellschaft tatsächlich auftretenden Konflikte zu unterschätzen und aus der wissenschaftlichen Perspektive zu verdrängen. Auch in der Rechtsphilosophie und in der dogmatischen Jurisprudenz, namentlich des Zivilrechts, ist eine derart harmonistische Grundkonzeption weit verbreitet[1]. All dies ist jedoch wenig realistisch.

---

[1] Vgl. statt aller *Coing,* Grundzüge der Rechtsphilosophie, 2. Aufl. 1969, 138, 146; *Larenz,* Methodenlehre der Rechtswissenschaft, 6. Aufl., 189 ff.

Demgegenüber richtet eine gegenläufige, seit den 1960er Jahren wieder erstarkte Strömung in der allgemeinen Soziologie[2] wie auch in der Rechtssoziologie[3] ihr Augenmerk stärker auf soziale Konflikte. Sie geht von der Beobachtung aus, dass Konflikte von Anbeginn an in jeder Gesellschaft alltäglich und unvermeidlich auftraten. Daher nimmt sie an, dass sie zum Wesen der menschlichen Gesellschaft gehören. Sie sind nichts anderes als besondere Erscheinungsformen der Interaktion zwischen Individuen und/oder sozialen Gruppen. Jeder Mensch strebt danach, seine eigenen Lebenschancen zu verbessern und gerät dabei in Widerspruch zu anderen Menschen, gegen die er sich durchzusetzen versucht. Bestimmte Gruppen, Organisationen und soziale Bewegungen nützen eine Konfliktstrategie bewusst dazu, auf ihre Ziele aufmerksam zu machen und Anerkennung für sie zu finden[4].

Aus diesen Gründen darf auch die Wissenschaft Konflikte nicht negieren oder gar verteufeln, sondern hat sie nüchtern zur Kenntnis zu nehmen und unvoreingenommen zu analysieren. Zu den Aufgaben der allgemeinen Soziologie gehört es, ihre Ursachen aufzudecken, ihren Verlauf und ihre Wirkungen zu beschreiben sowie die Mittel zu ihrer Bewältigung zu untersuchen. Die rechtssoziologische Konflikttheorie bezieht gerade das Recht auf die Behandlung sozialer Konflikte, das heißt, sie sieht die Funktion des Rechts darin, unnötige Konflikte vermeidbar zu machen und auf bereits eingetretene Konflikte zu reagieren, sie zu lösen, einzugrenzen oder sonst zu beherrschen. Selbstverständlich heißt ein solcher konflikttheoretischer Ansatz in den Sozialwissenschaften nicht, Konflikte zu verherrlichen, wie es in gewissen politischen Parolen und Kampfschriften geschieht.

2. Konfliktbezogene Gesellschafts- und Rechtstheorien

Konfliktbezogene Gesellschafts- und Rechtstheorien sind in zahlreichen Varianten aus der Geschichte bekannt. Als ein Beispiel aus dem Altertum ist die Philosophie des *Heraklit* zu erwähnen, die von dem berühmten Satz ausgeht, dass der Krieg der Vater aller Dinge sei[5]. Die Staatslehre von *Thomas Hobbes*

---

[2] Vgl. die Literaturangaben im Schrifttumsverzeichnis.
[3] *Aubert*, Interessenkonflikt und Wertkonflikt, in: *Bühl* (Hrsg.) aaO, 178; *Eckhoff*, Die Rolle des Vermittelnden, des Richtenden und des Anordnenden bei der Lösung von Konflikten, in: *Hirsch/Rehbinder*, Studien und Materialien zur Rechtssoziologie, 2. Aufl. 1971, 243; *Gessner*, Recht und Konflikt, 1976.
[4] Die Ziele können sich gegen gesellschaftliche Veränderungen wenden und daher konservativen Charakter haben wie etwa die Demonstrationen von Bauern oder von Gegnern der Genforschung, oder auf gesellschaftliche Änderungen gerichtet sein wie zum Beispiel von feministischen Gruppen herbeigeführte Konflikte.
[5] Das griechische Wort *polemos* wird üblicherweise mit Krieg übersetzt, meint aber auch allgemeiner Konflikt, Kampf. Zu Heraklit vgl. *Jaspers*, Die großen Philosophen Bd. 1, 1951, 631 ff.

beruht auf der Annahme, im Naturzustand verhalte sich jeder Mensch gegen andere wie ein Wolf *(homo homini lupus)*. Es herrsche Krieg aller gegen alle. Daher bedürfe es des *Leviathan*, des autoritären, bedingungslosen Gehorsam fordernden Staates, um Frieden herzustellen und das Zusammenleben zu ermöglichen[6]. Der *Marxschen Lehre* von der Spaltung der Gesellschaft in die Klassen der Bourgeoisie und des Proletariats und von der proletarischen Revolution liegt gleichfalls ein konfliktbezogenes Gesellschaftsbild zugrunde[7]. Dasselbe gilt für alle Lehren vom Kampf der menschlichen Rassen gegeneinander, wie sie im 19. Jahrhundert vertreten und namentlich in der Zeit des Nationalsozialismus zur „offiziellen" Gesellschaftstheorie erhoben wurden[8]. In der deutschen Gesellschaftswissenschaft der Nachkriegszeit hat vor allem *Ralf Dahrendorf* in zahlreichen Schriften eine auf die natürliche Ungleichheit der Menschen und die Machtungleichgewichte in der Gesellschaft gestützte Konfliktsoziologie entwickelt[9].

In der neueren Geschichte der Jurisprudenz gehört in erster Linie *Rudolf von Jherings* berühmte Schrift „*Der Kampf ums Recht*" in den geistigen Zusammenhang konfliktbezogener Gesellschaftslehren[10]. *Jhering* schreibt, der Kampf sei mit dem Wesen des Rechts unzertrennlich verbunden, sogar ein Moment seines Begriffs. Alles Recht in der Welt sei erstritten und denen, die sich ihm widersetzten, abgerungen worden. Jeder einzelne habe die moralische Pflicht, für sein Recht zu kämpfen, denn nur dadurch erfülle er seinen Anteil an der immer währenden Aufgabe aller Völker, Gerechtigkeit auf Erden zu verwirklichen. Aus *Jherings* Lehre ist im 20. Jahrhundert die *Interessenjurisprudenz* hervorgegangen, welche den Interessenkonflikt zwischen zwei Rechtsträgern zum Angelpunkt aller Rechtsfragen macht und den Juristen die Aufgabe zuweist, die widerstreitenden Interessen gegeneinander abzuwägen, um so zu einer Lösung der Konflikte zu gelangen[11].

3. Konstruktive und destruktive Konflikte

Als gemeinsamer wissenschaftlicher Ertrag aller derartiger Konflikttheorien ist zunächst die wertfreie Analyse und Interpretation gesellschaftlicher Kon-

---

[6] *Hobbes*, Leviathan, 1651, deutsche Übersetzung von *W. Euchner*, 1966, Kap. 10, 13, 17 ff.

[7] Siehe Abschnitt 4 II 2, III 2.

[8] *K. Salier*, Die Rassenlehre des Nationalsozialismus in Wissenschaft und Propaganda, 1961.

[9] Vgl. die Nachweise im Schrifttumsverzeichnis.

[10] *Jhering*, Der Kampf ums Recht 1872, wiederabgedruckt in: Ausgewählte Schriften, 1965, 195 ff. Siehe Abschnitt 3 I 2.

[11] Die Hauptschriften der Interessenjurisprudenz sind: *Philipp Heck*, Gesetzesauslegung und Interessenjurisprudenz, 1914; *ders.*, Begriffsbildung und Interessenjurisprudenz, 1932 sowie der Anhang „Begriffsjurisprudenz und Interessenjurisprudenz" in: *Hecks* Grundriss des Schuldrechts, 1929.

flikte festzuhalten. Konflikte entstehen, wenn ein anderer sich nicht erwartungsgemäß verhält und der Erwartende an seiner Erwartung festhält, in der soziologischen Terminologie ausgedrückt also aus der Enttäuschung normativer Verhaltenserwartungen[12]. Die dadurch geschaffene Lage ist durchaus ambivalent. Sie kann dazu führen, dass der Enttäuschte und die ihn umgebende Gesellschaft sich der Gründe vergewissern, aus denen sie an ihrer Verhaltenserwartung festhalten. In diesem Fall führt sie zu einer Stabilisierung der in der Gruppe des Enttäuschten anerkannten Normen und Verhaltensweisen und zur sozialen Isolierung des Täters. Es tritt das bereits von *Durkheim* beschriebene Phänomen ein, dass Verbrechen eine positive Wirkung erzeugen, indem sie die gesellschaftliche Solidarität stärken[13]. Konflikte zwischen verschiedenen sozialen Verbänden oder zwischen Völkern erfüllen auf diesem Wege die Funktion, die Identität des Verbands oder Volks und das Zugehörigkeitsbewusstsein der Mitglieder zu festigen[14]. Eine andere Reaktion des Enttäuschten und der hinter ihm stehenden Gruppe kann dahin gehen, die eigenen Verhaltenserwartungen und Normen angesichts des Normbruchs zu überprüfen und sie der neuen Situation anzupassen. Ein solches Verhalten liegt namentlich dann nahe, wenn sich die Handlungsweise des Normbrechers aus veränderten Umständen in der Umwelt oder aus neuen Bedürfnissen und Wertvorstellungen erklärt, die eine Anpassung verlangen. In diesem Fall erweist sich der Konflikt als das bewegende Element in der Gesellschaft und als der Motor der inneren Erneuerung und des sozialen Wandels. Angesichts immer neuer Ereignisse und Herausforderungen bedarf jede Gesellschaft eines gewissen Konfliktpotentials und eines hinreichenden Maßes an Flexibilität, um wandlungs- und anpassungsfähig zu bleiben und nicht zu erstarren[15].

Sowohl die norm- und verhaltensstabilisierende wie die ändernde Kraft des Konflikts erfüllen demnach prinzipiell *konstruktive*, ja sogar notwendige Funktionen in der Gesellschaft. Nicht zuletzt ist das Auftreten von Konflikten eine Folge der dem einzelnen in der Gesellschaft gewährten Freiheit. Eine autoritäre oder totalitäre Gesellschaft oder eine solche, die im Sinne *Durkheims* eher nach dem Prinzip der mechanischen Solidarität organisiert ist[16], kann nur wenige Konflikte verarbeiten und wird sie daher gewöhnlich unterdrücken. Je liberaler eine Gesellschaft ist, desto häufiger werden die Konflikte, desto größer ist aber auch die Toleranz der Gesellschaft, sie zu ertragen und zu beherrschen, ohne in ihrem Bestand bedroht zu werden.

---

[12] Vgl. zum Folgenden vor allem *Luhmann*, Konflikt und Recht, in: *ders.*, Ausdifferenzierung des Rechts, 1981, 92f.; *Deutsch*, Konfliktregelung aaO (Schrifttumsverzeichnis).
[13] Vgl. Abschnitt 5 II 1.
[14] *Luhmann* aaO, 98ff.; *Coser*, Theorie sozialer Konflikte, 36ff.
[15] *Luhmann* aaO, 101ff. Siehe auch schon Abschnitt 11 I 3, II 5.
[16] Siehe Abschnitt 5 II 2.

Eine *destruktive* und daher auch wissenschaftlich negativ zu bewertende Kraft entfalten Konflikte demgegenüber, wenn es nicht mehr gelingt, sie in Grenzen zu halten und zu beherrschen. Weitet sich ein Konflikt aus, greift er auf alle Beziehungen zwischen den beteiligten Personen oder Gruppen über und schlägt schließlich in offenen Kampf zwischen ihnen um, so bindet er die Kräfte, die andernfalls produktiv eingesetzt werden könnten. Er verhindert die Kooperation zwischen den Beteiligten, vernichtet materielle und immaterielle Werte und zerstört die soziale Solidarität und Integration, bis der Zustand der Anomie im Sinne *Durkheims,* der Auflösung aller sozialen Ordnungen und des Bürgerkrieges, eintritt. Im Verhältnis zwischen Völkern und Staaten kommt es zum Vernichtungskrieg. Keine Gesellschaft, die noch ein hinreichendes Maß an innerer Festigkeit aufweist und auf ihre Selbsterhaltung Wert legt, kann solche Prozesse dulden. Daher müssen Institutionen und Verfahren ausgebildet werden, die dazu bestimmt sind, sie zu verhindern, deren Aufgabe es also ist, Konflikte, wenn nicht zu lösen, so doch so weit zu kanalisieren, dass sie ihre zerstörerische Kraft und Bedrohlichkeit verlieren.[17] In der historischen Entwicklung war der wichtigste Schritt auf diesem Weg die Zurückdrängung privater Fehden, die Monopolisierung der Gewaltausübung in Händen des Staates und die Ausbildung von Gerichten als institutionalisierten und mit Zwangsgewalt ausgestatteten Konfliktbearbeitungsorganen.

II. „Private" Konflikte

Schrifttum: *Aubert, Vilhelm,* Interessenkonflikt und Wertkonflikt, in: *Bühl, Walter* (Hrsg.), Konflikt und Konfliktstrategie, 2. Aufl. 1973, 17ff.; *Gessner, Volkmar,* Recht und Konflikt, 1976; *Griffiths, John,* The General Theory of Litigation. A First Step, ZfRSoz 1983, 145; *Luhmann, Niklas,* Konflikt und Recht, in: *ders.,* Ausdifferenzierung des Rechts, 1981, 92; *Röhl, Klaus,* Der konflikttheoretische Ansatz in der Rechtssoziologie, Zeitschrift für Rechtstheorie 1977, 93; *Thibaut, John W./Walker, Laurens,* A Theory of Justice, Cal. L.R. 66, 1978, 541.

1. Mikrosoziologische Konflikte

Die Erforschung der zahlreichen verschiedenen Arten von sozialen Konflikten, ihrer Entstehungsursachen, ihres Verlaufs und ihrer Bewältigung sind ein zentrales Forschungsgebiet der *Soziologie* und *politischen Wissenschaften,* das hier nicht im Einzelnen dargestellt werden kann, obwohl das Recht dabei stets eine wichtige Rolle spielt. Auch die Konflikte zwischen Bürgern und

---

[17] Zur Ambivalenz sozialer Konflikte vgl. auch *Röhl,* Rechtssoziologie, 445 ff.; *Gessner,* Recht und Konflikt, 8 ff.; *Deutsch* aaO, 25 f.

Staat können hier nicht weiter verfolgt werden[18]. Im Einklang mit einem großen Teil der neueren Rechtssoziologie beschränken wir uns vielmehr im folgenden auf Streitigkeiten zwischen *privaten Individuen, Gruppen und Organisationen*, die rechtlich dem Zivilrecht zugeordnet sind. Es geht also um Konflikte zum Beispiel zwischen Verkäufern und Käufern, Vermietern und Mietern, Verursachern und Opfern von Unfällen, Arbeitgebern und Arbeitnehmern, Betriebsräten und Unternehmensleitungen, Gewerkschaften und Arbeitgeberverbänden, Verbandsmitgliedern und dem Verband, dem sie angehören, Ehegatten, Familienmitgliedern usw.

Im Gegensatz zu den makrosoziologischen Konflikten zwischen den politischen Gruppierungen in einem Volk oder zwischen mehreren Völkern werden derartige Streitigkeiten als *mikrosoziologische* bezeichnet. Das Ziel der einschlägigen theoretischen und empirischen Untersuchungen geht dahin, die Entstehungsursachen solcher Konflikte aufzudecken, ihre Merkmale zu beschreiben, Typen herauszuarbeiten, ihren Ablauf zu verfolgen, letztlich die verschiedenen Mittel und Wege der Konfliktlösung oder -regelung in der Gesellschaft zu erkennen und die Rolle zu erfassen, welche das Recht dabei spielt. Im Hintergrund steht eine „*Theorie der Konfliktnähe*", wonach sich je nach Art des Konflikts verschiedene Behandlungsformen am besten eignen[19].

Um das Untersuchungsfeld zu präzisieren, erweisen sich dabei Grenzlinien als hilfreich, die zu einem engeren Konfliktbegriff führen, als er in der allgemeinen Soziologie vorherrscht. Zum einen unterscheiden wir zwischen Konflikt und Wettbewerb (Konkurrenz). Danach liegt *Wettbewerb* vor, solange die beteiligten Individuen und Gruppen ihr Streben gleichgerichtet auf bestimmte Güter richten, um einen möglichst großen Anteil daran zu erlangen, jedoch ohne sich dabei gegenseitig direkt anzugreifen, zu behindern oder aus dem Wettbewerb zu verdrängen. Ein *Konflikt* entsteht aus dem Wettbewerb, wenn sich die Tätigkeit unmittelbar gegen den Wettbewerber richtet[20]. Zum anderen fallen aus dem Untersuchungsfeld Interessengegensätze heraus, in denen jeder die Leistungen des anderen zur Befriedigung seiner eigenen Bedürfnisse benutzt, die sich also in Formen des *Leistungsaustauschs* oder der *Kooperation* aufheben lassen. Die Abgrenzung reflektiert, wie leicht zu erkennen ist, die übliche, auch rechtlich relevante Unterscheidung zwischen Wettbewerb, vertraglichem Interessenausgleich, Verbandsbildung auf der einen und Rechtsstreit auf der anderen Seite. Sie kann in der sozialen Realität

---

[18] Soweit es um strafrechtlich relevante Konflikte geht, ist auf die Kriminalsoziologie zu verweisen.
[19] Vgl. *Falke/Gessner*, Konfliktnähe als Maßstab für die gerichtliche und außergerichtliche Streitbehandlung, in: *Blankenburg/Gottwald/Strempel* (Hrsg.), Alternativen in der Ziviljustiz, 1982, 289 ff.
[20] *Röhl*, Zeitschrift für Rechtstheorie 1977, 93 ff., 99; *ders.*, Rechtssoziologie, 448 ff.

schwierig sein. Soziologisch konzentriert sie den Blick auf potentiell destruktive Konflikte.

2. Entstehungsursachen

Die Vielzahl der Entstehungsursachen so abgegrenzter Konflikte kann hier nicht aufgelistet werden. Offenkundig gibt es Streitigkeiten in allen Bereichen menschlicher Tätigkeit. Sie können in persönlichen, sozialen, wirtschaftlichen, politischen, beruflichen usw. Beziehungen ausbrechen und lassen sich häufig nicht auf einen einzigen Grund zurückführen, sondern zeigen ein komplexes Erscheinungsbild. Diese Beobachtung nötigt dazu, monokausale Erklärungsversuche und Konflikttheorien als zu einfach zurückzuweisen, die alle Konflikte letztlich immer auf ein und dieselbe Ursache zurückführen, wie zum Beispiel der Marxismus auf die Produktionsverhältnisse. Im Zusammenhang mit der Rechtssoziologie ist es wichtig hervorzuheben, dass auch das *Recht selbst Konfliktursache* sein kann[21]. Es kommt oft vor, dass das positive Recht Ansprüche und Rechtspositionen gewährt, die unvereinbar oder doch unscharf gegeneinander abgegrenzt sind und aus diesem Grund Streitigkeiten provozieren. Als Beispiel sei etwa auf die Spannung zwischen der in Art. 5 GG garantierten Pressefreiheit und dem Schutz einer unverletzlichen individuellen Persönlichkeitssphäre nach Art. 2 GG hingewiesen, die zu zahllosen Prozessen geführt hat[22]. Man kann sogar sagen, dass die Wahrscheinlichkeit vom geltenden Recht ausgelöster Streitigkeiten desto höher ist, je dichter die Rechtsvorschriften in einer Gesellschaft sind. Insofern ist die Verrechtlichung aller sozialen Lebensbereiche in der Gegenwart eine der wesentlichen Ursachen für die Vermehrung der Prozesse[23].

3. Konfliktarten

Die wissenschaftlichen Versuche, eine aussagekräftige und fruchtbare *Typologie der Konfliktarten* aufzustellen, haben bisher noch nicht zu abschließenden und allseits anerkannten Ergebnissen geführt. Für eine Theorie der Regelung privater Konflikte erweisen sich jedoch die folgenden Differenzierungen als fruchtbar:

a) In einem viel beachteten Aufsatz hat der norwegische Rechtssoziologe *Vilhelm Aubert* zwischen zwei Konfliktarten unterschieden, die er mit den Begriffen „*competition*" und „*dissensus*" bezeichnet und die sich auf deutsch am besten als *Verteilungskonflikte* und *Meinungskonflikte* umschreiben las-

---

[21] *Luhmann* aaO (Schrifttumsverz), 104.
[22] Vgl. z.B. BVerfGE 34, 269; 35, 202 sowie *Hesse*, Grundzüge des Verfassungsrechts § 12, 5.
[23] Siehe Abschnitt 21 II.

sen[24]. Auf derselben Linie liegt es, wenn die amerikanischen Sozialpsychologen *Thibaut* und *Walker*[25] *conflicts of cognition* und *conflicts of interest* unterscheiden und dazu ausführen, im ersten Falle gehe es um die Wahrheit, im zweiten um (Verteilungs-)Gerechtigkeit.

Ein *Verteilungskonflikt* entspringt einer Mangellage. Zwei Personen wollen denselben Gegenstand, von dem jedoch nicht genug für beide vorhanden ist. Das Interesse kann sich dabei auf materielle Objekte, aber auch auf gesellschaftliche und berufliche Positionen, Macht und Ansehen, einen Sexualpartner oder ähnliches richten. Soweit es sich um wirtschaftliche Güter handelt, werden Konflikte dieser Art gewöhnlich durch den Marktmechanismus aufgefangen und bewältigt, so dass sie nicht in offenen Streit ausarten. Kommt es dennoch zu einem Rechtsstreit, liegt die Lösung typischerweise in einem *Kompromiss*: Die Parteien verhandeln und reduzieren ihre wechselseitigen Forderungen schrittweise so weit, bis eine Einigung erzielt ist[26].

Im Gegensatz dazu geht es bei einem *Meinungskonflikt* um den Streit über den normativen Status eines sozialen Objektes, das heißt um dessen Wertschätzung. Es kann sich um religiöse, politische, ideologische Auseinandersetzungen handeln, aber auch um die Alternativen richtig oder falsch, wahr oder unwahr, rechtmäßig oder rechtswidrig. Streitigkeiten dieser Art lassen sich gewöhnlich nicht aufgrund von Verhandlungen und durch Kompromiss beilegen, sondern verlangen eine Entscheidung zugunsten der einen oder der anderen Seite. Daher bedarf ihre Lösung, wenn die Parteien es nicht bei der Meinungsverschiedenheit belassen, des Urteils durch einen Dritten, der als Richter zwischen sie tritt.

Bei beiden Konfliktarten handelt es sich um *Idealtypen*, die in der sozialen Wirklichkeit gewöhnlich nicht rein vorkommen. Reale Konflikte entzünden sich ganz überwiegend an konkurrierenden Interessen, weisen aber in der Regel zugleich auch Aspekte der unterschiedlichen Bewertung auf. Verteilungskonflikte können in Meinungskonflikte übergehen oder umformuliert werden und umgekehrt. Eine solche Umformulierung vollzieht sich vor allem auch im Gerichtsprozess, weil dort entschieden werden muss, welche Partei Recht, welche Unrecht hat, und der Streitstoff deshalb als Mei-

---

[24] *Aubert* aaO (Schrifttumverz.), 17ff. Üblicherweise werden die englischen Begriffe mit „Interessenkonflikt" und „Wertkonflikt" übersetzt (so auch in der Übersetzung des zitierten Aufsatzes). Diese Übersetzung verändert aber den Sinn des englischen Textes und macht einige Passagen von *Aubert* schwer verständlich.
[25] *Thibaut/Walker*, Procedural Justice, 1975.
[26] Dies ist eine sehr rudimentäre Skizzierung der Lösungsmöglichkeiten von Verteilungskonflikten und der Probleme distributiver Gerechtigkeit. Vgl. zu letzterer oben Abschnitt 12 IV. In der *Ökonomie* und in der *Spieltheorie* werden die optimalen Lösungen unter verschiedenen Bedingungen analysiert, wobei vorausgesetzt wird, dass sich die Beteiligten rational verhalten und nur ihre Interessen wahrnehmen. Die beste Lösung ist dann das sog. *Pareto-Optimum*, das gegeben ist, wenn keine andere Lösung beiden Partnern einen größeren Gesamtgewinn oder einem Partner einen größeren und dem anderen einen mindestens gleich großen Gewinn bietet.

nungsverschiedenheit über die Richtigkeit von Tatsachen oder die Anwendung von Rechtsvorschriften dargestellt werden muss, selbst wenn das Interesse der Parteien in Wirklichkeit nur darauf abzielt, wer dem anderen wieviel Geld zu bezahlen hat[27].

b) In einer anderen Typologie unterscheidet *Volkmar Gessner*[28] im Anschluss an *Niklas Luhmann*[29] zwischen *personenbezogenen, rollenbezogenen* und *normbezogenen* Konflikten. *Personenbezogen* ist ein Konflikt danach, wenn er aus einer engen, in häufigen Begegnungen und gemeinsamem Erleben fundierten Beziehung entspringt, in der beide Beteiligten emotional miteinander verbunden sind und vielfältige, hochkomplexe wechselseitige Verhaltenserwartungen aufgebaut haben. Beispiele sind Konflikte zwischen Ehegatten oder in der Familie, zwischen Freunden, Nachbarn oder anderen Intimgruppen. Entsteht in einer solchen Gruppe ein Streit, tendiert er dazu, das spezielle Thema zu transzendieren, an dem er sich entzündet hat, und auf andere Interaktionen zwischen den Partnern überzugreifen, letztlich die ganze Beziehung zu überschatten und in Frage zu stellen. Konfliktthema wird, soziologisch ausgedrückt, das Gesamtbild, das die Beteiligten voneinander haben; notwendig ist nicht nur die Lösung eines isolierten Disputs zwischen ihnen, sondern die Neudefinition ihres Verhältnisses zueinander. Konflikte dieser Art sind hoch emotional. Auf der anderen Seite bietet die Vielgestaltigkeit der Berührungsflächen auch die Möglichkeit, den Konflikt durch besonderes Entgegenkommen an anderer Stelle wieder auszugleichen oder sogar überzukompensieren, so dass er unter Umständen ebenso schnell wieder in sich zusammenbricht, wie er sich aufgebaut hat, ohne dass es der Einschaltung eines Dritten bedürfte[30].

Den Gegensatz dazu bilden *normbezogene Konflikte*, die bei anonymen, häufig einmaligen, jedenfalls auf wenige Interaktionen begrenzten Beziehungen auftreten, zum Beispiel zwischen Verkäufer und Kunde im Warenhaus, Kinobetreiber und Kinobesucher, bei Unfällen usw. Konfliktthema ist hier lediglich die Geltung der den sozialen Kontakt beherrschenden sozialen oder rechtlichen Normen, das heißt zum Beispiel die Frage, ob der mit der Zahlung in Verzug geratene Käufer oder der an dem Unfall Schuldige nach geltendem Recht verpflichtet ist, den entstandenen Schaden zu ersetzen und in welcher Höhe. Weitere Kontaktflächen zwischen den Parteien bestehen nicht oder werden von dem Streit nicht berührt. In der Mitte zwischen beiden Extremen liegen die *Rollenkonflikte*, die sich zwar auf die komplexen, aber doch abgegrenzten Bündel von Verhaltenserwartungen beziehen, die mit sozialen, namentlich beruflichen Rollen und Positionen verknüpft sind[31]. Rol-

---

[27] *Aubert* aaO, 185 ff.
[28] *Gessner*, Recht und Konflikt, 170 ff.
[29] *Luhmann*, Rechtssoziologie, 85 ff.; siehe dazu Abschnitt 9 II 2.
[30] *Gessner* aaO 175.
[31] Zum Rollenbegriff vgl. oben Abschnitt 11 I 4.

lenkonflikte entstehen zum Beispiel zwischen Arbeitnehmer und Arbeitgeber, Sportkameraden, Vereinsmitgliedern, Teilnehmern an einer Reisegesellschaft oder zwischen Arzt und Patient. Ihre Komplexität geht über die der reinen Normkonflikte hinaus, weil sie das von dem Rollenträger generell erwartete Verhalten betreffen und erzwingen sollen. Auf der anderen Seite dringen sie aber nicht in das Privatleben des Normbrechers oder in die sozialen Rollen ein, welche er an anderer Stelle spielt.

Auch *Gessners* Klassifikation ist dazu bestimmt, den verschiedenen Konflikttypen die ihnen jeweils angemessene Behandlungsmethode zuzuordnen. Darauf ist zurückzukommen. Wiederum handelt es sich um Idealtypen. Auch sind ihre Grenzen fließend, so dass es nicht darauf ankommen kann, jeden denkbaren Fall einem von ihnen ausschließlich zuzuordnen.

III. Konfliktregelung durch die Beteiligten

Die Techniken, soziale Konflikte zu regeln, sind äußerst vielgestaltig. Bei privaten Konflikten empfiehlt es sich, zunächst danach zu unterscheiden, ob die Konfliktbehandlung auf die beteiligten Personen, Gruppen oder Organisationen beschränkt bleibt, oder ob Dritte eingeschaltet werden. In beiden Fällen gibt es mehrere Alternativen. Wenn die Regelung von den Beteiligten selbst gesucht wird, kommen in Betracht[32]:
– Ausweichen oder Abbruch der konfliktträchtigen Beziehung,
– Nachgeben eines Beteiligten und Obsiegen des anderen,
– Kompensation durch Ausgleichsleistungen,
– Verhandlungen und Kompromiss,
– Kampf, in Gestalt zum Beispiel von Drohung, Erpressung, Behinderung, Anwendung physischer Gewalt.

An die Konfliktregelungstypologie schließen sich die Fragen an, unter welchen Voraussetzungen es zu der einen oder anderen Alternative kommt, welche Ergebnisse sie zeitigen und, rechtspolitisch formuliert, welche Behandlungsform sich für welche Art von Konflikten am besten eignet. Sie sind Gegenstand der folgenden – keineswegs erschöpfenden – Ausführungen.

1. *Ausweichen*

Die einfachste und vermutlich häufigste Konfliktbehandlung liegt darin, dem Gegner auszuweichen. Ein Fall dieser Art ist schon dann gegeben, wenn jemanden einen drohenden Streit vermeidet, indem er dem anderen aus dem Wege geht. Ist der Konflikt bereits ausgebrochen, kann der Abbruch der Beziehung eine hilfreiche Aktion sein, die den Konflikt zwar nicht löst, aber

---
[32] Vgl. zum Folgenden besonders *Röhl*, Rechtstheorie 1977, 102 ff.

doch unschädlich macht: Die Ehegatten, die sich nicht mehr vertragen, lassen sich scheiden oder beschließen, getrennt zu leben. Der mit seiner Arbeit oder dem Klima im Unternehmen unzufriedene Arbeitnehmer kündigt das Arbeitsverhältnis. Ein solches Vorgehen ist nur möglich, wenn die daraus entspringenden materiellen und immateriellen Nachteile – die sozialen Kosten – tragbar und nicht größer sind als die Vorteile einer Fortsetzung der Beziehung: Die Kündigung des Arbeitsvertrags kann sich nur leisten, wer Gelegenheit hat, seinen Lebensunterhalt anderswo zu verdienen. Ein Mietverhältnis zu beenden, weil der Mietzins zu hoch ist oder weil der Vermieter schlecht heizt, kommt nur in Betracht, wenn preiswertere oder warme Wohnungen zur Verfügung stehen.

Ob ein Konflikt dadurch geregelt werden kann, dass die Beteiligten einander ausweichen, hängt also von den Umständen ab. Die dafür maßgeblichen Faktoren lassen sich schwer generalisieren. Immerhin besitzt eine amerikanische Theorie eine gewisse Plausibilität, nach der Einzelpersonen in modernen, hoch differenzierten Gesellschaften eher die Chance haben, ein Beziehung ohne Schaden für ihre persönliche oder wirtschaftliche Lage abzubrechen, als Mitglieder einer Sippe, Zunft uä in früheren Zeiten, die in ihre Lebenswelt fest eingebunden und wenig mobil waren. Bei Gruppen, Organisationen und Verbänden steht es nach dieser Lehre dagegen gerade umgekehrt. Sie konnten früher weitgehend ohne Berührung nebeneinander leben und konfliktträchtige Beziehungen meiden, wohingegen sie heute auf eine so vielfältige Weise in das gesamtgesellschaftliche Leben verflochten sind, dass eine derartige Abgrenzung nicht mehr gelingt[33].

2. Nachgeben

Wer einem Konflikt nicht mehr auszuweichen vermag, aber auch keine Chance sieht, in zu gewinnen oder durch Verhandlungen und Kompromiss zu beenden, muss nachgeben. Der Fall kann eintreten, wenn der Handelnde gegen die in der Gesellschaft geltenden Normen verstoßen hat, also im Unrecht ist, und deshalb damit rechnen muss, den kürzeren zu ziehen, sobald ein Dritter in die Konfliktregelung einbezogen wird, namentlich der Gegner vor Gericht Klage gegen ihn erhebt. Ein Fall des Nachgebens ist weiter auch dann gegeben, wenn der Schwächere lediglich der Übermacht des Gegners weicht.

Obwohl es rechtsstaatlichen Grundsätzen widerspricht, wenn Konflikte zugunsten des Stärkeren entschieden werden, und das staatliche Gerichtsverfahren nicht zuletzt dazu bestimmt ist, solches zu verhindern, gehen in der sozialen Wirklichkeit auch heute noch zahllose Konflikte auf diese Weise zu Ende: Ein Sportler wagt es nicht, gegen seinen Verband zu klagen, sondern fügt sich, weil er befürchten muss, anderenfalls beim nächsten Wettkampf nicht aufgestellt zu werden. Gegenüber Unternehmen und

---

[33] *Felstiner*, Influences of Social Organization on Dispute Processing, Law & Society Review 9 (1974), 63 ff.

Verbänden gibt auch ein außenstehender Einzelner oft klein bei: Trotz aller berechtigten Unzufriedenheit sieht es ein Bankkunde, Versicherungsnehmer, Stromverbraucher oder Krankenhauspatient nicht als erfolgversprechend und den Aufwand wert an, seine enttäuschten Erwartungen gegenüber der mächtigen Organisation zu artikulieren und es auf einen Konflikt ankommen zu lassen, sondern findet sich mit den Umständen ab, ohne den Verkehr mit der Organisation zu ändern[34].

Für die theoretische Analyse solcher Vorgänge ist die Erkenntnis wichtig, dass das Konfliktverhalten offenkundig von einer Prognose des möglichen Verlaufs verschiedener Handlungsalternativen und von Nützlichkeitserwägungen über die eigenen Chancen abhängt, nicht weniger aber auch vom Selbstvertrauen, von der Konfliktbereitschaft und anderen persönlichen Eigenschaften sowie davon, dass die für das Durchhalten des Konflikts notwendigen finanziellen Mittel zur Verfügung stehen. Daher ist die Resignation gegenüber einem als mächtig empfundenen Gegner bei sozial Schwachen und Passiven besonders häufig[35].

3. Kompensation

Eine Konfliktbehandlung durch kompensatorische Ausgleichsleistungen ist in komplexen Sozialbeziehungen möglich, wenn der Konflikt zwar nicht beseitigt werden kann oder soll, der Gegner aber auf andere Weise besänftigt wird: Ehegatten einigen sich nicht über die Namen der gemeinsamen Kinder, gehen aber gleichwohl nicht auseinander, sondern fangen den Konflikt dadurch auf, dass beim einen Kind die Mutter, beim anderen der Vater entscheidet. Ein Betriebsrat besteht nicht auf seinen Forderungen, nachdem ihm der Unternehmer Zusagen auf anderen Gebieten gemacht hat. Ein Beispiel ist auch die Strategie des Sanktionsverzichts, die zum Aufbau einer sozialen Kreditbeziehung führt: Der Verletzte verzichtet zunächst auf die angemessene „Bestrafung", um den Normbrecher zu veranlassen, sich künftig besondern normgerecht und zuvorkommend zu verhalten[36].

4. Verhandlungen und Kompromiss

Die Lösung eines Konflikts durch Verhandlungen und Kompromiss bietet sich vor allein bei Verteilungskonflikten um knappe Güter an[37]. Die rationale Grund dafür liegt in dem Umstand, dass die Teilung eines von beiden Kontrahenten begehrten Gutes für beide in der Regel vorteilhafter ist als der Kampf um alles oder nichts: Die teuer gekaufte Ware bringt dem Käufer mehr als der

---

[34] *Felstiner* aaO, 81.
[35] Vgl. unten IX 2.
[36] Abschnitt 13 III 5, 12 III.
[37] Siehe oben bei II 3 a.

Verzicht auf den Kauf; umgekehrt hat auch der Verkäufer Nutzen von dem Handel, selbst wenn er den Gegenstand preiswerter weggeben musste als ursprünglich beabsichtigt. Ein weiterer Vorzug liegt in dem Umstand, dass die Beteiligten im Verhandlungsprozess ihre eigenen Wert- und Gerechtigkeitsvorstellungen zu Geltung bringen und aufeinander abstimmen, weshalb der Kompromiss ihren Interessen leicht besser gerecht wird als eine von außen kommende, durch das Recht vorgezeichnete Lösung[38]. Aus diesem Grund werden selbst zahlreiche Prozesse besser durch Vergleich als durch Urteil beendet.

5. Kampf

Konfliktaustragung durch Kampf mittels physischer Gewalt lässt der moderne Staat bei privaten Konflikten nicht zu. Auch die Austragung mittels Drohung, Erpressung oder Behinderung ist als gesetz- oder sittenwidrig geächtet[39]. Selbsthilfe ist nur in Notfällen unter engen Voraussetzungen gestattet[40]. Eine wichtige Ausnahme gilt für die Arbeitskonflikte, zu deren Lösung der Arbeitskampf in den vom geltenden Recht zugelassenen Grenzen hingenommen, ja sogar als ein wesentlicher Bestandteil der freiheitlichen Wirtschafts- und Arbeitsverfassung verstanden und verfassungsrechtlich garantiert wird. Ältere Gesellschaften kannten auch andere rechtmäßige Kampfformen, vor allem den Zweikampf und die Fehde. Unterhalb der Schwelle des rechtlicher Kontrolle Zugänglichen lassen sich freilich auch heute Kämpfe um Macht, Ansehen, gesellschaftliche Positionen und Reichtum nicht verhindern und verbieten, sondern kennzeichnen das alltägliche Leben.

6. Beziehungen zu Dritten

Wie alle sozialen Interaktionen ist auch die Entstehung und der Verlauf von Konflikten in das soziale Umfeld eingebettet, zu dem die Beteiligten gehören. Konflikte können daher nicht unabhängig von Beziehungen zu Dritten und von der Reaktion Dritter betrachtet werden. Eine isolierte Zweierbeziehung wie zwischen Robinson und Freitag kommt in der Realität nicht vor, die bewusste Abschottung eines Konflikts gegenüber Dritten muss als seltene Ausnahme bezeichnet werden. Regelmäßig suchen sich beide Beteiligten Helfer – *Verbündete* –, die ihre Position unterstützen und die Chance ihrer Durchsetzbarkeit vergrößern. Auf diese Weise kann sich ein zunächst auf zwei Personen begrenzter Streit leicht zum Gruppenkonflikt ausweiten. Die in den

---

[38] *Aubert* aaO, 181; vgl. zum Ganzen auch *Schelling* (Schrifttumsverz.), 235 ff.
[39] §§ 123, 134, 138, 826 BGB, 21 GWB, 240, 253 StGB.
[40] §§ 227 ff., 904 BGB.

beteiligten Gruppen bestehenden Interessen, Wert- und Gerechtigkeitsvorstellungen gelangen ins Spiel, das Konfliktthema wird objektiviert und verallgemeinert, der Streit verschärft sich. Ob der Vorgang zugleich die Konfliktregelung erleichtert, hängt von den Umständen ab. Es kann sein, dass sich eine allgemeine Meinung darüber bildet, wer Recht hat, oder dass bei der Suche nach Verbündeten nur eine Partei Erfolg hat, während die andere allein bleibt. In beiden Fällen verschieben sich die Gewichte zugunsten der ersten und es wird wahrscheinlich, dass die zweite nachgibt. Finden hingegen beide Kontrahenten gleichermaßen Gefolgschaft, so wird es schwieriger, ohne die Hilfe eines Dritten einen Ausweg zu finden[41].

IV. Konfliktregelung mit Hilfe Dritter

Schrifttum: *Abel, Richard*, A Comparative Study of Dispute Institutions of Society, Law & Society Review 8, 1973, 218; *Eckhoff, Torsten*, Die Rolle des Vermittelnden, Richtenden und des Anordnenden bei der Lösung von Konflikten, in: *Hirsch/ Rehbinder* (Hrsg.), Studien und Materialien zur Rechtssoziologie, 2. Aufl. 1971, 243; *Eidmann, Dorothee*, Schlichtung: Zur Logik außergerichtlicher Konfliktregelung, 1994; *Falke, Josef/Gessner, Volkmar*, Konfliktnähe als Maßstab für die gerichtliche und außergerichtliche Streitbehandlung, in: *Blankenburg/Gottwald/Strempel* (Hrsg.), Alternativen in der Ziviljustiz, 1982, 289; *Gessner, Volkmar*, Recht und Konflikt, 1976; *Goldberg/Green/Sander*, Dispute Resolution, Boston 1985; *Gottwald, Walther*, Streitbeilegung durch Urteil, 1981; *Gottwald/Stempel* (Hrsg.), Streitschlichtung, 1995; *Messmer*, Sammelrezension Streitschlichten, ZfRSoz 1998, 85; *Nothdurft* und *Schröder* (Hrsg.), Schlichtung, Bd. 1, 1995; Bd. 2, 1997; Bd. 3, 1997; *Stock/Thunte/ Wolff*, Schnittstellen von außer- und innergerichtlicher Konfliktbearbeitung im Zivilrecht, 1985.

Von der Suche nach Verbündeten, die nur das Ziel verfolgt, die eigene Position zu verbessern, ist die Einschaltung Dritter zum Zweck der Konfliktregelung zu unterscheiden. Sie kann *freiwillig* sein, wenn beide Beteiligten sich aus eigenem Antrieb um einen Dritten bemühen, weil sie übereinstimmend eine Konfliktregelung wünschen. Lässt sich einer der Beteiligten darauf nicht ein, so steht dem anderen regelmäßig der Weg zu den *Gerichten* offen, denen sich der Beklagte nicht entziehen kann und deren Urteile gegen beide Parteien mit *staatlichen Zwangsmitteln* durchgesetzt werden. Im sozialen Leben treten Streit behandelnde Dritte in vielerlei Gestalt auf: Als Familiengericht, gemeinsamer Freund, Therapeut, Sachverständiger, Rechtsanwalt, Verbraucherberatung, öffentliche Beschwerdestelle, Schiedsrichter, betrieblicher und gewerkschaftlicher Rechtsberater usw. Oft ist der Übergang vom Verbündeten zum unabhängigen Dritten fließend. In der Rechtssoziologie hat sich eine Typologie als zweckmäßig erwiesen, die zwischen vier Stufen der Aktivität

---

[41] Zur Suche nach Verbündeten vgl. *Röhl*, Rechtssoziologie, 474.

des Dritten unterscheidet[42]: Beratung (consultation), Vermittlung (mediation), Schlichtung (arbitration) und Richten (adjudication).

1. Beratung

Unabhängige Berater beschränken sich darauf, einer Partei, manchmal auch beiden, auf deren Wunsch ihre Ansicht über die Behandlung des Konflikts mitzuteilen, überlassen alles weitere aber den unmittelbar Beteiligten selbst. Der Rat kann in einer Sachverständigenauskunft, zum Beispiel über die Ursachen eines Unfalls oder eines Fehlers der erworbenen Sache, oder in einer rechtlichen Würdigung des Streits einschließlich der Aussichten eines Gerichtsverfahrens liegen. Jeder weiß, wie häufig bereits eine derartige Klärung den offenen Ausbruch eines Konflikts und einen Gerichtsprozess verhindert oder doch die Grundlagen für die einvernehmliche Lösung eines schon ausgebrochenen Konflikts schafft. Daneben kommt die beratende Einflussnahme aber auch bei komplexen personenbezogenen Konflikten in Frage, bei denen es nicht um die Klärung einzelner sachlicher oder rechtlicher Streitpunkte geht, sondern darum, einen Ausweg aus einem von Grund auf gestörten und emotionell belasteten Verhältnis zu finden. Die Affinität zwischen personenbezogenem Konflikt und Beratung durch einen Dritten ist so deutlich, dass *Gessner* beide in seiner Theorie der Konfliktnähe einander zuordnen konnte[43].

2. Vermittlung

Vermittlung ist jede Tätigkeit eines Dritten, die darauf abzielt, Verhandlungen zwischen den Streitenden in Gang zu bringen, zu fördern und zu lenken, um auf diesem Weg den Streit zu beenden. Der Vermittler geht über die reine Beratung hinaus, indem er aktiv auf die Beteiligten einwirkt, sich zu ihren Argumenten äußert, neue Gesichtspunkte einführt, das Verfahren vorantreibt, Lösungsvorschläge unterbreitet und versucht, Widerstände durch Überzeugung oder auch Überredung zu überwinden. Er entscheidet aber nicht selbst, seine Intervention ist vielmehr nur dann von Erfolg gekrönt, wenn sich die Parteien schließlich einigen. In den meisten Fällen wird er einen durch gegenseitiges Nachgeben ermöglichten *Vergleich* anstreben (vgl. § 779 BGB).

Die Notwendigkeit vermittelnder Tätigkeit ergibt sich aus der Erfahrung, dass sich die Fronten zwischen den streitenden Gegnern oft so sehr verhärtet haben, dass sie sich aus eigener Kraft von ihren Positionen nicht mehr lösen und das Gespräch wieder auf-

---

[42] *Eckhoff* (Schrifttumsverz.), 243; *Röhl* aaO, 114; *Falke/Gessner* (Schrifttumsverz.), 291.
[43] *Gessner* aaO, 179; *Falke/Gessner* aaO, 303.

17. Abschnitt: Konflikt und Konfliktregelung

nehmen können. Daher ist die Vermittlung überall im sozialen und rechtlichen Leben häufig. Die Tätigkeit öffentlicher Schieds- und Vermittlungsstellen und zu einem erheblichen Teil auch der Rechtsanwälte ist darauf ausgerichtet. Auch vor Gericht finden häufig Vermittlungsgespräche statt mit dem Ziel, einen Vergleich zu erreichen, der ein streitiges Urteil erübrigt[44]. In Zivil- und Arbeitsgerichtsprozessen sind derartige Güteverfahren in der Regel sogar gesetzlich vorgeschrieben[45]. Im Strafverfahren kann die Staatsanwaltschaft mit Zustimmung des Gerichts von der Erhebung der Klage absehen, wenn sich der Beschuldigte bereit erklärt, gewisse Weisungen und Auflagen zu befolgen, namentlich einen vereinbarten Geldbetrag zugunsten einer gemeinnützigen Einrichtung zu zahlen (§ 153 a StPO). Die Vermittlung zwischen einer Vielzahl von Beteiligten mit divergierenden Interessen, zum Beispiel in Insolvenz- und Sanierungsverfahren, ist zu einem methodisch ausgearbeiteten und von Spezialisten geleiteten Verfahren geworden[46]. Richter, denen das Geschick nachgerühmt wird, die Parteien zu einem Vergleich zu bringen, genießen besonderes Ansehen[47].

Die Rechtssoziologie hat sich intensiv mit den Fragen beschäftigt, unter welchen Voraussetzungen gerichtliche Vergleiche zustande kommen und in welchen Fällen die Beendigung eines Streits durch Vergleich dem streitigen Urteil vorzuziehen ist. Dabei spielen hauptsächlich drei Gesichtspunkte eine Rolle[48]: Vielfach verbindet man mit Vergleichen die Hoffnung auf eine *Entlastung der Justiz*, weil sie den Richtern ersparen, Urteile zu fällen und schriftlich zu begründen. Derartige Wünsche sind in gewissem Ausmaß realistisch und justizpolitisch gerechtfertigt, werden aber problematisch, wenn den Parteien aus solchen Gründen ein Vergleich mehr oder weniger aufgenötigt wird.

Prinzipiell wichtiger sind die beiden anderen Aspekte, denn sie berühren die Verfahrensgerechtigkeit: Ist die *Akzeptanz* und *Befriedungswirkung* eines Vergleichs höher als die eines Urteils, und: wirken sich *Machtungleichgewichte* zwischen den Parteien in Vergleichen typischerweise stärker aus als in Urteilen? Erfahrungen aus der Praxis deuten daraufhin, dass eine generelle Aussage über die Vorzugswürdigkeit von Vergleich oder Urteil unmöglich ist, die Lösung vielmehr situationsbezogen gefunden werden muss.

---

[44] Vgl. zum Folgenden die zahlreichen Abhandlungen in: *Gottwald/Hutmacher/Röhl/Strempel* (Hrsg.), Der Prozessvergleich, 1983.
[45] Vgl. §§ 278 Zivilprozessordnung, 54 Arbeitsgerichtsgesetz.
[46] Vgl. *Breidenbach, Stephan*, Mediation, 1995; *Hoffmann-Riem, Wolfgang*, Mediation als moderner Weg zur Konfliktbewältigung, FS Blankenburg, 1998, 649, *Henssler, Martin/ Koch, Ludwig* (Hrsg.), Mediation in der Anwaltspraxis, 2000; *Maiwald, Kai-Olaf*, Die Anforderungen mediatorischer Konfliktbearbeitung, ZfRSoz 2004, 175.
[47] Nach einer Statistik aus dem Jahr 1996 werden bei den Arbeitsgerichten 41 % aller Fälle durch Vergleich beendet (Stat. Jahrbuch der Bundesrepublik 1998, 351, 354). Dieser extrem hohe Anteil ist vor allem Ausdruck der vom Kündigungsschutzgesetz vorgezeichneten Praxis, sich bei einer ungerechtfertigten Kündigung auf eine Abfindung anstelle der Rückkehr auf den früheren Arbeitsplatz zu einigen.
[48] Vgl. zum Folgenden die Abhandlungen von *Röhl, Hendel, Rottleuthner, Bierbrauer, Gessner* und *Falke* in dem Sammelband *Gottwald* u.a., Der Prozessvergleich (Fn. 44).

3. Schlichtung

Der Übergang von der Vermittlung zur Schlichtung ist erreicht, wenn der unparteiische Dritte den Streit selbst *entscheidet*. Dabei gibt es mehrere Varianten. Im am wenigsten weit reichenden Fall haben sich die Parteien zwar einem Schlichtungsverfahren unterworfen, sich jedoch nicht verpflichtet, den *Schiedsspruch* unbesehen hinzunehmen. Der Schlichter gibt daher die Entscheidung vor, die Beendigung des Konflikts hängt jedoch davon ob, ob sie die Kontrahenten akzeptieren. Der Fall steht der Vermittlung noch nahe. Beispiele dafür finden sich vor allem in tarifvertraglichen Schlichtungsordnungen zur Verhütung oder Beendigung von Arbeitskämpfen.

In der zweiten Kategorie steht es den Parteien zwar frei, ob sie sich auf das Schlichtungsverfahren einlassen wollen. Die Bestellung des Schiedsgerichts und die Einsetzung der Schiedsrichter erfolgt durch einen *Schiedsvertrag*. Haben die Beteiligten den Vertrag aber abgeschlossen, so ist das *Schiedsurteil* für sie verbindlich und kann mit Hilfe der Staatsgewalt auch zwangsweise durchgesetzt werden. Das praktisch wichtigste Beispiel ist das Schiedsverfahren gemäß §§ 1025 ff. ZPO. Als letzte Stufe ist schließlich die *Zwangsschlichtung* ins Auge zu fassen, bei der sowohl die Einlassung auf das Verfahren wie das Schiedsurteil verbindlich sind.

Schiedsverfahren unterscheiden sich vom Gerichtsprozess durch die geringere Förmlichkeit und höhere Flexibilität bei der Entscheidung. Während ein Gericht isoliert und rückblickend allein über den ihm vorgelegten Streitgegenstand zu urteilen hat und dabei nur nach Gesetz und Recht verfahren darf, kann ein Schlichter Spielräume des Gesetzes ausnutzen und Lösungen suchen, die zweckmäßig sind, den Interessen der Parteien entgegenkommen und eine Regelung ihrer gesamten Beziehungen für die Zukunft anstreben. Allerdings darf sich auch ein Schlichter nicht einfach über das geltende Recht hinwegsetzen[49].

Die *praktische Bedeutung* von Schieds- und Schlichtungsstellen ist sehr groß. Größere Streitigkeiten im nationalen und internationalen Wirtschaftsverkehr werden zum wohl überwiegenden Teil von *vereinbarten Schiedsgerichten* entschieden[50]. Zur Regelung betriebsverfassungsrechtlicher Streitigkeiten hat das Gesetz in Gestalt der *Einigungsstellen* eine Art von Schiedsstellen sogar vorgeschrieben[51]. Ohne gesetzliche Grundlage gibt es in fast jedem größeren Verein ein *Vereinsgericht*, welches interne Konflikte zwischen dem Verein und seinen Mitgliedern bis hin zum Ausschluss aus

---

[49] Daher kann nach deutschem Recht die Aufhebung eines Schiedsspruchs verlangt werden, wenn seine Anerkennung oder Vollstreckung zu einem Ergebnis führt, das der öffentlichen Ordnung widerspricht (§ 1059 II Nr. 2 b ZPO).
[50] Vgl. statt aller *Banakar, Reza*, Reflexive Legitimacy in International Arbitration, in: *Gessner/Budak*, Emerging Legal Certainty: Empirical Studies on the Globalization of Law, 1998, 347;
[51] §§ 76 Betriebsverfassungsgesetz, 71 Bundespersonalvertretungsgesetz.

dem Verein entscheidet. Die bekanntesten Beispiele sind Sport- und Parteigerichte. Ihre Schiedssprüche werden vom Staat anerkannt und notfalls zwangsweise durchgesetzt, sofern sie auf einem fairen Verfahren beruhen, von der Vereinssatzung gedeckt und nicht gesetzwidrig, sittenwidrig oder offenbar unbillig sind[52]. Dagegen konnten sich Schieds- und Schlichtungsstellen zur Klärung von *Verbraucherstreitigkeiten* bislang nicht durchsetzen[53]. Umstritten ist der Erfolg der in einigen Bundesländern eingerichteten Sühneverfahren von einem von der Gemeinde bestellten *Schiedsmann*.

Die Gründe für die Wahl von Schiedsverfahren sind vielfältig. Im Vordergrund stehen die geringere Förmlichkeit des Verfahrens, eine spezielle Sachkunde der bestellten Richter, die keine Juristen zu sein brauchen, die schnellere und auch kostengünstigere Erledigung eines Streits als vor den staatlichen Gerichten, nicht selten auch der Wunsch, die mit dem ordentlichen Zivilprozess verbundene Publizität zu vermeiden.

In den 1970er Jahren lösten die wachsende Belastung der staatlichen Gerichte und eine verbreitete Unzufriedenheit mit der justizförmigen Behandlung privater Konflikte[54] eine Suche nach *Alternativen zur Justiz* aus, die sozialen Konflikte „billiger, besser, schneller und freundlicher"[55] lösen könnten als die staatlichen Gerichte. Man glaubte auf diesem Weg sowohl die Kosten der Rechtsprechung reduzieren als auch den Rechtsschutz für sozial Schwache verbessern und das bürokratische Gerichtsverfahren durch „menschenfreundlichere" informeller Kommunikationsformen ersetzen zu können. Inzwischen hat die geringe Akzeptanz der Schiedsstellen im Verbraucherbereich zu einer Ernüchterung geführt. Auch negative Erfahrungen mit den „Gesellschaftlichen Gerichten" in der früheren DDR mahnten zur Vorsicht[56]. Empirische Untersuchungen in den USA haben zudem ergeben, dass die Menschen dem „offiziellen" Gerichtsprozess ein größeres Vertrauen entgegenbringen als informellen Vermittlungs- und Schlichtungsverfahren[57].

---

[52] Vgl. BGHZ 47, 382; 87, 337; *Schlosser*, Vereins- und Verbandsgerichtsbarkeit, 1972; *Teubner*, Organisationsdemokratie und Verbandsverfassung, 1979.
[53] Die bekanntesten dürften die Schiedsstellen des Kfz-Reparaturhandwerks und des Gebrauchtwagenhandels sowie die ärztliche Gutachter- und Schlichtungsstellen sein. Vgl. zur Bedeutung der Schlichtungsstellen bei Verbraucherstreitigkeiten *Morasch, Helmut*, Schieds- und Schlichtungsstellen in der Bundesrepublik, 1984; *Miletzki*, Formen der Konfliktregelung im Verbraucherrecht, 1982; *Gottwald/Plett/Schmidt v. Rhein*, Streitbeilegung in Bausachen, NJW 1983, 665.
[54] Vgl. *Gottwald, Walther*, Streitbeilegung ohne Urteil, 1981; *Blankenburg/Gottwald/Strempel* (Hrsg.), Alternativen in der Ziviljustiz, 1982; *Blankenburg/Klausa/Rottleuthner* (Hrsg.), Alternative Rechtsformen und Alternativen zum Recht, Jahrbuch für Rechtssoziologie Bd. 6, 1980; *Voigt, Rüdiger* (Hrsg.), Gegentendenzen zur Verrechtlichung, Jahrbuch für Rechtssoziologie Bd. 9, 1983; in den USA *Nader, Laura*, No Access to Justice. Alternatives in the American Judicial System, 1980; *Galanter, Marc*, Justice in Many Rooms, in: *Cappelletti, Mauro* (Hrsg.), Access to Justice, 1981; *Abel, Richard* (Hrsg.), The Politics of Informal Justice, Bd. 1
[55] *Röhl* in *Blankenburg/Gottwald/Strempel* aaO, 15.
[56] *Niederländer*, Schieds- und Schlichtungsgerichte in der ehemaligen DDR, in: *Gottwald/Strempel* (Hrsg.), Streitschlichtung, 95; *Habermann*, Schiedskommissionen in der DDR, in: *Rennig/Strempel* (Hrsg.), Justiz im Umbruch, 1997, 91.
[57] *Vidmar* ZfRSoz 1993, 35ff. mit zahlreichen Belegen aus den USA.

Bei der rechtssoziologischen Würdigung der Schiedsgerichte dürften sich Vorzüge und Nachteile die Waage halten. Vorteilhaft ist die Chance weniger förmlicher, sachnäherer, schnellerer und kostengünstiger Behandlung des Streitfalls, sofern sich eine solche tatsächlich verwirklichen lässt[58]. Dem steht aber die Schwierigkeit gegenüber, dass Schiedsurteile nur vollstreckbar sind, wenn sie in einem Anerkennungsverfahren von einem staatlichen Gericht bestätigt werden, was den Aufwand verdoppelt, wenn der Gegner das Schiedsurteil nicht freiwillig erfüllt (§ 1060 ZPO). Die stärksten Einwände folgen jedoch aus der Gefahr einer mangelnden institutionellen und personellen Absicherung von Qualifikation, Unabhängigkeit und Unparteilichkeit der Schiedsrichter. Aus diesen Gründen können Schiedsgerichte in der Regel nur als freiwillige Alternative zum staatlichen Rechtsschutz befürwortet werden[59].

In der *Gessner*'schen Typologie ist die Schlichtung dem *Rollenkonflikt* zugeordnet[60]. *Gessner* begründet dies mit der Überlegung, dass Rollenkonflikte einer flexiblen, auf die Gestaltung der Zukunft gerichteten Behandlung bedürfen. Dafür spricht zwar eine gewisse heuristische Plausibilität, zumal wenn es darum geht, die Beziehung zwischen den Parteien nach dem Schiedsspruch fortzusetzen. Auf der anderen Seite lehren die soeben berichteten Erfahrungen, dass sich die Wahl zwischen Schiedsgerichten und staatlichen Gerichten in der Praxis nach anderen Kriterien richtet.

V. Das Gesetz als abstrakte Konfliktregelung

1. Gesetz und Richterspruch als sich ergänzende Streitentscheidungsformen

Im modernen Rechtsstaat wird der Staat bei der Bewältigung von privaten Konflikten auf zwei Stufen tätig. Zum einen stellt er in Gestalt der Gesetze abstrakte und generell geltende Muster der Konfliktregelung auf, die dann auf der zweiten Stufe von den Gerichten in einem konkreten Streitfall anzuwenden sind. Die Vorzüge dieser funktionalen Differenzierung sind sehr

---

[58] Vgl. dazu *Reich, Norbert*, Alternativen zur Ziviljustiz im Verbraucherschutz, in *Blankenburg/ Gottwald/Strempel* aaO, 220; *Hegenbarth, Rainer*, Neue Köpfe für die alte Hydra? Die Entgerichtlichung von Verbraucherstreitigkeiten, in *Voigt* (Hrsg.) aaO, 152; ders., Privatisierte Konfliktregelung, Entrechtung durch Entrechtlichung, in *Blankenburg/ Gottwald/Strempel* aaO, 257.
[59] Vgl. die Äußerung der Bundesregierung BT-Drucks. 10/5317 (1984), 111f.: „Der Zugang zur staatlichen Justiz darf nicht beschränkt werden. ... Letztlich muss versucht werden, zu einem Ergebnis zu gelangen, das dem Selbstverständnis unseres Gesellschafts- und Rechtssystems gerecht wird".
[60] *Gessner* aaO, 179; *Falke/Gessner* aaO, 303; *Gottwald*, Verfahrensmäßige Bedingungen alternativer Konfliktregelung, FS Blankenburg 1998, 635.

groß[61]. Gesetze können auf diese Weise eine doppelte Aufgabe erfüllen. Zum einen legen sie die normative Struktur der Gesellschaft und die allgemeinen Muster für das friedliche Zusammenleben der Menschen in ihr fest und tragen so dazu bei, Streitigkeiten möglichst zu verhüten. Zum anderen weisen sie den Weg zur Bereinigung, wenn ein Konflikt einmal ausgebrochen ist. Sie verklammern die Streitentscheidung mit der normativen Ordnung der Gesellschaft.

Das Zustandekommen durch Beschluss eines demokratisch gewählten Parlaments verleiht dem Gesetz eine hohe Legitimität. Es entlastet den Richter davon, das von ihm angewandte Recht durch die Autorität seiner eigenen Person oder seines Amts rechtfertigen zur müssen. Die sorgfältige Vorbereitung und Beratung erhöht auch die inhaltliche Richtigkeitsgewähr der gesetzlichen Regelung. Ihre generelle Geltung stellt ohne Ansehen der Person und des Einzelfalls den Bezug zu Gleichheit, Gerechtigkeit und Rechtssicherheit her. Demgegenüber kann der Richter stärker die individuellen Umstände eines Streits berücksichtigen und so für Einzelfallgerechtigkeit sorgen. Gesetzgeber und Gerichte ergänzen und kontrollieren sich also wechselseitig. Als funktional verschiedene, aber aufeinander bezogene Streitregelungsinstanzen erhöhen sie zusammengenommen die Leistungsfähigkeit der staatlichen Konfliktbereinigung und die Chancen, dass die Betroffenen den Urteilsspruch letztlich akzeptieren.

2. Die Lehre von der Gewaltenteilung

Das Verhältnis zwischen Gesetzgeber und Richter und die spezifische Abgrenzung ihrer Leistungen hat in der Geschichte stark geschwankt. In archaischen Gesellschaften ist eine Unterscheidung oft gar nicht möglich, weil es noch keine ausgeprägte Zentralgewalt gibt und weil Gesetze erst gemacht werden können, wenn sich eine Schriftkultur entwickelt hat. Der Richter ist die historisch und anthropologisch primäre Figur. Auch im Altertum und noch im Mittelalter waren Gesetzgebung und Rechtsprechung oft personell und sachlich nicht oder nur unvollkommen getrennt. Der Herrscher wirkte in einer Person als Gesetzgeber und Richter. Die Dichte abstrakter und allgemeiner Regelungen war gering, nur wenige große Gesetzgeber und Gesetze sind überliefert, *Hammurabi, Moses* und *Solon* sind singuläre Gestalten. Der Staat besaß oft nicht die Macht, allgemeine Gesetze durchzusetzen. Auch das klassische römische Recht der Prätoren entwickelte sich als Fall- und Richterrecht. Im angloamerikanischen Rechtskreis genießen die Richter bis heute das höhere rechtliche Prestige; Gesetze werden eher als zweitrangige Rechtsquellen verstanden.

---

[61] Vgl. zum Folgenden namentlich *Luhmann*, Rechtssoziologie, 234ff.

Die moderne kontinentaleuropäische Lehre vom *Vorrang des Gesetzes* geht auf die Aufklärungsphilosophie und auf den politischen Kampf der Bürgertums gegen den Absolutismus zurück. Die Gewaltenteilungslehre *Montesquieus* erklärt sich nicht zuletzt daraus, dass er dem Parlament als Rechtssetzungsinstanz ein höheres Maß von Unabhängigkeit und Unparteilichkeit zutraute als den meist adeligen Richtern. Wie später auch bei *Kant* erscheint bei ihm das *allgemeine* Gesetz als Garant für die Vernünftigkeit des Rechts, seine Gerechtigkeit und für die Sicherung der individuellen Freiheit. In der Lehre *Rousseaus* von der volonté générale kam die demokratische Begründung des Gesetzes als Ausdruck und Instrument der Volksherrschaft hinzu, die ihr Hauptgewicht dann im 20. Jahrhundert entfaltete. Aufklärung, bürgerlicher Liberalismus und Demokratie bilden auch die Wurzeln der Gewaltenteilungskonzeption des Grundgesetzes, wonach die Richter „an Gesetz und Recht gebunden" sowie „unabhängig und nur dem Gesetz unterworfen" sind und wonach eine Tat nur bestraft werden darf, wenn die „Strafbarkeit gesetzlich bestimmt war, bevor die Tat begangen wurde" (Art 20 III, 97 I, 103 III GG). Diese schon bei *Montesquieu* in den berühmten Formeln von der Judikative als *„pouvoir en quelque façon nul"* und vom Richter, der nur der Mund des Gesetzes ist, zum Ausdruck gekommene Unterordnung des Richters unter den Gesetzgeber prägt die deutsche Rechtslehre bis heute. Ihre extremsten Früchte hat sie in der Vorstellung des Richters als eines reinen Subsumtionsautomaten getragen[62]. Allerdings sieht sich die Rechtswissenschaft in wachsendem Ausmaß veranlasst, diese Hierarchie zwischen Gesetzgeber und Richter zu relativieren und dem Richterrecht wieder ein höheres Gewicht zuzugestehen[63].

3. Rechtssoziologische Würdigung

Die Rechtssoziologie hat sich im Anschluss an *Savigny* und die historische Rechtsschule von Anfang an gegen die Einseitigkeit der Vorstellungen vom Vorrang des Gesetzgebers gewandt und die tatsächlich wesentlich größere Rolle des Richterrechts herausgearbeitet[64]. *Eugen Ehrlich*[65] behauptet die umgekehrte Rangfolge von Volksrecht, Juristenrecht und staatlichem Recht. In der Gegenwart konstatiert die Rechtssoziologie einen gewissen Funktionsverlust des Gesetzes und einen wieder zunehmenden Einfluss sowohl des

---

[62] Vgl. *Ogorek, Regina*, Richterkönig oder Subsumtionsautomat?, 1986.
[63] Vgl. statt aller *Esser*, Grundsatz und Norm in der richterlichen Fortbildung des Privatrechts, 3. Aufl. 1974; *ders.*, Vorverständnis und Methodenwahl in der Rechtsfindung, 2. Aufl. 1972; *Kriele*, Theorie der Rechtsgewinnung, 2. Aufl. 1976; *Wank*, Grenzen richterlicher Rechtsfortbildung, 1978; *Ipsen*, Richterrecht und Verfassung, 1975.
[64] Vgl. Abschnitt 3 I 2, II 1.
[65] Siehe Abschnitt 6 II 4, III.

gesellschaftlichen Rechts als auch des Richterrechts[66]. Vor allem im Zivil-, Arbeits- und Wirtschaftsrecht haben wir es mit zahllosen Schöpfungen privater Rechtsträger und richterlicher Rechtsfortbildung zu tun, von denen oft die wichtigsten Neuerungen zur Anpassung des Rechts an neue soziale und wirtschaftliche Bedürfnisse ausgehen.

Wenige *Beispiele* müssen hierzu an dieser Stelle genügen. Erwähnt seien als Schöpfung der Wirtschaftspraxis neue Vertragstypen wie Leasing, Franchising, Factoring, als Höhepunkt richterlicher Rechtsfortbildung die Anerkennung des allgemeinen Persönlichkeitsrechts, die Konkretisierung der ärztlichen und anderer Berufspflichten, die Inhaltskontrolle über allgemeine Geschäftsbedingungen, die Ausbildung des Arbeitskampfrechts, die Begründung neuer Schutzrechte zugunsten von Urhebern und ausübenden Künstlern[67]. Viele dieser Schöpfungen des Richterrechts hat der Gesetzgeber nachträglich aufgegriffen und in Gesetzen ausgeformt und sanktioniert. Neuerdings überlässt der Gesetzgeber die Rechtsbildung in manchen Fällen, zum Beispiel bei der Ausarbeitung des so genannten Deutschen Corporate Governance Kodex, sogar ausdrücklich Kommissionen von Sachverständigen. Man spricht dann von „soft law". Auf der anderen Seite darf allerdings die gegenläufige Zunahme des originären Gesetzesrechts im Bereich der Sozialsteuerung nicht außer Acht gelassen werden. Beispiele hierfür sind etwa das Arbeitsschutzrecht, das gesamte Sozialrecht und die wachsende Menge des Verwaltungs- und des Steuerrechts.

Die Gründe für die *Funktionsgrenzen* gesetzlicher Regelungen im Bereich des Privatrechts sind vielfältig und liegen zum einen in den Bedingungen der modernen Wirtschaftsgesellschaft, zum anderen im Verfassungssystem des Grundgesetzes verwurzelt. Bei alten Gesetzen kommt das Parlament schon wegen seiner Überlastung mit der Modernisierung oft nicht nach. Die hohe Differenzierung des gesellschaftlichen und wirtschaftlichen Lebens steht allgemeinen Gesetzen tendenziell entgegen. Neue Sachverhalte sind oft so komplex und unübersichtlich, dass selbst bei großer Mühe und bestem Willen nur unvollkommene und lückenhafte gesetzliche Regelungen gelingen. Strukturell ist das Parlament in der Parteiendemokratie vielfältigen politischen Einflüssen ausgesetzt, weshalb es zu unausgewogenen, von einseitigen Interessen oder von unklaren und dilatorischen Kompromissen bestimmten Regelungen kommen kann, welche die Gerichte dann „ausbügeln" müssen. Nicht zuletzt ist die Aufwertung der Rechtsprechung im Grundgesetz selbst angelegt, indem dieses den Gesetzgeber an die Grundrechte als unmittelbar geltendes Recht bindet. Denn dadurch versetzt das Grundgesetz ungeachtet des Verwerfungsmonopols des Bundesverfassungsgerichts alle Gerichte bis hin zum jüngsten Amtsrichter in die Lage, jedes Gesetz auf seine Verfassungsmäßigkeit hin überprüfen zu können.

---

[66] *Raiser*, Richterrecht heute, ZRP 1985, 111; *Helmrich*, Die Innenseite der Rechtspolitik, ZRP 1987, 204ff.
[67] Zahlreiche weitere Beispiele bei *Raiser* aaO, 112ff.

Alle diese Faktoren legen eine Theorie nahe, nach der *gesellschaftliches Recht, Richterrecht* und *Gesetzesrecht* prinzipiell *gleichgewichtig* nebeneinander stehen, und in der Legislative und Justiz als zwei Staatsgewalten wirken, denen die Rechtsbildung zusammen mit der Kautelarpraxis gemeinsam, in einem dialektischen Prozess und in wechselseitiger Kontrolle aufgegeben ist. Zwar wenden die drei Instanzen verschiedene Mittel an, sind aber eben deshalb aufeinander angewiesen und ergänzen sich gegenseitig.

Eine umfassendere rechtssoziologische Theorie der Rechtsbildung müsste auch den selbstständigen Beitrag der *Verwaltungspraxis* dazu berücksichtigen. Sie müsste weiter zwischen *Inhaltsquelle* und *Geltungsquelle* des Rechts unterscheiden. Die obigen Ausführungen beziehen sich in erster Linie auf den Inhalt rechtlicher Bestimmungen. Deren normative Geltung als Richtlinie für die Regelung von Konflikten muss anders begründet werden. Hier gebührt in der Demokratie dem Gesetz der Vorrang, weil es von der Volksvertretung beschlossen wird, seine Legitimität also unmittelbar vom Volk ableitet. Das Richterrecht steht dazu in einem Spannungsverhältnis. Seine Legitimität ist in einem Land, in dem Richter nicht demokratisch gewählt werden, nur durch deren Unabhängigkeit und Unparteilichkeit, ihren Sachverstand und ihr professionelles Training zu begründen, letztlich durch die institutionelle Eigenständigkeit der Justiz und die immanente Sachlogik des von den Gerichten „verwalteten" Rechtssystems als des Mittels, mit dessen Hilfe die Gesellschaft innere Ordnung und Frieden sichert. Diese Legitimationsgrundlage des Richterrechts als neben dem Gesetzesrecht stehende eigenständige Rechtsquelle ist im Grundsatz durch das Recht der Richter zur Überprüfung der Gesetze und ihre Bindung an Gesetz *und Recht* in Art 20 GG anerkannt. Tatsächlich haben die *Richter*, bei nachkonstitutionellen Gesetzen nach Art 93 GG in Gestalt des Bundesverfassungsgerichts, bei der Beurteilung der Verbindlichkeit von Rechtsvorschriften – auch Gesetzen – *das letzte Wort*. Schon allein deshalb liegt eine Theorie nahe, welche auch bei normativer Betrachtung von der wechselseitigen Unabhängigkeit und Gleichrangigkeit von Gesetz und Richterrecht ausgeht.

VI. Theorie des Gerichtsverfahrens

Schrifttum: *Galtung, Johan,* Institutionalisierte Konfliktlösung; Ein theoretisches Paradigma, in: *Bühl* (Hrsg.), Konflikt und Konfliktstrategie, 1973, 113; *Lind, E. Allen,* Procedural Justice and Culture: Evidence for Ubiquitous Process Concerns, ZfRSoz 1994, 24; *Luhmann, Niklas,* Legitimation durch Verfahren, 2. Aufl. 1973; *Thibaut, John/Walker, Laurens,* Procedural Justice, 1975; *Tyler, Tom R.,* Why People Obey the Law, 1990; *Vidmar, Neil,* Verfahrensgerechtigkeit und alternative Konfliktbewältigung, ZfRSoz 1993, 35 ff.

1. Theorien der richterlichen Rechtsfindung

Die stärkste Aufmerksamkeit der Rechtssoziologie hat das *Gerichtsverfahren* auf sich gezogen. Zuerst beschäftigten sich die Rechtssoziologen damit, wie richterliche Entscheidungen zustande kommen und welche Faktoren Einfluss auf ihren Inhalt gewinnen. Unter diesem Aspekt untersuchte man die

17. Abschnitt: Konflikt und Konfliktregelung

soziale und räumliche Herkunft der Richter, ihre Ausbildung und berufliche Sozialisation, die standesspezifischen Wertvorstellungen und Verhaltensmuster, politische Überzeugung und andere persönliche Merkmale. Man versuchte, eine Korrelation zwischen dem Entscheidungsinhalt und diesen Faktoren herzustellen. Die Theorie der Klassenjustiz wurde zum Gegenstand wissenschaftlicher Untersuchungen. Eine von *Jerome Frank* schon in den dreißiger Jahren in den USA vertretene, extrem skeptische Meinung hält, selbst wenn das anzuwendende Recht gesichert ist, die richterliche Tatsachenermittlung für stets subjektiv und daher nicht vorhersehbar: „Fakten sind nicht objektiv. Sie sind das, wofür die Richter sie halten"[68]. *Frank* leitete daraus die Forderung ab, Richter und vor allem auch angehende Juristen dazu anzuleiten, sich, nicht zuletzt mit psychoanalytischen Mitteln, ihre verborgenen Vorurteile bewusst zu machen.

Demgegenüber hat die empirische Forschung einen mehr als sporadischen Einfluss herkunftsbezogener Faktoren auf die richterlichen Erwägungen und Urteile nicht nachweisen können, weshalb dieser Punkt wieder in den Hintergrund getreten ist[69]. Die spezifisch rechtlichen, systemimmanenten Determinanten richterlicher Meinungsbildung und Entscheidung, nämlich Gesetz, Gerichtsgebrauch, richterliche Kunstregeln und in der Justiz tradierte Gerechtigkeitsvorstellungen stehen durchaus im Vordergrund. Maßgebend für Stil und Tendenz richterlicher Streitbehandlung sind ferner die Art der Rekrutierung der Richter und die Organisation der Gerichte. In Deutschland sind Richter Staatsbeamte, die in eine hierarschisch und bürokratisch geordnete Justiz eingegliedert sind, hoheitlich tätig werden, deren Sachkunde, Unabhängigkeit und Unparteilichkeit vom Staat garantiert wird und deren Urteile mit Hilfe der Staatsgewalt durchgesetzt werden. In dieser Lage können sie leicht zu Dienern der Politik werden. Es gehört zu den besonders sensiblen Aufgaben, ihre äußere und innere Unabhängigkeit von der Exekutive zu sichern. Auf der anderen Seite folgt daraus die Frage, ob sie nicht auch eigene politische Tendenzen entfalten und wenn ja welche[70].

---

[68] *Jerome Frank*, Law and the Modern Mind, 1930; dazu *Weiss*, Die Theorie der richterlichen Entscheidungstätigkeit in den Vereinigten Staaten von Amerika, 1970.
[69] Vgl. *Rottleuthner*, Abschied von der Justizforschung? Für eine Rechtssoziologie mit mehr Recht, ZfRSoz 1982, 82.
[70] Vgl. dazu die US-amerikanischen Werke von *Shapiro, Martin*, Courts, A Comparative and Political Analysis, 1981; *Horowitz, D.L.*, The Courts and Social Policy, 1977; *Ely, J.H.*, Democracy and Distrust. A Theory of Judicial Review, 1980.

2. Gerichtsverfahren als Metakonflikt und autonomes Handlungssystem

Die neuere, im wesentlichen von *Vilhelm Aubert*[71] und *Johan Galtung*[72] ins Leben gerufene und von *Niklas Luhmann*[73] bisher am weitesten ausgearbeitete Theorie beschäftigt sich mit dem Ablauf und den soziologischen Eigenschaften des Gerichtsverfahrens selbst als eines institutionalisierten Handlungszusammenhangs und sozialen Systems, an dem alle Beteiligten, neben dem Richter also vor allem auch Kläger und Beklagte bzw. Staatsanwaltschaft und Angeklagte, in bestimmten Rollen partizipieren. *Aubert* ist die wichtige, bereits zitierte[74] Erkenntnis zu verdanken, dass Verteilungs- und Interessenkonflikte im Prozess in Meinungsverschiedenheiten über den Sachverhalt und über die Anwendbarkeit von Rechtsvorschriften umformuliert werden müssen, damit sie entscheidbar werden. Er untersucht diesen Umwandlungsprozess, der sich parallel zum Übergang von der Zweierbeziehung zwischen den Streitenden zu der den Richter einschließenden Dreiecksbeziehung vollzieht[75]. Ähnlich analysiert *Galtung* das Gerichtsverfahren als einen Konfliktlösungsmechanismus, der seine Aufgabe nur erfüllen kann, wenn der Konflikt so „kodiert" wird, dass der Mechanismus ihn versteht und verarbeiten kann. Anschließend muss das gewonnene Ergebnis, nämlich die richterliche Entscheidung „dekodiert", das heißt für die Beteiligten in deren Vorstellungswelt übersetzt, werden, bevor es die Konfliktlösung bewirkt. Durch die Kodierung, das Einfüttern in den „Trichter des Verfahrens" wandelt sich der ursprüngliche Konflikt in einen abgeleiteten *Meta-Konflikt*[76]. Auf der gleichen Linie beschreibt *Luhmann* den Prozess als ein eigenen Gesetzen folgendes autonomes Handlungssystem, welches den Konflikt umstrukturiert und dabei zugleich erfasst und beschränkt[77].

Der Kerngedanke dieser Ansätze liegt in der Theorie, dass der Konflikt seinen Charakter ändert, wenn er vor Gericht gebracht wird, und dort nur noch nach selektiven, die ursprüngliche Komplexität reduzierenden Regeln behandelt werden kann. Er wird verrechtlicht. Nur unter diesen Bedingungen kann es der Gesellschaft gelingen, Konflikte zu lösen oder doch zu begrenzen, beherrschbar und sozial verträglich zu machen.

Luhmann beschreibt im einzelnen, wie sich dies abspielt: Durch den Prozess wird der Gegenstand des Rechtsstreits zunächst in gewissem Ausmaß von seinem gesellschaftlichen Hintergrund gelöst. Die Beteiligten treten nicht mehr in ihren sozialen Rollen auf, zum Beispiel als Familienvater, Arzt,

---

[71] AaO (Fn. 3).
[72] AaO (Schrifttumsverz.).
[73] *Luhmann*, Legitimation durch Verfahren, 2. Aufl., 1983
[74] Siehe oben II 3.
[75] AaO 185 ff., 192 ff.
[76] AaO 124–127.
[77] AaO 59 ff., 69 ff.

Unternehmer, Arbeiter, sondern in den prozessspezifischen Rollen als Kläger, Beklagter, Richter, Zeuge usw[78]. Sie müssen ihre Aussagen von ihrem eigenen Lebenskreis trennen und in der vor Gericht gebräuchlichen Sprache darstellen. Ihre gesellschaftlichen Beziehungen lassen sich im Prozess nicht mobilisieren, ihre Angaben werden ohne Ansehen der Person, namentlich unabhängig von ihrer Stellung und ihrem Prestige gewürdigt. Es kommt nur noch auf den kleinen Teil der Sachverhaltsinformationen an, die rechtlich relevant sind. Alles andere wird nach und nach ausgeschieden, womit sich auch der Argumentations- und Entscheidungsspielraum zusehends verengt, ohne dass sich ein Beteiligter dem entziehen könnte. Gerade auch die streitenden Parteien müssen sich auf diesen Ausfilterungsprozess einlassen, wenn sie nicht aus der Rolle fallen und somit ihre Glaubwürdigkeit verlieren wollen[79]. Ihr Konflikt wird zwar anerkannt und bildet das Strukturprinzip des kontradiktorischen Verfahrens. Es wird erwartet, dass sie gegenteilige Standpunkte vertreten. Aber gerade dadurch wird der Streit zugleich auch relativiert und entschärft[80].

Luhmann sieht in diesem Rollenspiel die psychologische Wurzel für die spätere Bereitschaft, ein Urteil zu akzeptieren oder doch hinzunehmen, selbst wenn es den eigenen Interessen zuwiderläuft: „Vermutlich ist dies", so schreibt er „die heimliche Theorie des Verfahrens, dass man durch Verstrickung in ein Rollenspiel die Persönlichkeit einfangen, umbilden und zur Hinnahme von Entscheidungen motivieren könne"[81]. Auf der anderen Seite rechnet er auch damit, dass ein negatives Urteil nicht akzeptiert wird, sondern sich der Widerstand des Unterlegenen verhärtet. In einer solchen Lage beruht die Geltungschance der Entscheidung nicht allein auf den zu seiner Durchsetzung verfügbaren staatlichen Zwangsmitteln, sondern vor allem darauf, dass der Unterlegene mit seinem Protest allein bleibt und sich deshalb nicht wehren kann. Diesem Ziel dient die Öffentlichkeit des Verfahrens, denn sie macht das Geschehen für das unbeteiligte Publikum nachvollziehbar und ermöglicht so dessen Zustimmung, die den uneinsichtigen Verlierer isoliert[82].

Nach den neueren empirischen Untersuchungen erscheinen diese Deutungen allerdings als überspitzt[83]. Danach kommt es dafür, ob ein Verfahren von den Parteien als gerecht empfunden wird, wesentlich darauf an, dass sie Einfluss auf seinen Ablauf behalten, ausführlich genug zu ihrem Fall Stellung nehmen können, als soziale Persönlichkeiten ernst genommen werden und dass der Richter ihnen Interesse entgegenbringt. Je eher ein Prozess in diesem Sinn als

---

[78] AaO 75ff., 82ff. Erfahrene Richter werden diese theoretisch begründete Aussage allerdings bezweifeln und jedenfalls relativieren.
[79] AaO 91ff.
[80] AaO 100ff.
[81] AaO 87.
[82] AaO 107ff.
[83] Vgl. die Zusammenfassung der kritischen Stimmen dazu bei *Machura* ZfRSoz 1993, 97ff.

fair empfunden wird, desto eher wird die Autorität des Gerichts respektiert und auch ein nachteiliges Urteil angenommen[84]. Diese Erkenntnisse relativieren die einseitig bürokratische Sicht Luhmanns zwar, heben sie aber nicht aus den Angeln.

3. Schattenseiten des Gerichtsverfahrens

Die Notwendigkeit, Konflikte durch institutionalisierte Gerichtsverfahren zu „domestizieren", entbindet nicht von der Kritik an den Schattenseiten des Gerichtssystems[85]. Die Umformulierungen des Konfliktstoffs und die Eingrenzung auf die rechtlich relevanten Punkte verursachen eine *selektive Realitätsverarbeitung*, bei der die komplexeren Ursachen des Streits und die dahinter stehenden persönlichen oder gesellschaftlichen Spannungen nicht mehr in Erscheinung treten. Die Einbindung der Parteien in die vorgeprägten Rollen von Klägern und Beklagten verlangt von ihnen, ihr emotionales Engagement weitgehend zu unterdrücken. Soweit Anwälte für sie auftreten, verlieren die Parteien in der Verhandlung auch die Initiative bei der Behandlung des Konflikts und sehen sich leicht zu passiven Lieferanten von Informationen degradiert. Nicht selten überfordert das für sie fremde Verfahren ihr Verständnis. Die eigenartige Atmosphäre des Gerichts kann so eine psychische Barriere aufbauen, die namentlich Parteien aus den unteren Bevölkerungsschichten nicht zu überwinden vermögen. Die abschreckende Wirkung des Gerichtsverfahrens wird dann auch zum rechtspolitischen Problem.

Eine weitere Eigenart der Rechtsentscheidung liegt in ihrer *Vergangenheitsorientierung*. Das Gericht hat in der Regel einen abgeschlossenen Sachverhalt festzustellen und rechtlich zu würdigen. Die Beziehungen zwischen den Parteien für die Zukunft zu gestalten ist nicht seine Aufgabe[86]. Schließlich nötigt das Recht in seiner binären Struktur tendenziell dazu, *Entweder-Oder, Alles- oder Nichts-Entscheidungen* zu fällen, die leicht weder den Interessen der Beteiligten noch den Unwägbarkeiten des Verfahrens, zum Beispiel der Unsicherheit bei der Tatsachenfeststellung oder der mangelnden Schärfe rechtlicher Vorschriften gerecht werden[87].

---

[84] *Thibaut/Walker, Tyler, Vidmar*, jeweils aaO (Schrifttumsverz.).
[85] Zum Folgenden namentlich die Zusammenfassung von *Falke/Gessner* aaO (Fn. 19), 293 ff.; Empirisches Material bei *Rottleutner* (Hrsg.), Rechtssoziologische Studien zur Arbeitsgerichtsbarkeit 1984; *Blankenburg/Schönholz*, Zur Soziologie des Arbeitsgerichtsverfahrens, 1979, 77.
[86] Das gilt freilich nur mit Einschränkungen: Es gibt Verfahren, in denen es ausschließlich um Zukunftsgestaltung geht, wie zum Beispiel bei der Zuweisung des Sorgerechts über minderjährige Kinder nach einer Ehescheidung, oder wenn auf Unterlassung bestimmter Handlungen oder Äußerungen in der Zukunft geklagt wird.
[87] Zur binären Struktur des Rechts vgl. *Luhmann*, Rechtssoziologie, 177. Auch diese

Manche Autoren leiten aus dem Befund eine grundsätzliche Kritik ab und werten das Gerichtsverfahren prinzipiell als „Schauplatz verzerrter Kommunikation"[88] bzw. als „Organisation der Sprachlosigkeit"[89]. Es ist dann nur noch ein Schritt, zur politischen Kritik überzugehen und ein völlig anderes, „herrschaftsfreies" Gerichtsverfahren zu fordern. Angesichts der Jahrhunderte alten Tradition, in der sich der heutige Zivilprozess herausgebildet hat, läuft eine derartige Kritik jedoch ins Leere. Das hervorgekehrte Ideal ist eine Utopie, die übrigens, wie die geringe Akzeptanz alternativer Streitentscheidungsverfahren bei der breiten Masse der Menschen belegt, auch den im Volk verwurzelten Überzeugungen widerspricht. Dagegen lässt sich über einzelne Unzuträglichkeiten des geltenden Verfahrensrechts selbstverständlich reden. Die zahlreichen Novellen zu den Prozessgesetzen belegen, dass auch der Gesetzgeber für Verbesserungen zugänglich ist. Legitim ist es auch, weiterhin über Alternativen zur Justiz nachzudenken.

VII. Neutralität der Rechtspflege

Schrifttum: *Dahrendorf, Ralf,* Gesellschaft und Demokratie in Deutschland, 1965, 273 ff.; *Raiser, Thomas,* Zum Problem der Klassenjustiz, in: *Friedman/Rehbinder,* Zur Soziologie des Gerichtsverfahrens, 1976, 123; *Riegel, Manfred/ Werle, Raymund/ Wildenmann, Rudolf,* Selbstverständnis und politisches Bewusstsein der Juristen, 1974; *Rottleuthner, Hubert,* Abschied von der Justizforschung? Für eine Rechtssoziologie mit mehr Recht, ZfRSoz 1982, 82; *Schelsky, Helmut,* Die Bedeutung des Klassenbegriffs für die Analyse unserer Gesellschaft, in: *ders.,* Auf der Suche nach Wirklichkeit, 1965; *Werle, Raymund,* Justizorganisation und Selbstverständnis der Richter, 1977.

Zu den unverzichtbaren Voraussetzungen einer funktionsfähigen und für die Parteien annehmbaren Rechtspflege gehört deren Neutralität. Demgegenüber glaubten die Rechtssoziologen namentlich der 1960er und 1970er Jahre in Deutschland, die soziale Herkunft und der Persönlichkeitstyp der Juristen prägten auch Stil und Tendenz der Rechtsprechung, führten zur Benachteiligung bestimmter Bevölkerungsschichten und erlangten auf diesem Weg gesellschaftspolitische Wirksamkeit. Sie fanden den Typ des konservativen, räumlich und sozial immobilen und autoritär-idealistisch denkenden Juristen und leiteten aus dem Befund die Diagnose einer *Klassenjustiz* und *undemokratisch-autoritären Rechtspflege* ab. In diesem Sinn konnte zum Beispiel

---

Feststellung muss relativiert werden, denn es kommt oft vor, dass eine Klage als zum Teil begründet angesehen, zum anderen Teil aber abgewiesen wird.

[88] *Rottleuthner,* Zur Soziologie richterlichen Handelns, KJ 1971, 60 ff.

[89] *Hegenbart/Scholz,* Konfliktlösung ohne Kommunikation, Informationsbedarf für Rechtssoziologie 15 (1979), 88

Ralf Dahrendorf fragen, was es bedeute, dass „*die eine Hälfte der Gesellschaft über die ihr unbekannte andere Hälfte zu urteilen befugt ist*"[90].

Der Vorwurf der *Klassenjustiz*[91] gegenüber der deutschen Rechtsprechung geht auf die Klassentheorie von *Marx* zurück. Er wurde schon im Kaiserreich von den Sozialisten erhoben. *Karl Liebknecht* arbeitete vier verschiedene Fallgruppen heraus: a) ungleiche Behandlung in Strafverfahren, wonach bürgerlichen Angeklagten höflich, zurückhaltend und verständnisvoll begegnet wurde, während Arbeiter auf eine ruppige und ungeduldige Behandlung stießen; b) einseitige Aufnahme und Würdigung eines Sachverhalts durch die Gerichte zum Nachteil von Personen aus den Unterschichten; c) diskriminierende Gesetzesauslegung; und d) ungleiche Strafzumessung.[92] Anhaltspunkte dafür boten offenkundige Diskrepanzen zwischen der Zivil- und der Strafjustiz bei der Würdigung von Arbeitskämpfen, die zivilrechtlich als zulässig, strafrechtlich aber als Nötigung oder Erpressung gewürdigt wurden.[93] In der Weimarer Zeit nährte die Ungleichbehandlung politischer Straftäter je nachdem, ob sie Rechtsextreme oder Kommunisten waren, den Vorwurf der Klassenjustiz.[94]

In der Bundesrepublik haben sich demgegenüber alle Versuche, einen Ursachenzusammenhang zwischen der sozialen Herkunft der Richter und der Art, wie sie Recht sprechen, nachzuweisen, als vergeblich erwiesen[95]. Man hat zwar einzelne Entscheidungen gefunden, welche in die Richtung einer Klassenjustiz deuten.

So wurde von einem Urteil des LG Essen berichtet, das dem Gesellschafter einer radiotechnischen Werkstatt und Landtagsabgeordneten Schmerzensgeld gegen einen Religionslehrer zubilligte, der skandalöse Zustände bei der Lehrlingsausbildung im Betrieb des Klägers gerügt hatte[96]. In einer Untersuchung von Räumungsprozessen wurde festgestellt, dass Richter, die selbst Mieter sind, mieterfreundlicher entscheiden als Richter, die Wohnungseigentümer sind.[97]. *Rottleuthner* stellte in Untersuchungen der Arbeitsgerichtsbarkeit eine schwache Korrelationen zwischen der sozialen Herkunft der Arbeitsrichter und ihren persönlicher Einstellungen fest, die sich aber allenfalls bezüglich des Verhandlungsstils und einer allgemein arbeitnehmerfreundlichen Haltung nachweisen ließen, während im Urteilesergebnis Arbeitnehmer bei arbeitnehmerfreundlichen Richtern statistisch keinen größeren Erfolg haben als bei weniger arbeitnehmerfreundlich eingestellten Richtern[98].

---

[90] *Dahrendorf*, Bemerkungen zur sozialen Herkunft und Stellung der Richter an Oberlandesgerichten, in: *ders.*, Gesellschaft und Freiheit, 1961, 195.
[91] Zur Kritik daran vgl. *Raiser* und *Schelsky* aaO (Schrifttumsverz.).
[92] K. *Liebknecht*, Rechtsstaat und Klassenjustiz, 1907, *ders.*, Gegen die preußische Klassenjustiz 1910.
[93] *Rainer Schröder*, Die Entwicklung des Kartellrechts und des kollektiven Arbeitsrechts durch die Rechtsprechung des Reichsgerichts vor 1914, 1986.
[94] *Fraenkel*, Zur Soziologie der Klassenjustiz, 1927, *Kübler*, Der deutsche Richter und das demokratische Gesetz, AcP 162 (1963), 144,
[95] Dagegen gehörte die Parteilichkeit der Rechtsprechung in der DDR zum politischen System.
[96] LG Essen JZ 1972, 89 mit Anm. *Kübler*
[97] *Hilden*, Rechtstatsachen im Räumungsrechtsstreit, 1976.
[98] *Rottleuthner* (Schrifttumsverz.), 291 ff., 296. Allerdings ist die Struktur des Arbeits-

Doch lassen die bekannt gewordenen Einzelfälle keine Generalisierung zu. Eine große empirische Studie der siebziger Jahre lehrte im Gegenteil, dass das Selbstverständnis der Richter, das als unmittelbare Quelle für ihren Urteilsstil anzusehen ist, stärker von Faktoren der Justizorganisation, von ihrer Stellung in der Gerichtshierarchie, von Leistungs- und Beurteilungskriterien sowie Karriereaussichten und -wünschen beeinflusst wird als von ihrem sozialen Hintergrund oder ihrem Ausbildungsweg[99].

Allerdings nehmen dergestalt negative empirische Befunde dem Problem klassengebundener und parteiischer Rechtsprechung keineswegs die Brisanz. In totalitären Staaten ist die Parteilichkeit von Recht und Rechtsprechung politisch gewollt und wird vom Staat durch gezielte Maßnahmen der Gerichtsorganisation und der Personalpolitik gesichert. Demokratische Staaten suchen Tendenzen politischer Einseitigkeit der Judikatur durch die Beteiligung von Laienrichtern entgegenzuwirken.

VIII. Zugang zu Rechtsanwälten und zu Gerichten

Schrifttum: *Baumgärtel, Gottfried*, Gleicher Zugang zum Recht für alle, 1976; *Bender, Rolf/Schumacher, Rolf*, Erfolgsbarrieren vor Gericht, 1980; *Bierbrauer, Günter/Falke, Josef/Giese, Bernhard/Koch, Klaus-Friedrich/Rodingen, Hubert*, Zugang zum Recht, 1978; *Blankenburg, Erhard*, Mobilisierung von Recht, ZfRSoz 1980, 33; *Cappelletti, Mauro* u.a., Access to Justice, 5 Bde 1978–80; *Cappelletti, Mauro*, Access to Justice and the Welfare State, 1981; *Reifner, Udo*, Erfolgs- und Zugangsbarrieren in der Justiz, Demokratie und Recht, 1981, 143, 396; *Wettmann, Reinhart/Jungjohann, Knut*, Inanspruchnahme anwaltlicher Leistungen, 1989.

1. Bedingungen der Mobilisierung von Recht

Die Funktionsfähigkeit und Akzeptanz der Streitentscheidung durch die staatlichen Gerichte hängt weiter davon ab, unter welchen Voraussetzungen diese angerufen werden. Dabei geht es nicht allein darum, dass die vom materiellen Recht gewährten Ansprüche auch vor Gericht geltend gemacht werden können. Vielmehr verlangt der soziale Rechtsstaat, allen Rechtsträgern ohne Rücksicht auf ihre soziale Stellung und ihre wirtschaftliche Leistungsfähigkeit gleichen und möglichst leichten Zugang zu Rechtsanwälten und Gerichten zu ermöglichen.

---

rechts selbst vom Gegensatz zwischen Arbeitgebern und Arbeitnehmern geprägt, der als rechtliches Relikt von Klassenstrukturen in der Gesellschaft verstanden werden kann, und verfolgte die Ausgliederung der Arbeitsgerichtsbarkeit aus der allgemeinen Zivilgerichtsbarkeit auch das politische Ziel, den Belangen der Arbeitnehmer vor Gericht besonders Gewicht zu verschaffen.

[99] *Werle* aaO, 335 ff.; *Riegel/ Werle/Wildenmann* aaO.

In der gesellschaftlichen Realität ist dies keineswegs selbstverständlich, vielmehr spielt sich, längst bevor ein Anwalt eingeschaltet oder ein Gericht angerufen wird, ein „*Prozess vor dem Prozess*" ab, in dem sich entscheidet, ob jemand ein Recht durchzusetzen sucht. Wie die rechtssoziologische Forschung namentlich der 1970er und 1980er Jahre herausgearbeitet hat, hängt die tatsächliche „*Mobilisierung von Recht*"[100] von zahlreichen Faktoren ab. Je nachdem, ob es sich um Hemmnisse im sozialen Umfeld oder in der Person der Betroffenen handelt, kann man dabei mit einem üblich gewordenen Sprachgebrauch zwischen *Barrieren* und *Defiziten* beim Zugang zu Anwälten und Gerichten unterscheiden[101]. Unter den Barrieren bietet sich weiter die Differenzierung zwischen wirtschaftlichen, gesellschaftlichen und rechtlichen Barrieren an. Die Kernfragen sind in allen Fällen jedoch die gleichen: Welche Hindernisse stellen sich der Anrufung der Gerichte entgegen? Sind diese unschädlich, unvermeidbar oder sogar notwendig und gewollt und mit dem fundamentalen Grundsatz „gleiches Recht für alle" vereinbar?

Ohne Anspruch auf Vollständigkeit lassen sich folgende Faktoren auflisten[102]:

– *in der Person wurzelnde Defizite*: psychische Schwellen und diffuse Ängste der Betroffenen in Bezug auf Recht, Rechtsanwälte und Gerichte, Sprachdefizite, Unkenntnis der rechtlichen Relevanz eines Konflikts, Unkenntnis der Möglichkeiten, sich rechtlich beraten zu lassen, sein Recht zu verfolgen sowie staatlich finanzierte Beratungs- und Prozesskostenhilfe in Anspruch zu nehmen, Scheu vor überlegenen Gegnern;

– *wirtschaftliche Barrieren*: zu hohe oder unkalkulierbare Kosten der Beratung oder eines Rechtsstreits;

– *soziale Barrieren*: gesellschaftliche Verpönung des Rechtswegs, soziale Distanz der Rechtsanwälte und Gerichte, schichtspezifische Vorbehalte und Vorurteile gegen sie, die Gefahr des Abbruchs einer wichtigen Beziehung oder anderer Nachteile infolge eines Rechtsstreits;

– *rechtliche Barrieren*: unklare Gesetze, rechtlich nur schwer thematisierbare Bedürfnisse; zweifelhafte Erfolgsprognose oder Erfolgsunsicherheit eines Prozesses, entfernter Gerichtsstand, schwer überschaubare oder zu lange Verfahrensdauer, günstigere Alternativen zum Gerichtsverfahren.

Barrieren und Defizite beim Zugang zum Recht sind längere Zeit in Deutschland und im westlichen Ausland eines der Hauptthemen der Rechtssoziologie

---

[100] *Blankenburg*, Mobilisierung von Recht, ZfRSoz 1980, 33 ff.
[101] Vgl. statt aller *Röhl*, Rechtssoziologie § 54, 8. Die Differenzierung lässt sich allerdings nicht ganz eindeutig durchführen, weil manche Umstände sowohl eine objektive als auch eine subjektive Komponente aufweisen.
[102] Vgl. die im Schrifttumsverzeichnis genannten Schriften von *Blankenburg, Blankenburg/Rogowski, Bender/Schumacher, Reifner, Wettmann/Jungjohann* und international vergleichend *Cappelletti*.

gewesen und daher gut erforscht. Im Folgenden können nur die wichtigsten Ergebnisse dieser Untersuchungen behandelt werden.

2. Personbedingte Defizite der Rechtsverfolgung

Gerichte erregen besonders bei wirtschafts- und bildungsfernen Bevölkerungsschichten Abwehr und Furcht; man geht ihnen lieber aus dem Weg. Auch mit Rechtsanwälten will man möglichst wenig zu tun haben; man wirft ihnen vor, sie können sich nicht verständlich machen und gehen auf die Bedürfnisse ihrer Kunden nicht genügend ein, man kann ihnen nicht trauen, sie wollen den Klienten nur das Geld aus der Tasche ziehen. Es liegt auf der Hand, dass Erfahrungen und Einstellungen dieser Art die Mobilisierung von Recht hemmen.

Ein rechts- und sozialstaatliches Problem sind Hemmungen und Ängste dieser Art deshalb, weil sie in der Unterschicht stärker ausgeprägt sind als in den Mittel- und Oberschichten und daher die Gefahren einer sozialen Deklassierung verstärken. Es gehört zu den Zielen des Sozialstaats, dem auf geeignete Weise entgegenzuwirken. Das richtige Mittel dazu ist die Erleichterung des Zugangs zu den Rechtsanwälten als den „geborenen" Helfern auch bei der Überwindung sozialer Schranken im Rechtsleben. Aufgabe der Anwaltschaft muss es also sein, die Gründe für ihr abschreckendes Image abzubauen. Namentlich fällt es ihr zu, die Sprachbarrieren zwischen juristischer Fachterminologie und Umgangston sowie des Deutschen nur beschränkt mächtigen Ausländern zu überwinden.

Selbstverständlich können auch Richter der Schwellenangst und den Sprach- und Informationsdefiziten von Personen mit niedrigem Bildungsniveau oder aus dem Ausland entgegenwirken, indem sie besonders auf sie eingehen. Dagegen lässt sich die Komplexität des materiellen Rechts und der Verfahrensvorschriften nicht so leicht vereinfachen, denn sie spiegelt den hohen Grad der gesellschaftlichen Differenzierung wider.

Letztlich können alle einschlägigen Maßnahmen nur Erfolg bringen, soweit es gelingt, das generelle Bildungs- und Leistungsniveau der Unterschichten zu heben und auf diesem Weg den Willen der Menschen zu stärken, die ihnen angebotenen Möglichkeiten auch zu nutzen. In einem liberalen Rechtssystem muss die Initiative zur privaten Lebensgestaltung jedem einzelnen überlassen bleiben. Dazu gehört auch der Erwerb der zur Selbstbehauptung in der Gesellschaft erforderlichen Kenntnisse, die Überwindung von Vorurteilen und Ängsten, die Entscheidung darüber, ob ein Kampf um's Recht den Einsatz an materiellen Mitteln und psychischen Kräften lohnt, den er fordert.

3. Anwalts- und Gerichtskosten

Dass zu hohe oder unkalkulierbare *Kosten* vom Gang zu einem Anwalt oder zum Gericht abhalten können und so die Verwirklichung von Rechtsansprüchen in Frage stellen, ist eine Binsenweisheit. In manchen Ländern[103] dienen hohe Gebühren geradezu dem Zweck, die Zahl der Gerichtsverfahren niedrig

---
[103] Beispiele sind England und Japan.

zu halten. Auf der anderen Seite hat das in den USA praktizierte System der Erfolgshonorare die Wirkung, dass jedermann Ansprüche ohne jedes Kostenrisiko geltend machen kann, sofern sich nur ein Anwalt findet, der ihn auf eigenes Risiko vertritt. In Deutschland muss außer im Arbeitsgerichtsverfahren[104] die unterliegende Partei alle Kosten, auch die der Gegenseite tragen. Deren Höhe hängt vom Streitwert ab. Honorare, deren Höhe sich nach dem Arbeitsaufwand bemisst, können Gerichte nicht, Rechtsanwälte nur berechnen, wenn dies gesondert vereinbart wurde. Durch diese Regeln werden die Kosten begrenzt und das Kostenrisiko gut übersehbar gemacht. Personen, welche die Anwalts- oder Gerichtskosten nicht tragen können, wird zudem staatlich finanzierte *Beratungs-* und *Prozesskostenhilfe* gewährt, wenn die Rechtsverfolgung hinreichende Aussicht auf Erfolg hat. Ein wichtiges Mittel, die Rechtsverfolgung zu erleichtern, ist schließlich der Abschluss einer privaten *Rechtsschutzversicherung*, von der in Deutschland viel Gebrauch gemacht wird[105].

Nach Umfrageergebnissen waren 1977 fast zwei Drittel der Bundesbürger der Ansicht, dass die Anwalts- und Gerichtskosten zu hoch sind[106]. Doch spricht die große Prozesshäufigkeit eher für das Gegenteil. Zwar ist es eine unabdingbare Aufgabe des sozialen Rechtsstaats, prohibitiv wirkende Gebühren abzubauen. Auf der anderen Seite kann die Gewährung von Recht aber auch nicht gebührenfrei sein, schon weil die tatsächlich entstehenden Kosten – die bei den Gerichten die Gebühreneinnahmen ohnehin weit übertreffen, – andernfalls die Allgemeinheit belasten. Die angemessene Balance zwischen liberalem laissez faire und sozialstaatlicher Fürsorge zu finden ist eine Frage der politischen Entscheidung, die in Deutschland tendenziell eher zugunsten der sozial Schwachen ausfällt.

IX. Parteikonstellationen

1. Die Verteilung der Klagelast

Rechtlich sind die Parteien gleich. Sie haben die gleichen prozessualen Rechte und ihre Stellung ist, soweit es die Sache erlaubt, symmetrisch ausgestaltet. Die rechtssoziologische Betrachtung kann jedoch bei dieser Sicht nicht stehen bleiben, sondern muss die unterschiedlichen Situationen des Klägers und des Beklagten und deren Auswirkungen auf ihr Verhalten ins Auge fassen. Der *Kläger* trägt die *Klagelast*. Er muss die Initiative zum Prozess ergreifen.

---

[104] Hier trägt jede Partei unabhängig vom Ausgang des Rechtsstreits ihre Kosten, § 12a ArbGG.
[105] *Blankenburg, Erhard/Fiedler, Jann*, Die Rechtsschutzversicherungen und der steigende Geschäftsanfall der Gerichte, 1981; *Jagodzinski, Wolfgang/Raiser, Thomas/Riehl, Jürgen*, Rechtsschutzversicherung und Rechtsverfolgung, 1994;
[106] Untersuchung des *Instituts für angewandte Sozialwissenschaften (Infas)*, Kontakte mit der Justiz – Barrieren, 1977, 12f.; gl. auch *Wettmann/Jungjohann* aaO 36.

Dazu muss er nicht nur die Aussichten eines Erfolgs prüfen, sondern auch entscheiden, ob die Durchsetzung seines Anspruchs den erforderlichen Aufwand an Zeit, Kraft und finanziellen Ressourcen lohnt und ob er den Beklagten wirklich mit einem Prozess verfolgen will. Psychische Belastungen, soziale Kosten und Rücksicht auf den Gegner können von der Mobilisierung des Rechts ebenso abhalten wie die Unsicherheit des Erfolgs oder die lange Dauer eines Prozesses. Schließlich muss der Kläger Gerichts- und gegebenenfalls auch Anwaltsgebühren vorstrecken, um den Prozess in Gang zu bringen. Der *Beklagte* hat dagegen keine Wahl. Will er nicht von vornherein klein beigeben, ist er gezwungen, sich auf das Verfahren einzulassen, denn anderenfalls wird er verurteilt. Soziologisch und gesellschaftspolitisch ist es also eine wichtige Frage, wer als Kläger und als Beklagter auftritt.

Die Frage könnte auf sich beruhen, wenn jedermann mit gleicher Wahrscheinlichkeit in die eine oder andere Rolle hineingezogen würde. Dem ist jedoch nicht so, vielmehr fällt die Klagelast in vielen Rechtsgebieten typischerweise bestimmten Parteien zu, beim Kauf dem Verkäufer, welcher den Kaufpreis einklagen muss, bei Miete aus dem gleichen Grund dem Vermieter, bei Unfällen dem Geschädigten, im Arbeitsrecht dem Arbeitnehmer, der glaubt, einen zu geringen Lohn zu erhalten oder sich gegen eine Kündigung wehrt[107]. Soweit diese Rollenverteilung in der Struktur des Rechtsverhältnisses begründet liegt, lässt sich die dadurch bedingte Ungleichheit nicht vermeiden. Rechtspolitisch kann es insoweit nur darauf ankommen, die für den Kläger daraus entstehenden Nachteile zu kompensieren. Folgt sie jedoch aus gewissen Entscheidungen des materiellen Rechts, ist zu prüfen, ob diese nicht zugunsten einer anderen Verteilung der Klagelast geändert werden sollen.

2. *Asymmetrische Parteienstruktur*

Ein besonderes Merkmale vieler Prozesstypen ist die asymmetrische Parteienkonstellation, in der auf der einen Seite eine *Privatperson*, ein *Verbraucher* oder ein *Arbeitnehmer*, auf der anderen ein *Unternehmen*, eine *staatliche Einrichtung* oder eine andere *Organisation* auftritt. Im Mahnverfahren dominieren Unternehmen als Antragsteller, in Verkehrsunfallfolgeprozessen und in Arbeitsgerichtsverfahren erscheinen sie fast durchgehend auf der Beklagtenseite. Aber auch bei Streitigkeiten aus dem Bereich des Kaufrechts, des Baurechts, und, in etwas geringerem Ausmaß, des Rechts der Wohnungsmiete steht regelmäßig auf einer Seite, meist auf der des Klägers, ein Unternehmen, auf der anderen ein privater Käufer, Bauherr oder Mieter. Der über-

---

[107] Bei den Arbeitsgerichten standen 1991 330 762 Klagen von Arbeitnehmern, Betriebsräten und Gewerkschaften nur 10 546 Klagen von Arbeitgebern und Arbeitgeberverbänden gegenüber, also nur 3%; vgl. Statistisches Bundesamt Fachserie 10.2, 1991, 115.

wiegende Teil aller Zivilverfahren wird von einem *korporativen Akteur* angestrengt oder doch indirekt veranlasst[108].

Es liegt nahe, aus diesen Feststellungen den Schluss zu ziehen, dass sich der staatliche Zivilprozess gerade zur Klärung von solchen Konflikten eignet, bei denen im Gegenüber eines Unternehmens und einer Privatperson ein *Machtungleichgewicht* sichtbar wird. Die Unternehmen benutzen die Justiz, um ihre Ansprüche oder Verpflichtungen gegenüber Konsumenten, Mietern, Kredit- oder Versicherungsnehmern klären zu lassen oder auch nur, um ihre Forderungen einzutreiben. In anderen Fällen, wenngleich in weit geringerem Ausmaß, ist die Justiz umgekehrt das Bollwerk, mit dessen Hilfe sich Privatpersonen gegen die Übermacht der großen sozialen Organisationen wehren.

Ist diese Interpretation richtig, so wird die Frage dringlich, ob die Justiz ihrer Aufgabe gerecht wird, die Machtungleichgewichte im Prozess zu *neutralisieren*. Sie lässt sich keineswegs uneingeschränkt bejahen. Es gehört vielmehr zu den gesicherten rechtssoziologischen Erkenntnissen, dass korporative Akteure über *Positionsvorteile* verfügen, die sich schon allein daraus ableiten, dass sie als Vielfachprozessierer über die rechtlichen Details besser Bescheid wissen als der Gegner und auch über die praktische Erfahrung verfügen, die notwendig ist, einen Prozess in eine ihnen günstige Bahn zu lenken[109].

Aus diesen Gründen ist im Schrifttum oft die Hypothese aufgestellt und auch vereinzelt nachgewiesen worden, dass korporative Akteure statistisch eine größere Chance als Einzelpersonen besitzen, einen Prozess zu gewinnen[110]. Doch können derartige Feststellungen und Vermutungen bislang nicht als feststehende Tatsachen betrachtet und verallgemeinert werden, denn nichts spricht dafür, dass sich die Justiz bewusst und auf breiter Front zum Handlanger von Unternehmen macht; im Gegenteil belegt manche Erfahrung eher eine verbraucher- oder arbeitnehmerfreundliche Tendenz. Jedenfalls ist die Justiz aufgrund der staatlichen Garantien der richterlichen Unparteilichkeit und des rechtlich geordneten, fairen Prozesses von allen in Betracht kommenden Streitschlichtungsinstanzen am ehesten dazu imstande, Widerstand gegen den Einfluss intermediärer Gewalten zu leisten. Wie dem aber auch sei: die Frage der Machtbalance ist gestellt, und die Rechtssoziologie ebenso wie die Rechtspolitik darf sie nicht aus dem Auge verlieren.

3. Parteien hinter den Parteien

Korporative Parteien führen einen Prozess durch ihre Vertretungsorgane. Diese leiten das Verfahren ein, haben die erforderlichen Erklärungen abzuge-

---

[108] Zu Einzelheiten und einschlägigen Statistiken vgl. die 3. Auflage S. 403 ff.
[109] Vgl *Galanter, Marc*, Why the Haves Come Out Ahead, Law & Society Review 1974/75, 95; weitere Nachweise bei *Röhl* 1987, 500 ff.
[110] *Bender/Schumacher*, Erfolgsbarrieren vor Gericht, 1980, 72.

ben und treten in der mündlichen Verhandlung auf, sofern das Gericht die persönliche Anwesenheit der Parteien verlangt. Häufig entscheiden sie aber nicht selber, sondern müssen sich an die Weisungen halten, die ihnen aufgrund der inneren Willensbildung im Verband erteilt werden, oder alle wichtigen Schritte von den anderen Verbandsorganen genehmigen lassen. Infolge der Distanz vom unmittelbaren Prozessgeschehen, vor allem aber infolge der Besonderheiten kollektiver Willensbildung werden so Kräfte im Prozess wirksam, durch welche die Kommunikation verzerrt und die Lösung des Konflikts erschwert werden kann. Noch stärkere Spannungen treten auf, wenn nicht der Kläger oder Beklagte, sondern eine dritte Person *am Prozess interessiert ist*, hinter der Partei also ein anderer Rechtsträger steht. Dies ist nicht selten der Fall: Gewerkschaften, Mieter- und Vermietervereine und andere Verbände, die nicht selbst klagebefugt sind, schieben ein Mitglied als Kläger vor, zahlen die Kosten und steuern im Hintergrund das Geschehen; in Schadensersatzprozessen ist regelmäßig nicht der verklagte Schädiger, sondern die hinter ihm stehende Haftpflichtversicherung materiell betroffen und nimmt deshalb nachhaltig auf das Verhalten des Beklagten Einfluss; Unterhaltsansprüche werden von Jugendämtern im Namen der von ihnen betreuten Kinder geltend gemacht usw. In allen derartigen Fällen kann die rechtssoziologische Fragestellung nicht bei den Prozessparteien stehen bleiben, sondern muss Verhalten und Interessen der Parteien hinter den Parteien mit berücksichtigen.

4. Prozessanfälligkeit anonymer Sozialbeziehungen

Ein weiterer Aspekt betrifft den Zusammenhang zwischen der *Unpersönlichkeit* und *Anonymität* einer sozialen Beziehung und der *Bereitschaft*, einen *Konflikt vor Gericht zu bringen*. Nach einer generellen rechtssoziologischen Hypothese münden Streitigkeiten, die aus einem einmaligen, lediglich punktuellen sozialen Kontakt entspringen, eher in ein Gerichtsverfahren als Konflikte, die in dauerhaften oder wiederkehrenden Beziehungen auftreten. Auch bei langfristigen Rechtsverhältnissen sind anonyme, bürokratisch gesteuerte Beziehungen prozessanfälliger als personale. Im übrigen kommt es bei langfristigen Rechtsverhältnissen gewöhnlich erst zur gerichtlichen Auseinandersetzung, wenn die Beziehung *zerstört* oder *nachhaltig gestört*, der emotionelle Kontakt zwischen den Beteiligten also abgebrochen oder ins Negative umgeschlagen ist[111].

Das durch die Justizforschung gewonnene Material bietet reichlich Stoff, diese Thesen zu untermauern[112]. Die Anonymität der Beziehung erklärt vor allem die Massenhaf-

---

[111] Vgl. *Blankenburg*, Mobilisierung von Recht, ZfRSoz 1980, 33, 45 ff.
[112] Zu Einzelheiten vgl. 3. Auflage S. 389 ff.

tigkeit von Mahnverfahren und die hohe Quote der Verkehrsunfallfolgeprozesse. Auch die außerordentlich große Zahl der kaufrechtlichen Streitigkeiten entsteht aus einem überwiegend einmaligen und anonymen sozialen Kontakt, und selbst bei Mietprozessen spielen die Fälle der unpersönlichen Beziehungen des Mieters zu einem gewerblichen Vermieter eine hervorragende Rolle. Räumungsklagen, Ehescheidungsverfahren und Kündigungsschutzprozesse demonstrieren den Abbruch einer sozialen Dauerbeziehung, zu dessen Regelung das Gericht angerufen werden muss, weil der Gesetzgeber das freie Spiel der Kräfte verändert hat. Wer seine Ehe scheiden will, muss klagen, auch wenn er sich mit seinem Ehegatten geeinigt hat. Der rechtliche Mieterschutz nötigt die Vermieter Prozesse zu führen, wo andernfalls mit der Kündigung und mit einfachen Maßnahmen der Zwangsvollstreckung auszukommen wäre. Bei den arbeitsrechtlichen Kündigungsschutzverfahren schließlich hoffen die Kläger überwiegend selbst nicht, das Arbeitsverhältnis mit Hilfe des Prozesses wiederherstellen zu können, sondern erstreben eine persönliche Genugtuung oder eine finanzielle Abfindung.

Die Theorie der besonderen Prozessanfälligkeit anonymer Sozialbeziehungen bietet schließlich auch eine Erklärung für die insgesamt wachsende Zahl von Prozessen, soweit diese eine Folge der zunehmenden Anonymität und Bürokratisierung der Sozialstrukturen in der modernen Zivilisation ist.

18. Abschnitt

Die Erforschung der Rechtskultur

Schrifttum: *Arnaud, Andre-Jean* (Hrsg.), Legal Culture and Everyday Life, Oñati Proceedings Bd. 1, Publication of the Oñati International Institute for the Sociology of Law, 1989; *Bierbrauer Günter*, Cultural Differences and Legal Consciousness, 28 Law & Society Review, 1994, 243; *Blankenburg, Erhard*, Indikatorenvergleich der Rechtskulturen in der Bundesrepublik und den Niederlanden, ZfRSoz 1985, 255; *Cotterrell, Roger*, The Concept of Legal Culture, in *Nelken* (siehe unten); *ders., Law, Culture and Society*, 2006; *Friedman*, Das Rechtssystem im Blickfeld der Sozialwissenschaften, 1981, 202ff.; *Gephart, Werner*, Kulturelle Aspekte des Rechts, ZfRSoz 1990, 1770; *ders,.* Recht als Kultur. Zur kulturhistorischen Analyse des Rechts, 2006; *Gessner/Hoeland/Varga* (Hrsg.), European Legal Cultures, 1996; *Gibson/Caldeira*, The Legal Cultures of Europe, 30 Law & Society Review 1996, 1; *Martiny, Dieter*, Rechtskultur – Berührungspunkte zwischen Rechtssoziologie und Rechtsvergleichung, FS Blankenburg, 1998, 421; *Nader, Laura* (Hrsg.), Law in Culture and Society, 1969; *Nelken, David* (Hrsg.), Comparing Legal Cultures, 1997; *Nelken, David/Feest, Johannes* (Hrsg.), Adapting Legal Cultures, 2001; *Varga, Csaba* (Hrsg.), Comparative Legal Cultures, 1992.

I. Der Begriff der Rechtskultur

1. Abstrakte und konkrete Rechtssoziologie

In den vorangehenden Abschnitten haben wir uns mit Fragen der rechtssoziologischen Theorie beschäftigt und dabei vorwiegend einer begrifflich-analytischen Methode bedient. Ziel dieser Überlegungen war es, allgemeine Zusammenhänge herauszuarbeiten, welche die Grundlage einer systematischen Rechtssoziologie bilden, nicht anders als die Lehren der theoretischen Physik die Basis für das Verständnis spezieller physikalischer Prozesse, für physikalische Experimente und für deren technische Anwendung darstellen. Es ging also um das gedankliche Instrumentarium, welches die Rechtssoziologie benutzt, um die soziale Wirklichkeit wissenschaftlich untersuchen, beschreiben und erklären zu können, und um die Mittel zu ihrer Steuerung und Veränderung zu liefern. Zusammengenommen sind die gewonnenen Erkenntnisse dazu bestimmt, allgemeingültige Vorstellungen, letztlich ein gedankliches Konstrukt davon zu vermitteln, wie die menschliche Gesellschaft und die Kommunikations- und Interaktionsbeziehungen in ihr beschaffen sind und welche Rolle das Recht in ihnen spielt.

Dagegen war es auf diesem Weg nicht das Ziel, die *Rechtskultur konkreter Gesellschaften* als individueller, historisch gewachsener und unverwechselbarer Einheiten mit ihren rechtssoziologischen Merkmalen zu kennzeichnen. Auch dies ist jedoch ein legitimes, für die aktuelle Relevanz und Wirksamkeit der wissenschaftlichen Erkenntnisse sogar vorrangiges Ziel, weshalb es in der gegenwärtigen Rechtssoziologie weltweit sogar im Vordergrund steht. Angesichts der außerordentlichen Fülle der dabei in das Gesichtsfeld tretenden Themen und Fragestellungen, empirischen Daten und deren Interpretationen kann solches jedoch auch weiterhin nicht die Absicht der vorliegenden Darstellung sein. Allgemeine und zeitlos gültige Erkenntnisse sind davon ohnehin nicht zu erwarten. Es muss genügen, einen Eindruck von der Vielfalt der Gegenstände zu vermitteln, welche das Interesse der Rechtssoziologen auf sich ziehen, und die Gesichtspunkte anzudeuten, an denen sie sich dabei orientieren. Zuvor sind ein paar methodische Überlegungen notwendig, welche die Voraussetzungen und die Grenzen solcher Bemühungen reflektieren. Sie verbinden sich mit dem Begriff der Rechtskultur.

2. Rechtskultur als Inbegriff aller Erscheinungsformen des Rechts

Der Begriff der Rechtskultur ist unscharf und lässt sich mit verschiedenem Sinngehalt verwenden[1]. Man spricht von Kultur im Gegensatz zur Natur, zur Wissenschaft, zur Politik oder auch einfach zur Triebhaftigkeit des Menschen. Die Kulturwissenschaften stehen den Naturwissenschaften, aber auch den Sozialwissenschaften gegenüber. Die Rechtssoziologie verwendet den Begriff häufig, um ihren Forschungsgegenstand von der normativ-hermeneutisch verfahrenden Textinterpretation der Rechtsdogmatik abzuheben. An dieser Stelle ist es nicht nötig, der Begriff gegenüber dem Sprachgebrauch anderer Disziplinen abzugrenzen und uns namentlich mit der Kulturphilosophie auseinanderzusetzen. Stattdessen kann sich die Rechtssoziologie mit einer weiten und lockeren Fassung begnügen. Wir verstehen unter Rechtskultur den *empirisch erforschbaren Inbegriff der in einer Gesellschaft bestehenden, auf das Recht bezogenen Wertvorstellungen, Normen, Institutionen, Verfahrensregeln und Verhaltensweisen*. In dieser Umschreibung umfasst die Rechtskultur alle Erscheinungen des Rechts und des Rechtslebens. Sie setzt voraus, dass diese aufeinander bezogen sind und als eine Einheit verstanden werden können, die sich nach ihren charakteristischen Merkmalen kennzeichnen lässt. Das Recht erscheint als ein besonderer gesellschaftlicher Bereich – Systemtheoretiker würden sagen: als ein ausdifferenziertes soziales

---

[1] Vgl. zum Folgenden namentlich die im Schrifttumsverzeichnis nachgewiesenen Arbeiten von *Friedman, Blankenburg, Cotterrell* und *Martiny*.

System –, der sich von anderen Bereichen abgrenzt, freilich auch mit ihnen in Beziehung steht und von ihnen beeinflusst wird. Um die Rechtskultur einer Gesellschaft soziologisch beschreiben zu können, ist ein übergreifender Ansatz erforderlich, in dem alle Methoden der empirischen, beschreibenden und verstehenden Soziologie und der Rechtswissenschaft miteinander kombiniert werden. Es gilt, die Leitgedanken der in einer Gesellschaft verankerten religiösen und profanen Gerechtigkeitsvorstellungen, die Grundregeln des in ihr geltenden Rechts, die Hauptmerkmale der Organisation und Praxis von Rechtsetzung, Verwaltung und Rechtsprechung, die Denkmethoden und technischen Kunstregeln der Juristen, die Grundzüge des Gerichtsverfahrens, nicht zuletzt auch Rechtskenntnisse, Rechtsbewusstsein und Rechtsverhalten der Bevölkerung zu erforschen und aufeinander zu beziehen. Für die Rechtssoziologie sind alle diese Merkmale bedeutsam, soweit sie das Rechtsdenken und Rechtsleben einer Gesellschaft individualisieren und kennzeichnen.

Im Ganzen erweist sich die soziologische Untersuchung der Rechtskultur einer bestimmten Gesellschaft und vollends der Vergleich der Rechtskulturen mehrerer Gesellschaften daher als eine hoch komplexe Aufgabe, die ungemein schwierige methodische Probleme aufwirft. Genaue sozial- und rechtswissenschaftliche Vergleiche können sich immer nur auf einzelne Erscheinungen des Rechts und des Rechtslebens erstrecken[2]. Wer darüber hinausgehend eine generelle Kennzeichnung anstrebt, ist auf eine typisierende Betrachtungsweise angewiesen, welche sich zwar auf Erfahrung und wissenschaftliche Analyse stützt, aber doch in die intuitive Zusammenschau einer Fülle von Daten und Beobachtungen mündet. Welche Merkmale dabei besonders betont werden, hängt auch vom Zweck der Darstellung ab. Ist zum Beispiel ein Vergleich mehrerer nebeneinander stehender Rechtskulturen beabsichtigt, muss man andere Merkmale hervorheben als bei einem historischen Längsschnitt oder bei der Frage, wie sich die Rechtskultur zum Wirtschaftssystem oder zur politischen Ordnung ein und derselben Gesellschaft verhält.

3. Rechtsfamilien

Angesichts der herkömmlichen nationalstaatlichen Begrenzungen des Rechts liegt es nahe, auch beim Vergleich von Rechtskulturen zunächst an die staatli-

---

[2] So arbeitet zum Beispiel *Blankenburg* (ZfRSoz 1985, 255) Unterschiede in der Prozesshäufigkeit zwischen Deutschland und den Niederlanden heraus, die er im wesentlichen damit erklärt, dass die Niederlande attraktive Alternativen zur gerichtlichen Streitentscheidung kennen, welche es in der Bundesrepublik nicht gibt. Er sieht darin einen wichtigen Indikator für eine unterschiedliche Rechtskultur zwischen den beiden Ländern, obwohl ihr Recht und ihre sozialen, wirtschaftlichen und politischen Verhältnisse im Übrigen weitgehend übereinstimmen.

chen Einheiten anzuknüpfen, Gesellschaft und Staat also insoweit gleichzusetzen. Dafür spricht, dass in der Mehrzahl der Fälle der Staat auch heute noch als Gesetzgeber und als Träger der Verwaltung, der Rechtsprechung und des Rechtszwangs auftritt, und dass sich auch das Zugehörigkeitsbewusstsein der Menschen in der Regel weiterhin auf den Staat bezieht, in dem sie leben. In diesem Sinn kann also die Rechtskultur der Bundesrepublik Deutschland im Gegensatz etwa zu England, des USA, Russlands oder Chinas untersucht werden[3].

Die Frage, wie sich das Recht eines Landes von demjenigen anderer Länder unterscheidet, hat bisher vor allem die *Rechtsvergleichung* beschäftigt. Diese ist jedoch schon lange über die nationalstaatliche Begrenzung hinausgegangen und hat den Versuch unternommen, die Rechtsordnungen der Erde in *Rechtskreise* oder *Rechtsfamilien* einzuteilen. Dabei stützt sie sich im Wesentlichen auf fünf Merkmale, welche die Zusammengehörigkeit und den gemeinsamen Stil eines Rechtskreises begründen: 1. auf die historische Herkunft und Entwicklung der dazugehörenden Rechtsordnungen, 2. auf die in ihm vorherrschende juristische Denkweise, 3. auf besonders kennzeichnende Rechtsinstitute, 4. auf die Art der Rechtsquellen und ihre Auslegung, 5. auf gemeinsame Wertvorstellungen[4]. In Europa hat die Rechtsvergleichung auf dieser Basis zwischen dem deutschen, dem romanischen, dem angloamerikanischen, dem nordischen und dem sozialistischen Rechtskreis unterschieden[5]. Das deutsche Recht fasst sie mit dem österreichischen und dem schweizerischen Recht im deutschen Rechtskreis zusammen.

In der Rechtssoziologie sind diese Versuche auf entschiedene *Kritik* gestoßen. Diese richtet sich zunächst gegen die Brauchbarkeit der Analogie zu den biologischen Familien- und Verwandtschaftsverhältnissen. Vor allem genügen ihr aber die angegebenen fünf Merkmale nicht, weil diese allenfalls etwas über den Charakter des geschriebenen Rechts und seine Anwendung durch die Gerichte, nicht jedoch der tatsächlichen Rechtskultur aussagen[6]. In der Tat bedarf der rechtssoziologische Vergleich verschiedener Länder eines breiteren methodischen Ansatzes, in den neben den genannten Gesichtspunkten auch die realen Erscheinungsformen des Rechtslebens eingehen. Auf der anderen Seite würde die Rechtssoziologie jedoch das Kind mit dem Bade ausschütten, wenn sie die Ergebnisse der Rechtsvergleichung aus der Betrachtung ausklammern wollte.

---

[3] Vgl. meinen in der 3. Auflage (Abschnitt 19) unternommenen Versuch, einige Kenzeichen der gegenwärtigen deutschen Rechtskultur herauszuarbeiten.

[4] Vgl. *Zweigert/Kötz*, Einführung in die Rechtsvergleichung auf dem Gebiet des Privatrechts, Bd. 1, 1984, 86; *Rheinstein*, Einführung in die Rechtsvergleichung, 2. Aufl. 1987, 77 ff.; *Häberle*, Europäische Rechtskultur, 1994.

[5] *Zweigert/Kötz* aaO, 79.

[6] *Friedman* (Schrifttumsverz.), 208 ff.; *Blankenburg* ZfRSoz 1985, 255 ff. Kritisch abwägend aus juristischer Sicht *Kötz*, Abschied von der Rechtskreislehre, ZEuP 1998, 493.

18. Abschnitt: Die Erforschung der Rechtskultur

Bei näherem Hinsehen erweist sich der Ertrag der Rechtsvergleichung soziologisch allerdings als nur begrenzt ergiebig. *Zweigert* und *Kötz* heben vor allem den Zug zur Abstraktion und Generalisierung rechtlicher Vorschriften hervor, welcher das deutsche Recht vom angloamerikanischen, weniger hingegen vom romanischen Rechtskreis unterscheidet. Während das englische und US-amerikanische *Case-Law* prinzipiell vom Einzelfall ausgehen und dem Richter folglich die höchste rechtliche Autorität zumessen, herrscht im kontinentaleuropäischen Recht das Bestreben vor, die Rechtsregeln in abstrakten Gesetzesvorschriften auszuformulieren und in systematisch angeordneten *Kodifikationen* zusammenzufassen. Für die deutsche Rechtstradition beruft sich diese Würdigung auf die großen im ausgehenden 18. und im 19. Jahrhundert geschaffenen Gesetzbücher. Sie kann aber auch auf die Leistungen des modernen Gesetzgebers verweisen, dem es immerhin gelungen ist, das Familienrecht neu zu ordnen sowie große Teile des Verwaltungsrechts und des Sozialrechts zu kodifizieren.

In denselben Zusammenhang gehören die von der Rechtsvergleichung herausgearbeiteten *Verschiedenheiten* des *rechtswissenschaftlichen Denkens*. Die kontinentale Jurisprudenz sieht herkömmlicher Weise ihr Hauptziel darin, das dogmatische System des geltenden Rechts auszuformen und die Einzelvorschriften darin einzupassen. Typischer Ausdruck dieser Methode im juristischen Schrifttum ist auf der einen Seite die dogmatische Abhandlung, auf der anderen das systematische Lehrbuch. Im Ergebnis bringt sie hochabstrakte Rechtsinstitute hervor, wie zum Beispiel den Begriff des Rechtsgeschäfts, das Abstraktionsprinzip bei der Rechtsübertragung und die allgemeine Figur der culpa in contrahendo[7]. Demgegenüber genießt in der weit weniger auf wissenschaftliche Generalisierung und Systematik ausgerichteten, sondern pragmatisch und argumentativ vorgehenden angloamerikanischen Rechtswissenschaft das Casebook den Vorrang.

Welche Spuren der Gegensatz zwischen Gesetzesrecht und Fallrecht in der täglichen Arbeitsweise der Juristen, der Handhabung des Rechts im sozialen und wirtschaftlichen Leben und in den Rechtsvorstellungen der Menschen hinterlässt, wurde in der Rechtssoziologie bislang nicht systematisch untersucht. Immerhin legt die Erfahrung nahe, dass sich in dem Gegensatz Unterschiede nicht nur des juristischen Denkens, sondern auch der praktischen Rechtspflege ausdrücken, an denen die Rechtssoziologie nicht vorbeigehen kann. Auf der anderen Seite ist an die schon von *Max Weber* beobachtete Tatsache zu erinnern, wonach das vielfach altertümliche und schwerfällige angloamerikanische Recht den Durchbruch des Kapitalismus und der modernen Verkehrswirtschaft so wenig aufhalten konnte wie die kontinentaleuropäischen Kodifikationen des 18. und des 19. Jahrhunderts[8].

In der Gegenwart verwischt sich der Unterschied zudem unter dem Druck der Globalisierung und der Ausbildung von mit Rechtssetzungsbefugnis ausgestatteter transnationaler Einheiten. Die Engländer und Amerikaner sehen sich in wachsendem Maße veranlasst, das geltende Recht in Gesetzesform, ja sogar in umfangreichen Kodifikationen niederzulegen, um den Forderungen der Wirtschaft nach einheitlichem, verständlichem und sicherem Recht nachzukommen, zum Teil auch, um die notwendige Modernisierung des Rechts durchzusetzen oder internationale Verpflichtungen zu erfüllen. Auf der anderen Seite gewinnt das richterliche Fallrecht in Deutschland immer größeres Gewicht, weil die Gesetzbücher veralten und der Gesetzgeber angesichts der

---

[7] *Zweigert/Kötz* aaO, 81 ff., 84.
[8] Vgl. *Weber*, Wirtschaft und Gesellschaft Teil II.

wachsenden Differenziertheit der gesellschaftlichen und wirtschaftlichen Abläufe nicht immer in der Lage ist, mit der Entwicklung Schritt zu halten. Auch gelingt es ihm häufig nicht, hinreichend präzise und differenzierte Gesetzesvorschriften zu formulieren, so dass die Gerichte in wachsendem Ausmaß Lücken ausfüllen und Vorschriften klären oder sogar korrigieren müssen. Die leicht zu beobachtende Konvergenz der Rechtskulturen in den modernen Industriestaaten ist nicht zuletzt ein Produkt der technologischen Entwicklung und der transnationalen Verflechtung von Kommunikation, Wirtschaft und Verkehr. In der Europäischen Union wird sie durch die Gesetzgebung der Union stark vorangetrieben. Doch regt sich, wie man weiß, gerade dagegen auch Widerstand, der sich im dem durch den Vertrag von Maastricht eingefügten Prinzip der *Subsidiarität* des europäischen Rechts (Art. 5 Abs. 2 EGV) niedergeschlagen hat.

Im Unterschied zu der Rechtsvergleichung steckt die die Rechtskulturen verschiedener Länder vergleichende Rechtssoziologie noch in den Kinderschuhen, so dass von ihr bislang nur spärliche Ergebnisse vorliegen[9]. Die Untersuchungen konzentrieren sich auf den Zugang zu den Gerichten[10], die unterschiedliche Häufigkeit von Gerichtsverfahren[11], Verschiedenheiten der praktischen Rechtspflege[12] und auf vergleichende Studien zur Berufssoziologie der Juristen, namentlich der Rechtsanwälte[13].

II. Rechtlicher Pluralismus und Universalismus

1. Pluralismus der Rechtskulturen

Schrifttum: *Bonaventura de Sousa Santos*, Toward a Multicultural Conception of Human Rights, ZfRSoz 1997, 1; *Chiba, Masaji*, Legal Pluralism: Toward a General Theory Through Japanese Legal Culture, 1989; *Gessner, Volkmar*, Rechtspluralismus und globale soziale Bewegungen, ZfRSoz 2002, 277; *Griffith, John*, What is Legal Pluralism? 24 Journal of Legal Pluralism, 1986, 1; *Lampe, Ernst*-Joachim (Hrsg.), Rechtsgleichheit und Rechtspluralismus, 1995; *Merry, Sally Engle*, Legal Pluralism, 22 Law & Society Review, 1988, 869; *Petersen, Hanne/ Zahle, Henrik* (Hrsg.), Legal Polycentricity: Consequences of Pluralism in Law, 1995; *Teubner, Gunther*, Global Bukowina: Legal Pluralism in the World Society, in: *ders.* (Hrsg.), Global Law without

---

[9] Einen allgemeinen, auch anthropologisch fundierten Überblick gibt *Sally Falk Moore*, Legal Systems of the World, in: *Lipson, Leon/Wheeler, Stanton* (Hrsg.), Law and the Social Sciences, New York 1986, 11ff.; vgl. ferner *Gibson/Caldeira*, The Legal Cultures of Europe, 30 Law & Soc Review, 1996, 55.
[10] Vgl. das fünfbändige Sammelwerk von *Cappelletti* (Hrsg.), Access to Justice, 1978.
[11] Vgl. *Blankenburg*, Weniger Prozesse durch mehr Rechtsberatung, DRiZ 1987, 169ff.
[12] *Blankenburg, Erhard* (Hrsg.), Prozessflut? Studien zur Prozesstätigkeit europäischer Gerichte in historischen Zeitreihen und im Rechtsvergleich, 1989; *Wollschläger Christian*, Die Arbeit der europäischen Zivilgerichte im historischen und internationalen Vergleich, in: *Blankenburg* aaO 21ff.; *ders.*, Exploring Global Landscapes of Litigation Rates, FS Blankenburg 1998, 577; *Simsa, Christiane*, Die gerichtliche und außergerichtliche Regulierung von Verkehrsunfällen in Deutschland und in den Niederlanden, 1995.
[13] *Abel, Richard/Lewis, Philip*, Lawyers in Society, 3 Bde., 1988/1989.

a State, 1997; *Tie, Warwick*, Legal Pluralism – Toward a Multicultural Conception of Law, 1999.

In der gegenwärtigen Rechtssoziologie herrscht demgegenüber auch bezüglich der Rechtskultur eines Staates ein pluralistischer Ansatz vor. Dieser beruht auf der Beobachtung, dass sich alle Gesellschaften, auch soweit sie in einem Staat zusammengefasst sind, mehr oder weniger tief in unterscheidbare Gruppen und Verbände gliedern, die in dem Maße, in dem sie rechtlich organisiert sind, auch eine begrenzte eigenständige Rechtskultur ausbilden. Wie stark eine verbandsspezifische Rechtskultur ausgeprägt ist, welches Maß von Individualität sie gegenüber der Rechtskultur anderer Verbände und der Gesamtgesellschaft erreicht und wie sie sich in die Rechtskultur der Gesamtgesellschaft einfügt, ist sehr verschieden. Der Grad der inneren Differenzierung nimmt mit der Größe einer Gesellschaft, namentlich aber auch mit dem Fortschritt der Zivilisation und der sozialen Arbeitsteilung sowie der Liberalität der politischen Ordnung zu[14]. Wichtigstes Beispiel ist die Ausbildung besonderer Rechtskulturen der in einem Staat lebenden ethnischen und religiösen Minoritäten, die schon *Ehrlich* zu seiner Konzeption des lebenden Rechts angeregt hat[15]. Es ist aber auch auf berufsspezifische Standesregeln und auf bestimmte Wirtschaftbranchen zugeschnittene „codes of conduct" hinzuweisen. Thema der Rechtssoziologie ist in dieser Perspektive der rechtliche *Pluralismus innerhalb eines Staats* und *einer Gesellschaft* mit den darin festzustellenden rechtlichen Teil- und Subkulturen sowie deren Verhältnis zueinander.

Methodisch ist es zweckmäßig, zwischen mehreren Erscheinungsformen des rechtlichen Pluralismus zu unterscheiden[16]. Zu differenzieren ist zunächst zwischen *horizontalem* und *vertikalem* Rechtspluralismus, je nachdem, ob die betrachteten partikularen Rechtskulturen gleichberechtigt nebeneinander oder in einem Verhältnis der Über- und Unterordnung zueinander stehen.

Zum zweiten kann zwischen *politisch, kulturell* oder *sozioökonomisch* bedingtem Rechtspluralismus unterschieden werden. Der politische Rechtspluralismus betrifft die *Gliederung der rechtsetzenden Instanzen*, den *Föderalismus* und die *Gewaltenteilung*. Unter den kulturellen Rechtspluralismus fallen Verschiedenheiten der Rechtskultur in einer Gesellschaft, die sich auf *religiöse, ethnische* oder *sprachliche* Besonderheiten zurückführen lassen. Sein klassisches Beispiel ist das friedliche Zusammenleben von Moslems, Juden und Christen im frühen ottomanischen Reich, dessen Liberalität so weit reichte, jeder Gruppe für gewisse Streitigkeiten sogar eine eigene

---

[14] Vgl. dazu *Durkheim*, oben Abschnitt 5 II 2 und als eindrucksvolle empirische Untersuchung in zwei amerikanischen Städten *Merry*, Getting Justice and Getting Even, 1990. Ferner die zahlreichen Abhandlungen in *Lampe* (Hrsg.), Rechtsgleichheit und Rechtspluralismus, 1995.
[15] Siehe Abschnitt 6 II 3.
[16] Vgl. *Friedman* aaO, 203ff.

Gerichtsbarkeit zuzubilligen[17]. Sozioökonomischer Rechtspluralismus äußert sich in Besonderheiten der Rechtskultur, welche in verschiedenen sozialen Schichten und Berufsgruppen auftreten, die sich aufgrund der Art der *beruflichen Tätigkeit* oder von *Einkommens-* und *Vermögensunterschieden* voneinander abgrenzen.

Drittens ist zu unterscheiden zwischen Eigenarten der Rechtskultur, die bereits im *positiven Recht* verankert sind und solchen, die in den Rechtsansichten und im rechtlichen Verhalten der Menschen, kurz: im *lebenden Recht* zum Ausdruck gelangen.

2. Rechtlicher Universalismus

Schrifttum: *Arnaud, André-Jean,* Universalismus versus Globalisierung: Der Bruch in der Geschichte des westlichen Rechtsdenkens, ZfRSoz 2002, 251; *Bonacker, Thorsten,* Inklusion und Integration durch Menschenrechte. Zur Evolution der Weltgesellschaft, ZfRSoz 2003, 121; *Callies, Gralf-Peter,* Reflexive Transnational Law. The Privatization of Civil Law and the Civilization of Private Law, ZfRSoz 2002, 185; *ders.,* Billigkeit und effektiver Rechtsschutz. Zu Innovation und Evolution des Zivilrechts in der Globalisierung, ZfRSoz 2005, 35; *Gessner, Volkmar,* Globalization and Legal Certainty, in: *Gessner/Budak,* Emerging Legal Certainty: Empirical Studies on the Globalization of Law, 1998, 427; *Ladeur, Karl-Heinz,* (Hrsg.), Globalization and Public Governance, 2001; *McGrew, Anthony,* Global Legal Interaction and Present-day Patterns of Globalization, in: *Gessner/Budak,* aaO 325; *Röhl, Klaus/Magen,* Die Rolle des Rechts im Prozess der Globalisierung, ZfRSoz 1996, 1; *Teubner, Gunther* (Hrsg.), Global Law without a State, 1997.

In gewissermaßen gegenläufiger Blickrichtung wendet sich die gegenwärtige rechtssoziologische Forschung dem Entstehen einer über die Grenzen einzelner Staaten hinausweisenden universellen Rechtskultur zu. Sie reagiert damit auf die infolge der modernen Kommunikations- und Verkehrsmittel möglich gewordenen *Globalisierung* der gesellschaftlichen, wirtschaftlichen und politischen Beziehungen, wie sie sich namentlich in dem weltweiten Tourismus, in der Ausbildung globaler Produkt- und Kapitalmärkte, der Expansion multinationaler Unternehmen sowie der wachsenden Zahl supranationaler politischer Organisationen manifestiert. Unter Rechtssoziologen zum geflügelten Wort dafür geworden ist die Metapher des *„global village"*. Rechtlich geht es dabei im politischen Bereich hauptsächlich um den Anspruch auf Anerkennung und Durchsetzung *universaler Menschenrechte,* oft verknüpft mit der Forderung nach Ausbildung *demokratischer Herrschaftsstrukturen.* Im Bereich des Wirtschaftsverkehrs richtet sich der Blick auf völkerrechtliche Verträge und wissenschaftliche Regelungsmodelle zur Reglung transnationaler Verträge sowie die Ausbildung einer nicht mehr staatsgebundenen *„lex mercatoria"* aufgrund der Vertragspraxis und der verbreiteten Übung, Streitigkeiten in diesem Bereich durch international besetzte und nicht an ein nationales Recht gebundene Schiedsgerichte entscheiden zu lassen. Hinzu

---

[17] Vgl. *Friedman* aaO 205.

18. Abschnitt: Die Erforschung der Rechtskultur 335

kommen Regeln zum Schutz der Wettbewerbsordnung und des geistigen Eigentums. Sozial stehen die unterschiedlichen Lebensverhältnisse in verschiedenen Ländern und die Mechanismen der Diskriminierung bestimmter Völker und Bevölkerungsgruppen im Vordergrund.

In allen Fällen ist es die erste Aufgabe der Rechtssoziologie, die Tatbestände zu erfassen, zum Bewusstsein zu bringen und zu analysieren. Jedoch lässt schon die Wahl der Themen und sodann auch ihre Bearbeitung nicht selten einen kritischen Unterton erkennen. Das Anliegen der Untersuchung geht dann dahin, in einer über die reine wissenschaftliche Erkenntnis hinaus gehenden wertenden Betrachtung Missstände aufzuzeigen. Man sieht die Aufgabe der Wissenschaft in einer „Gerechtigkeitsforschung"[18].

---

[18] Vgl. den bezeichnenden Namen der „International Society for Justice Research".

19. Abschnitt

Die Menschen und das Recht

I. Rechtsgefühl und Rechtsbewusstsein

Schrifttum: *Blankenburg, Erhard,* Haben Frauen ein anderes Rechtsbewusstsein als Männer?, in: *Gerhard/Limbach* (Hrsg.), Rechtsalltag von Frauen, 1988, 143; *ders.,* Empirisch messbare Dimensionen von Rechtsgefühl, Rechtsbewusstsein und Vertrauen im Recht, in: *Hof/Kummer/Weingart* (s unten), 83; *Bryde/Hoffman-Riem* (Hrsg.), Rechtsproduktion und Rechtsbewusstsein, 1988; *Geiger, Theodor,* Einige Bemerkungen zum Thema Rechtsbewusstsein, in *Geiger,* Vorstudien, 340; *Gruter, Margaret* (Hrsg.), The Sense of Justice, 1992; *Hof, Hagen,* Rechtsethologie, 1996; *Hof/Kummer/Weingart,* Recht und Verhalten, 1994; *Jakob/Rehbinder* (Hrsg.), Beiträge zur Rechtspsychologie, 1987; *Lampe, Ernst-Joachim* (Hrsg.), Das sogenannte Rechtsgefühl, 1985; *ders.* (Hrsg.), Zur Entwicklung von Rechtsbewusstsein, 1997; *Lautmann, Rüdiger,* Negatives Rechtsbewusstsein. Über Geschlechtsdifferenzierungen in der juristischen Handlungsfähigkeit, ZfRSoz 1980, 165; *ders.,* Rechtsgefühl und soziale Lage, in: *Lampe* aaO 1985, 287; *Lucke/Schwenk,* Rechtsbewusstsein als empirisches Faktum und symbolische Fiktion, ZfRSoz 1992, 185; *Noelle-Neumann, Elisabeth,* Rechtsbewusstsein aus der Sicht der Sozialforschung, in: *Weigelt K.* (Hrsg.), Freiheit, Recht, Moral, 1988, 44; *Östreich, G.,* Im Dschungel der Paragraphen: „Rechtsgefühl" zwischen Klischee und Information 1984; *Raiser, Thomas,* Rechtsgefühl, Rechtsbewusstsein, Rechtskenntnis, Rechtsakzeptanz, in: *Pichler, Johannes* (Hrsg.), Rechtsakzeptanz und Handlungsorientierung, 1998, 109; *Reuband K.H.,* Wechselnde Mehrheiten bei Fragen zum Rechtsbewusstsein: Was die Meinungswechsler von den Stabilen unterscheidet, KZfSS 1989, 690; *Schwind, Hans-Dieter,* Rechtsbewusstsein aus kriminologischer Sicht, in: *Weigelt* aaO 65; *Smaus, Gerlinda,* Das Strafrecht und die Kriminalität in der Alltagssprache der deutschen Bevölkerung, 1985; *Tyler, Tom,* Why People Obey the Law, 1990; *Würtenberger, Thomas,* Schwankungen und Wandlungen im Rechtsbewusstsein der Bevölkerung, NJW 1986, 228.

Ein zentrales Element der Rechtskultur einer Gesellschaft sind das Rechtsgefühl und das Rechtsbewusstsein der in ihr lebenden Menschen, deren wissenschaftliche Erforschung Gegenstand der Soziobiologie und der Sozialpsychologie ist, die hier nur angedeutet werden können[1]. Es entspricht der Erfahrung, dass die Menschen unabhängig von aller Berührung mit dem gesetzten

---

[1] Vgl. die Arbeiten von *Teuchert-Noodt/Schmitz, Hammer/Keller* und *Kreppner* in *Lampe* 1997, 134, 152 und 341; ferner die Hinweise auf sozialpsychologische Untersuchungen zu den Vorstellungen der Menschen von Verteilungs- und Verfahrensgerechtigkeit im Abschnitt 12 IV und V.

Recht ein Gespür für Recht und Unrecht haben, dass sie intuitiv wissen, was erlaubt oder verboten ist, welche Ansprüche man stellen darf, welche Verpflichtungen einen treffen, wie das Verhalten anderer zu beurteilen ist. Man kann diesen ursprünglichen Sinn für ein angemessenes Verhalten in der Gesellschaft als *Rechtsgefühl*[2] bezeichnen und bringt damit zum Ausdruck, dass er seinen Sitz weniger im Bewusstsein hat als im (individuellen oder kollektiven) Unbewussten und Emotionellen.

Das Rechtsgefühl unterscheidet noch nicht oder nur unscharf zwischen Recht und Moral, sondern tritt in der Regel als moralisches Judiz (und bei starken Verletzungen als moralische Entrüstung) in Erscheinung, wirkt in dieser Gestalt aber als Leitlinie für individuelles rechtliches Verhalten und als Maßstab für die Einstellung gegenüber den in einer Gesellschaft herrschenden sozialen und rechtlichen Normen. Seine Kernelemente finden sich schon bei gesellig lebenden höheren Tieren. Die biologische Wurzel liegt in der Beobachtung, dass wechselseitige Hilfe in dauerhaften Sozialbeziehungen die Überlebenschance jedes der beteiligten Individuen erhöht, und in der schon bei Schimpansen beobachteten Fähigkeit, einem anderen Individuum im Vertrauen auf spätere Gegenleistung Hilfe zukommen zu lassen, verbunden mit Aggressionsakten, wenn sich das andere Tier der Gegenleistung zu entziehen versucht. Wenn man den Erkenntnissen der Verhaltensbiologie folgen darf, ist dieses Verhaltensmuster ein Resultat der naturgeschichtlichen Evolution, als solches genetisch fixiert und daher auch bei den Menschen in den Erbanlagen verankert.

So schreibt *Voland:* „Schimpansen scheinen ansatzweise über ein präskriptives Normverständnis zu verfügen, das im Kontext sozialer Reziprozität wirksam wird und hier auch wohl evolutiv entstanden ist".[3] Ähnlich formuliert *Hendrichs:* „Das Tier kann situationsspezifisch seine „Rechte" kennen, sie beanspruchen und verteidigen. Es kann die „Rechte" anderer situationsspezifisch wahrnehmen und anerkennen. Ob es jedoch unter Umständen in der Lage sein kann, Vorformen einer allgemeinen Vorstellung von Recht und Gerechtigkeit zu entwickeln, wage ich nicht zu beurteilen."[4]

---

[2] Der Begriff des Rechtsgefühls ist unscharf und wird wissenschaftlich unterschiedlich definiert. Er wird hier nur in einem allgemeinen Sinn ohne genauere Abgrenzung gebraucht. Vgl.. zur weiteren Orientierung die zahlreichen Aufsätze in den von *Lampe* 1985 und *Jakob/Rehbinder* 1987 herausgegebenen Sammelwerken; ferner *Riezler, Erwin*, Das Rechtsgefühl, 1921, 3. Aufl. 1969, *Bihler, Michael*, Das Rechtsgefühl, System und Wertung, 1979; *Blankenburg, E.*, in: *Hof/Kummer/Weingart* aaO, 83; *Meier, Chr.*, Zur Diskussion über das Rechtsgefühl, 1986; *Eckensberger/Breit*, Recht und Moral im Kontext von *Kohlbergs* Theorie der Entwicklung moralischer Urteile und ihrer handlungstheoretischen Rekonstruktion, in: *Lampe* aaO 1997, 253.

[3] *Voland, E.*, Von der Ordnung ohne Recht zum Recht durch Ordnung. Die Entstehung von Rechtsnormen aus evolutionsbiologischer Sicht, in *Lampe* 1997, 111.

[4] *Hendrichs, H.*, Zu möglichen Vorformen des menschlichen Rechtsgefühls bei höheren Tieren, in: *Lampe* 1985, 57, 67; vgl.. dazu ferner *Wuketis, F.M.*, Biology of Morality (Evolutionary Ethics) and its Implications for the Study of Legal Systems, in: *Hof/Kummer/*

Im menschlichen Individuum wird diese Anlage im Zuge des kindlichen und jugendlichen Sozialisationsprozesses ausgebildet und entfaltet sich über mehrere Stufen zu einem in der Persönlichkeit verankerten persönlichen *Rechtsbewusstsein* oder *Rechtsgewissen*, in das auch die Erfahrungen eingehen, die jeder einzelne Mensch mit den in seiner Umwelt geltenden sozialen Normen, nicht zuletzt mit dem geltenden Recht und seiner praktischen Handhabung macht. Gewisse Inhalte des individuellen Rechtsbewusstseins stimmen bei einer Vielzahl von Personen überein und können insofern auch als Bestandteil eines *kollektiven Rechtsbewusstseins* und eines *tradierten kulturellen Wissens* verstanden werden[5].

Das Verhältnis von phylogenetisch ausgebildetem und fixiertem Rechtsgefühl und ontogenetisch durch individuelles Lernen erworbenem Rechtsbewusstsein gehört zu den umstrittenen Fragen der Moralbiologie und -psychologie. Das gegenwärtig herrschende Verständnis der individuellen moralischen Entwicklung ist maßgeblich durch die Beobachtungen und Theorien der Sozialpsychologen *Jean Piaget* und *Lawrence Kohlberg* geprägt. *Piaget* hat festgestellt, dass Fragen der Gerechtigkeit schon bei spielenden Kindern eine große Rolle spielen und zu heftigen Auseinandersetzungen führen können. Er unterscheidet drei Stufen der Gerechtigkeitswahrnehmung: 1. Gerecht ist, was die Eltern sagen; 2. Gerecht ist die Gleichverteilung; 3. Gerecht ist die proportionale Verteilung. *Kohlberg* führt diesen Ansatz weiter und differenziert zwischen den Stufen der *präkonventionellen*, der *konventionellen* und der *postkonventionellen* moralischen Orientierung. Auf der Stufe der präkonventionellen Moral wird Kindern gutes und schlechtes Benehmen beigebracht. Sie lernen die Regeln, verstehen sie aber nur äußerlich als mit Belohnungen und Strafen versehene Verhaltensanforderungen Dritter. Auf der konventionellen Stufe verinnerlicht der heranwachsende Mensch traditionelle Verhaltensmuster und erlebt sie als wertvoll. Die meisten Menschen verharren zeitlebens auf dieser Stufe. Postkonventionelle Moral bedeutet die Emanzipation von vorgegebenen, durch Autoritäten gestützten Verhaltensnormen zugunsten autonom entwickelter persönlicher Maßstäbe[6].

Die Faktoren, welche die Ausbildung des individuellen Rechtsbewusstseins beeinflussen, sind äußerst vielfältig.[7] Im Kindesalter sind es die elementaren

---

Weingart aaO 235; *Gruter, Margaret*, Die Bedeutung der Verhaltensforschung für die Rechtswissenschaft, 1976; *Gruter/ Rehbinder*, Der Beitrag der Biologie zu Fragen von Recht und Ethik, 1983; *Schurig, Werner*, Überlegungen zum Einfluss biosoziologischer Strukturen auf das Rechtsverhalten, 1983.

[5] Auch der Begriff des Rechtsbewusstseins wird hier unspezifisch gebraucht und nur insoweit festgelegt, als er sich nicht speziell auf Vorschriften des positiven Rechts bezieht, sondern auf die allgemeinen im individuellen Bewusstsein gespeicherten Vorstellungen von Recht und Gerechtigkeit. Davon zu unterscheiden ist ein Begriff des Rechtsbewusstseins im Sinn der Bereitschaft, sich bei jeder Gelegenheit am positiven Recht zu orientieren oder auf solches zu berufen.

[6] *Piaget, Jean* Das moralische Urteil beim Kinde, 1932, Neuaufl 1954; *Kohlberg,Lawrence*, Zur kognitiven Entwicklung des Kindes, 1974. Vgl.. zum Ganzen *Eckensberger*, Das „Rechtsgefühl" aus entwicklungspsychologischer Perspektive, in: *Lampe* 1985, 71.

[7] Vgl. zum folgenden *Raiser* aaO (Schrifttumsverz.) 115ff.

Verhaltensmuster, welche den Kindern von den Eltern, anderen Bezugspersonen, Geschwistern und Spielkameraden beigebracht werden. Dazu gehört wohl auch schon die Erfahrung von Mein und Dein, das heißt von der Bedeutung persönlichen Eigentums, und von der gerechten Teilung und Verteilung materieller Güter. Mit der Sprachentwicklung werden auch die in der Sprache fixierten Rechtsvorstellungen mitgelernt. Im Schulalter erlangen Erfahrungen in der Schule einen prägenden Einfluss, wobei wichtiger als der Erwerb konkreter Rechtskenntnisse Erfahrungen mit der Schulordnung, mit dem täglichen Umgang zwischen Schülern und Lehrern und mit der als gerecht oder ungerecht empfundenen Beurteilung schulischer Leistungen sein dürften. Auch die im Schulunterricht behandelten Gegenstände und Texte stecken häufig voll von Rechtsproblemen und rechtlichen Aussagen. Spielregeln fairen Verhaltens werden beispielhaft beim Sport eingeübt, elementare Rechtsprinzipien von Schuld, Sühne und Schadensersatz, wenn es zu Unfällen oder zur Gewalt unter Schülern kommt. Die soziale Rolle des Gegenseitigkeitsprinzips, der Bedeutung von Verträgen und des Satzes pacta sunt servanda dürfte auch jedem Teenager bereits bewusst werden. Zum Umgang mit anonymen Personen spielen heute Erfahrungen im Straßenverkehr eine zentrale Rolle. Weitere Eindrücke resultieren aus Berichten über Rechtsfälle in den Medien und aus Diskussionen in den Bezugsgruppen, in denen sich ein Heranwachsender bewegt. Insgesamt darf man aus dem Zusammenwirken einer solchen Vielfalt von Faktoren des sozialen Umfelds, die auf jeden einzelnen einwirken, den Schluss ziehen, dass sich ein durchaus gehaltvolles und starkes Rechtsbewusstsein herausbildet und durch neue Erfahrungen ständig aktualisiert und auf die Probe gestellt wird, ohne dass dazu eine genauere Kenntnis und reflektierte Auseinandersetzung mit Vorschriften des positiven Rechts erforderlich wären.

Von Rechtsgefühl und Rechtsbewusstsein zu unterscheiden ist die *Einstellung* der Menschen gegenüber dem in einem Staat oder einer Gesellschaft geltenden *positiven Recht*. Diese Einstellung ist zwar nicht unabhängig von den angeborenen oder in Kindheit und Jugend erlernten Rechtsvorstellungen. Aber sie ist auch nicht einfach damit identisch, denn sie bezieht sich auf eine Vielzahl sprachlich ausformulierter und schriftlich fixierter Texte von verschiedenem Gewicht und Anwendungsfeld, die differenzierte Reaktionen auslösen können. Dabei ist weiter zu unterscheiden zwischen der *Kenntnis* rechtlicher Vorschriften, ihrer *Anerkennung* als verbindliches Recht (*Akzeptanz*) und dem *Rechtsgehorsam*, das heißt ihrer tatsächlichen Befolgung. Darauf ist sogleich zurückzukommen.

Rechtsgefühl, Rechtsbewusstsein, Rechtskenntnisse, Akzeptanz des geltenden Rechts und Rechtstreue lassen sich prinzipiell mit Hilfe von demoskopischen Befragungen und anderen empirischen Methoden erforschen[8]. Sie sind einer der zentralen Gegen-

---

[8] Vgl. z.B. zur Frage, ob Frauen und Männer ein unterschiedliches Rechtsbewusstsein

stände der Rechtssoziologie. Allerdings werfen darauf gerichtete Untersuchungen wegen der Vielgestaltigkeit und Komplexität des positiven Rechts und der Instabilität menschlicher Einstellungen außerordentliche methodische Schwierigkeiten auf, die Anlass zu Zweifeln geben, ob sich dabei hinreichend aussagekräftige und gesicherte Feststellungen gewinnen lassen[9].

II. Rechtskenntnisse der Bevölkerung

Schrifttum: *Dimmel, Nikolaus,* Überlegungen zur Funktion des Nichtwissens von Recht, ZfRSoz 1986, 142; *Kaupen, Wolfgang,* Das Verhältnis der Bevölkerung zur Rechtspflege, in: *Rehbinder/Schelsky* (Hrsg.), Zur Effektivität des Rechts, 1972, 555; *Kulscar, Kalman,* Rechtssoziologische Abhandlungen, 1980; *Pichler, Johannes/Giese, Karim,* Rechtsakzeptanz, 1993; *Pichler, Johannes* (Hrsg.), Rechtsakzeptanz und Handlungsorientierung, 1998; *Podgórecki/Vinke/Kaupen/Kutschinsky/van Houtte,* Knowledge and Opinion about Law, 1972.

1. Quellen der Rechtskenntnis

Umfassende empirische Befragungen über die Rechtskenntnisse von Menschen, die nicht juristisch ausgebildet und beruflich mit dem Recht befasst sind, gibt es in Deutschland bisher nicht[10]. Alle Aussagen darüber sind deshalb auf Einzelergebnisse angewiesen, die sich nur schwer verallgemeinern lassen, und müssen sich im übrigen auf unsystematische Beobachtungen und Erfahrungen stützen. Ganz überwiegend werden die Rechtskenntnisse der Bevölkerung als *gering* eingeschätzt[11]. Das kann nicht verwundern. In der allgemeinen Erziehung spielt das geltende Recht keine Rolle, und es wird auch im Schulunterricht nicht gelehrt. Man überlässt das Recht den Juristen – nicht ohne ihr Wirken in innerer Distanz und mit Misstrauen zu betrachten. Eine solche Haltung liegt auch deshalb nahe, weil die Handhabung des Rechts, wie man weiß, ein langes methodisches Training erfordert, dessen unvermeidliche Folge ein Spezialwissen ist, das juristischen Laien verschlossen bleibt. Die Fülle rechtlicher Regelungen ist ja selbst den Juristen nur noch unvollständig vertraut.

---

haben, *Lautmann,* ZfRSoz 1980, 165; *Blankenburg* in *Gerhard/Limbach* (Hrsg.), Rechtsalltag von Frauen, 1988, 143.

[9] Vgl. die kritischen Bemerkungen dazu von *Rottleutner,* Rechtssoziologie, 159 ff.; ferner *Smaus,* Theorielosigkeit und politische Botmäßigkeit der KOL-Untersuchungen, ZfRSoz 1981, 245; *Blankenburg,* ZfRSoz 1982, 291 sowie die Beiträge von *Podgórecki* und *Kutchinski* in: *Podgórecki/Vinke/Kaupen/Kutschinsky/van Houtte,* Knowledge and Opinion about Law, 1973. Weitere Nachweise bei *Keßler,* Annotierte Bibliographie zu Knowledge and Opinion about Law (KOL)-Untersuchungen, ZfRSoz 1981, 278.

[10] Vgl. aber die große Untersuchung zu Österreich von *Pichler/Giese,* Rechtsakzeptanz, 1993.

[11] Vgl. *Röhl* Rechtssoziologie, 271 ff.; *Rehbinder* Rechtssoziologie, 156 f., je mit weiteren Nachweisen.

Zu diesen Feststellungen steht der generell festgehaltene Anspruch des geltenden Rechts in bemerkenswertem Gegensatz, dass die Menschen das Recht kennen. Im Zivilrecht pflegt ein Rechtsirrtum unbeachtlich zu sein, das Strafrecht anerkennt den Verbotsirrtum nur, wenn er nicht auf Fahrlässigkeit beruht[12].

Auf der anderen Seite kommen die Menschen mit dem Recht im Alltag auf vielerlei Art in Berührung und werden gezwungen, sich wenigstens situationsgebunden damit auseinanderzusetzen. In einer Zeit wachsender Verrechtlichung der Lebensverhältnisse[13] wird zudem auch die Kommunikation von Recht dichter, namentlich über die Medien, aber auch im alltäglichen Gespräch der Menschen untereinander. Wer selbst in einen Rechtsfall verwickelt wurde, lässt genauere Kenntnisse der einschlägigen Vorschriften und eine höhere Sensibilität für sie vermuten als wer davon verschont blieb. Nachhaltige, wenngleich spezielle Rechtskenntnisse sind ferner bei der Vielzahl der Personen zu erwarten, die bestimmte Vorschriften in ihrem Beruf anzuwenden haben. Wer einen Handwerksbetrieb oder ein wirtschaftliches Unternehmen führt, hoheitliche Tätigkeit ausübt, Unterricht gibt, andere berät, medizinisch betreut usw., kann sich nicht auf sein Rechtsgefühl verlassen, sondern muss die für seine Tätigkeit maßgeblichen Vorschriften kennen und sie sicher handhaben können. Selbst abhängige Arbeitnehmer, Rentner und Arbeitslose sind darauf angewiesen, ihre arbeits- und sozialrechtlichen Ansprüche auszuschöpfen. Man wird davon ausgehen können, dass derartige, im Umgang mit dem Recht in einzelnen Lebensbereichen erworbenen Kenntnisse auch das generelle Verständnis dafür stärken.

Ist dies richtig, so dürfte das Kenntnisniveau der Bevölkerung im ganzen günstiger zu beurteilen sein als der erste Anschein nahelegt, sofern man nur keine zu hohen Anforderungen an die Genauigkeit der Kenntnisse stellt, sondern sich mit allgemeinen Vorstellungen über den Kern einer Regelung begnügt. Allerdings ist mit großen Unterschieden nach den einzelnen Rechtsgebieten und nach den persönlichen Lebensumständen der Befragten zu rechnen. Auch Irrtümer, schiefe Rechtsvorstellungen, eine problematische juristische Halbbildung sind nicht auszuschließen.

2. Kenntnisniveau

Substantielle inhaltliche Vorstellungen finden sich nach den vorliegenden Untersuchungen in erster Linie im Bereich des *Strafrechts*, was sich daraus erklärt, dass hier kollektives Moralbewusstsein und geltendes Recht noch dicht

---

[12] Vgl. § 2 des österreichischen AGBG: „Sobald ein Gesetz gehörig kundgemacht worden ist, kann sich niemand damit entschuldigen, dass ihm dasselbe nicht bekannt geworden sei", ferner *Röhl* Rechtssoziologie, 259.
[13] Vgl. Abschnitt 21 II.

beieinander liegen¹⁴. Im *Verfassungsrecht* zeigen sich eher gewisse allgemeine Kenntnisse der Grundprinzipien von Demokratie, Föderalismus, Rechtsstaat, Menschenrechten, Gewaltenteilung, Sozialstaatlichkeit usw., vermittelt durch den laufenden politischen Prozess, durch die Medien und die demokratischen Teilhaberechte¹⁵. Über die Medien und die öffentliche Diskussion dringen auch Regelungen von hoher symbolischer Bedeutung ins allgemeine Bewusstsein ein wie etwa das *Verbot der Todesstrafe*¹⁶ und die Vorschriften über den *Schwangerschaftsabbruch* oder die *Zinsbesteuerung*. Im Bereich des *Zivilrechts* verbreiten sich punktuelle Rechtskenntnisse am leichtesten zu den massenhaft auftretenden Rechtsverhältnissen, also zum Kauf-, Miet-, Arbeits- und Versicherungsrecht, über Unterhaltsschulden, über die Abwicklung von Unfällen usw. Eher vage Vorstellungen lassen sich über Organisation, Aufgaben und Arbeitsweise der *rechtlichen Institutionen*, also der Gesetzgebungsorgane, Gerichte und Verwaltungsbehörden beobachten. Dagegen erklärten in der österreichischen Befragung von *Pichler* und *Giese* die weit überwiegende Mehrzahl derer, die von sich selbst sagten, sie kennen sich eher wenig aus, dass sie wüssten, an wen sie sich um Rat und Hilfe wenden können¹⁷. Am niedrigsten ist die Kenntnis im *Staats- und Verwaltungsrecht*¹⁸.

Durch mehrere, überwiegend ausländische, Untersuchungen gut belegt sind Unterschiede der Rechtskenntnis nach dem *persönlichen* und *sozialen* Status¹⁹. Bei Männern ist das Kenntnisniveau etwas höher als bei Frauen²⁰. Dagegen spielt das Alter kaum eine Rolle. Ein Gefälle besteht zwischen Stadt

---

¹⁴ *Blath, Richard*, Einstellungen der westdeutschen Bevölkerung zur Strafe und zu abweichendem Verhalten, 1974; *von Oppeln-Bronikowski, Hans-Christoph*, Zum Bild des Strafrechts in der öffentlichen Meinung, 1970; *Kaupen/Rasehorn*, Die Einstellung der Bevölkerung der Bundesrepublik zu Strafrecht und Strafvollzug, ZRP 1972, 21; *Smaus*, Das Strafrecht und die Kriminalität in der Alltagssprache der deutschen Bevölkerung, 1985; *Karstedt-Henke*, Die Stützung von strafrechtlichen Normen und Sanktionen durch das Rechtsgefühl, in: *Lampe* (Hrsg.), Das sogenannte Rechtsgefühl, 1985, 210; *Dölling*, Rechtsgefühl und Perzeption des Strafrechts bei delinquenten und nicht delinquenten Jugendlichen, *in: Lampe* aaO 240.

¹⁵ So haben in der österreichischen Untersuchung auf die Frage: „Wer ist nach der Verfassung der Gesetzgeber?" nur 54% der Befragten richtig die Volksvertretungen genannt (*Pichler/Giese* aaO Tabellenband 114).

¹⁶ Vgl. dazu *Reuband*, Sanktionsverhalten im Wandel, Die Einstellung zur Todesstrafe in der Bundesrepublik Deutschland seit 1950, KZfSS 1980, 535; *Rottleuthner* 1987, 163ff.; *Allensbacher Jahrbuch für Demoskopie* 1984–1992, 607.

¹⁷ *Pichler/Giese* aaO, 331.

¹⁸ *Kulscar*, Rechtssoziologische Abhandlungen, 204ff.

¹⁹ Vgl. zum Folgenden *Kulscar* aaO; *Williams, Martha/Hall, Jay*, Knowledge of the Law in Texas: Socioeconomic and Ethnic Differences, Law & Society Review 1972, 99; *Irwin, M. J*, Sociological Evaluation of the Development of Sociology of Law, 1986, 48; ferner die Studie: Legal Knowledge of Michigan Citizens, in: Michigan Law Review 71(1973) 1463.

²⁰ *Lautmann*, Negatives Rechtsbewusstsein: Über Geschlechtsdifferenzierungen in der juristischen Handlungsfähigkeit, ZfRSoz 1980, 165; *Pichler/Giese* aaO 323.

und Land. Vor allem aber variiert die Rechtskenntnis nach der gesellschaftlichen Schichtzugehörigkeit, der Allgemein- und Schulbildung sowie dem politischen Interesse[21].

3. Wünschbarkeit von Rechtskenntnissen

Welcher Nutzen ist mit guten Rechtskenntnissen verbunden? Es liegt auf der Hand, dass sie jedem einzelnen den Vorteil verschaffen, sich im sozialen Leben und namentlich bei Konflikten besser durchsetzen zu können, bis hin zur leichteren Mobilisierung des gerichtlichen Rechtsschutzes. So ist nicht verwunderlich, dass 81% der in Österreich dazu Befragten erklärten, je besser man die Gesetze kenne, desto freier fühle man sich. 68% sahen die Freiheit als beschränkt an, wenn man die Grenzen dessen, was erlaubt ist, nicht weiß[22].

Zweifelhaft ist dagegen, ob die Rechtskenntnis zu einer höheren Akzeptanz der einzelnen Vorschriften oder der Rechtsordnung im ganzen und zu einem stärkeren Rechtsgehorsam beitragen; gewisse Forschungsergebnisse deuten im Gegenteil darauf hin, dass Autoritäts- und Rechtsgläubigkeit bei niedrigem Wissensstand am stärksten sind, während mit wachsender Kenntnis auch die Kritik am geltenden Recht zunimmt[23]. Manche Menschen nehmen die geltende Ordnung als von Gott oder von der Natur gegeben hin. Andere begnügen sich damit, dass sie ihren allgemeinen Wertvorstellungen genügt, ohne nach Einzelregelungen zu fragen, und reflektieren auch nicht, dass die kollektiven Wertvorstellungen wesentlich vom geltenden Recht mit geformt werden. Auch die Vorteile, in deren Genuss viele Menschen aufgrund sozialstaatlicher Leistungsgesetze kommen, verstärken den Glauben an die generelle Legitimität des geltenden Rechts[24].

---

[21] So bejahten in Österreich 77% der Selbständigen und Freiberufler, 72% der Angestellten, aber nur 64% der Beamten und 62% der Arbeiter die Frage, ob sie sich bei Rechtsfragen gut oder wenigstens teilweise selbst helfen könnten *(Pichler/Giese* aaO Tabellenband 435).

[22] *Pichler/Giese* aaO 317.

[23] In Österreich äußerten 78% der Befragten die Überzeugung, gesetzeskundige Leute nützten Lücken im Gesetz zu ihrem Vorteil aus. Nur 12% glauben, dass Gesetzeskundige gesetzestreuer handeln als Durchschnittsbürger *(Pichler/Giese* aaO Tabellenband 403). Vgl. ferner die US-amerikanische Untersuchung von *Sarat,* Support for the Legal System: An Analysis of Knowledge, Attitudes and Bahaviour, 3 Am. Politics Quarterly (1975), 3, der resumiert: „So long as people have an idealised and unrealistic conception of the way the legal system operates, a conception conveyed by the mass media and other popular sources, support for it is likely to remain at least relatively widespread; where this conception is tempered by information ..., support, at least as reflected in feelings of satisfaction, is likely to erode" (20f.).

[24] Vgl. *Cotterrell,* Sociology of Law, 171ff.

Unter solchen Umständen muss einstweilen offen bleiben, ob es im Hinblick auf die Integration der Gesellschaft, ihre soziale Steuerung und die Erhaltung des inneren Friedens wünschenswert ist, für eine Verbesserung der allgemeinen Rechtskenntnisse einzutreten. Doch selbst wenn die Frage zu verneinen sein sollte, wäre eine Politik, die darauf gerichtet ist, die Menschen über das Recht in Unkenntnis zu lassen, mit der Menschenwürde und der Demokratie nicht vereinbar.

III. Anerkennung und Legitimität des positiven Rechts

Schrifttum: *de Bakker*, Der (beinahe) weiße Fleck in der Legitimitätsforschung: Über Akzeptanz, verborgenes Unbehangen und Zynismus, ZfRSoz 2003, 219; *Frommel, Monika/Gessner, Volkmar* (Hrsg.), Normerosion, 1996; *Hof, Hagen*, Ethologie, 1996; *Hof, Hagen/Kummer/Weingart* (Hrsg.), Recht und Verhalten, 1994; *Lucke, Doris*, Akzeptanz, Legitimität in der „Abstimmungsgesellschaft", 1995; *dies.*, Legitimation durch Akzeptanz, ZfRSoz 1996, 221; *Pichler, Johannes/Giese, Karim*, Rechtsakzeptanz, 1993; *Pichler, Johannes* (Hrsg.), Rechtsakzeptanz und Handlungsorientierung, 1998; *Popitz, Heinrich*, Über die Präventivwirkung des Nichtwissens, 1968; *Raiser, Thomas*, Rechtsgefühl, Rechtsbewusstsein, Rechtskenntnis, Rechtsakzeptanz, in: *Pichler, Johannes* (Hrsg.), Rechtsakzeptanz und Handlungsorientierung, 109; *Tyler, Tom*, Why People Obey the Law, 1990; *Vollmer, Hendrik*, Akzeptanzbeschaffung, Verfahren und Verhandlungen, Zeitschrift für Soziologie 1996, 147.

1. Voraussetzungen der Akzeptanz

Kenntnis heißt nicht Zustimmung. Über welche Rechtskenntnisse die Menschen verfügen, interessiert nicht um ihrer selbst willen. Die wissenschaftlich und rechtspolitisch wichtige Frage lautet vielmehr, unter welchen Voraussetzungen die Menschen das Recht als legitim und für sich verbindlich *akzeptieren*. Soweit sie dies tun, besteht die begründete Hoffnung, dass sie sich auch tatsächlich rechtstreu verhalten und dass eine Harmonie zwischen der normativen Ordnung und dem Lebensprozess einer Gesellschaft entsteht oder aufrechterhalten bleibt. Zwar verlangt das Recht Gehorsam auch für Vorschriften, die nicht als legitim betrachtet werden, und setzt sie gegenüber abweichendem Verhalten nötigenfalls mit Hilfe der staatlichen Zwangsmittel durch. Der soziale Friede ist aber nur dann gesichert, wenn die Bevölkerung wenigstens im großen und ganzen bereit ist, die Verbindlichkeit des positiven Rechts zu akzeptieren. Das gilt ganz besonders. in einer Zeit des raschen gesellschaftlichen Wandels, in welcher die Gesetze als Mittel zur Sozialsteuerung und Anpassung an immer neue Anforderungen benützt werden, das Recht sich also ständig ändert und von den Bürgern entsprechende Änderungen ihres Verhaltens verlangt oder ihnen neue Lasten auferlegt.

Bei näherem Zusehen bezeichnet der Begriff Akzeptanz einen außerordentlich *komplexen Tatbestand*, der einer genaueren Untersuchung bedarf, zumal wenn er als Grundlage empirischer Forschungen dienen soll[25]. Auch stellt sich die Frage, welches Mindestmaß an Akzeptanz erforderlich ist, um den Zusammenhalt und den inneren Frieden der Gesellschaft zu erhalten. Die Anerkennung kann sich auf eine einzelne Vorschrift oder ein bestimmtes Urteil, ein Gesetz, ein Rechtsinstitut (zum Beispiel Pflegeversicherung), eine Behörde, ein Gericht oder eine rechtliche Institution (zum Beispiel Sozialgerichtsbarkeit), bestimmte grundlegende Verfassungsprinzipien (verfassungsrechtlicher Eigentumsschutz, Koalitionsfreiheit, Rechtsstaat, Sozialstaat) oder auf die rechtliche und politische Ordnung eines Staats im Ganzen beziehen. Im letzteren Fall spricht die Rechtssoziologie auch von einem *allgemeinen Systemvertrauen*[26]. Dasselbe meint *Max Weber*, wenn er schreibt, legitime Geltung könne einer Ordnung von den Handelnden kraft positiver Satzung zugeschrieben werden, an deren Legalität geglaubt wird[27]. Die Stärke, Breite und Tiefe dieses Vertrauens auf das Recht ist einer der wichtigsten Pfeiler für die Stabilität der sozialen Ordnung.

Zunächst meint Akzeptanz die innere Zustimmung einzelner Personen. Solange sich die Zustimmung nicht in einer Äußerung gegenüber anderen Personen oder doch wenigstens in schlüssigem Verhalten manifestiert, bleibt sie allerdings sozial wertlos und auch der wissenschaftlichen Beobachtung nicht zugänglich. Auch geäußerte Zustimmung ist jedoch regelmäßig situationsbezogen[28] und kann daher nicht ohne weiteres als dauerhaft angesehen werden, da jeder seine Meinung jederzeit wieder ändern kann. Die Zustimmung kann ferner undeutlich, nur partiell oder mit Einschränkungen und Vorbehalten versehen sein.

Die mit solchen Unsicherheiten und Schwankungen verknüpften Schwierigkeiten potenzieren sich, wenn auf die *Gesamtheit der zu einer Gesellschaft gehörenden Personen* abgestellt wird, worauf es beim Recht ankommt. Auch insofern stellt die Akzeptanz einer Norm oder einer Ordnung also eine instabile Größe dar, welche sich im sozialen Lebensprozess ständig verändert. In einer offenen Gesellschaft kann es keine einheitliche, gleichmäßig ausgeprägte und dauerhafte Anerkennung geben. Vielmehr ist mit starken Unterschieden nach einzelnen Vorschriften und Rechtsgebieten sowie nach Personen und gesellschaftlichen Gruppierungen zu rechnen. Ein und dieselbe Person oder Gruppe kann bestimmte Vorschriften billigen, andere missbilligen oder

---

[25] Vgl. zum Folgenden namentlich *Lucke* (Schrifttumsverz.), 31 ff.; *dies.*, ZfRSoz 1996, 221.
[26] *Luhmann*, Rechtssoziologie, 254, 281; *ders.*, Das Recht der Gesellschaft, 131 f.; *ders.*, Vertrauen, 3. Aufl. 1989. Vgl. zur Bedeutung des Vertrauens im Recht auch die zahlreichen Abhandlungen in dem Sammelband *Hof/Kummer/Weingart* (Schrifttumsverz.).
[27] *Weber*, Wirtschaft und Gesellschaft, 19.
[28] *Lucke* 1995, 109 ff.; *Blankenburg*, Situatives Rechtsbewusstsein in: *Pichler* (Hrsg.) Rechtsakzeptanz, 133.

sich ihnen gegenüber neutral äußern; mehrere Personen oder Gruppen können dieselbe Vorschrift aus unterschiedlichen Gründen annehmen oder ablehnen. Infolge einer Veränderung politischer Umstände ist, besonders. unter dem Einfluss der Medien und der öffentlichen Meinung, mit großen und auch abrupten Schwankungen zu rechnen.

Dagegen besteht kein unmittelbarer Zusammenhang zwischen Rechtskenntnis und Akzeptanz. Auch bei niedrigem Kenntnisstand und sehr vagen oder sogar falschen Vorstellungen über das Recht ist ein diffuses Wohlgefühl oder Unbehagen mit den rechtlichen Verhältnissen möglich, das sich als mehr oder minder ausgeprägte Zustimmung artikuliert. Auf der anderen Seite garantieren verbesserte Rechtskenntnisse, wie bereits angedeutet, keineswegs einen höheren Grad der Zustimmung, vielmehr können sie im Gegenteil auch Kritik und Ablehnung fördern. Unwissenheit und geringer Bildungsgrad erhöhen tendenziell eher die Bereitschaft zu blinder Anerkennung der bestehenden Ordnung[29]. Allerdings setzt bewusst rechtstreues Verhalten überall dort, wo dieses nicht bereits durch allgemein bekannte konventionelle Normen vorgeprägt ist, die Kenntnis der jeweils einschlägigen Normen voraus.

Empirisch kann die Akzeptanz durch Meinungsbefragungen zwar ermittelt werden, aber immer nur für einen Augenblick und um den Preis unvermeidlicher Verallgemeinerungen. Ein wichtiges Beispiel, wie solche Untersuchungen aussehen können, ist die österreichische Untersuchung von *Pichler/Giese*, deren Ergebnisse wegen der Ähnlichkeit der sozialen und wirtschaftlichen Verhältnisse in den beiden Ländern auch Hinweise auf die Lage in Deutschland geben können[30]. Hier konzentrierte sich das wissenschaftliche Interesse bisher auf das *Vertrauen der Menschen in die Rechtspflegeorgane*, wobei eine verbreitete Scheu zutage trat, Rechtsanwälte und Gerichte in Anspruch zunehmen, die allerdings in Gegensatz zu der besonders hohen Zahl der Gerichtsprozesse in Deutschland steht. Auch zeigten sich seit der deutschen Einigung bemerkenswerte Unterschiede der Rechtsakzeptanz zwischen den alten und den neuen Bundesländern[31].

In der Regel lohnen sich demoskopische Befragungen zu speziellen Gesetzen und Rechtsinstituten nur, wenn diese eine hohe symbolische Kraft aufweisen, besonders. umstritten sind oder wenn die Verteilung der Meinungen in der Bevölkerung die politische Willensbildung beeinflusst[32]. Im übrigen kommt es mehr darauf an, generell das Maß der *Zufriedenheit mit dem geltenden Recht* und des Vertrauens darauf zu erfassen. Dabei bietet sich an, zwischen

---

[29] *Popitz*, (Schrifttumsverz.).
[30] *Pichler/Giese*, Rechtsakzeptanz, 1993.
[31] Vgl. zu beidem die differenzierte Darstellung in der 3. Auflage, 352ff.
[32] In diesen Zusammenhang gehören zum Beispiel Befragungen zur Todesstrafe, zur Schwangerschaftsunterbrechung oder zur Behandlung von Ausländern und zum Asylproblem. Vgl. zu letzteren die Statistiken in *Noelle-Neumann/Köcher* (Hrsg.), Allensbacher Jahrbuch für Demoskopie 1984 – 1992, 520; zur Todesstrafe ebenda 607, zur Schwangerschaftsunterbrechung 127.

Instituten des materiellen Rechts, den rechtlichen Institutionen und den Rechtsverfahren zu differenzieren. Methodisch sind Skalen einzusetzen, in denen die Stärke der Zustimmung zu einer Frage oder ihrer Ablehnung abgestuft werden kann[33].

2. Vertrauen in das Rechtssystem

Besonders aufschlussreich sind internationale Vergleiche, wozu als Beispiel die statistische Auswertung von Antworten auf die Frage: „*Wie viel Vertrauen haben Sie in das Rechtssystem?*" in der folgenden Tabelle hier eingefügt werden soll[34]:

Vertrauen in das Rechtssystem (in Prozent)

	Frankreich		West-deutschland		Ost-deutschland	Kanada	USA
	1981	1990	1981	1990	1992	1990	1990
A great deal	8	7	17	13	6	10	12
Quite a lot	47	48	50	52	39	44	47
Not very much	33	31	29	31	47	39	34
None at all	9	11	4	4	8	7	7
Don't know	3	3	+	+	+	+	+

+ = weniger als 0,5%

Nimmt man die ersten beiden Zahlen in jeder Kolonne zusammen, so zeigt sich, dass das Vertrauen in das Recht in Westdeutschland (65%) am größten ist, aber auch in den anderen drei westlichen Demokratien über 50% liegt und allein in Ostdeutschland mit 45% darunter. Die Situation blieb in Frankreich und in Deutschland zwischen 1981 und 1990 stabil. Politisch ist die *Wechselhaftigkeit der Akzeptanz* ein Problem, denn alle maßgeblichen Entscheidungsträger sehen sich ständig vor die Überlegung gestellt, was sie tun können und müssen, um die Zustimmung zu ihren Entscheidungen in der Bevölkerung zu erreichen, aufrechtzuerhalten und zu erhöhen. Auch stellt sich die Frage, welches Mindestmaß an Akzeptanz erforderlich ist, um den Zusammenhalt und den inneren Frieden der Gesellschaft zu erhalten. In einer Zeit, in der nach verbreiteter Diagnose die allgemeine Bereitschaft zur Anerkennung der bestehenden Ordnung sinkt, liegt darin eine wichtige, aber auch brisante politische Aufgabe.

---

[33] Vgl. den Entwurf eines entsprechenden Fragebogens von *Blankenburg* in *Hof/Kummer/Weickert* aaO 95 und die Fragenkataloge von *Pichler/Giese* aaO und *Tyler* aaO 179.

[34] Quelle: *Noelle-Neumann* in Informationen des *Allensbacher Instituts für Demoskopie*, nach International Value Surveys 1981, 1990 und 1992.

Auch in den Sozialwissenschaften ist die Akzeptanzforschung aus diesen Gründen inzwischen von der Untersuchung eines jeweiligen Ist-Zustands und dessen Veränderungen im Zeitablauf zu den analytischen Fragen vorgedrungen, unter welchen Voraussetzungen die Bevölkerung das ihr auferlegte Recht akzeptiert und wie die Akzeptanz verbessert werden kann[35]. Dem sind wir schon früher nachgegangen (Abschnitt 14 IV).

Letztlich liegt der Grund dafür, dass eine Bestimmung anerkannt wird, in ihrer Überzeugungskraft, die auf ihrer Übereinstimmung mit den Interessen, vor allem aber mit dem Rechtsgefühl und dem Rechtsbewusstsein der Betroffenen beruht, ferner auf ihrer Zweckmäßigkeit oder auch nur auf der Einsicht in ihre Notwendigkeit. Die Rechtssoziologie spricht dann von der *Akzeptabilität*[36]. Eine Norm gilt als akzeptabel, wenn sie mit guten, für jedermann einsehbaren Gründen gerechtfertigt werden kann. Ist sie akzeptabel, kann mit einer gewissen Wahrscheinlichkeit erwartet werden, dass sie auch akzeptiert wird. Einen normativen Gehalt erlangt der Begriff der Akzeptabilität darüber hinaus, wenn mit ihm die Meinung verknüpft wird, dass die Akzeptanz einer akzeptablen Norm jedermann zugemutet und daher gefordert werden kann.

IV. Rechtsgehorsam

1. Gründe für Rechtsgehorsam

So wenig allein aus der Kenntnis einer Norm ihre Anerkennung als legitim und verbindlich folgt, so wenig kann aus der verbalen Anerkennung schon geschlossen werden, dass sie auch tatsächlich befolgt wird. Es kann viele Gründe dafür geben, dies nicht zu tun. Straftäter pflegen die Geltung der Strafgesetze nicht in Zweifel zu ziehen, gegen die sie verstoßen. Überzeugungstäter sind selten. In allen Rechtsgebieten ist die Versuchung groß, Vorschriften zu missachten oder zu umgehen, welche den eigenen Interessen zuwiderlaufen, als Beschränkung der persönlichen Freiheit empfunden werden oder einfach nur unbequem sind. Gesellschaftliche Gruppen mit eigenen ethnischen, religiösen oder kulturellen Traditionen oder mit auf eine Änderung der bestehenden Gesellschaft gerichteten politischen Zielen sowie kriminelle Organisationen bilden oft eigene, vom offiziellen Recht abweichende Verhaltensnormen aus, die sich in der Gruppe verfestigen und dann auch durchgesetzt werden.

---

[35] *Pichler*, Akzeptanz, Akzeptabilität und Akzeptanzförderung in *Pichler* aaO 1998, 23 sowie die zahlreichen weiteren Aufsätze in demselben Band.
[36] *Lucke*, 1995; *Weinberger*, Akzeptanz, Akzeptabilität und Diskurs, in: *Pichler* (Hrsg.) aaO 73.

Auf der anderen Seite gibt es auch einen Rechtsgehorsam gegenüber Vorschriften, die nicht gebilligt werden, weil man sie als ungerecht, unzweckmäßig oder politisch nicht erwünscht ansieht. Er gründet sich in diesem Fall auf die Überzeugung, dass ein geordnetes Sozialleben die Einhaltung der Gesetze verlangt, die auf rechtmäßige Weise zustande gekommen sind, und die Entscheidung darüber, ob man sich rechtstreu verhalten will, nicht jedem einzelnen überlassen werden kann.

Für die empirische Rechtssoziologie folgt daraus die Aufgabe, das Maß der Übereinstimmung zwischen vom Recht verlangtem und tatsächlichem Verhalten gesondert zu erforschen. Sie ist Gegenstand der Effektivitätsforschung, die dabei allerdings vor beträchtlichen methodischen Schwierigkeiten steht, weil sich die Fälle, in denen jemand rechtstreu handelt, nicht ohne weiteres abgrenzen und beziffern lassen[37]. Man greift deshalb zu Hilfsgrößen, indem man namentlich festzustellen sucht, wie viele Normübertretungen, bezogen auf eine bestimmte Einwohnerzahl und einen bestimmten Zeitraum, anfallen oder wie hoch der durch die Übertretungen hervorgerufene Schaden insgesamt ist. Rechtspolitisch liefert die so ermittelte „*Kriminalitätsbelastung*" wichtige Daten. Sie ist am besten erforscht im Bereich des Strafrechts, das insoweit auch den Zustand der Rechtskultur in einem Land kennzeichnet[38].

2. Selbstaussagen zur Gesetzestreue

Hinweise auf die vermutliche Rechtstreue der Menschen geben aber auch ihre eigenen Äußerungen dazu. Die österreichische Untersuchung[39] ist dem mit den Fragen nachgegangen: A) die Menschen haben dem Recht zu gehorchen, selbst dann, wenn sie denken, dass es eigentlich nicht richtig ist; B) Missachtung von Recht oder Rechtsbruch sind selten gerechtfertigt; C) ich persönlich versuche immer, dem Gesetz zu folgen, auch wenn ich denke, dass es falsch ist; D) wenn ich schon einmal gegen das Gesetz verstoße, dann nehme ich eine Strafe dafür in Kauf und akzeptiere sie als gerecht; E) wenn die Wahrscheinlichkeit sehr hoch ist, erwischt und bestraft zu werden, dann bin ich eher gesetzestreu, als wenn ich gute Chancen habe, nicht bestraft zu werden; F) Gesetze, deren Verletzung mit hohen Strafen bestraft wird, gehorche ich eher als Gesetzen, nach denen man nur geringfügig bestraft wird; G) ich versuche, mich in jedem Fall an die Gesetze zu halten, egal, ob die Wahrscheinlichkeit, erwischt zu werden, groß oder klein ist; H) wenn ein Gesetz im Widerspruch zum Gewissen steht, sollte man es nicht befolgen; I) Gehorsam und Respekt vor Autorität und Gesetz sind die wichtigsten Tugenden, die Kinder lernen sollten. Die Befragung brachte folgende Ergebnisse:

---

[37] Siehe schon Abschnitt 14 I 5.
[38] Zum Zusammenhang zwischen Normakzeptanz, Normhandhabung und Normbefolgung bei Geschwindigkeitsbeschränkungen im Straßenverkehr vgl. die interessante niederländische Studie, über die *Sagel-Grande* ZRP 1990, 26 berichtet.
[39] *Pichler/Giese* aaO Tabellenband 511, 538, 675.

Gesetzestreue in Österreich

	A	B	C	D	E	F	G	H	I
trifft voll und ganz zu	27%	40%	31%	52%	34%	28%	56%	28%	36%
trifft eher (teilweise) zu	40%	44%	40%	37%	34%	31%	34%	44%	34%
trifft eher nicht zu	21%	11%	22%	9%	17%	21%	8%	20%	18%
trifft überhaupt nicht zu	12%	3%	6%	2%	15%	19%	2%	7%	12%
weiß nicht	–	2%	1%	1%	1%	1%	–	2%	1%

Die Tabelle belegt ein hohes Maß an Gesetzestreue, selbst wenn man bedenkt, dass die Befragten die erwünschte Antwort erkannten und sich in gewissem Ausmaß in ein günstiges Licht setzen wollten. Man wird annehmen dürfen, dass die Ergebnisse in Deutschland nicht wesentlich anders ausgefallen wären. Wie sie in anderen Ländern lauten würden, muss hier offen bleiben.

20. Abschnitt

Das Sozialprofil der Juristen

Schrifttum: *Bryde, Brun Otto*, Juristensoziologie, in: *Dreier, Horst* (Hrsg.), Rechtssoziologie am Ende des 20. Jahrhunderts, 2000, 137; *Hoffmann-Riem*, Modernisierung von Recht und Justiz, 2001.

I. Die gesellschaftliche Stellung der Juristen

1. Die juristischen Berufe

Als mit der Pflege des Rechts in seinen zahlreichen Erscheinungsformen betrauten und dafür besonders ausgebildeten Spezialisten bilden die Juristen in allen entwickelten Gesellschaften einen wichtigen Berufsstand, der zentrale soziale Funktionen erfüllt. Er ist für die Auslegung und Anwendung des Rechts verantwortlich und hat entscheidenden Anteil an der Ordnung der politischen, wirtschaftlichen und gesellschaftlichen Lebensverhältnisse. Die Artikulierung des Rechts in Wort und Schrift und dessen Fortbildung unterhalb der Ebene der Gesetze liegen maßgeblich in seinen Händen. Auch auf die Gesetzgebung übt er gestaltenden Einfluss aus, denn die Vorbereitung neuer Regelungen und die Formulierung der Gesetzentwürfe wird Juristen überlassen, während die politischen Instanzen inhaltlich regelmäßig nur die Grundfragen entscheiden. Insgesamt sind die Juristen wie kein anderer Berufsstand an der staatlichen Herrschaft beteiligt[1]. Lässt man die kleineren Berufszweige – zum Beispiel Diplomaten, Wissenschaftler, Journalisten[2] – außer Betracht, so verteilen sich die Juristen auf die vier Hauptbereiche Justiz (Richter und Staatsanwälte), Anwaltschaft und Notariat, Verwaltung und Wirtschaft. Hinzukommt eine Mehrzahl Rechtskenntnisse fordernder, aber nicht im engeren Sinn juristischer Berufe – Personalchefs, Finanzberater, Versicherungssachbearbeiter, Vermögensverwalter, Makler – die häufig von Personen wahrgenommen werden, die eine juristische Ausbildung genossen haben.

---

[1] In diesem Zusammenhang ist an die Unterscheidung von *Ehrlich* zwischen gesellschaftlichem Recht, Juristenrecht und staatlichem Recht zu erinnern (vgl. Abschnitt 6 II 4), ferner an die zentrale Rolle, die *Max Weber* den Juristen im Prozess der Rationalisierung des Rechts beimisst (vgl. Abschnitt 7 II 4).

[2] Die Zahl der in Deutschland in Wissenschaft und Lehre tätigen Juristen schätze ich auf etwa 3 000. Zur ihrer soziologischen Erforschung vgl. *Klausa*, Deutsche und amerikanische Rechtslehrer. Wege zu einer Soziologie der Jurisprudenz, 1981.

In Deutschland gab es 2007 mehr als 250 000 voll ausgebildete und in einem rechtlichen Beruf erwerbstätige Juristen, die sich grob nach dem Schlüssel 10% Justiz, 50% Anwaltschaft, 25% Verwaltung und der Rest auf die Wirtschaft verteilten[3] Dabei ist allerdings zu beachten, dass auch zahlreiche Rechtsanwälte nicht freiberuflich und forensisch tätig, sondern als sog. Syndikusanwälte bei Wirtschaftsunternehmen oder -verbänden angestellt sind, die dort anfallenden Rechtsangelegenheiten bearbeiten und ein festes Gehalt beziehen.

Dem überragenden politischen Einfluss der Juristen entspricht ein hohes *Sozialprestige* des Berufsstands. Nach demoskopischen Befragungen liegen sie mit an der Spitze des Ansehens aller Berufsgruppen, überragt nur von Ärzten, Professoren und – in den alten Bundesländern – Geistlichen. Auch nach *Einkommen* und *wirtschaftlicher Lage* gehören die Juristen zu den Spitzenberufen

Im Einzelnen ergibt sich hier jedoch ein differenziertes Bild. Richter, Staatsanwälte, Verwaltungsjuristen und in der Regel auch Hochschullehrer sind in Deutschland regelmäßig Beamte, deren Gehälter in Besoldungsgesetzen generell festgelegt werden und sich mit denen beamteter Ärzte, Lehrer usw. vergleichen lassen, wobei die Juristen im Durchschnitt allerdings bessere Aufstiegschancen besitzen. Rechtsanwälte und Notare beziehen als freie Berufe kein festes Gehalt. Ihr Einkommen hängt vom Wert der von ihnen bearbeiteten Fälle ab und variiert daher sehr stark. Eine unbekannte Zahl von Anwälten ist nicht in der Lage, das zum Lebensunterhalt erforderliche Minimum zu verdienen und muss daher staatliche Hilfe in Anspruch nehmen. Vor allem junge Einzelanwälte tun sich schwer, einen hinreichenden Stamm von Mandanten aufzubauen[4]. Spitzenverdienste in der Anwaltschaft sind dagegen sehr hoch. Auch in der Wirtschaft ist die Spanne zwischen etwa einem Schadenssachbearbeiter in einem Versicherungsunternehmen und einem Vorstandsmitglied desselben Unternehmens oder einer Großbank außerordentlich groß.

2. Die Entwicklung der juristischen Berufe im Zeitablauf

In der Zeit seit 1965 ist in der Bundesrepublik die Zahl der Richter und Staatsanwälte um etwa 70%, die Zahl der Verwaltungsbeamten um schätzungsweise 150%, die Zahl der Rechtsanwälte um 600% angestiegen[5]. Der

---

[3] Die Zahlen beruhen bei Justizjuristen und Rechtsanwälten auf Angaben des Statistischen Jahrbuchs der Bundesrepublik, bei Verwaltungs- und Wirtschaftsjuristen auf Schätzungen. Sie sind deshalb selbst nur Schätzwerte. Die Zahl der Richter und Richterinnen betrug am 31.12. 2006 20.138, die Zahl der Staatsanwälte und Staatsanwältinnen 5.084, die Zahl der Rechtsanwälte und Rechtsanwältinnen 135.775 (Stat. Jahrbuch 2008 S. 266). Für 2009 wird die Anzahl der Rechtsanwälte und -anwältinnen bereits mit 150.375 angegeben (Festellung der Bundesrechtsanwaltskammer). Brauchbare Zahlenangaben zu Verwaltungsjuristen liegen nicht vor.
[4] Einzelheiten bei *Hommerich*, Anwaltschaft unter Expansionsdruck, Eine Analyse der Berufssituation junger Rechtsanwältinnen und Rechtsanwälte, 1988, 96f.
[5] Vgl. die Zahlenangaben in der 3. Auflage S. 364. Dabei ist allerdings das Hinzukommen der neuen Bundesländer zu berücksichtigen.

Sachverhalt lässt erkennen, dass die Zahl der Juristen in allen Sparten zugenommen hat. Er erklärt sich im wesentlichen aus dem immer dichter werdenden rechtlichen Netz, das sich über alle sozialen Lebensbereiche ausbreitet und den Bedarf an rechtskundiger Beratung und Konfliktbereinigung verstärkt. Trotz dieses erhöhten Bedarfs konnten sich die staats- und wirtschaftsgebundenen Berufe jedoch nicht ungebremst vermehren, sondern blieben von den finanziellen Schranken und von der Haushaltspolitik der öffentlichen Körperschaften und der Unternehmen abhängig. Bei den Wirtschaftsjuristen hinderte auch die wachsende Konkurrenz anderer Experten, namentlich von Betriebs- und Volkswirten, Steuerberatern und Wirtschaftsprüfern, eine ungebremste Expansion[6]. Der weit überproportionale Zuwachs der Rechtsanwälte spiegelt in diesem Licht nicht nur einen erhöhten Bedarf an Rechtsberatung wider, sondern auch eine Verlagerung der Funktionen: Auf die Anwälte sind Aufgaben der Rechtsgestaltung und der Streiterledigung übergegangen, die früher entweder von den Beteiligten selbst erledigt oder vor die Gerichte gebracht wurden[7]. Ein weiterer Faktor kommt hinzu: Der Zugang zur Anwaltschaft steht jedem offen, der das zweite juristische Staatsexamen bestanden hat. Daher drängt eine Überzahl vor allem junger Juristen in diesen Beruf, die beim Staat oder in der Wirtschaft nicht unterkommen.

In der früheren *Deutschen Demokratischen Republik* war die Lage ganz anders. Hier gab es 1989 insgesamt nur 1493 Richter, 1237 Staatsanwälte und 592 Rechtsanwälte[8]. Die Zahlen sind im Vergleich mit der alten Bundesrepublik extrem niedrig. Dass die Zahl der Staatsanwälte der Richter fast gleichkommt, ist ein Merkmal des totalitären Staats. Dieser setzte auch so genannte *Volksrichter* ein, die in kurzen Ausbildungsgängen geschult wurden, aber kein Universitätsstudium durchliefen. Die noch weniger als halb so hohe Zahl der Rechtsanwälte erklärt sich aus der „Demokratisierung" der Streitregelungsverfahren, die in zahlreichen Fällen Laien übertragen und daher auch ohne Anwälte durchgeführt wurden[9], ferner aus der untergeordneten Bedeutung des Rechts im sozialistischen Staat, dem Fehlen einer Rechtskontrolle der Verwaltung, der zentralistischen Steuerung der Wirtschaft und, was die Anwälte betrifft, aus der für totalitäre Staaten charakteristischen

---

[6] *Hartmann*, Juristen in der Wirtschaft, 1990.
[7] Vgl. *Wasilewski*, Streitverhütung durch Rechtsanwälte, 1990, 92, der festgestellt hat, dass Rechtsanwälte rund 70% aller Zivilrechtsfälle außergerichtlich erledigen.
[8] Quelle: DtZ 1990, 113. *F. Müller*, Gerichtsverfassungsrecht, in: *Heuer* (Hrsg.), Die Rechtsordnung der DDR, 1995, 242, 253, 263.
[9] Kleinere Fälle waren den sog. *gesellschaftlichen Gerichten* überlassen, die zuletzt etwa 300000 Mitglieder hatten. Dazu gehörten die *Konfliktkommissionen*, die jährlich etwa 50000 Arbeitsstreitigkeiten behandelten, und die *Schiedskommissionen* mit jährlich ca. 5000 Zivilsachen, 15000 kleineren Strafsachen und 6000 Verfehlungen, namentlich Beleidigungen (Angaben nach *F. Müller* aaO, 232).

Weigerung, einen von der Staatsgewalt unabhängigen Anwaltsstand anzuerkennen[10].

3. Internationaler Vergleich

Alle hoch entwickelten Industriestaaten westlichen Typs haben, so wird man vermuten, einen ähnlichen Bedarf an Juristen. Doch der Anschein trügt: internationale Vergleiche lehren, dass die Anzahl der Richter und Rechtsanwälte eines Landes ungeachtet seiner gesellschaftlichen und wirtschaftlichen Ordnung von kulturellen und politischen Besonderheiten abhängt und deshalb stark schwankt. In einer Vergleichsstatistik[11] finden sich für 1990 folgende Zahlen:

Richter, Rechtsanwälte und Gesamtzahl der Juristen im internationalen Vergleich[12]

Land	Richter	Rechtsanwälte	Gesamtzahl	Bevölkerungszahl
VR China	147283	50000	?	1,1 Mrd
Frankreich	4000	35560	62060	56 Mio
West-deutschland	17627	57652	135000	62 Mio
Japan	2823	14104	19019	123 Mio
England und Wales	833	61313	63896	50,5 Mio
USA	33000	449920	606105	250 Mio

Legt man diese Zahlen zugrunde, so beträgt die Dichte der Richter pro 100000 Personen in China 13,4, in Frankreich 7,15, in den alten deutschen

---

[10] Vgl. die Abhandlungen von *Lorenz* in: *Rottleuthner* (Hrsg.), Steuerung der Justiz in der DDR, 1994, 409; ferner *Heuer/Lieberam*, Rechtsverständnis in der DDR, *E Müller*, Gerichtsverfassungsrecht, *Bernet*, Verwaltungsrecht, und *Kellner*, Zivilprozessrecht, alle in: *Heuer* (Hrsg.), Die Rechtsordnung der DDR, 1995.

[11] *Rokumoto, Kahei*, (Hrsg.), The Social Role of the Legal Profession, Tokyo 1993, 293. Weitere Vergleiche finden sich bei *Galanter, News from Nowhere:* The Debased Debate on Civil Justice, Denver University Law Review 1993, 77; *Abel/Lewis* (Hrsg.), Lawyers in Society, Bd. 2, 1988, 44; *Markesinis*, Litigation Mania in England, Germany and the USA: Are we so Very Different?, Cambridge Law Journal 1990, 233; *Blankenburg*, Zur neueren Entwicklung der Justiz, DRiZ 1979, 200, basierend auf einer Analyse der Universität von Kalifornien in Los Angeles, 1977.

[12] Die angegebenen Zahlen sind nicht voll vergleichbar und daher mit Vorsicht zu verwenden. So sind z.B. für England und Wales bei der Zahl der Richter Magistrates Courts, Court Masters, Registrars und Recorders nicht berücksichtigt, die gleichfalls Streitfälle entscheiden und deren Gesamtzahl *Markesinis* aaO mit etwa 28000 angibt. Die Angaben für China sind nicht nachprüfbar. Bei genauem Zusehen sind die Schwierigkeiten sehr hoch, die nach unterschiedlichen Kriterien aufgestellten nationalen Statistiken vergleichbar machen. Vgl. dazu *Galanter* aaO, *Markesinis* aaO. Immerhin geben sie gewissen Proportionen wieder.

Bundesländern 28,4, in Japan 2,3, in England 1,5 und in den USA 13,2. Die Dichte der Rechtsanwälte ergibt pro 100000 Personen in China 4,5, in Frankreich 63,5, in Deutschland 93, in Japan 11,5, in England 121,4 und in den USA 180. In der früheren DDR belief sich die Dichte nach den unter 2 genannten Zahlen auf 8,7 und 3,5 pro 100000 Einwohner. Besonders aufschlussreich ist ein Vergleich zwischen der (alten) Bundesrepublik und den Niederlanden, weil beide Länder aneinander angrenzen, eine weitgehend übereinstimmende Geschichte, wirtschaftliche und gesellschaftliche Struktur und auch ein sehr ähnliches materielles Recht aufweisen. In den Niederlanden betrug die Dichte der Richter, bezogen auf 100000 Personen, im Jahr 1990 9,9, die Dichte der Anwälte 43[13].

Beziehen wir diese Zahlen auf Deutschland, so zeigt sich, dass dieses bei der Dichte der Richter bei weitem an der Spitze steht. Die Bundesrepublik leistet sich mehr als doppelt so viele Richter pro Einwohner als die USA, weit mehr als zehnmal so viele als Japan und fast zwanzigmal so viele wie England, wenn man dort nur die Richter im engeren Sinn zählt. Bei der Dichte der Rechtsanwälte wird Deutschland von den USA um 100 Prozent, von England um ein Drittel übertroffen, liegt jedoch wiederum weit über allen anderen Staaten. Die beobachteten Unterschiede lassen sich nicht auf eine Ursache zurückführen, sondern verlangen differenzierte Erklärungen, die eine Vielzahl von kulturellen, wirtschaftlichen, politischen und rechtssystemimmanenten Faktoren berücksichtigen[14]. In sozialistischen Staaten ist der maßgebliche Grund für die geringe Zahl der Juristen, wie bereits erwähnt, die Unterordnung des Rechts unter die Staatsgewalt und die Politik. In der überaus niedrigen Prozessrate in *Japan* macht sich auch heute noch eine fest in der nationalen Geschichte und Tradition verwurzelte Haltung bemerkbar, wonach Streitigkeiten durch Verhandlungen und Versöhnung mit Hilfe von Vermitt-

---

[13] *Blankenburg*, Die Infrastruktur der Prozessvermeidung in den Niederlanden, in: *Gottwald/Strempel*, Streitschlichtung, 1995, 139. Ähnliche Resultate erbringen vergleichende Prozessstatistiken; vgl. dazu die Graphik in der 3. Auflage S. 369; ferner *Wollschläger*, Exploring Global Landscapes of Litigation Rates, FS Blankenburg, 1998, 577; *ders.* auch schon: Die Arbeit der europäischen Zivilgerichte im historischen und internationalen Vergleich, in: *Blankenburg* (Hrsg.), Prozessflut? Studien zur Prozesstätigkeit europäischer Gerichte, 1989, 21, 104. Diese Abhandlung enthält auch bis in das 19. Jahrhundert zurückreichende Zeitreihen. Weiter zum Thema die in demselben Band enthaltenen Arbeiten von *Blegvad/Wulf* zu Dänemark, *Ietswaart* zu Frankreich, *van Loon /Langerwerf* zu Belgien und *Blankenburg/Verwoerd* zu den Niederlanden und zu Nordrhein-Westfalen; ferner die Abhandlungen von *Munger, Clark* und *Ietswaart* in 24 Law & Society Review 1990, 217, die auch andere Staaten einbeziehen, und die Fußnote 11 zitierten Arbeiten von *Markesinis* und *Blankenburg*.
[14] Vgl. zum Folgenden namentlich *Blankenburg* DRiZ 1979, 200; *ders.* ZfRSoz 1985, 6; *Blankenburg/Verwoerd* aaO; *Markesinis* aaO; *Galanter*, Reading the Landscape of Disputes, UCLA Law Review 31, 1983, 4ff., *Clark* aaO, *Ietswaart* aaO; *Kagan*, Do Lawyers Cause Adversarial Legalism? A Preliminary Inquiry, Law & Social Inquiry 19, 1994, 1.

lungsinstanzen beigelegt werden, während der Gang zum Gericht sozial verpönt ist. Im Hintergrund stehen das Harmoniebedürfnis und ein schwach ausgebildetes Rechtsbewusstsein der Japaner[15].

In den *Industriestaaten* des westlichen Kulturkreises werden vielfach Verschiedenheiten in der Mentalität der Menschen für den unterschiedlichen Bedarf an Richtern und Rechtsanwälten verantwortlich gemacht. Danach müssten Amerikaner und Deutsche besonders rechtsbewusst und streitsüchtig, Engländer hingegen besonders friedliebend sein. Selbst wenn daran etwas Richtiges sein sollte, was unbewiesen ist, dürften andere Umstände schwerer wiegen. Wie viel prozessiert wird, hängt wesentlich davon ab, wie leicht und kostengünstig der Zugang zu den Gerichten ist und welche Alternativen es zum staatlichen Gerichtsverfahren gibt. In *England* wird die Zahl der Richter traditionell bewusst sehr klein gehalten, ihre Entscheidungskapazität ist daher gering, die Kosten sind hoch und wirken prohibitiv. Daher haben sich neben den „offiziellen" Gerichten staatliche und halb staatliche Konfliktregelungsinstanzen etabliert, welche die Mehrzahl der Streitigkeiten kostengünstiger behandeln[16]. In den *Niederlanden* gibt es, wie *Blankenburg*[17] gezeigt hat, für alle massenhaft auftretenden Streitigkeiten des Verbraucherrechts Schiedsinstanzen, welche die Fälle von den staatlichen Gerichten fernhalten.

Wenn demgegenüber in *Deutschland* die Zahl der Richter und der Klagen vor den staatlichen Gerichten besonders hoch ist, so deshalb, weil der Zugang zu den Gerichten leicht ist und verhältnismäßig wenig kostet, und weil die Gerichte überzeugend arbeiten, so dass in der Regel kein Anlass besteht, sich nach einer Alternative umzusehen. Die geringere Zahl der von einem Richter entschiedenen Fälle erklärt sich zusätzlich aus der Struktur des deutschen Offizialprozesses, der dem Richter bei Vorbereitung und Durchführung jedes einzelnen Verfahrens und bei der Begründung des Urteils mehr Arbeit abverlangt als der adversatorische Prozess des angloamerikanischen Rechts. Es entspricht deutscher Mentalität und Tradition, die Streitregelung in erster Linie als Aufgabe des Staats zu begreifen. Verstärkt wird diese Tendenz noch durch die starke Betonung des Rechtsstaats im Gegensatz zur Willkür des nationalsozialistischen Staats. Man kann den Sachverhalt positiv oder negativ beurteilen: als Zeichen hoher Rechtskultur oder als Merkmal einer Bürokratisierung der Rechtspflege mit allen ihren Nachteilen und Schwerfälligkeiten.

---

[15] Vgl. die Erklärungen in *Chiba*, Asian Indigenous Law, 1986, 33S f; *Oki*, Schlichtung als Institution des Rechts, Rechtstheorie 16, 1985, 151ff., der diese Erklärungen in Frage stellt.

[16] *Markesinis* aaO.

[17] *Blankenburg*, aaO (Fußnote 14). Vgl. ferner *Simsa*, Die gerichtliche und außergerichtliche Regulierung von Verkehrsunfällen in Deutschland und in den Niederlanden, 1995.

II. Rechtsanwälte: Organ der Rechtspflege oder Dienstleistungsunternehmer

Schrifttum: *Busse, Felix,* Anwalt 2000, AnwBl 1994, 482; *Hartmann, Michael,* Reprofessionalisierung – eine wahrscheinliche Zukunft für die Anwaltschaft? ZfRSoz 1987, 285; *Hommerich, Christoph,* Die Anwaltschaft unter Expansionsdruck, 1988; *Kübler, Friedrich* (Hrsg.), Anwaltsberuf im Wandel, 1982; *Roethe, Thomas,* Strukturprinzipien professionalisierten anwaltlichen Handelns, 1994; *Rüschemeyer, Dietrich,* Juristen in Deutschland und in den USA, 1976; *Wein, Thomas,* Recht durch Rechtsanwälte? Eine ökonomische Analyse des Marktes für Rechtsanwaltsdienstleistungen, 1995; *Wettmann, Reinhart/Jungjohann, Knut,* Inanspruchnahme anwaltlicher Leistungen, 1989; *Winters, Karl-Peter,* Der Rechtsanwaltsmarkt, Chancen, Risiken und zukünftige Entwicklung, 1990.

Der Anstieg der Zahl der Rechtsanwälte in Deutschland auf über 150000, auf das Siebenfache der Zahl von 1965, erklärt sich, wie bereits ausgeführt[18], wesentlich daraus, dass die Anwaltschaft zum Auffangbecken für eine große Zahl in den Beruf drängender junger Juristen geworden ist, die in Justiz, Verwaltung und Wirtschaft wegen deren restriktiver Personalpolitik keine Anstellung finden. Da sich trotz dieser Expansion die Zahl der manifest Arbeitslosen unter den Anwälten nicht in gleichem Maß erhöht hat, kann davon ausgegangen werden, dass ihr Leistungsangebot vom Markt überwiegend aufgenommen wurde, der Bedarf an rechtlicher Beratung und Vertretung also in ähnlichen Dimensionen zugenommen hat. Doch ist die Entwicklung nicht ohne Auswirkungen auf die innere Verfassung des Berufstands geblieben. Die durch *Expansionsdruck* und *Modernisierungszwang*[19] bewirkten Änderungen[20] lassen sich schlagwortartig mit den Begriffen „*vom freien Beruf und Rechtspflegeorgan zum Dienstleistungsgewerbe*" kennzeichnen. Einen vergleichbaren Wandel hat die Anwaltschaft schon früher in England und in den USA durchgemacht, was heftige Debatten über Charakter und Sinn der Veränderungen verursacht hat[21].

---

[18] Siehe oben I 2.
[19] Diese Begriffe verwendet *Hommerich,* Die Anwaltschaft unter Expansionsdruck, 1988.
[20] *Paul,* Anwaltsberuf im Wandel – Rechtspflegeorgan oder Dienstleistungsgewerbe? in *Kübler* (Hrsg.), Anwaltsberuf im Wandel, 11; *Kötz,* Anwaltsberuf im Wandel, Rechtsvergleichender Generalbericht, ebenda 79; *Hommerich* aaO; *Winters,* Der Rechtsanwaltsmarkt.
[21] Vgl. statt aller: *Abel, R., The Transformation of the American Legal Profession,* Law & Society Rev 20, 1986, 7; *Curran B.A.,* American Lawyers in the 1980s: A Profession in Transition, Law & Society Rev 20, 1986, 19; *Galanter, M./Palay, T,* Tournament of Lawyers. The Transformation of the Big Law Firm, 1991; *Heinz, J.P./Laumann, F. O.,* Chicago Lawyers, 1982; *Lewis, Philip,* A Comparative Perspective on Legal Professions in the 1980s, Law & Society Rev 20, 1986, 79; *Nelson, R.L.,* Partners with Power: The Social Transformation of the Large Law Firm, 1988; *Rüschemeyer, Dietrich,* Lawyers and their Society, 1973, deutsch: Juristen in Deutschland und in den USA, 1976; *Abel, Richard/*

Das *traditionelle Berufsbild* der Anwaltschaft geht davon aus, dass Rechtsanwälte – wie auch Ärzte – gesellschaftlich besonders wichtige Dienstleistungen für ihre Kunden erbringen, welche Spezialkenntnisse auf hohem Niveau verlangen, die nur aufgrund einer kostspieligen wissenschaftlichen Ausbildung erlangt werden können. Ihre Hauptaufgabe ist die Vertretung der Mandanten vor Gericht, wofür eine Spezialisierung auf bestimmte Rechtsbereiche nicht erforderlich ist. Die Erfüllung ihres Auftrags erfordert Engagement für die Verwirklichung des Rechts und zugleich uneigennützigen Einsatz für die Interessen des Mandanten. Beides wird durch einen weitgehenden Verzicht auf staatliche Aufsicht zugunsten ständischer Selbstkontrolle und durch eine in Standesregeln niedergelegte besondere Berufsmoral gesichert. Die Entgelte sind nicht nach Angebot und Nachfrage ausgehandelte Vergütungen für die erbrachten Leistungen, sondern Honorare, die den Anwalt bei der Ausübung seiner Tätigkeit von wirtschaftlichen Erwägungen freistellen. Sie sollen gewährleisten, dass jeder Mandant ohne Rücksicht auf seinen Geldbeutel gleichwertigen Rechtsrat erhält. Aus diesem Grund wird der Berufsstand durch ein gesetzliches Rechtsberatungsmonopol gegen Konkurrenz von außen und durch ein Werbeverbot gegen Konkurrenz von innen geschützt.

Dieses Berufsbild, das zugleich die innere Homogenität der Anwaltschaft gewährleistet, wurde durch die Entwicklung ausgehöhlt und tief greifend verändert[22]. Die zunehmende Komplexität des Rechts und der Lebensverhältnisse nötigen die Anwälte zu einer Spezialisierung auf bestimmte Bereiche, welche unvermeidlich auch auf eine Differenzierung nach dem sozialen Milieu der Berufsausübung und Klientel sowie nach Einkommenschancen hinausläuft. Neben die Berufsausübung als Prozessvertreter treten die rechtliche Beratung der Mandanten, die Formulierung von Verträgen zur Vermeidung von Konflikten und die außergerichtliche Streitregelung, die immer größeres Gewicht erhalten. In wachsendem Maße werden komplexe Beratungen verlangt, die neben rechtlichen auch wirtschaftliche, bilanzrechtliche und steuerliche Kenntnisse erfordern. Große, namentlich überörtliche, Sozietäten können darauf mit Wachstum und Spezialisierung ihrer Mitglieder reagieren und sich mit Vertretern anderer Berufsgruppen zusammenschließen, Einzelanwälte müssen sich mit enger werdenden Tätigkeitsbereichen begnügen. Für alle ist die Konkurrenz nicht nur der Berufskollegen, sondern auch von Wirtschaftsprüfern, Finanzfachleuten und Steuerberatern härter geworden. Das gesetzliche Rechtsberatungsmonopol wurde stark eingeschränkt. Die Entwicklung erhöht auch den Druck, aus den Fesseln der Standesmoral auszubrechen, insbesondere individuelle Vergütungsabsprachen zu treffen, die dem Gesetz von Angebot und Nachfrage folgen. Das Verhältnis zwischen Anwalt und seinen Klienten verändert sich auch deshalb, weil diese häufig

---

Lewis, Philip (Hrsg.), Lawyers in Society, 3 Bde, 1988/89. Eine gute Übersicht über die US-amerikanischen Forschungen gibt *Hommerich* aaO.
[22] Vgl. zum folgenden *Hommerich* aaO 13ff.; *Busse* AnwBl 1994, 482; ferner *Wettmann/Jungjohan* aaO.

20. Abschnitt: Das Sozialprofil der Juristen

nicht mehr nur einen Betreuer suchen, dem sie sich blind anvertrauen, sondern einen sachkundigen Interessenvertreter, dessen Dienstleistungen sie – gegebenenfalls mit Hilfe konkurrierender Anwälte – kritisch überprüfen, bis hin zu einer wachsenden Zahl von Haftungsprozessen. In der modernen Gesellschaft muss auch ein Anwalt seine Dienste vermarkten: über seine Schwerpunkte informieren, Werbung treiben, den Kunden in seinem Bereich aufsuchen und auf seine Wünsche eingehen. Vor allem muss er aus dem traditionellen Image heraustreten, das die Rechtsanwälte als „Organe der Rechtspflege" in die Nähe der Gerichte rückt und mit deren Distanz heischender Aura umgibt.

Der Wandel der äußeren Bedingungen hat auch in Deutschland inzwischen zu tief greifenden Änderungen des Berufsrechts und der Standesregeln der Anwaltschaft durch Gesetzgeber und Rechtsprechung geführt. Deren wichtigste sind die Zulassung von Fachanwälten[23] und von Kooperationen mit Steuerberatern und Wirtschaftsprüfern[24], die Einführung der Partnerschaftsgesellschaft als einer neuen, den Bedürfnissen der freien Berufe besser als die Gesellschaft bürgerlichen Rechts gerecht werdenden Gesellschaftsform sowie der Anwalts-GmbH[25] und, nicht zuletzt, die Öffnung der Gebührenordnungen für Honorarvereinbarungen[26]. Wohin die Entwicklung weiter treibt und ob es auf Dauer gelingt, den Zusammenhalt des Berufstands zu wahren, ist schwer vorherzusehen. Schon heute sind aber seine inneren Differenzierungen und Spannungen unverkennbar.

---

[23] § 43c Bundesrechtsanwaltsordnung (BRAO).
[24] § 59a BRAO.
[25] Gesetz über Partnerschaftsgesellschaften vom 25. Juli 1994, §§ 59cff. BRAO.
[26] § 4 Rechtsanwaltsvergütungsgesetz (RVG).

21. Abschnitt

Evolution des Rechts

I. Evolutionäre Rechtstheorien

Bisher haben wir die begrifflichen und theoretischen Grundlagen der allgemeinen Rechtssoziologie erarbeitet, welche die geschichtliche Entwicklung von Gesellschaft und Recht zwar nicht verleugnet, historische Fakten und Prozesse aber doch eher als Anschauungsmaterial für eine als zeitloses Instrument soziologischer Forschung verstandene Konzeption benützt. Dieses entspricht dem ursprünglichen Ziel der Soziologie, insofern sie nach dem Vorbild der Physik allgemeine Gesetzmäßigkeiten auch im sozialen Leben aufzudecken suchte[1]. Daneben hat sich aber, spätestens seit *Darwin* in der Biologie die Evolution alles Lebens entdeckt hat, die Erfahrung des zeitlichen Wandels und der Geschichtlichkeit auch der sozialen Institutionen nicht mehr verdrängen lassen. Heute ist es auch in den Gesellschaftswissenschaften selbstverständlich, die soziale Ordnung und mit ihr das geltende Recht als das Produkt einer langen historischen Entwicklung zu sehen. Wie dieser Entwicklungsprozess vor sich geht, ob er einem Ziel zustrebt oder doch eine Richtung aufweist, etwa im Sinn eines Fortschritts der Zivilisation, ist eine Frage, welche Philosophen und Sozialwissenschaftler schon immer fasziniert hat. Auch die großen Klassiker der Rechtssoziologie haben nicht darauf verzichtet, Evolutionstheorien des Rechts aufzustellen.

Erinnern wir uns an *Marx'* und *Engels'* Lehre von der künftigen klassenlosen Gesellschaft, an *Durkheims* Theorie des Übergangs vom repressiven zum restitutiven Recht, an *Maines* These „from status to contract", an *Webers* Vorstellung einer fortschreitenden Rationalisierung des Rechts, an *Luhmanns* Rechtssoziologie, welche die Positivität des modernen Rechts in den Mittelpunkt ihrer Analyse stellt, an *Schelskys* Appell, dem Vordringen der intermediären Gewalten durch eine rechtliche Stärkung der Integrität und Autonomie der Person zu begegnen[2]. Alle diese Theorien enthalten Aussagen über eine historische Evolution des Rechts und über den Charakter der daraus hervorgegangenen gegenwärtigen Rechtskultur. Auf ihre Darstellung

---

[1] Siehe Abschnitt I 1.
[2] Vgl. zu *Marx* und *Engels* Abschnitt 4 II 3, zu *Durkheim* Abschnitt 5 II 4, zu *Maine* Abschnitt 3 I 2, zu *Weber* Abschnitt 7 II 4, zu *Luhmann* Abschnitt 9 II 3, zu *Schelsky* Abschnitt 10 II 4, 5.

und kritische Würdigung im zweiten Teil des Buches kann hier verwiesen werden.

Nur die drei in der Gegenwart am meisten diskutierten Lehren einer Evolution der Rechtskultur sollen an dieser Stelle noch einmal aufgegriffen werden: die Theorien der fortschreitenden *Verrechtlichung der Gesellschaft*, der *Positivität des modernen Rechts* und der *Rationalität des modernen Rechts*. Dabei teilen wir die Erfahrung, dass sich langfristige Entwicklungsprozesse auch in der Zukunft zunächst fortsetzen werden und insoweit gewisse Wahrscheinlichkeitsaussagen gerechtfertigt sind, lassen aber die Frage offen, ob es historische Gesetzmäßigkeiten gibt[3].

II. Verrechtlichung der Gesellschaft

Schrifttum: *Bock, M.*, Die Eigendynamik der Verrechtlichung in der modernen Gesellschaft, in: *Lampe* (Hrsg.), Zur Entwicklung von Rechtsbewusstsein, 1997, 403; *Ellscheid, Günther;* Verrechtlichung und Entsolidarisierung, in: *Gessner, Volkmar/ Hassemer, Winfried* (Hrsg.), Gegenkultur und Recht, 1985, 21; *Funk, Albrecht/ Haupt, Hans Gerhard/Narr, Wolf-Dieter/Werkentin, Frank*, Verrechtlichung und Verdrängung, 1984; *Habermas, Jürgen*, Theorie des kommunikativen Handelns Bd. 2, 1981, 522 ff.; *Kübler, Friedrich* (Hrsg.), Verrechtlichung von Wirtschaft, Arbeit und sozialer Sicherheit, 1984; *Merten, Dieter/ Kirchhof, Paul*, Quantitative Analyse der zentralen Rechtsnormen des Bundes und Bayerns, 1983; *Müller, Wolfgang*, Empirisches zum Stichwort Gesetzesflut, in: *Kindermann, Harald* (Hrsg.), Theorie der Gesetzgebung, 1982, 34; *Rottleuthner; Hubert*, Aspekte der Rechtsentwicklung in Deutschland. Ein soziologischer Vergleich deutscher Rechtskulturen, ZfRSoz 1985, 206; *Simitis, Spiros*, Zur Verrechtlichung der Arbeitsbeziehungen, in: *Kübler* aaO, 73; *Teubner, Gunther;* Verrechtlichung – Begriffe, Merkmale, Grenzen, Auswege, in: *Kübler* aaO, 289; *ders.* (Hrsg.), Juridification of Social Spheres, 1987; *Vogel, Hans-Jochen*, Zur Diskussion um den Normenflut, JZ 1979, 321; *Voigt, Rüdiger* (Hrsg.), Verrechtlichung. Analysen zur Funktion und Wirkung von Parlamentarisierung, Bürokratisierung und Justizialisierung sozialer, politischer und ökonomischer Prozesse, 1980; *ders.* (Hrsg.), Abschied vom Recht?, 1982; *ders.* (Hrsg.), Gegentendenzen zur Verrechtlichung, 1983; *ders.* (Hrsg.), Recht als Instrument der Politik, 1986; *Zacher, Hans F.*, Verrechtlichung im Bereich des Sozialrechts, in: *Kübler* aaO 11.

1. Das Problem

Klagen über die Gesetzes- und Prozessflut, über das Gesetzesdickicht und über die Überwucherung aller gesellschaftlichen, ökonomischen und politischen Beziehungen durch das Recht, kurz und im Bürokratendeutsch: über die *Verrechtlichung der Lebensverhältnisse* sind seit den 1970er Jahren zu ei-

---

[3] Als einen weiteren evolutionären Entwicklungsschritt sehen viele die *Globalisierung des Rechts* an, das heißt die wachsende Lösung von nationalstaatlicher Begrenzung durch die Ausbildung internationalen und transnationalen Rechts. Vgl. dazu Abschn. 18.

nem laut und vorwurfsvoll klingenden Chor angeschwollen. Man beschwert sich über die wachsende Undurchsichtigkeit rechtlicher Vorschriften, über Freiheitsverlust und Einengung des Spielraums zu individueller Lebensgestaltung, Verlust spontaner Verhaltensweisen und Behinderung sozialer und wirtschaftlicher Initiativen durch das Recht. Politiker fordern Eindämmung der Normenflut, Abbau von Bürokratie und Privatisierung wichtiger Regelungsfelder. Das Phänomen ist keineswegs auf Deutschland beschränkt, sondern weit verbreitet. Besonders in den Vereinigten Staaten klagt man nicht weniger laut über „legal explosion", „legal pollution" und „regulatory crisis"[4]. In der Wissenschaft hat *Jürgen Habermas* das maßgebliche Stichwort geprägt, indem er von der „*Kolonialisierung der Lebenswelt durch das Recht*" spricht. *Habermas* beurteilt diesen Vorgang durchaus ambivalent, weil er zugleich Freiheit entzieht und Freiheit verbürgt, Mittel der Gesellschaftssteuerung zum Vorteil aller ist, aber um den Preis der Unterwerfung unter die systemimmanenten Zwänge und der Zerstörung gewachsener und noch gesunder Sozialstrukturen[5].

Hintergrund der Verrechtlichungsdebatte ist die Behauptung einer ständigen Vermehrung rechtlicher Vorschriften und ihrer Ausdehnung auf bisher nicht geregelte Lebensbereiche, verbunden mit einer gleichfalls wachsenden Dichte des Rechts, einer Bürokratisierung organisatorischer Abläufe und einem Anschwellen gerichtlicher Klagen und Urteile.

2. Die quantitative Entwicklung von Gesetzgebung und Rechtsprechung in Deutschland

Derartige Erfahrungen dürfen in der Wissenschaft nicht einfach als evident vorausgesetzt werden, sondern bedürfen vor aller Würdigung der empirischen Überprüfung. Es ist das Verdienst von *Rottleuthner*, die quantitative Entwicklung der Gesetzgebung und der Judikatur in Deutschland seit 1871 genauer untersucht zu haben[6]. Er präsentiert seine Ergebnisse in folgenden Diagrammen.

---

[4] Nachweise bei *Teubner*, Verrechtlichung aaO, 292.
[5] *Habermas*, Theorie des kommunikativen Handelns, Bd. 2, 522, 530ff., 539.
[6] *Rottleuthner*, Aspekte der Rechtsentwicklung in Deutschland, ZfRSoz 1985, 206.

Anzahl der Rechtsvorschriften und Umfang der Gesetzblätter in Deutschland 1871–1983:[7]

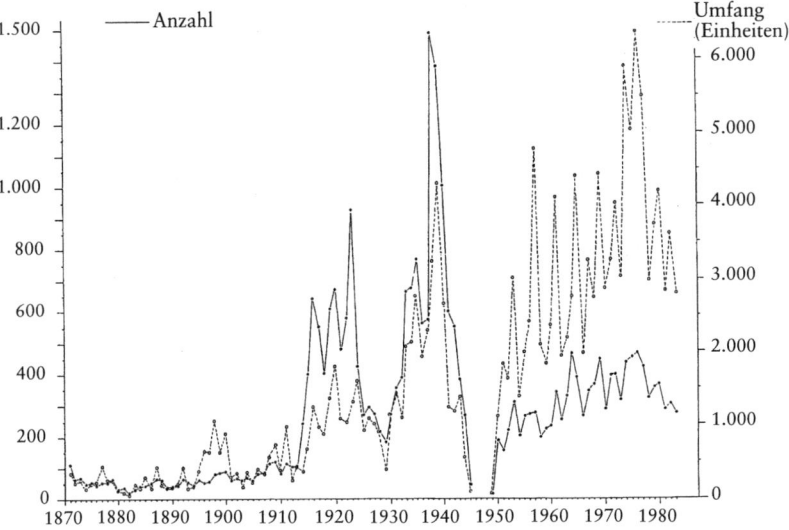

Im Kaiserreich lässt sich, wie aus dem Diagramm hervorgeht, ein langsamer Anstieg der Zahl der Rechtsvorschriften beobachten[8]. Beim Umfang zeigen sich Spitzen in den Jahren 1898, 1900 sowie 1911, die den Erlass des BGB, der dazu gehörenden Gesetzesänderungen und Nebengesetze sowie der Reichsversicherungsordnung widerspiegeln. Im ersten Weltkrieg und in der Weimarer Zeit herrschte, bei starken Schwankungen in den einzelnen Jahren, eine wahre Gesetzesflut, die erst gegen Ende der zwanziger Jahre abebbte, um dann bis zum Beginn des zweiten Weltkriegs wieder hochzuschnellen. Der Höchststand wurde bei der Anzahl der Vorschriften 1938, beim Umfang 1939 erreicht. Im Krieg sank die Gesetzesproduktion bis auf ein Minimum im Jahr 1945 ab.

In der Bundesrepublik fällt vor allem die Periodik von vier Jahren auf: jeweils am Ende einer Legislaturperiode ist der Ausstoß am höchsten. Insgesamt steigt das Niveau bis 1976 langsam an, bleibt aber, an der Zahl der Vorschriften gemessen, durchweg weit unter dem Höchststand der vorausgegangenen Perioden. Dagegen liegt der Umfang im ganzen deutlich höher und erreicht 1976 die höchste Marke. Es traten demnach vergleichsweise wenige, aber lange und detaillierte Vorschriften in Kraft. Seit 1976 waren Anzahl und Umfang bis 1983 rückläufig. Ob dieser Rückgang seit-

---

[7] *Rottleuthner* aaO 214 (ohne internationale Verträge, ab 1949 Bundesrepublik Deutschland).
[8] Vgl. zum folgenden *Rottleuthner* aaO 213 ff.

dem angehalten hat, ist systematisch nicht untersucht. Seit 1989 hat die deutsche Einigung zahlreiche Sonderregelungen notwendig gemacht, die aber nicht als Ausdruck eines langfristigen Trends interpretiert werden dürfen. Jedoch legt eine ungewöhnlich große Zahl neuer Gesetze die Vermutung nahe, dass die Kurve spätestens seit 1994 wieder ansteigt. In der langfristigen Entwicklung zeigt sich eine steigende Tendenz, die allerdings durch die Gesetzesflut während der beiden Weltkriege relativiert wurde.

Im zweiten Teil seiner Studie untersucht *Rottleuthner* den *Geschäftsanfall bei den Zivil- und Arbeitsgerichten.* Er fand folgende Kurven:

Zahl der Eingänge in Zivilsachen (1. Instanz) und Mahnverfahren (in Millionen)[9]:

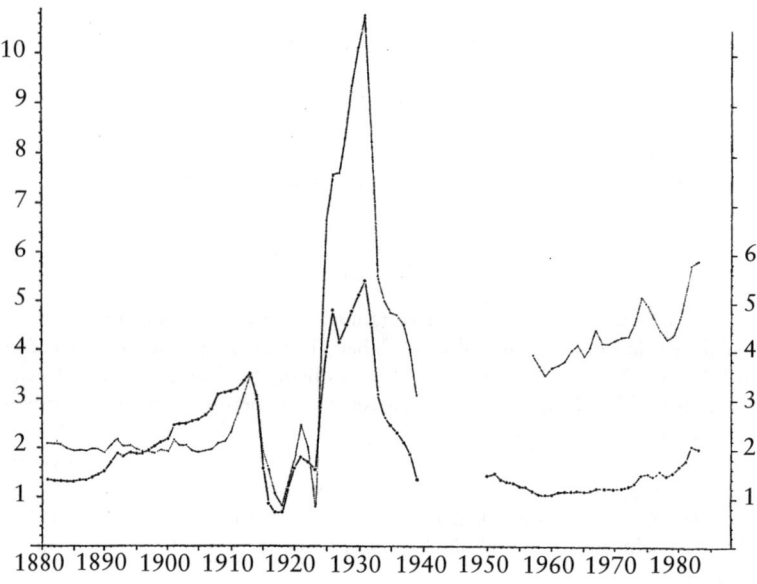

Zahl der Eingänge in Zivilsachen 1. Instanz (AG+LG I) 1881–1939/1950–1983

Mahnverfahren 1881–1939/1957–1983

---

[9] *Rottleuthner* aaO 238.

21. Abschnitt: Evolution des Rechts

Eingänge in Arbeitssachen (1902–1941/1951–1984)[10]:

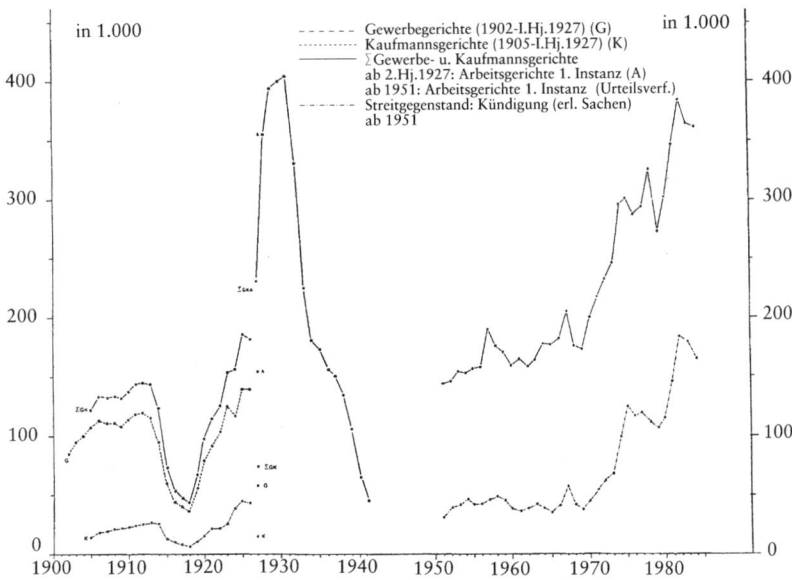

Danach stieg die Zahl der Zivilprozesse in der Zeit von 1881 bis 1913 auf das Dreifache an, um dann bis zum Kriegsende wieder rapid zurückzugehen. Während der Weimarer Republik folgt ein weiterer starker Anstieg bis zum Höhepunkt 1932 am Gipfel der Weltwirtschaftskrise. Im Dritten Reich sinken die Werte kontinuierlich, was *Rottleuthner* mit dem Bestreben der Nationalsozialisten erklärt, soziale Harmonie durch vorgerichtliche Konfliktbearbeitung herzustellen[11]. In der alten Bundesrepublik liegt die Zahl der jährlichen Neuzugänge im Vergleich mit den vorausgehenden Perioden zunächst auffallend niedrig; nach einem Rückgang bis 1960 steigt er bis 1970 nur mäßig, danach stärker an. Allerdings hat die Zahl der Mahnverfahren deutlich zugenommen. Dramatisch verläuft die Kurve dagegen in der Arbeitsgerichtsbarkeit, wo sie zwischen 1960 und 1980 auf mehr als die doppelte Höhe ansteigt, danach aber wieder leicht abfällt. Hier schlägt sich, deutlicher als bei den Zivilgerichten, die Entwicklung der wirtschaftlichen Lage und vor allem der Arbeitslosigkeit nieder, die den hohen Stand nach 1928, also während der Weltwirtschaftskrise, aber auch den Anstieg während der 1970er Jahren und den Abfall seit 1980 erklären. Langfristig zeigt sich auch hier, wie bei der Gesetzgebung, eine steigende Tendenz, die allerdings in der Zeit der Weltwirtschaftskrise nach oben durchbrochen wurde.

Die Zahlen zwingen dazu, die landläufige Beunruhigung über die Rechtsentwicklung zu relativieren. Offenkundig spielen dabei temporäre Einflüsse, vor allem eine wechselnde wirtschaftliche und politische Lage, eine wichtige

---

[10] AaO 241.
[11] AaO 236.

Rolle. Das Gejammer über die Explosion des Rechts nimmt sich, wie *Rottleuthner* schreibt, unter diesen Umständen „deplaziert aus"[12]. Vor allem kann nicht von einer Gesetzmäßigkeit der quantitativen Zunahme von Rechtsvorschriften und Gerichtsprozessen im Sinn einer Evolutionstheorie gesprochen werden.

3. Qualitative Veränderungen der Rechtskultur

Auf der anderen Seite entziehen diese Feststellungen der Erfahrung nicht den Boden, dass die soziale Bedeutung des Rechts zunimmt. *Quantitativ* findet eine in *Rottleuthners* Zahlen nicht wiedergegebene Vermehrung schon deshalb statt, weil altes Recht nicht in gleichem Ausmaß aufgehoben wird wie neues erlassen, und weil das wachsende transnationale Recht, namentlich der Europäischen Union, nicht berücksichtigt ist. Darüber hinaus vollzieht sich aber auch eine *qualitative Veränderung*, welche sich in einer zunehmenden Regelungsdichte und Regelungstiefe des Rechts äußert. Das moderne Recht erfasst immer neue, bislang nicht oder nur wenig geordnete und im übrigen der sozialen Selbstregulierung überlassene Lebensbereiche. Die Schulen und Universitäten, der Umweltschutz, der Datenschutz, der Verbraucherschutz, das Arzt-Patientenverhältnis, das sich ständig erweiternde Bank- und Kapitalmarktrecht und der Rechtsschutz von Computerprogrammen sind viel berufene Beispiele dafür. Wichtige Errungenschaften wie namentlich die gesamte Sozialversicherung konnten nur mit Hilfe von Rechtsvorschriften aufgebaut werden, deren Komplexität ständig steigt. Auch die Differenziertheit des Steuerrechts nimmt zu.

Sachlich verlangen das Wachstum der Bevölkerung, das enge Zusammenleben der Menschen, der hohe Grad der sozialen Arbeitsteilung, der technische und wirtschaftliche Fortschritt und die Zunahme unpersönlicher Kommunikationen immer detailliertere Regelungen, so dass der außerrechtliche Gestaltungsspielraum schmilzt. All dies wirkt sich aus der Sicht des Individuums als rechtliche Beschränkung seiner Freiheit aus, aus dem Blickwinkel des Staats und seiner Organe als vermehrter Regelungs- und Entscheidungsbedarf. Es schützt den einzelnen aber auch vor unkontrollierten Eingriffen des Staats oder anderer Rechtsträger in seinen Individualbereich. Wie weit die Gesellschaftssteuerung mit Hilfe des Rechts angesichts solcher Ambivalenz gehen soll, wird daher auch politisch verschieden beurteilt.

---

[12] AaO 237. Ähnlich urteilt *Galanter* (News from Nowhere: The Debased Debate on Civil Justice, Denver University Law Review 1993, 77 ff.) über die Entwicklung in den USA. Vgl. auch *ders.*, Law Abounding: Legalisation Around the North Atlantic, The Modern Law Review 1992, 1 ff. Inzwischen ist die Anzahl der Gerichtsverfahren in Deutschland außer bei den Sozialgerichten und beim Bundesverfassungsgericht spürbar zurückgegangen (vgl. die Statistiken im Stat. Jahrb. der Bundesrepublik unter Ziffer 10.4).

In der langfristigen Perspektive folgen wir *Habermas*[13], wenn er die Verrechtlichung als einen *säkularen zivilisatorischen Prozess* interpretiert, der sich seit dem Beginn der Neuzeit in vier großen Schüben vollzogen hat. Nach dieser Theorie brachte der erste Schub den *bürgerlichen* Staat hervor, der zweite und dritte die *rechtsstaatliche* und die *demokratische* Staatsordnung. Jede dieser Ordnungen brauchte mehr positives Recht als die vorhergehende. Als letzter hat der *sozialstaatliche* Verrechtlichungsschub eingesetzt, dessen Zeuge wir in der Gegenwart sind, und dessen Kennzeichen es ist, dass der Staat die Verantwortung für das Wohlergehen seiner Bürger übernimmt. Der Sozialstaat setzt das Recht als Steuerungs- und Gestaltungsmittel ein, um Wirtschaft und Gesellschaft zu formen mit dem Ziel, soziale Gerechtigkeit herzustellen und die Lebensverhältnisse zu verbessern. Im Privatrecht, insbesondere im Wirtschafts-, Arbeits- und Verbraucherrecht, tritt die Aufgabe des Rechts in den Vordergrund, den sozial Schwächeren hinreichenden Schutz vor dem Missbrauch privater Macht zu gewähren. Das Verwaltungsrecht wird zum Gestaltungsmittel gigantischer Programme der sozialen Sicherung, des Umweltschutzes, der Raumordnung, der Bildungs- und Kulturpolitik usw. In allen Fällen ist der Bedarf großer Mengen von Vorschriften unabweisbar. Sie bilden ein *regulatorisches* Recht, dessen Wirksamkeit davon abhängt, dass die einzelnen sich seinen Systemzwängen unterwerfen und ihr Verhalten den Rollen anpassen, die es von ihnen fordert. Die Entwicklung stellt auch die aus dem 19. Jahrhundert stammende Trennung zwischen (ziviler) Gesellschaft und (obrigkeitlichem) Staat in Frage und löst sie nach und nach auf. Zivilrecht und öffentliches Recht überschneiden und durchdringen sich in wachsendem Maß; Menge und Gewicht des öffentlichen Rechts nehmen zu. Auch das Strafrecht wird nicht mehr nur zur Bekämpfung elementarer Verstöße gegen das Gemeinschaftsleben einsetzt, sondern auch als Sanktionsinstrument zur Absicherung mannigfaltiger sozialgestaltender Gesetze.

4. Entrechtlichung

Ist die Evolution des demokratischen und sozialen Rechtsstaats als eines zivilisatorischen Prozesses danach unaufhaltsam und auch erwünscht, lässt sich auch die Verrechtlichung nicht stoppen oder gar rückgängig machen. Doch stellt sich die Aufgabe, Grenzen aufzuzeigen und negativen Folgen zu mildern. Dieses Ziel setzen sich Politiker und Rechtssoziologen, die den Ruf nach „Entrechtlichung", das heißt Abbau rechtlicher Verhaltenssteuerung erheben[14]. Sie beziehen sich nicht nur auf die Lähmung individueller Entfal-

---

[13] *Habermas* aaO, Bd. 2, 522.
[14] Vgl. *Voigt* (Hrsg.), Gegentendenzen zur Verrechtlichung, 1983; *ders.* (Hrsg.), Abschied vom Recht, 1982.

tungsfreiheit und Initiative durch zu engmaschige Vorschriften, sondern auch auf Erfahrungen, wonach komplexe Regelungsprogramme des Gesetzgebers nur unvollkommen erfüllt werden und zahlreiche unerwünschte und unbeabsichtigte Nebenfolgen haben können[15]. Als Gegenmittel empfehlen sie eine Wandlung des Sozialstaats vom regulatorischen Obrigkeits- zum „*kooperativen Verhandlungsstaat*", dessen Eigenart darin liegen soll, dass an die Stelle des Versuchs, soziales Verhalten direkt zu steuern, „*indirekt wirkende rechtliche Strukturvorgaben für die gesellschaftliche Selbstregulierung*" treten[16]. Als die Aufgabe des Gesetzgebers erscheint dann in erster Linie die Einrichtung von geeigneten Organisationsformen und Verfahren sowie die Regulierung und Neuverteilung von Steuerungsrechten.

Derartige Techniken des Rechts treten in der Tat immer stärker hervor. Sie sind allerdings nicht neu; das Organisations- und Verfahrensrecht der öffentlichen Verwaltung, der Unternehmen sowie der privaten und öffentlichen Körperschaften bildete stets einen vom Gesetzgeber gestalteten Rahmen für die Eigeninitiative ihrer Mitglieder. Ein wichtiges aktuelles Beispiel ist die wachsende Bedeutung des so genannten „soft law", das heißt von Regelungsmodellen, die nicht in verbindlichen staatlichen Gesetzen niedergelegt sind, sondern in von Sachverständigen ausgearbeiteten Regelwerken, die den Betroffenen zur freiwilligen Übernahme empfohlen werden, wofür allerdings nicht selten auch erheblicher Druck ausgeübt wird. Eine bisher unbekannte Bedeutung haben auch Verfahren des Aushandelns einer einverständlichen Regelung zwischen Behörden und betroffenen Bürgern oder Unternehmen anstelle der einseitig obrigkeitlichen Entscheidung erlangt, besonders im Umweltrecht und im Strafrecht.

Man kann aber schwerlich sagen, dass dergestalt neuartige Regelungsformen regulatorisches und interventionistisches Recht abgelöst hätten. Ob bzw. inwieweit es infolge derartiger neuer Techniken zu einer Verminderung der Regelungsdichte des Rechts kommen wird, ist noch keineswegs abzusehen. Mindestens verfrüht erscheint es, darin bereits Kennzeichen einer neuen Epoche in der Evolution des Rechts zu erblicken[17].

III. Positivität des modernen Rechts

Schrifttum: *Dreier, Ralf*, Neues Naturrecht oder Rechtspositivismus? Rechtstheorie 18, 1987, 368; *ders.* (Hrsg.), Rechtspositivismus und Wertbezug des Rechts, ARSP Beiheft Nr. 37, 1990; *Friedman* Das Rechtssystem im Blickfeld der Sozialwissenschaften, 203ff., 222ff.; *Habermas, Jürgen,* Wie ist Legitimität durch Legalität möglich?,

---

[15] Damit sind die Fragestellungen der sog. Implementationsforschung angesprochen, vgl. oben Abschnitt 14 III.
[16] *Teubner*, Verrechtlichung aaO, 335ff.
[17] So aber *Teubner* aaO, 335; *ders.* ARSP 68, 1982, 13ff.

KJ 1987, 1; *ders.*, Faktizität und Geltung, 49, 247, 541 ff.; *Hoerster, Norbert*, Verteidigung des Rechtspositivismus, NJW 1986, 2480; *Kaufmann, Arthur*, 45 Jahre erlebte Rechtsphilosophie, ARSP Sonderheft 44, 1991, 144; *ders.*, Grundprobleme der Rechtsphilosophie 21 ff.; *Lampe, Ernst Joachim*, Grenzen des Rechtspositivismus, 1988; *Radbruch, Gustav*, Rechtsphilosophie § 9; *ders.*, Gesetzliches Unrecht und übergesetzliches Recht, Süddeutsche Juristenzeitung 1946, 105; *Wyduckel, Dieter*, Normativität und Positivität des Rechts, in: FS Krawietz, 1993, 437 ff.

1. Theorien der Positivität des Rechts

Als zweites hervorragendes Merkmal des Rechts in allen modernen Industriestaaten wird von *Max Weber* die *Legalität*, von *Luhmann, Habermas, Friedman* und vielen andern die *Positivität* des Rechts hervorgehoben[18]. Nach seinem Wortsinn bedeutet Positivität *Gesetztheit* des Rechts durch die dazu berufenen Instanzen, in erster Linie den Gesetzgeber. Der Begriff impliziert nicht nur, dass das Recht sprachlich ausformuliert und präzisiert, sondern vor allem, dass es durch bewusste Entscheidung in Kraft gesetzt wird und durch erneute Entscheidung jederzeit wieder geändert werden kann. Den Gegensatz bilden einerseits mündlich oder unbewusst tradierte Regeln des Gewohnheitsrechts, andererseits nicht positivierte allgemeine Rechtsregeln und Rechtsprinzipien. Wo das Recht nicht positiv ist, bleibt auch die Grenze zwischen sozialen Normen und Rechtsnormen und zwischen Recht und Moral flüssig[19].

Dass das Recht in diesem Sinn im Lauf der Geschichte eine Evolution zur Positivität hin erfahren hat, kann man schwerlich bezweifeln. Archaische Gesellschaften kennen überhaupt keine geschriebenen Gesetze. Auch Verträge und Richtersprüche werden nicht schriftlich niedergelegt und begründet. Positiviertes Recht findet sich demgegenüber überall dort, wo sich eine Schriftkultur entwickelt, doch spielt es zunächst oft eine eher bescheidene Rolle; noch das Mittelalter kannte nur wenige Gesetze. Demgegenüber ist die soeben unter II. dargestellte Zunahme der Gesetze und Gerichtsverfahren in der Neuzeit, ferner das weitgehende Verschwinden des Gewohnheitsrechts in der Judikatur und auch die außerordentliche Verbreitung von Vertragsformularen und Allgemeinen Geschäftsbedingungen Zeichen für das Bedürfnis nach schriftlicher Fixierung des Rechts. Moderner Wirtschaftsverkehr, Rechtsstaat, Demokratie und Sozialstaat wären ohne diese nicht denkbar. Die allgemeine Beherrschung des Lesens und Schreibens machen sie möglich. Ihre Funktion ist die Gewährung von *Rechtssicherheit*. Schriftlich niedergelegtes Recht besitzt ein höheres Maß an Präzision, Klarheit und Beständigkeit als

---
[18] Zu *Weber* siehe oben Abschnitt 7 III 3, zu *Luhmann* Abschnitt 9 III 3; zu *Habermas* und *Friedman* die Angaben oben im Schrifttumsverzeichnis.
[19] Vgl. Abschnitt 11 II, III und V.

ungeschriebene Normen[20]. Zugleich kann es jederzeit geändert und neuen Bedürfnissen angepasst werden, wenngleich die Änderung eines neuen formalen Rechtssetzungsaktes bedarf. Funktional muss das positive Recht die Homogenität der anerkannten sozialen Normen und Moralvorstellungen ersetzen, die in den individualistischen und pluralistischen Gesellschaften der Gegenwart verlorengegangen sind.

Darüber hinaus behauptet die Rechtssoziologie ferner die *inhaltliche Beliebigkeit* des modernen positiven Rechts[21]. Daran ist richtig, dass es in vielen Regelungsbereichen weniger auf den Inhalt als darauf ankommt, dass überhaupt eine Regelung vorliegt, an welche sich die Menschen halten. Ob im Straßenverkehr links oder rechts gefahren wird, ist rechtlich irrelevant, nur muss die Regel für alle gelten. Mit der Behauptung der inhaltlichen Beliebigkeit des positiven Rechts verändert die Theorie aber seine *Legitimitätsgrundlage* und seinen *Charakter* auf elementare Weise, denn wenn es generell nicht mehr darauf ankommt, ob eine Norm inhaltlich übergeordneten Prinzipien der Gerechtigkeit genügt, kann sich auch der Glaube der Normunterworfenen an die Verbindlichkeit einer Norm und ihre Bereitschaft zum Gehorsam nur noch auf die reinen Herrschaftsbefugnisse des Gesetzgebers oder Richters beziehen. Darin liegt zunächst ein Verzicht auf jede Begründung und Rechtfertigung des Rechts als Ausfluss göttlicher Offenbarung, allverbindlichen Naturrechts oder transzendentaler Vernunft. Das Recht erscheint als Menschenwerk und als zeitbedingtes Produkt wechselnder Rechtsanschauungen, Interessen- und Machtkämpfe. Zum zweiten schneidet der rechtssoziologische Rechtspositivismus auf diesem Weg jede Ableitung des Rechts aus Brauch und Herkommen ab. Seine Geltung kann nicht mehr auf den Wert und die verpflichtende Kraft der Tradition und der darin überlieferten Gerechtigkeitsvorstellungen zurückgeführt werden. Drittens blendet die Begrenzung des Blicks auf den entscheidenden Gesetzgeber oder Richter die anderen am Rechtsbildungsprozess teilnehmenden Kräfte aus: Verträge, Verbandssatzungen, Handelsbräuche, vollends die sich im Volk bildenden Rechtsansichten und deren tatsächliche Befolgung erreichen nicht die Qualität des Rechts, solange sie nicht Gegenstand legislatorischer oder richterlicher Entscheidungen werden. Letztlich mündet der Ansatz in eine ausgeprägt politische Betrachtungsweise: Recht erscheint als Mittel der Mächtigen – in

---

[20] In der Rechtssoziologie ist es ein Verdienst *Luhmanns*, die Positivität des modernen Rechts in ihrer vollen Tragweite herausgearbeitet und ihre aktuelle Relevanz dargestellt zu haben, vgl. *Luhmann*, Rechtssoziologie, 251 ff. und 282 ff. sowie oben Abschnitt 9 II 3 e, III 5. In der Rechtsphilosophie ist die Rechtssicherheit längst vor ihm als elementarer Gerechtigkeitswert erkannt und damit auch die Anerkennung der Positivität des Rechts begründet worden, vgl. statt aller *Radbruch*, Rechtsphilosophie § 9; zuletzt *Arthur Kaufmann* aaO (Schrifttumsverz.), 39 ff., 170 ff.

[21] Allen voran *Luhmann*, Rechtssoziologie, 207 ff.

der Demokratie der jeweiligen Mehrheit –, die Gesellschaft und die in ihr wirkenden Kräfte nach ihrem Willen zu steuern und zu kontrollieren.

2. Positives Recht und materiale Gerechtigkeit

Einer solchen Sicht muss widersprochen werden; sie ist nach der Erfahrung des staatlichen Unrechts im Dritten Reich, in der Diktatur Stalins und auch in der früheren DDR nicht mehr möglich. In der Rechtsphilosophie wurde sie in den berühmten Sätzen von *Gustav Radbruch* von 1946 überwunden:

„Der Konflikt zwischen der Gerechtigkeit und der Rechtssicherheit dürfte dahin zu lösen sein, dass das positive, durch Satzung und Macht gesicherte Recht auch dann den Vorrang hat, wenn es inhaltlich ungerecht und unzweckmäßig ist, es sei denn, dass der Widerspruch des positiven Gesetzes zur Gerechtigkeit ein so unerträgliches Maß erreicht, dass das Gesetz als unrichtiges Recht der Gerechtigkeit zu weichen hat. Es ist unmöglich, eine schärfere Linie zu ziehen zwischen den Fällen des gesetzlichen Unrechts und den trotz unrichtigen Inhalts dennoch geltenden Gesetzen. Eine andere Grenzziehung aber kann mit aller Schärfe vorgenommen werden: wo Gerechtigkeit nicht einmal erstrebt wird, wo die Gleichheit, die den Kern der Gerechtigkeit ausmacht, bei der Setzung positiven Rechts bewusst. verleugnet wurde, da ist das Gesetz nicht etwa nur ‚unrichtiges Recht', sondern entbehrt es überhaupt der Rechtsnatur. Denn man kann Recht, auch positives Recht, überhaupt nicht anders definieren denn als eine Ordnung und Satzung, die ihren Sinn nach bestimmt ist, der Gerechtigkeit zu dienen"[22].

Auch die Rechtssoziologie kann seitdem die Frage nach dem positiven Recht vorgegebenen Rechtsprinzipien nicht mehr einfach ausblenden[23]. Allerdings ist damit das Problem nicht gelöst, denn genau so wenig kann sie von der Feststellung abrücken, dass moderne Gesellschaften überwiegend positives, auf politischen Entscheidungen beruhendes und inhaltlich variables Recht haben und brauchen. Es ist der Sinn der Demokratie, dafür ein Gesetzgebungsorgan einzurichten, welches alle dem Gesetz Unterworfenen repräsentiert. In Deutschland bildet aber die Rückbindung aller staatlichen Gewalt an die Menschenwürde und an unverletzliche und unveräußerliche Menschenrechte in Art 1 des Grundgesetzes das Gegengewicht[24]. Theoretisch ist das Verhältnis von positivem Recht und überpositiven Anforderungen materialer Gerechtigkeit eines der Grundprobleme der zeitgenössischen Rechtsphilosophie. Die empirische Rechtssoziologie kann dazu vor allem Untersuchungen zur Frage beitragen, wieweit die Menschen trotz allen Individualismus

---

[22] *Radbruch*, Gesetzliches Unrecht und übergesetzliches Recht, SJZ 1946, 105, 107.

[23] Dies sieht auch *Luhmann*, wenn er einen großen Teil seiner Überlegungen den Mechanismen und Verfahrensgarantien widmet, die einen Missbrauch des nur noch positiven Rechts verhindern sollen, und wenn er später auch einen Bezug des positiven Rechts auf die Idee der Gerechtigkeit anerkennt, vgl. Abschnitt 9 II 3 e und III 5.

[24] Vgl. Abschnitte 11 V und 12 II.

und Pluralismus gemeinsame Rechtsüberzeugungen hegen, die im positiven Recht zur Geltung gebracht werden müssen[25].

IV. Rationalität des modernen Rechts

Schrifttum: *Eder, Klaus*, Prozedurale Rationalität. Moderne Rechtsentwicklung jenseits von formaler Rationalisierung, ZfRSoz 1986, 1; *Habermas, Jürgen*, Theorie des kommunikativen Handelns Bd. 1, 1981, 15, 44ff.; *Luhmann, Niklas*, Zweckbegriff und Systemrationalität, 1968; *Peters, Bernhard*, Rationalität, Recht und Gesellschaft, 1991; *Raiser, Thomas*, Max Weber und die Rationalität des Rechts, Juristenzeitung 2008, 853; *Rescher, Nicholas*, Rationality. A Philosophical Inquiry into the Nature and the Rationale of Reason, Oxford 1988; *Teubner, Gunther/Willke, Helmut*, Kontext und Autonomie: Gesellschaftliche Selbststeuerung durch reflexives Recht, ZfRSoz 1984, 4ff.; *Weber, Max*, Wirtschaft und Gesellschaft.

1. Formen der Rationalität

Die berühmte These von *Max Weber*, wonach sich Gesellschaft und Recht zu fortschreitender Rationalität entwickeln, spielt auch in der gegenwärtigen Gesellschafts- und Rechtstheorie eine zentrale Rolle. Bei näherem Zusehen erweist sich der Begriff der Rationalität allerdings als Allerweltsbegriff, durch dessen Gebrauch sehr verschiedenartige Aussagen angedeutet und Assoziationen geweckt werden. Im Kern weist er zurück auf die philosophische Tradition der Aufklärung und meint die Entzauberung, Säkularisierung und Profanierung des Rechts, den Verzicht auf Metaphysik und Transzendenz zugunsten immanenter, naturwissenschaftlicher oder doch nach Analogie der Naturwissenschaften konzipierter Erklärungen. Konkret wird dabei an die Überwindung von Orakeln und Gottesurteilen, Vogelschau, Blutrache, Inquisition und Hexenprozessen gedacht. Zugleich appelliert der Begriff an die Vernunft: Die Gesellschaft ist gut geordnet, das Recht ist gerecht, wenn und soweit Ordnung und Recht vernünftig sind. Abgelehnt wird damit eine nach Willkür, Machttrieb, einseitigen Interessen, Gefühl, Liebe, Hass und Leidenschaft gestaltete Ordnung. So gesehen schwingt in dem Begriff der Rationalität auch die Fortschrittszuversicht des Zeitalters der Aufklärung mit. Im Recht ist das allgemeine Gesetz anstelle der lediglich auf den Einzelfall bezogenen Kadijustiz Ausdruck von Vernunft und Fortschritt.

Um Aussagen über den Charakter des Rechts in der Gegenwart machen zu können, ist demgegenüber ein präziserer Begriff der Rationalität erforderlich. Wenn wir von Rationalität des Rechts sprechen, meinen wir im folgenden seine *Begründbarkeit*. Rechtliche Entscheidungen und Verhaltensweisen sind dann rational, wenn sie mit *guten, auch von den Betroffenen einsehba-*

---

[25] Die angeschnittenen Fragen sind weiter ausgeführt in Abschnitt 12 IV und V.

ren Gründen gerechtfertigt werden können[26]. In der Demokratie verwirklichen Gesetze rationales Recht, weil sie als Ergebnis eines kritischen Diskussionsprozesses zwischen einer Vielzahl von Beteiligten zustande kommen.

Auch in dieser Fassung bedarf der Begriff noch weiterer Differenzierung. Weber hat die Unterscheidung zwischen *Zweckrationalität* und *Wertrationalität* eingeführt, je nachdem, ob sich die Begründung aus bestimmten, mit der Regelung verfolgten Zielen und Interessen ergibt oder Ausfluss religiöser, sittlicher, ästhetischer oder anderer Wertvorstellung ist[27]. Mit *Luhmann*[28] kann dieser Dichotomie die *Systemrationalität* hinzugefügt werden, bei der sich die Begründetheit einer Regel aus ihrer Übereinstimmung mit dem System ableitet, in das sie sich einfügt, im Recht also aus dem System des vorhandenen Rechts.

Auf einer zweiten Ebene unterscheidet *Weber* zwischen *formaler* und *materialer* Rationalität[29]. Eine Regelung ist formal rational, wenn sie an generell gefasste Tatbestandsmerkmale, namentlich an abstrakte, logischer Sinndeutung zugängliche Rechtsbegriffe anknüpft, material rational hingegen insoweit, als sie sich an generalisierten inhaltlichen Handlungsmaximen orientiert. Wertrationalität und materiale Rationalität meinen im Kern also das Gleiche. Die neuere Rechtssoziologie hat auch der Antithese von formaler und materialer Rationalität in dem Begriff der *reflexiven* oder *prozeduralen* Rationalität eine dritte Kategorie hinzugefügt[30].

2. Rationalität der gegenwärtigen Rechtskultur

Machen wir uns das von *Weber* angebotene und inzwischen erweiterte Instrumentarium zunutze und versuchen, mit seiner Hilfe die gegenwärtige Rechtskultur abzutasten, so werden wir Elemente von allen Arten der Rationalität finden.

Wertbezogen rationale Vorschriften sind in Deutschland die *Grundrechte*, die der Verfassungsgeber als Ausfluss und Garanten der Menschenwürde verstand. Aber auch zahlreiche Vorschriften des einfachen Rechts sind letztlich aus der Absicht des Gesetzgebers zu verstehen und zu interpretieren,

---

[26] Dieser Rationalitätsbegriff lehnt sich an *Habermas*, Theorie des *kommunikativen Handelns* Bd. 1, 15, 44 und *Peters*, Rationalität, Recht und Gesellschaft, 167 ff. an. Zur weiteren Explikation des modernen Rationalitätsbegriffs muss auf das einschlägige philosophische Schrifttum verwiesen werden. Vgl. zum Einstieg *Rescher* aaO und *Schnädelbach* (Hrsg.), Rationalität. Philosophische Beiträge, 1987.
[27] Wirtschaft und Gesellschaft, Bd. 1, Kapitel 1 § 2 ff.
[28] *Luhmann*, Zweckbegriff und Systemrationalität, 1968.
[29] Wirtschaft und Gesellschaft, Bd. 2, 395 ff.; Siehe dazu Abschnitt 7 II 4.
[30] Vgl. *Luhmann*, Soziale Systeme 642; *Teubner/Willke*, Kontext und Autonomie, ZfRSoz 1984, 19 ff.; *Eder* ZfRSoz 1986, 1 ff.; ferner die Diskussionsbeiträge von *Treiber*, *Ladeur* und *Dimmel* in: ZfRSoz 1986, 244 ff.

bestimmte in der Gesellschaft anerkannte Wert- und Gerechtigkeitsvorstellungen zu realisieren. Als Beispiel kann auf das neue Familienrecht hingewiesen werden, das die Gleichberechtigung von Mann und Frau, die Besserstellung der Kinder gegenüber der elterlichen Gewalt und namentlich der nichtehelichen Kinder sowie den grundrechtlichen Schutz von Ehe und Familie verwirklichen soll. Die Mitbestimmungsgesetze sollen die politische Demokratie durch eine Wirtschaftsdemokratie vervollständigen. Zahlreiche Schulgesetze zielen darauf ab, die Chancengleichheit junger Menschen im Bildungswesen sicherzustellen.

Herausragendes Beispiel einer wertbezogenen *Judikatur* im Zivilrecht ist die Anerkennung des *allgemeinen Persönlichkeitsrechts* von seiten des Bundesgerichtshofs[31] und des Bundesverfassungsgerichts[32]. Im übrigen verweist auch das Bürgerliche Gesetzbuch auf einen dem positiven Recht übergeordneten Wertmaßstab, wenn es in §§ 138, 826 BGB die guten Sitten zum Maßstab der Gültigkeit von Rechtsgeschäften und zur Voraussetzung deliktischer Schadensersatzpflichten macht. In der Gegenwart werden die liberalen Vorschriften des BGB immer stärker zugunsten des Verbraucherschutzes modifiziert. Leitgedanke des modernen Arbeitsrechts ist der Schutz der Arbeitnehmer, einer der Leitgedanken des Gesellschaftsrechts der Schutz von Minderheitsgesellschaftern und Gläubigern eines Wirtschaftsunternehmens vor dem Missbrauch der Mehrheits- und Organisationsmacht. Vergleichbare wertbezogene Vorschriften finden sich auch in anderen Rechtsordnungen der Gegenwart. Hinter ihnen steht das elementare Gerechtigkeitsprinzip des Schutzes der Schwächeren gegenüber den Starken.

In anderen Rechtsvorschriften gehen Wertbezogenheit und Zweckbezogenheit ineinander über und lassen sich nicht einfach und griffig abgrenzen. Als ausgesprochen *zweckbezogen* sind dagegen Steuergesetze zu verstehen, denn sie dienen keinem anderen Ziel als dem, die Einnahmen des Staates zu vermehren. Die meisten Vorschriften des Verwaltungsrechts verfolgen bestimmte Ziele der Gesellschaftssteuerung. Auch das Strafrecht benutzt der Gesetzgeber heute nicht selten instrumental als Mittel handfester politischer Zwecke, zum Beispiel der Bekämpfung des Terrorismus, des Randalierertums oder der Wirtschaftskriminalität.

Als ein Beispiel für zweckrationale Erwägungen in der Judikatur kann die Anerkennung einer abstrakt berechneten doppelten Lizenzgebühr als eines liquidationsfähigen Schadens bei Verletzungen des Urheberrechts gelten, die mit dem Prinzip des reinen Schadensausgleichs kaum vereinbar ist und sich letztlich nur aus der rechtspolitischen Absicht rechtfertigen lässt, Urheberrechtsverletzungen wirtschaftlich uninteressant zu machen[33].

---

[31] Vgl. zuerst BGHZ 13, 334 (*Hjalmar Schacht*) und sodann vor allem BGHZ 26, 349 (*Herrenreiter*).
[32] BVerfGE 34, 269 (*Soraya*).
[33] BGHZ 59, 286 und dazu *Larenz*, Schuldrecht Bd. 1, 14. Aufl § 29 II Anm. 98.

Schließlich spielt auch die *Systemverträglichkeit* in Gesetzgebung und Rechtsprechung eine wichtige Rolle.

Das Arbeitskampfrecht muss so ausgestaltet sein, dass Gewerkschaften und Arbeitgeberverbände mit gleichwertigen Waffen und Erfolgschancen einander gegenübertreten, damit das Tarifvertragssystem funktioniert, ganz gleich, ob es vom Gesetzgeber oder vom Richter ausgeformt wird. Vorschriften zur Rechnungslegung und Publizität in Großunternehmen dürfen den Funktionszusammenhängen des Wirtschaftslebens nicht zuwiderlaufen. Vor allem Gerichtsurteile beziehen die Rationalität ihrer Entscheidung in der Regel aus der Übereinstimmung mit dem System des geltenden Rechts.

Eine ähnliche Differenziertheit des Materials ist auch bezüglich der zweiten Kategorie von *Webers* Rationalitätskriterien zu beobachten. Vorbild für *Webers* Begriff des formal rationalen Rechts sind die Begriffsjurisprudenz des 19. Jahrhunderts sowie der dadurch geprägte Regelungsstil des BGB[34]. Materiale Rationalität verwirklicht sich demgegenüber schon für *Weber* selbst in den zu seiner Lebenszeit neuen Gesetzen des Arbeits- und Wirtschaftsrechts. Heute kann man in seinem Sinn die Mehrzahl der neuen Gesetze als Erscheinungsformen materialer Rationalität kennzeichnen. Von prozeduraler Rationalität macht der Gesetzgeber Gebrauch, wenn er Institutionen gründet und deren Verfahren regelt, es diesen aber überlässt, ihre Ziele und Aktionen selbst zu definieren und die Mittel zu finden, mit denen sich die Ziele verwirklichen lassen.

Prozedurales Recht im Sinn dieser Terminologie sind daher vor allem das Verfahrensrecht und das Organisationsrecht juristischer Personen. Eine Kombination von Zweckrationalität und prozeduraler Rationalität liegt vor, wenn ein Gesetz zwar bestimmte Ziele vorgibt und verbindlich festlegt, aber den Adressaten überlässt, wie sie verwirklicht werden sollen.

3. Gefahren des Rückfalls in Irrationalität[35]

Die Wege zur rationalen Legitimation rechtlicher Vorschriften und Entscheidungen sind nach alledem hoch differenziert, so dass es sich als unmöglich erweist, ein bestimmtes Rationalitätsmuster als Kennzeichen des modernen Rechts herauszustellen. Im Gegensatz zu *Weber* ist man heute auch nicht mehr der Ansicht, das formal rationale Recht erreiche die höchste Stufe der Rechtskultur. Doch teilen wir ebensowenig den Optimismus derer, welche eine rein prozedurale Rationalität des Rechts als letztes Ziel für erstrebenswert halten.

---

[34] Abschnitt 7 II 4, III 3.
[35] Vgl. zum Folgenden *Raiser* JZ 2008, 853 ff.

Letztlich tritt die wissenschaftliche Diskussion über die Arten der Rationalität hinter zwei elementarere Fragen zurück:
- Stimmt die Diagnose, dass sich das Recht im evolutionären historischen Prozess zu wachsender Rationalität hin entwickelt? Und:
- Ist Rationalität des Rechts erstrebenswert und wenn ja, aus welchen Gründen. Ist sie Selbstzweck oder kann sie nur insoweit gutgeheißen werden, als sie anderen, höheren Werten dient?

Zur ersten Frage finden sich schon bei *Weber* selbst zweifelnde Töne, wenn er am Schluss seiner Rechtssoziologie schreibt, eine Bewegung, welche „soziologische und ökonomische oder ethische Räsonnements an die Stelle juristischer Begriffe treten" lässt, sei „einer der charakteristischen Rückschläge gegen ... den Rationalismus"[36]. Die Erfahrungen des 20. Jahrhunderts, seine Umbrüche und Kriege sowie die Entdeckung der Tiefenpsychologie haben den Fortschrittsoptimismus, der gleichwohl auch *Webers* Rationalitätsverständnis noch kennzeichnet, zunichte gemacht. Die formale Rationalität des Pandektenrechts hat das Dritte Reich, den totalen Krieg und den Holocaust ebenso wenig verhindert wie alle Versuche, ein material rationales Recht zu begründen. Auch die Rationalität des modernen Rechts sichert nicht vor Machtmissbrauch, vor dem Durchbruch blinder Emotionen, Massenhysterien oder Menschen vernichtendem Hass.

Verbrechen und ihre Verfolgung erregen, wie schon *Durkheim*[37] gesehen hat, die conscience sociale, die kollektiven sozialen Gefühle. Auch heute kann die Reaktion der Bevölkerung auf Verbrechen und große Strafprozesse schwerlich als rational bezeichnet werden. Die Art der Berichterstattung in Presse, Funk und Fernsehen steigert oft bewusst die Emotionen. Gleiches zeigt sich bei Demonstrationen, Volksaufläufen und den dabei gehaltenen Reden. Selbst die politischen Akteure appellieren bei ihren öffentlichen Auftritten, besonders vor Wahlen, oft genug statt an die Vernunft an Emotionen, Ressentiments, Sympathien und Antipathien. Die Ergebnisse von Wahlen und Abstimmungen aller Art lassen denn an ihrer Rationalität auch oft genug zweifeln.

Die Beispiele sind leicht zu vermehren. Sie lehren, dass auch die moderne Rechtskultur keineswegs rein rational ist, ganz gleich, wie man den Begriff der Rationalität definiert. Nicht rationale Elemente sind im Gegenteil durchaus normal, so wie auch jeder einzelne Mensch nicht nur aus seinem Intellekt lebt und handelt.

Warum also die Forderung nach Rationalität? Die Antwort kann nur lauten, weil der ratio die Aufgabe zufällt, Gefühle und Triebe, auch Antriebe des kollektiven Bewusstseins und Unbewussten, zu steuern und kontrollieren, damit ihre gefährlichen Tendenzen gehemmt werden und sie keine zerstörerische Dynamik entfalten können. Der Zwang, das eigene Verhalten gegenüber

---

[36] *Weber* 1972, 512.
[37] Vgl. oben Abschnitt 5 II 1.

anderen unter dem Aspekt des Rechts einsehbar begründen zu müssen, ist dafür eine unerlässliche Vorbedingung. Eine Rückkehr zu den irrationalen Elementen archaischer Rechtskulturen wäre der heutigen Zivilisation nicht gemäß. Insofern kann man in der Tat sagen, dass sich das Recht kraft einer der Gesellschaft innewohnenden Evolution zu fortschreitender Rationalität entwickelt. Auf keinen Fall darf der Anspruch des Rechts auf Rationalität in Frage gestellt oder aufgegeben werden, denn andernfalls wäre damit zu rechnen, dass die anomischen Kräfte die Oberhand gewinnen und alle gesellschaftliche Ordnung zugrunde richten.

Jedoch ist die Rationalität des Rechts kein ausreichender und sich selbst genügender Zweck, denn sie kann ihrerseits für gesellschaftsschädliche und zerstörerische Ziele eingesetzt werden. Wertrationales Recht kann im Dienst teuflischer Werte – der Inquisition, des Massenwahns – stehen, zweckrationales Recht zu schändlichen Zwecken – zur Vernichtung sogenannten lebensunwerten Lebens, zur Judenverfolgung – missbraucht werden. Nach aller historischen Erfahrung erhöht die Rationalität des Rechts zwar die Chance einer gerechten sozialen Ordnung, sichert sie aber noch nicht. Nicht die ratio garantiert also Menschenwürde, Freiheit und Frieden, sondern die Institutionen des liberalen, demokratischen und sozialen Rechtsstaats, welche die moderne Rechtskultur geschaffen hat.

Personenregister

A

Aristoteles 26, 205
Aubert, Vilhelm 252f, 296f, 314

B

Black, Donald 176
Blau, Peter 154
Blankenburg, Erhard 183, 319ff, 325, 328f
Brandeis, Louis 39
Bourdieu, Pierre 44

C

Carbonnier, Jean 35
Cardozo, Benjamin 39
Chiba, Masaji 184, 332ff
Comte, Auguste 3, 33, 60
Cotterrell, Roger 176

D

Dahrendorf, Ralf 45, 292, 318
Darwin, Charles 360
Derrida, Jacques 44
Deutsch, Morton 211
Duguit, Léon 33f
Durkheim, Emile 3, 12, 24, 26, 33, 35, 37, 43, 56, **59ff**, 163, 197, 208, 222, 265, 293f, 360

E

Ehrlich, Eugen 7, 11f, 16, 26f, 31f, 37, 43, 56, 68, **71ff**, 176, 180, 310ff
Elster, Jon 210, 213, 219
Engels, Friedrich 3, 48ff, 360
Esser, Josef 85

F

Fikentscher, Wolfgang 85

Foucault, Michel 44
Fraenkel, Ernst 33
Frank, Jerome 39, 313
Freud, Sigmund 151
Friedländer, Heinrich 33
Friedman, Lawrence M. 7, 327ff, 333, 369
Fuchs, Ernst 32

G

Galtung, Johan 314
Galanter, Marc 183
Gehlen, Arnold 151f
Geiger, Theodor 7, 43, **107ff**, 169ff, 173f, 197, 208, 240ff, 285
Gény, Francois 34
Gessner, Volkmar 294, 298f, 308
Gierke, Otto von 28f, 32
Goffman, Ervin 264
Gouldner, Alwin 154
Gurvitch, Georges 35

H

Habermas, Jürgen 44, 190, 206, 288, 362, 367, 369, 372ff
Haferkamp, Hans 44, 280
Hauriou, Maurice 34, 157
Haussmann, Fritz 33
Hegel, Georg Wilhelm Friedrich 27
Heraklit 291
Hirsch, Ernst E. 45
Hobbes, Thomas 26, 291f
Holmes, Oliver Wendell 36ff
Homans, George C. 154
Horz, Matthias 269, 273

J

Jellinek, Georg 30f
Jesus 93

Jhering, Rudolf von 27f, 31, 36, 156, 292

K

Kahn-Freund, Otto 33
Kalven, Harry 42
Kant, Immanuel 11, 26f, 190, 206
Kantorowicz, Hermann 11, 31f
Köndgen, Johannes 264
Kötz, Hein 312f
Kohlberg, Lawrence 338f
Korsch, Karl 54

L

Lampe, Ernst-Dieter 44
Laserson, Max 41
Lautmann, Rüdiger 169
Lévy-Bruhl, Henri 35
Lévy-Strauss, Claude 201
Liszt, Franz von 11, 30f
Llewellyn, Karl N. 15, 39f, 185ff
Locke, John 26
Lorenz, Konrad 151
Luhmann, Niklas 7f, 44, 78, **119ff**, 169, 176f, 197, 208, 263f, 286, 314ff, 360, 369ff
Liebknecht, Karl 318

M

Macaulay, Stewart 273
Macneil, Jan 268ff
Maine, Henry Sumner 29, 101, 267, 360
Malinowski, Bronislaw 151f, 154, 176, 201
Marx, Karl 3, **48ff**, 102, 205, 292, 318, 360
Mauss, Marcel 35, 201
Mill, John Stuart 60
Montesquieu, Charles Sécondat 76, 310

N

Napoleon 93
Neumann, Franz Leopold 33
Noelle-Neumann, Elisabeth 347

Nußbaum, Arthur 16ff, 33

O

Opp, Karl-Dieter 44, 255

P

Parsons, Talcott 43, 66
Passow, Richard 33
Petrazycki, Leon 40f, 183
Piaget, Jean 338
Pichler, Johannes 340f, 346ff, 349
Platon 26
Podgórecki, Adam 7, 41, 177, 183
Popitz, Heinrich 44, 172ff, 182f, 226ff, 257, 282ff
Portmann, Adolf 151
Pound, Roscoe 15, 38
Pufendorf, Samuel 26

R

Radcliffe-Brown, Alfred Reginald 209
Radbruch, Gustav 371
Raiser, Ludwig 263, 267, 272f
Raiser, Thomas 372ff
Rawls, John 206
Rehbinder, Manfred 30, 185ff, 268
Röhl, Klaus 176, 183, 299ff
Rottleuthner, Hubert 255, 318f, 362ff
Rousseau, Jean Jacques 26, 206
Ryffel, Hans 103

S

Saleilles, Raimond 34
Savigny, Friedrich Karl von 26f, 82
Schelsky, Helmut 44, 141, **148ff**, 197, 199ff, 274, 289, 360
Simmel, Georg 60
Sinzheimer, Hugo 32
Sokrates 196
Sorokin, Pitirim 41, 183
Spittler, Gerd 165, 223ff, 253
Stein, Lorenz von 30
Stein, Ursula 277
Stučka, Piotr I. 53
Sumner, William Graham 37f

T

Teubner, Gunther 44, 140, 145f, 249, 274, 277, 332f
Thibaut, John 316
Thomasius 26
Thurnwald, Richard 154, 201
Timasheff, Nicholas 41
Tönnies, Ferdinand 29, 60
Tyler, Tom 216f, 261, 316

W

Walker, Laurens 316
Walzer, Michael 206ff
Weber, Max 7f, 12, 24, 26, 29, 37, 43, 56, **86ff**, 116, 169ff, 197, 208, 279ff, 283ff, 360, 369, 372ff
Wolff, Martin 16

Z

Zeisel, Hans 42
Zweigert, Konrad 329ff

Sachregister

A

Abstraktheit des kontinentaleuropäischen Rechts 96 ff
Abtreibung 244, 249
Abweichendes Verhalten 61, 162 ff, 221
Allgemeine Geschäftsbedingungen 267, 289
Alternativen zur Justiz 303 ff, 316
Anerkennung (Akzeptanz) des Rechts 74 ff, 176 ff, 180, 258 ff, 339, 344
– und Wirksamkeit des Rechts 258 ff
Anthropologie 151 f, 154
Anonyme Sozialbeziehungen 325
Anwalt
– Berufsbild 357 ff
– Zuwachs von Anwälten 357 f
– Kosten 321 f
Appetenzverhalten 151
Arbeitsteilung 62 ff
asymmetrische Parteienstruktur 323
Auftragsforschung 18 f
Ausdifferenzierung des Rechtssystems 129, 182 ff
Autonomie der Person 209 ff
Autopoiese, autopoietische Systeme 142, 153 ff
Autorität 113

B

Barrieren beim Zugang zu Gericht 319 ff
Basis und Überbau 50 ff
Begriffsjurisprudenz 96 ff, 104 f
Belohnung als positive Sanktion 222 f
Beratung (consultation) 304
Beratungshilfe 322
Bewertungsnorm 170
Beziehungsverträge 268 ff

Brauch 64, 74 ff, 89, 109 f, 130, 169 ff
Bürokratie 91 f, 105

C

Charisma, charismatische Herrschaft 92 f

D

Defizite beim Zugang zum Gericht 320
Demokratie 219, 288 f, 309 ff
Diskriminierung vor Gericht 317 ff
Dunkelziffer 240 ff

E

Effektivitätsquote 240 ff
Eingriffsnormen 79, 84
empirische Sozialforschung 8 ff, 15 ff, 33
Entrechtlichung 367 f
Entscheidungsnormen 78, 84
Enttäuschung von Verhaltenserwartungen 127 f
Erkenntnisinteresse 4 f, 171
Evaluationsforschung 248 ff
Evolution des Rechts 360 ff

F

Folkways 37
Freirechtsschule 31 f, 81 f
Funktionen
– der Juristen 80 f, 351 ff
– des Rechts 63 f, 184 ff
– des Vertrags 262 ff
funktionale Betrachtung des Rechts 124 ff, 134 ff, 152 ff

Sachregister 383

G

Gegenseitigkeitsprinzip (Reziprozitäts~) 200ff, 262ff
Geltung von Normen
– juristische 237ff
– soziologische 110ff, 237ff
– symbolische 243f
– Verhaltens~ und Sanktions~ 239f
Geltungschance 240
Generalisierung von Verhaltenserwartungen 124f
Generalklauseln 21f, 243f
Gerechtigkeit
– kommutative und distributive 205
– und positives Recht 371f
– Verfahrens~ 214ff
– Verteilungs~ 203ff
Gerichtsverfahren
– Zugang zum ~ 319ff
– soziologische Theorie des ~s 312ff
Gesellschaft
– klassenlose 57
– kommunistische 54ff
– normative Ordnung der ~ 167
– systemtheoretische Sicht der ~ 139f
– universalistische und individualistische Theorien der ~ 149f
Gesetz
– Wirksamkeit und Wirkungen 237ff, 245ff
– als abstrakte Konfliktregelung 308f
Gesetzesflut 361ff
Gewaltenteilung 309, 333
Gewohnheitsrecht 14, 72ff, 172
Grundrechte 134ff, 373f
Gruppe 165f
Gute Sitten 188ff

H

Handelsbräuche 14f, 21, 88f, 163f, 168f
Herrschaft 279f
– bürokratische 91f, 106
– charismatische 92f
– legale 91
– traditionale 92
– und Macht 90f, 279ff
– und Recht 285ff
Herrschaftssoziologie 105, 279ff
Historische Rechtsschule 26ff

I

Idealtypus 94, 102
Ideologiekritik 9
Implementationsforschung 18, 248f
indigenous law 183
Inhaltsquellen von Rechtsnormen 113
Instinkte 151f, 248f
Institution
– Grundrechte als ~ 134f
– soziologische Theorie der ~ 152f
Institutionalisierung
– von Macht 90ff, 282f
– von Verhaltenserwartungen 125
Interessen, erkenntnisleitende 4f
Interessenjurisprudenz 27f, 81f, 292
intuitive law 183

J

Juristen
– Sozialprestige 352
– ~recht 78
– im internationalen Vergleich 354f
– Funktion der ~ 80, 352

K

Kadi-Justiz 92
Kampf ums Recht 28, 155, 292
Kapitalismuskritik 50ff, 94ff
Kenntnis des Rechts 340ff
Klagelast 322f
Klassenjustiz 53, 313, 317ff
KOL-Forschung 259, 340f
Kolonialisierung der Lebenswelt 362
Kommunikation 121
Komplexität, Reduzierung von ~ 122
Konditionalprogramm des Rechts 130, 232f
Konflikt
– konstruktiver und destruktiver~ 292f

384 Sachregister

- personen-, rollen- und normbezogener~ 298f
- privater~ 294ff
- Verteilungs~ (competition) und Meinungs~ (dissensus) 296f
- Gesetz als abstrakte ~regelung 308f
- Regelung des ~s durch die Beteiligten 299ff
- Regelung des ~s durch Dritte 303ff
- Theorien des ~s 290f

Konstruktion, juristische 96f
Kontingenz sozialen Verhaltens 122
Kontrolle, soziale (social control) 185
Korporative Akteure 323ff

L

Law
- intuitive und positive (official) ~ 40, 183
- indigenous ~ 183

Legal Realism 39
Legitimation
- von Herrschaft 89, 186
- ~ rechtlicher Entscheidungen durch Verfahren 132, 214ff

Legitimität
- ~ sozialer Ordnungen 88f
- ~ des Rechts 89, 287f

Legitimitätsanspruch 89
Legitimitätsglaube 89
Leitideen des Rechts 154ff, 196ff

M

Macht
- Begriff 280
- als asymmetrische Interaktionsbeziehung 280
- und Herrschaft 90f, 283f
- und Recht 285ff
- ~faktoren 282f

Marxistische Rechtstheorie 49ff
Minderheiten 72, 333f
Mitbestimmung 20, 219, 238f, 247
Mobilisierung von Recht 319ff

N

Nebenfolgen von Gesetzen 253
Norm
- latente (hypothetische) 173
- offizielle und inoffizielle 183
- partikulare 163
- soziale 109ff, 160ff, 175ff
- subsistente 113
- universelle 163, 167ff
- Begriff 171f
- als Bewertungsmaßstab 170
- als Verhaltensgleichförmigkeit 168ff
- Bewertungs~ 170
- Organisations~ 74f, 109
- Reaktions~ 114
- Sanktions~ 114

O

Ordnung, soziale 74ff, 109, 111, 167
Organisation, soziale 165

P

Positivismus, soziologischer 12f, 67f
Positivität des Rechts 127ff, 143f, 368ff
Präjudizienjudikatur 92
Programmierung rechtlicher Entscheidungen
- konditionale 129f, 232f
- sozialgestaltende 248

Prozess vor dem Prozess 320
Prozessanfälligkeit anonymer Sozialbeziehungen 325
Prozessflut 362ff
Prozesskosten 321f
Prozesskostenhilfe 322

R

Rationalisierung des Rechts 96ff, 372ff
Rationalität
- formale 98, 104f, 373
- materiale 98, 104f, 373
- prozedurale (reflexive) 105, 373
- Begriff 97, 373
- System~ 373
- Wert~ 88, 373

Sachregister

– Zweck~ 88, 373
– ~ des modernen Rechts 373 ff
Recht
– gesellschaftliches und gesetzliches 72
– gewachsenes und gesetztes 109 ff, 117
– lebendes 74, 237 ff, 328
– repressives und restitutives 64
– als Ausdruck gesellschaftlicher Solidarität 64
– als Ausfluss der Produktionsverhältnisse 51 f, 56
– als autopoietisches System 136 ff
– als institutionell garantierte Zwangsnorm 179 ff
– als Sonderfall sozialer Normen 88 f, 112, 175 ff
– und Gerechtigkeit 371
– und Herrschaft 285 f
– und Moral 129, 188 ff, 337 f
– und Wirtschaft 49 ff, 95 f
– Juristen~ 78 f, 100
– Organisations~ 74 ff
– Anerkennung des ~s 72 ff, 175 ff, 258 ff, 344 ff
– Evolution des ~s 360 ff
– Legitimität des ~ 88 ff, 287
– Mobilisierung von ~ 319 f
– Positivität des ~s 368 ff
Rechtsbegriff, soziologischer 72 f, 88 f, 112, 124 ff, 175 ff
Rechtsbewusstsein 336 f
Rechtsfamilien 329 ff
Rechtsgefühl 75 ff, 330 ff
Rechtsgehorsam 348
Rechtskultur 327 ff
– Begriff 327
– Konvergenz der ~en in modernen Industriegesellschaften 334
– pluralistische ~ innerhalb einer Gesellschaft 332 f
Rechtsphilosophie 12, 196 ff, 205 f
Rechtspluralismus 332
Rechtsprinzipien, allgemeine
– Autonomie der Person 199
– Gegenseitigkeit (Reziprozität) 200
– Verteilungsgerechtigkeit 203 ff
– Verfahrensgerechtigkeit 214 ff

Rechtssoziologie
– abstrakte und konkrete 327
– theoretische und kritische 9
– vergleichende 329 f
– und Gesetzgebung 18
– und Rechtsdogmatik 14
– und Rechtsgeschichte 12
– und Rechtsphilosophie 12
– und Rechtsvergleichung 113, 329
– Anwendung der ~ 19 ff
– Geschichte und gegenwärtiger Stand der ~ 26 ff
Rechtsstaat 219, 231, 285 ff, 308 f
Rechtsstab 88 ff
Rechtstatsachenforschung 15 ff
regulatorisches Trilemma 248 ff
Relational Contracts 268 ff
Reziprozität (Gegenseitigkeit) 201, 262 ff
Richten (adjudication) 303 ff, 312 ff
Richterrecht 308
Rolle, Rollentheorie 163 f, 185

S

Sanktion
– negative 221
– positive 222
– unspezifische 234
– Begriff 223
– Benefiziar~ 224
– Monopolisierung der ~sgewalt 231
Sanktionsinstanzen 224, 231
Sanktionsnormierung 231 ff
Sanktionssubjekte 224
Sanktionsverzicht 235
Schlichtung (arbitration) 306
Sein und Sollen 14, 60 ff, 73 f, 93 ff, 237 ff
Sitte 37, 60, 74 ff, 88, 108, 160 ff, 168 ff
Sociological Jurisprudence 38
soziologische Theorie 4
Solidarität
– mechanische 62
– organische 62
soziale Kontrolle (social control) 185
soziale Tatsachen 60 f, 77

Sozialpsychologie 216ff, 336ff
Soziologie
- verstehende 93ff
- und Geisteswissenschaften 1
- und Naturwissenschaften 2
Stabilisierung von Verhaltenserwartungen 124ff
Status- und Zweckvertrag 20, 29, 101, 267f
System
- selbstreferentielles (autopoietisches) 136ff, 145
- -rationalität 373
Systematisierung im Rechtsdenken 97

T

Theorien mittlerer Reichweite 43f
Transaktionsverträge 268ff
Treu und Glauben 14f, 98f, 243f

U

Uppsala-Schule 108

V

Verbindlichkeitskalkül 114, 173, 240
Verhaltenserwartung
- kognitive und normative 124f, 168
Verhaltenssteuerung, Recht als Mittel der 185
Vermittlung (mediation) 304
Verrechtlichung der Gesellschaft 361ff
Vertrag 262ff
- transnationaler 277f
Vertragsbegriff
- juristischer 264f
- sozialwissenschaftlicher 264

Vertragsdreiecke 275
Vertragsfreiheit 65ff, 100f, 262ff, 272ff
Vertragsfunktionen 262ff
Vertragsketten 274f
Vertragsnetze 275f
Vertragstypen 266ff
Vertragsverflechtungen 274ff
Vertrauen
- in das Recht 347
- in die Vertragserfüllung 270ff
Vielfachprozessierer 323f
Volksrichter in der ehemaligen DDR 353f

W

Wertnihilismus 108, 116
Wertrationalität 88ff, 374
Werturteilsstreit 103
Wirkungen von Gesetzen
- symbolische 243, 251f
- unerwünschte Neben~ 253
Wirksamkeit des Rechts 237ff
Wirksamkeitsfaktoren rechtlicher Programme 254ff

Z

Zivilprozess
- Asymmetrische Parteienstruktur 323
- Parteienkonstellationen 322f
- Zugangsbarrieren 319ff
Zwangstheorien des Rechts 103, 175ff, 179ff
Zweckrationalität 88ff, 373
Zweierbeziehung 161
Zweckverträge 29, 100f, 267f